& des Opuscules. C'étoit un Ecrivain si laborieux, que l'habitude de tenir la plume avoit formé des creux dans les deux doigts de sa main droite ; il auroit rempli l'Italie de ses Ouvrages, s'il eût vécu l'âge ordinaire : mais il mourut à trente-sept ans.

MACERATA, Ville dans l'Etat Ecclésiastique, & Capitale de la Marche d'Ancône, est située sur le sommet d'une montagne, d'où l'on découvre la Mer Adriatique. C'est à Macerata que réside le Gouverneur ou Président de la Province. On y compte environ dix mille habitans, mais la Ville est peu commerçante : elle est assez bien bâtie. La porte *Pie* est un arc de triomphe bâti par le Cardinal de ce nom : son buste en bronze est au-dessus de l'arcade. Il y a quelques Eglises qui méritent d'être vues, telle que la Cathédrale, dédiée à Saint-Julien, l'Eglise des Jésuites, celle des Barnabites, & une très-belle Chapelle toute revêtue de marbre, appartenante aux Confreres de la Miséricorde. Entre Tolentin & Macerata, la plaine est fertile & bien cultivée, mais beaucoup moins qu'entre *Macerata & Racanati*. La cultivation y est dans sa plus grande activité ; tout ce canton semble être un lieu de plaisance appartenant au même maître ; ce sont des grains de toute espece, des prés, des prairies artificielles, des vignes, des arbres fruitiers, des potagers de toute sorte, des plantations de mûriers, de peupliers : le tout arrosé par plusieurs rivieres & ruisseaux.

MACHIAVEL, (*Nicolas*) natif de Florence, d'une famille noble, Secrétaire de la République, se distingua par ses Livres de Politique & d'Histoire. On dit que s'appercevant de son peu d'érudition & des mauvaises études qu'il avoit faites, il s'adressa à Marcel Virgile, un des Savans de son temps, dont il gagna la confiance. Marcel lui procura les plus beaux Ouvrages des Anciens ; il s'habitua à les lire & à les méditer, & apprit à en faire usage dans ses écrits. Il fut accusé d'avoir eu part à la conjuration des Soderini, & fut appliqué à la question, qu'il soutint avec fermeté ; n'ayant pu le convaincre de rien, les Médicis crurent devoir le consoler des supplices cruels qu'ils lui avoient fait souffrir injustement, ils le firent Secrétaire & Historiographe de la République de Florence, avec de bons appointemens. Il remplit ces deux places avec la plus grande distinction. Son Histoire de Florence, en huit Livres, commence aux premiers temps de la République, & va jusqu'en 1492. Il la dédia au Cardinal Julien de Médicis, depuis Pape, sous le nom de Clément VII. Il lui dit dans sa Préface que S. S. lui avoit ordonné d'écrire sans aucune espece de flatterie les actions de ses ancêtres: mais il s'apperçut qu'il avoit été trop docile aux ordres de son Protecteur. Il a composé sept Livres de l'Art Militaire, & quatre de la République. Il a laissé divers autres Ouvrages; mais celui dans lequel il a mis le plus à découvert les maximes de sa Politique cruelle, qui fit le plus de bruit & lui attira un grand nombre d'ennemis, est un petit Traité intitulé le *Prince*. Il est rempli de principes dangereux, & susceptible des interprétations les plus pernicieuses. Il a été réfuté par Fréderic le Grand, dans un Ouvrage qui a pour titre l'*Anti-Machiavel*. Les principes du Secrétaire de Florence ont formé une Politique qui n'a été que trop suivie, sous le nom de Machiavelisme. On dit, pour le justifier, qu'ayant pris pour son Héros, César Borgia, il avoit érigé en maximes, les actions atroces de cet homme audacieux & sanguinaire, moins pour les conseiller, que pour les faire détester. Machiavel fut soupçonné d'avoir trempé dans une autre conjuration contre le Cardinal Julien de Médicis, avant qu'il ne fût Pape; quoiqu'on ne pût encore le convaincre, il eut beaucoup de désagrémens à essuyer: ce qui le découragea. Ce fut alors qu'il se livra entiérement à l'irréligion, jettant du ridicule sur tout, & affectant l'athéisme. Il mourut en 1530, pour avoir pris un remede qu'on lui donna comme un préservatif contre certaines maladies qu'il craignoit.

MADERNO, (*Carlo*) Architecte célebre, né à Pissone, dans le territoire de Cosme, en 1556. Il étoit neveu de Fontana, dont la réputation l'attira à Rome. Il fut d'abord Stucateur: tous ses édifices se ressentent de sa premiere profession, il y a prodigué les ornemens en stuc. Il acheva l'Eglise, & fit la façade des Incurables; le chœur & la coupole de Saint-Jean des Florentins, la façade de l'Eglise de Sainte-Suzane, lui mérite-

DICTIONNAIRE
HISTORIQUE
ET GÉOGRAPHIQUE
PORTATIF DE L'ITALIE,

CONTENANT une description des Royaumes, des Républiques, des Etats, des Provinces, des Villes & des lieux principaux de cette Contrée, avec des Observations sur le Commerce de l'Italie, sur le Génie, les Mœurs & l'Industrie de ses Habitans, sur la Musique, la Peinture, l'Architecture, sur les choses les plus remarquables, soit de la Nature, soit de l'Art.

Ensemble l'Histoire des Rois, des Papes, des Grands Hommes, des Ecrivains & des Artistes célebres, des Guerriers illustres, & une exposition des Loix principales, des Usages singuliers & du Caractere des Italiens.

Ouvrage dans lequel on a rassemblé tout ce qui peut intéresser la curiosité & les besoins des Naturels du Pays & des Etrangers.

TOME SECOND.
M — Z

A PARIS,
Chez LACOMBE, Libraire, rue Christine.

M. DCC. LXXV.
AVEC APPROBATION ET PERMISSION.

DICTIONNAIRE
HISTORIQUE
ET GÉOGRAPHIQUE
DE L'ITALIE.

MAC

ACAIRE, (*Mutio*) vivoit dans le quinzieme siecle. Ange Politien étoit fort lié avec lui ; parmi ses Lettres, on en trouve une que Macaire lui écrivit. Il reste de lui un Ouvrage intitulé : *Victoria Crucis, seu Triomphus Christi*.

MACARONI, sorte de mets fort en usage en Italie ; il est fait avec de la farine & du fromage qu'on cuit dans le pot avec de la viande. On taille cette pâte en différentes grosseurs. Les *Lazagni* ont à peu près la figure d'un petit cardon d'Espagne ; quand elle est taillée en menus filets, on l'appelle *vermicelli*. Les Italiens sont fort friands de ce mets. Les macaroni de Naples passent pour être les meilleurs.

MACCIO, (*Sebastien*) né à Urbania, dans le Duché d'Urbin, publia en 1613 *de Historia scribenda*, & *de Bello Asdrubalis, de Historia Liviana*, un Poëme de la vie de J. C.

Tome II. A

rent la place d'Architecte de Saint-Pierre, dont la partie antérieure restoit à faire. Il gâta tout le plan, en changeant la croix grecque en croix latine; trois des branches de la croix étoient finies, il imagina d'alonger la quatrieme, & substitua des défauts à la belle simplicité du plan du Bramante, du Peruzzi & de Michel-Ange: l'alongement de la quatrieme branche ôte le rapport avec les trois autres, & fait paroître ce superbe Temple moins grand qu'il ne l'est en effet. Ce défaut en a entraîné beaucoup d'autres; on en a relevé plusieurs dans la façade. Malgré l'irrégularité des constructions de Maderno dans l'Eglise de S. Pierre, il s'acquit la plus grande réputation; on ne voulut plus bâtir que d'après ses plans. Il acheva le Palais de Monte Cavallo; il éleva, vis-à-vis de l'Eglise de Sainte-Marie Majeure, cette belle colonne de marbre blanc qu'il y transporta du Temple de la Paix. Il fut envoyé par le Pape visiter tous les Ports de ses Etats, & lever le plan de la Forteresse de Ferrare. De retour à Rome, il éleva un très-grand nombre d'édifices. Le Palais Matei est l'ouvrage qui lui fait le plus d'honneur. Il a fait une quantité prodigieuse de dessins pour différentes Villes d'Italie, pour la France & l'Espagne. Il faisoit bâtir le Palais Barberin, lorsqu'il mourut en 1629. Il fut un des premiers qui s'écarta des véritables regles de l'Architecture.

MADONA DEL MONTE, NOTRE-DAME DU MONT, Bourg près de Milan, en grande réputation à cause d'une Notre-Dame qui a opéré plusieurs miracles; il s'y fait, à cause de cela, beaucoup de pelerinages, & quelque commerce de chapelets & de médailles.

MADONA DELLA VITTORIA, est une superbe Eglise de Rome, située dans la Place des *Thermes*. Rien n'est au-dessus de la beauté des marbres & des peintures dont elle est ornée: la Chapelle du Cardinal *Cornaro*, dont le Cavalier Bernin a donné le dessin est d'une magnificence étonnante. Cette Eglise est bâtie dans le même endroit où étoient autrefois les jardins de Saluste. *Voyez* ROME.

MADONA DI MONTE DI BERRICO, Eglise célebre des Religieux Servites, à deux milles environ de Vicence. On y arrive fous un long portique couvert à l'imitation de celui de Bologne. En fortant de Vicence, on trouve un arc de Palladio, décoré de quatre colonnes d'ordre Corinthien, portant un petit Attique fur leur entablement, au-deffus duquel font les figures de N. S. & de Saint Vincent, & le lion de Saint Marc au milieu. Cet arc fait l'ouverture d'un efcalier de deux cent quatre-vingt-dix marches, qui conduit à la Madona. Les faces de l'Eglife font revêtues de marbre, ornées d'architecture & de fculpture Les ornemens y font prodigués au dedans. On voit dans le réfectoire des Religieux la Cène de Paul Veronefe : la vue du Vicentin du Couvent des Servites, eft frappante.

MADONA DI SAN LUCA, Eglife célebre, à une lieue de Bologne, fur une montagne à laquelle on arrive par une galerie en portiques, formée de fept cents arcades : ces portiques immenfes furent bâtis aux dépens du Bolonois, dont les habitans fe cotiferent. Cette galerie paffe à moitié chemin fur une arcade fous laquelle traverfe la grande route. Il y a fur cette arcade un pavillon décoré en dehors d'un ordre Ionique, & en dedans d'un ordre Dorique, par Bibiena. En fortant du pavillon, on commence à monter fous cette galerie jufqu'au fommet du Mont Guardi, où fe trouve l'Eglife; elle attire un concours immenfe d'Etrangers. Les *ex voto* d'or & d'argent couvrent les murs ; des préfens qu'on avoit accumulés, on a rebâti l'Eglife plus magnifiquement qu'elle ne l'étoit auparavant, fur les deffins de Viani. Le portrait de la Vierge, fauffement attribué à Saint Luc, (*v.* LUCA SANTO) eft montré aux Etrangers avec une folemnité finguliere & un charlatanifme ridicule. Lorfqu'on porte cette image en proceffion dans Bologne, elle eft accompagnée du Sénat & de tous les Corps de Juftice & de Métiers : chacun fe profterne devant elle.

Les Italiens font un peu moins fuperftitieux qu'ils ne l'étoient autrefois ; ils ajoutent moins de foi au miracle qui s'opéroit tous les ans dans l'Eglife de Sainte-Marie de Zenne, à trois milles de Bologne. Chaque année toutes les fourmis aîlées du pays venoient au pied de l'autel & y mouroient fubitement. On appelle la montagne où est située cette Eglise, la montagne des Fourmis.

On voit à Cambrai un portrait à la Vierge, aussi prétendu peint par S. Luc; les habitans de Cambrai prétendent que celui de Bologne n'est qu'une copie du leur; les Bolonois en disent autant de celui de Cambrai : mais la vérité est que ni l'un ni l'autre ne sont du Saint Evangéliste.

MAFFÉE, (*Vegio*) né à Lodi, Chanoine de Saint Jean de Latran, vivoit dans le quinzieme siecle. Il a laissé un *Traité de l'Education chrétienne des enfans*, Ouvrage fort estimé ; *de la Persévérance dans la Religion*, en six livres ; *la Vérité exilée*, Dialogue; *les quatre Fins de l'Homme*, Discours; *un treizieme Livre de l'Eneide*, qui fut très-estimé; *un Poëme sur les ruses des Paysans; plusieurs autres Ouvrages de Poësie*. Cet Ecrivain est élégant. Il mourut en 1458.

MAFFÉE, (*Bernardin*) né à Rome en 1514, étoit très-savant. Il se rendit célebre sous le Pape Paul III, qui le fit Cardinal. Il a laissé des Commentaires sur les Epîtres de Ciceron, & un Traité de Médailles & d'Inscriptions fort estimé. Il mourut à Rome en 1553.

MAFFÉE, (*Jean-Pierre*) Jésuite, né à Bergame en 1536. On dit de lui qu'il avoit une si grande passion pour la belle latinité, que de crainte de gâter son goût par la lecture du Breviaire, il demanda la permission au Pape de le dire en grec. Il professa la Rhétorique à Gênes avant d'être Jésuite. Philippe II lui témoigna son estime : Bentivoglio en faisoit un très-grand cas, & étoit son ami. Grégoire XIII le chargea d'écrire l'Histoire de son Pontificat : il en avoit composé trois Livres lorsque la mort le surprit à Tivoli en 1603. On a de lui une *Vie*, en latin, *de Saint Ignace*, in-8°. à Venise 1685 ; une *Histoire des Indes*, en seize Livres en latin, mal traduite en françois par l'Abbé de Pure en 1665. Tous ses Ouvrages sont en latin, fort recherchés pour l'élégance & la pureté du style.

Un autre *Scipion Signello Maffei* de Tortonne a écrit en italien l'Histoire de la Ville de Mantoue.

Un autre *Celse Maffée*, Véronois, de la famille du Marquis Scipion Maffei, qui vivoit dans le quinzieme siecle, a publié une Vie de Sainte Tusculane.

MAFFEI, (le Marquis *François-Scipion*) né à Vérone en 1675, a été un des Hommes de Lettres les plus célebres que l'Italie ait produits. Aucun genre ne lui étoit étranger. Il se fit connoître de bonne heure. Une These qui contenoit cent propositions sur ce qu'il y a de plus délicat en amour & en galanterie, soutenue publiquement dans l'Université de Vérone, & dédiée aux Dames, lui fit la réputation de l'Homme le plus aimable. Après ses premieres études, il fut admis parmi les Arcades. Né pour les armes, il vit la guerre en Philosophe & s'y conduisit en bon Militaire. Il se trouva à la bataille de Donavert. L'honneur n'étoit point chez lui un préjugé de mode, une vaine ostentation; il le prouva dans le savant Ouvrage qu'il publia contre le duel, à l'occasion d'une affaire qu'eut son frere. Il remonta à la plus haute antiquité, sur la maniere dont on terminoit les querelles, & fit voir l'absurdité des duels chez les Modernes. Il voulut ressusciter le Théâtre, & fit passer dans sa Tragédie de Mérope, & dans sa Comédie des Cérémonies, la belle simplicité des Anciens: ces deux Pieces, & sur-tout la Mérope eurent un succès prodigieux. M. de Voltaire a luté heureusement avec Maffei; mais il lui doit une grande partie des beautés de la Mérope françoise. Maffei enrichit l'Italie d'Ouvrages dans tous les genres; Histoire, Antiquités, Philosophie, Littérature ancienne & moderne, Critique, Poësie, Théologie, tout lui étoit familier. Il vint en France, passa en Angleterre, en Hollande, à Vienne, par tout il trouva des admirateurs qui connoissoient son génie. L'Empereur le combla d'éloges. A son retour à Vérone, il trouva sur la porte de l'une des salles de l'Académie son buste, avec cette inscription: *Au Marquis Scipion Maffei vivant.* Tant de distinctions ne firent que l'exciter à de nouveaux travaux. Outre les Ouvrages dont nous avons parlé, il a publié un volume in-4°. de Prose & & de Vers, à Venise 1719; *Traduttori Italiani, o sia notizia dei Volgarizzamenti d'Antichi Scrittori latini e græci,* in-8°.

Venet. 1720; *Cassiodori Complexiones in Epistolas & Acta Apostolorum & Apocalypsim, ex vetustissimis membranis erutæ,* Fior. 1721; *Theatro Italiano, o sia Scelta di Tragedie per uso della scena,* 3 vol. in-8°. Venet. *Istoria diplomatica che serve dintroduzione all'Arte Critica in tal materia,* 1738 Roterd. *De gli Amphitheatri & finalmente de Veronese,* in Verona 1728; *Supplementum Acaciarum monumenta numquam edita continens,* Venet. 1728; *Verona illustrata,* in-fol. Veronæ 1732; *il primo Canto de l'Iliade d'Omero, tradutto in versi italiani,* Lond. 1737; *La Religione dei Gentili nel morire, recavato da un basso relevo antico che se conserva in Parigi,* Parig. in-4°. 1736; *Osservationi litterarie che possono servire di continuazione al giornal de Letterati d'Italia,* &c. &c. Maffei, chargé d'ans & de gloire, mourut à Vérone en 1755, comblé de tous les honneurs littéraires, pleuré de ses Concitoyens, regretté de tous les Gens Lettres, en vénération à sa Patrie.

MAGALOTTI, (*Laurent*) né à Florence en 1637, Conseiller d'Etat du Grand Duc, son Ministre dans différentes Cours de l'Europe, grand Négociateur, Membre de la Société Royale de Londres, de l'Académie de la Crusca, de celle des Arcades de Rome, se fit une grande réputation par ses expériences physiques & par ses écrits. Il a donné un Recueil des expériences faites par l'Académie *del Cimento*. Flor. in-fol. 1667; Relation de la Chine; l'accord de la Religion & de la Souveraineté; les Caracteres de divers Personnages; un Traité de l'ame des Bêtes; *Tractatus de motu Gravium*. Presque tous ses Ouvrages sont en italien.

MAGGI, (*Jérôme*) né à Anghiari dans le Milanez, s'appliqua aux Belles-Lettres, à la Philosophie & aux Mathématiques; né sans fortune, il la chercha dans l'étude & la pratique du Droit: il y acquit de grandes connoissances. Les Vénitiens lui donnerent la Charge de Juge de l'Amirauté de l'Isle de Chypre. A la prise de Famagouste par les Turcs, sa Bibliothéque & plusieurs de ses Ouvrages qui n'étoient point encore finis, furent perdus. Maggi fut amené en captivité, & tomba entre les mains d'un Maître barbare. Il supporta son esclavage en Philosophe. Pendant le jour il travailloit aux emplois les plus vils de la maison, & passoit la nuit à écrire de mémoire quelques Traités remplis d'érudition. Il se fit connoître des Ambassadeurs de France & de l'Empereur, auxquels il les dédia. Ces Ministres travaillerent à sa rédemption. Le malheureux Maggi, trop pressé de voir rompre ses fers, s'évada & se réfugia chez les Ambassadeurs, avant qu'ils n'eussent terminé leur négociation. Son Maître impitoyable eut recours au Grand Visir, qui le réclama & le fit étrangler en 1572. On a de lui un Traité *de Equuleo*; un autre *de Tintinnabulis*; un troisieme de la *fin du Monde par le feu*; des Commentaires sur les *Vies des Hommes illustres d'Emilius Probus*; des Commentaires sur *les Institutes*; ces Ouvrages sont en latin; *un Traité des Fortifications*, & un Livre de *la situation de l'ancienne Toscane*, en italien. Son frere *Barthelemi Maggi*, né en 1477, étoit Médecin, a composé un bon Traité des Plaies faites par les armes à feu, en latin, publié l'année même de sa mort, arrivée à Bologne en 1552.

Il y a encore deux Hommes célebres de ce nom, *Vincent Maggi*, de Bresse, qui florissoit en 1530. Il est au rang des plus savans Professeurs de Ferrare & de Padoue. Il a écrit sur les Poëtiques d'Aristote & d'Horace, & un Traité intitulé: *Au Ridicule*. Ses Ouvrages sont en latin.

Lucillo Fillateo Maggi, qui vivoit vers le milieu du dix-septieme siecle, fut un savant Professeur de Pavie, que la Cour de Savoie appella à Turin. Il a composé un Traité des *Consolations*, en 2 vol. Il a traduit en latin *Simplicius sur Aristote & Alexandre d'Aphrodisée*; *la Théorie & la Pratique de l'Art de guerir*; des Commentaires sur les *Pronostics d'Hippocrate*.

MAGGIO ALLEGRO. (le Mai joyeux) On célebre en Italie le retour du mois de Mai, par des jeux, des chants & des danses. Dans une grande partie de ce pays, les jeunes filles s'assemblent & vont chanter de maison en maison des couplets dont le refrain est toujours, *Allegro Maggio Allegro*. Ces chansons renferment des vœux, tels que, puissiez-vous toujours jouir des plaisirs de la jeunesse; puissiez-vous vivre jusqu'à cent deux ans; que Madonne de Lorette vous comble de graces, &c.

MAGINI, (*Jean-Antoine*) né à Padoue, étoit un très-savant Astronome & Mathématicien. Il fut Professeur à Bologne, mais il gâta ses connoissances par la folie de l'Astrologie judiciaire. Malgré cette folie, ses *Ephémérides* & ses autres Ouvrages sont encore estimés des Savans. Il mourut à Bologne en 1617.

MAGLIABECCHI, (*Antonio*) savant Bibliothécaire du Grand Duc, né à Florence en 1633, fut d'abord destiné à être Orfévre : son goût pour les Belles-Lettres l'emporta. Il y acquit une si grande réputation que le Duc de Toscane voulut se l'attacher. Il se rendit si agréable aux Savans, soit en leur prêtant tous les livres dont ils avoient besoin, soit en les aidant dans leurs recherches ou par ses conseils, que tous ceux de Florence, & une partie de ceux de l'Europe, avoient recours à lui. Le Recueil des Lettres qu'ils lui écrivoient, imprimé à Florence en 1745, est très-précieux, & fait regretter la perte de quelques Lettres que Magliabecchi, trop négligent dans l'arrangement de ses papiers, a laissé égarer. Le Cardinal Noris lui écrivoit qu'il faisoit plus de cas de ses conseils que de la Pourpre Romaine. Ce Savant a donné des éditions corrigées de plusieurs Ouvrages. Il mourut à Florence en 1714.

MAGLIANO, Ville & Capitale de la Terre de Sabine, dans les Etats de l'Eglise. C'est la résidence de l'Evêque de Sabine, & le titre en est réservé à un des six Cardinaux Evêques. Son territoire est très-fertile en bleds & en vins. Cette Ville est sur une montagne près du Tibre, à douze lieues N. E. de Rome.

MAGNA, (la Vallée de) dans la Toscane, près des frontieres de l'Etat de Gènes, a environ onze lieues de long sur six de large; elle comprend *Pontremole*, qui est le principal endroit & qui appartient au Grand Duc. Le Marquisat de Posdinovo qui a son Souverain particulier, & la partie de *Minuxiano*, qui dépend de la République de Lucques, sont dans la même Vallée. Ce fut à Magna qu'en 1737 on fit l'échange des actes de cession entre l'Empereur, le Roi d'Espagne & celui de Naples.

MAGNI, (*Valeriano*) né à Milan, d'une famille illustre, en 1587, se fit Capucin & parvint aux premieres dignités de son Ordre. Il fut chef des Missions du Nord. Urbin VIII abolit par son conseil l'Ordre des Jésuitesses; ce qui indisposa les Jésuites, qui empêcherent *Magni* d'avoir le Chapeau de Cardinal, que le Roi de Pologne avoit demandé pour lui; ils avoient encore d'autres griefs: Magni avoit écrit contre leur Morale relâchée. Ils lui firent défendre d'écrire par Alexandre VII. Magni publia son Apologie. Les Jésuites furieux l'accuserent d'avoir soutenu que le Pape n'étoit point infaillible. Ils parvinrent à le faire mettre en prison à Vienne. Il écrivit dans ses fers une lettre dans laquelle il repousse avec la plus grande force les calomnies de ses impudens ennemis. C'est ainsi qu'il appelloit les Jésuites & les Protestans qu'il haïssoit également. Ferdinand III lui donna la liberté, & Magni alla à Saltzbourg où il mourut en 1661, âgé de soixante-quinze ans. Il a laissé plusieurs Ouvrages en latin. Il a écrit contre les erreurs d'Aristote, & en faveur de Descartes, contre les Protestans & contre la Morale des Jésuites.

MAJEUR. *Voyez* LAC MAJEUR.

MAINUS ou MAYNI, (*Jason*) Orateur & Jurisconsulte, né à Pésaro en 1435, fut Professeur à Pise & à Pavie. Ses leçons lui firent un si grand nom, qu'il eut jusqu'à trois mille écoliers, & que Louis XII, en passant en Italie, y assista. Il désiroit fort d'être Cardinal, & dans cette vue, il ne voulut jamais se marier; il espéroit que Louis XII demanderoit le chapeau pour lui; sa naissance est sans doute ce qui le priva de cette faveur. On dit qu'il avoit pour mere une femme de mauvaise vie. Il mourut à Padoue en 1519. Il a laissé des Commentaires sur le Code & sur les Paridectes de Justinien.

MAJO, né dans le pays de Bari, fut grand Amiral de Sicile dans le douzieme siecle. Avec un esprit adroit, il avoit une ambition démesurée. Son pere étoit Marchand d'huile. Guillaume , Roi de Sicile, séduit par les belles qualités de Majo, le fit fon Chancelier, & enfuite grand Amiral. Cet homme ingrat imagina de s'affeoir fur le trône de fon bienfaiteur. Secondé de Huges, Evêque de Palerme, il répandit la calomnie fur les Grands, & engagea le Roi à les punir, en faifant fouetter les uns, aveugler les autres & couper la langue à plufieurs. Il vint à bout d'indifpofer la Nobleffe contre le Roi. Il féduifit la Reine, qu'il mit dans fes intérêts; verfa l'or à pleines mains au Peuple. Il n'avoit plus qu'un pas à faire pour monter fur le trône, qu'il fe flattoit qu'Alexandre III déclareroit vacant; mais Bonello, indigné, comme le refte de la Nobleffe, de l'effronterie de Majo, lui paffa fon épée au travers du corps. Ce coup de vigueur rendit au Peuple toute fa fureur contre ce tyran fubalterne, qu'il traîna dans les rues, & qu'il déchira en piéces.

MAJOLI, (*Simon*) né à Aft, en Piémont, Evêque de Volturata, dans le Royaume de Naples, mort vers 1598, s'eft acquis de la réputation dans les Lettres, par un Ouvrage intitulé, *Dies Caniculares*, traduit en François par *Roffel*, imprimé à Paris, en 1610, & 1643, in-4°.

MAJORAGGIO, (*Marc-Antoine*) né dans un Village du Milanez, du nom que prit fon pere, qui s'appelloit le Comte, & Marc-Antoine s'appelloit *Antonio Maria*. Il acquit une grande célébrité en profeffant les Belles-Lettres, ce qui lui attira des jaloux. Ils lui firent un crime d'un ridicule. Ils l'accuferent d'impiété pour avoir changé fon nom; il fe juftifia par un ridicule plus grand encore; il prétendit que jamais aucun homme, dans la pure latinité, ne s'étoit appellé *Antoine Marie*, & ce qu'il y a de plaifant, fut que cette raifon fit tomber les armes des mains de l'envie. Il emporta au tombeau fon nom de Marc-Antoine. Il mourut en 1555. Il a laiffé un Traité du *Sénat Romain*, *de Ritu Oratorio & Urbano*, des Commentaires fur la Rhétorique d'Ariftote, fur *l'Orateur de Ciceron*, fur *Virgile*, *de Nominibus propriis veterum Romanorum*. Ces Ouvrages font fort eftimés par l'érudion.

MAIUS, (*Junianus*) né à Naples d'une famille noble, dans le quinzieme fiecle, fut le Maître de *Sannazar*. Il profeffoit les Belles-Lettres avec diftinction. Il a compofé quelques

Traités de Grammaire, quelques Epîtres, & a donné une très-belle édition de Pline, in-fol. Naples 1476.

MALABRANCA, (*Hugolinus*) né à Orvietto, Religieux des Hermites de Saint Augustin, Evêque de Rimini, Patriarche de Constantinople, vivoit dans le treizieme siecle. Il a écrit sur le Maître des Sentences, & a été employé par le Pape Nicolas IV, à la réunion des Schismatiques Grecs.

MALABRANCA, (*Latinus*) Dominicain, Cardinal & Evêque de Veletri, neveu du Pape Nicolas III, s'employa pour appaiser les troubles des Guelfes & des Gibelins qui désoloient Florence. On dit qu'il est l'Auteur du *Dies iræ*, quoiqu'on l'attribue aussi à d'autres.

MALAGRIDA, (*Gabriel*) Jésuite, né en Italie, Missionnaire en Portugal, homme ardent & enthousiaste, qui en imposa aux Grands, & qui s'attira la confiance du Peuple. Il eut la réputation d'être un des plus grands Directeurs. Lorsque le Roi de Portugal se déclara contre les Jésuites, le Duc d'Aveiro, qui avoit formé une conspiration contre le Roi, consulta Malagrida, Alexandre & Mathos. La conspiration fut découverte, les Jésuites chassés; & Malagrida brûlé le 21 Septembre 1761.

MALAMOCCO, petite Ville à cinq milles de Venise, dans les Lagunes : elle est très-peuplée ; en y arrivant de Chiogia, on commence à appercevoir le clocher de Saint Marc, & les principales tours de Venise. Elle est au Midi de cette Ville.

MALATESTA, (*Sigismond*) Seigneur de Rimini, un des plus grands Capitaines du seizieme siecle, d'ailleurs bon Historien & Philosophe ; mais ayant une ame atroce, sacrifiant tout à son ambition, niant l'immortalité de l'ame, méprisant les choses saintes & les Ministres des Autels. Pie II l'excommunia en 1462 : il craignit que cette excommunication n'eût de mauvais effets, relativement aux affaires politiques, & couvrit un peu son impiété. Il se joignit à François Sforce, ils battirent le Seigneur de Forli, & se rendirent redoutables à leurs voisins. Les Vénitiens lui confierent leurs troupes ; il prit Sparte & plusieurs autres Villes de la Grece. Il fut Général des Siennois & des

Florentins; ensuite fit la guerre au Pape Pie II, & mourut le 6 Octobre 1467, âgé de cinquante-un ans.

MALATESTA, (*Robert*) fils du précédent, fut aussi un Capitaine célebre, commanda successivement les troupes des Vénitiens & celles de Sixte IV, contre Alfonse, Roi de Naples. On croit qu'il mourut empoisonné : le Pape lui fit élever une statue équestre dans l'Eglise de Saint Pierre.

MALESPINE, Maison de Vienne, qui a donné son nom au Marquisat de Massa. Cette Maison est établie à Vienne. On la fait descendre d'un fils de Hugues, Comte de Milan, jeune homme qui tua en 945 Sigefroy, Prince de Lucques & de Masse, avec une longue épine noire. Les Malespines se sont distingués dans les armes sous les Empereurs Othon, Henri II, &c. Spinetta Malespina, chassé de ses Etats par Castruccio Castracani, se retira à Vérone auprès de Martin de Lascale. Charles III, Roi de Naples, donna à Spinetta II le Duché de Gravina. Jacques Malespina, Lieutenant de Ludovic Sforce acquit Carrara, Monita & Lavanza, qui furent enlevées à Alberic son fils, par François son frere, que Charles VIII força de rendre en 1594. Charles lui fit rendre encore par les Florentins Fivizano, qu'ils lui reprirent après le départ du Roi d'Italie. Cette ancienne famille subsiste encore.

MALESPINI, (*Ricordano* ou *Riccardaccio*) Auteur d'une Chronique de Florence, qui va jusqu'à l'année 1281. On l'appelle l'ancien, & il est placé le premier dans la galerie de Florence comme l'Historien le plus ancien du pays. L'Ammirano paroît l'avoir précédé; celui-ci est accusé d'avoir fait quelques méprises; mais Malespini d'avoir quelquefois ajouté trop de foi à des fables qu'il a accréditées.

MALPIGHI, (*Marcel*) né dans le Bourg de Crevecœur, près de Bologne, en 1628. Il se destina à la Médecine, dont il fut Professeur à Bologne. Le Grand Duc l'attira à Pise; mais la mauvaise santé dont il jouissoit l'obligea de revenir à Bologne. Il retourna à Pise pour y remplir la place de premier Professeur de Médecine; mais il fut encore contraint de revenir à Bologne. Le Cardinal Pignatelli, qui l'avoit connu pendant sa Légation à Bologne, l'appella à Rome lorsqu'il fut fait Pape. Il le fit son premier Médecin. Il mourut à Rome dans le Palais Quirinal en 1694. La Société Royale de Londres le reçut en 1669. Il a composé un très-grand nombre d'Ouvrages; les plus connus sont: *De Cerebro. De Lingua. De externo tactûs organo. De Omento. De Pinguedine & adiposis Ductibus. Differtationes de Polypo-cordis & de Pulmonibus. Plantarum Anatome. Differtationes epistolicæ de Bombyce. Epistolæ variæ. De formatione Pulli in ovo*, traduit en françois, ainsi que ses Differtations sur le ver à soye.

MALTHE, (l'Isle de) située sur la mer Méditerranée, à vingt-cinq lieues de la côte de Sicile, fut donnée par Charles V, en 1530, aux Chevaliers de Saint Jean de Jérusalem, que les Turcs venoient de chasser de l'Isle de Rhodes, qu'ils avoient défendue avec une valeur dont l'histoire n'offre point d'exemple. Ils prirent alors le nom de Chevaliers de Malthe. Cette Isle est habitée non-seulement par les Chevaliers; mais par un grand nombre de Grecs & de Latins: on y compte environ cinq mille personnes: l'air y est très-sain, & il n'y a point ou presque point de bêtes venimeuses. Il y a une tradition qui attribue cette propriété à Saint Paul, qui, dit-on, y aborda après son naufrage. Le bois y est très-rare, les habitans fort laborieux, malgré les chaleurs excessives qu'il y fait. Malthe est située sur un rocher, & ce rocher est très-cultivé, il est couvert en partie par la terre qu'on porte de Sicile; on y brûle, quand on ne peut pas se procurer du bois, de gros chardons & la fiente des animaux. La langue Malthoise est un mélange d'Arabe corrompu, d'Italien & même d'ancien Africain ou Carthaginois; il est très-difficile à entendre. Le commerce des Malthois est très-borné, à cause de la stérilité du pays, qui malgré tous les soins du cultivateur ne rapporte que quelques fruits, des raisins & du millet; cette Isle releve de la Sicile, & le grand Maître de l'Ordre de Malthe, qui en est le Souverain, fait présenter tous les ans un Faucon au Viceroi de Sicile, en reconnoissance de l'hommage qui est dû au Roi de Naples.

La Ville de Malthe, Capitale de l'Isle, est divisée en trois parties, qui font la Cité Valette, qui porte le nom du grand Maître qui la fit bâtir; le Bourg & l'Isle de Saint Michel, ou de la Sangle. La premiere renferme le Palais du grand Maître de l'Ordre, l'Arsenal, l'Infirmerie, l'Eglise du Prieuré de Saint Jean, & les Auberges des Chevaliers des différentes Langues. Le Bourg, qui est la partie la plus ancienne, se nomme plus communément la Cité victorieuse, parce qu'en 1565, il soutint un siege de quatre mois contre Soliman II qui fut obligé de se retirer honteusement : il renferme le Palais de l'Inquisition, un Arsenal, le Bagna, ou le logement des esclaves; les Grecs y ont aussi une Eglise, qui est la plus ancienne de celles qui sont dans le Bourg. Les rues de Malthe sont très-régulieres & bien alignées; la plupart des maisons sont bâties en pierres de taille; le rocher sur lequel est située Malthe, sert de pavé à toutes les rues; aussi n'y peut-on pas rester l'été, à cause de la chaleur excessive du soleil qui se conserve dans ce rocher. Les hauts des maisons sont autant de plates-formes, à la mode de Turquie, fabriquées d'une sorte de ciment, que la pluie ne peut caver ni percer tant il est dur; de ces plates-formes l'eau descend, au moyen d'un tuyau dans une citerne qui est pratiquée au-dessous de chaque maison, taillée dans le roc. Malthe est dans une situation très-forte & presqu'impraticable, non-seulement par ses fortifications, qui sont couvertes d'un nombre infini de gros canons; mais encore plus par le courage invincible de deux mille Chevaliers qui y font leur résidence.

Lorsque le grand Maître de l'Ordre est mort, le Conseil rompt les Sceaux; on ferme le Port de la Ville & on procede à l'élection du Lieutenant du Magistere; le corps du grand Maître est exposé dans la principale salle du Palais, sur un lit de parade, au côté droit duquel est une armure complette, posée sur une table couverte d'un tapis de drap noir; les obseques finies, les Baillis, les Commandeurs & les Chevaliers des sept Langues, qui composent l'Ordre de Malthe, se rendent à l'Eglise de Saint Jean, où ils entendent la Messe du Saint Esprit : chaque Langue se retire ensuite dans sa Chapelle; & là, elles choisissent chacun trois Electeurs; ces vingt-un Electeurs, joints à trois autres,

qu'on

qu'on choisit pour représenter l'Angleterre, s'assemblent dans un Conclave, où, après avoir procédé à l'élection d'un Triumvirat, les Balotages se font selon la coutume, pour donner treize Adjoints aux Triumvirs; c'est alors que ces seize nouveaux Electeurs nomment le nouveau Grand Maître à la pluralité des voix.

L'Ordre de Malthe reconnoît le Pape pour son Supérieur spirituel immédiat; l'Evêque ne peut être nommé que de l'aveu du Souverain Pontife. On a vu un Grand Maître venir réclamer le secours & les foudres du Pape contre la mutinerie des Chevaliers. Cet Ordre est Religieux & Militaire. Plusieurs Cardinaux & Prélats portent la Croix de Malthe, soit qu'ils aient des Bénéfices de cet Ordre, soit parce qu'ils ont exercé des Charges à Malthe, soit parce qu'ils sont de famille Papale. Le Grand Maître envoie ordinairement la Croix à ces derniers.

MALVASIA, (*le Comte Charles César*) né à Bologne, a composé dans le dernier siecle, une Histoire estimée, des Peintres Bolonois, deux volumes in-4°. L'amour de la gloire patriotique lui fait quelquefois exagérer l'éloge.

MALVEZZI, (*Virgilio, Marquis de*) savant dans les Sciences & les Arts & bon guerrier. Il s'étoit appliqué aux Belles-Lettres, à la Musique, au Droit, à la Médecine, aux Mathématiques & à la Théologie. Philippe IV l'employa avec succès dans la guerre & dans les affaires. Il mourut à Bologne, sa patrie, en 1654. Il a laissé des *Discours politiques sur Tacite. Raisons que les Gens de Lettres ont de croire qu'ils ne peuvent s'avancer à la Cour. Le portrait du Politique Chrétien*, &c.

MANCINI, (*Paul*) Baron Romain, fonda l'Académie des Humoristes. Il aimoit & cultivoit les Lettres avec succès. Il épousa *Vittoria Capoti* & en eut deux fils, *Michel* & *Laurent* qui épousa Jeronime Mazarin, sœur du célebre Cardinal, & le Cardinal Mancini, honoré de la pourpre par Alexandre VII, en 1660. Après la mort de sa femme, Paul Mancini embrassa l'état ecclésiastique.

Il y a eu un autre Mancini dans le onzieme siecle, qui étoit Chevalier des Ordres de Saint Lazare & de Saint Maurice de Savoie. Il étoit de Bologne, se rendit recommandable par son

Tome II.   B

savoir, & a laissé plusieurs Ouvrages, dont le principal est *I Furori de La Gioventu*, traduit par Scudari.

MANELFI, (Jean) savant Professeur en Médecine, né à Monte-Rotondo, dans la Sabine, se signala par son savoir sous le Pontificat d'Urbin VIII. On a de lui *De Fletu & Lacrymis. De Helleboro urbano Disputationes. Mensa Romana.*

MANETTI, (Janus) de Florence, vivoit dans le quinzieme siecle, Disciple du célebre Chrysoloras. Il avoit une grande érudition, & connoissoit parfaitement les Belles-Lettres. Il posséda de grands emplois à Florence. Nicolas V, l'ami & le protecteur des Gens de Lettres, en faisoit beaucoup de cas. *Manetti* possédoit les Langues; il donna une traduction du Pseautier, de l'Hébreu, des Cathégories d'Aristote, & l'introduction de Porphyre du grec en latin. Il a composé six livres des Hommes illustres qui ont long-temps vécu; la vie de Nicolas V, en quatre livres; l'Histoire de Gènes en deux; celle de Pistoye en trois; les Vies de Socrate, de Séneque, du Dante, de Bocace. Il mourut à Naples en 1459.

MANNOZI, (Jean) Peintre, appellé GIOVANI DI SAN GIOVANI, lieu de sa naissacce, Village près de Florence, en 1590. Il est regardé comme un des plus grands Peintres de l'Ecole Toscane; son génie sublime, & vraiment poëtique, rend ses Ouvrages très-précieux. Son chef-d'œuvre est la suite de tableaux des salles du Grand Duc: il réussissoit sur-tout dans la fresque. Ses ouvrages dans ce genre bravent les injures des temps, ils sont aussi frais que s'ils venoient d'être finis; les bas-reliefs peints par lui sont si vrais, qu'il faut les toucher pour se prémunir contre l'illusion: mais quelques prieres, quelques promesses, quelques menaces qu'on lui fît, il refusa d'achever cet ouvrage. Il étoit capricieux, inquiet, jaloux du mérite d'autrui, envieux & naturellement porté à décrier les talens. Il mourut de chagrin des reproches sanglans & des reprimandes que lui fit le Grand Duc. Après sa mort, arrivée en 1636, quelques-uns de ses ennemis voulurent persuader au Pape de détruire tout ce qu'il avoit fait; mais le Prince choisit les meilleurs Peintres pour les achever. *Mannozi* étoit très-savant dans l'Architecture & la Perspective.

MANTEGNA, (*André*) né dans un Village près de Padoue, en 1451. Il gardoit les moutons, & négligeoit souvent le soin de son troupeau pour le dessiner. On le surprit dans cette occupation, & on le mit chez un Peintre, qui, charmé de son talent & de sa facilité, en eut le plus grand soin, l'adopta pour son fils, & le fit son héritier. A l'âge de dix-sept ans, il fut chargé de faire le tableau du maître-autel de Sainte-Sophie. Mantegne joignoit à son talent le caractere le plus doux. Bellin commença par l'admirer, l'aima, & finit par lui donner sa fille en mariage. Le chef-d'œuvre de Mantegne est le *triomphe de César*, qu'il fit pour le Duc de Mantoue, qui, pour lui témoigner son estime, fit l'ancien Berger de Padoue, Chevalier de son Ordre. Il fut le Maître du Correge. On attribue à cet Artiste l'invention de la gravure au burin. Le Roi a une Vierge avec le Jésus, de Mantegna, qui mourut à Mantoue en 1517.

MANTICA, (*François*) Cardinal, né à Odrin en 1534. Il enseigna le Droit à Padoue avec le succès le plus éclatant. Sixte V l'appella à Rome, & le fit Auditeur de Rote. Il fut fait Cardinal par Clément VIII. Il mourut à Rome en 1614. Il a laissé *de Conjecturis ultimarum voluntatum*, Lib. XXII: *Lucubrationes Vaticanæ, seu de tacitis & ambiguis conventionibus* Lib. XXVII.

MANTICA ou MARCUS MANTUA BENAVIDIUS, de Padoue, savant Jurisconsulte. Il enseigna avec le plus grand applaudissement la Jurisprudence Civile & Canonique pendant soixante ans. Padoue lui confia les charges les plus importantes. Le Pape, le Roi de Portugal & Bologne cherchèrent à l'attirer: il préféra sa patrie & ses amis à tout. L'Empereur Charles V, en 1561, Ferdinand I & le Pape Pie IV, en 1564, le créérent successivement Chevalier. Il mourut en 1582, âgé de quatre-vingt treize ans. Il a composé *Collectanea super Jus Cæsareum; Apoptegmata Legalia Conciliorum*, tom. II; *Problematum Legalium*, Lib. IV, *Topica; Eucomium Sacerdotii, Observationum Legalium*, Lib. X; *Polymathiæ*, Lib. XII; *de Illustribus Jurisconsultis; Locorum Communium*, Lib. III; *de Privilegiis militaribus; de Pupillorum favoribus.*

MANTOUAN, *Baptiste* SPAGNOLI, dit le CARME, né à Mantoue en 1444, bâtard de la famille des *Spagnoli*. C'est l'Auteur le plus célebre par sa fécondité & par les pointes & les idées singulieres dont il a semé ses Poësies, qui l'ont plus fait connoître que le Généralat de son Ordre, auquel il parvint en 1513. Il a, dit-on, composé plus de cinquante-neuf mille vers : il a fait un mélange bizarre de la Fable & de la Religion. Dans une de ses Eglogues, la Vierge paroît à un Berger, lui ordonne de passer sa vie sur le Carmel, avec promesse, après sa mort, de l'enlever aux Cieux, où il jouira de tout genre de délices avec les Dryades & les Amadryades, vrai Paradis de Mahomet, & non de Carme. Outre ses Poësies, le Recueil de ses Ouvrages, imprimé à Paris en quatre volumes in-fol. renferme *un Commentaire sur les Pseaumes*, la *vie de S. Basile*, la *vie de Saint Nicolas de Tolentin*. Il mourut à Mantoue en 1516.

MANTOUAN ou **MANTUAN**, (*George* le) Graveur célebre, pere de Diana Mantuana, qui a laissé, conjointement avec son pere, quantité d'Ouvrages très-estimés.

MANTOUE, *Mentova* & LE MANTOUAN. Le Duché de Mantoue a environ cinquante milles de longueur du levant au couchant, c'est-à-dire, du Ferrarois au Crémasque, & quarante de largeur du nord au midi. Il appartient à la Reine d'Hongrie, du chef de la Maison d'Autriche, qui l'a conquise sur Ferdinand-Charles de Gonzague, dernier Duc de Mantoue. Ce Duc, qui s'étoit déclaré contre la Maison d'Autriche dans la guerre de la succession d'Espagne, perdit sa Souveraineté en 170 , & mourut à Venise en 1708. Ce Duché étoit dans la Maison de Gonzague depuis 1328.

Mantoue, qu'on croit être plus ancienne que Rome de trois cents ans, eut les Toscans ou Etruriens pour Fondateurs. Elle eut le sort des autres Villes d'Italie, elle acquit sa liberté après l'expulsion des Barbares. Othon II, qui la protégeoit, la donna à Canosa, qui la transmit à la Comtesse Mathilde sa bru. Elle passa aux Visconti, & leur fut enlevée par les Bonacorsi, dont le dernier Passerino Bonacorsi fut tué par Louis Gonzague, qui fut reconnu Souverain par les Mantouans en 1328. Ce fut en 1530 que l'Empereur Charles V l'érigea en Duché. Ferdinand-Charles ayant été mis au ban de l'Empire, & dépouillé pour cause de félonie, Mantoue fut livrée au pillage des Impériaux. L'Empereur Joseph conserva ce Duché jusqu'en 1740, qu'il passa à l'héritiere de la Maison d'Autriche.

Mantoue, Capitale de ce Duché, a été très-florissante sous la domination des Gonzagues; elle étoit fort commerçante, & sa population alloit de cinquante à soixante mille ames: à peine y en compte-t-on aujourd'hui dix mille. Les Juifs y font tout le commerce, & achevent de la ruiner. Elle eut beaucoup à souffrir dans la guerre de 1733; elle fut prise par les François, & maltraitée. Elle conserve encore des monumens de son ancienne splendeur. Elle est située sur le Mincio, dans un lac formé par cette riviere: cette position en rend l'air très-mal sain en été & en automne. Elle est assez bien bâtie: & malgré le siege qu'elle soutint contre les armées combinées de France & de Sardaigne, elle est encore bien fortifiée. Le mauvais air ne contribue pas peu à la rendre déserte dans l'été. Elle a huit portes, dix huit Paroisses & quatorze Couvents; c'étoit assez considérable pour son ancienne population, & c'est trop pour la population actuelle.

La Cathédrale, *il Domo*, est sur le plan de Jules Romain; elle a sept nefs en colonades d'ordre Corinthien, cannelées, supportant un second ordre de pilastres composites, dont les entre-deux sont les fenêtres & des niches. Cet Architecte l'a décorée de quelques-uns de ses tableaux; l'un est J. C. appellant Saint Pierre & Saint André à l'Apostolat; l'autre, la conversion de Saint Paul. On y admire la tentation de Saint Antoine, par Paul Veronese, & le miracle de Saint Eloi, qui rajuste avec un signe de croix le pied d'un cheval qu'il avoit coupé pour le ferrer.

On voit à Saint André des peintures de fresque de Jules Romain, & les tombeaux du Matouan, Poëte & Général de l'Ordre des Carmes, & du Montegna, Maître du Correge. A Saint-Agnès, on montre un bel *Ecce Homo*, du Dolci; dans l'Eglise des Dominicains, le tombeau de Pierre Strozzi; aux Théatins, une Annonciation, un Saint Jean au désert, & un S. François, de Louis Carrache; & le martyre de Sainte Marguerite, d'Annibal Carrache; dans l'Eglise de Sainte Ursule, le martyre de cette Sainte, par L. Carrache; dans l'Eglise des Jésuites, la Transfiguration, de Rubens; S. François Regis, de Crepi. Les autres Eglises ont aussi des morceaux précieux. On ne doit point oublier celle de S. Gilles, où reposent les os du Tasse. Dans le Palais Ducal, qui fut mis au pillage lors de la prise de Mantoue, en 1630, il y avoit des curiosités d'un prix infini : tout fut dévasté. On peut en juger par ce trait. Le Général Colalto fit pendre un Soldat qui avoit fait un butin de huit mille ducats, & & qui les avoit perdus au jeu la nuit même. Les peintures furent transportées à Prague; la Reine Christine les acquit, & le Duc d'Orléans les acheta de cette Reine, avec les statues antiques. Le Palais du T est un des édifices les plus singuliers; il a la forme de cette lettre; l'architecture en est de Jules Romain, qui a passé dans ce Château la plus grande partie de sa vie, & qui l'a enrichi d'un très-grand nombre de peintures. Dans les plafonds, il a peint la chûte de Phaëton, l'histoire de Psyché, Jules César, la chûte des Géans. Il y a de grands tableaux du même Peintre, Polyphème & Acis, le combat des Horaces, Vénus retenant Mars, qui poursuit un jeune homme, la continence de Scipion, &c. Il y a beaucoup de peintures à fresque qui dépérissent. Ce Château est abandonné. Ce Peintre est enterré dans l'Eglise de S. Barnabas des Servites. Près de cette Eglise est la maison qu'occupoit ce grand Artiste; elle est décorée d'une architecture rustique & d'une belle statue de Mercure; elle est située vis-à-vis le Palais Gonzague, construit sur le plan de Jules Romain : il y a employé, au lieu de colonnes, des figures colossales qui portent sur leurs têtes un ordre Dorique, surmonté d'un entablement; on y voit dans un des plafonds un beau Ganimède, du Tintoret. A deux milles de Mantoue est la Virgilienne, lieu destiné à la Ménagerie; on prétend que Virgile venoit y étudier dans une grotte qui n'y est plus. La Virgiliana étoit une maison de plaisance des Ducs.

Mantoue paroît avoir été une Ville très-ornée ; les rues font larges & bien alignées : il y a d'assez belles places. Elle est entourée d'un lac très-poissonneux ; les environs sont très-fertiles ; mais le lac rend les abords de la Ville fort difficiles, par les marais qu'il forme de tous côtés. Elle est séparée de la terre par deux cents toises de lac du côté de Crémone, & par cinq cents pieds d'eau du côté de Vérone. En général le Mantouan est fertile ; les habitans sont très-propres aux armes & aux sciences ; leur commerce principal est la soie : ils ont des moulins pour la travailler qui sont fort curieux. On préfere les chevaux du Mantouan à ceux de Naples : l'Impératrice y entretient beaucoup de haras. Les Juifs ont un quartier séparé à Mantoue ; ils supportent le plus grand poids des impositions. Le commerce y est bien déchu : en général on s'apperçoit par-tout que Mantoue a tout perdu en perdant ses Souverains. Le Pô, qui traverse ce pays, lui procure de grands avantages, quelquefois aussi il y fait de grands ravages par ses débordemens.

Le Mantouan a produit des hommes célebres. Virgile dit lui-même qu'il naquit à Mantoue, & la chante souvent comme sa patrie : l'opinion commune est qu'il étoit originaire de Pitola ou Andès, Village du Mantouan. André Montagna, Maître du Correge, inventeur de la Gravure en Italie, étoit né à Mantoue. Jean-Baptiste Mantouan, Général des Carmes, est très-connu par ses Poésies latines ; il a fait des Eglogues à l'imitation de Virgile son compatriote. Jules Romain étoit de Mantoue ; il y mourut en 1546 : il est enterré, comme on l'a dit, dans l'Eglise de Saint-Barnaba, mais on ignore dans quel endroit. Louis de Gonzague a été mis au rang des Saints : la Comtesse Mathilde, la bienfaitrice du Saint Siége. (*Voyez* Po-LIRONE). On trouve dans quelques endroits de Mantoue des monumens élevés à Virgile, mais de peu de prix. Dans une salle du Palais de la *Guistizia*, d'une grandeur immense, on voit une statue en pied de ce grand Poëte, & son buste sur la *porta Virgiliana*, l'une des huit de Mantoue.

Il y a plusieurs Fauxbourgs au-delà du lac, ceux de Cérès & de Saint-George, la Virgiliana & la Forteffa, le Château ou

Palais du T, est hors des murs, dans une isle du lac, & forme une espece de Fauxbourg.

Le Mantouan comprend *Marmirvolo*, qui est à douze lieues de Mantoue, *Pittola* ou *Andès*, *Goito*, sur le Menzo, *Castiglione* & *Solfarino*, Principautés, *Viadana*; *Dosolo*, *San Benedetto ai Polirone*, riviere sur le Pô, *Roncoferrato*, *Bozolo*, *Sabionetta Guastalla* & *Novellata*.

MANUCE, (*Alde*) né à Bassano, Imprimeur célebre, alla s'établir à Venise, où il jetta les fondemens de cette belle Imprimerie, que ses descendans ont porté si loin. Il connoissoit parfaitement les Langues & la Littérature ancienne & moderne. Il fut le premier qui imprima correctement le Grec. Il mourut très-âgé à Venise en 1516. Il a composé *une Grammaire Grecque*, des *notes sur Horace & sur Homère*, & quelques traductions de S. Gregoire de Naziance, &c.

MANUCE, (*Paul*) fils du précédent, né à Venise en 1512, fit de grands progrès dans les Lettres & les Langues. Il voyagea, & travailla dans plusieurs Villes d'Italie. Pie IV le chargea pendant quelque temps de la Bibliothéque du Vatican & de l'Imprimerie Apostolique. Il portoit à ses Ouvrages toute la correction imaginable; observant le précepte d'Horace: *Nonum prematur in annum*. Il mourut en 1574. Il a laissé d'excellens *Commentaires sur Ciceron*, des Epîtres, un Traité *de Legibus Romanis*, un autre *de ratione dierum apud Romanos veteres, de Senatu Romano, de Comitiis Romanis*. Tous ces Ouvrages sont de la latinité la plus pure, & très-savans.

MANUCE, (*Alde*) son fils, ne fut pas moins savant que ses peres. Il enseigna les Belles-Lettres à Bologne & dans plusieurs Villes d'Italie. Il étoit pauvre & sans intrigue: il accepta une Chaire de Rhétorique à Rome. Il composa quantité d'Ouvrages, des *Commentaires sur Ciceron*, trois Livres d'Epîtres, un Traité d'Orthographe. Il fut toujours malheureux; & un des plus grands chagrins qu'il éprouva, fut d'être obligé pour vivre de vendre la belle bibliothéque que son grand-pere, son pere & ses oncles avoient assemblée à grands frais; elle étoit, dit-on, composée de quatre-vingt mille volumes. Il mourut à Rome en 1597.

MANZO ou le Manzo, (*Jean-Baptiste*) né à Naples, d'une famille Noble, fut un des Fondateurs de l'Académie de Gli Oziosi de Naples. Il porta les armes pour le Duc de Savoie & pour le Roi d'Espagne. Il a laissé différens Ouvrages, la vie du Tasse en italien, plusieurs Poëmes, & sur-tout des Poësies pastorales. Il mourut à Venise en 1647.

MARABOTTI, (*Frédéric*) né à Gênes, s'est acquis de la réputation dans la guerre des Génois contre les Gibelins. Il commandoit la flotte de la République; s'étant apperçu que les ennemis cherchoient un combat qu'il avoit dessein d'éviter, il les amusa jusqu'à la nuit; & quand la nuit fut venue, il fit mettre sur une chaloupe le fanal de la flotte qui étoit sur le vaisseau du Général: alors il fit voguer la chaloupe vers le rivage, tandis qu'avec la flotte il gagnoit la pleine mer du côté opposé. Les ennemis suivoient toujours le fanal; & lorsque le jour fut venu, ayant rangé leur flotte en demi-cercle, croyant entourer celle des Génois, ils ne trouverent qu'une vieille chaloupe abandonnée.

MARACCI, (*Louis*) né à Lucques en 1612, savant & pieux Ecclésiastique, qui a travaillé à la belle édition de la Bible Arabe, publiée à Rome en 1671. Un travail bien plus considérable, & qui lui fit beaucoup plus d'honneur, est son *Alcoran Textus universus, Arabicé & Latiné*, à Padoue, deux volumes in-fol. 1698. Maracci étoit Professeur d'Arabe au Collége de la Sapience. Innocent XI le choisit pour son Confesseur. Il mourut à Rome en 1700.

Marais Pontins; *Paludi Pontini*, sont un espace d'environ huit lieues de long sur deux de large, situé dans la Campagne de Rome, le long de la mer, que les inondations empêchent de cultiver. On évalue cette surface marécageuse & déserte de quarante-huit mille arpens de Paris; on prétend que cette surface étoit autrefois couverte de plus de trente Villes ou Bourgades, dont il ne reste aucun vestige. Ce terrein a été sans doute bouleversé par quelque grand tremblement de terre. Dans les temps de la République, les campagnes Pontines étoient très-fertiles ; du temps de Pompée, on essayoit de dessécher les Marais Pontins : c'est donc dans les temps intermédiaires qu'est arrivé le bouleversement de ces campagnes. D'autres prétendent que ces Marais sont occasionnés par les eaux qui descendent des montagnes, & qui coulent avec peu de pente par le fleuve Amaseno, l'Offente, la Cavatella, la Cavata, la Teppia : ces eaux entraînent beaucoup de sables, s'engorgent & sortent de leurs lits. Les rivieres principales qui reçoivent ces eaux sont la Teppia, la Cavata, Fosso di Cisterna : toutes ces eaux ont une direction au travers des Marais Pontins. On a tenté plusieurs fois de les dessécher, & on se dispose à y travailler encore : ces Marais produisent des exhalaisons putrides & funestes. Du temps de Pline, on attribuoit la mauvaise qualité de certains vents aux exhalaisons de ces Marais qu'ils entraînoient ; d'autres pensent que cette infection de l'air vient de la mauvaise qualité même des eaux. Les pêcheurs de ces Marais & les habitans des bords sont écrouelleux, sujets aux obstructions & aux fiévres. On prétend que ce pays étoit délicieux par sa situation, par la fertilité de ses campagnes, en bleds, en huiles, en fruits & en vins. Appius Claudius fit passer sa fameuse route à travers ces Marais ; il reste des vestiges des travaux qu'il y fit en les traversant. On voit les restes de plusieurs canaux anciens dans différentes directions qui répondent à différens points de la voie appienne qui servoit de digue pour rassembler les eaux dans les canaux d'écoulement, qui les portoient ensuite à la mer. L'opinion que ces Marais se sont formés par les inondations auxquelles la négligence & les malheurs des temps ont donné lieu, paroît la plus probable. Les Papes se sont souvent occupés du desséchement de ces Marais. *Voyez* RIO MARTINO, FUIME DI SIXTO.

Les desséchemens des Marais Pontins, outre la salubrité qu'ils rendroient à l'air, produiroient à l'Etat Ecclésiastique un revenu qui l'indemniseroit amplement de la dépense ; mais plusieurs intérêts particuliers, qui l'emportent sur l'intérêt général, empêcheront toujours le desséchement de ces Marais. La chasse & la pêche y sont très-considérables.

MARALDI, (*Jacques-Philippe*) profond Mathématicien & grand Astronome, né à Perinaldo, dans le Comté de Nice en 1665. Il étoit neveu du célebre Cassini, frere de sa mere, qui l'attira en France en 1687. Après avoir travaillé avec M. de Cassini à la prolongation de la Méridienne, il fit un voyage à Rome, & Clément XI l'engagea de contribuer à la correction du Calendrier. Il revint en France, & travailla à terminer l'ouvrage de la Méridienne. L'Académie des Sciences de Paris se l'étoit associé depuis long temps. Il mourut en 1729. Il a laissé un Catalogue des Etoiles fixes, manuscrit. Les Mémoires de l'Académie renferment un grand nombre d'observations astronomiques très-curieuses. Il y donna quelques Mémoires sur l'Histoire naturelle, qui furent fort goûtés, entr'autres sur les Pétrifications & sur les Abeilles.

MARANA, (*Jean-Paul*) Génois, né de parens distingués, montra beaucoup d'esprit dès sa jeunesse. Il fut accusé d'avoir eu part à la conspiration qui devoit livrer Gènes au Duc de Savoie: Marana en fut quitte pour quatre ans de prison. Il se retira à Monaco, & y écrivit l'histoire de cette conspiration. Il a su y mêler des faits qui la rendent fort intéressante. Il vint à Paris en 1682 : il y trouva des amis & des protecteurs. Il s'amusa à composer l'*Espion Turc*, en six vol. in-12, Ouvrage plus amusant par la quantité d'anecdotes vraies ou fausses qu'il y a mêlées, qu'instructif pour quelqu'un qui ne cherche que la vérité dans l'Histoire. Cet Ouvrage eut un grand cours dans l'origine ; il a été augmenté d'un volume en 1741. Marana demeura à Paris depuis 1682 jusqu'en 1689 ; il y vécut dans la retraite & dans la médiocrité. Il s'en retourna en Italie, où il mena une vie solitaire & philosophique. Il mourut en 1693.

MARANO & MARAN, sont deux petites Villes du Frioul, appartenant à l'Etat de Venise.

MARASQUIN, est une eau-de-vie de cerises, dont l'arbre planté originairement à Zara, s'est fort multiplié dans les Etats de la République de Venife. Le fruit en eft fort gros, rouge & brun-noir ; il a quelque chofe d'agrefte au goût, mais fort agréable à manger : on y trouve le goût du Marafquin. Il eft difficile d'avoir du véritable Marafquin de Zara, même à Venife ; celui qu'on vend à l'Etranger, fous ce nom, fe fabrique à Venife même.

MARATTE, (*Carlo*) Peintre & Graveur, né à Camerano, dans la Marche d'Ancône. Son inclination pour la Peinture fe manifefta dans fon enfance ; il crayonnoit fans ceffe, il exprimoit le fuc des plantes & des fleurs pour en faire les couleurs dont il barbouilloit les murs de la maifon paternelle. A l'âge de onze ans, il fut envoyé à Rome ; il paffa dix-neuf ans dans l'Ecole de Sacchi. Il forma fa maniere fur les études qu'il fit des ouvrages de Raphaël, du Guide & des Carraches. Il ne peignit pendant long-temps que des Vierges : fes ennemis difoient qu'il étoit incapable de toute autre chofe ; mais ils furent confondus, lorfqu'il peignit des fujets d'Hiftoire. Ses tableaux furent recherchés, & payés un très-grand prix. Clément XI lui accorda une penfion, & le fit Chevalier du Chrift. Louis XIV le nomma fon Peintre ordinaire. Il étoit doux, modefte, complaifant ; fes airs de tête font nobles & fimples en même temps ; fon deffin eft fage : il a plus cherché à plaire qu'à étonner ; fon coloris brillant eft plus dans le goût de Barocci que d'aucun autre. Il a excellé dans les fujets de dévotion : il connoiffoit parfaitement l'Architecture & la Perfpective. Il a mis beaucoup de goût & d'efprit dans fes planches à l'eau-forte. Ses principaux ouvrages font à Rome : le Roi & M. le Duc d'Orléans poffedent plufieurs tableaux de ce Peintre. A Rome, un Prince s'étant plaint à lui de la cherté de fes tableaux, il lui répondit qu'*il y avoit une groffe dette dont tout le monde étoit redevable envers les fameux Artiftes fes prédéceffeurs, & qu'il étoit venu pour être payé des arrérages.* Il mourut à Rome en 1713.

MARC, (Saint) Pape, élu le 16 Janvier 336, après la mort de Saint Sylveftre I. Il étoit Romain, & n'occupa le Saint Siége que huit mois & quelques jours : il mourut au mois d'Octobre de la même année. Il refte une Epître à Saint Athanafe

& aux Evêques d'Egypte, en réponse à celle qu'ils lui avoient écrite, mais on la regarde comme supposée.

MARC, (Saint) est le Patron de Venise. On prétend que ce fut vers l'an 828 que le corps du Saint Evangéliste fut trouvé en Egypte, & transporté à Venise. C'est en son honneur que la superbe Eglise qui porte son nom a été bâtie. On conserve dans le trésor & l'on montre aux Etrangers le Livre d'Evangile écrit de la main de S. Marc.

Les Chevaliers de Saint-Marc jouissent d'une pension de deux mille ducats; ils ont l'étole d'or sur l'épaule, une chaîne d'or au col, d'où pend une medaille sur la poitrine. Sur un des côtés de la medaille est le buste du Doge, & au revers un Lion ailé, tenant dans une de ses griffes une épée nue, & dans l'autre un Livre avec cette inscription: *Pax tibi, Marce, Evangelista meus.*

MARCEL. Il y a eu deux Papes de ce nom. S. Marcel étoit de Rome, & succéda au Pape Marcellin en 308. Il fut martyrisé.

MARCEL II, (*Marcel* CERVIN) né à Fano, élu le 9 Avril 1555, après la mort de Jules III. Il avoit été premier Secrétaire de Paul III, avoit accompagné en France le Cardinal Farnese, neveu du Pontife, & avoit été un des Présidens du Concile de Trente. Il mourut d'apoplexie vingt-quatre jours après son élection.

MARCELLIN, Pape, élu le 3 Mai 296, après la mort des Caïus. Les Donatistes & les actes supposés du Concile de Sinuesse lui imputent d'avoir sacrifié aux idoles: mais Saint Augustin le justifie de cette accusation. Il mourut le 24 Octobre 304.

MARCHE D'ANCÔNE, (la) Province du Patrimoine de Saint Pierre: elle contient *Ancône, Ascoli, Camerino, Macerata, Lorette, Fermo.* Cette Province est fertile & pourroit l'être davantage si elle étoit mieux cultivée; c'est une des principales de l'Etat Ecclésiastique. Elle est bornée au septentrion par la Mer Adriatique, au midi par l'Ombrie, au levant par le Duché d'Urbin, & au couchant par l'Abruzze Ultérieure. On y recueille quantité de lin, de chanvre & de belle cire. Sa Capitale est *Ancône*; que son Port, sur le Golfe de Venise, rend très-marchande. Ce Port est franc. Outre les Villes dont on a parlé, la Marche renferme encore *Yesi*, *Tolentino*, *Monte-Alto*, *Sasso-Ferrata*, *Fabriano*, *Polverigo*, *Osimo*, *San-Severino*, *Dignano*, *Viessa*, *Monte-Monico*, *Arquata*, *Offida* & *Ripa*.

MARCHE TRÉVISANE, Province qui appartient à la République de Venise. Elle comprend quatre Territoires; celui de *Trevise* qui lui a donné son nom; celui de *Feltro*; celui de *Cadorin*, & celui de *Belluno*. Elle a pour bornes le Frioul & les Territoires de Trente & de Vicence. Elle est au N. du Golfe de Venise. Ce pays est assez fertile en bled & en vin, & fournit à la République beaucoup de bois de construction pour la Marine. Sa Capitale est *Trevise*, *Ceneda*, *Colalto*, *Torcello*, *Concegliano*, *Cismono*, *Bassano*, *Novale*, *allino*, *Citta-Nuova*, *Mola*, *Sarravalle*, *Concordia*.

MARCHETTI, (*Alessandro*) célebre Poëte & excellent Géometre, né le 17 Mars 1633, à Pontorno, Château qui appartenoit à sa famille, sur l'Arno, à six lieues au-dessous de Florence sur le chemim de Pise. Après avoir achevé ses Humanités & son cours de Philosophie, il s'appliqua à l'étude des Mathématiques. Le fameux Borelli, son ami & son Maître, lui fit faire en peu de temps des progrès si rapides, qu'Euclide & Galilée lui devinrent très-familiers. Lorsque Borelli se retira, Côme III jugea l'Ecolier digne de remplacer son Maître, & donna à Marchetti la Chaire de Mathématiques de l'Université de Pise, que Borelli laissoit vacante. Il se distingua dans cette place. L'étude abstraite de la Géometrie ne dessécha point son imagination. Il traduisit Lucrece en vers italiens; cette traduction est regardée comme un chef-d'œuvre; on la met au niveau de l'original; les vers de Lucrece qui sont quelquefois dépouillés d'harmonie & difficiles à entendre, deviennent clairs & harmonieux dans la traduction. Marchetti avoit entrepris une traduction semblable de l'Eneïde; il l'abandonna sans doute lorsqu'il connut celle d'Annibal Caro: il avoit aussi commencé un Poëme Philosophique dans le goût de celui de Lucrece. Marchetti a aussi laissé plusieurs excellens Ouvrages de Mathématiques & d'Astronomie. On a publié en France deux belles éditions de la traduction de Lucrece; l'une en 1754 par M. Gerbault, 2 vol. in-8°. papier, vignettes, gravures & caracteres de la plus grande beauté; l'autre par *M. Conti* en 1762, sous le nom de Londres, de la plus grande correction & d'une très-belle impression; mais avec moins de luxe & peut-être plus de goût & de propreté. Marchetti mourut d'aploplexie le 6 Septembre 1714, âgé de quatre-vingts ans. Il fut enterré à Pontorno, dans l'Eglise Paroissiale de Saint Michel, où l'on voit son tombeau. Il a eu plusieurs enfans d'Anne Lucrezia son épouse. Angelo Marchetti est celui qui s'est le plus distingué par son goût pour la Méchanique, science qu'il a enseignée avec éclat dans l'Université de Pise.

MARCHI, (*François*) Gentilhomme Romain, né à Bologne dans le seizieme siecle, excella dans l'Architecture Militaire, art sur lequel il composa un très-bon Ouvrage sous le titre d'*Architecture Militaire*, à Venise, in-fol. très-grand papier, très-rare, mais très-utile & très-estimé.

MARCHINA, (*Martha*) Napolitaine, née de parens si pauvres, qu'elle pourvoyoit à leur subsistance en vendant des savonetes qu'elle faisoit. Excitée par son seul génie, elle apprit dans les intervalles que lui laissoit son commerce, les Langues latine, grecque & hébraïque; elle s'adonna à la Poësie & y réussit très-bien. Elle mourut à Rome en 1646, âgée de quarante-six ans.

MARCHIONI, Architecte & Sculpteur, né à Arezzo, a bâti à Rome, par les ordres d'Innocent III, l'Eglise & l'Hôpital du Saint-Esprit à Rome. Paul III l'a ensuite fait rebâtir. Il éleva l'Eglise de Saint Sylvestre, la Tour de Conti, la Chapelle de la Crêche dans l'Eglise de Sainte Marie Majeure; à Arezzo l'Eglise Paroissiale & le Clocher

MAREMMA, (les Maremmes de Sienne) espace d'environ quinze lieues sur le bord de la Mer, au midi de Sienne, entre l'Isle d'Elbe & la Ville d'Orbitello. Les révolutions arrivées dans l'Italie ont considérablement influé sur le phyfique & fur le moral de cette belle partie de l'Europe. Tant que ces Peuples combattirent pour la liberté, la paix réparoit les maux que la guerre avoit faits, & la population étoit prefque toujours la même; dès que des petits Tyrans fe furent emparés des Républiques, l'amour de la Patrie s'envola avec la liberté; le découragement amena la pareffe, les terres furent incultes, la population diminua, les campagnes fe dégraderent, les eaux firent des ravages auxquels on ne remédia point; elles croupirent & l'air infect fut une nouvelle caufe de dépopulation; la Tofcane n'a pas la dixieme partie des Habitans qu'elle avoit dans le treizieme & quatorzieme fiecles; c'eft ainfi que fe font formés ces vaftes marais qu'on trouve fréquemment en Italie, & particuliérement les Maremmes de Sienne, plus voifines de l'Apennin. Le Grand Duc de Tofcane actuellement régnant, s'occupe du defféchement de ces marais, & ce pays commence à jouir du fruit de fon travail. Comme ces ftagnations étoient caufées par le Lac Caftiglione & par le Fleuve Ombrone, ce Prince a commencé par creufer des canaux pour donner aux eaux un libre cours, & à relever les digues pour les retenir. *Voyez* CASTIGLIONE.

MARETIMO, petite Ifle dans la Vallée de Mazara en Sicile, n'eft pas éloignée de Trapano.

MARFORIO, eft un torfe ou ftatue mutilée, placée dans un des quartiers de Rome, & qui répondoit à celle de Pafquin. C'eft à ces deux ftatues qu'on attachoit autrefois les fatyres & épigrammes qu'on faifoit à Rome. Pafquin faifoit la demande; le lendemain, on trouvoit la réponfe attachée à la ftatue de Marforio. Ces traits fatyriques regardoient les Grands, les Cardinaux, & fouvent le Pape même. Les Pafquinades n'ont prefque plus lieu à Rome, & le Tribunal du Saint-Office a grand foin d'en rechercher & d'en pourfuivre les Auteurs.

MAGARITONE, né à Arezzo, Architecte, Sculpteur & Peintre, a fait élever le Palais du Gouvernement d'Ancône, l'Eglife de Saint Cyriaque de la même Ville, l'Eglife Cathédrale d'Arezzo fur les deffins de Lapo; mais il n'eut pas le temps de l'achever; la guerre intervenue entre les Habitans d'Arezzo &

& les Florentins firent suspendre ces travaux; ce contre-temps & la diminution de la réputation de Margaritone causa sa mort à l'âge de soixante-dix-sept ans.

MARGHERA, petite Ville du Dogado dans l'Etat de Venise; elle n'a rien de considérable.

MARGOZZO, petite Ville du Val d'Ossola dans la partie Occidentale de l'ancien Comté d'Anghera, au Duché de Milan, & dans ce que l'Archiduchesse d'Autriche a cédé au Duc de Savoie; Margozzo est dans un terrein assez fertile.

MARGUERITE D'ANJOU, fille de René d'Anjou, Roi de Naples, réunit toutes les vertus des deux Sexes; politique & aimable, guerriere & modeste. Elle épousa Henri VI, Roi d'Angleterre, & gouverna sous son nom. Le Duc d'Yorck souleva la Nation contre Henri, & le fit prisonnier à la bataille de Saint-Alban. Marguerite leve une armée, se met à la tête, délivre son mari, & entre dans Londres, précédée de la victoire. Les Rebelles se rassemblent sous la conduite de Warwick; les Troupes de la Reine sont défaites, Henri fait prisonnier; & Marguerite, errante de Province en Province, rassemble dix-huit mille hommes malgré Londres & le Parlement, marche contre Richard, Duc d'Yorck, le tue & bat Warwick. Le Comte de la Marche, fils du Duc, est couronné sous le nom d'Edouard IV. Une bataille sanglante gagnée par le Duc d'Yorck assure la couronne sur la tête d'Edouard. Marguerite vient en France, implore le secours de Louis XI, n'obtient rien; repasse en Angleterre; donne une nouvelle bataille & la perd. Elle ne se décourage point; elle donne encore une bataille, mais elle est faite prisonniere. Elle mourut en 1482, après avoir livré douze batailles. Elle eut à se reprocher la mort du Duc de Glocester, oncle de son mari, qu'elle ordonna sous un prétexte assez léger.

MARGUNIO, (*Massimo*) né à Candie, alla établir une imprimerie à Venise, avec son pere, en 1547. Il n'imprimoit que du grec, & donna d'excellentes éditions. Son imprimerie & sa fortune périrent par les flammes. Il retourna dans sa patrie, & ayant embrassé l'état ecclésiastique, il fut fait Évêque de *Cerigo*. Il mourut dans son Evêché en 1602, âgé de quatre-

Tome II.

vingts ans. Il a laiſſé des Odes anacréontiques de la plus grande délicateſſe; ce qui ne l'a pas empêché de faire de bons Ouvrages de Théologie.

MARIALES, Dominicain de Veniſe, Profeſſeur ſucceſſivement de Philoſophie & de Théologie, quitta tout emploi public pour ſe livrer à l'étude dans la retraite. Il compoſa pluſieurs Ouvrages de Théologie, & entr'autres, *Bibliotheca Interpretum ad univerſam Summam D. Thomæ*, 2 vol. in-fol. quelques libelles contre la France, qui le firent chaſſer deux fois de Veniſe. Il mourut en 1660.

MARIA, (Santa) *in Traſtevere*. C'eſt la premiere Egliſe qui a été bâtie à Rome en l'honneur de la Sainte Vierge. La voute eſt dorée & ſoutenue par vingt-quatre colonnes de marbre granit d'une ſeule piece. Vis-à-vis le portail eſt une petite place ornée d'une jolie fontaine.

MARIANA, Ville de l'Iſle de Corſe, aujourd'hui ruinée; ce n'eſt plus qu'un Evêché dont l'Evêque réſide à la Baſtie. Mariana eſt au S. de cette Capitale.

MARIANO, petite Ville à l'orient de Côme, au Duché de Milan. Elle eſt agréable, & les Habitans qui ſont induſtrieux ſont riches.

MARIE DE CHASTILLON, Reine de Naples & de Sicile, fille de Chaſtillon, dit de Blois, & de Jeanne de Bretagne, épouſa Louis de France, Duc d'Anjou, Comte de Provence & du Maine, ſecond fils du Roi Jean, & qui fut Roi de Jéruſalem, de Naples & de Sicile. Après la mort de ſon mari, elle prit la tutele de ſon fils Louis; & ſa prudence & ſes ſoins lui conſerverent le Royaume de Sicile contre les prétentions & les armes de Lancelot de Duras. *Voyez* Louis II, Roi de Naples. Elle avoit toujours en réſerve deux cent mille écus d'or pour la rançon de ſon fils, au cas qu'il fût pris à la guerre; & cette réſerve n'empêchoit pas qu'elle ne levât des troupes & ne gérât les affaires de ſon Pupille avec la plus grande nobleſſe. Elle mourut à Angers le 12 Novembre 1404.

MARIE DE MÉDICIS, fille de François, Grand Duc de Toſcane; & de Jeanne Archiducheſſe d'Autriche, épouſa

Henri le Grand, après la dissolution du mariage de ce Prince avec Marguerite de Valois. Le Grand Duc donna à cette occasion des fêtes si magnifiques, qu'une seule Comédie coûta plus de soixante mille écus à représenter. Après l'assassinat du bon & grand Henri, Marie fut déclarée Régente & gouverna jusqu'à la mort du Maréchal d'Ancre en 1610; ce Maréchal & sa femme gouvernoient sous le nom de la Reine, qu'ils aigrissoient contre son fils Louis XIII, lequel donna ensuite des chagrins à sa mere, qui mourut à Cologne le 3 Juillet 1642, âgée de soixante-huit ans.

MARIGNAN, MARIGNO, est un Village entre Milan & Lodi, célebre par la victoire que François I y remporta sur les Suisses, en 1515. Ce Village a titre de Marquisat, sur la petite riviere du Lambro. Il ne reste aucuns vestiges de retranchemens qui puissent indiquer le lieu où se passa cette action, dont le Maréchal de Trivulce, qui s'étoit trouvé à dix-huit batailles rangées, disoit, que tout ce qu'il avoit vu n'étoit que jeux d'enfans; mais que celle-ci étoit un vrai combat de Géans. M. le Baron de Zurlauben conserve une description originale & une relation de cette bataille mémorable, qui rendit François Maître du Milanois, & le fit respecter jusques dans Rome même.

MARIN. Il y a eu deux Papes de ce nom. Le premier étoit né à Galese, Ville de Toscane. Il fut élu après la mort de Jean VIII, le 28 Décembre 882. Il avoit été employé à des négociations importantes, d'abord par Nicolas I qui l'avoit envoyé à Constantinople auprès de l'Empereur Michel III; par Adrien II qui le nomma pour se trouver au huitieme Concile assemblé contre Photius; par Jean VIII, qui l'envoya s'opposer au Conciliabule du même Photius. L'Empereur Basile qui protégeoit ce Patriarche, voulut attaquer l'élection de Marin, sous prétexte qu'il avoit été Evêque d'une autre Eglise; mais ce Pape mourut le 18 Juin 884.

MARIN II, élu après Etienne VIII, en 943, regna trois ans, pendant lesquels il s'appliqua à la réforme des Ecclésiastiques, à mettre les premiers Chrétiens en paix & à prendre soin des pauvres. Il mourut en 946. Il faut observer que ces deux

Marin tiennent la place de Martin II & Martin III dans le Catalogue des Papes.

MARIN BARLETTI, Prêtre, né à Scutari dans l'Albanie, dans le quinzieme fiecle, a écrit la vie de George Caftriot, dit Scanderberg ou Alexandre.

MARIN DE NAPLES, dans le cinquieme fiecle, Difciple & fucceffeur de Proclus, dont il illuftra l'école, a écrit la vie de fon Maître en profe & en vers.

MARIN (la République de Saint) petit Etat, dont le territoire fe réduit à la montagne fur laquelle la Ville eft fituée & qui n'a que deux lieues de diametre, entre la Romagne & le Duché d'Urbin. Tous les Citoyens de cette République ne vont pas à fix mille. Malgré fon peu d'étendue, la fageffe de fon gouvernement l'a toujours fauvée des révolutions qui ont bouleverfé le refte de l'Italie. Si fon hiftoire n'offre pas des actions brillantes, des Conquérans illuftres, des Héros qui ont effrayé la terre, un fafte qui a excité l'envie des Nations, elle préfente plus de douze fiecles de paix & de bonheur. On ne fait pas au jufte la date de fa fondation. Au commencement du fixieme fiecle un Maçon de la Dalmatie, nommé Marin, fut appellé pour travailler aux réparations de Rimini. Cet Ouvrage dura trente ans; lorfqu'il l'eut achevé, il fe retira fur le fommet d'une montagne pour y vivre dans la folitude : il n'en defcendoit que lorfque la néceffité la plus urgente l'y forçoit; malgré le foin qu'il prenoit pour cacher fa vie, fes vertus éclaterent; il eut des difciples & des imitateurs; une Princeffe, à qui la montagne appartenoit, la donna à Marin en toute propriété; le Saint réfolut d'y établir une République, dont les Citoyens fe dévoueroient aux vertus, & dont les loix feroient puifées dans l'Evangile même; il ne prétendit point fonder un Couvent de Moines célibataires, efpece de République qui ne fe feroit perpétuée qu'aux dépens des générations. Il crut qu'on pouvoit être jufte & faint en aimant fa patrie & en la peuplant. La République fut donc formée des Difciples de Saint Marin, unis par le lien & par l'amour de la vertu. Il y a apparence que le Fondateur ne leur donna d'autres loix que celles de la difcipline évangélique, qui ne contrarient en aucun cas les regles de la Politique, puisqu'elles font toutes fondées fur la charité, que les Philofophes ont mieux aimé appeller bienfaifance. Quoi qu'il en foit, ce Peuple paroît tenir encore de fon inftitution primitive; il est jufte & vertueux, évitant le luxe comme le fléau de tous les Etats, grands & petits. Ce Peuple eft pauvre, & il femble qu'il s'embarraffe peu des richeffes, qu'il n'eût peut-être acquifes qu'aux dépens de fa liberté. Il n'y a dans tout l'Etat que la Ville de Saint Marin, trois Châteaux, trois Couvents & cinq Eglifes. On ne voit qu'une feule guerre où la République foit entrée comme auxiliaire; ce fut en faveur de Pie II contre Malateſta. Le Pape, pour la récompenfer, lui donna quatre Châteaux; elle en avoit acquis deux autres; mais ces bornes lui parurent trop étendues : elle abandonna trois de ces Châteaux pour fe reftraindre à fes anciennes limites. Ce Peuple, ennemi du vain éclat des conquêtes & de l'ambition de s'aggrandir, eft très-jaloux de fa liberté & la défendroit jufqu'à la derniere goutte de fon fang.

La Ville eft fituée fur une montagne fort élevée & très-efcarpée, couverte de neige pendant trois mois de l'année : il n'y a d'autres eaux que celles des citernes : on recueille d'excellent vin dans les vignes plantées autour de la montagne : les caves y font d'une fraîcheur qui le rend encore meilleur. Il n'y a qu'un chemin pour pénétrer dans la Ville, & il eft défendu, fous de grandes peines, de chercher à y entrer par un autre côté. Tous les Sujets de la République font foldats, on les exerce dès l'enfance.

C'eft dans la Nation même que réfide le pouvoir fouverain; chaque maifon a un Repréfentant, ce qui compofe le Confeil général appellé *Arengo*, qui ne s'affemble que dans les cas extraordinaires : mais de ce Confeil général fe forme un Confeil de foixante, pour exercer l'autorité de la République. Sur ces foixante, il n'y en a que quarante en exercice. Tout à ce Confeil fe regle par fcrutin, il nomme les Officiers de la République. Ce petit Confeil eft formé d'autant de Plébéiens que de Nobles. Il faut les deux tiers des voix au moins pour qu'il y ait un jugement ou une délibération. On n'eft point admis au Conseil avant vingt-cinq ans, & il ne peut y avoir deux personnes de la même famille. Tous les deux mois le Conseil des Soixante nomme deux Officiers, appellés Capitaines, qui font les fonctions des anciens Consuls ; ils ne sont jamais continués : mais un ou deux ans après, ils peuvent être élus de nouveau. Un troisieme Officier est le Juge des affaires civiles & criminelles ; il doit être Etranger, & sa place ne dure que trois ans : il doit être Docteur en Droit, & d'une intégrité à toute épreuve. Le Médecin, qui est la quatrieme Personne de l'Etat, doit aussi être Etranger, Docteur en Médecine, âgé au moins de trente-cinq ans : on le change tous les trois ans. La raison qu'on en donne, c'est qu'un mauvais choix exposeroit trop long-temps la République. Il est entretenu aux frais de l'Etat. Le Maître d'Ecole est choisi par le Conseil, & jouit d'une distinction particuliere.

En 1740, plusieurs San-Marinois, mécontens de la domination qu'exerçoient les principales familles de la République, firent supplier Clément XII, par le Cardinal Alberoni, de les recevoir sous sa domination immédiate ; mais ce sage Pontife, désirant que cette soumission fût sincere, & non forcée, envoya le Cardinal vers la République, pour recueillir les suffrages ; & ayant été informé que la plus grande partie refusoit de se donner à lui, donna ordre de rendre à la République sa liberté, & renonça dès lors à toute prétention. Depuis ce temps, elle a demeuré libre ; & quoique les Italiens l'appellent par dérision *Republichella*, elle est aussi jalouse que les autres de sa liberté, & elle en est même si fiere, que lorsqu'elle écrit à la République de Venise, elle met cette suscription : *Alla nostra carissima Sorella serenissima Rep. di Venezia.*

MARINI, (*Jean-Baptiste*) plus connu sous le nom du Cavalier *Marin*, Poëte célebre, né à Naples en 1569, d'un pere qui étoit un très-grand Jurisconsulte, & qui obligea son fils d'étudier en Droit : mais la Nature en avoit disposé autrement. Marin, dégoûté du Droit, quitta la maison paternelle, se retira chez le Manzi, & commença à se livrer à son génie. Le Prince de Coma, Grand Amiral de Naples, l'attira auprès de lui, & le fit son Secrétaire. Etant à Rome, le Cardinal Aldobrandin, neveu de Clément VIII, le mena en Savoie, dont il avoit la Légation. Il se fit des amis à la Cour de Turin; il prononça le Panégyrique de Charles-Emmanuel, qui le retint, & le fit Chevalier des Ordres de Saint-Lazare & de Saint-Maurice. Murtola, Poëte comme lui, fut envieux de ces honneurs, & composa une satire contre Marini. Celui-ci y répondit; & Murtola répliqua par un coup de pistolet, qui portant à faux, blessa un Favori du Duc de Savoie. Murtola fut pris & mis en prison: Marin obtint sa grace. L'envie ne fut point désarmée; on prévint le Duc contre Marin, qui vint en France. Marie de Médicis désira de le voir; il parut à la Cour, & dédia son Poëme d'Adonis au Roi. Il trouva à la Cour de France le Cardinal Ludovisio, neveu du Pape, qui l'engagea de retourner à Rome, où il reçut l'accueil le plus favorable. Il alla à Naples, & y mourut en 1625, comme il se disposoit à revenir à Rome. Ses Ouvrages sont *Lira* ou ses Poëmes lyriques, *Sampogna* ou ses Pastorales, des *Epithalames*, des *Sonnets*, des *Panégyriques*, le *massacre des Innocens*, Poëme, *Adonis*, &c. On lui a reproché d'avoir gâté le goût par ses pointes, quoique d'ailleurs on trouve dans ses Poësies les choses les plus agréables & les plus ingénieuses.

MARINIS, (*Boniface*) de Gènes, Philosophe de la fin du treizieme siecle, a laissé deux Ouvrages estimés, *Liber de confusione Linguarum*, & *Liber de secretis Naturæ*.

MARINIS, (*Donato-Antonio* de) né à Giongano, au Royaume de Naples, Jurisconsulte, occupa des charges importantes dans sa patrie, où il mourut en 1666, âgé de soixante-sept ans. Il a laissé deux volumes de Décisions, un choix de Loix, avec des Observations, &c.

MARINIS, (*Léonardo*) Dominicain, d'une noble famille de Gènes, né dans l'Isle de Chio, en 1509. Philippe II, Roi d'Espagne, auprès duquel Jules III l'avoit envoyé Nonce, lui donna l'Archevêché de Lauciano. Il se distingua au Concile de Trente, & dressa les articles concernant la Messe. Il servit le

Saint Siége sous Pie IV & Pie V. Charles Borromée faisoit cas de son amitié & de ses lumieres. Il dressa les Constitutions des Barnabites ; fut fait Evêque d'Albe, & mourut en 1573. Il laissa deux petits neveux de son nom, *Jean-Baptiste*, Secrétaire de la Congrégation de l'Index, qui fut Général de l'Ordre de Saint Dominique, mort en 1669, & *Dominique*, du même Ordre, qui fut Archevêque d'Avignon, où il mourut en 1669, après y avoir fondé deux Chaires pour les Dominicains. Il a laissé des Commentaires sur la Somme de S. Thomas, trois volumes in-fol. Lyon, 1663—1668.

MARINONI, (*Jean-Jacques*) né à Udini, & mort à Vienne en 1755. Il etoit Ingénieur, Architecte & Astronome. La réputation qu'il s'acquit par ses ouvrages lui ouvrirent l'entrée dans l'Académie de Berlin. La Cour de Vienne l'employa pour les Fortifications. Parmi plusieurs ouvrages, on distingue sur-tout son Traité intitulé, *Specula Domestica*, & un autre, *de re Ichnographica*.

MARINO, gros Bourg de la Campagne de Rome, chef-lieu d'une Terre appartenante à la Maison Colone, à une lieue de Frescati & de Castel Gandolfo : on croit que son nom vient de quelque campagne de Marius. Marino offre un aspect agréable. On voit dans la Collégiale le martyre de Saint Barnabas, par le Guerchin ; celui de Saint Barthelemi, du même. Dans l'Eglise de la Trinita, est un tableau du Guide, représentant la Trinité ; l'idée en est assez singuliere : le Pere Eternel a son Fils mort sur ses genoux, & le Saint Esprit descend de sa barbe. Marino est bien bâti & bien peuplé ; les Romains y vont en villegiature : c'est ainsi qu'ils appellent aller se promener ou passer quelques jours à la campagne.

MARIO NUZZI DI FIORI, Peintre, né à Penna, Ville du Royaume de Naples, en 1603. Il s'est fait une grande réputation en peignant des fleurs, d'où lui est resté le nom de *Mario di Fiori*. Il a excellé dans ce genre, qui lui procura une fortune brillante, & beaucoup d'amis. Il peignit avec une vérité surprenante. On admire dans ses tableaux le choix le

MAR

plus heureux, une touche légere, un coloris brillant. Il peignoit quelquefois des bordures dans lesquelles d'autres Peintres mettoient les figures.

MARMIRUOLO, beau Château de plaisance à quelque distance de la Ville de Mantoue; les jardins y sont superbes, & c'est un des endroits de l'Italie où il y ait les plus belles allées d'arbres.

MARO, petite contrée qui appartient au Duc de Savoie, sur la côte de Gènes, consistant en la Ville de Maro, & une Vallée. Ce petit Pays a titre de Marquisat.

MARO ou MARONI, de Bresse, Poëte du seizieme siecle, fort estimé de ses contemporains, & dont la facilité pour les vers latins étoit si grande, qu'il composoit un Poëme sur le champ: sa verve lui tenoit lieu de fortune. Quoiqu'il n'eût qu'un très-médiocre bénéfice à Capoue, il rassembla une bibliothéque assez considérable. Lors de la prise de Rome par les Espagnols, en 1527, il fut fort maltraité; & pour comble de maux, on lui enleva ses manuscrits & sa bibliothéque. Il s'enfuit à Capoue. Bientôt il revint à Rome pour chercher ses Ouvrages; mais n'ayant pu rien retrouver, il tomba malade de chagrin, & mouru dans un misérable Cabaret.

MARONITES, Religieux du Mont Liban, en Syrie, établis par Maron dans les plus anciens temps de l'Eglise. Ils ont à Rome un Collége, fondé en 1584 par Gregoire XIII, qui le dota pour l'éducation de quinze jeunes Syriens qui font leurs études au Collége Romain. Ils reçoivent les Ordres, & retournent ensuite au Mont Liban. Trois fois l'année on célebre dans l'Eglise de S. Jean-Baptiste, qui dépend du Collége des Maronites, l'Office selon le Rit & en Langue Syriaque. Il y a des choses remarquables dans leurs cérémonies : à la Messe, le Célébrant paroît en tunique blanche; on lui donne à laver, il se revêt des ornemens de l'Eglise Romaine, en chantant des prieres, toujours en Langue Syriaque, met le vin & l'eau dans le calice, descend au bas de l'autel, fait sa confession, reprend son chant alternativement avec l'Assistant, qui ne discontinue plus, même à la consécration, où le Prêtre est accompagné par le son de petits boucliers, que des Clercs Maronites font résonner en les frappant l'un contre l'autre, des cimbales ou especes de tambours de basque, garnis de grelots, emmanchés ou attachés à une pique, surmontés d'un petit étendard taillé en flammes, des tympanons ou especes de coupes de métal, sur lesquels on frappe en mesure avec de petits marteaux. Cet accompagnement a encore lieu à l'adoration & à la communion que le Prêtre fait à deux reprises, entre lesquelles il chante des prieres.

MAROSIE, Dame Romaine, célebre par sa vie débordée & par le mal qu'elle a fait à l'Eglise; sa beauté, soutenue par beaucoup d'esprit & par une ambition sans bornes, la rendit maîtresse absolue d'Adelbert, Marquis de Toscane, qui lui livra sa fortune & le Château S. Ange, dont il avoit la propriété. Elle en eut un fils; & après la mort du pere, elle épousa Guy, un autre fils d'Adelbert. Elle se rendit maîtresse du Saint Siége, d'où elle faisoit descendre & monter qui bon lui sembloit. Elle déposa Jean X, & tua son frere. Elle avoit eu un fils de Serge III. Elle fit mourir Leon X, & éleva sur ce Trône ensanglanté ce fils, sous le nom de Jean XI. Guy étant mort, elle en épousa le frere, appellé Hugues. Alberic son fils, qu'elle avoit eu d'Adelbert, ayant reçu un soufflet de Hugues, le chassa de Rome, & mit sa mere & Jean XI en prison, où ils moururent.

MAROSTICA, petite Ville du Vicentin, dans l'Etat de Venise; on dit qu'elle a pris son nom de *Marii Status*, le champ de Marius, parce que ce Général y campoit lorsqu'il fut battu par Sylla; elle est défendue par un bon Château, entouré de fortes murailles.

MARRO, Seigneurie enclavée dans la Principauté d'Oneille en Piémont. Cette Seigneurie & celle de Prela, furent cédées avec le Comté de Tende à Charles-Emmanuel.

MARSAGLIA ou MARSAILLE, petite Ville dans le Piémont, célebre par la bataille qui se donna dans la plaine, où cette Ville est située, le 4 Octobre 1693, & où le Maréchal de Catinat remporta une victoire complette sur l'armée du Duc de Savoie & de ses Alliés.

MARSICO NUOVO & MARSICO VETERE, *Marsico Nuovo*

est une petite & jolie Ville du Royaume de Naples, dans la Principauté Citérieure, avec un Evêché suffragant de Salerne, auprès de l'Apennin; elle a titre de Principauté, & appartient à une des branches de la Maison Pignatelli. *Marsico Vetere* est dans la Basilicate, au même Royaume, & n'est pas aussi agréable.

MARSIGLI, (*Louis-Ferdinand*, Comte de) né à Bologne en 1658, d'une ancienne famille. Il fut brave Guerrier, habile Négociateur, Ingénieur, Physicien, Naturaliste, Mathématicien, Géographe, & sur-tout Philosophe. Il s'adonna de bonne heure aux sciences, & fut en relation avec la plupart des Savans de l'Europe. Il fit un voyage à Constantinople avec le Baile de Venise, il s'y mit au fait des forces Ottomanes. Il entra au service de l'Empereur Léopold, en guerre contre le Turc, fut blessé & fait prisonnier en 1583, au passage du Raab, & fut acheté par deux Turcs fort pauvres. Il fut racheté & fait Colonel en 1683. A la paix, il fut envoyé en Turquie pour régler les limites entre l'Empereur, la République de Venise & la Porte. Il demanda des nouvelles de ses patrons, & sollicita pour l'un d'eux un timariot, espece de bénéfice militaire. Le Grand-Visir, touché de sa générosité, en accorda un beaucoup meilleur que celui que Marsigli demandoit. En 1706, il commandoit sous le Comte d'Arco, dans Brissac, qui se rendit à la premiere sommation du Duc de Bourgogne. C'étoit le Prince de Bade qui commandoit en chef dans la Place; l'Empereur eût dû s'en prendre à lui; mais le Comte d'Arco fut condamné à avoir la tête tranchée, & Marsigli dépoé de ses grades & armes, l'épée rompue. Marsigli vint en France: Louis XIV, qui connoissoit son courage & ses talens, l'ayant vu sans épée à la Cour, lui donna la sienne. Marsigli se livra aux sciences plus que jamais. Il parcourut les montagnes de Suisse en observateur, & alla étudier la mer à Marseille. Il rencontra le Galérien, qui, dans son esclavage, l'attachoit tous les soirs à un pieu, & le racheta. Clément XI le rappella de Marseille pour le mettre à la tête d'une armée contre l'Empereur Joseph: ce projet n'eut point lieu. Marsigli revint en Provence ; & des affaires particulieres l'ayant rappellé à Bologne, il y mourut en 1730. Il est le fondateur de cette belle Académie de Bologne, connue sous le nom d'Institut. L'Académie des Sciences de Paris, la Société Royale de Londres, & l'Académie des Sciences de Montpellier se l'associerent. Marsigli n'oublia point son esclavage ; il établit un tronc à la Chapelle de l'Institut pour le rachat des Captifs. Il a laissé des Mémoires utiles dans le Recueil de l'Académie des Sciences de Paris ; un Essai physique de l'histoire de la Mer, traduit par le Clerc, in-fol. Amsterdam, 1725 ; *Opus Danubiale*, ou description du Danube depuis Vienne jusqu'à Belgrade, six volumes, in-fol. traduite en François ; *Traité des Champignons*, &c.

MARSILE de Padoue, ou MENANDRIN, Recteur de l'Université de Paris, a travaillé sur la défense de la Puissance séculiere contre la spirituelle. Le Traité qui fit le plus de bruit, est son *Defensor Pacis*, en faveur de Louis de Baviere contre le Pape. Jean XXII condamna cet Ecrit. Il a aussi composé *de Translatione Imperii Romani*.

MARSILE FICIN. *Voyez* FICIN.

MARSILIANA, petite Ville de Toscane, dans le Siennois, est fort connue à cause des Manufactures en soie qui y sont établies.

MARTA, Bourg du Duché d'Urbin, dans l'Etat de l'Eglise, peu considérable.

MARTELLI, (*Ludovico*) Poëte, né dans le Duché de Toscane, dans le seizieme siecle. Il est regardé comme un des meilleurs Poëtes Dramatiques d'Italie : sa Tragédie de Tullie passe pour un chef-d'œuvre. Il y a deux Recueils de ses Poësies ; l'un renferme ses Pieces de Théâtre & ses Ouvrages sérieux ; ses Poësies bouffones sont insérées dans le Recueil des Poësies berniesques. Il y a un autre Poëte de la même famille (*Vincent* MARTELLI) avec lequel il ne faut pas le confondre.

MARTELLI, (*Pietro-Jacob*) Secrétaire du Sénat de Bologne, est mis au rang des meilleurs Poëtes Italiens. Son Théâtre contient treize Tragédies fort estimées des Italiens, & que quelques Poëtes Tragiques François n'ont point ignorées. Outre ses Piéces de Théatre, il y a encore de lui un Recueil en deux volumes in 8°. *de versi e prosa.*

MARTIN. Il y a eu trois Papes de ce nom, & cinq, suivant ceux qui comptent dans ce nombre MARIN I & MARIN II. *Voyez* MARIN.

MARTIN I, né à Todi, au Duché de Spolette, élu le premier Juillet 649, après la mort de Théodore. Il assembla un Concile, où furent condamnés les Monothélites, l'Ecthese d'Héraclius & le Type de Constant, édits contenant un formulaire de foi que ces Empereurs avoient publiés. L'Empereur Constant persécuta Martin, le fit arracher du pied des autels pour le conduire dans les prisons de Constantinople, d'où il ne le tira que pour l'envoyer en exil dans la Chersonese, où il mourut au milieu de toutes sortes de chagrins & de souffrances, en 654.

MARTIN II ou IV, en comptant les deux Marins. (*Simon* DE BRIE) né en Brie en France, fut élu le 22 Février 1281. Il fut d'abord Cardinal par Urbin IV, Trésorier de l'Eglise de Tours, & fut employé en des Légations importantes. Ayant été élu Pape, son frere vint le voir, comptant sur une fortune brillante; mais Martin ne lui donna que de quoi payer les frais de son voyage, en lui disant qu'il n'étoit que l'économe des biens de l'Eglise. La Ville de Rome étoit divisée en deux partis, il les réunit. Il excommunia Pierre, Roi d'Arragon, auteur du massacre des Vêpres Siciliennes, & l'Empereur Michel Paléologue, ligué avec Pierre. Il mourut le 25 Mars 1285. Il avoit transféré l'Arragon à Charles de Valois, & fit prêcher une Croisade contre Pierre; & Philippe-le-Hardi, sur la donation du Pape, fit la guerre à l'Arragonois avec ses Croisés, qui périrent de la peste avec lui.

MARTIN III ou V, (*Otton Colonna*) né à Rome, fut élu en 1417, après l'abdication de Gregoire XII & la déposition de Benoît XIII. Comme il fut élu au Concile de Constance, son intronisation fut de la plus grande solemnité; l'Empereur & l'Electeur Palatin tenoient la bride de son cheval, & tout le Concile l'escorta. Il présida au Concile ; ensuite il publia des Bulles contre des Hussites. Il congédia le Concile, où il restoit encore bien des choses à régler. Il termina le schisme, qui, depuis un demi-siecle, déchiroit l'Eglise. Après la mort de Benoit XIII, deux Cardinaux avoient élu pour successeur de cet Antipape Gilles de Mugnos, Espagnol, sous le nom de Clément VIII. Il se démit volontairement, & le Pape lui donna l'Evêché de Majorque. Martin avoit indiqué un Concile à Basle pour la réformation de l'Eglise, qui devoit être tenu sept ans après : mais ce Pape mourut d'une attaque d'apoplexie en 1431.

MARTINENGO, petite Ville du Bergamasque, dans l'Etat de Venise. *Voyez* BERGAMASQUE.

MARTINI, (le P. *Martin*) Jésuite, Missionnaire à la Chine, né à Trente, a beaucoup écrit sur l'Histoire, la Géographie, le Gouvernement & les Mœurs des Chinois. Il fit dans ce pays des recherches curieuses qu'il mit en ordre, & qu'il publia à son retour en 1651 ; il donna d'abord *Sinicæ historiæ Decas*, qui va jusqu'à la naissance de J.C. Cette partie de l'Histoire a été traduite en François par Pelletier, deux volumes in-12, 1692 ; ensuite sa Chine illustrée, in-fol. l'Histoire de la Guerre des Tartares contre les Chinois, & une Relation du nombre & de la qualité des Chrétiens chez les Chinois. Le P. Duhalde a fondu dans son Ouvrage ce qu'il y a de meilleur dans ces différens livres. Le P. Martini a écrit en latin.

MARTORANO petite Ville au Royaume de Naples, dans la Calabre Citérieure, avec un Evêché suffragant de Cosenza ; elle a trois lieues de la mer & six S. de Cosenza.

MARULLE, (*Tacite*) né dans la Calabre, Poëte, qui, dans le temps que toute l'Italie gémissoit des fureurs d'Attila, eut la bassesse de lui dédier un Poëme rempli d'adulation, dans lequel il le faisoit descendre des Dieux. Attila en fut indigné lui-même ; & dans le premier moment, il ordonna qu'on jettât dans le feu & le Poëme & l'Auteur : mais pour ne pas indisposer les Poëtes contre lui, il fit grace à l'Auteur, & se contenta de faire brûler l'Ouvrage.

MARULLE, (*Michel*) ou TARCHONIOTA, est un de ces Savans qui passerent en Italie & y porterent le goût des Lettres, après la prise de Constantinople. Il se jetta dans le Militaire, & périt en Toscane, en passant une riviere, en 1500. Il a laissé des Poësies grecques & latines, où régne toute la délicatesse de l'Antiquité, mais quelquefois trop libres ; elles ont été souvent imprimées avec les Baisers de Jean II. Il n'a rien de commun avec Marc Marulle de Spalatro, dans le seizieme siecle, qui a laissé un Traité *de religiosè vivendi institutione per exempla.*

MARZA, petite Ville dans la Vallée de Voto en Sicile, fort incommodée, comme toute cette partie, par les éruptions du Mont Gibel.

MARZA MUSCIETTO, est un Fort de l'Isle de Malthe, dans une des petites Isles qui l'environnent.

MASANIELLO, hardi séditieux, qui eût pu exécuter la plus étonnante révolution à Naples, s'il eût su se modérer dans la prospérité. Ce jeune homme, à peine âgé de vingt-quatre ans, étoit Pêcheur, avoit de l'esprit, beaucoup d'éloquence naturelle & un caractere féroce. En 1647, les Gouverneurs Espagnols accabloient le Peuple de Naples de subsides & de mauvais traitemens ; il murmuroit & n'osoit élever la voix ; Masaniello qui connoissoit ces dispositions, paroît un jour dans Naples, un roseau à la main, & criant : *Vive le Roi d'Espagne, & périssent les Officiers corrompus.* On le prit d'abord pour un fol, & l'on rit : bientôt on le voit suivi de deux mille jeunes gens Pêcheurs & Artisans, armés de bâtons. Ils resterent assemblés la nuit ; le lendemain matin Masaniello recommença sa course ; beaucoup de Mécontens se joignirent à lui. A midi sa troupe étoit de plus de dix mille hommes. Les Artisans & les petits Marchands avoient fermé leurs boutiques & suivoient la foule. Masaniello les conduisit alors sur la place, monta sur une pierre, fit entendre au Peuple qu'il n'avoit d'autre objet que de l'exciter à recouvrer sa liberté, & à s'affranchir de la tyrannie des Espagnols. Le Peuple, animé par son ressentiment particulier, & par l'enthousiasme de l'Orateur, s'écrie tout d'une voix: *Vive Masaniello,*

Protecteur de la liberté, & le déclare son chef. Il fait ouvrir les prisons, ordonne à tout Napolitain, de quelque état & condition qu'il soit, de le suivre & de prendre les armes, sous peine d'avoir sa maison brûlée; & ce même jour il se vit à la tête de cinquante mille hommes. Le Vice-Roi lui demanda une trève; il y consentit pour le Peuple: le Vice-Roi le reconnut *Premier Tribun du Peuple fidele*. Cette capitulation lui attira de nouvelles troupes, il se vit à la tête d'une armée de cent cinquante mille hommes. Il abolit les impôts, fit battre monnoie, changea l'ordre du Gouvernement, & eût anéanti la domination Espagnole, s'il eût sû être maître de lui-même; mais il marqua trop de fierté au Peuple qui l'assassina, après avoir obéi aveuglément à ses ordres, massacré plusieurs Nobles, & brûlé leurs maisons. Le lendemain de cet assassinat, ce Peuple inconstant, qui avoit porté sa tête au bout d'une pique, traîné son cadavre dans la boue, honteux de sa brutalité, lava son corps & sa tête, le couvrit d'habits royaux, lui mit une couronne & un sceptre, & assembla deux mille Ecclésiastiques Séculiers & Réguliers, qui l'inhumerent dans les tombeaux des Rois; mais ce Peuple n'avoit plus de chef, sa légéreté & la vigueur Espagnole le dissiperent, & chacun rentra sous l'obéissance en tremblant pour soi.

MASCARDI, (*Augustin*) né à Sarzane en 1591, de parens nobles. Urbin VIII, charmé de son éloquence, le fit son Camerier d'honneur, & lui donna une pension de cinq cens écus. Il établit pour Mascardi une Chaire d'Eloquence dans le Collége de la Sapience en 1628. Il mourut à Sarzane en 1640. Il a composé en latin & en italien des Poésies, des Harangues, & quelques autres Ouvrages; celui qui est le plus connu en France, est son Traité, *Dell'Arte Historica*; les autres sont, *Discorsi Morali sur la Tavola di Cebete*, *Prose Vulgari*, *La Congiura del Conte Govan Luigi Feschi*, *Sylvarum*, *Lib. IV*, *Prolusiones Æthicæ*, *Dissertationes de affectibus*.

MASCHERE, (les) Village entre Loïano & Tagliafeno, à dix-huit milles de Florence; ce lieu est peu considérable; on y trouve une très belle maison de la famille Gerini.

MASCHERINO, (*Octavien*) Peintre & Architecte,

mort sous le pontificat de Paul V, âgé de quatre-vingt-deux ans, à Rome, où il construisit la Galerie & le Portique au fond du Palais de Monte-Cavallo, la façade décorée de pilastres accouplés, & l'escalier; l'Eglise de Saint Laurent *in Lauro*, & le Palais où est le Mont de Piété furent élevés sur ses desseins. Il a encore élevé la façade du Palais dépendant de l'Eglise du Saint-Esprit, & celle de l'Eglise de la *Scala*, il acheva celle de *Transpontina*, commencée par Salluste *Perruzzi*, fils de Balthasar.

MASCOLO ou **MASCULUS**, (*Jean-Baptiste*) Jésuite, né à Naples en 1583, fut destiné à l'étude de la Jurisprudence. Sa piété & son penchant pour les Lettres l'engagerent d'entrer chez les Jésuites, malgré ses parens. Il y servit d'exemple par sa modestie, sa charité & son ardeur pour l'étude. Pendant la peste qui désola Naples en 1656, il se livra à son zele pour soulager & pour exhorter les malades. Il mourut victime de ce fléau, âgé de soixante-treize ans. Il a laissé, *Lyricorum seu Odarum*, Lib. XV; *de Incendio Vesuviano; Persecutiones Ecclesiæ; Encomia; Ponderationes Concionales in Opera SS. Augustini, Hyeronimi & Ambrosii.*

MASENA & GUARDA, sont deux petites Villes sur le Lac de *Guarda*, au Véronois dans l'Etat de Venise.

MASO, ou **FINIGUERRA**, Florentin. C'est à lui, comme nous l'avons dit ailleurs, qu'on attribue l'invention de la gravure sur cuivre. Il étoit Orfévre; il s'apperçut qu'en gravant ses ouvrages d'orfévrerie, le soufre fondu dont il se servoit, conservoit les figures empreintes de la gravure; il suivit cette idée, fit des épreuves & réussit; cette découverte se répandit à Florence, & passa en Flandre, où Alberdure & Martin d'Anvers la perfectionnerent.

MASSA, (Duché de) dans les Etats de Modene, qui n'a que trois ou quatre lieues d'étendue, est près de la Mer, au midi des autres Etats du Duc de Modene, entre la République de Gênes & celle Lucques. Ce Duché, ou Principauté, a long-temps appartenu à la Maison de *Cibo*, dont Hercule Renaud, Prince Héréditaire de Modene, épousa l'héritiere en 1740. Ce Duché n'eſt remarquable que par ſes belles carrieres de marbre. La Ville de *Maſſa* en eſt la capitale. Elle eſt ancienne, aſſez belle & bien peuplée, dans une plaine agréable proche de la mer, défendue par un bon Château. Les autres Villes du Duché ſont *Carrera* petite Ville, & au voiſinage des carrieres, d'où elle a tiré ſon nom; *Lavenſa*, ſituée à l'embouchure d'une petite riviere de même nom. Les carrieres de Maſſa fourniſſent ce beau marbre dont on ſe ſert pour les plus beaux édifices d'Italie. De Modene à Maſſa on a conſtruit un très-beau chemin à travers l'Apennin, pour faciliter le tranſport des marchandiſes.

MASSA DE SIENNE, *Maſſa Veternenſis*, Ville du Siennois, avec Evêché ſuffragant de Sienne, dépendante du Grand Duc de Toſcanne, eſt ſituée ſur une colline.

MASSA DI SORRENTO, au Royaume de Naples, dans la Terre de Labour, avec Evêché & titre de Principauté, eſt ſituée au-deſſus des ruines des Villes de Pompeia & de Stabia, couvertes des cendres du Veſuve: le veau des environs de Maſſa & de Sorrento eſt fort renommé : il y a de très-bons pâturages & le pays eſt très-fertile. Maſſa eſt célebre par la naiſſance du Taſſe.

MASSARIA, (*Alexandre*) né à Vicence, Médecin célebre du ſeizieme ſiecle. Il fut Profeſſeur en Médecine dans l'Univerſité de Padoue, où il mourut en 1598. Il a laiſſé un Traité de la Peſte; la Médecine Pratique; un Traité du Poulx, des Urines; *Conſultationes & Reſponſa Medicinalia; adver-*ſus *Saxoniam de abuſu Medicamentorum Veſicantium*, &c.

MASSERAN, MASSERANO, petite Principauté ſituée entre le Milanez & le Piémont, & enclavée dans la Seigneurie de Verceil. Elle releve du Saint Siege, & appartient à la Maiſon Ferrara de Fieſque. Le Prince de Maſſerano fut fait Grand d'Eſpagne de la premiere Claſſe en 1712. Les Seigneurs de cette Maiſon portent auſſi le titre de Marquis de *Crevacore*, parce que ce Marquiſat a été réuni à la Principauté de *Maſſerano*.

MASSIMO SASSO *delle Italie*, proche *Macerata*, dans la Marche d'Ancône. Cette montagne eſt un rocher en forme de pain de sucre. On la nomme *Massimo Sasso*, parce qu'il n'y croît rien, pas même de l'herbe.

MASTELLETTA, (Jean-André Donducci, dit le Peintre) né à Bologne en 1577, Eleve des Carraches, étudia les ouvrages du Parmesan. Il s'est fait une maniere particuliere & séduisante, sans vouloir consulter la nature. Il avoit l'art de cacher ses incorrections dans les fortes ombres dont il enveloppoit ses figures qui paroissoient en relief au moyen des clairs qu'il y répandoit. Il essaya, sans succès, de prendre la maniere claire du Guide. Ce Peintre avoit les mœurs extrèmement pures, la plus grande modestie & beaucoup de piété; sur la fin de ses jours, le chagrin affoiblit son esprit & l'obligea de se retirer dans un Couvent où il mourut très-âgé. M. le Duc d'Orléans possede de ce Peintre la vision de Saint François.

MASUCCIO, Architecte & Sculpteur, né à Naples en 1230, & mort en 1305. Il a achevé le Château neuf & l'Eglise de Notre-Dame des Nouvelles, commencés par Jean de Pise; il a bâti le Palais de l'Archevêché de Naples, dans le goût gothique, l'Eglise de Saint Dominique Majeur, & celle de Saint Jean Majeur, sur de meilleures proportions. Parmi les différens Palais qu'il a fait élever, on distingue celui du Prince Colombrano.

Masuccio eut pour Eleve Etienne, dit Masuccio II. Pendant qu'il étudioit à Rome les anciens monumens, le Roi Robert l'appella à Naples pour y bâtir l'Eglise de Sainte Claire, qu'il trouva commencée dans le goût gothique: Etienne corrigea le plan le mieux qu'il put; l'Eglise & le Monastere de la Croix du Palais, la Chartreuse de Saint Martin, le Château de Saint Elme de Naples, termina l'Eglise de Saint Laurent, commencée par Masuccio; bâtit celle de Saint Jean à Carbonara. Etienne étoit excellent Sculpteur. Il fit plusieurs tombeaux, & mourut en 1383.

MASUCCIO, de Salerne, d'une famille noble, a donné des Nouvelles à l'imitation de Bocace. Elles ont été imprimées à Naples, in-fol. en 1476, sous le titre de *Novellino*. Elles sont au nombre de cinquante. Cet Auteur mourut vers la fin du quinzieme siecle.

MATERA, petite Ville au Royaume de Naples, dans la Province d'Otrante, avec un Evêché. L'Archevêque de Cirenza dans la Basilicate, dont l'Archevêché a été réuni à celui de Matera, réside dans cette Ville. Elle est située sur le Canapro, à onze lieues S. O. de Bari & quatorze N. O. de Tarente.

MATHEI, (Villa) à Rome; sur la hauteur du Mont Cœlius; on y respire le meilleur air de Rome : la maniere dont les jardins sont distribués, les fait paroître beaucoup plus étendus : ils sont presque abandonnés : une partie est en forme de Théâtre antique. On voit au fond un buste colossal qui a huit pieds de haut, la statue devoit en avoir soixante-quatorze. Il y a sur-tout quantité de petits tombeaux de marbre & d'urnes sépulcrales. On y voit un obélisque antique formé de deux pieces de granit, couvert dans le haut d'hiéroglyphes; un Apollon prêt à écorcher Marsyas, par *Olivieri*; un cheval de bronze antique de demi grandeur, écorché, ayant les veines, les nerfs & les muscles découverts; ce morceau est très-estimé : une statue de Vénus restaurée par la tête & le bras droit; elle a pour pendant une statue moderne de l'Amitié, par *Olivieri*; elle a la main sur sa poitrine qui est ouverte; un Silene assis, la tête enfoncée dans les épaules, la bouche ouverte, le visage boursouflé, Antique Grec très-beau; Porcie & Brutus, beau groupe antique; une tête antique de Ciceron, le nez, les levres & le menton restaurés; une petite statue d'Adrien, unique; un Antinoüs entier, presqu'aussi beau que celui du Belvedere; une petite fontaine du Bernin, formée de trois huitres soutenues sur des queues de dauphin; un aigle ouvre ces huitres, & il en sort des napes d'eau; il y a quelqu'autres fontaines curieuses; de très-belles colonnes du plus beau marbre; des grottes avec des jets d'eau formés par des tritons ou autres figures; des terrasses; de beaux points de vue. Le Casino ou maison, contient des morceaux très-rares & très-curieux; l'Amazone antique, ployant son arc, très-belle statue; une table quarrée de porphyre verd, morceau unique; une petite figure de Cerès, une des plus jolies statues de Rome; un aigle antique de marbre; Faustine la jeune, sous la figure de la Pudeur; une tête colossale de Plotine; une Diane, Antique grec; Hercule dans sa jeunesse, aussi Antique grec; Antonin le pieux. C'est dommage qu'on laisse gâter la plupart de ces statues, & qu'on néglige la maison & les jardins.

MATHESILANI, (*Mathieu*) célebre Jurisconsulte de Bologne, vivoit dans le quinzieme siecle vers l'an 1435, & dont on a souvent imprimé les Traités *de Electione Variarum opinionum; de Successionibus ab intestato; Lecturæ super lib. cod. VII.*

MATHIEU DEL NASSARA, né à Vérone, Graveur célebre de Pierres fines. Il vint en France, & François I honora son talent. Il avoit fait pour ce Prince un oratoire qu'il portoit par-tout dans ses voyages & à l'armée. Outre l'art de la Gravure, il possédoit celui de la Musique. François I se plaisoit beaucoup à l'entendre jouer du luth. Ces talens joints à la gaîté & à l'honnêteté de l'Artiste, le rendirent si cher au Monarque, que lorsqu'après l'événement de Pavie, Mathieu s'en retourna à Vérone, François I lui dépêcha des Couriers pour le faire revenir en France. L'Artiste revint, se maria; François I le combla de bienfaits & le nomma Graveur général des Monnoies. Il ne quitta plus la France, & mourut à Paris en 1548.

MATHILDE, (la Comtesse) fille de Boniface, Marquis de Toscane, marqua le plus grand attachement au Saint Siége; après avoir défendu Grégoire VII & emporté de grands avantages contre l'Empereur Henri IV, elle donna tous ses biens aux Papes. Ces biens étoient immenses; la Toscane, Mantoue, Parme, Reggio, Plaisance, Ferrare, Modene, partie de l'Ombrie, Spolete, Vérone, tout le pays depuis Viterbe jusqu'à Orviette, partie de la Marche d'Ancône en dépendoient. L'empereur Henri IV, prétendant qu'une partie de ce Domaine étoit de la mouvance de l'Empire, s'opposa à la prise de possession de Pascal II; la guerre s'alluma; enfin chaque Puissance céda de ses prétentions ou de ses droits, & l'on fit une nouvelle composition. Elle avoit fiancé un fils de Godefroy le Bossu, Duc de Lorraine; ce mariage ne s'acheva pas. Après sa mort elle épousa Guelfe le jeune, Duc de Baviere, & ne consentit à ce mariage, qu'à condition, dit-on, de vivre en continence avec son époux. Elle mourut le 24 Juillet 1115, âgée de 76 ans.

MATHIOLE, (*Pierre-André*) né à Sienne à la fin du quinzieme siecle, célebre Médecin & Botaniste. Il connoissoit très-bien les langues grecque & latine, & étoit profond Littérateur. Il fut premier Médecin de l'Empereur Ferdinand, & mourut de la peste. Il a laissé d'excellens Commentaires sur Dioscoride. L'édition la plus recherchée est celle de Venise, in-fol, avec figures 1568; Gaspard Bauhin a enrichi de ses notes celle de Francfort 1698; *Epitome de Plantis; Consilia Medica*.

MATHURIN & POLIDORE de Florence, Peintres de la fin du quinzieme siecle & du commencement du seizieme, étoient liés d'une si étroite amitié, qu'après avoir fait ensemble de pénibles études de l'Antiquité, ils ne cesserent de travailler ensemble, & de confondre leurs ouvrages; ils avoient la même maniere, le même goût, le même coloris, & jamais on n'a distingué leurs ouvrages. Nous avons en France le même exemple de talens réunis. MM. Rebel & Francœur ont donné plusieurs Opéra très-estimés, sans que jamais on ait distingué le travail de l'un ou de l'autre. Mathurin mourut en 1526.

MATTHEACI, (*Angelo*) né à *Marostica*, Jurisconsulte, Philosophe & Mathématicien. Ses connoissances de l'un & l'autre Droit lui firent donner une Chaire à Padoue, & lui mériterent l'estime de Sixte V & de l'Empereur Rodolphe, qui le consulterent & le comblerent de biens & d'honneurs. Il mourut en 600, âgé de soixante-quatre ans. Il a laissé *de via & ratione artificiosa Juris Universi; de Fideicommissimis*, &c.

MAURICE, (Chevaliers de Saint-) Ordre de Chevalerie séculiere, institué en Savoie par Amédée VIII, dans le temps qu'il se retira au Prieuré de Ripaille en 1354. Pendant plusieurs années cet Ordre fut tellement négligé, qu'il étoit presqu'anéanti; mais, en 1572, Emmanuel-Philibert le releva. Gregoire III donna une Bulle en faveur de cet Ordre, & créa Emmanuel & ses successeurs Grands Maîtres de l'Ordre : il fut ensuite réuni à celui de Saint-Lazare.

MAU

MAURIENNE, (la) Vallée de Savoie, d'environ vingt lieues de long, avec titre de Comté: elle s'étend jusqu'au Mont Cenis, qui la sépare du Piémont. Cette partie de la Savoie a été autrefois le premier patrimoine de ses Princes. Humbert *aux mains blanches*, dans le onzieme siecle, portoit le nom de Comte de Maurienne. César appelle ses habitans les *Brannovices*.

MAURIENNE, (Saint-Jean de) Capitale du Comté de ce nom, petite Ville, Siége d'un ancien Evêché, dont le revenu est de vingt-deux mille livres. On ne sait pas au juste si c'étoit par la Vallée de Maurienne ou par le Mont Saint-Bernard qu'Annibal traversa les Alpes. Saint-Jean est célebre par la mort de Charles-le-Chauve, Roi de France, qui y fut empoisonné par un Médecin Juif, en revenant d'Italie. En 1548, Henri II, passant par Saint-Jean de Maurienne, les habitans voulant lui donner une fête, cent jeunes gens des plus lestes se couvrirent de peaux d'ours si proprement, qu'on les eût pris pour ces animaux, d'autant mieux qu'ils imitoient parfaitement leurs cris, leurs gambades & leurs hurlemens à s'y méprendre: ils accompagnerent ainsi le Roi dans son logement. Cette Mascarade approchoit si fort du naturel, que les chevaux des Valets & Ecuyers de la suite du Roi jetterent bas leurs Cavaliers, & s'enfuirent en passant sur le ventre de tous ceux qu'ils rencontroient. Les Villes ou principaux Bourgs de la *Maurienne* sont *Lannebourg, Termignon, Saint-André, Saint-Michel,* la *Chambre, Argentiere, Ayguebelle, Modano,* & le *Fort de Charbonnieres, Bonneval.* Tous ces lieux sont sur les bords ou peu éloignés de la riviere d'Arche.

MAUROLYCO, (*François*) né à Messine en 1404, Poëte, Astronome & Mathématicien, enseigna les Mathématiques à Messine. Il s'exprimoit avec tant de clarté, qu'il n'y avoit pas de sujet, quelque compliqué, quelque abstrait qu'il fût, qu'il ne rendît familier. Il avoit une mémoire prodigieuse, qui ne nuisoit ni à la pénétration de son esprit ni à la solidité de son jugement. Il a laissé plusieurs Ouvrages en vers & en prose. Les plus estimés sur les sciences abstraites sont une édition des *Sphériques de Théodose*, un Traité de la Sphere, un

Traité intitulé, *Instrumenta Astronomica*, *Emendatio & restitutio Conicorum Apollonii Pergæi*; *Archimedis monumenta omnia*.

MAZARA, (la Vallée de) Province méridionale du Royaume de Sicile, en occupe toute la partie occidentale; c'est la plus peuplée des trois Vallées : elle abonde en tout ce qui est nécessaire à la vie. La Ville de Mazara lui a donné son nom : mais c'est Palerme qui en est la Capitale. *Mazara* a un Evêché & un bon Port. Les autres Villes sont *Palerme*, voyez *Palerme*, *Gergenti*, *Montréal*, avec Archêvêché, *Trapani*, *Solento*, *Marsalla* & *Cefala*, *Trabia*, *Portogallo*, *Castello à Mare*, *Zacca* & *Monte Virgine*, *Castel de Greci*, *Calatrisi*, *Entella Guiliana* & *Cannicatini*, & les Isles de *Favagnano*, *Maretimo* & *Levenso*.

MAZARIN, (*Jules*) Cardinal, né à Piscina, dans l'Abruzze, en 1602, de parens nobles, originaires de Montaldeo, dans l'Etat de Gènes. Le jeune Mazarin ayant fait de grands progrès dans les Lettres, s'attacha à l'Abbé Colonna, depuis Cardinal, qu'il accompagna en Espagne. De retour en Italie, il accompagna le Cardinal Sacchetti dans sa Légation en Lombardie. Ce fut là qu'il étudia les intérêts des Princes, & qu'il prit les premiers élémens de la Politique. Barberini étant venu dans le Milanez, en qualité de Légat, pour terminer les affaires de Casal & du Montferrat, Mazarin fut chargé de toute cette affaire. Les François & les Espagnols, refusant d'accepter la paix conclue à Ratisbonne, étoient prêts d'en venir aux mains. Les armées étoient rangées en bataille, lorsque Mazarin, sortant des retranchemens de Casal, assiégé par les Espagnols, court au galop vers les François, dont les troupes légeres tirailloient déja, & crioit de toutes ses forces, en faisant signe avec son Chapeau, *la paix, la paix*. Il avoit beaucoup négocié, & les propositions qu'il présenta au Maréchal de Schomberg furent acceptées, & suivies de la paix de Quierasque, le 6 Avril 1631. Mazarin, présent au Traité pour le Pape, en eut toute la gloire. Il inspira à Richelieu & à Urbin VIII la plus haute idée de lui. Il vint quelque temps après en France en qualité de Nonce extraordinaire. Richelieu se confirma dans l'idée qu'il en avoit conçue. Louis XIII obtint pour Mazarin le chapeau de Cardinal, le fit nommer Conseiller d'Etat, & l'un de ſes Exécuteurs teſtamentaires. Il ſe fit une grande réputation pendant la Régence. Mais il excita l'envie des Grands & les murmures du Peuple, donna lieu à la guerre de la Fronde, & ſe vit obligé de ſortir du Royaume. On mit ſa tête à prix: mais le temps & les circonſtances le ramenerent dans le Royaume plus triomphant que jamais. Il termina les différens de l'Eſpagne avec la France, maria le jeune Monarque avec l'Infante; enfin, accablé de travaux, il mourut à Vincennes le 9 Mars 1661. Il jouit à ſon retour en France d'un pouvoir abſolu, ayant des Gardes & une Compagnie de Mouſquetaires pour l'eſcorter; mais au milieu de ce faſte, il laiſſa languir les Finances, le Commerce & la Juſtice. Il amaſſa plus de deux cents millions par des moyens peu honnêtes. Il s'appliqua un nombre infini de Bénéfices: mais il n'oſa conſentir au mariage de Louis-le-Grand avec ſa niece, dont ce Prince étoit éperdument amoureux.

Mazarino, petite Ville dans la Vallée de Noto, au Royaume de Sicile, ſe fait honneur d'avoir donné naiſſance à l'illuſtre Maiſon que le Cardinal Mazarin a rendu ſi célebre ſous le regne de Louis XIV. Cette Ville eſt ſituée à huit lieues de Terra-Nuova, vers le nord.

Mazza; c'eſt ainſi qu'on appelle dans la République de Lucques une exécution qui ne ſe fait que dans les affaires de grande importance. On lui a donné le nom de Mazza, parce que ceux qui ſont prépoſés pour cette exécution, & que l'on nomme à cauſe de cela Mazzieri, portent une maſſe d'argent, où ſont les armes de la République. Les Lucquois ſont toujours fort épouvantés lorſqu'ils apprennent que la maſſe eſt en Ville; c'eſt une marque que l'on en veut à quelqu'un de diſtinction. Il eſt très-difficile d'être averti du coup qu'on doit porter, parce que dès l'inſtant que la République envoie la Maſſe pour arrêter quelqu'un, le Conſeil reſte toujours aſſemblé, & perſonne n'en peut ſortir que juſqu'à l'heure qu'on juge que la Maſſe eſt arrivée au lieu où doit ſe faire l'exécution; & afin que l'affaire soit plus cachée, les Députés ou Mazzieri sont chargés d'une lettre cachetée du sceau de la République, qu'il ne leur est permis d'ouvrir que dans l'endroit qu'on leur a marqué.

MAZZOLI, (*Laurent*) de Padoue, Bénédictin savant, du seizieme siecle. Il étoit aussi Poëte. Il a laissé un Recueil de Sonnets, un Traité sur la maniere d'écrire l'Histoire, une Concorde d'Aristote & de Platon.

MAZZOLINI, (*Sylvestre*) né en Piémont, dans le Village de *Prierio*, dont il porta le nom, au seizieme siecle. Il fut Religieux de l'Ordre de Saint Dominique, Maître du sacré Palais, & Général de l'Ordre. Il mourut à Rennes en Bretagne en 1520, en faisant son Cours de Visite. Il a beaucoup écrit. Parmi ses Ouvrages, on distingue un *Traité contre Luther*, une Somme des Cas de Conscience, des apostilles ou notes sur les Evangiles, des Commentaires sur le Maître des Sentences.

MAZZONI, (*Jacques*) né à Cesena, vaste Littérateur, du seizieme siecle. Le Duc de Florence en faisoit le plus grand cas, & lui donna une Chaire à Pise. Le Cardinal Aldobrandin le demanda au Duc, qui ne le céda qu'avec répugnance. Mazzoni s'acquit une grande célébrité à Rome. Il mourut à Ferrare, où il avoit accompagné Aldobrandin en 1603. Il a laissé *Methodus de triplici hominum vitâ*, Lib. III, *Præludia in universam Aristotelis & Platonis Philosophiam*; *Difesa di Dante*, & plusieurs autres Ouvrages.

MAZZORBO, Isle située dans la Marche Trévisane; tous ses habitans sont Pêcheurs & Jardiniers. L'air y est très-sain.

MAZUOLI. *Voyez* PARMESAN.

MEDINA OU LA CITA VECCHIA, petite Ville située au milieu de l'Isle de Malthe, dont elle étoit autrefois la Capitale. Son Evêque est grand'Croix de l'Ordre, & a le pas immédiatement après le Grand-Maître. Il est suffragant de Palerme.

MEDICI, (*Jacques*) que quelques Historiens appellent Medequin, étoit frere du Pape Pie IV, & fut Marquis de Marignan; quoique d'une naissance obscure, il affecta, lorsque son frere fut parvenu au souverain Pontificat, de se dire de la Maison illustre de Médicis de Florence, oubliant que son pere avoit commencé par être Barbier. N'ayant pu persuader à personne, de son vivant, qu'il fût du sang des Souverains, il voulut du moins qu'après sa mort on le crût un homme de très-grande importance. Il est enterré dans la Cathédrale de Milan ; & tandis que plusieurs de ses Souverains qui y sont inhumés n'ont que des tombeaux très-simples & très-ordinaires, la statue du Marquis de Marignan, en bronze, est debout, avec quatre autres statues représentant ses vertus, aussi en bronze.

MÉDICIS, (la Maison de) tire son origine du Commerce, dans le temps que Florence avoit un Gouvernement purement aristocratique : l'ambition divisa les Nobles, & fit passer les rênes du pouvoir dans la main du Peuple. Alors la Ville se divisa par Communautés, & chaque Art fournissoit successivement ses Magistrats, appellés Gouverneurs, & un Gonfalonier, qui changeoit tous les deux mois. Les Nobles furent exclus du Gouvernement ; ils ne purent espérer de gouverner à leur tour que comme Artisans, & en se faisant enregistrer dans les Communautés. Les Ouvriers & les Commerçans en laine étoient les plus nombreux : ils formoient trois Communautés. La Maison de Médicis s'étoit enrichie par ce Commerce qu'elle continuoit en 1378. Sylvestre de Médicis fut fait Gonfalonier ; il s'étoit attiré l'amour & la confiance du Peuple par un esprit supérieur & par un caractere aimable & généreux. Jean de Médicis eut les mêmes qualités, & produisit les mêmes effets sur l'esprit du Peuple : il fut Gonfalonier, & mourut en 1428. Cosme-le-Grand, fils de Jean, joignit aux qualités de ses peres les talens les plus rares, & sur-tout celui de savoir profiter des circonstances. Le Commerce de Florence attiroit dans son sein les richesses de l'Asie : les Médicis étoient à la tête de ce Commerce. Les richesses introduisirent le luxe, & le luxe dispose toujours les citoyens à s'endormir sur le vaisseau, & à laisser au Pilote, qui a eu l'adresse de s'emparer du gouvernail, le soin de les conduire ; s'ils s'éveillent dans la tempête & au milieu des écueils, ce n'est que pour se plaindre du sort & se livrer à leur destinée. Cosme les conduisit en politique habile, en pere sage, en ami généreux. Depuis Philippe de Médicis, que les Florentins reçurent Bourgeois de leur Ville en 1250, jusqu'à Cosme, qui naquit en 1399, les richesses s'étoient accumulées dans cette famille; elle jouissoit à Florence de la plus grande considération, & étoit connue dans toutes les parties du monde où elle avoit porté le Commerce. Cosme n'usoit de sa fortune que pour le bien de ses Compatriotes. M. de Voltaire le peint vendant d'une main les denrées du Levant, & soutenant de l'autre le fardeau de la République; entretenant des Facteurs & recevant des Ambassadeurs, résistant au Pape, & faisant la guerre & la paix; se rendant l'oracle des Princes, cultivant les Belles-Lettres; donnant des spectacles au Peuple, & accueillant tous les Savans Grecs de Constantinople. S'il est permis à un simple Citoyen d'aspirer à la Souveraineté, c'est lorsqu'il peut enchaîner la Patrie par des bienfaits. Cosme ne se servit que de cette voie : cependant il y trouva des obstacles. Des Citoyens, qu'on appella des ennemis jaloux de son bonheur & de sa gloire, mais qui n'étoient que des Patriotes jaloux de conserver la liberté de la République, parvinrent à le faire exiler. Il se retira à Venise; mais un an après il fut rappellé à Florence, où il jouit de sa fortune, de ses biens immenses, de la réputation la plus éclatante, de l'amour de ses Concitoyens, subjugués par ses bienfaits, & d'une gloire à laquelle il ne manquoit que le titre de Souverain, dont il avoit toute l'autorité. Ce qui servit à la cimenter, fut l'accueil qu'il fit aux Lettres & aux Savans; ce sont eux qui donnent le ton au Peuple, qui le jettent dans l'enthousiasme : & malheur aux Princes & aux Grands qui ne savent pas se ménager ces moyens. La République fit graver sur son tombeau cette épitaphe en latin: *Cosme de Médicis, par un Décret public, Pere de la Patrie*. Son fils, Pierre de Médicis, conserva la même autorité jusqu'à sa mort, quoique réduit par ses infirmités à la seule liberté de la langue. Avant cette caducité, il avoit eu deux fils, Laurent & Julien. A la mort de leur pere, arrivée en 1472, l'un âgé de seize ans & l'autre de vingt, ils furent reçus dans l'assemblée du Peuple avec acclamation, & la République les adopta pour ses enfans. Laurent épousa Clarice des Ursins. Dans le Tournois qui eut lieu au baptême du fils de Laurent, Julien de Médicis & François Pazzi se distinguerent. Camille Caffarelli étoit une des femmes qui ornoient le plus cette fête. Les deux Chevaliers en devinrent amoureux; Julien fut préféré, il épousa Camille en secret, & en eut un fils (qui fut le Pape Clément VII). Pazzi, furieux de cette préférence, conspire avec Salviati contre Laurent & Julien; ils arment des assassins; & pendant la Messe, au moment du *Domine, non sum dignus*, Pazzi se jette sur Julien, le poignarde & le précipite du haut de sa tribune dans l'Eglise. Laurent, plus heureux, évita la mort. Pazzi & l'Archevêque de Pise, Salviati, sont arrêtés & pendus avec d'autres conjurés aux fenètres du Palais. Cette conjuration augmenta le crédit de Laurent: il fut déclaré Prince de la République, & fut surnommé le Magnifique & le Pere des Muses. Il établit une Académie, recueillit les Arts, qui fuyoient devant la fureur des Turcs, fit rassembler de tous côtés des Manuscrits, excita & récompensa les Savans, & contribua à la renaissance des Lettres, qui éclata sous Léon X & François I. La Maison de Médicis s'accrut considérablement par les alliances qu'elle forma & par le génie des Papes qu'elle produisit, & dont l'ascendant influa sur les affaires de l'Europe. L'Histoire fait souvent mention des désagrémens que la Noblesse de Florence fit essuyer aux Médicis; enfin Alexandre de Médicis mit le sceau aux grandeurs que cette Maison avoit acquises. Neveu de Clément VII, il étoit fils naturel de Laurent II, Duc d'Urbin, fils de Pierre II, pere de Catherine de Médicis, Reine de France. Clément VII fit si bien auprès de Charles-Quint, que cet Empereur donna une de ses filles naturelles à Alexandre, & le fit déclarer Souverain & Duc de Florence, l'an 1531. Ce Prince, qu'un bonheur si rapide avoit ébloui, songea moins à sa grandeur qu'à contenter ses passions. Il fut assassiné par un de ses cousins, nommé Lorensin, l'an 1537. Cosme I de ce nom lui succéda; l'esprit d'ambition, mais en même temps de sagesse qu'avoit ce Prince, lui fit prendre une route toute différente. Uniquement occupé à rendre sa famille illustre, il ne chercha que les moyens de la décorer de quelque nouvelle dignité qui l'élevât au-dessus des autres Ducs d'Italie. Il gagna la bataille de Marone contre les Strozzi. Pie V lui donna le titre de Grand Duc en 1569 : il en jouit jusqu'en 1574. Ce Prince fut un des plus grands hommes de son siecle. François I, un de ses fils, lui succéda. Il fit alliance avec l'Empereur Ferdinand, dont il épousa une fille, nommée Jeanne. Aucun de ses enfans ne lui succéda, les mâles étant morts en bas âge. Il eut pour fille Marie de Médicis, qui devint Reine de France, en épousant Henri-le-Grand.

Les Médicis régnerent pendant plus de deux siecles ; & quoique les Florentins conservassent toujours un ressentiment de leur liberté, ils ne purent s'empêcher de les aimer & de leur être attachés. Déchirée par des factions continuelles, cette République avoit besoin de zélés défenseurs qui la missent à couvert des maux que lui avoient fait essuyer les factieux. Il est certain que la Maison de Médicis, dont elle connoissoit depuis long-temps la saine politique, pouvoit mieux la défendre qu'aucune Puissance ; & si elle s'étoit contentée d'en être la protectrice, & de laisser à cette Patrie, dont les Médicis furent souvent les peres, le titre de République & la liberté, sans en être moins Souverains dans le fait, ils auroient été de plus grands hommes. En perdant leur liberté, les Florentins eurent le bonheur d'avoir pour maîtres des Princes qui ne chercherent qu'à faire leur bonheur. La Maison de Médicis eut l'adresse de régner par les bienfaits autant que par l'éclat de la fortune & du pouvoir. Elle eut l'art de cacher toujours sur les fleurs ses chaînes qu'elle imposa à sa Patrie. Elle protégea toujours les Belles-Lettres ; & en les cultivant, elle éleva jusqu'à elle les Artistes qui se trouverent intéressés à la faire connoître & à la faire aimer. C'est à ce goût qu'elle eut pour les sciences & les arts, que nous sommes redevables de cette superbe Collection que renferme la magnifique Galerie de Florence.

MÉDICIS, (Villa) au nord de Rome, sur le Monte Pincio, qui des Grands Ducs de Toscane a passé à l'Empereur. C'est une des plus belles Maisons de campagne des environs de Rome. Ses jardins sont magnifiques, biens entretenus, divisés en grands quarrés de palissades à hauteur d'appui, formés par des lauriers; les arbres bas, afin que les statues en paroissent mieux, & plus grandes. Ces jardins sont publics; en y comprenant la Maison, ils ont une demi-lieue de tour. Cette Maison fut commencée en 1550; elle est si bien située, qu'on voit Rome au-dessous de soi comme dans un brouillard. On y monte de la Place d'Espagne par un magnifique escalier de pierre de Tivoli de cent trente-cinq marches, partagé en différens repos. La façade intérieure est ornée de plusieurs bas-reliefs; les plus remarquables sont le combat d'Hercule contre le Lion de Némée; un Horatius Coclès, passant le Tibre à la nage. On voit dans le casin ou maison, soit sous les portiques, soit dans les appartemens, une grande quantité de morceaux précieux. Les plus rares sont six statues des Sabines; le Dieu Pan, enseignant Apollon à jouer de la flûte, beau groupe; deux statues de Rois captifs, les têtes, les pieds & les mains de marbre, & les draperies de granit; deux baignoires antiques de granit d'Egypte; quinze statues formant l'Histoire de Niobé, par le célebre Sculpteur Phidias, collection bien précieuse: elle est dans le fond du jardin, sous un toit supporté par quatre grands piliers; la statue de Niobé, qui étend sa robe pour garantir sa fille, qui se jette entre ses genoux, des flèches d'Apollon, est la plus frappante; elle a sept pieds & demi de hauteur: elle est représentée telle qu'Ovide la dépeint; une Cléopatre mourante, de douze pieds de proportion, statue de la plus grande beauté, & que bien des gens préferent à celle qui est au Vatican: elle fut faite, dit-on, par ordre d'Auguste; un Vieillard, couvert d'un manteau, qui paroît demander l'aumône: quelques Savans ont prétendu que c'étoit Bélisaire; une Vénus à demi étendue, ouvrage grec très-beau; plusieurs statues d'Apollon, sur le même modele; un Sylène, enseignant Bacchus à jouer de la flûte; un Marsyas attaché à un arbre, prêt d'être écorché, ouvrage excellent, un bas-relief représentant trois femmes en marche, allant au sacrifice; un autre représentant une femme devant un Guerrier, & la Ville de Rome: la femme écrit sur un bouclier votif. Il y a une infinité de statues & de bas-reliefs antiques, dont le détail entraîneroit trop loin. Mais il ne faut pas oublier un très-beau vase antique de marbre de Paros, dont les bas-reliefs du pourtour représentent le sacrifice d'Iphigénie: quatre Rois Parthes, dont trois sont de porphyre, avec des têtes & des mains de marbre blanc, & le quatrieme entiérement de marbre blanc. Parmi les ouvrages modernes, on remarque un Mercure de bronze, par Jean de Bologne, qui n'est point déparé par les Antiques les plus finis. Il y a peu de peintures; mais on y admire deux plafonds, de Sébastien del Piombo, en sept tableaux représentant des Divinités; la bataille de Lépante, par Tempesta; d'autres tableaux du Bassan, d'André del Sarto, &c.

MEDOLE, Village du Mantouan, dans la Principauté de Castiglione. *Voyez* SOLFARINO.

MÉLANIE, Dame Romaine, niéce du Consul Marcellin, eut une charité héroïque. Elle perdit en un an son mari & deux de ses fils; elle étoit jeune; il lui en restoit un troisieme; elle fit avec lui le voyage de Jérusalem & d'Egypte, où elle visita les Solitaires persécutés par les Ariens. Elle en nourrit cinq mille pendant trois jours. Elle revint à Jérusalem avec les Exilés de la Palestine. Elle y fonda un Monastere où elle se retira sous la conduite du Prêtre Ruffin d'Aquilée. Elle revint en Italie pour confirmer Mélanie sa petite fille, née de Publicola son fils, avec Albine, dans la résolution qu'elle avoit prise après la perte de ses deux enfans, de vivre dans la continence avec Pinien son époux. Ce voyage de l'aïeule Mélanie est fixé en 405. Lorsque les Goths vinrent assiéger Rome, les deux Mélanie & Albine passerent en Sicile; la grand-mere retourna à Jérusalem où elle mourut. Albine, Mélanie la jeune & Pinien son époux, passerent en Afrique, y virent Saint Augustin, bâtirent deux Monasteres, rachetterent & affranchirent huit mille Esclaves Chrétiens, & allerent s'établir à Jérusalem où Mélanie la jeune mourut dans les austerités de la pénitence en 434.

MELCHIADE, ou MILTIADE, Pape, étoit Africain & Prêtre de l'Eglise Romaine. Il succéda à Eusebe le 3 Octobre 311. Il assembla, à la priere de Constantin, dix-neuf dix-neuf Evêques pour décider entre Donat & Cécilien de Carthage. Le premier fut condamné. Melchiade proposa toutes sortes de moyens pour ramener Donat & ses Sectateurs; mais rien ne put le toucher. Il mourut le 10 Décembre 313, dans le temps le plus orageux de la persécution, & quoiqu'il n'ait pas terminé sa vie par le martyre, l'Eglise lui donne le titre de Martyr, à cause des tourmens qu'il essuya pendant son pontificat.

MELDOLA, (la) Bourg considérable de la Romagne dans l'Etat de l'Eglise, qui a titre de Principauté Souveraine, appartient à la Maison de Pamphile. Cette Principauté est située au midi de Forly, à trois lieues de Ravenne.

MELFI, Ville au Royaume de Naples, dans la Basilicate, avec un Evêché & un ancien Château sur un rocher. Elle a titre de Principauté & appartient à la Maison de Doria, originaire de Gènes. Le Pape Urbin II y assembla un Concile pour la réforme des mœurs, l'an 1091. Elle est à deux lieues de l'Offente & dix N. O. de Conza. Il ne faut pas confondre Melfi avec Amalfi.

MELORIA, petite Isle à fleur d'eau à cinq milles du grand Port de Livourne. Il y a une tour qu'on apperçoit de fort loin à cause de sa blancheur, & qui sert de signal aux Pilottes pour éviter l'Isle Meloria, qui n'a que cinquante ou soixante toises de large. On dit que la Reine Elisabeth ayant perdu deux vaisseaux considérables qui se brisèrent contre les écueils dont l'Isle est environnée à plus d'un quart de lieue, fit construire cette tour. Quoi qu'il en soit, cette Isle, malgré ses dangers, sert à la sûreté de la rade.

MELZO, Bourg dans le Milanez, appartient à la Maison de Trivulci, sous le titre de Comté. On y fabrique de très-belles toiles, dont on fait un grand commerce.

MELZO, (*Louis*) né à Milan en 1527, Chevalier de Malthe, servit en Espagne, en Italie & dans les Pays-Bas. Il étudia l'Art Militaire, & appliqua la théorie à la pratique: il y acquit de vastes connoissances. Il s'appliqua sur-tout à la partie de la tactique qui regarde la Cavalerie. Son Ouvrage intitulé : *Regole Militari sopra il governo & servizio, particolare della Cavalleria*, eut un très-grand succès, & fut traduit en plusieurs langues dès qu'il eut paru. Melzo mourut à Milan en 1617, dans la quatre-vingt-dixieme année de son âge.

MEMMI, (*Simon*) Peintre de Sienne, mort en 1345. Il étoit sur-tout grand Dessinateur. Il excella dans les portraits. Il se surpassa dans celui de la belle Laure. Pétrarque faisoit beaucoup de cas de Memmi : il lui adressa deux sonnets. Il a représenté dans un tableau qu'il fit à Florence, plusieurs grands Hommes de son temps. Dans le tableau de Saint Renier de Pise, chassant le diable, il s'est heureusement servi de l'idée d'Agamemnon cachant son visage au sacrifice d'Iphigénie. Il a représenté le diable cachant de honte son visage avec ses mains, la tête baissée, les épaules hautes, & un rouleau sortant de sa bouche, avec ces mots : *Ohi me ! no posso piu.*

MENEREIO, petite Ville du Bressan sur la Mela.

MENFREDI, (*Eustache*) Mathématicien célebre, né à Bologne en 1674. Il eut une Chaire de Mathématiques à Bologne, & la remplit avec distinction. Il fut fait Surintendant des Eaux du Bolonois, Principal du College de Montalte à Bologne, & enfin Astronome de l'Institut de Bologne : place au devoir de laquelle il sacrifia celle du College de Montalte, & son goût pour la Poësie qu'il avoit cultivée jusqu'alors, & dont on a plusieurs essais. Il se livra entiérement à l'Astronomie, & l'Académie des Sciences de Paris se l'associa en 1726. Il entra à la Société Royale de Londres en 1729. Il mourut en 1739, regretté des Savans & de ses amis. Il a laissé en latin, *Ephémérides des mouvemens célestes depuis* 1715 *jusqu'en* 1750, *avec une introduction & des tables*, quatre volumes in-4°. Bologne, 1725. L'introduction, qui forme le premier volume, est excellente. Il fut aidé dans les trois autres par ses deux sœurs, qui calculoient avec lui ; *du passage de Mercure par le Soleil dans l'année* 1723, Bologne, in-4°. 1524 ; des aberrations des Etoiles, in-4°. Bologne, 1729.

MENFREDI, (*Barthelemi*) Peintre, né à Mantoue, fut Disciple de Michel-Ange, de Caravage, qu'il a imité si parfaitement dans sa maniere, que l'on confond leurs tableaux, quoique Menfredi ait peint plus ordinairement des joueurs de cartes ou de dez, des assemblées de soldats, &c.

MENFREDI, (*Jérôme*) de Ferrare, mort en 1562, a écrit un Traité historique *de Cardinalibus*, & un autre *de Astentatis*.

MENFREDONIA, petite Ville du Royaume de Naples, dans la Capitanate, avec un Archevêché. Elle tire son nom de Mainfroy, bâtard de Fréderic II, qui la fonda en 1250, près du Mont Gargan & des ruines de Siponte. Les Turcs la prirent en 1620, & l'abandonnerent après y avoir mis le feu. Elle a été réparée & fortifiée; elle a un Port & une Forteresse, qui résista à Lautrec, Général de François I. Il y a de bonnes Salines; elle est sur le Golfe du même nom, à vingt lieues N. E. de Cirenza, vingt N. O. de Bari, & quarante N. E. de Naples.

MENOCHIO, (*Jacques*) né à Pavie, surnommé le Balde & le Barthole de son siecle. Il fut Professeur dans plusieurs Universités d'Italie; plusieurs Princes se le disputerent. Il enseigna en Piémont, à Pise, à Padoue où il demeura vingt-trois ans. Il revint à Pavie sa patrie & y remplit la Châire de Droit, vacante par la mort de Nicolas Graciani. Philippe II l'avoit fait Président du Conseil de Milan. Il a laissé quantité d'Ouvrages tous fort estimés: *De recuperanda Possessione; De adipiscenda Possessione; De Præsumptionibus; De arbitrariis Judicum quæstionibus & causis Consiliorum*. Il mourut en 1607, âgé de soixante-quinze ans.

Jean-Etienne Menochius son fils, né à Pavie en 1576, est un des Jésuites qui ont le plus contribué à illustrer la Société. Il y entra à l'âge de dix-sept ans. Il passa par les Charges dans les Provinces. Il étoit très-savant & a publié: *Hyeropoliticon, seu Institutionis politicæ Sacris Scripturis depromptæ*, Lib. IIII; *Institutionis Œconomicæ ex Sacris Litteris depromptæ*, Lib. II; *Brevis explicatio Sensûs litteralis totius Scripturæ*, Tom. II; *De Republica Hebræorum*, Lib. VIII. Menochius mourut à Rome en 1656.

MENTON, petit Bourg dans la Principauté de Monaco. Les oranges & les citrons des environs de *Menton* & de *Roccabruna*, qui eſt dans ſon voiſinage, paſſent pour être les meilleurs de toute l'Italie. Il y a dans ce Bourg une grotte qu'on appelle *Teſta di Cane*, au fond de laquelle eſt une fontaine, dont l'eau, dit-on, a la vertu de guérir la fievre, & on ne lui accorde cette vertu que depuis qu'on y a trouvé tué & jetté dedans un inſigne voleur, nommé *Bataglia*. En conſéquence les Payſans ont pour ſa mémoire une ſi grande vénération, qu'ils conſervent ſes reliques avec ſoin; ils le regardent comme un Saint, & le portent ſolemnellement en proceſſion.

Il ne faut pas confondre ce Bourg de Menton avec un autre du même nom qui eſt dans le Genevois.

MENZINI, (*Beneditto*) né à Florence en 1646, contribua par ſes Poëſies à la gloire de ſon ſiecle. Il a compoſé des Satyres dont on loue la fineſſe des penſées & la délicateſſe du ſtyle; un Art Poëtique; des Elégies; des Hymnes; une Imitation des Lamentations de Jérémie; un Ouvrage en vers & en proſe, ſous le titre d'*Academia Tuſculana*; & diverſes autres Poëſies. Il mourut hydropique en 1704.

MERCANTINA, (la Mercantine,) c'eſt ce que dans nos auberges nous appellons la carte; la Mercantine déſigne dans toute l'Italie l'ordinaire du dîner ou du ſouper: elle varie ſelon les Pays. De Rome à Naples, la Mercantine conſiſte en une mineſtre ou ſoupe compoſée de macaroni, une entrée, un bouilli, le rôti avec une ſalade, & terminée par un deſſert. La Mercantine coûte deux paules : on a à ce prix du vin blanc ou rouge à diſcrétion.

MERCATO DI SABBATO, petite contrée voiſine de Baïes, au-delà du Lac Fuſaro, que Virgile appelle l'Acheron : après avoir paſſé le Lac ſur une pente douce qui s'étendoit juſqu'aux bords de la mer, entre le midi & le levant, étoient des jardins délicieux, plantés de beaux arbres & arroſés de fontaines; c'eſt ce que les Poëtes ont appellé les Champs Eliſées. Quoique ces lieux aient été déſolés par les tremblemens de terre & les éruptions qui les ont accompagnés, ce climat eſt encore délicieux; jamais l'hiver ne s'y fait sentir. Ces lieux subsistent encore sous les mêmes noms que les Poëtes les ont célébrés ; le Lac de *Mare Morto* sur les bords duquel sont ces beaux lieux, est très-poissonneux. Il communique avec la mer, que l'on ferme dans certain temps pour empêcher le poisson d'en sortir. On voit encore dans la plaine des Champs Elisées un nombre infini de restes de tombeaux des anciens Romains.

MERCURIALIS, (*Jérôme*) célebre Médecin, né à Forli en 1530. Il se distingua dans plusieurs sciences, & s'acquit la plus grande réputation dans la Médecine. Ayant été député par les Habitans de Forli, vers Pie IV, pour des affaires importantes, on se dépêcha de lui tout accorder pour le retenir à Rome. Il y composa son Traité *de Arte Gymnastica, Lib. VI*. Cet Ouvrage donna la plus grande idée du savoir de *Mercurialis*. La République de Venise le sollicita d'accepter la Chaire de Médecine à Padoue qui vaquoit par la mort de *Fracantiani*, surnommé l'*Esculape*. Les leçons de Mercurialis effacerent la réputation de son prédécesseur. Il fut connu dans toute l'Europe. Maximilien II le fit venir pour le consulter, & le renvoya comblé de présens, & des titres de Comte & de Chevalier. Il enseigna encore à Pise & à Bologne, & se retira à Forli où il mourut en 1596, laissant à ses héritiers une fortune immense, évaluée douze mille écus d'or, quoiqu'il eût toujours été fort généreux, & qu'il eût vécu avec magnificence. Il a laissé, '*Consultationes medicinales de Morbis Mulierum; De componendis Medicamentis; Lectiones variæ; De Venenis & Morbis venenosis; De Morbis Puerorum; De Morbis cutaneis; De Morbis occulorum & aurium; De cognoscendis & curandis humani corporis Affectibus, Lib. V; Hipocratis Opera omnia græcè & latinè edita, & Scholiis illustrata; Galeni Opera latinè conversa & emendata.*

MERULA, (*George*) né à Alexandrie de la Paille, fort renommé parmi les Savans du seizieme siecle, Disciple de Philelphe, qu'il n'a pas épargné. On l'accuse d'avoir été enclin à la médisance & à l'envie. On attribue à cette cause les querelles qu'il eut avec quelques Hommes célebres de son siecle,

& sur-tout avec Ange Politien & Calderin. Il fut Professeur de Belles-Lettres à Venise & à Milan. Il a composé *une Histoire des Vicomtes de Milan, en douze Livres; une Traduction extraite de Dion sur Trajan; des Commentaires sur Martial, Stace, Juvenal, Varron, Columelle; une Description du Montferrat; des Epitres.* Il mourut à Milan en 1594.

MESOLA, petite Ville du Ferrarois, dans l'Etat de l'Eglise, vers l'embouchure du Pô.

MESSINE, *Messana*, Ville considérable & capitale de la Province de Demona, dans le Royaume de Sicile, avec un Archevêché & un beau Port. On rapporte son origine aux Messéniens, qui fuyant la mort ou la captivité à laquelle ils devoient s'attendre, après que les Lacédémoniens eurent pris leur forteresse du Mont Ira, vinrent en Sicile, se réfugierent dans la Ville de Zanclé à laquelle ils donnerent le nom de Messine. Ils eurent pour Tyrans ou Rois, le Philosophe Anaxilaé, ensuite Agathoclès. Les Mammertins s'en étant rendus maîtres, appellerent à leur secours les Romains contre Hieron & les Carthaginois; ce qui fut l'origine de la premiere guerre punique qui dura pendant vingt-quatre ans. Messine devint Colonie Romaine. Elle fut prise par les Sarrasins en 1058. Elle souffrit beaucoup pendant les guerres des François & des Arragonois. Sa situation en partie sur des collines, en partie en plaine, est fort agréable; le Port est au centre, bordé d'un beau quai revêtu de pierres de taille. La Ville a des fortifications qui la mettent en état de se défendre contre les plus puissans ennemis. Les maisons y sont très-belles, sur-tout sur le Port; les rues en sont bien percées, les places très-propres, les Monasteres en très-grand nombre. Avant le malheureux complot des Vêpres Siciliennes, les Habitans montoient à plus de quatre-vingt mille; mais depuis cette époque le nombre en est bien diminué. Le Vice-Roi de Sicile y réside pendant six mois de l'année. Cette Ville est très-commerçante, sur-tout en soiries & en étoffes de soie. Les Turcs y ont un Consul pour le commerce. Elle est sur le détroit qui porte son nom, & auprès duquel est un Fort avec un fanal pour éclairer les vaisseaux qui passent le Canal

& qui viennent du levant. Messine a produit des Hommes célebres dans tous les temps; Dicearque, disciple d'Austote; Symmaque, vainqueur des Jeux Olympiens; le Poëte Ibycus; l'Historien Lycus; le Médecin Polyclette: & dans les temps modernes, Antonello, Peintre, qui porta en Italie la découverte faite en Flandre par Jean de Brughe, qui en fit part à Antonello, de la Peinture en huile. Messine est sur la mer vis-à-vis les côtes de la Calabre Ultérieure, à quarante-quatre lieues de Palerme. C'est la Ville la plus considérable de la Sicile.

META SUDANS. C'est à Rome le reste d'une fontaine abondante qui servoit au Peuple, lorsqu'il alloit voir les Jeux dans l'amphithéâtre du Colisée qui est tout près.

METAURO, (le) riviere qu'Horace appelle fleuve célebre par la défaite d'Asdrubal & par une des plus belles manœuvres de guerre dont l'Histoire fournisse des exemples. Asdrubal venoit au secours d'Annibal son frere; il avoit passé les Alpes. Le Consul Claudius Nero, encouragé par un avantage qu'il venoit de remporter contre Annibal, entreprit d'empêcher la jonction des deux freres. Il sentit que son Collegue Livius étoit trop foible pour s'opposer au passage d'Asdrubal; Claudius Nero laisse une partie de ses troupes dans son camp, & leur ordonne d'allumer des feux à l'ordinaire en même quantité que si toute son armée y étoit; en un mot, de ne rien changer à l'ordre accoutumé. Il part dans la nuit, dérobe ses marches, traverse toute l'Italie en six jours & va de l'extrémité méridionale où il étoit, joindre Livius sur le Métaure, & se met sous ses ordres. Asdrubal, qui apprend l'arrivée de Claudius, croit que son frere est perdu; ses troupes se découragent, les deux Consuls profitent de la fatigue & de la situation des Carthaginois, forcent Asdrubal de recevoir le combat; il périt avec cinquante mille hommes. Claudius donne à peine le temps à ses soldats de se reposer, repart, rentre dans son camp avant qu'Annibal se doutât qu'il en fût sorti; il fait mettre son armée en bataille, fait jetter dans le camp ennemi la tête d'Asdrubal, & force Annibal à la fuite.

METELLI, (*Augustin*) Peintre, né à Bologne en 1609, excella dans la Peinture à fresque, & à rendre l'Architecture &

les ornemens. Il étoit associé avec Ange-Michel Colonna, qui avoit le même talent. Ils travailloient ensemble. Métélli mourut à Madrid, où il travailloit pour la Cour, en 1660.

Mezzo-Goro, petite Ville du Ferrarois dans l'Etat de l'Eglise, vers l'embouchure du Pô.

MICHALORO, (*Jacopo*) Chanoine de l'Eglise d'Urbino, sous le Pontificat d'Urbin VIII, publia en 1625, *Disputatio de Spherâ munai*. Il fut Professeur de Philosophie & de Théologie, dans sa Patrie. Il écrivit contre Erycius Puteanus, & a laissé différens Ouvrages sur la Physique céleste & l'Astronomie. Il a écrit en Italien & en Latin.

MICHEL-ANGE BUONAROTTI, Peintre, Sculpteur & Architecte, né en 1474, dans un Château près d'Arrezzo en Toscane. Il eut, si l'on peut parler ainsi, un goût inné pour le dessin : il ne cessa dès son enfance de solliciter ses parens de lui donner un Maître : ils le donnerent à *Guirlandaio*, qui fut bientôt inférieur à son Eleve. Il s'appliqua d'abord à la sculpture, & il a fait autant de chef-d'œuvres que de figures. Il égala les Anciens, & pour s'assurer du degré de mérite où il étoit parvenu, il fit une statue de l'amour, il lui cassa le bras & alla secrettement enterrer le reste dans un endroit qu'il savoit qu'on devoit fouiller bientôt; la figure fut trouvée, on l'admira & on la déclara antique; comme telle, le Cardinal de Saint George l'acheta un très-grand prix. Michel-Ange rapporta alors le bras mutilé, & jetta tous les connoisseurs dans l'étonnement. Les cartons qu'il fit ensuite pour la grande salle du Conseil à Florence, représentant la guerre de Pise, furent admirés & copiés par les plus grands Peintres & par Raphaël lui-même. Jules II qui l'aimoit beaucoup, lui donna quelque mécontentement qui obligea cet Artiste de se retirer à Florence; mais aussi-tôt il lui envoya courier sur courier pour l'engager à revenir ; & pour solliciter son amitié; il alla même jusqu'à lui faire réparation. Ses rivaux, qui ne le croyoient point aussi grand Peintre qu'il étoit grand Sculpteur, lui firent donner les peintures de la Chapelle Sixtine, comme devant succomber sous un si grand ouvrage; mais il l'exécuta en vingt mois & s'y acquit la réputation la plus brillante. Le Jugement univerfel eft un morceau fublime, frappant & terrible. Il étoit un des meilleurs Architectes de fon temps. Les deux ftatues de cet Artifte, qu'on regarde comme les plus parfaites, font un Cupidon & un Bacchus. Sa maniere eft fiere & terrible. On l'accufe d'avoir trop fortement prononcé les mufcles & les autres parties du corps; d'avoir trop écarté les graces; d'avoir donné trop de fierté à fes airs de tête, trop de dureté à fon coloris; mais on admire fon feu, la force de fon expreffion, fon enthoufiafme, l'élévation de fes idées. On lui a fauffement imputé d'avoir mis un homme en croix, & d'avoir tué fon modele pour peindre un Chrift mourant. Ses deffins font au biftre, & ont le caractere de fa peinture. Le Roi poffede quelques-uns de fes tableaux : on en voit plufieurs au Palais Royal. Il mourut à Rome en 1564.

MICHEL-ANGE AMERIGI DA CARAVAGIO, né en 1569, au Château de Caravage, dans le Milanois ; comme Polidore fon Compatriote, il porta dans fa jeuneffe du mortier pour peindre les frefques. Il ne voulut d'autre guide que la nature, n'adopta aucune école, & s'embarraffa peu de l'étude de l'Antique. Son caractere méprifant, fatyrique & querelleur troubla fon bonheur & fa fortune. Il fe fit une affaire à Milan, d'où il paffa à Venife; il vit & goûta la maniere du Giorgion ; il fut contraint, par néceffité, de demander de l'occupation à Jofepin, qui l'employa à peindre des fleurs & des fruits; il s'ennuya de ce travail & alla chez un autre Peintre. Enfin un de fes tableaux plut à un Cardinal, & le mit en réputation. Il fe livra entiérement à fa maniere. Son deffin eft fier & précis. Il a donné un effet très-piquant à fes tableaux, en rendant fes figures faillantes, & en leur donnant du relief par fes ombres fortes & noires. Son pinceau étoit moëlleux, fon deffin très-correct. Son choix, en imitant la nature, fe reffentoit de fon caractere; fes figures ont le teint olivâtre & un air de baffeffe. Il réuffiffoit fur-tout à peindre les foldats, les payfans, les femmes du commun. Sa maniere très-bonne dans les effets de nuit & pour les portraits, étoit infupportable dans les grandes compofitions. Il eut un démêlé avec Jofepin. *Voyez* ARPINO. Michel-

Ange, avant de partir pour Malthe, eut une dispute avec un jeune homme qu'il tua. Il peignit à Malthe dans l'Eglise de Saint Jean & au Palais du Grand Maître Vignacourt; on lui donna la Croix de Chevalier servant, une chaîne d'or & deux esclaves pour le servir; malgré tous ces bienfaits, il insulta un Chevalier, fut mis en prison, s'échappa de nuit, fut blessé par des gens armés, & se sauva à Rome, où le Cardinal Gonzague obtint sa grace. Cet Artiste a toujours vécu misérable, sans amis, vivant au cabaret, où certain jour n'ayant pas de quoi payer, il peignit l'enseigne, qui fut vendue une somme fort considérable. Ses principaux Ouvrages de peinture sont à Rome, à Naples, à Malthe, à Messine & à Milan. Le Roi possede quelques-uns de ses tableaux de chevalet; il y en a aussi plusieurs au Palais-Royal. On remarque dans ses desseins les mêmes beautés & les mêmes défauts que dans ses tableaux, une belle imitation de la nature brute & sans choix.

MICHEL-ANGE-DES-BATAILLES, Peintre, né à Rome en 1602, appellé des Batailles, à cause de son grand talent pour ce genre de sujets. Son vrai nom étoit *Cerquozzi*, fils d'un Jouaillier. On l'appella aussi *des Bambochades*, parce qu'il aimoit à peindre des marchés, des foires, avec des animaux, des fêtes champêtres. Il avoit eu pour Maître Pierre de Laer, dit Bamboche. Il étoit d'un caractere gai, aimoit les bons mots, toujours égal, d'une imagination vive, & avoit une si grande facilité & une prestesse de main si surprenante, que sur le récit d'un naufrage, d'une bataille ou de quelque avanture plaisante, il faisoit un tableau sans en faire d'esquisse, il n'en faisoit presque jamais. La force, la vérité, un coloris vigoureux, une touche légere caractérisent ses Ouvrages. On raconte de lui, que quoiqu'il ne fût point avare, il lui prit un jour fantaisie d'aller enterrer son argent dans les champs loin de Rome; chargé de son trésor, il part, l'enfouit, & s'en retourne, harrassé par le travail & par la longueur du chemin; à peine est-il de retour, que la plus vive inquiétude s'empare de lui; il repart sans perdre un instant; arrivé au lieu où étoit son trésor, il trouve dans cet endroit des bergers, il n'ose fouiller, & est obligé de faire

MIC

sentinelle & d'attendre qu'ils soient partis avec leurs troupeaux ; enfin, il déterre son trésor & revint à Rome : il passa deux jours & deux nuits à cette opération sans avoir ni mangé ni dormi, ce qui altéra sa santé pour le reste de sa vie. Cet Artiste étoit bienfaisant, aimant à obliger, disant du bien de ses ennemis. Il étoit presque toujours habillé en Espagnol. Il avoit beaucoup d'amis ; sa gaieté attiroit à son attelier la meilleure compagnie. Ses principaux Ouvrages sont à Rome. Le Roi a un tableau de cet ingénieux Artiste. M. le Duc d'Orléans possede un tableau représentant une mascarade, il est au Palais Royal. Il mourut à Rome en 1660.

MICHELI, (*Pietro-Antonio*) né à Florence, Botaniste, qui d'abord fut fait Libraire par ses parens. Il eut un goût décidé pour la Botanique ; il quitta la Librairie, lut Mathiole avec attention, étudia avec soin les plantes, apprit, sans le secours d'aucun Maître, la langue Latine, & parvint à posséder une ample connoissance de la nature. Le grand Duc de Toscane le nomma son Botaniste & l'aida dans ses études en lui procurant les meilleurs livres. Micheli voyagea de tous côtés, en observant toujours. Il mourut en 1717. On a de lui *Observationes Itineraria. Nova plantarum Genera*, in-folio, Ouvrage très-estimé, & plusieurs Ouvrages manuscrits.

MICHELOZZO, MICHELOZZI, né à Florence, Architecte du quinzieme siecle, un des plus habiles Artistes de son temps ; il fut le premier qui sut joindre la décoration à la distribution dans le Palais de Côme de Médicis, aujourd'hui le Palais Riccardi. Michelozzi ayant suivi Côme de Médicis dans son exil à Venise, où il éleva plusieurs édifices, entr'autres, la Bibliotheque des Bénédictins de Saint George, aux dépens de Côme. De retour à Florence, Côme le chargea de réparer le Palais de la Seigneurie, construit sur le plan irrégulier & défectueux d'Arnolphe ; Michelozzi en fit disparoître beaucoup de défauts. Il bâtit le Couvent des Dominicains, & le Noviciat de Sainte Croix, le Palais de Caffaggivolo ; celui de la maison de campagne de Careggi, un autre Palais à Fiesole. Michelozzi donna le dessin d'un Hôpital pour les Pelerins, dont Côme envoya le modele à Jérusalem, & le fit exécuter à ses dépens. Il a construit une fontaine à Assise, a donné le plan de l'ancienne citadelle de Pérouse, a bâti le Palais Tornabuoni à Florence; il répara le Palais que François Sforce, Duc de Milan, donna dans sa Capitale à Côme de Médicis. Il a fait & décoré la Chapelle de l'Annonciade des Services à Florence, dont la voute est soutenue par quatre colonnes Corinthiennes, de vingt-quatre pieds de haut. Michelozzi mourut à l'âge de quatre-vingt huit ans.

MICHIELE, Famille ancienne & noble de Venise, a produit plusieurs hommes célebres. Vital Michiele parvint au Dogat en 1096; les troupes de la République furent commandées par Henri Contareno, Evêque de Venise, son fils en 1117. Dominique Michiele fut élu Doge, il se croisa en 1123 & défit l'armée des Sarrasins, fit lever le siege de Jaffa en 1124, & soumit la ville de Tyr. Vital Michiele II, élu en 1157, défendit le Pape Alexandre III contre Frédéric Barberousse, remporta plusieurs victoires sur les Grecs, qui ayant empoisonné l'eau dont ses troupes buvoient, les firent périr, & Michiele fut assassiné par des séditieux en 1173. Cette famille a donné à la République plusieurs Evêques, des Procurateurs, des gens de Lettres: dans le dernier siecle, Pierre Michiele fut un Poëte célebre. Il a composé plusieurs Ouvrages de Poësies, recueillis en trois parties, des Epîtres, des Poëmes. *La Banda di Cupido*; *Il Girido Selvaggio*; des Pastorales, &c.

Le Cardinal Jean Michiele, neveu de Paul II, Patriarche de Constantinople, Evêque de Padoue, de Vérone & de Vicence, fut nommé Chef de l'armée qu'Innocent III envoya contre Ferdinand, Roi de Naples, & contribua à la paix. S'étant retiré à Rome pour y vivre loin des affaires, on prétend qu'Alexandre VI, ou son fils Borgia, le fit empoisonner, pour jouir d'une partie de ses dépouilles, le 10 Avril 1503.

MIGLIARMO, petite Ville du Ferrarois, dans l'Etat de l'Eglise, au dessous de Ferrare, sur les bords du Pô.

MILAN, *Mediolanum*, Ville & Capitale du Duché de Milan, entre l'Adda & le Tésin. Elle doit son origine aux Gaulois qui passerent en Italie sous le regne de Tarquin. On fixe son établissement à l'an 364 de Rome, par Bellovèse, neveu d'Ambigat, Roi ou Chef des Celtes, qui passa les Alpes & forma la premiere Colonie des Gaulois en Italie; de nouveaux Gaulois, sous la conduite de Brennus, dévasterent l'Italie & saccagerent Milan: les Romains la reprirent, la rétablirent, la fortifierent & en firent la Ville principale de la Gaule Cisalpine; elle fut ensuite la résidence de plusieurs Empereurs, sur-tout après la division de l'Empire Romain. Le Gouverneur de Milan étoit regardé comme le Général des armées en Occident. Milan fut dévasté par Attila en 451, reprise par Bélisaire; elle retomba au pouvoir des Barbares en 539, conduits par Vitiges. On compte trente mille personnes qui y périrent dans cette irruption, par le fer ou par la faim. Elle essuya encore différentes révolutions; se releva sous le gouvernement de ses Archevêques, après la destruction du Royaume des Lombards par Charlemagne. Les Archevêques de Milan porterent si loin leur autorité & leurs prétentions, qu'ils se regarderent comme indépendans du Pape, & qu'ils se mirent à la tête des Gibelins, (*Voyez* GUELFES & GIBELINS.) pendant les troubles & les divisions du Sacerdoce & de l'Empire. L'Impératrice, épouse de Frédéric Barberousse, étant revenue à Milan, le Peuple l'outragea indignement; on battit sa garde, on enleva cette Princesse, & on la promena sur un âne, le visage tourné vers la queue. Ils ne se bornerent point à cet outrage, ils égorgerent la garnison, & crierent *liberté*. L'Empereur justement indigné, assiégea Milan, qui fut forcé de se rendre à discrétion. Il obligea les Milanois de prendre avec les dents une figue sous la queue de l'âne qui avoit promené l'Imperatrice: ils avoient les mains liées derriere le dos, & lorsqu'ils la tenoient entre les dents, ils étoient obligés de se tourner vers l'assemblée, en disant: voilà la figue; de sorte qu'encore aujourd'hui, la plus grande injure qu'on puisse dire à un Milanois, est, *ecco la fica*. L'Empereur ne se contenta pas de cette punition humiliante, qu'il leur avoit imposée à la place des supplices qu'ils avoient mérités; il fit raser la Ville jusqu'aux fondemens, pour la punir d'avoir donné l'exemple de la révolte à toutes les Villes d'Italie, fit paffer la chatrue & femer du fel fur le terrein; mais la paix ayant été faite entre l'Empereur & le Pape, Frédéric permit, en 1171, aux Milanois de rebâtir leur Ville, qui reprit bientôt fa premiere fplendeur.

Cette Ville, avec une grande partie du pays, lorfque les Villes d'Italie eurent perdu leur liberté, reconnut pour Seigneurs Souverains les Turriani, famille ancienne, qui la gouvernerent fous le nom de Podeftats. En 1313, Mathieu Vifconti les expulfa: Jean Galeas Vifconti, petit fils de Mathieu, par l'ufage heureux qu'il fit de la Souveraineté, légitima fa puiffance. Ce pays lui doit fa fertilité par les canaux qu'il fit creufer, & les marais qu'il deffécha dans tout le Milanois. Il fit bâtir la Cathédrale de Milan, le Pont du Tefin & la Chartreufe de Pavie, où il eft enterré; il créa une feconde fois l'art militaire en Italie, anima l'agriculture & le commerce, & il n'eût tenu qu'à lui de fe faire déclarer Roi d'Italie. Il ne laiffa qu'une fille, Valentine, qui époufa Louis de France, Duc d'Orléans, fecond fils de Charles V, & pere de Louis XII, qui devint ainfi l'héritier légitime du Duché de Milan, par la mort des enfans mâles de Jean Galeas. Louis XII alloit fe mettre en poffeffion de ce Duché, lorfque François Sforce, qui avoit époufé une bâtarde de Philippe-Marc Vifconti, fils de Jean Galeas, appuyé de l'autorité de l'Archevêque & des fuffrages du Peuple, qu'il avoit fu fe concilier, fe fit déclarer Souverain. Sforce étoit lui-même bâtard d'un payfan, Chef de la Maifon de ce nom, dont la fortune & l'audace avoient fecondé les grands talens & les grandes vertus. Cet heureux bâtard, mort en 1466, fut encore plus grand que fon pere. Ce ne fut qu'en 1499, que Louis XII s'empara du Milanois en quinze jours; mais à peine fut-il de retour en France, que les Sforce le dépouillerent de fa conquête; il s'en empara encore en 1500, en fut dépouillé une feconde fois; il y rentra, les François furent chaffés encore & la mort furprit Louis, âgé de cinquante-trois ans, prêt à revenir encore à Milan à la tête d'une nombreufe armée. François I remplit les vues de fon Prédéceffeur; la fameufe bataille de Marignan qu'il gagna contre les Suiffes, le rendit Maître du Milanois; il le garda jusqu'en 1525, qu'il le perdit avec la liberté, à la mémorable bataille de Pavie, époque de la domination de la Maison d'Autriche sur le Milanois, qu'elle a mieux su conserver que la France. En 1734, le Maréchal de Villars s'en empara, & il fut rendu à l'Empereur par le traité de Paix de 1736; les François firent encore quelques tentatives sur le Milanois dans la guerre de 1741 à 1748, mais qui n'eurent point de suite.

La population de Milan devoit être bien considérable, puisqu'en 1724, la peste y enleva trois cent mille personnes. Cette population a considérablement diminué, puisqu'à peine compte-t-on cent mille habitans dans Milan. Cette Ville a un peu plus de deux lieues de circuit, en y comprenant l'enceinte de ses fortifications & le Château. On y entre par neuf portes principales : on la divise en six quartiers & l'on y compte deux cent-soixante Eglises ou Chapelles. Il y a soixante-une Paroisses, quarante-trois Couvens de Religieux, sept Colleges, cinquante-un Couvens de Religieuses, onze Conservatoires ou Hôpitaux.

La destruction de cette Ville par Frédéric Barberousse, a renversé tous les Monumens de l'antiquité qu'elle possédoit. Il ne reste que seize colonnes d'un Temple d'Hercule. Le bâtiment moderne le plus considérable est la Cathédrale, sous le nom & l'invocation de la Sainte Vierge & de Sainte Thecle. On la regarde comme la plus belle Eglise d'Italie, après Saint-Pierre de Rome. Le vaisseau a quatre cent quarante-neuf pieds de longueur, deux cent soixante-quinze de largeur dans la croisée & cent quatre-vingt dans la nef; deux cent trente-huit pieds de hauteur sous la coupole, cent quarante-sept dans la nef; cent dix dans les bas côtés, & soixante-treize dans les Chapelles. La hauteur extérieure de la coupole avec le couronnement qu'on y doit ajouter, sera de trois cent soixante-dix pieds; cinquante-deux colonnes de quatre-vingt-quatre pieds de hauteur & de vingt-quatre de circonférence, soutiennent l'Eglise. Les colonnes sont de marbre; le pavé doit l'être aussi. Le portail, dessiné par le Pelegrini, approuvé par Saint Charles Borromée, & commencé sous la conduite de Bassi, n'est pas encore achevé. Cette Eglise est imposante par sa grandeur; mais ridicule pour les Connoisfeurs, par l'excès des ornemens intérieurs & extérieurs de fon architecture gothique. On dit qu'elle eft chargée de quatre mille ftatues de beau marbre, dans autant de niches, & il y en a jufqu'au-deffus du toit. Les plus grands Architectes fe font élevés contre ce luxe inutile. On devoit même élever au-deffus de la coupole une pyramide de marbre, furmontée d'une grande ftatue auffi de marbre, le tout de cent dix-fept pieds de haut; mais les plus habiles Architectes & les meilleurs Mathématiciens ont fait fentir le danger de cette entreprife. On peut dire qu'on travaille à cette Eglife, qui n'eft pas encore finie, depuis plus de trois cens ans; la raifon qu'on en donne, c'eft qu'il y a des fonds dont les revenus, adminiftrés par une Direction, doivent retourner aux familles des Donateurs quand l'Eglife fera achevée. On admire dans cette Eglife la Chapelle fouterraine où eft le corps de Saint Charles, mort en 1584, dans une châffe d'argent, avec des pannaux de criftal de roche; la croffe & la couronne qui lui fert d'auréole font enrichies de diamans; l'intérieur du fouterrein eft revêtu de pannaux d'argent; huit bas-reliefs de la même matiere repréfentant plufieurs actions de la vie du Saint Archevêque, garniffent la frife de la voute percée d'un foupirail fermé d'une grille : ces bas-reliefs font de Rubuni, célebre orfévre. Il y a quantité d'autres ornemens : on voit dans l'Eglife des tableaux de Carano, de Morazzono, de Giulo Cefare Procaccino, de Camillo Procaccino, de Frederigo Zucaro, & au-deffus du maître-autel eft le facré clou de la Paffion; les fculptures du Chœur en marbre font très-belles. Les deux plus beaux morceaux de cette Eglife, font le Saint Barthelemi, d'*Agrati*, écorché & portant fa peau fur fon épaule; il eft de marbre & fort eftimé. L'autre eft le tombeau du Marquis de Marignano. Le tréfor de l'Eglife eft le plus riche de toute l'Italie, après celui de Notre-Dame de Lorette. Les vafes facrés en or, les croix, les reliquaires, les ftatues de la même matiere, font en fi grande quantité, qu'on ne s'amufe point à les voir en détail. L'Eglife de Milan fuit le rit Ambroifien, & a quelques libertés que Saint Charles a eu foin de lui conferver. Le Chapitre eft compofé de trente Chanoines, nommé par l'Impératrice Reine.

MIL

Dans le Palais de l'Archevêché, qui n'a de remarquable que son étendue, on voit de très-beaux tableaux des deux Procaccini, de Morazone, du Guide, du Guerchin, du Tintoret, de Canalette, de Jean-Paul Panini, &c.

Les principales Places sont Piazza di Mercanti ; il y a un Palais ou Maison de Ville où s'assemblent les Magistrats ; un autre pour les Docteurs du Collége, Société Ecclésiastique, d'où sont tirés les Archevêques de Milan, & la *Piazza del Duomo*.

La Bibliothéque Ambroisienne, formée par le Cardinal Frédéric Borromée, neveu de Saint Charles, est composée de plus de soixante mille volumes imprimés, & de près de vingt mille manuscrits. Un des plus précieux est celui des Antiquités de Flavius Joseph, traduites par Ruffin, sur du papyrus d'Egypte. On lui donne treize cents ans d'antiquité ; mais il est incomplet. A cette Bibliothéque est joint un très-beau Cabinet d'Histoire Naturelle. Dans la Salle destinée à servir d'Ecole de Sculpture, on voit des plâtres faits d'après les plus belles statues de Rome & de Florence, & quantité de tableaux originaux & copiés par les plus grands Maîtres, du Carrache, du Correge, de Raphaël, de Rubens, de Brughel, du Schiavonne, de Jules Romain, du Géorgion, de Pierre de Cortonne, de Michel-Ange, d'André del Sarto, de Leonardo Vinci, du Bassan, de Frédéric Barrozzi. Les manuscrits de Léonardo Vinci sont un des plus riches trésors de cette Bibliothéque ; il y a en outre un très-beau Médaillier, & un Jardin de Botanique très-bien meublé.

L'Eglise de S. Ambroise, célebre par son ancienneté, est celle où les Empereurs recevoient autrefois la couronne de fer. Elle n'a de remarquable que son maître-autel, & la Chapelle où Saint Augustin, son fils, & Alcipe son ami, furent baptisés. On y voit un serpent d'airain que les uns disent être celui du désert, les autres un Esculape.

L'Eglise de Saint Alexandre des Barnabites, d'une belle architecture, est remarquable par la quantité de grands morceaux de lapis lazuli, d'agathes orientales, de jaspes sanguins & autres

Tome II.   F.

pierres précieuses qui revêtent le maître-autel, & qu'un Barnabite obtint d'un Duc de Mantoue, son pénitent.

A Santa Maria presso San Celso, on admire deux Sybiles couchées, par Fontana, sur le fronton du portail ; & à côté de la porte d'entrée, deux statues d'Adam & d'Eve; celle d'Eve souffre la comparaison avec tout ce que l'Antiquité a de plus beau ; elles sont, ainsi que les Sybiles, de marbre blanc ; Adam & Eve sont d'Ataldo Lorenzi, Florentin. Il y a dans l'intérieur de l'Église de très-belles statues de Fontana.

L'Eglise de Saint Victor est d'une très-belle architecture. On prétend que c'est de cette Eglise que Saint Ambroise refusa l'entrée à l'Empereur Théodose. Elle appartient aux Moines Olivetains. *Voyez* OLIVETAINS.

A Santa Maria del Grazio, Eglise des Dominicains, où est le Tribunal de l'Inquisition ; on voit un Couronnement d'épines, du Titien, & la célebre Cene de Leonardo Vinci.

Dans l'Eglise de Saint Nazaire, où l'on voit encore le pavé qu'y fit faire Serene, femme de Stilicon, on lit cette épitaphe singuliere de J. J. Trivulce, Maréchal de France : *Qui numquam quievit, quiescit. Tace.* Silence. Celui qui n'a jamais eu du repos, repose.

San Lorenzo est une Eglise singuliere par sa construction. Elle est octogone : quatre côtés sont des portions de cercle en enfoncement, qui forment la croix de l'Eglise, & dans lesquels s'élevent des colonades à deux ordres l'un sur l'autre, qui servent de galeries tournantes. Dans les quatre côtés qui sont en ligne droite, s'élevent un ordre de colonnes aussi haut que les deux autres, & qui porte le dôme. Cette architecture est sans modele. C'est auprès de cette Eglise que sont les seize colonnes du Temple d'Hercule. Il seroit trop long de parler de toutes les Eglises de Milan. La plupart des belles colonnes qu'on y admire, ainsi que dans quelques Palais, semblent être des restes des beaux édifices que les Romains avoient fait construire à Milan.

Le Palais du Gouverneur, le grand Séminaire, le Séminaire des Suisses, bâti par Saint Charles, le grand Hôpital, le Collége de Santa Maria in Brera, l'Obfervatoire de ce Collége fini en 1766, la cafa Cufani, la cafa Simonetta, la cafa Porta, L. C. Clerici, C. Maximo, C. Areze, C. Caftelli, &c. le Palais Durini, le Lazaret, Carceri ou les Prifons, tous ces édifices méritent d'être vus, foit par leur architecture, foit par les chofes précieufes qu'ils renferment.

Le Théâtre eft très-beau; la Salle a cinq rangs de trente-cinq loges. *Voyez* THÉATRE. Les rues de Milan n'ont rien de frappant. Il y a deux canaux qui communiquent du foffé qui entoure la premiere enceinte de la Ville; l'un au Tefin, appellé Tifinella; & l'autre appellé Martefana, à l'Adda. Le vin, le bled, le bois, toutes les provifions & tous les chofes nécef-faires fe tranfportent dans la Ville par ces canaux.

Il y a plufieurs Cabinets chez différens Particuliers, qui font très-curieux. Les promenades de l'intérieur de la Ville fe bor-nent à la grande rue du quartier del Borgo, appellé Strada Marina, à la magnifique place vis-à-vis le portail de la Cathé-drale, & aux remparts de la Ville.

Le Château de Milan, célebre par la quantité de fieges qu'il a foutenus, étoit l'ancien Château des Ducs de Milan. C'eft un hexagone régulier formé par fix baftions royaux, défendus par une muraille terraffée & revêtue, environnée d'un grand foffé plein d'eau, avec un chemin couvert & quelques ouvrages exté-rieurs. Cette Citadelle a deux cent foixante-dix toifes d'une pointe de baftion à l'autre. Elle n'eft pas d'une longue défenfe, parce que d'aucun côté, rien n'empêche les Affiégeans d'ouvrir la tranchée & d'en approcher.

Le climat du Milanois eft prefqu'auffi froid en hiver qu'en France, mais il eft auffi beaucoup plus chaud en été.

MILANOIS ou DUCHÉ DE MILAN, eft borné au nord par le Valois, les Bailliages des Suiffes & le Pays des Grifons, au midi par les Etats de la République de Gênes, au levant par ceux de Venife, de Mantoue & de Parme, au couchant par le Piémont & le Montferrat. Le Milanois étoit autrefois gouverné par des Ducs particuliers, les Vifconti & les Sforces. Après la mort du dernier des Sforces, Charles-Quint, qui s'étoit emparé du Duché de Milan, le donna à Philippe II son fils, qui monta sur le Trône d'Espagne. Les Rois ses successeurs le possédèrent jusqu'en 1700. Philippe de France, Duc d'Anjou, devenu Roi d'Espagne, fit tous ses efforts pour le conserver; mais l'Empereur Joseph I s'en rendit maître en 1706, & la possession lui en fut confirmée par le Traité de Bade en 1714. Charles VI a joui de tout le Milanois jusqu'à la paix de Vienne, conclue en 1736. Une grande partie de ce Duché fut cédée au Duc de Savoie; aujourd'hui les possessions de la Reine d'Hongrie, héritière de Charles VI, se divisent en six parties ou cantons, dont le Milanois, proprement dit, le Lodésan & le Crémonois sont les principaux.

Ce pays, que le Pô traverse, est situé au centre de la Lombardie; il a environ vingt-sept lieues de long sur vingt de large: sa situation est très-belle. M. l'Abbé Richard le met presque à la tête du triangle formé d'un côté par les Alpes, & de l'autre par la chaîne des Apennins, ayant pour base la Mer Adriatique, & renfermant dans son aire la grande & magnifique plaine de Lombardie de plus de cent lieues de longueur sur une largeur assez inégale. Le voisinage des montagnes, ajoute-t-il, surtout dans la partie supérieure du triangle, fait que la température de l'air n'est pas aussi douce & aussi égale qu'à la base; ce qui est cause encore que l'hiver est assez rude à Milan, que l'on y a beaucoup de neiges, & en été de fréquens orages.

Ce pays est très-fertile, les terres ne se reposent presque jamais; on fait dans la même année, sur le même terrein, une récolte de froment & une de bled de Turquie ou de quelqu'autre grain: aussi les terres sont-elles d'un grand prix. Les prés se fauchent jusqu'à quatre fois l'année, lorsqu'ils peuvent être arrosés, & ceux qui n'ont point d'eau se fauchent deux ou trois fois.

Les Milanois passent pour avoir plus de mœurs que d'esprit; ils sont bons, mais un peu défians, sages, mais d'une économie portée à l'excès: le Peuple est appliqué, laborieux. Les Nobles se piquent d'être généreux, magnifiques, accueillant très-bien les Etrangers. Les Milanois en général se ressentent un peu du caractere Espagnol, qu'ils ont contracté pendant la domination de l'Espagne. Les femmes y ont cet air léger & aisé des Françoises ; elles vivent dans une grande retraite, & se mêlent peu des affaires du commerce, auquel les Milanois s'appliquent beaucoup. Ils sont propres aux sciences, & il n'est pas rare de trouver des Savans parmi les Ecclésiastiques. La Maison Borromei a introduit, cultivé & protégé le goût des Lettres ; c'est à Saint Charles qu'on peut en fixer l'époque.

Quant aux productions du Pays, elles sont très-abondantes. Les fromages de Milan & le Parmesan sont fort renommés ; on en fait un commerce immense, non-seulement en Italie, mais dans toute l'Europe. Comme les pâturages y sont excellens, on y nourrit une très-grande quantité de bétail. Les vins y sont d'une très-bonne qualité. Le gibier & la volaille y abondent, & sont très-bons. Les rivieres, & sur-tout le lac majeur, sont fort poissonneux, & la proximité du lac de Venise fournit du poisson de mer à tout le Milanois.

On compte dans le Mantouan & le Milanois un million d'habitans ; le revenu que la Reine d'Hongrie en retire, soit par les impôts sur les terres, soit des fermes générales, va à environ sept millions & demi de notre monnoie, qui, en temps de paix, sont presqu'entiérement employés au payement des charges de l'Etat.

Le principal commerce des Milanois est celui de la soie. On assure que les soies du Milanois rapportent au Pays huit millions monnoie de France. On accuse les principaux Marchands de former entr'eux une Société de Monopoleurs pour nuire au commerce de Lyon & de Marseille.

On y fabrique des velours aussi beaux & quelquefois supérieurs à ceux de France, & toutes sortes d'étoffes en soie, laine, poil de chevre. On y travaille très-bien en dorure, en broderie, & on y fait généralement tous les ouvrages que l'art, le besoin & le luxe ont fait naître en Europe.

Il y a beaucoup de Fondeurs & d'Ouvriers en cuivre battu ; on y fabrique quantité de chandeliers, de bustes, de statues, de vases, & d'ouvrages en cristal. On y fait quantité de carrosses pour le reste de l'Italie : les Brodeurs travaillent avec une promptitude & un goût surprenans.

La Peinture y est peu de chose; la Sculpture s'y soutient, & la fureur de décorer contre toutes les régles du goût : l'extérieur de la Cathédrale y entretient cet art. La Musique y est moins florissante que dans les autres parties de l'Italie, quoiqu'il y ait de très-bons Musiciens.

Le Duc de Modene est Vice Gouverneur du Milanois pour la Reine d'Hongrie; le Comte Firmian exerce à Milan le rang de Ministre d'État, & veille sur toutes les parties de l'administration. Le Sénat est composé d'un Président & de dix Sénateurs. Le Conseil Suprême de Commerce décide en dernier ressort des affaires majeures des Finances. Le Capitano di Giustizia est chargé de l'exécution des décrets de Justice : il reçoit les plaintes contre les malfaiteurs. Le Vicario di Provisione est le premier Officier municipal, ou Capo della Cita; il est chargé de l'approvisionnement de Milan. Les Soixante forment le Conseil de Milan : on les appelle Décurions.

Milan a produit Valere Maxime; Cardan, grand Mathématicien; Concorigio, Médecin, qui le premier a écrit sur l'Anatomie; Cavalleri, Hiéronimite, qui publia en 1635 l'Ouvrage des Indivisibles; Alciat, célebre Jurisconsulte; Corio, Historien du Milanois; & les Savans qui se distinguent actuellement sont le P. Frisi, Barnabite, grand Mathématicien, le P. Lechi, Jésuite, pour la connoissance & l'analyse des Eaux. Mlle. Maria Gaetana Agnesi, grande Mathématicienne, Métaphysicienne, & très-savante dans les Langues; le Marquis Becaria, Auteur du Traité des Délits & des Peines.

MILAZZO, forte Ville de Sicile, dans la Vallée de Demona, avec un Port considérable On la divise en Ville haute & Ville basse. Il y a dans la basse une Place superbe, ornée d'une jolie Fontaine. Cette Ville est à l'ouest de Messine, sur un rocher, près du Golfe de Milazzo, à sept lieues N. O. de Messine.

MILETO, petite Ville au Royaume de Naples, dans la Calabre

Ultérieure, avec un Evêché suffragant de Reggio, dont l'érection fut faite en 1075 par le Pape Gregoire VII. Mileto est à quatre lieues N. E. de *Reggio*.

MILICE DU PAPE, (la) Garde ordinaire du Souverain Pontife, est composée d'une Compagnie de soixante Chevaux-Légers bien montés; leur uniforme est rouge, à paremens & revers de velours bleu, boutons & boutonnieres d'or, veste de velours bleu, galonnée en or. Quand ils sont de garde, ils ont une casaque ou soubre-veste d'écarlate chamarrée de galons d'or; ils marchent le pistolet haut; l'équipage du cheval est bleu, bordé d'or.

Une Compagnie de soixante Cuirassiers, uniforme bleu, à paremens & revers rouges, boutons & boutonnieres d'argent; l'équipage du cheval rouge, bordé d'argent.

Une Compagnie de Suisses, destinés à la Garde du Palais & de la Personne du Souverain; ils ont les longues chausses & le baudrier, mi-partie de rouge & de jaune, & l'habit rouge à paremens jaunes. Ces Troupes sont commandées par les Chevaliers de la Garde, appellés *Lanzie Spezzate*. Il sont au nombre de dix, & ont autant de surnuméraires obligés au service. Il y en a toujours deux de garde au Palais du Pape, qui montent à cheval, & l'accompagnent quand il sort. Leur habillement est le manteau ou cape & l'habit noir à la Romaine; c'est-à-dire, un corselet avec un jupon ou tonnelet, des manches ouvertes qui ne descendent pas jusqu'au coude, la grande cravate, la perruque longue avec l'épée: ils montent la garde le pistolet à la main. Le Prélat, Commissaire des Armes, est leur Officier supérieur.

Il y a encore deux Compagnies fort nombreuses d'Infanterie répandues dans Rome, appellées Garde Avignonoise & Garde Corse. La Garde Avignonoise a l'uniforme rouge, paremens & revers bleus & les boutons blancs: les Officiers ont l'uniforme rouge, galonné d'argent. La Garde Corse a l'uniforme blanc, paremens & revers rouges & les boutons blancs.

Il y a quelques autres Troupes à la solde de l'Eglise, répandues dans l'Etat Ecclésiastique: mais tout cela ne fait pas une Milice bien redoutable.

La Milice Bourgeoise de Rome est divisée en autant de Compagnies qu'il y a de Quartiers, & ne marchent que très-rarement. Les Compagnies des Quartiers au-delà du Tibre méprisent les autres, qu'ils traitent comme le rebut du reste de l'Europe. Les Transteverins se regardent comme les vrais descendans des anciens Romains, lorsque les Tribus rustiques étoient préférées à celles de la Ville ; c'est de ces Tribus même qu'ils croient descendre : ils sont fiers, plus actifs, plus courageux que les autres.

MILLES. L'Italie a conservé l'ancienne maniere de compter la distance des lieux par mille pas. Les trois milles d'Italie font une lieue de France. Pour ne pas embarrasser cette supputation dans les divisions des distances, on ne dit point deux-cent cinquante, ni cinq cent, ni sept cent cinquante, mais un quart, un demi, ou trois quarts de milles. Les milles varient dans quelques endroits de l'Italie. En Piémont, les deux milles font la lieue ; nos lieues varient aussi : celles de Gascogne sont beaucoup plus longues que les lieues communes des environs de Paris.

MILLEFLEURS, beau Château de plaisance, dans le Piémont propre, à environ une lieue de Turin & demi-lieue de la Vénerie. Ce Château a été bâti par les soins de Madame Royale, sœur de Louis XIII.

MINCIO, (le) Fleuve d'Italie, qui coupe le Lac de la Garde, & passe à Mantoue. Il forme un petit lac autour de cette Ville. Cette fortification naturelle rend la place très-difficile à attaquer. De Mantoue le Mincio va se jetter dans le Pô.

MINI, (*Paul*) né à Florence, Médecin, vivoit dans le seizieme siecle ; il étoit aussi Historien. Il a composé un Discours sur l'usage du vin, un autre sur la Noblesse de Florence, des recherches & des additions à ce Discours, & une défense de l'un & de l'autre.

MINORBINO, petite Ville Episcopale, au Royaume de Naples, dans la Terre de Bari, dans une position agréable.

MINTURNA, petite Ville, ancienne Colonie du Latium, fut

le bord du fleuve Garigliano, appellé autrefois Liris. Il ne reste que les ruines de cette Ville, qui cependant a eu un Evêché, & se rendit célebre par le Concile qui décida que le Pape ne pouvoit point avoir de Juge. Minturna est au Royaume de Naples, près de l'embouchure de Liris. On y remarque les ruines d'un aqueduc, d'un amphithéâtre, voisines de celles d'un Temple dédié à Vénus: ce qui suppose que Minturne étoit une Ville considérable. C'est à ce petit Village que finit la Voie Appienne: c'est à Minturne que le Soldat Galate, envoyé par Sylla pour se défaire de Marius, trouva ce respectable Vieillard, dont l'aspect fit trembler le Galate, qui, au lieu de le frapper, tomba ses genoux.

Minucciano, petite Ville dans la petite Contrée de Carfagnana, appartient à la République de Lucques.

Minuri, petite Ville au Royaume de Naples, dans la Principauté Citérieure, est dans une situation agréable sur la mer.

Miolans, Ville de la Savoie propre, sur l'Isere, à quelques milles de Montmelian. Quelques-uns ont pris ce Miolans pour l'ancienne *Modulum*. Elle a un Château bâti sur la pointe d'un rocher.

Mirande ou Mirandole, Ville & Capitale du Duché du même nom, entre le Ferrarois, le Modénois, le Mantouan & Concordia. Cette Ville est défendue par sept bastions, par une citadelle & un fort. Ce petit Etat fut long-temps célebre par la Maison des Pics de la Mirandole, qui l'ont possédé pendant cinq ou six cents ans, & qui a produit, en 1460, ce fameux Jean Pic, Prince de la Mirandole, qui fut un prodige de savoir, dans un âge où c'est beaucoup que d'avoir appris à étudier. Cette Maison fut dépouillée de cette Souveraineté en 1710 par l'Empereur Charles VI, qui la vendit au Duc de Modene moyennant la somme de deux millions cinq cent mille livres. *Concordia* est la seconde Ville de ce Duché.

Misene, (Cap de) Capo Miseno, est la pointe occidentale & méridionale du Golfe de Pouzzol & de Baies, à une lieue & demie de Pouzzol & de Cumes. L'origine du nom de Misene vient, selon Virgile, d'un excellent Trompette, qui d'abord avoit appartenu à Hector, qui s'attacha enfuite à Enée, & qu'un Triton noya dans la mer, pour fe venger de l'avoir défié à qui fonneroit mieux de la trompe; fon corps ayant long-temps erré fur les flots, fut trouvé par Enée, qui l'enterra fur ce Promontoire, qui s'appelloit le Mont Aërien : *Monte fub Aërio, qui nunc Mifenus ab illo dicitur.* C'étoit à Mifene qu'étoit la ftation des vaiffeaux & des galeres des Romains, deftinés à maintenir la fûreté des mers & des côtes depuis le Phare de Meffine jufqu'aux Colonnes d'Hercule. Agrippa l'avoit fait conftruire. Il y avoit un Phare pour éclairer les vaiffeaux; il y avoit fur cette hauteur une Ville, & au deffous étoit le Port. La Ville fut prife & pillée par les Lombards en 836; les Sarrafins acheverent de la ruiner, & on n'y voit que des reftes d'édifices. On y voit un fouterrein percé dans la montagne, & qu'on appelle *Grotta Dragonara*; il eft prefqu'entiérement ruiné : mais on y trouve une allée longue & tortueufe, avec plufieurs chambres fur les côtés. On croit que c'étoit un aqueduc que Néron avoit fait percer pour y raffembler les eaux chaudes de Baies, & que les chambres étoient des citernes pour y conduire les eaux de pluie, & faire rafraîchir les eaux chaudes. Au pied de la montagne, on trouve dans la mer même une fource d'eau douce qui conferve fa douceur : on croit que c'étoit la fontaine du Temple des Nymphes, bâtie par Domitien, où il y avoit une fource intariffable. Il y a encore fur le Promontoire un Phare ou tour fur laquelle on allume tous les foirs une groffe lanterne pour éclairer pendant la nuit les vaiffeaux qui entrent dans le Golfe. Le Cap forme une prefqu'ifle qui n'a guere que quatre cents pas de traverfe. C'étoit de-là que vint Pline le Naturalifte, qui y commandoit la flotte Romaine, pour obferver de plus près la fameufe éruption du Véfuve, où il périt.

MISTRATA, Bourg de la Vallée de *Demona*, dans la Sicile, affez avant dans les Terres, avec Afinello, Monte Albano, Franca Villa. Les autres Villes de cette Vallée font fur la mer.

MOCENIGO, famille illuftre de Venife, qui a donné de grands Hommes à la République. *Louis Mocenigo* parvint au Dogat en 1570. Il forma une ligue avec les Espagnols &

le Pape pour reprendre l'Isle de Chypre aux Turcs, qui l'avoient enlevée aux Vénitiens. L'armée combinée gagna la célebre bataille de Lépante, le 7 Octobre 1591, la même année que Mocenigo mourut. *Louis-Sebastien Mocenigo*, après avoir passé par les premieres Charges de l'Etat, & avoir rendu les plus grands services à la République, fut élu Doge le 25 Août 1722, & ne fut pas moins utile à sa Patrie dans cette place. Il y a des Provéditeurs, des Guerriers, des Politiques & des Hommes célebres dans cette famille. André Mocenigo, qui, au commencement du seizieme siecle, fut chargé de négociations importantes pour la République, a laissé une Histoire *de Bello Turcarum*, & une belle Relation *de La Guerre de la Ligue de Cambrai contre les Vénitiens*, en cinq livres. Ces deux Ouvrages écrits en latin, sont fort estimés.

Modane, gros Village de Savoie, sur le chemin de Lyon à Turin, dans les Alpes. Ce Village est pauvre. Entre Saint-Michel, qui est à trois lieues de Saint-Jean de Maurienne & Modane, est la montagne de Saint-André, au pied de laquelle on trouve un Hameau appellé *les Fournaux*. On y exploite les mines de plomb & de cuivre d'une montagne peu éloignée de-là. Le plomb & le cuivre donnent six onces six gros d'argent par quintal, & la mine donne par quintal trente-une livres & demie de plomb.

Modene, *Modena, Mutina*, Capitale du Modénois, dans une plaine agréable, entre la Sacchia & le Panaro, est très-ancienne. Elle étoit une des plus belles Colonies des Romains lorsqu'elle fut assiégée par Antoine, pour avoir reçu Brutus après l'assassinat de César. Brutus la défendit jusqu'à la derniere extrémité. Elle se rétablit & se soutint jusqu'à l'invasion des Goths & des Lombards en Italie. Ils la dévasterent: mais Charlemagne, après avoir détruit le Trône des Lombards, la rebâtit peu à peu dans le même endroit où elle étoit auparavant. Elle fut achevée & entiérement repeuplée sous Pepin, fils & successeur de Charlemagne. Elle passa successivement des Empereurs aux Papes, à la République de Venise, aux Ducs de Milan, aux Ducs de Mantoue, à ceux de Ferrare. Elle souffrit beaucoup des factions des Guelfes & des Gibelins, & fut réduite en un monceau de ruines. A mesure que les temps devinrent plus calmes, elle se releva; elle devint le partage de la Maison d'Est, dans le treizieme siecle; elle se donna à Obizzon II. Elle tenta depuis de se soustraire à la domination de ses successeurs. Après plusieurs révolutions, l'Empereur Maximilien l'ayant vendue au Pape Léon X, le Duc Alfonse la reprit à main armée le 5 Juin 1527; & le 21 Décembre 1530, l'Empereur déclara que Modene étoit un Fief de l'Empire. Cette Ville a été embellie par les Souverains de la Maison d'Est : & depuis qu'ils la possedent, ils en ont fait une Ville nouvelle. Elle est distinguée en Ville neuve & Ville ancienne. La premiere renferme le nouveau Palais; elle est bien bâtie, bien fortifiée & décorée de fontaines : on marche dans les rues à couvert, sous des portiques; s'ils offrent la commodité d'être à couvert du soleil & de la pluie, ils ont le désagrément de retrécir les rues & de les rendre obscures : il y a de très-belles fontaines & de magnifiques Eglises.

Le Palais Ducal passe pour le plus bel édifice de Modene; il fut commencé par le Duc François I d'Est, sur les dessins de l'Avanzzini : l'architecture en est noble & élégante, & d'autant plus agréable, qu'il est isolé & sur une grande place bien ornée. La cour est environnée d'une colonade frappante : on y admire un très-beau sallon. Les appartemens, qui sont très-bien décorés, renferment nombre d'excellens tableaux ; un Saint Pierre, Martyr, par Antonio Cosetti de Modene; une Judith, du Guerchin ; une Adoration des Bergers, attribuée au Correge; quatre Médaillons, du Tintoret, dans la Chambre du Dais, dans une autre chambre, un Samaritain, du Bassan ; J. C. épousant Sainte Catherine, du Guerchin; une Charité Romaine, d'André Sacchi ; une Vierge, tenant la main de J. C. attribuée au Guide ; Sainte Véronique, du Familitori; Notre-Seigneur au Jardin des Oliviers, de Bassan; l'Enfant prodigue, de Spada; le passage d'un pont, une Bataille & un triomphe de Jules Romain; la femme de Putiphar, retenant Joseph par son manteau, de Terrini; la femme adultere, du Titien ; une Vierge avec l'Enfant-Jésus, & Saint Paul, du même; un Saint Roch en prison, couronné par un Ange, du Guide; le Martyre de Saint Pierre, du Guerchin; les Elémens en quatre tableaux, par les Carraches : un Saint Sébastien, de Michel-Ange; deux tableaux, l'un d'Abraham & l'autre de Psyché, par le Guerchin, &c. La galerie de ce Palais est une des plus riches en dessins, en peintures, en estampes, en sculptures, le tout des plus grands Maîtres, & d'un détail immense; une collection précieuse des Médailles les plus rares, de curiosités de l'Histoire Naturelle uniques; une Bibliothéque d'environ trente mille volumes, parmi lesquels est une suite d'éditions très-rares. Les manuscrits sont au nombre de quinze cents. Cette Bibliothéque est précédée d'un très-beau Cabinet de Machines pour la Physique.

Le Théâtre, que le Duc François I fit bâtir dans le *Palazzo del Publico*, avoit servi de modele à celui des Tuileries : le même Architecte a fait l'un & l'autre. C'étoit le seul beau Théâtre que nous eussions en France ; mais, comme s'il étoit impossible que notre Nation pût s'accoutumer à voir ses Drames dignes d'Athènes & de Rome sur un Théâtre analogue à la beauté de ses Pieces & à son goût pour le Spectacle, elle a rapetissé la Salle, au point que le Théâtre seul la forme en entier.

Parmi les cinquante-une Eglises que renferme Modene, les plus curieuses sont la Cathédrale, non pour la beauté de l'édifice, qui est d'un mauvais Gothique, mais par le tableau du *nunc dimittis*, du Guide, par la guirlandina ou tour de cette Eglise toute en marbre, & l'une des plus élevées d'Italie. C'est au bas de cette tour qu'on conserve le vieux sceau de bois de moyenne grandeur, qui fut un des trophées que les Modénois enleverent sur les Bolonois, & le sujet du Poëme du Tassoni. *Voyez* SECCHIA RAPITA.

San-Giorgio n'a d'autre défaut pour une Eglise que d'être trop agréable. L'ordre de l'architecture est Corinthien ; quatre tribunes, placées aux quatre angles, soutenues par des colonnes du même ordre, forment une décoration trop théâtrale. Les autres Eglises offrent différens chef-d'œuvres. Celle des Stigmates a un beau tableau du Guerchin, représentant Saint François.

L'Arsenal contient des pieces curieuses ; une couleuvrine de vingt-deux pieds de long, qui porte à deux lieues; deux pistolets, l'un dans un livre, l'autre dans le manche d'un parasol, qui tire par le haut du manche.

Le Collége de Saint Borromée est celui où l'on éleve les jeunes Gentilshommes, dont le nombre est considérable.

La seule promenade de Modene est comme dans presque toutes les autres Villes d'Italie, *la strada del Corso*, ou les remparts. La Citadelle est assez bien fortifiée : elle fut obligée de se rendre aux Alliés en 1734 & 1742.

Les Modénois sont gais, aimant le plaisir. Autrefois leur commerce étoit peu considérable, parce qu'ils comptoient trop sur la bonté de leur territoire, qui leur procure tout ce qui est nécessaire à la vie ; mais le Duc de Modene a mis le commerce en vigueur, en faisant rétablir le chemin qui conduit à Massa, pour le transport des marchandises. Il a mis les beaux-Arts en honneur, & a détruit la prévention que l'on avoit contre les Modénois. Cette douceur naturelle à leur caractere n'est plus regardée comme une folle ingénuité. Les Chaires établies à Reggio, font fleurir l'Université : & de temps en temps leurs Altesses honorent l'Académie des Dissonanti de leur présence, & l'encouragent par leurs bontés.

Sous le sol de Modene, est un bassin souterrein, formé d'une eau très-pure & très-saine, & qui est la source de ces puits qu'on trouve par-tout dans la Ville & aux environs, & qui ne diminuent pas dans les plus grandes sécheresses. Ce réservoir est à plus de cent dix pieds sous terre.

Modene a produit un nombre considérable de grands Hommes dans les Arts & les Sciences. Barrozzi, connu sous le nom de Vignole, fut un des plus grands Architectes ; Molza grand Poëte, & sa petite-fille Tarquinia Molza, qui hérita de ses talens ; Bernardini, Poëte de l'Empereur, & Alexandre Tassoni, né en 1565. Parmi les Mathématiciens, le P. Guarino Guarini ; Geminiano Montanari, Astronome ; Corradi, Vandelli Math. Contelli Geog. Parmi les Littérateurs, Sadolet, Cortesi, Sigonius, Castelvetro, Cesis, Fiordibello, Odoardo Corsini, J. P. Taglia-Zucchi. Parmi les Médecins, Fallope, Davini,

Ramazzini, Muratori. On ne parle point des Savans & des Artistes vivans. Le Correge étoit de Corregio dans le Modénois.

MODENOIS OU L'ÉTAT DE MODENE, comprend le Duché de Modene & de Reggio, les Principautés de Carpi & de Corregio. Cet Etat a environ vingt lieues de long sur dix de large; il fut érigé en Duché en 1452 par l'Empereur Fréderic III. Il est borné à l'orient par le Duché de Parme, au midi par la République de Lucques & la Toscane, à l'occident par l'Etat Ecclésiastique, & au nord par le Duché de Mantoue. Ce fut en 1288 que le Modénois entra pour la premiere fois au pouvoir de la Maison d'Est. Les Buona-Corsi, tyrans de Mantoue, s'en emparerent quelque temps après; ensuite les descendans d'Obizzon, Princes de Ferrare, le possederent jusqu'en 1450, qu'il rentra dans la Maison d'Est. Fréderic III l'érigea en Duché en faveur de Borso d'Est. Depuis ce temps-là, la Maison d'Est l'a toujours possédé. Il est Fief masculin, & releve de l'Empereur, à qui il paie annuellement quatre mille écus. Les revenus de ce Duché ne sont pas considérables, & il lui est difficile de défendre ses Etats: aussi la Ville de Modene a été plus d'une fois exposée aux fureurs de la guerre & la victime des démêlés entre la France & la Maison d'Autriche. Dans l'avant derniere guerre, le Duc fut sur le point de perdre ses Etats pour s'être déclaré pour la France & l'Espagne contre la Reine d'Hongrie. Les Autrichiens & les Piémontois s'emparerent de ses Etats, & le Duc fut obligé de se réfugier à Bologne, où il resta jusqu'à la paix d'Aix-la-Chapelle. Le Duc de Modene possede aussi le petit Duché de Mirandole, que l'Empereur lui vendit en 1710, ainsi que celui de Novellara, que l'Empereur lui donna en 1737. Il jouit encore de la Principauté de Massa, annexée au Duché de Modene.

Dans ces Etats, les Gouverneurs jugent les affaires importantes, les Podestats rendent aussi la Justice: mais on peut appeller de leurs sentences à un Tribunal supérieur, & de celui-ci au Duc lui-même.

Modene est dans une très-belle plaine parsemée de grandes files d'arbres enlacés par des vignes qui forment des guirlandes.

Quoique le climat soit beau, les pluies y sont plus abondantes qu'en France même.

Les Etats du Duc de Modene consistent, 1°. dans le propre de Modene ; 2°. le Duché de *Reggio* ; 3°. le Comté de *Novellara* ; 4°. le Duché de *la Mirandole* ; 5°. celui de *M...* Les lieux principaux du *Modénois* ou Duché de Modene sont *Finale*, *Castel nuovo di Carfagnana*, *Sestola*, *Sassuolo*, *Medola*, *Guia*, & *Bastia*. Rivalta est une Maison de plaisance du Duc.

Modes, en Italie, les Dames suivent dans leur habillement & leur coëffures toutes les modes de France ; dans beaucoup de Villes, comme à Bologne & à Venise, les Dames mettent une petite coëffe qu'elles rabaissent sur le front, lorsqu'elles sortent pour aller à l'Eglise. Les femmes du commun affectent d'en porter de plus grandes. Il y a des Villes où on ne peut leur voir le visage ; à Rome, il y en a moins que par-tout ailleurs.

Mola di Gaetta, petite Ville dans le Royaume de Naples, à deux lieues & demie d'Itrie, près de la mer, dans une des plus heureuses situations, au centre d'un petit golfe, bâtie, dit-on, sur les ruines de l'ancienne Formies, Ville des Lestrigons. Mola est assez près des montagnes pour être à couvert des vents du Nord & du Couchant. Horace célebre la situation de Formies & compare ses vins à ceux de Falerne. La campagne qui l'environne est un jardin planté d'orangers, de lauriers, de grenadiers, de myrthes, de jasmins, & de toutes sortes de plantes odoriférantes; les côteaux sont couverts de vignes & d'oliviers. Mola jouit d'un point de vue très-agréable; Gaëte, qui s'avance dans la mer, lui forme une perspective unique ; du côté de Naples, elle a devant elle les Isles d'Ischia & Procida. Les femmes y sont mises de la maniere la plus galante & la plus leste. Les Sarrasins détruisirent Formies. La mer, qui a beaucoup gagné de ce côté, laisse appercevoir dans certains temps des ruines de beaux bâtimens, des pavés en mosaïques & de beaux marbres. Ciceron avoit une maison de campagne à Formies. On fait voir sur la côte, entre Mola & Gayette, des ruines considérables, qu'on dit être le *Formianum* de cet Orateur. La mer découvre une grande

grande salle, qu'on assure être entourée de siéges de marbre, & c'est là, disent les Habitans, que Ciceron faisoit ses conférences académiques. Toute cette plage est couverte de monumens antiques, & les eaux qui les recouvrent, empêchent qu'on ne les détruise pour se servir des matériaux. C'est près du Formianum que Ciceron fut assassiné par les Emissaires d'Antoine. Il y a encore un autre Mola dans la Marche Trévisane.

MOLA, (*Pierre-François*) Peintre, né dans le Milanez en 1621, Eleve de Mola son pere, Peintre & Architecte, & ensuite de Josepin, de l'Albane & du Guerchin. Il s'acquit une grande réputation, & la Reine Christine s'empressa de se l'attacher; le Pape & les Princes, & les plus grands Seigneurs de Rome vouloient avoir de ses Ouvrages. Le Roi de France l'avoit demandé, une mort imprévue l'enleva aux desirs de ce Monarque, en 1666, à Rome. On loue en lui son coloris & son dessin. Il étoit grand paysagiste. Il a traité aussi l'histoire. Il a bien réussi dans ces deux genres, par-tout il fait voir du génie, une invention heureuse & féconde. Plusieurs de ses Ouvrages ont été gravés, & il en a gravé lui-même.

MOLEZIO, (*Joseph*) Astronome & Mathématicien du seizieme siecle, né à Messine, enseigna ces sciences au Prince Vincent, fils de Guillaume, Duc de Mantoue, fut Professeur dans l'Université de Padoue, où il mourut en 1588, âgé de 57 ans. Il avoit recueilli des Ephémérides, depuis 1563 jusqu'en 1580. Il laissa des tables, qu'il appella Grégoriennes, qui servirent pour la correction du Calendrier. La République de Venise récompensa cet Ouvrage par deux cens écus d'or qu'elle donna à Molezio, & Grégoire XIII, qui se servit de ses tables, lui envoya trois cens ducats.

MOLFETTA, petite Ville au Royaume de Naples, dans la Province de Bari, avec un Evêché suffragant de Bari: cette Ville a titre de Duché. Elle est située sur le golfe de Venise, à quatre lieues N. O. de Bari, à trois lieues E. de *Terni*.

MOLINETTI, (*Antoine*) Médecin de Venise, Professeur à Padoue, jouit de son vivant d'une grande réputation, que sa vanité & sa prévention pour ses opinions ont un peu gâtée.

Tome II. G

Il paſſa pour un des plus grands Anatomiſtes. Il publia un Traité des ſens & de leurs organes, imprimé à Padoue in-4°. 1669, en latin. Molinetti mourut à Veniſe en 1675.

Molise, Province du Royaume de Naples, qui a titre de Comté, entre l'Abbruzze Citérieure, la Capitanate & la Terre de Labour. Les Villes de cette Province ſont Iſernia, Bojano, Larino, & Trivento. Tout ce pays a environ treize lieues de long ſur onze de large. Il eſt très-peu habité & tous les jours il déchoit, quoique ſon territoire ſoit très-fertile. Moliſe en eſt la Capitale, elle eſt au centre de la Province ſur le Trigno ; elle eſt très-peu conſidérable. Le Gouverneur y fait ſa réſidence.

MOLSA ou Molza, (*Franciſco-Mario*) né à Modene, Poëte, qui eût pu prétendre à la plus grande célébrité, s'il eût été moins adonné au libertinage & à la débauche. Il fit des Elégies, un Poëme ſur le divorce de Henri VIII & de Catherine d'Arragon, & pluſieurs Ouvrages en proſe : la douceur & la beauté des uns, l'éloquence des autres faiſoient attendre de lui les choſes les plus ſublimes ; mais ſon commerce avec les Courtiſannes de Modene, l'infecta de la maladie honteuſe, dont il mourut fort jeune en 1544.

Tarquinie Molza, ſa petite fille, fut un modele de l'amour conjugal ; ayant perdu ſon époux, jouiſſant de tous les avantages de la jeuneſſe & de la beauté, elle rejetta les partis les plus brillans, cultiva les Lettres & apprit les langues Hébraïque, Grecque & Latine, avec une application ſuivie des plus grands ſuccès. Le Taſſe, Guarini, & pluſieurs Poëtes célebres ſoumirent leurs Ouvrages à ſa critique. Le Sénat de Rome lui donna pour récompenſe, ainſi qu'à ſa famille, le droit de Bourgeoiſie. Elle s'étoit retirée à la Cour du Duc Alfonſe II de Ferrare, dont elle fit les délices.

Monaco, (la Principauté de) eſt ſituée entre le Comté de Nice, le Piémont, & la République de Gènes, ſur un rocher eſcarpé, battu par les flots de la mer au Levant où eſt le Port. C'eſt *le Monæcium*, ou *Herculis Monaci Portus* des Anciens.

L'étendue de la Principauté de Monaco, qu'on appelle auſſi *Mourgues*, n'eſt que d'environ trois lieues de longueur, & demi-lieue de largeur : elle n'est composée que d'une seule Ville, qui est Monaco, & de deux Villages, qui sont *Roccabruna* & *Menton*. Le Palais du Prince est si bien exposé, que d'un sallon, dont les fenêtres donnent sur la mer, on peut découvrir jusqu'aux Isles de Corse, quoique fort éloignées. Il y a plusieurs tableaux du *Guercino* & de *Raphaël*. La place d'armes, qui est une des plus fortes de toute l'Italie, est terminée par une plate-forme, munie de plusieurs pieces de canon, braquées sur la mer : outre ces fortifications, il y a encore un souterrain, qui passe pour être un des plus beaux de l'Europe. Il a trois étages taillés dans le roc, & en temps de guerre, on peut y mettre à couvert trois mille hommes, & la derniere voûte est bâtie de pierres de taille bleues, & à l'épreuve de la bombe, aussi bien que les autres. Son Port est très-avantageux, on voit à son embouchure une tour considérable, qu'on appelle la Tour d'Antoine. La Chapelle de *Santa Devota*, située entre deux montagnes, attire beaucoup de pélerinages. Cette Sainte est la Patrone du pays, & le jour de la Fête, qui est le 16 Janvier, il se fait dans toute la Ville une Procession solemnelle. Le Prince a un grand nombre de beaux jardins, tous curieux, tant pour les palmiers que pour les plantes rares qu'on y voit. Ces jardins sont ornés de belles allées de citronniers & d'orangers, qui répandent de tous les côtés l'odeur la plus agréable. Au pied d'une montagne, appellée *Testa di cane*, dans le village de Menton, on trouve une grande quantité de caroubiers ; le fruit de cet arbre qui est devenu très-nécessaire dans beaucoup d'endroits de l'Italie, est conservé avec soin. La Principauté de Monaco, qui a passé depuis environ vingt-cinq ans, de l'ancienne famille de *Grimaldi* dans celle des Ducs de Valentinois, est sous la protection de la France, qui y envoie une forte garnison, qui doit obéir aux ordres d'un Lieutenant de Roi, qui est toujours Brigadier de ses armées, quoique le Prince en ait le commandement en qualité de Gouverneur.

MONALDESKI, (*Louis*) né à Orviette, d'une famille noble en 1326, vécut toujours à Rome. Il y composa les Annales romaines depuis 1328, jusqu'en 1340. Il est vraisemblable qu'il les avoit portées beaucoup plus loin ; mais que le reste a été perdu, ou est enseveli dans la poussiere de quelque bibliotheque. Ce que nous en avons est fort estimé. Il ne faut pas le confondre avec ce Monaldeski, Officier de la Reine Christine & son amant, qui ayant fait un libelle contre cette Princesse, fut massacré par son ordre & en sa présence, à Fontainebleau en 1657.

MONALDI, (*Benoit*) ou le Cardinal de Ubaldis, fut successivement Auditeur de Rote, Dataire du Cardinal Barberin, Légat en France & en Espagne, Evêque de Pérouse & Cardinal, par Urbin VIII. Il a laissé un volume de décisions de la Rote, publiées à Pérouse, en 1654 avec les notes de Torelli. Il mourut dans son Evêché en 1644.

MONDOVI, ou MONDEVI ou MONDEVIS, Ville considérable dans le Piémont, avec un Evêché suffragant de Turin, & une Université. Elle est appellée en latin *Mons Vici* ou *Mons Regalis*. Philibert, Duc de Savoie, y fit bâtir une Citadelle très-forte en 1573. Cette Ville est située sur une montagne, au pied de l'Apennin, à deux lieues du Tanaro. Ses environs sont très-fertiles en vins. C'est la Patrie du Cardinal *Jean Bona*, célebre par ses Ouvrages. Elle est à trois lieues N. O. de Ceve, treize S. E. de Turin.

MONDRAGONE, Maison de Campagne, dans laquelle on va des jardins de la *Villa-Borghese*, ou *Villa-Taverna*, située au-dessus de Frescati. Ces deux maisons se tiennent. *Villa-Taverna* fut bâtie par le Cardinal Scipion Borghese, neveu de Paul V, pour sa sœur Hortense. Les jardins sont très-agréables, embellis par des fontaines, des statues, des bosquets. La maison n'a rien de surprenant ; mais les peintures en sont très-belles. On y admire un Saint Pierre de l'Espagnolet. Sans quitter les jardins de la *Villa-Borghese*, on se trouve à Mondragone, qui est plus élevé & plus beau, situé sur la hauteur, à demi-lieue de Frescati, bâti par le Cardinal *Marco Sitico* de la Maison *Altempi*, neveu de Pie IV ; mais considérablement agrandi par le Cardinal Scipion Borghese. On compte dans le bâtiment trois-cent soixante-quatre fenêtres. A l'un des bouts du Parterre, est un portique de Vignole, composé de cinq arcades, en colonnes & pilastres Ioniques. A l'autre extrémité, au-dessus d'un grand perron, un très-bon morceau d'architecture dans le goût antique, sur un plan circulaire, avec six statues dans des niches, dans les entrecolonnemens. Il y a un dragon dans le milieu, pour désigner les armes de la Maison Borghese; ce dragon a donné le nom à la *Villa*. Dans les appartemens de Mondragone, on trouve une tête colossale de Faustine, femme de Marc-Aurele, trouvée à *Tivoli*, un buste colossal d'Antinoüs, un Ciceron trouvé à *Monte-Porcio*, deux fontaines de stuc, en façon de porphyre, une Vénus, semblable à celle du Capitole; mais fort inférieure, un Bacchus restauré par Bernin. Les peintures de la maison sont en petit nombre; on y voit un tableau de Paul *Veronese*, représentant Salomon adorant les idoles, &c.

Mongiardino, Bourg du Milanez Savoyard, dans le pays d'*Outrepó* & de *Bobbio*. Ce Bourg est du nombre de ceux qu'on appelle *Feudi Imperiali*; Ce sont plusieurs petits territoires qui étoient anciennement des fiefs de l'Empire & que l'Archiduchesse a cédés au Duc de Savoie.

Moniglia, petite Ville dans la République de Gènes. Ses environs fournissent le meilleur vin du pays.

Montagna, petite Ville du Padouan, dans l'Etat de Venise.

MONTANARI, (*Germiniano*) Astronome, né à Modene, mourut vers la fin du dix-septieme siecle, à Modene, où il professoit les Mathématiques. Il avoit adopté le système d'Epicure avec quelques modifications.

MONTANUS, (*Jean-Baptiste*) Médecin, né à Vérone d'une famille noble. Son mérite & la célébrité à laquelle il parvint, lui faciliterent l'entrée dans presque toutes les Académies de l'Italie. Il égayoit la profession grave de la Médecine par la Poësie. Il a laissé trois volumes de Consultations de Médecine très-estimées, & plusieurs autres Ouvrages.

Monte Albano, petite & jolie Ville dans la Vallée de Demona au Royaume de Sicile.

Mont Calier, *Mons Calerius*, petite & jolie Ville du Piémont, sur le chemin de Turin à Milan: elle est située dans un aspect riant, au bord du Pô, dans un terrein fertile. Le Duc de Savoie y a une maison de plaisance que le Roi de Sardaigne avoit fort négligée, depuis qu'il s'étoit vu forcé d'y faire arrêter le Roi Victor son pere en 1731. Le Duc regnant y fait des réparations, & préférera cette maison de plaisance aux autres, parce qu'elle est plus éloignée des Alpes, & que l'air y est beaucoup meilleur & le climat plus tempéré.

Mont Cassin, Montagne au Royaume de Naples, dans la Terre de Labour, sur laquelle étoit l'ancienne Ville de Cassinum, célebre dans l'Histoire Ecclésiastique, par l'Abbaye des Bénédictins, située au haut de la Montagne, & fondée par S. Benoît. C'est un des plus magnifiques & des plus riches Couvens qu'il y ait en Italie. Au bas de la Montagne, dans la petite Ville de Saint-Germain, est un Hospice où habitent quatre Religieux Officiers, & où l'Abbé du Mont Cassin vient résider une partie de l'hiver; ils y reçoivent les Passans & les Etrangers selon leur rang, & les accompagnent ou les font conduire à l'Abbaye: on entretient dans cet Hospice, près de quatre-vingts mulets à cet usage. Riches, Pauvres, Pélerins, Mendians, on ne refuse personne. Les revenus de cette maison doivent être immenses. Il y a quelquefois trois à quatre cents Pélerins. Il y a quatre chemins qui conduisent de Saint-Germain à l'Abbaye; il n'y en a qu'un de bien praticable. Il tourne la Montagne pendant environ une lieue. Sur le chemin sont deux Chapelles, la *Santa Crocella*, où l'on voit l'empreinte de la cuisse de Saint Benoît, & *il Genucchio*, l'empreinte du genou. La façade du Couvent a cinq cent vingt-cinq pieds de long. On y entre par une ancienne voûte de quarante pieds de long, qu'on conserve comme un reste du Couvent que Saint Benoît a habité. Le Chapitre, les corridors, la Bibliothéque, les différens corps de logis pour les Etrangers, tout est de la plus grande propreté, mais rien n'offre un coup d'œil aussi frappant que l'Eglise. Dans le Cloître supérieur qui y conduit, sont seize belles statues de marbre par de grands Maîtres, entre lesquelles on admire celle du Pape Saint Grégoire, par Legros. On monte un grand escalier de marbre; la porte de l'Eglise est revêtue de lames de bronze avec des lettres en argent; sur ces lames sont des bas-reliefs qui représentent les Châteaux & possessions de l'Abbaye. L'Eglise a cent quatre-vingt-seize pieds de longueur dans œuvre, cinquante-quatre de large, sans y comprendre les Chapelles, & cinquante-neuf de haut; elle est décorée de pilastres & soutenue par de belles colonnes doriques de granit oriental. L'ancien pavé étoit en mosaïque fait du temps de l'Abbé Didier, au commencement du onzieme siecle; quand on a rebâti l'Eglise, on l'a laissé subsister, & on l'a recouvert d'un pavé à grands dessins de marbre; tout est incrusté de marbre à dessins représentans les Croix des Ordres de Chevaleries établis sous la Régle de Saint Benoît. Toutes les peintures de l'Eglise sont belles. Dans la nef du milieu est la représentation de la Consécration de l'Eglise par Jordans; le même Peintre a placé dans le haut de la voûte & dans les côtés des croisées, différens traits & différens miracles de Saint Benoît: ces tableaux sont enrichis des plus beaux ornemens de stuc dorés, de bronze, &c. La même magnificence regne dans les nefs collatérales & dans les Chapelles fermées par de belles balustrades, & décorées de colonnes d'albâtre & des marbres les plus rares. Il y a huit Chapelles, dans l'une desquelles est le corps de Saint Carloman, fils aîné de Charles Martel, & oncle de Charlemagne, Religieux de Saint Benoît. Les peintures de cette Chapelle sont toutes relatives à la vie de ce Saint Prince; elles sont de Jordans, ainsi que celle de la troisieme Chapelle où sont peints les miracles de Saint Benoît. Dans la quatrieme est peint le Congrès au Mont Cassin, entre Adrien II, l'Impératrice Eugelberge, & Louis, Roi de Lorraine, excommunié pour avoir répudié sa femme & épousé Valrade. On y voit aussi le martyre de Saint Bertario, par le Cavalier Vanni. Dans une autre, le Baptême de Jesus-Christ, du Solimene. Dans la troisieme Chapelle à gauche, Saint Apollinaire marchant sur les eaux, Saint Pierre & Saint Benoît conduisant une barque, & Saint Benoît apparoissant à un Religieux, & le Comte de Conza qui fait pénitence au Mont Cassin, de l'assassinat du Prince Benevent, par Jordans. Ce même Artiste a peint la Chapelle suivante qui représente divers événemens de la vie de l'Abbé Didier, Pape sous le nom de Victor III. Les balustrades des plus beaux marbres qui entourent le Sanctuaire, sont ornées de dix Génies en bronze, tenant les symboles des différentes dignités qui ont illustré l'Ordre de Saint Benoît. Le grand autel est de la plus grande richesse; il est sur les dessins de Michel-Ange; on y monte par trois marches d'albâtre; le retable est orné ou même incrusté de pierres précieuses. Au-dedans de l'autel est le tombeau de Saint Benoît & de Sainte Scolastique; treize lampes brûlent sans cesse autour. A droite est le Mausolée d'un Bienfaiteur du Couvent; à gauche est celui de Pierre de Médicis, frere de Léon X, sur les dessins de San-Gallo. Derriere le maître-autel est le chœur, dont les bas-reliefs représentent les Hommes illustres de l'Ordre. Il y a quatre beaux tableaux du Solimene, représentant, l'un Saint Ratchis, Roi des Lombards, Tasia sa femme & Ratrade sa fille, recevant du Pape Zacharie l'habit de l'Ordre de S. Benoît. L'autre, S. Maur guérissant les Estropiés & les Malades. Le troisieme est le martyre de Sainte Placide, de Sainte Flavie sa sœur & de leur frere. Le quatrieme représente Saint Maur & Sainte Placide, prenant l'habit de Saint Benoît. La voûte du chœur est peinte par Mellini. Il y a dans l'Eglise plusieurs mosaïques. Sous le Sanctuaire est un souterrain creusé dans le roc, avec trois Chapelles magnifiquement décorées: la tour de Saint Benoît & ses chambres qui sont dans le Couvent, sont ornées de reliquaires, de vases précieux, des marbres rares & de tableaux de grands Maîtres; on y voit un Saint Pierre, du Guerchin; un *Ecce Homo*, du Guide; une Vierge, de Jules Romain; le Silence, d'Annibal Carrache; un Saint Benoît, de Solimene. Dans la voûte de la troisieme piece décorée de stucs dorés, le Cav. Jos. d'Arpino a représenté Eve tirée de la côte d'Adam; on y voit une Vierge du Raphaël, un autre du Guerchin, un Baptême de Jesus-Christ, du Guide; Saint Benoît se roulant nud dans les épines, de Jordans, l'esquisse de son grand tableau de la consécration de l'Eglise, la Vierge faisant signe à Saint Jean de ne pas réveiller l'enfant Jesus, du Dominiquin; une Sainte Famille, d'Annibal Carrache; une Cene, du Bassan; un repos d'Egypte, du Dominiquin; un Christ à la colonne, dessin du Josepin, &c. &c. A un quart de lieue de l'Abbaye est l'Albanetta, petit Couvent bâti pour faire prendre l'air aux Religieux convalescens; c'est-là où S. Ignace, qui y faisoit une retraite, composa sa Regle.

Cette Abbaye est composée d'environ cent Religieux, dont l'Abbé est élu tous les six ans par le Chapitre, composé de tous les Abbés de cette Congrégation, qui comprend soixante-douze Maisons, & de tous ceux qui ont été Abbés. Presque tous les Religieux de cette Abbaye sont de très-bonnes familles. Quoique dévoués aux soins pénibles de l'hospitalité, il y en a parmi eux un très-grand nombre qui se sont rendus illustres dans les Lettres & dans la Théologie. L'élévation du Mont Cassin & le climat exposent l'Abbaye à de fréquens orages; la foudre qui y tombe souvent, a terni les dorures de l'Eglise dans quelques endroits de la voûte; ce qui n'empêche pas qu'on ne soit frappé de l'éclat des décorations en entrant dans ce Temple.

Mont Celese, Village du Padouan, séparé du Polesin, de Rovigo par l'Adige, situé au pied d'une montagne fort élevée. De Mont Celese à Padoue, on trouve un Canal qui borde le chemin presqu'en entier. De chaque côté sont des maisons superbes appartenantes pour la plupart aux Nobles Vénitiens; le Pays est de la plus grande fertilité, & de l'aspect le plus agréable.

Mont Cenis, une des plus hautes montagnes des Alpes dans la Savoie: il sépare le Marquisat de Suze de la Maurienne; son sommet, dont la pointe s'éleve en forme de pain de sucre, est presque toujours couvert de neige. Le passage de ce Mont est très-difficile à Lasnebourg, dernier Village de Savoie, qui est au pied du Mont; on quitte les voitures, qu'on est obligé de démonter & de transporter à dos de mulets: les passagers sont portés sur un brancard de sapin, auquel on ajuste des chaises de paille, qui ne servent qu'à cet usage. On prend six Porteurs pour chaque passager, & ils se relaient. De Lasnebourg au haut du Mont, il y a une lieue de hauteur, suivant l'estimation des gens du Pays. Au haut du Mont est une plaine de près de deux lieues d'étendue. Quand la neige est fondue, elle est couverte d'excellens pâturages. Vers la mi-Juin, on y trouve les plus belles renoncules ; c'est vers ce temps qu'on y conduit le bétail, & il y reste Juillet, Août, & une partie de Septembre. La plus grande ressource des Bergers & des Paysans est dans leurs excellens fromages.

Comme en hiver la neige se durcit au point d'y marcher aussi sûrement que sur la terre, on passe le Mont Cenis en tout temps. On trouve dans la plaine la Maison de la Poste & un Hôpital, qui sert d'asyle pendant trois nuits aux pauvres passans. La Chapelle des Transis est la sépulture des malheureux qui périssent, ou par le froid qui les surprend, ou par quelqu'autre accident. On y trouve un lac d'environ une lieue & demie d'étendue ; il est formé par les eaux qui coulent des montagnes qui entourent la plaine : il forme la Doire, qui lui sert d'épanchoir du côté du Piémont. On pêche dans le lac des truites, qu'on préfere au saumon. L'air qu'on respire dans la plaine est très-froid & très-vif, à cause des montagnes voisines, toujours couvertes de neige. Du haut de ces montagnes, on voit la plaine du Piémont : & c'est de-là que M. de la Lande conjecture qu'Annibal fit voir à ses Soldats le pays qu'ils alloient conquérir. Elles sont presque toujours couvertes de neige & entourées de nuages. Le ruisseau qui part du lac, & donne naissance à la petite Doire, forme une cascade très-agréable.

Le Mont Cenis renferme plusieurs curiosités naturelles. Près de la cascade, on trouve les vestiges d'une lavange, qui couvrent près d'une demi-lieue en quarré ; un papillon blanc, qui a de grandes taches rondes, & que M. Linœus a observé sur les montagnes de Suede.

A l'extrémité de la plaine, du côté du Piémont, commence la descente rapide qui conduit à la Novalese en deux heures de temps ; cette descente est difficile & escarpée, & a plus de deux lieues ; elle est parsemée de dangers, & la route est bordée de précipices, mais l'adresse & l'agilité des Porteurs savent les éviter ; ils ne font jamais de faux pas, & prennent si bien leurs précautions, que quand même ils en feroient, la personne qu'ils portent n'auroit rien à craindre. C'est sur cette route qu'est le col de l'assiette dont le téméraire Chevalier de Bellisle voulut forcer le passage, en 1747, contre les troupes Piémontoises qui le défendoient ; il n'eut que la gloire de l'avoir tenté, & d'y périr victime de son désespoir & de son opiniâtreté.

Dans la route de la Novalese, est Ferrieres, sur le bord de la Doire, entre deux rochers. Ce Village est formé d'une vingtaine de maisons ; des pointes de rochers, des précipices, des torrens, des neiges, des brouillards, en rendent l'aspect épouvantable.

La Novalese, où se termine la route, est un Village de cent cinquante maisons, à deux lieues de Suze (*Voyez* SUZE). C'est-là qu'on s'arrête pour faire remonter les voitures. Le pas de Suze est gardé par la Brunette (*Voyez* BRUNETTE). Un Auteur moderne croit que quoique l'on ne traverse les Alpes que par le Mont Cenis, on pourroit pratiquer des chemins en bien d'autres endroits, en profitant des vallons & des montagnes les moins escarpées. Ce qui le lui fait conjecturer, est que quand on est au haut du Mont Tourné, on voit une montagne assez haute, par laquelle le Roi de Sardaigne se fit porter en chaise dans le temps de la guerre de 1745, pour joindre ses troupes dans la Savoie.

MM. de la Condamine, Bouguer, & plusieurs autres, ont calculé les hauteurs du Mont Cenis ; leur résultat est que sa partie la plus élevée a mille quatre cent quatre-vingt-dix toises perpendiculairement au-dessus du niveau de la mer : en quoi il est bien plus bas que le Mont Maudit ou Mont Blanc (*Voyez* MONTE MALEDETTO).

M. de la Lande a observé dans les montagnes des Alpes les angles saillans & les angles rentrans qui se correspondent, & les coquilles & autres productions marines, qui paroissent confirmer les observations & les conjectures de MM. Maillet, Buffon & Bouguer ; conjectures spécieuses, qui semblent prouver que les plus hautes montagnes ont été couvertes par la mer. On peut consulter, sur la comparaison de la hauteur des montagnes, l'Histoire naturelle des Glacieres ou Monts de Glaces de la Suisse, traduite de l'Allemand de Grouner, par M. de Keralio, in-4°. chez Panckouke.

MONT D'ÉOLE, Montagne située entre Terni & le Château de San-Gemini, en Ombrie, dans l'Etat Ecclésiastique: son étendue d'orient en occident est de huit milles. Cette montagne, creuse en dedans, a sur sa surface des rochers, entre lesquels on voit des fentes & des crevasses dont il sort des vents vifs & frais. Les habitans de Cesio, qui sont derriere la montagne, ont l'art de diriger ces vents dans leurs caves pour rafraîchir leurs vins.

MONT DU CHAT, Montagne de Savoie, au pied de laquelle est l'Abbaye de Hautecombe, sur le lac du Bourguet. Depuis le Mont du Chat jusqu'au Rhône, est la partie du Bugey, qui est demeurée au Duc de Savoie par le Traité de Lyon en 1601: elle a huit lieues de long.

MONTALCINO, Ville de la Toscane, dans le Siennois, avec un Evêché qui releve immédiatement du Pape; elle est assez peuplée, à sept lieues S. E. de Sienne. L'air y est froid, mais sain. Les paysans y sont laborieux & robustes. On y trouve une espece de thym fort estimé; les feuilles sont longues de huit à dix lignes, découpées & dentelées; les fleurs sont gris de lin, & d'une odeur plus agréable que le thym commun.

MONTE ALTO, MONTALTE, petite Ville dans la Marche d'Ancône, à peu de distance de Fermo, sur une colline au pied de laquelle la petite riviere de Monocia coule. Comme c'étoit le lieu de la naissance de Sixte V, ce Pape y érigea un Evêché, suffragant de Fermo, auquel il unit une Abbaye de Bénédictins. Sixte V, n'étant encore que Perretti, porta le nom de Cardinal de Montalte. André Perretti, fait Cardinal par Clément VIII, & François Perretti, fait Cardinal par Urbin VIII, l'un & l'autre de la même famille que Sixte, ont pris le titre de Cardinaux de Montalte.

MONTE CALVO, (*Vincent*) Philosophe & Médecin, né à Bologne en 1573, d'une famille ancienne, qui a produit des hommes illustres. Vincent a été regardé comme le premier Paripatéticien de son temps. Il enseigna la Médecine & la Philosophie pendant trente-quatre ans. Il étoit désiré dans toutes les Universités d'Italie: il préféra toujours Bologne. Il y mourut le 15 Octobre 1637. Il a laissé des Commentaires sur la Métaphysique d'Aristote & un Traité de Médecine.

Monte Castello, petite Ville du Milanois Savoyard, dans l'Alexandrin, au nord de cette petite Province, ainsi que *Coriolo*.

Monte-Cavallo, (Palais de) est celui que le Pape occupe aujourd'hui sur le mont Quirinal; quoique bien inférieur à celui du Vatican, il est aussi appelé Palais du Mont Quirinal. Le nom de *Monte-Cavallo* lui a été donné à cause de deux chevaux antiques, de taille colossale, tenus chacun par un jeune homme fort & robuste. Ces deux chevaux ornoient les thermes de Constantin; suivant l'inscription, ils sont de Phidias & de Praxitelle, rien ne semble indiquer le contraire; ils sont de la plus grande beauté, dans le véritable style grec; mais comme dans le siecle d'Auguste, on faisoit des ouvrages aussi beaux que ces deux chevaux, & que suivant Phedre, des Sculpteurs habiles y gravoient les noms des plus célebres Artistes de la Grece, quelques personnes ont cru qu'ils pouvoient avoir été faits à Rome même; mais quelle apparence que des ouvriers qui ont fait d'aussi belles productions, aient pris des noms supposés, tandis qu'ils pouvoient espérer de faire passer leurs véritables noms à la postérité la plus reculée? Quoi qu'il en soit, le Palais Quirinal fut commencé par Paul III, vers 1540; l'air mal sain que dans l'été on respiroit au Vatican, lui fit choisir une situation plus élevée. Grégoire XIII augmenta le bâtiment de Paul III, il y ajouta un grand jardin, qu'il acquit du Cardinal d'Est. Sixte-Quint & Clément VIII firent continuer cet édifice par Fontana. Paul V y ajouta un grand appartement & une Chapelle, sous la direction de *Carle Maderno*. Alexandre VII, sous la direction du Bernin, fit commencer le grand bâtiment qu'Innocent XIII & Clément XII acheverent sous celle de Ferdinando Fuga. Ce bâtiment, destiné à loger les Officiers du Pape, a cent-quatre-vingt toises de longueur du côté de la porte Pie. Deux grandes colonnes de marbre portent la tribune destinée aux Bénédictions du Pape, & forment l'entrée principale; elle est ornée de quatre belles statues de Saint Pierre, Saint Paul, & deux

Architectes, Etienne Maderno & Guillaume Berthelot. La cour est entourée d'un grand portique, soutenu par des colonnes, sous lequel les carrosses peuvent passer, & l'on peut ainsi descendre à couvert dans le Palais même. Cette cour qui a trois cent-vingt-trois pieds de longueur sur cent-soixante-quatre de large, annonce la majesté de l'édifice. L'escalier qui conduit au premier étage, est grand & noble: d'un côté, sont les appartemens du Pape; de l'autre, est la salle Royale. Les appartemens sont meublés de velours cramoisi avec de grandes chaises de bois. La Chapelle du Pape a plus de grandeur que de goût; elle a des stalles pour les Cardinaux obligés d'assister à la Messe, quand le Pape tient Chapelle. L'Autel est tout simple & sans ornement; il n'y a que six Cierges; quelques autres sont répandus autour du Chœur. Dans la galerie, peinte sous Alexandre VII, on voit l'histoire du buisson ardent & la Terre promise, par Jean-François de Boulogne; le passage de la mer rouge, par le Bourguignon; l'histoire de Cyrus & l'Annonciation, par Ciro Ferri; la rosée de Gédéon, par Salvator Rosa; le Jugement de Salomon, par Charles Cesi, & la Nativité de la Vierge, par Carle Maratte. Il y a beaucoup de tableaux répandus dans les appartemens; les plus beaux sont la Naissance de la Vierge, de Pierre de Cortonne, tableau précieux; une Vierge, du Guide, tenant l'enfant endormi sur un linge; un buste colossal de la Vierge, de Carle Maratte, exécuté en mosaïque sur une des faces de la tour de l'horloge, qui est au-dessus des appartemens sur la cour; Sainte Hélène, ressuscitant un mort; le martyre de Saint André; J. C. portant sa croix, & la décolation de Saint Jean; (ces quatre tableaux sont d'André Sacchi) le martyre de Saint Erasme, du Poussin; un *Ecce Homo*, de l'Albane; un Saint Jean-Baptiste, de Raphaël; une Chapelle particuliere du Palais, peinte en entier par le Guide. Il y a peint les quatre Evangélistes; la naissance de la Vierge; la Vierge, travaillant à la layette de son Fils, assistée de deux Anges: dans le plafond, un Pere Eternel dans sa gloire: l'Annonciation, dans une galerie; des vues & des paysages, du Bolonois. Une autre galerie est entiérement peinte par le même & par Tassi; plusieurs plafonds peints par le Cav. d'Arpino : mais un tableau qui ne craint aucun parallèle, est celui de Sainte Pétronille, par le Guerchin, exécuté en mosaïque à Saint Pierre. Il a saisi le moment où l'on déterre la Sainte ; dans ce moment même, on la voit dans le Ciel aux genoux de J. C. également belle au sortir du tombeau & dans la gloire.

Le jardin, qui a près d'un mille de tour, est le plus agréable qu'il y ait dans l'Italie, quoique sans art & même sans un certain goût : mais sa position est séduisante. Quant aux détails, il offre des fontaines, des jets d'eau, des antiques. Au-dessus de la premiere fontaine, on trouve un Apollon, appuyé sur sa lyre ; au-dessus d'une autre fontaine un peu plus loin, une statue antique de Junon, très-bonne. Ce côté est terminé par une grotte, où l'on est conduit par un escalier bordé de gradins en rocailles, le long desquels s'élevent plusieurs jets d'eau. Cette grotte est enrichie de rocailles & de bas-reliefs : dans le dedans est un orgue qui joue par le moyen de l'eau. Dans un autre bosquet, est une grotte d'une autre maniere, où l'eau se joue d'une façon différente. Dans le haut du jardin, vers le milieu, est un casino ou petite maison, bâti par Benoît XIV, sur les desseins de Fuga ; on l'appelle *Coffe House*, parce qu'il est dans le goût Anglois, & que le Pape alloit souvent y prendre le café. Il est très-bien orné. Parmi les tableaux, on y distingue celui du plafond : c'est Saint Pierre recevant les clefs, par Pompée Battoni. Il y en a quatre autres du même Peintre ; des vues de Panini. En sortant du casin, on est conduit par une allée à une fontaine de porphyre. Il y a encore plusieurs statues, un Adrien, deux Nains d'Ethiopie, &c. En descendant de Monte Cavallo, on trouve les bâtimens destinés pour les principaux Officiers de la Cour de Rome, pour la maison du Pape ; parmi ces bâtimens, est la Datterie, &c.

MONTECCHIO, petite Ville du Vicentin, dans l'Etat de Venise, qu'il ne faut point confondre avec le MONTECCHIO, Marquisat du Duché de Reggio, dans les Etats de Modene.

MONTE CHIARO, petite Ville du Bressan, différente de Chiari, qui est à l'O. de Brescia.

MONTE CIMINO, Montagne qu'on commence à gravir en sortant de Viterbe par la Porte de Rome; elle est très-élevée, c'est une suite de la chaîne des montagnes de l'Apennin. Le côté qui regarde Viterbe est ombragé de châtaigners & de sycomores; les jasmins, les geranium, les houx sans épines y bordent le chemin. Les plus belles fleurs y viennent sans culture; tout ce côté est arrosé de fontaines, & parsemé de belles maisons de campagne. On y trouve quantité de gibier; le haut de la Montagne est gardé, pour la sûreté des Voyageurs, par un Caporal & dix Soldats d'Infanterie. On compte quatre milles de Viterbe au haut de la Montagne.

MONTE CIRCELLO, MONT DE CIRCÉ, Cap ou presqu'Isle formée par un rocher élevé, qu'on appelle aujourd'hui Monte Felice, sur lequel étoit, dit-on, le Palais de Circé, fille du Soleil & célebre Magicienne. Ce Promontoire est entre Terracine & la mer. Ce fut là que Circé enferma les Compagnons d'Ulysse après leur métamorphose: rivage dangereux, qu'Enée, plus prudent qu'Ulysse, sut éviter. Le Château *San Felice*, flanqué de quatre grosses tours, & assez bien situé pour empêcher les descentes sur la côte, a pris la place de *Circum*, Ville qu'avoit bâti Circé. Ce lieu fut le séjour du Pape Célestin II, après sa retraite.

MONTE CORBINO, ancienne petite Ville dans le Royaume de Naples, avec Evêché, suffragant de Benevent. Cette Ville est presque ruinée, & son Evêché fut réuni en 1433 à Vultularata, Ville au même pays.

MONTECUCULLI, (*Raymond* de) né dans le Duché de Modene en 1608, d'une famille très-ancienne, un des plus grands Généraux & des plus savans Hommes de Guerre du dernier siecle, fit ses premieres armes sous Ernest Montecuculli son oncle, qui le fit passer par tous les grades. En 1644, à la tête de deux mille chevaux, il défit dix mille Suédois, & les força d'abandonner leur artillerie & leurs bagages; mais le Général Bannier étant venu au secours, fit prisonnier Montecuculli, qui employa les deux années de sa détention à l'étude de son art. Il eut sa liberté, & mit en pratique les grands principes

cipes dont il s'étoit rempli. Il contribua à la défaite du Général Wrangel, mort en combattant. Pendant la paix, il alla à Modene pour les noces du Duc. Dans un carrousel, Manzani, son ami, ayant voulu rompre une lance avec lui, Montecuculli perça la cuirasse, & tua Manzani, malheur dont il fut inconsolable. L'Empereur lui donna ensuite le titre de Maréchal-de-Camp en 1657. Il fut envoyé à Jean Cassimi, contre Ragotzi & les Suédois; il battit le premier, & prit aux seconds Cracovie. Il reprit pour le Roi de Dannemarck plusieurs places, dont Charles Gustave s'étoit emparé, & délivra Copenhague. En 1664, il remporta la célebre bataille de Saint-Gothard contre les Turcs, en faveur de ce même Ragotzi qu'il avoit vaincu. L'Empereur le fit Président du Conseil de Guerre. En 1673, il fut mis à la tête des troupes Impériales, contre les François, conduits par Turenne & Condé, qui ne purent l'empêcher de joindre son armée à celle du Prince d'Orange. En 1675, il se trouva opposé à Turenne sur le Rhin: ils passerent quatre mois à s'étudier & à observer tous leurs mouvemens & toutes leurs démarches. Les suites de ces études eussent été des chef-d'œuvres: mais Turenne fut malheureusement tué d'un boulet de canon. Montecuculli pleura son rival, quoique sa mort fût pour lui une source de victoires. Condé remplaça Turenne, & Montecuculli ne se laissa point entamer. Aussi disoit-il qu'il regardoit cette campagne comme bien glorieuse, ayant eu à se défendre contre Turenne & Condé sans en être vaincu. Montecuculli se retira & passa le reste de sa vie à cultiver & à protéger les arts, aimant à vivre avec les Savans. Il contribua plus que personne à l'établissement de l'Académie des Curieux de la nature. Ce fut sans doute dans sa retraite qu'il rédigea ses excellens Mémoires, qui sont un tissu des principes, résultats de ses observations pendant le cours de sa vie militaire; ils sont écrits en Italien, & ont été traduits en françois: ils sont en même temps militaires & historiques. Il mourut à Lintz le 15 Octobre 1680. M. le Comte de Turpin a fait un Commentaire fort étendu des Mémoires de Montecuculli, dans lequel il développe ses principes.

Tome II. H

MONTECUCULLI, (*Sebastien*, Comte de) né à Ferrare, fut accusé & s'avoua coupable, dans les tourmens de la question, d'avoir donné du poison à François, Dauphin, fils de François I, à Valence, dans une tasse d'eau fraîche, pendant qu'il jouoit à la paume. Il déclara pour complices Antoine de Leva & Ferdinand de Gonzague, & même l'Empereur. La vérité est que la mort du Dauphin étoit un effet tout naturel d'un refroidissement subit. Ils rejetterent cet attentat sur Catherine de Médicis. Montecuculli fut tiré à quatre chevaux, à Lyon, en 1536.

MONTE DI PIETA, MONT DE PIÉTÉ, Etablissement charitable en faveur des Pauvres. Vers le milieu du quinzieme siecle, plusieurs personnes de la Ville de Perouze, touchées des malheurs qu'occasionnoient les usures continuelles & excessives, formerent entr'elles une masse d'argent, que l'on déposa dans une maison sûre, & l'usage en fut destiné pour le soulagement des Pauvres. Quantité d'autres Villes, animées du même zèle, imiterent bientôt Perouze. Le Pape Sixte IV, par une Bulle de l'an 1479, érigea un Mont de Piété à Savonne sa patrie. Ces Etablissemens essuyerent d'abord quelques difficultés de la part des Théologiens, qui prétendoient que les Monts de Piété n'étoient qu'un beau nom pour masquer l'usure: mais les obstacles furent bientôt levés. Les motifs de ces Etablissemens étoient trop pieux pour être exposés à la censure. Il s'en établit dans toutes les principales Villes d'Italie. Paul III accorda la permission d'en établir un à Rome en 1539. Saint Charles Borromée forma lui-même les statuts qu'on y observe encore. Le Pape mit cet Etablissement sous la protection du Cardinal de Sainte-Croix: & depuis il a toujours été sous la direction & inspection d'un Cardinal, que le Pape nomme à cet effet. Ceux qui ont besoin d'argent peuvent porter dans ce Bureau les effets qui leur appartiennent, & qu'ils veulent mettre en gage. Des Priseurs les estiment au juste, & l'on donne en argent comptant les deux tiers du prix de l'estimation, avec un billet sur lequel on spécifie la valeur de l'effet que l'on met en dépôt pour gage, & le montant de la somme que l'on reçoit. On prête jusqu'à la concurrence de trente écus Romains, qui font un peu plus de quinze cents livres de notre monnoie. On ne doit point laisser les gages au-delà de dix-huit mois ; passé ce temps, on les fait vendre à l'encan. Le Bureau retire ce qu'il a avancé, & les petits frais qui lui sont dûs, & rend le reste aux propriétaires ou à leurs ayans-cause ; mais si au terme on vient à faire rafraîchir son billet, le temps recommence à courir, & les effets ne sont point vendus. On ne prend d'autre intérêt qu'une très-modique rétribution pour les frais des Bureaux. Tous les jours le Pape, les Cardinaux, les Princes & des Particuliers déposent des sommes considérables pour le soulagement des pauvres. Les Monts de Piété servent à différens usages. A Naples, outre ceux qui sont destinés pour l'argent prêté aux Pauvres, on appelle aussi les *Conservatorii Monti di Pieta*. A Rome, lorsqu'il y a quelque réparation à faire pour l'utilité publique, on a recours au Mont de Piété. En 1762, on institua à Rome le *Monte di Paludi*, pour le desséchement des marais. *V. Hist. di Monti di Pieta*, par M. *Corretti*, Padoue, 1752.

On appelle Lombards parmi nous des Etablissemens à peu près semblables, faits en Flandres, parce que c'est dans la Lombardie que les Flamands en ont trouvé le modele, dans les Monts de Piété. On ne sait pas au juste dans quel temps ils ont commencé. Il y en a qui ne les font remonter qu'en 1491, après qu'on eut détruit à Padoue douze Banques de Juifs usuriers. Le Concile de Trente appelle les *Monts de Piété* des Etablissemens pieux.

Le bâtiment où se tient le Mont de Piété à Rome, est au Quartier de la *Regola*, dans le voisinage du Tibre. La Chapelle mérite d'être vue ; elle est revêtue de beaux marbres, & décorée de stucs & de bas-reliefs, dont le plus beau est de Legros, Sculpteur François, & représente Tobie recevant son argent.

MONTE FALCO, petite Ville du Perugin, dans l'Etat Ecclésiastique, près d'Amelia, au N. O. de Spolette.

MONTE FALCONE, petite Ville du Frioul, près d'Aquilée, très-bien située, appartient aux Venitiens.

MONTE FELTRO ou SAINT-LÉON, *Feretrum*, *Mons Feretranus*, *Leopolis*, Ville dans le Duché d'Urbin, appartenante au Saint Siége, avec Evêché suffragant d'Urbin ; elle est Capitale d'un petit pays au pied de l'Apennin, vers la riviere de Marecchia & la Romandiole. Ce pays a donné son nom à une Maison illustre d'Italie.

MONTE FIASCONE, *Mons Felifcorum*, petite Ville dans l'Etat de l'Eglife, avec un Evêché, qui y a été transféré de Cornetto. Cette Ville eft mal bâtie : elle eft à trois lieues du lac de Bolfene & à dix-neuf de Rome. Le vin mufcat de Monte Fiafcone eft un des meilleurs d'Italie; ce qui y contribue, eft la fituation de la Côte, fur le penchant de laquelle *Monte Fiafcone* eft bâtie. Cette Ville eft entourée d'un vieux bois, pour lequel les habitans ont fi grande vénération, à caufe de fon antiquité, qu'ils le laiffent couronner, & qu'il périra enfin de vétufté. On y montre le tombeau d'un Allemand, avec cette infcription EST EST, EST. *Propter nimium* EST, *Joannes de Foucris Dominus meus, mortuus eft*. V. l'Explication de cette énigme au mot, EST, qui eft le côteau qui porte le meilleur mufcat de *Monte Fiafcone*.

MONTE FUSCOLO, petite Ville à deux lieues de Benevent, au Royaume de Naples. C'eft dans cette Ville que réfide le Gouverneur de la Province.

MONTE LEONE, Ville du Royaume de Naples, dans la Calabre Ultérieure, avec titre d'Evêché fuffragant de Reggio. On affure qu'elle a été bâtie fur les ruines de l'ancienne *Vibo Valentio*.

MONTE LUCO, de l'autre côté du pont de Spolette, célebre par les Solitaires qui y fixerent très-anciennement leur féjour. Il y a encore douze habitations ou cellules, où réfident autant de Solitaires, tous Laïcs, Célibataires. Il vivent tous féparément avec leurs domeftiques; ils ont un Supérieur, qu'ils appellent Prévôt, & qu'ils choififfent parmi eux à la pluralité des voix. Quand il y a une habitation vacante, il faut l'aveu des onze Solitaires reftans pour l'occuper. On les appelle Hermites de Spolette; ce font ordinairement des Gentilshommes, qui ont un revenu honnête, & qui le confomment dans la folitude : ils ont le privilége de fe pourvoir avant les Bourgeois aux marchés de Spolette. *Voyez* SPOLETTE.

Monte Maledetto, Mont Maudit, ou Mont Blanc, appellé aussi les Glacieres, situé dans la Province de Faussigni, en Savoie, quinze lieues au nord du Mont Cenis, toujours couvert de neige. Cette montagne, selon M. Fatio de Duitier, a deux mille quatre cent vingt-six toises au-dessus du niveau de la mer, & selon M. de Luc, deux mille trois cent trente-quatre.

Monte Monico, petite Ville de la Marche d'Ancône, dans l'Etat de l'Eglise : elle est située sur une colline.

Monten di Po, Bourg situé sur les bords du Pô, auprès de Valence dans la Savoie. On y a découvert, en 1751, un souterrain, où l'on a trouvé plusieurs médailles avec quelques inscriptions, qui ont servi à faire connoître que l'ancienne Ville d'*Industria*, nommée *Bodicomagus*, étoit située dans le lieu même qu'occupe la Paroisse de *Monten*. En fouillant dans les ruines, on a trouvé des débris d'un Temple, des bas-reliefs, & plusieurs statues de bronze.

Monte Nuovo ou Monte Cenere, colline d'environ deux cents pieds de hauteur, sortie du milieu des eaux du lac Lucrin par une éruption mémorable, du 30 Septembre 1538. Voici ce que disent les Historiens, de ce terrible événement. Du 20 au 30, la terre éprouva des secousses violentes ; un gros Bourg, appellé Tripergole, entre le lac Lucrin & la mer, à peu de distance de Pouzzol, étoit très-peuplé, avoit une Eglise paroissiale, un Couvent de Franciscains & un Hôpital dans sa partie inférieure, comme la plus voisine des bains de Tritoli ; à l'endroit même où étoit cet Hôpital, au bord de la mer, il s'ouvrit un gouffre d'où sortit une flamme mêlée d'une épaisse fumée, qui élevoit en l'air une quantité de sables & de pierres ardentes. Cette éruption, accompagnée de tonnerres, d'éclairs, de feux & de tremblemens de terre, dura vingt-quatre heures dans sa violence, pendant lesquelles sortit de terre ou plutôt se forma cette montagne qui couvre une partie du lac Lucrin. La mer recouvrit tout l'emplacement de Tripergole, qui fut entierement englouti, & dont tous les habitans périrent. Les environs, si beaux & si fertiles auparavant, furent bouleversés. Dans l'endroit où l'éruption s'étoit faite, il resta pendant quelque temps une bouche à fumée, & cet endroit s'appelle encore *la Fumôsa*. Les habitans de Pouzzol, effrayés s'enfuirent tous nuds à Naples, & eurent bien de la peine à revenir. Le Monte Nuovo s'est formé par la fermentation intérieure qui a soulevé un amas considérable de pierres brûlées, de scories & d'écumes semblables aux laves du Mont Vésuve. Le lac Lucrin, qui n'existe donc plus depuis 1538, étoit célebre chez les Romains: c'est-là où ils faisoient apporter des huitres, qui s'y nourrissoient & y acquéroient un goût délicieux, à peu près comme nos huitres de Marennes, & autres espéces d'huitres vertes. Il ne reste aujourd'hui de ce lac qu'un petit marais rempli de joncs, sans aucun vestige de coquillages. Il étoit autrefois uni à la mer; on l'en sépara par des digues d'un travail immense, pour y retenir les poissons & les huitres. Virgile parle d'un projet d'Auguste pour en faire un port, & tirer un canal de communication de ce lac à celui d'Averne.

MONTE PELOSO, petite Ville dans le Royaume de Naples & dans la Basilicate, avec titre d'Evêché, suffragant de Cirenza. Les Latins la nomment *Mons Pilosus* ou *Pilosius*. Cette Ville est située sur les frontieres du Duché de Bari, entre Matera & Cirenza.

MONTE PORZIO, petite Ville à demi-lieue de Frascati, dont le nom lui vient, dit-on, de la famille *Portia*. Il est vrai que Caton le Censeur étoit de Frascati ou *Tusculum*. Algidum, aujourd'hui Ostetia del Aglio, étoit sur cette montagne. Cette Ville séparoit le Latium d'avec le Pays des Eques, des Volsques & des Herniques: elle étoit ainsi appellée, à cause du froid qu'on y éprouvoit, & qu'occasionnoient les montagnes voisines. C'est depuis Monte Porzio jusqu'à Marino qu'on place la maison de Lucullus, dans un espace de deux lieues.

MONTE PULCIANO, petite Ville en Toscane, sur les confins du Siennois, près le lac de Perouze: c'est la patrie du célebre Cardinal Bellarmin & d'Ange Politien. Cette Ville est sur une montagne, dans un terrein fertile en vin rouge excellent, vers le lac ou marais de *Chiana*, à une lieue S. E. de Sienne, vingt S. p. E. de Florence. Son nom latin est *Mons Politianus*.

Monte Regale. *Voyez* Mont Real.

MONTERCHI, (*Gioseppo*) né à Rome en 1630, s'étoit adonné entiérement à l'étude des Antiquités. Il devint Bibliothécaire & Garde des Médailles du Cardinal *Carpagna*. Il publia en italien un Recueil estimé des Savans, sous le titre: *Scelta de Madaglioni più rari del Cardinal Carpagna*, in-4°. *Romæ*, 1679. Monterchi est mort au commencement de ce siecle.

Monterosi, petites collines ou éminences entre *Civita Turchino* & *Corneto*, dans le Patrimoine de Saint Pierre. Dans les fouilles qu'on a faites d'une douzaine de ces éminences, on a trouvé des chambres souterraines de vingt à trente pieds, taillées dans le roc, revêtues de stucs, garnies de vases étrusques de différentes formes, & de plusieurs tombeaux de pierre, remplis d'ossemens, avec des inscriptions & des peintures étrusques. Il reste plusieurs de ces éminences à ouvrir.

Monte Senario, aux environs de Florence, est le lieu où Saint Philippe Benzi se retira dans une forêt avec ses Compagnons, qui formerent l'Ordre des Servites en 1223. On montre encore dans le Couvent de ces Religieux les sept grottes qu'habitoient ces Solitaires. Ils sont aujourd'hui plus de cent, & ne vivent plus dans le bois; ils ont dans Florence une des plus belles Églises: c'est la *Nunziata*, dans laquelle on montre un tableau miraculeux de la Vierge, qui a fait la fortune du Couvent. On prétend que dans le temps qu'on s'occupoit à décorer l'Eglise, le Peintre qui faisoit le tableau de la Vierge, désespéré de ne pouvoir donner à la tête de la Sainte la candeur & la modestie qu'il désiroit, s'assoupit, après bien des recherches inutiles, & qu'en s'éveillant il trouva la tête mieux peinte que tout son art n'auroit pu faire. Il cria au miracle, & personne n'en douta. Cette image donna à l'Eglise une célébrité qui y attira les présens des personnes les plus riches & les plus pauvres. C'est-là qu'on voit la *Madona del Sacco*, (*voyez* Florence) la résurrection du Lazare, par la Fosse. André del Sarto & Jean de Bologne sont inhumés dans cette Eglise. La célebre image de la Vierge est dans la Chapelle de l'Annonciation. Cette Chapelle est toute en marbre, d'une bonne architecture. L'autel est en argent, les gradins sont de la même matiere, enrichis de pierres précieuses; une corniche d'argent, qui porte une espece de baldaquin aussi d'argent, & qui sert de couronnement à l'image de la Vierge, est soutenue par deux grands pilastres. La Chapelle est couverte d'*ex voto* en argent. La ferveur des Fideles s'est fort ralentie depuis qu'un Ecrivain a infirmé le miracle.

MONTE VARCHI, petite Ville entre Arezzo & Florence, à onze lieues de cette derniere. Il y a une Relique qui y attire beaucoup de Pelerins; c'est du lait de la Sainte Vierge que l'on conserve dans l'Eglise Collégiale de Saint Laurent. On apprend, par une inscription qui est dans l'Eglise, que le Grand Duc Cosme III, allant à Lorette avec son fils, s'arrêta pour honorer la sainte Relique.

MONTE VERDE, (*Mons Viridis*) Ville dans la Principauté Ultérieure de Naples. Elle est située sur l'Offente, vers les frontieres de la Capitanate & de la Basilicate. Son Evêché, qui étoit suffragant de Gonza, a été uni en 1531 à celui de Nazareth, dont la résidence est à Barletta.

MONTE VIRGINIS, Bourg de la Vallée de Mazara, au Royaume de Sicile; il est situé sur une montagne & sur la mer.

MONTFERRAT, (le Duché de) *Mons ferax*, Province d'Italie, entre le Piémont, le Milanois & l'Etat de Gènes. Cette Province étoit autrefois un Marquisat. En 667, il appartenoit à Aleran, qui eut de Gerberge, fille de Berenger, Roi d'Italie, Guillaume I, Marquis de Montferrat, tige d'une famille illustre, dont la premiere branche finit à Jean, qui mourut en 1305, sans enfant, & dont la sœur avoit épousé l'Empereur Andronic Paleologue: par ce mariage, le Montferrat passa à Théodore Comnene Paleologue, fils d'Andronic. Il laissa Jean II & Ioland, mariée à Aymoin, Comte de Savoie, avec promesse que si les descendans du Marquis de Montferrat mouroient sans enfans mâles, ce Marquisat appartiendroit à Ioland ou ses successeurs; c'est ce qui a formé les prétentions des Ducs de Savoie.

Depuis, cette Province fut divisée en deux parties, dont l'une comprenant *Casal* & *Aqui*, appartenoit au Duc de Mantoue, & l'autre, renfermant les Villes d'Albe & de Trin, faisoit partie des Etats du Duc de Savoie. En 1708, cette division n'eut pas lieu. Le Duc de Mantoue, ayant été privé de ses Etats, & mis au Ban de l'Empire, l'Empereur Joseph céda au Duc de Savoie le Montferrat & le Mantouan, dont la cession lui fut confirmée par la Paix d'Utrecht. Casal, Ville Episcopale, en est la capitale.

Le Montferrat a environ vingt lieues de longueur & douze ou quinze dans sa plus grande largeur : il contient deux cents Villes, Bourgs ou Villages. On le divise en haut & bas, l'un au nord, l'autre au midi. Dans le haut Montferrat sont la Province de Casal, à l'orient, *Frassini*, *Occimiano*, *S. Salvador*, *Lu*, *Vignale*, *Pondesture*, *Castellazzo*, *Romo*. La Province de Trin, le long du Pô, au N. O. de celle de Casal, renferme Luceda & Rondisson, au midi, *Saint Raphaël*, *Cinzano* & *Casso*.

MONT GAURUS, (le) [ou FALERNE] est situé proche du golfe de Pouzzol, & s'étend fort loin par les derrieres du côté du chemin de la Campagnie au Royaume de Naples. Les Anciens l'appelloient la montagne de Falerne ; elle produit encore d'excellens vins. Les habitans du pays regardent ce terroir comme la Bourgogne de l'Italie.

MONTI ou DI MONTI, DUMONT, (*Antoine*) Cardinal, Archevêque de Siponte, né à *Monte di San-Sovino*, dans la Toscane. Son profond savoir dans le Droit le fit employer par les Papes Innocent VIII, Alexandre VI, Jules II ; c'étoit un des défenseurs les plus zélés des prérogatives des Papes. Il engagea Jules II à convoquer un Concile à Latran. Le Cardinal Dumont le compila, le mit en ordre, & le fit imprimer à Rome par Mazocchio. Il mourut en 1533, âgé de soixante-douze ans.

MONTI ; (gli) on appelle ainsi dans la Toscane, & principalement à Sienne, les différens rangs qui distinguent la Noblesse : & c'est de ces Monti que sont tirés les Sénateurs à Sienne.

Il y en a quatre; le premier *il monte de gli Reformatori*, qui est composé de la Noblesse la plus ancienne & la plus illustre; le second, *il monte del Nove*; le troisieme, *del Gentiluomo*; & le quatrieme, *del Popolo*.

MONTI, est une Famille de Toscane, qui a été très-féconde en grands Hommes : on croit qu'elle tire son origine de Monte San-Sovino. Elle a produit Jean-Marie Monti, Pape, sous le nom de Jules III, plusieurs Cardinaux, César Monti, Patriarche d'Antioche, Archevêque de Milan, le Marquis de Farigliano, Général de la Cavalerie de Savoie, le Cardinal Antoine de Monti, &c.

MONT JOUET, petite Ville & Montagne dans le Duché d'Aouste en Piémont. Elle s'appelloit autrefois *Mont Jovis*, sans doute à cause de quelque Temple de Jupiter.

MONT MELIAN, *Monmeliano*, Ville du Duché de Savoie, sur l'Isere. Ce qu'il y a de plus remarquable est sa Citadelle très-bien située, sur une éminence qui domine tous les environs : elle a eu la réputation d'être une des places les mieux fortifiées; elle a soutenu plusieurs siéges avec beaucoup d'avantage; mais les François en démolirent les fortifications en 1705. La Ville est au-dessous d'un aspect riant; ses Habitans sont peu riches, mais gais; ce qu'on peut attribuer à la culture des vignes qui couronnent un côteau d'environ trois lieues de longueur, & qui produisent d'excellent vin qu'on apporte en Italie, c'est leur seul commerce. On peut remarquer dans les pays de vignobles, que la vigne donne moins de richesses que de gaieté. Mont Melian est à onze lieues N. E. de Grenoble, trente-trois N. O. de Turin, trois S. E. de Chamberi, long. 23, 4 sec. lat. 45, 3 sec.

MONT RÉAL, *Mons Régalis*, Ville de Sicile qui fut érigée en Archevêché par le Pape Luce III en 1183. Elle est à quatre milles de Palerme, dans un pays très-fertile en fruits, en grains & en pâturages. L'Eglise Métropolitaine est très-belle. elle fût bâtie par Guillaume II, dit le Bon, Roi de Sicile. Un vieux Château bâti sur une pointe de rocher, domine cette Ville, qu'il ne faut pas confondre avec Mont Réal ou Mondovi en Piémont.

Le Mont Réal, dont nous parlons, est dans la Vallée de Mazara, remarquable par sa célebre Abbaye, où l'on posséde une grande partie des reliques de Saint Louis, Roi de France. Auprès de la Ville coule un ruisseau qui se jette dans la mer.

Monts de Rome, (les sept) autrement appellés les sept Collines. Ils ont toujours conservé les noms qu'ils portoient dans l'ancienne Rome. Ils se trouvent aujourd'hui dans les quartiers les moins habités, qui sont les deux tiers de la Ville. Ces sept Monts, sont, l'*Avantin*, le *Palatin*, le *Capitolin*, *Celius*, *Esquilin*, *Quirinal* & *Viminal* ; c'est aux environs de ces collines que sont les ruines des principaux édifices de l'ancienne Rome. L'Empereur Aurélien, en augmentant l'enceinte de Rome, y renferma avec le Champ de Mars, les Monts ou Collines du *Janicule*, le *Vatican*, le *Mont Citorius* & le *Mont Pincius*. Le Mont Sacré est hors de l'enceinte de Rome: il n'a aujourd'hui rien de remarquable: on sait que deux fois le Peuple ayant à se plaindre des Patriciens, abandonna la Ville & s'y retira. Les vues sur ce Mont sont très-belles. Entre l'Aventin & le Tibre, s'est formé une petite colline qui n'étoit point connue au temps des Romains : elle a cent trente pieds de haut & cent cinquante de diametre : elle est formée de débris de Poteries. Quelques personnes ont pensé que c'étoient les rebuts des Fabriques de Poteries établies dans les environs, qui s'étant accumulées peu à peu, ont élevé le terrain. M. l'Abbé Richard, pense avec plus de raison, que lorsque les Chrétiens furent tranquilles à Rome, ils détruisirent les anciens cimetieres & porterent dans ce lieu toutes les urnes funéraires, qu'ils y entasserent de la plus grande partie des quartiers de Rome.

Mont Saint-Ange, autrefois *Mons Garganus*, petite Ville au Royaume de Naples dans la Capitanate, est située au N. de *Manfredonia*.

Mont Saint-Bernard, est une des plus hautes Montagnes des Alpes dans la Savoie. Il y a sur le sommet, qui est toujours couvert de neige, un grand Couvent où les Religieux reçoivent pendant trois jours gratis tous les Voyageurs quels qu'ils soient.

Montviso, *Vesulus*, est une Montagne extrêmement élevée

dans le Piémont, à deux lieues de Staffarde. Elle a été percée pour y pratiquer un grand chemin & faciliter le transport des marchandises ; le Pô prend sa source près de cette Montagne.

Monza, petite Ville dans le Duché de Milan, sur la riviere de *Lambro*, à deux lieues de Milan. On y couronnoit autrefois les Empereurs Rois de Lombardie, avec une couronne de fer qu'on voit encore dans l'Eglise de Saint Jean. C'étoit anciennement la résidence ordinaire des Rois de Lombardie ; elle est dans une grande plaine vers le Lac de Côme ; Theodolinde, Reine de Lombardie, en a fait bâtir l'Eglise sous l'invocation de Saint Jean.

MORGAGNI, (*Jean-Baptiste*) un des plus Savans Anatomistes de ce siecle, a fait des découvertes très-utiles. Il a découvert un des organes de la parole, & un muscle de la luette qui porte son nom. Il a composé différens Ouvrages très-estimés, & entr'autres, *Adversaria Anatomica sex*.

Morgana, (la) ancienne fable des Habitans de Reggio, qui prétendent que tous les ans au milieu de l'été, on voyoit dans les airs, d'abord dans une athmosphere obscure, une espéce de théâtre avec une superbe décoration, puis des châteaux & des palais soutenus de colonnes, ensuite des forêts épaisses, des cyprès & des arbres plantés dans les plaines avec la plus belle symetrie ; ces scenes, selon eux, changent avec le plus grand ordre, & tout cela forme le spectacle le plus enchanteur, animé par des troupes d'hommes, & de troupeaux de toute espece de bêtes. Ce qu'il y a de singulier, c'est que le Pere Kirker a fait une belle description de la Morgana, dans laquelle il rapporte la lettre d'un témoin occulaire.

Morgeaz, Village du Duché d'Aouste, en Piémont, sur la *Doria*, près le petit Saint Bernard.

MORIGGI, (*Paul*) Général des Jésuites, né à Milan, d'une famille noble en 1525. Son savoir & ses talens l'éleverent au Généralat. Il a composé soixante-un différens Traités, & entr'autres, l'Histoire des Antiquités de Milan, en quatre Livres, la Vie de Saint Jean Colombin, l'Histoire de son Ordre. Il mourut en 1604.

MOR

MOROSINI, Noble & très-ancienne Maison de Venise. Elle a donné cinq Doges à la République, des Evêques, des Provéditeurs, des Hommes illustres dans la Guerre & dans les Arts. *Dominique Morosini*, élu Doge en 1148, fit la paix de Venise avec Guillaume, Roi de Sicile. Il mourut en 1156. *Marin Morosini* fut élu Doge en 1149, & soumit la Ville de Padoue à la République. Il mourut en 1252. *Michel* élu en 1381, mourut de la peste quatre mois après. *Nicolas* élu en 1338, mourut en 1367. François Morosini fit la guerre au Turc dès son bas-âge, remporta plusieurs victoires, défendit l'Isle de Candie avec une valeur qui n'a peut-être point eu d'exemple. Il ne céda qu'après avoir épuisé les ennemis. Il fut fait Doge en 1688, & fit encore la guerre avec succès au Turc. Il mourut en 1693. Le Cardinal Pierre Morosini, dans le quinzieme siecle, fut un des plus habiles Jurisconsultes de son temps. Il fut employé par Martin V en des occasions importantes. Ce fut lui qui couronna la Reine *Jeanne II* de Naples. Il a beaucoup travaillé sur le sixieme Livre des Décrétales, & a laissé beaucoup d'Ouvrages manuscrits.

Angelo Morosini, Curé de Saint Donat de Florence, n'étoit point de la famille des Morosini de Venise. Il étoit de la lie du Peuple; mais son savoir & ses talens l'éleverent au-dessus de sa naissance. Il étoit profond dans l'une & l'autre Jurisprudence, dans la Théologie & les Belles-Lettres. Il ne reste de lui que *Flores Italicæ linguæ*. Il vivoit sous le Pontificat d'Urbin VIII.

MORTARA, jolie Ville au Duché de Milan, Capitale de la Lumelline; elle est passablement grande, riche & bien fortifiée. On prétend que Mortara est le lieu où Charlemagne vainquit & fit prisonnier Didier, Roi des Lombards. Cette Ville qui appartient au Roi de Sardaigne, par le Traité des Pyrénées conclu en 1659, est située sur la droite de la Gogna, à sept lieues N. O. de Pavie, à neuf ou dix milles de Novarre. Elle fut prise par François I, Duc de Modene, Lieutenant Général des Armées du Roi en Italie, le 15 Août 1658.

MORTO, (*Louis*) né à Feltri dans l'État de Venise,

habile Peintre; il aimoit fur-tout à peindre des grotefques & des figures ridicules d'après l'Antique qu'il avoit étudié à fond. C'étoit cependant un homme d'un caractere fombre & mélancolique, aimant la folitude. Il vint à Rome fous le Pontificat d'Alexandre VI, vers la fin du quinzieme fiecle. Il voyageoit dans les environs de Rome, copiant toujours des grotefques. Il alla à Venife: enfin il paffa dans le Frioul. Voyant qu'on y faifoit des levées de Soldats, il s'enrôla, fe fit aimer de fes Officiers, obtint le commandement de deux cents hommes, les conduifit dans l'Efclavonie où il fut tué à l'âge de quarante-cinq ans en combattant contre les Turcs.

MOSAÏQUE, (Tableaux de) *Quadri di Mofaica*. Cette maniere de peindre en affemblant de petites pierres de différentes couleurs, en les rapportant & en les liant enfemble fur une fuperficie plate, pour en former des tableaux qui imitent parfaitement la peinture, a été inventée par les Romains. Il paroît qu'il y a deux différentes manieres de peindre en Mofaïque: que la plus ancienne fe faifoit en employant les marbres les plus précieux, les agathes, les grenats, les fardoines, les coraux, les nacres de perle, les lapis lazuli, les jafpes, l'émeraude & la topaze, c'eft la maniere des Florentins. L'autre confifte en une multitude d'émaux ou de matieres vitrifiées de toutes couleurs & de toutes nuances qu'on a trouvé le moyen de préparer, en coulant des tables plates que l'on coupe enfuite en efpece de chevilles quarrées, larges d'environ quatre lignes fur chaque face, & longues de deux pouces. Ces petits quarrés font compofés de la matiere avec laquelle on fait le verre, d'étain, de plomb, de cuivre & d'autres mineraux fondus enfemble, avec une infufion de la couleur dont on veut qu'elles foient teintes dans toutes leurs parties. Le Peintre les diftribue fuivant le tableau qu'il veut exécuter ou copier fur un quadre qu'on a foin d'enduire d'un maftic compofé de pierre tiburtine & de chaux de marbre, broyés enfemble avec de l'huile de lin. Quand le maftic eft étendu, l'Ouvrier qui a fon tableau original devant lui & les petites chevilles d'émail rangées par nuances, comme dans des quarrés d'Imprimerie, copie fa peinture en fichant des chevilles de verre dans le maſtic. Quand le tableau eſt fini, on le polit comme une glace : il devient auſſi uni, quelquefois même auſſi brillant. Cet Art avoit fort dégénéré depuis la chûte de l'Empire ; les Grecs fuyant de Conſtantinople, le reporterent en Italie, mais foible & preſque dénaturé. Calandra imagina un ciment plus ſolide que celui dont on ſe ſervoit, & fut le reſtaurateur de la peinture en Moſaïque : il fit une Moſaïque de Saint Michel dans l'Egliſe de Saint Pierre de Rome, mais le poli en étoit ſi éblouiſſant & ſi incommode, que le Pape Urbin VIII abandonna le projet qu'il avoit formé de mettre en Moſaïque tous les tableaux de Saint Pierre. On a obvié à cet inconvénient, en poliſſant moins les tableaux ; les aſpérités qui s'effaçent de loin, tempere l'éblouiſſant incommode du poli.

La fabrication de Florence eſt plus pénible, plus riche, plus diſpendieuſe & a peut-être moins d'effet. Le travail coûte encore plus que les pierres précieuſes qu'on y emploie. Ces pierres ſont extrêmement dures & réſiſtent à l'acier tranchant. Il faut pourtant les diviſer en partie très-minces ; ce qui ne peut ſe faire qu'à force de bras & de l'émeric que l'on broie avec de l'eau, & qu'on applique ſur des lames de cuivre qui, quoique ſans dens, font l'effet de véritables ſcies. Ce travail eſt ſi pénible que peu d'Ouvriers y réſiſtent quelques années de ſuite. Une table de cinq pieds de longueur ſur deux & demi de large repréſentant une guirlande de coquillages les plus rares & les plus beaux, entremêlés de branches de corail rouge, noir & blanc, le tout rattaché par un cordon de perles tournant autour de la guirlande, le fond de la table de lapis lazuli, exigent le travail continuel de quarante hommes pendant un an & demi. L'Ouvrier principal, celui qui arrange les pierres, a devant lui ſur un plan incliné, une très-grande piece de pierre brune, appellée *Lavagna*, plus compacte & plus peſante que l'ardoiſe ; cette pierre eſt recouverte d'un maſtic épais ſur lequel il place les différens morceaux de pierres précieuſes. Ces morceaux doivent avoir au moins ſept à huit lignes de hauteur, & quelques-uns ont même davantage ; plus ils ſont minces, plus ils doivent être longs. Ces différentes pieces unies par le maftic, font refferrées par un quadre de fer qui les entoure & les tient très-ferrées les unes contre les autres. Enfuite on polit l'ouvrage avec plus de précaution que ceux qu'on travaille à Rome. *Voyez les différens articles où il eft parlé de* MOSAIQUE.

MOSCADELLO, (le vin de) efpece de vin très-délicat qu'on recueille aux environs de Florence, dans un très-petit efpace de terrein. Ce petit vignoble, qui appartient au Grand Duc, eft réfervé, pour fa bouche ou pour des préfens aux Cours Etrangeres. C'eft un vin Mufcat fupérieur au Mufcadel du bas Languedoc.

MOSQUETTO, Palais fuperbe que les Grands-Maîtres de l'Ordre de Malthe ont fait bâtir à peu de diftance de la Cité Valette. Il y a un très-beau jardin, & les Grands-Maîtres y paffent ordinairement une bonne partie de l'été.

MOTULA, ou MOTALA, petite Ville du Royaume de Naples, dans la Terre d'Otrante, avec titre d'Evêché fuffragant de celui de Bari : elle eft peu confidérable & peu commerçante ; elle eft fituée à fept à huit lieues du Golfe de Tarente.

MOULINS. Les Moulins à vent ne font prefque pas connus en Italie. Il n'y en a qu'un près de Livourne, encore eft-il ruiné ; mais les Moulins à eau font très-communs : la moindre riviere en fait aller deux ou trois. Ils font d'une grande utilité pour les Manufactures de foie. Le Canal qu'on a tiré de la riviere de Reno, & qui traverfe la Ville de Bologne, fait tourner quatre cens Moulins à foie. Il y en a encore beaucoup auprès de Mantoue & de Vérone.

MOUSTIERS, petit Ville de Savoie, Capitale de la Tarentaife : elle étoit appellée autrefois *Forum Claudii*, & depuis *Tarentafia*. Elle a un Archevêché, eft fort peuplée, & l'on trouve dans fes environs de très-bon fel foffile. Elle eft fituée dans une plaine affez étroite dans le fond de la vallée, fur l'Ifere qui la coupe en deux parties, & y reçoit un peu au-deffous la petite riviere de Doren. Les avenues de Mouftiers font affez difficiles, & l'on n'y arrive que par des défilés bordés de torrens & de précipices. Les fuffragans de fon Archevêché font, *Aoufte*, *Sion*, ou *Siten* dans le Valais.

MUNDINUS,

MUNDINUS, né à Milan, Médecin qui s'adonna entiérement à la Botanique, à la perfection de laquelle il travailla toute sa vie. Il disséquoit lui-même & portoit l'attention la plus scrupuleuse dans ses observations. Il publia en 1515 un Corps complet d'Anatomie. Cette science a fait beaucoup de progrès depuis ce temps-là. L'Ouvrage de Mundinus eut un grand succés, & l'on n'en doit point être surpris; on y trouvoit des découvertes nouvelles qui ne le sont plus pour nous. On a du moins l'obligation à cet Ouvrage & à son Auteur d'avoir donné le goût de l'Anatomie à son siecle. On s'y appliqua de tous côtés, & dans quelques Universités d'Italie, on borna les leçons de la Médecine, aux seules démonstrations Anatomiques.

MUNGALINA, Bourg dans la Vallée de Noto au Royaume de Sicile.

MURANO, une des plus grandes Isles de l'Etat de Venise. Elle forme une petite Ville Episcopale fort peuplée; elle est au milieu des Lagunes, & à deux milles de Venise: il y a quinze Eglises; & parmi le grand nombre de maisons, il y en a de fort belles, avec des jardins assez bien cultivés. C'est dans cette Isle que se fabriquent les plus belles glaces de Venise & les plus beaux ouvrages de verrerie & de crystal. Elle en faisoit autrefois un grand commerce; mais il est bien diminué depuis que les glaces de Venise sont défendues en France. La situation de Venise est très-agréable: c'est-là que le jour de la cérémonie du Bucentaure, après le dîner du Doge, se rendent les gondoles & les péottes, & y font des courses qui sont très-curieuses. Ce sont de véritables Naumachies. Le canal de Murano, depuis le commencement des maisons jusqu'au pont de bois qui est à l'autre extrémité, a deux cens toises ou environ, & forme un bassin très-large; il est bordé de quais: la marche de gondoles & des péottes est de suivre le long d'un quai, de passer avec une rapidité surprenante sous une des arches, de revirer avec la même vitesse, & de revenir par dessous une autre arche gagner le quai opposé. Les gondoles semblent à tout moment sur le point d'être écrasées par les péottes, qui paroissent encore plus grandes à côté des gondoles. Ces péottes sont de grandes barques, ou-

Tome II.

vertes par les côtés, couvertes par en haut d'un impériale de damas, ou d'une autre étoffe, & garnies d'un tapis de pied sur lequel on marche; elles peuvent ordinairement contenir dix à douze personnes. Les Gondoliers conduisent leurs petits bâtimens à travers ces péottes, sans paroître se donner de grands mouvemens; ils se piquent d'émulation; mais lorsqu'ils sont trop fatigués, ils s'arrêtent, se rangent sur les côtés pour voir passer les autres; ils les animent du geste & de la voix, changent de chemise à la vue des Spectateurs dont les quais & les fenêtres des maisons qui bordent les deux rives sont garnis.

Nous avons dit que c'est à Murano que se font les plus belles glaces de Venise. Les Ouvriers ne sauroient leur donner un aussi grand volume qu'à celles qu'on fabrique dans les autres pays, & surtout à Paris; elles n'ont pas au-delà de quatre pieds de hauteur sur trois & demi de large, un homme des plus vigoureux pouvant à peine manier avec la promptitude & la dextérité nécessaires une plus grande quantité de matiere, au bout d'une tige de fer lourde & pesante; ils y travaillent nuit & jour, excepté pendant le mois d'Août & de Septembre, à cause des chaleurs excessives. Voici leur maniere de travailler. On trempe le bout de la baguette dans la fournaise; il s'y attache une quantité suffisante de matiere, & on souffle dans le creux de la baguette. Après quelques balancemens, la matiere s'étant alongée, un autre de ces Ouvriers fait une autre ouverture au bout de l'espece de vase ou d'urne que forme cette masse; & avec de grands ciseaux, il la coupe jusqu'au bout de la baguette; on la place sur le bord de la fournaise. Cette matiere s'applattit; on la tire avec une pelle; on la met sur une pierre poussée en avant dans le four; elle acheve de prendre une forme unie: on aide à cette opération par des pelles de bois: on la tourne & retourne, enfin on la tire de la fournaise, encore brûlante; on la laisse se refroidir, & lorsqu'il y a une certaine quantité de glaces faites, on les envoie à Venise, pour leur donner le dernier poli & y appliquer le mercure. Ces glaces, quand elles viennent à se casser, ont l'avantage de se refondre, parce que la matiere est plus flexible que celles des glaces coulées: elle est faite de certains cailloux & glans du Teſſin, de l'Adige, des rivages de Dalmatie, des cendres des différentes herbes. Les glaces de Veniſe ne repréſentent pas les objets auſſi fidélement que les glaces de Paris, ce qui vient de la maniere de les fabriquer qui rend leurs deux ſurfaces moins paralleles: en les coulant ſur des tables, comme on fait en France, leur épaiſſeur ſe trouve beaucoup plus uniforme.

MURATORI, (*Louis-Antoine*) né dans le Bolonois en 1673, s'adonna aux Lettres dès ſa jeuneſſe. A l'âge de vingt-deux ans, le Comte Borromée qui connoiſſoit ſon mérite, l'appella à Milan, le mit à la tête du Collége Ambroiſien & de la magnifique Bibliotheque de ce Collége. Le Duc de Modene le réclama comme ſon ſujet en 1700, lui confia les Archives du Duché & le ſoin de ſa Bibliothéque. A un ſavoir immenſe, Muratori joignoit le goût le plus ſûr & le plus délicat. Il a conſervé ces deux emplois le reſte de ſa vie. Tous les Savans de France & d'Italie le conſultoient. Il eut pour amis le Cardinal Noris, Magliabecchi, le Cardinal Quirini, le Marquis Maffei, & pluſieurs autres Perſonnes célebres de la Cour de Benoît XIV. Ce Pape lui-même, l'ami des talens & le protecteur des Gens de Lettres, eut occaſion de donner à Muratori une preuve de ſon eſtime. On accuſa ce Savant d'avoir des ſentimens hétérodoxes, & l'on répandit le bruit que le Pape étoit prêt de faire cenſurer ſes Ouvrages. Muratori s'adreſſa au Pontife lui-même, lui expoſa ſa doctrine, & le Pape lui adreſſa un Bref, dans lequel il ne fulminoit que contre les envieux de l'Abbé Muratori, & contre ces eſprits turbulens qui ſe croient en droit de perſécuter un honnête homme, parce qu'il ne penſe pas comme eux. Muratori mourut peu de temps après. Des infirmités qui le minoient depuis long-temps, l'accablerent en 1750, à l'âge de ſoixante-dix-huit ans. Il étoit de l'Académie des Arcades de Rome, de celle de la Cruſca, de celle de Cortone, de la Société Royale de Londres, de l'Académie Impériale d'Olmutz. La liſte de ſes Ouvrages ſemble être celle d'une Bibliothéque. Il n'y a preſque point de matiere, point d'art ou de ſcience ſur leſquels il n'ait écrit. Il a laiſſé quarante-six volumes in-fol°. trentre quatre in-4°. treize in-8°. un grand nombre in-douze. Il faut en voir la liste dans sa Vie écrite par Jean-François Joli Muratori son neveu. Voici quelques-uns de ses principaux Ouvrages : *Anecdotes tirées des Manuscrits de la Bibliothèque Ambroisienne*, 2 vol. in-4°. Milan, en latin, 1697 & 1698; *Anecdotes Grecques tirées d'anciens Manuscrits, mises en latin*, 3 vol. in-4°. Padoue; ces deux Ouvrages sont enrichis de notes & de dissertations savantes; *De la Modération en fait de Religion, où l'on fait voir quels sont les droits & quel est le frein qui conviennent au Chrétien dans la recherche & dans l'enseignement de la vérité*, &c. in-4°. *Des Auteurs qui ont écrit l'Histoire d'Italie, depuis l'année 500 jusqu'à l'année 1500*, 27 vol. in-fol. *Antiquités d'Italie du moyen âge*, &c. 6 vol. in-fol. *Nouveau Trésor d'anciennes Inscriptions*, 6 vol. in fol. Tous ces Ouvrages sont en latin; *Annali d'Italia dal Principio dell'era, volgare fino all'anno 1500*, 12 vol. in-4°. *Della perfetta Poesia italiana*, &c. &c. &c.

MURENA, (*Charles*) Architecte, né à Rome en 1713, fut d'abord destiné au Barreau : il étudia les Belles-Lettres, la Philosophie & la Jurisprudence. Il se sentit un goût dominant pour l'Architecture; il étudia les élémens de cet art sous Nicolas Salvi. Le Cardinal Barberini l'envoya auprès de Vanvitelli, qui travailloit au Lazaret d'Ancône, pour qu'il se formât à l'Architecture hydraulique. Vanvitelli, surpris de ses progrès, le mit à la tête des ouvrages qu'il ne pouvoit pas conduire lui-même. Vanvitelli, ayant été choisi par le Roi des deux Siciles pour bâtir le Palais de Casette, Murena travailla d'après ses propres desseins. Son premier édifice fut le Monastere des Olivetains de Monte Morcino à Perouze. Le tabernacle de bronze doré, enrichi des plus beaux marbres de la Cathédrale de Terni, fait sur les desseins de Murena, est un morceau admiré des connoisseurs. A Foligno, il bâtit l'Eglise des Religieuses de la Sainte Trinité; à Rome, la belle Chapelle de Zampaïe, dans l'Eglise de Saint Antoine des Portugais; la sacristie pour l'Eglise de Saint Augustin; plusieurs parties aux Chartreux, près de Sainte Lucie d'ella Chiava. On admire la noble simplicité de la façade

& la distribution des appartemens ; la Chapelle de la famille Bagni, dans l'Eglise de Saint Alexis, & le grand autel de Saint Pantaléon ; le dessin de la *Faciata* du Cardinal de Rochechouard, lorsqu'il fut décoré de la pourpre. Murena mourut à l'âge de cinquante ans, en 1764. Son caractere étoit la probité la plus exacte, & la douceur ; son style étoit simple & grand ; il eût acquis la plus brillante réputation, s'il eût vécu plus long-temps : il avoit pour le travail une ardeur infatigable & l'esprit fort orné.

MURIERS BLANCS. Comme une des principales richesses de l'Italie consiste dans son commerce de soies, on a fort perfectionné la culture des Mûriers, qui nourrissent l'insecte qui produit la soie. Les plantations des Mûriers blancs sont fort considérables & fort multipliées, sur-tout en Piémont. Le Roi de Sardaigne n'a cessé d'encourager les cultivateurs par toute sorte de moyens. En Languedoc, les Mûriers réussissent sans beaucoup de soin pour leur culture. On a cependant remarqué que le soin étoit absolument nécessaire dans tous les Pays, & même en Italie. Ces soins consistent à défoncer la terre tout autour pour aider à la propagation des racines, d'émonder les arbres de trois en trois ans, sur-tout dans les terreins maigres, de cueillir la feuille, en observant de ne pas maltraiter les branches.

Il y a plusieurs especes de Mûriers blancs. Celle qu'on appelle Mûrier rose, est la meilleure, & celle qu'on cultive en Piémont ; c'est de cette espece que sont meublés le Languedoc, le Vivarais, la Provence & le haut Dauphiné.

M. de la Lande parle d'une pratique qu'il a observée auprès de Vérone, pour la multiplication des Mûriers. On fait, dit-il, des pépinieres perpétuelles, qui consistent en de grosses bouches presque à ras terre, on en couche les branches pour faire des marcottes ou provins, qu'on détache des troncs, quand elles ont pris racine ; chaque souche donne ainsi quatre Mûriers greffés & de belle venue tous les trois ans. Les souches durent un siecle, & produisent toujours de la même maniere ; & pour en avoir d'autres, il ne s'agit que de greffer de jeunes tiges à quelques pouces au niveau de la terre, & de couper toujours le deſſus pour faire groſſir la ſouche & multiplier les jets de côté.

La graine de Mûrier fut portée en France par les troupes de Louis XII, revenant de la conquête de Naples en 1509. Les premiers furent ſemés dans le Dauphiné & le Languedoc, où ils réuſſirent très-bien. Il y vient preſque ſans culture. Les ſoins qu'on y donne plus particulièrement aujourd'hui, les multiplient conſidérablement ; & quoique le climat du haut du Languedoc ſoit beaucoup plus tempéré que celui du bas, la ſoie y eſt d'une très-belle qualité, & les Mûriers y réuſſiſſent très-bien.

A Caſtellanza, dans le Lac Majeur, on plante les Mûriers qu'on prend dans la pépinière, à deux en quatre, lorſqu'ils ſont à huit ou neuf pieds de haut, c'eſt-à-dire, à l'âge de trois ans. A quatre, on les tranſplante dans la campagne, & on les enveloppe de paille juſqu'à ce que la tige ſoit aſſez ferme & aſſez robuſte pour réſiſter à toutes les intempéries des ſaiſons.

Muro, (*Murus*) petite Ville du Royaume de Naples, dans la Baſilicate, avec titre d'Evêché, ſuffragant de Conza. Elle eſt ſituée au pied de l'Apennin, vers les frontières de la Principauté Citérieure, à dix ou douze milles de Conza.

MURTOLA, (*Gaſpard*) Poëte, né à Gênes, vint jeune à Rome, & fut Secrétaire du Cardinal Serre, qui, ayant été nommé Commiſſaire de l'Armée de Hongrie, emmena Murtola à la Cour de l'Empereur. De là Murtola alla en Savoie avec François Coſta, Nonce Apoſtolique : Charles-Emmanuel le prit pour ſon Secrétaire. Il publia ſon Poème de la Création, ſous le titre *della Creatione del Mundo ; Poema ſacro*, Giorni ſette. Le Chevalier Marin critiqua cet Ouvrage, & fit quelque Sonnet contre Murtola, & la querelle finit par un coup de piſtolet, qui eut quelques ſuites. *Voyez* MARINI. Murtola alla à Rome, où Paul IV lui confia le Gouvernement de quelques Places. Il mourut en 1624. Il a compoſé pluſieurs Poëmes en italien, un ſeul en latin, ſous le titre *Nutricium ſive Næniarum*, Lib. III.

MUSA BRASSAVOLUS, (*Antoine*) né à Ferrare, ſavant Médecin, du ſeizième ſiècle, a laiſſé des Commentaires sur les Aphorismes d'Hypocrate ; un examen des Simples, & des Syrops, & plusieurs autres Traités estimés, & souvent imprimés.

Musæum, ou Collection des Statues & Peintures qui sont au Capitole. Sur les Peintures, *voyez* au mot Capitole. La Collection des Statues fut commencée par le Pape Innocent X; Clément XII la continua & l'augmenta considérablement ; enfin Benoît XIV & son successeur l'ont portée au point où elle est. Il y en a une description imprimée en italien. Voici quelques unes de ces statues. Dans la cour d'entrée, & dans une niche, est la statue colossale d'un fleuve qu'on croit être le Rhin : il est couché & appuyé sur son urne ; c'est la même statue qu'on appelloit *Marforio*, lorsque les plaisans la mettoient en conversation avec Pasquin. On affichoit un placard à la statue de Marforio, qui contenoit une demande, & un autre à Pasquin, qui faisoit la réponse. Au-dessus de la niche de Marforio est une belle balustrade, soutenue par des colonnes de granit égyptien, avec leurs pilastres, & ornée de quatre statues de Vestales. Sous le vestibule, est une grande urne antique qui a servi de tombeau à Alexandre Sévère & à Julien Mammea : leurs statues sont couchées sur le couvercle. Au bas de l'escalier, la seule statue de Pirrhus, Roi d'Epire, qui soit connue ; les murailles sont revêtues de plusieurs bas-reliefs antiques, & entr'autres du plan de Rome ancienne sur plusieurs tables. Dans la chambre appellée *il Canopo*, une très-grande quantité de figures égyptiennes en très-beaux marbres, précieuses par leur grande antiquité. Avant d'entrer dans la galerie, Jupiter foudroyant, & Esculape, de marbre noir antique. Dans une autre salle, un très beau vase de marbre blanc de la plus belle forme, placé au milieu de la salle sur un autel, où douze Divinités différentes sont représentées en relief : dans cette salle sont les vases & les urnes. Dans la chambre d'Hercule, la statue de ce Héros, combattant l'hydre. On y voit une Bacchante assise, ayant un vase orné de pampres entre ses jambes, & pouvant à peine dans son ivresse soutenir sa tête ; un Chasseur, plus grand que nature, portant un lievre ; Agrippine, femme de Germanicus; une statue de Diane d'Ephese, ayant la tête, les mains & les pieds de marbre noir d'Egypte. La grande salle est de la plus grande beauté; il y a vingt-six statues antiques du plus grand prix, & un grand nombre de bustes rangés sur une corniche en saillie; on y admire les deux Gladiateurs, l'un se soutenant à peine sur ses genoux & sur une main; on croit à tout moment le voir expirer, l'autre est aussi blessé, & tombe; la Déesse de la Santé, ayant un serpent autour du bras; Flore, Léda; la statue colossale de bronze d'Innocent X, assis & dans ses habits pontificaux, par l'*Algarde*; l'Empereur Adrien nud, le casque en tête, tenant l'épée d'une main & le bouclier de l'autre; la statue de Clément XII, en marbre blanc, par Pietro Bracci; Junon; une Faune, ayant une peau de lion en bandoulière; un Prêtre Egyptien, antique Romain; les beaux Centaures, trouvés à la *Villa Adriana*; deux beaux tableaux de mosaïque, l'un représentant une guirlande de fruits & de fleurs, deux oiseaux & deux papillons, l'autre quatre tourterelles sur le bord d'un vase doré. Dans une autre salle, qu'on appelle des Philosophes, parce qu'elle contient les hommes illustres dans les sciences & les arts, on compte cent vingt-deux bustes ou têtes antiques, plusieurs bas-reliefs, & quelques arabesques. Zenon y est en pied. Les meilleurs bustes sont ceux de Virgile, d'Hiéron, de Pirithoüs, de Diogene, de Pythagore & d'Aristomaque; les bas-reliefs les plus estimés sont celui du sacrifice que fait une femme à la Déesse Hygia ou de la Santé, celui du Faune, suivi de quatre femmes, & celui de la mort de Méléagre. Dans la salle des Empereurs, les bustes les plus précieux sont ceux de Caligula, de Messaline, de Julie, fille de Titus, de Néron, des deux têtes d'Adrien & celle de Sabine sa femme, de Commode, de Faustine, &c. la statue de Vénus, sortant du bain, de Flore, trouvée dans la *Villa Adriana*; plusieurs bas-reliefs, entr'autres, Persée, délivrant Andromède; Eudimion. La salle des Mélanges, formée en entier par Benoît XIV, contient des antiques de toute espece: le détail en est immense. on y admire un trépied antique grec, de bronze: il se plie & peut se porter sous le bras: il est fort orné, & d'un ouvrage fini ; un Faune, de marbre rouge, tenant de la main droite une grappe de raisin, de la gauche une crosse & des fruits dans une peau de chevreau qu'il a sur l'épaule gauche : sa flûte à plusieurs tuyaux est suspendue sur un tronc d'arbre à côté de lui : à sa gauche est un bouc, appuyant une de ses pattes sur une corbeille : cette figure ou plutôt ce groupe a été restauré ; un vase antique à cannelures ; une petite statue de marbre blanc d'un vieux Satyre marchant, tenant la flûte d'une main & de l'autre un petit manteau qu'il a sur les épaules ; plusieurs beaux bustes, sur-tout celui de Domitius Enobarbus ; une tête de Jupiter Ammon ; une tête de Bacchus, &c.

Le Muséum renferme une infinité d'Antiques, dont la nomenclature seule formeroit un volume. En voici quelques-uns ; deux grandes Cariatides en forme de Satyres, fort connues, deux grandes Idoles égyptiennes, l'une de basalte, surmontée d'une espece de tour, & tenant une branche de dattier dans la main gauche, & l'autre une Isis, de granit rouge, ayant sur la tête la fleur du *Lotus*; une Minerve, ayant un casque grec & un égide sur la poitrine ; une statue de Diane, venant de décocher une flèche ; un autel avec trois bas-reliefs : dans l'un, Rhée présente une pierre à Saturne au lieu de Jupiter pour la dévorer : dans l'autre, des Coribantes, frappant sur leurs boucliers, pour empêcher Saturne d'entendre les cris de Jupiter : le troisieme, représente Saturne & plusieurs Divinités ; une urne sépulcrale octogone, ayant sur les angles des têtes de Satyres avec des feuilles de pampres, des lauriers & d'oliviers ; un autel, dédié à Hercule, de forme ronde, orné de guirlandes & de massues ; un buste colossal de Trajan, ayant une couronne sur la tête avec un aigle en forme d'agraphe au milieu ; un autel entouré de guirlandes de fruits, attachés avec des rubans, ayant dans les angles des têtes de bœufs décharnées, & sur l'autel une statue de Cérès, &c.

Muséum ou Cabinet du Roi de Naples à Portici. C'est le Cabinet le plus précieux en antiques qu'il y ait dans le monde ; il a été formé depuis 1750, des fouilles d'Herculanum, de Pompeia & de Stabia. Une Académie de Belles-Lettres, composée de personnes les plus savantes, fut créée pour l'examen & la description des pieces. Il a paru six volumes de ce travail. Le premier contient un catalogue raisonné de sept cent trente-huit tableaux, de trois cent cinquante statues, de mille six cent quarante - sept vases ou meubles remarquables, sans y comprendre les lampes, candelabres & trépieds, qui sont compris séparément. Le Roi a fait graver à ses dépens cette belle Collection.

Le Muséum, qui renferme par ordre ces antiques, est un bâtiment composé de plusieurs pieces de suite. On les fait voir aux Etrangers : mais il est défendu d'en prendre des notices exactes.

On voit dans la cour un grand banc de pierre en demi-cercle de quinze à dix-huit pieds de diametre, qui étoit placé dans le lieu de la sépulture des Prêtres. Au milieu de la cour, sur un piédestal de marbre de Carrare, est un beau cheval de bronze de la grande taille, nu, les crins rattachés sur le front en maniere d'aigrette, de la plus belle proportion. Autour de la cour sont plusieurs statues de marbre, plus grandes que nature, vêtues de la toge, en partie des familles Nomius & Memmius, formant des suites historiques; on remarque sur-tout celle de Viciria, mere du Proconsul, ayant la tête couverte d'un voile semblable à celui des Vestales, la robe ou tunique à plis fort serrés, & trois grandes statues de Memmius en bronze. Nous avons parlé de celles des deux Balbus dans l'article PORTICI. Il y a dans la même cour quantité d'autres statues, mais plusieurs sont mutilées. On lit sur le mur plusieurs inscriptions, dont la plupart ont rapport à ces deux familles ; des bas-reliefs, dont le meilleur représente un vieux Sacrificateur, faisant des libations sur un autel dédié à Bacchus; à côté de lui sont deux femmes, dont l'une assise, est voilée, & l'autre debout. Parmi celles qu'on trouve au bas de l'escalier, est un Lutteur en bronze; de grandeur naturelle, cinq grandes statues de Nymphes, aussi en bronze, & des Thermes, de marbre de Paros, d'un travail grec excellent.

Le détail des pieces que renferment les cabinets sont immenses : nous ne parlerons que des plus belles. Les statues de bronze sont en si grand nombre, que tout le reste de l'Europe ne pourroit pas en fournir autant. Un Mercure assis, de grandeur naturelle, la plus belle de toutes les statues trouvées à Herculanum ; un Jupiter, plus grand que nature ; un Faune ivre, placé sur un outre de vin de sept à huit pieds de haut ; deux Lutteurs combattant, &c. deux Consuls Romains ; cinq statues de Danseuses, plus petites que nature ; trois femmes drappées ; plusieurs bustes représentant des Philosophes, & d'autres hommes illustres, &c.

Dans différentes pieces sont rassemblés presque tous les instrumens qui servoient aux sacrifices anciens, parmi lesquels sont les deux plus beaux trépieds antiques qui existent, l'un a pour support trois corps de Satyres, de la plus grande beauté ; un *lecti sternium* ou autel sur lequel on plaçoit la Divinité que l'on vouloit appaiser par un festin pompeux : ce morceau est de bronze, & de la plus belle sculpture ; des figures à cheval ; de beaux vases d'argent & de bronze ; des urnes sépulcrales ; des vases étrusques de terre ; un autel de bronze ; beaucoup de Dieux Lares, dans des armoires vitrées ; des Priapes de toute espece & de toutes grandeurs, les uns représentant le Dieu, les autres la partie qui fait son essence ; des vases faits dans la forme de ces derniers, dans lesquels on faisoit boire les femmes qui désiroient d'être fécondes : il y a de ces Priapes qui ont des ailes, enjolivées de plusieurs sonnettes ou grelots, & qu'on suspendoit en forme de lustres. On y voit des billets de théâtre en os : d'un côté est un symbole, de l'autre est le nom de la piece & le numéro de la place que l'on devoit occuper ; des dez semblables aux nôtres : il y en a où l'on voit que les fripons, auxquels ils avoient servi, y avoient glissé du plomb pour fixer le dez sur un côté ; beaucoup d'instrumens de musique, des flûtes faites avec des os ; des sistres en bronze, de différentes grandeurs ; des instrumens d'agriculture ; les sonnettes qu'on attachoit au col des bestiaux ; les instrumens de différens arts, comme les pieces pour enjoliver la pâte des gâteaux ; les instrumens de bronze, portant les lettres dont on marquoit les briques ; des plumes de bois, des écritoires de forme cylindrique, avec de l'encre; des tablettes sur lesquelles on étendoit la cire; des instrumens pour l'unir; des poinçons ou stylets pour écrire; des grattoirs pour effacer l'écriture, & un étui de bronze, qui renfermoit les stylets; des lanternes, des candélabres qui ont jusqu'à cinq pieds de haut, sur lesquels on mettoit des lampes, des fourneaux portatifs en bronze, d'une forme assez ingénieuse, qui servoient à chauffer de l'eau dans un vase, & des choses solides sur une grille; un vase ou espece de marmite à double fond, avec trois petites cheminées; des tasses & des soucoupes en argent, comme celles de nos tasses à café, d'une forme & d'une ciselure du meilleur goût; des aiguieres, plus commodes que les nôtres, en ce que l'orifice étoit porté sur le côté, & l'anse placée au dessus de la partie la plus pesante, pour qu'elle fût en équilibre, quoique pleine; des pincettes à main pour prendre le charbon; des instrumens en forme de cuillers quadruples, propres à faire cuire quatre œufs à la fois séparément; des coquilles de cuivre avec des manches pour faire cuire la pâtisserie, un gril de fer pour la cuisine. On n'y trouve point de fourchettes, mais beaucoup de cuillers; des marmites, dont les anses se rabaissent sur les côtés, les anses sont de différentes formes; un mortier à piler du sel, d'une forme applatie, avec un trou pour faire tomber le sel; des bassins, dans la forme de nos corbeilles à fruit; un bassin de bronze incrusté d'argent; beaucoup de vases dorés, & de batterie de cuisine argentée, point d'étamée: il est vrai que leur batterie n'étoit point de cuivre, mais d'un métal composé; on conserve des œufs trouvés à Herculanum; une tourte d'environ un pied de diametre, dans sa tourtiere au dedans du four; de petits pains ronds, qui n'étoient point encore cuits, d'autres déja cuits, moisis & à demi-brûlés; (*voyez* Herculanum) des lacrymatoires ou fioles qui étoient censées renfermer les larmes répandues sur les tombeaux; des assiettes de terre absolument plattes pour mettre les gâteaux; des tuiles qui bordoient le faite des maisons, ayant un rebord avec un trou pour l'écoulement des eaux; des lampes de terre cuite, ornées de bas-reliefs; une lampe à deux mêches, qu'on suspendoit au moyen de quatre chaînes attachées aux aîles de deux aigles.

On y voit tout ce qui servoit à la toilette des Dames Romaines ; un brasselet d'or, formé de deux demi-cercles, attachés avec des cordonnets ; des bagues, des boucles d'oreilles, des ciseaux, des aiguilles, des dez à coudre ; une cassette avec tout ce qui étoit nécessaire pour les travaux des femmes ; des cure-oreilles, des peignes, des bulles, ornemens de la jeunesse, **en forme de cœurs** ; des boucles de cheveux en bronze ; des pots de rouge en cristal de roche, avec leur vermillon ; des couleurs brutes pour peindre, très-bien conservées, sur-tout de la laque, de l'encre jaune & de très-beau bleu ; plusieurs instrumens de Chirurgie ; une sonde pour la vessie ; un instrument propre à dilater, & qui paroît avoir servi dans l'extraction de la pierre, un côté pour les hommes & l'autre pour les femmes ; un étui de Chirurgien, garni, les sondes en bronze & en argent sont bien conservées ; une boëte à onguent : il paroît être le même que celui que l'on emploie pour les emplâtres ordinaires.

Des casques, des boucliers, toute sorte d'armes offensives & défensives, des verrous, des serrures, des clefs, des marteaux, des clous, les uns faits au marteau, d'autres à la filiere, **en cuivre** : ceux de fer, comme tout ce qui est composé de cette matiere, est rongé par la rouille, & méconnoissable ; des urnes de terre, divisées entiérement par loges, servant à renfermer des *loirs*, que l'on élevoit, & qui formoient un objet bizarre de luxe ; un petit cadran solaire, tracé sur une piece d'argent en forme de jambon ; une mesure de pied romain, ayant dix pouces onze lignes & demi.

Plusieurs masques très-chargés ou caricatures ; beaucoup de médailles très-rares, telles que celles de Vitellius ; un triomphe de Titus ; une médaille de Vespasien *Judea capta* ; un médaillon d'Auguste en or, de quatorze lignes de diametre ; des sceaux ou cachets, des anneaux de fer, d'or, d'argent, montés & non montés, des cornalines, des sardoines ; plusieurs pierres précieuses, montées en or, mais grossiérement ; des pierres gravées, en très-grand nombre, & de la plus grande beauté ; des meubles de criftal de roche; huit petits tableaux fur pierre, repréfentant huit Mufes, d'une peinture médiocre; l'une d'elles a à fon côté un *fcrinium* ou boëte dans laquelle il y a des livres dont on lit les étiquettes.

Les anciens manufcrits trouvés à *Herculanum*, font fur des feuilles de cannes de jonc, collées les unes à côté des autres, & roulées dans le fens oppofé dans lequel on les lifoit: ils ne font écrits que d'un côté, & difpofés par petites colonnes, de la hauteur de nos in-12: on les trouva rangés les uns fur les autres dans une armoire en marqueterie; l'humidité avoit pourri ceux qui n'avoient pas été faifis par la chaleur des cendres du Véfuve; ils tomberent comme des toiles d'araignée auffi-tôt qu'ils furent frappés de l'air, les autres étoient réduits en charbon, & c'eft ce qui les a confervés: ils reffemblent à un bâton brûlé, de deux pouces de diametre; quand on veut dérouler ces feuilles ou enlever les couches de ce charbon, il fe caffe & fe réduit en pouffiere: mais avec beaucoup de temps & de patience, on eft parvenu à lever les lettres les unes après les autres, & à les copier en entier. Pour cela, on fe fert d'un chaffis affujetti fur une table, dans le bas duquel le livre eft porté fur des rubans par les deux extrémités du morceau de bois fur lequel il eft roulé; on fait defcendre de deffus un cylindre, qui eft au haut du chaffis, des foies crues d'une très-grande fineffe, & rangées comme une chaîne fort claire, dont on étend fur la table une longueur pareille à la partie de la feuille qu'on veut dérouler; on fait tenir le commencement de cette feuille à la partie de la chaîne qui ne pofe pas fur la table, & qui eft la plus proche de cette même feuille; on fe fert à cet effet de petites particules de gommes en feuilles ou par écailles, qu'on applique derriere avec un pinceau, à l'aide d'un peu d'eau ou de la fimple falive, en obfervant de ne les mouiller que dans l'inftant qu'on les applique: la feuille du livre s'adapte fur le champ à ces particules de la même maniere qu'une feuille d'or fe fixe fur le mordant du Doreur. Le commencement de la feuille étant ainfi faifi par la foie & par la gomme qui y font adhérentes, on tourne très-doucement le cylindre qui eft au haut du chaffis, auquel les fils de foie font attachés, & à cause de la grande fragilité de la feuille, on aide en même temps le livre par le bas à tourner : par ce moyen on enleve insensiblement la partie de la feuille qui est fortifiée, & l'on force le reste de la chaîne qui est couché sur la table à se relever & à se joindre à mesure que le livre tourne à la partie de la feuille qui reste à dérouler; on les fixe ensuite avec des particules de gomme, en suivant le même procédé ; lorsqu'il ne reste plus rien de la chaîne sur la table, & qu'elle a été toute appliquée à la feuille du livre, on coupe cette même feuille, & on la colle sur une planche : l'écriture y est si foiblement marquée, qu'il est difficile de la lire au grand jour; mais on y réussit en la mettant à l'ombre & à un jour plus doux : on la lit comme on liroit un imprimé, qui, après avoir été noirci au feu, conserveroit encore la trace des caracteres dont il etoit empreint. Il faut beaucoup de légereté dans la main, & n'y travailler que les fenêtres fermées. On a développé jusqu'ici quatre manuscrits grecs, dont le premier traite de la Philosophie d'Epicure; le second, est un Ouvrage de morale; le troisieme, un Poëme sur la Musique; le quatrieme, un Livre de Rhétorique.

On conserve sous verre les peintures ; plusieurs étoient sur des murailles que l'on a sciées à une certaine épaisseur : on les a scellées sur des châssis de parquet : l'humidité les avoit conservées, l'air les desseche & les ternit. Pour obvier à cet inconvénient, on y a fait passer un vernis : mais ce vernis fait tomber les couleurs par écailles ; les grands morceaux sont en petit nombre, & n'ont pas plus de six pieds de haut; les autres sont comme nos petits tableaux de chevalet; tous sont peints en détrempe, & non à fresque : il s'en falloit de beaucoup, à en juger par les meilleurs morceaux, que les Romains eussent porté la Peinture aussi loin que nous.

Un tableau, de forme ceintrée, enlevé du Forum, représente Thésée, vainqueur du Minotaure. Le Héros est vu de face, debout, nud, de taille gigantesque, en proportion des autres figures. Son manteau, jetté négligemment sur l'épaule gauche, repasse sur le bras, du même côté. Il tient la massue levée;

trois jeunes Athéniens lui rendent leurs actions de grace, l'un lui baise la main, l'autre prosterné lui embrasse une jambe, le troisieme lui prend le bras du côté de la massue ; une jeune fille se joint à eux, & porte sa main sur la massue : elle paroît sortir du labyrinthe. Le Minotaure, sous la figure d'un homme à tête de taureau, est renversé au pied de Thésée : il a l'estomac & les épaules déchirées des coups qu'il a reçus. La Déesse, qui protége le Héros, est assise sur un nuage, sur lequel elle tient une main appuyée, & dans l'autre un arc & une flèche. Les couleurs, quoiqu'assez belles, ont été ternies par le grand air. La figure de Thésée est noblement composée : mais celles de trois jeunes Athéniens le sont avec plus de chaleur. On remarque dans cet ouvrage la correction du dessin, une grande maniere, mais peu d'intelligence du clair-obscur.

Le pendant de ce tableau représente Telephe, encore enfant, tettant une biche. L'enfant, vu par le dos, a les reins d'une largeur choquante, & les cuisses trop écartées, la biche est mal rendue ; deux femmes, l'une assise, couronnée de fleurs & de feuilles, l'autre d'épis ; un jeune Faune qui joue d'une flûte à sept trous ; sur le devant, un homme peint d'une maniere forte & prononcée, qui porte sur les épaules un carquois recouvert d'une peau de lion, vis à-vis un lion en repos, sont les autres figures de ce tableau, qui, attendu l'incorrection du dessin, ne paroît pas être du même Peintre. Ces morceaux sont regardés comme les meilleurs de la Collection, & ils sont bien inférieurs aux chef-d'œuvres des Raphaël, des Michel-Ange & même de Peintres moins estimés. Les autres tableaux remarquables sont *Oreste reconnu* ; *Oreste* & *Pilade*, enchaînés & conduits par un Soldat du Roi Thoas devant la statue de Diane ; un *Faune*, caressant une Bacchante renversée ; deux *jeunes filles*, qui dansent ; une *Danseuse* seule ; une autre, tenant une cimbale à grelots ; une *jeune fille*, tenant d'une main un rameau de cèdre, & de l'autre un sceptre d'or. Le tableau représentant une Bacchante, portée par un Centaure, est d'une belle composition : elle est presque nue, ses cheveux flottans, sa draperie qui voltige laisse son dos à découvert : elle ne porte que

que d'un genou sur la croupe du Centaure, se retenant d'une main à ses cheveux, lui donnant avec son pied dans les reins, & le pressant de l'autre avec son thyrse. Le pendant n'est pas moins singulier; c'est un jeune homme, porté par un Centaure, qui touche d'une main une lyre à trois cordes, appuyée sur sa croupe, & de l'autre fait résonner la moitié d'une crotale contre l'autre moitié que tient le jeune homme.

Il y a quantité d'autres tableaux représentant des enfans, des Amours, des Génies, occupés de différens exercices, des animaux, des fruits, des paysages, des marines, &c. On peut conclure de ces tableaux que les Peintres étoient peu savans dans la couleur locale, le clair-obscur, le raccourci, la perspective locale & aërienne, que leurs compositions, quoiqu'exactes, étoient froides: peut-être n'est-ce là que des tableaux de Peintres médiocres, & qu'on découvrira de meilleurs morceaux. Quant aux couleurs, il paroît que c'étoient les mêmes que celles dont nous nous servons. En général, la sculpture l'emporte de beaucoup sur la peinture, du moins à Herculanum ; & jusqu'à ce que le hasard nous ait fait découvrir quelque chose de plus parfait, nos Peintres sont autorisés à se croire fort supérieurs aux Peintres Romains. Nous avons pris une grande partie de ces descriptions de MM. Richard & de Lalande.

MUSIQUE ITALIENNE, (la) semble être devenue celle de toute l'Europe. Les François, en condamnant ses fredons, ont corrigé la lenteur monotone de leur musique par la vivacité de la Musique Italienne. Cet art, si séduisant & si voluptueux, a dû faire des progrès rapides chez un Peuple dont le caractere est susceptible des passions les plus vives. Ils l'ont été, en effet; il y a peu de Nations qui puissent se flatter d'avoir produit autant de grands Musiciens que l'Italie. L'Italien, dès le berceau, semble montrer du goût pour la Musique. Ce penchant, fortifié par les connoissances qu'une facilité naturelle lui fait acquérir, devient pour lui un amusement. A Rome & dans beaucoup de Villes d'Italie, des Sociétés d'amateurs s'assemblent sur le soir dans différentes maisons, & passent des heures entieres à jouer de divers instrumens, & exécuter les choses les plus difficiles.

Si l'on compare les progrès que la Musique a faits en Italie avec ceux qu'elle a faits parmi nous, on verra qu'ils ont été plus prompts parmi les Italiens: mais peut-être ont-ils donné dans l'excès. Dans le temps que Lully vint en France, la Musique n'étoit pas, à beaucoup près, si difficile qu'elle l'est devenue: elle étoit peut-être plus majestueuse. On ignoroit avant Vivaldi & Jumelli ce que c'étoit que triple croche. Un mouvement simple faisoit l'ornement de la Musique; mais aujourd'hui tout est bien changé; on veut toujours être dans l'enthousiasme, & cet enthousiasme, on ne l'éprouve que dans la rapidité des sons. Pergholese, qui en sentoit les inconvéniens, auroit peut-être concilié les esprits, si la mort ne l'eût enlevé trop tôt. Il a fait voir dans sa *Serva Padrona* qu'on peut animer ses caractères sans leur donner trop d'exagération; mais les Italiens ont négligé son style noble, pour se livrer entiérement au concetti. Il est à craindre que ce défaut, qui a d'abord gâté leur Poésie, ne corrompe leur Musique.

On a prétendu que les Italiens préféroient le *genere sonabile* à tout autre. Ce genre, analogue à leur caractere & à leur langue, consiste dans cette volubilité de notes, soutenues dans toute les parties, & dont l'effet est si sensible, qu'il forme autant de tableaux, dans lesquels il semble voir s'animer les objets que le Musicien a voulu peindre. Le printemps de *Vivaldi* respire les plaisirs champêtres que réveille cette riante saison; les Concerto du fameux *Tartini*, quelques Trio de *Martini*, de Locatelli & de Bezzozi, plusieurs Intermedes, & un nombre infini de belles Ariettes, sont autant de peintures qui égaient & qui surprennent tout à la fois. Si d'un côté l'on a reproché aux Italiens d'avoir trop chargé leurs Pieces de puérilités, si en conséquence on a comparé leur Musique à une jolie Coquette, combien à leur tour doivent-ils triompher de voir les François négliger les beautés naïves qu'ils doivent à Lully, & se lasser de trouver cette Musique si raisonnable!

L'accompagnement est le sublime de la Musique des Italiens, & beaucoup de leurs morceaux pourroient passer plutôt pour des accompagnemens, que pour des pieces de chant; c'est un genre de composition qu'ils ont poussé au dernier degré, & personne ne leur conteste cet art, comme on ne peut contester, sans injustice aux François, le talent de chanter. En Italie, les orchestres sont moins garnis de Musiciens qu'en France: par ce moyen les différentes parties en sont moins confuses, & l'ensemble en est mieux gardé. La Musique Italienne est faite pour la chambre, & fait moins d'effet sur les théâtres: c'est une suite inévitable de leur *genre sonabile*. Une miniature perd de son prix dans un endroit trop vaste: un lieu resserré est plus propre au développement de ses traits.

L'Italie a produit une infinité d'excellens Auteurs. Les Corelli, les Geminiani, Jumelli, Locatelli, Bezocci, Vivaldi, Pergholese ont laissé des monumens précieux. Le fameux Tartini surprend par le feu de sa composition: & tous les jours à Paris on applaudit au grand nombre de Musiciens célebres, dont les succès méritent les plus justes éloges.

Les Italiens doivent en partie les progrès de leur Musique aux soins qu'ils prennent de former & d'élever de bons sujets pour l'exécution: leurs Conservatoires sont des magasins inépuisables. *Voyez* CONSERVATOIRE.

L'émulation est excitée de toutes manieres parmi les Musiciens; les honneurs, les applaudissemens sont la récompense du génie: ni la brigue ne sauroit les obtenir, ni l'envie ne peut les écarter. Outre ces encouragemens, les Musiciens sont excités par la concurrence. Les Opéra, & sur-tout ceux de Métastase, sont fort suivis. A Venise & à Naples, on en représente jusqu'à quatre par jour. Un Opéra change de musique tous les ans; on donne chaque année les paroles du même Opéra à un autre Musicien, qui compose une autre musique. Avant de jouer un Opéra, il se trouve que la musique a quelquefois été composée par six différens Musiciens. On les joue tous; celui que le Public applaudit le plus, est celui qui reste: les autres sont comptés pour rien.

MUSITANI, (*Charles*) Prêtre & Médecin, de Castro-villari, dans la Calabre, mort à Naples en 1714. Il étoit très-savant, & non moins religieux ; cependant les Médecins & les faux Dévots tenterent de lui faire défendre l'exercice de la Médecine : mais le Pape l'y autorisa formellement.

MUSSATI, (*Alberti*) Historien & Poëte, né à Padoue, dans le treizieme siecle. Il obtint les honneurs du triomphe poëtique dans sa patrie. Il reste de lui un Recueil de Poësies, & l'Histoire de l'Empereur Henri VII. Ses Ouvrages, qui ont mérité d'avoir des Commentateurs, forment un vol. in-fol. publié à Venise en 1636.

MUSSO, (*Cornelio*) Evêque de Bitunto, né à Plaisance au commencement du seizieme siecle, grand Prédicateur. Il étoit Cordelier : l'éloquence de ses Sermons le fit connoître dans toute l'Italie. Paul III l'appella à Rome, lui donna d'abord l'Evêché de Bertinoro, & ensuite celui de Bitunto. Musso alla en Allemagne, assista au Concile de Trente, & mourut à Rome en 1574, âgé de soixante-quatre ans. Il a laissé quantité de Sermons, qui ont été traduits en françois, par Chapuis, & imprimés à Paris en 1584 ; *de Historia divina*, Lib. v ; *Homelia de modo visitandi, declaratio Psalmi de Profundis*.

MUSURUS, (*Marc*) Archevêque de Raguse, dans le seizieme siecle, né dans l'Isle de Candie. La République de Venise récompensa son talent supérieur dans la critique des Auteurs Grecs, par une Chaire à Padoue ; ses leçons attirerent un si grand concours d'auditeurs, qu'il fallut agrandir la salle publique, & que Musurus partagea ses leçons moitié le matin & moitié l'après-midi. Il fut obligé d'abandonner sa Chaire à cause de la guerre ; il alla à Rome : il y expliqua les Auteurs Grecs avec la même affluence d'auditeurs. Léon X lui donna l'Archevêché de Raguse. On lui promit le chapeau de Cardinal, qu'il n'obtint point, ce qui le fâcha beaucoup. Il mourut d'hydropisie. Il ne reste de lui qu'un Poëme grec, à la louange de Platon, imprimé à la tête des Œuvres de ce Philosophe.

MUTIANO, (*Hieronimo*) Peintre, né dans la Bresse en 1528. Il y avoit appris les principes de son art de Romænini :

mais ce fut à Venife que fon génie fe développa, à la vue des chef-d'œuvres de Titien & des autres grands Maîtres de l'Ecole Vénitienne. Il étudia l'Antique & la Nature; il excella dans le payfage & le portrait. Ses tableaux furent fort recherchés: la Maifon d'Eft l'occupa beaucoup. Gregoire XIII lui accorda une protection particuliere; il l'occupa à faire les cartons de fa Chapelle. Mutiano profita de fa faveur pour l'établiffement de l'Académie de Saint-Luc, dont il fut le chef. On loue l'expreffion de fes têtes & le fini de fes ouvrages: fes deffins font fort recherchés. Le Roi poffede de ce Peintre l'Incrédulité de Saint Thomas: M. le Duc d'Orléans a deux de fes tableaux. On voit dans la Cathédrale de Reims un grand tableau repréfentant le lavement des pieds, fort eftimé. Il mourut à Rome en 1590.

MUZIO, (*Pio*) Abbé du Mont Caffin, né à Milan en 1574. Son Ordre ayant des affaires en France à la Cour de Louis XIII, ne crut pas pouvoir les confier à un Religieux qui eût plus de mérite, & il ne trompa point la confiance de la Congrégation. Muzio mourut très-âgé en 1649. Il a laiffé des Confidérations fur Tacite, des Difcours de politique, des Difcours académiques, des Lettres latines.

MUZZIO, (*Jérôme*) né à Capo d'Iftrie, dans le feizieme fiecle. Il a écrit plufieurs Ouvrages de controverfe contre Vergerio, fon Evêque, qui apoftafia, & qui fit des fatires atroces fur l'Eglife & fur les dogmes de la foi, & contre Ochin, autre Apoftat. Le premier vouloit que les Laïcs communiaffent avec le calice, & qu'il fût permis aux Prêtres de fe marier. *Muzzio* écrivit contre lui *delle Vergeriane*, Lib. IV, in-8°. *Lettere Catholiche e avertimenti morali*, in-4°. *diffefa della Meffa, de Santi & del Papato*, in-8°. Il écrivit contre l'autre, *Mentite ochiniane*, in-8°. Il a plufieurs autres Ouvrages, *des notes fur Pétrarque*, un *Traité fur le Duel*, in-8°. *Fauftina*.

N

NACTANTUS, (*Jacques*) naquit à Florence, & vivoit dans le seizieme siecle; il fut Religieux Dominicain, Professeur de Théologie dans le Couvent de son Ordre à Rome, Evêque de Chiozia, assista au Concile de Trente, & mourut en 1569. Il a laissé différens Traités; *de Papa & Concilii potestate; de Maximo Pontificatu, maximoque Christi Sacerdotio; Enarratio in Epistolam ad Ephesios; Interpretatio Epistolæ ad Romanos; Medulla sacræ scripturæ.*

NAINS. On trouve en Lombardie, & plus fréquemment à Milan, une espece de Nains de l'un & de l'autre sexe, d'une figure grotesque. Sur une taille très-courte, grosse & difforme, ils ont de grosses têtes, & des traits grands & fortement prononcés. Ils ont les cuisses courtes, grosses, & les jambes torses: ils sont forts, robustes & coleres. Calot paroît les avoir pris pour modeles. On voit dans plusieurs jardins de Milan des statues faites dans le même goût. Ce ne sont pas de vrais Nains, qui ne sont point contrefaits. Nous en avons vu en France, & spécialement celui que Madame la Comtesse Humieska, Polonoise, y avoit amené, & celui du Roi Stanislas, qui étoient dans les proportions les plus régulieres. Ceux de Lombardie sont une dégradation monstrueuse de l'espece humaine.

NANI, (*Jean-Baptiste*) Historien, né à Venise en 1616: Il fut souvent employé par la République, & il lui rendit des services signalés. Son pere, qui étoit Procurateur de Saint-Marc, l'emmena avec lui à Rome, étant Ambassadeur de la République. Le jeune Nani inspira la plus grande estime à Urbin VIII. Nani fut admis parmi les Sénateurs, & vint Ambassadeur en France solliciter des secours pour la guerre de Candie. Il obtint ce qu'il demandoit; pour le récompenser de ce succès, la République le nomma Surintendant de la Guerre & des Finances. Il fut Ambassadeur auprès de l'Empereur, & encore en France;

enfin Procurateur de Saint - Marc. Le Sénat le chargea d'écrire l'Histoire de la République. Il la prit à l'année 1613, & la conduisit jusqu'en 1676. Elle parut à Venise en 1682, en deux volumes in-4°. elle a été traduite en françois par l'Abbé Tallemant, à Cologne en 1686. Nani mourut en 1678. Il a laissé d'autres Ouvrages qui n'ont pas été imprimés, tels que la Pharsale de Lucain imitée, & des considérations politiques sur les Annales de Tacite.

NANNINI, (René) natif de Florence, Dominicain, Commentateur, Théologien & Prédicateur, du seizieme siecle. Sa réputation étant parvenue au Pape Pie V, ce Pontife l'appella à Rome, & le chargea d'une édition complette des Œuvres de Saint Thomas. Il a laissé plusieurs Ouvrages : on estime son Commentaire universel sur l'Ecriture-Sainte. Il y fait l'Histoire de toutes les Personnes illustres dont il y est parlé ; l'Histoire Naturelle des plantes, des animaux, des pierres, des montagnes, des fleuves, la description géographique des Pays, des Villes dont il y est fait mention. Nannini mourut à Venise en 1581.

NAPLES, (le Royaume de) connu anciennement sous le nom de grande Grèce, à cause du grand nombre de colonies que les Grecs y amenerent, forme une presqu'isle, qui occupe du nord au midi & au levant toute l'extrémité de l'Italie ; sa plus grande longueur de Campo de l'Armi à la pointe méridionale de la Calabre Ultérieure jusqu'à l'embouchure du Tronto, qui sépare l'Abruzze Ultérieure de la Marche d'Ancône, du midi au nord, est d'environ trois cent cinquante milles ; sa largeur du couchant au levant, depuis Gayette jusqu'à l'embouchure de l'Aterno ou de Naples à la pointe de la Capitanate, est d'environ cent milles : le circuit du Royaume est en tout d'environ quatorze cent huit milles ; de sorte qu'il a plus de quatre cents lieues de côtes. Il a pour frontieres au couchant & au nord la Campagne de Rome, la Sabine & la Marche d'Ancône, à l'orient le golfe de Venise, au midi & à l'occident la mer de Toscane. Les côtes de ce Royaume sont défendues par vingt Châteaux ou places fortifiées, & trois cent trente-cinq tours ou redoutes, disposées d'espace en espace sur les rivages où la descente peut se faire aisément.

Ce Royaume, divisé en douze Provinces ; 1°. la Terre de Labour, anciennement la Campanie, dont Naples est la Capitale ; 2°. la Principauté Citérieure, *Picentini*, Salerne ; 3°. la Principauté Ultérieure, *Hirpini*, Monte Fusco ; 4°. la Basilicate, *Lucania*, Matera ; 5°. la Capitanate, *Daunia*, Lucera ; 6°. le Comté de Molisi, *Frentani*, Molisé ; 7°. Terre de Bari, *Peucetia*, Trani ; 8°. Terre d'Otrante, *Yapigia*, Lecce ; 9°. Calabre Citérieure, *Brutii*, Cosenza ; 10°. Calabre Ultérieure, *Magna Græcia*, Catanzaro ; 11°. Abruzze Citérieure, *Vestini*, Aquila ; 12°. Abruzze Ultérieure, *Marsi*, Chieti. Chacune de ces Provinces a un Tribunal Royal pour l'administration de la Justice, connu sous le nom de la Ville principale où est sa résidence. Ce Royaume a vingt-deux Archevêchés, & cent seize Evêchés. Il a essuyé beaucoup de révolution (*Voyez* VILLE DE NAPLES). Dans le onzieme siecle, quelques Seigneurs Normands s'en saisirent, & y ayant ajouté l'Isle de Sicile, qui n'en est séparée que par le Phare de Messine, ils fonderent en 1130 le Royaume que l'on appelle des deux Siciles. Ces deux Etats, qui ont été souvent séparés l'un de l'autre, se nommoient l'un Sicile, en deçà du Phare, & l'autre Sicile, en delà du Phare. Après différentes révolutions, Ferdinand, Roi d'Espagne, se rendit maître en 1503 de tout le Royaume, & il est resté aux Espagnols jusqu'en 1707, que l'Empereur Joseph I s'en est emparé. En 1735, Dom Carlos, Infant d'Espagne, a conquis le Royaume de Naples, & la possession lui en a été confirmée avec la Sicile par le Traité de paix fait à Vienne en 1736. Lorsque D. Carlos passa au Trône d'Espagne, le Prince Royal son fils aîné, ayant été généralement reconnu incapable de succéder à son pere, Ferdinand, troisieme fils de S. M. T. C. fut proclamé Roi des deux Siciles, le 5 Octobre 1759, & le Pape lui donna la Bulle d'investiture de ce Royaume ; mais le Roi d'Espagne, voulant assurer la Couronne de Naples à sa postérité, a rendu une déclaration par laquelle, entr'autres dispositions, il a établi comme loi stable & perpétuelle le temps de la majorité des Princes appellés au Trône des deux Siciles à la seizieme année accomplie, & en même temps a décidé, comme loi constante & perpétuelle, que la succession au même Trône sera réglée suivant la primogéniture, avec droit de représentation dans la descendance de mâle en mâle, & enfin que dans le cas d'extinction de toutes les lignes masculines, la succession appartiendra à la femme qui sera la plus proche du dernier des mâles, & en cas d'extinction des branches masculines & féminines, venant du Roi d'Espagne, l'Infant Dom Philippe est appelé à la succession, & en attendant que le jeune Roi eût l'âge compétant, le Roi d'Espagne nomma un Conseil de Régence au nom de Ferdinand IV. Ce n'est pas sans regret que les Napolitains ont vu passer au Trône d'Espagne un Prince qui leur étoit devenu si cher, & qui avoit à cœur de donner au Gouvernement des loix sages & permanentes. Ses déclarations sont remplies de sagesse & de grandes vues. En 1751, il renouvella un édit, par lequel il défend à tous ses sujets de faire aucune donation de biens fonds à des Monasteres, soit par testament, soit par d'autres dispositions, à peine de nullité. Le Code Carolin est un recueil de loix précieuses pour la sûreté, la tranquillité & la grandeur de ses Etats, du commerce & des beaux-arts. Outre les forts qu'il a fait bâtir de distance en distance pour la sûreté des côtes du Royaume, il a fait bâtir un port à Barletta en faveur du commerce. La voie appienne, entiérement dégradée, doit être remplacée par une route dont il a donné le projet. Le détail des beaux établissemens, faits ou projettés par ce Prince, nous meneroit trop loin. Celui de la fameuse Académie d'Ercolano, doit perpétuer sa mémoire.

Le Royaume des deux Siciles doit foi & hommage au Pape, & c'est pour cela que le Souverain de Naples est obligé de lui faire présenter tous les ans, la veille de la fête de Saint Pierre, une haquenée blanche avec une bourse de sept mille ducats.

Le Royaume de Naples est fertile en toutes sortes de productions. La Calabre est renommée pour l'excellence de la manne qu'elle produit en abondance. Tout le pays est traversé par cette chaîne de montagnes que l'on appelle l'Apennin ; ces montagnes renferment dans leur sein une infinité de mines riches & abondantes, & forment de chaque côté un amphitéâtre agréable. C'est sur ce sol délicieux, toujours échauffé des rayons du soleil, que croissent naturellement les citroniers, les orangers, les grenadiers & les aloës, les oliviers, les myrthes, les lauriers & quantité de vins exquis, tel que celui de Lacryma Christi. Outre ces avantages, le pays fait un gros commerce de lin, de chanvre, de coton, d'huile, d'olive, de miel, de cire, de fer, d'acier, de chevaux, &c. On fait beaucoup de cas des chevaux Napolitains. Le Royaume de Naples est dans la situation la plus agréable & la plus avantageuse: l'exposition en est très-belle. Pourquoi faut-il que tant d'avantages soient balancés par ses fréquens tremblemens de terre, par les éruptions du Mont Vésuve, & par une infinité d'animaux venimeux, tels que le scorpion & la tarentule, sur-tout si l'on pénétre avant dans la Calabre. *Voyez* VÉSUVE, SCORPION, TARENTULE.

Quant aux mœurs des Napolitains, parmi les Nobles & les Grands, beaucoup d'orgueil & d'ostentation. Il regne plus de douceur & d'aménité parmi la Bourgeoisie. Quant au Peuple, il est grossier, paresseux, livré aux vices les plus honteux, féroce, capable de tout, quand il n'a rien à craindre, lâche & tremblant au moindre danger, sans foi, sans probité : un pere y négocie publiquement l'honneur de sa fille, un mari celui de sa femme. Il est sale par goût, presque tout gâté par des maux honteux. Quelque grossier que soit le Peuple de la Capitale, celui du Pouzol, Baies, Portici, des environs du Vésuve, a encore plus de férocité. Ce pays fut de tout temps consacré à la débauche. Cependant le Peuple porte la superstition jusqu'au fanatisme le plus extravagant ; on l'a vu poignarder publiquement des gens qu'il soupçonnoit être la cause du retardement du miracle de la liquéfaction du sang de S. Janvier

NAPLES, *Napoli*, l'une des plus belles & des plus considérables Villes de l'Europe, Capitale du Royaume du même nom, située à quarante dégrés cinquante minutes de latitude, &

trente-un degrés cinquante-deux minutes de longitude, à quarante-trois lieues de Rome, & à trois cent trente à trois cent quarante lieues de Paris.

Elle est si ancienne que son origine se perd dans les temps fabuleux. On dit que le nom de *Parthenope*, qu'elle porta d'abord, étoit celui d'une des Syrenes, à la voix séduisante desquelles Ulysse échappa; ils disent que cette Syrene vint cacher la honte de n'avoir pas réussi sur les bords de la mer Thyréniene, & qu'elle y mourut; que le premier Fondateur de Naples y trouva son tombeau, & lui donna son nom. D'autres prétendent que Falerne, un des Argonautes, en fut le Fondateur treize cents ans avant Jesus-Christ, & qu'elle s'accrut des Colonies Grecques venues de Rhodes, d'Athenes & de Chalcis. Le Peuple de Cumes, plus ancien & plus puissant, fut jaloux de la grandeur, de la beauté & du climat délicieux de Naples, ils la ruinerent; mais affligés de la peste, l'Oracle qu'ils allerent consulter, leur annonça que ce fléau ne cesseroit que lorsqu'ils auroient rebâti la Ville de *Parthenope*, ou de la Vierge; car c'est ce que signifie le mot grec *Parthenos*. Alors elle prit le nom de Napolis, Ville neuve; d'autres attribuent sa fondation à Hercule; d'autres à Enée, à Ulyse, aux Phocéens & aux Marseillois. Il y a apparence qu'elle a été fondée par les Grecs; c'est ce que semble indiquer son nom de *Neapolis*.

Dans le Royaume même dont elle est la Capitale, il y avoit des Villes anciennes, des Monarques & des Tyrans fameux. Phalaris fut brûlé dans le taureau d'airain de son invention, à Agrigente, neuf cent soixante ans avant Jesus-Christ. Les Tyrans de Sicile, ou Trinacrie, sont célebres dans l'Histoire avant qu'il ne fût question de Naples. Il commence d'en être parlé, comme d'une grande Ville, sous l'année 330 avant l'Ere Chrétienne; en 215 elle offrit aux Romains des secours considérables pour les aider à chasser Annibal de l'Italie. Il paroît que les Napolitains demeurerent toujours attachés aux Romains. Auguste réunit Neapolis & Paleopolis, Ville voisine fondée par Hercule. Naples, jusqu'à ce qu'elle fût déclarée Colonie Romaine sous les Empereurs, conserva la Religion, la langue & les usages des Grecs. Les plus riches Habitans de Rome venoient s'y repofer & jouir des délices de ce féjour enchanteur. Adrien & Conftantin y firent des augmentations confidérables. Dans le cinquieme fiecle, à la décadence de l'Empire, elle fubit le fort de toutes les Villes d'Italie; les Goths s'en emparerent; Belifaire la reprit, & la livra au pillage après un long fiege; elle fut encore prife & dévaftée par Totila; elle paffa encore au pouvoir des Empereurs d'Orient. Tout ce que purent faire les Rois Lombards, après plufieurs tentatives inutiles, ce fut de rendre Naples tributaire. Les Sarrafins dévafterent fes environs, mais ils ne purent jamais y entrer; Sergius, Duc de Naples, fit alliance avec eux.

Ce Royaume eût des démêlés avec les Princes de Benevent, de Capoue, de Gayette, les Grecs, les Sarrafins, mais il prit une forme nouvelle à l'arrivée des Normands. C'étoient quarante Gentilshommes qui revenoient en Pelerins de vifiter la Terre Sainte; en 1017, Melon, Lombard de Nation, avoit entrepris de délivrer la Ville de Bari affiégée par Bafile, Chef des Grecs, il eut recours aux Normands, il délivra non-feulement Bari, mais fes nouveaux alliés chafferent les Sarrafins qui affiégeoient le Prince de Salerne. Les Normands furent invités de refter; ceux-ci appellerent plufieurs de leurs compatriotes, chafferent les Sarrafins & les Lombards & formerent un nouveau Royaume, après mille actions plus éclatantes les unes que les autres. Le fameux Robert Guifcard prit le titre de Duc de Calabre en 1060; Roger fon fils lui fuccéda; Boïmond fils, & Tancrede neveu de Roger, Héros du Taffe, partirent en ce temps pour la Terre Sainte. Roger, fecond fils du précédent, fut fait Comte de Sicile, s'empara, en l'abfence de fon frere, de la Pouille & de la Calabre, reçut le ferment de fidélité du Duc de Naples, & s'étant rendu maître de ce qui forme aujourd'hui le Royaume de Naples & de Sicile, il prit le titre de Roi, foumit tous ceux qui voulurent s'y oppofer, força Innocent II à lui confirmer fon titre, porta fes conquêtes jufqu'en Afrique, fe rendit maître de Tripoli, de Tunis, d'Hyppone, & laiffa fes Royaumes à fon fils Guillaume le Méchant en 1154. La fuite des Princes

Normands fut interrompue par le don qu'Urbin IV fit de la Sicile à Charles, Comte d'Anjou & de Provence, frere de Saint Louis, à condition qu'il payeroit à la Cour de Rome, un tribut annuel de quarante-huit mille fols d'or. Charles I s'établit à Naples ; ce fut-là la fatale époque des Vêpres Siciliennes, où tous les François furent passés au fil de l'épée le jour de Pâques 1282. Les Princes de la Maison d'Anjou regnerent jusqu'à Alfonse d'Arragon qui s'établit à Naples, comme defcendant de Constance, fille du bâtard de Mainfroi, héritiere de la Maifon de Suabe, qui avoit fini en Conradin ; Charles d'Anjou le fit périr par la main du Bourreau en 1268. Charles VIII, Roi de France, dépoſſéda Ferdinand II, quatrieme ſucceſſeur d'Alfonſe d'Arragon. Ferdinand remonta ſur le trône ; il en fut dépouillé par Louis XII. Ce Roi en fut dépoſſédé par Gonſalve de Cordoue, qui aſſura ce Royaume à Ferdinand le Catholique, Roi d'Eſpagne. Ce trône paſſa à la Maiſon d'Autriche par Jeanne la Folle, fille de Ferdinand, qui épouſa l'Archiduc Philippe d'Autriche. Charles II mourant ſans enfans le premier Novembre 1700, appella Philippe de France, Duc d'Anjou, petit-fils de Louis XIV, à la ſucceſſion de tous ſes Etats. Le Duc d'Anjou, reçu ſous le nom de Philippe V, avec les plus générales acclamations, ſe vit obligé, cinq ans après, de céder le trône à Charles d'Autriche, par la conſpiration du Cardinal Grimani, qui engagea les Napolitains d'ouvrir leurs portes aux Troupes Allemandes ; mais l'Infant Dom Carlos, fils de Philippe, s'empara de Naples, & fut reconnu Roi par la ceſſion du Roi d'Eſpagne ſon pere. L'Hiſtoire des Révolutions de ce Royaume eſt très-intéreſſante.

Rien n'eſt plus frappant que le coup d'œil de la Ville de Naples. Située au fond d'un baſſin qui a deux lieues & demie de large & autant profondeur, elle eſt placée à l'orient ſur le bord de la mer, ayant le Véſuve en perſpective ; la mer au midi ; le Pauſilippe, Saint Elme & Antiguano au couchant ; & les collines d'Averſe, de Capoue & Caſerte au nord ; l'Iſle de Caprée, du côté du midi ; le Cap de Miſene à droite ; le Cap de Maſſa, autrefois le Promontoire de Minerve, ſemblent terminer ce baſſin ; entre ces Caps & l'Iſle de Caprée, on voit la vaſte étendue des mers comme par échappées ; le reſte du baſſin eſt orné des belles maiſons du Pauſilippe, des Palais de Portici, de la vue d'Herculanum, de Pompeia, du Véſuve, des Monts de Vergino & de Tifata, de la Terre de Labour. Au milieu de tous ces points de vue admirables, Naples, ſur le penchant d'une montagne, embraſſe la mer par ſa vaſte étendue. Elle a, en y comprenant les Fauxbourgs, vingt-deux milles : elle a ſeize portes toujours ouvertes à cauſe du grand commerce & du mouvement continuel des Habitans ; on y compte de trois cent trente à trois cent quarante milles ames. Le Sebet, ou *il Fornello*, ou *Fiume della Magdalena*, petite riviere qui deſcend des collines du côté de Môle, & qui ſe décharge dans la mer, eſt la ſeule qui coule dans les environs de Naples. Elle diſparut dans la grande éruption du Véſuve, dans laquelle Pline périt, mais quelque temps après, le Sebet reparut diminué de moitié. On a conduit une partie de ſes eaux dans des canaux qui forment les fontaines publiques de Naples ; l'autre partie arroſe les jardins, fait aller les moulins des environs. Les ſources des montagnes voiſines ſuffiſent aux beſoins de Naples & des campagnes voiſines. On y jouit d'un printemps perpétuel, à l'exception de l'été que les chaleurs ſont exceſſives. Les fleurs les plus printannieres y écloſent par-tout au milieu de l'hiver. La végétation eſt preſque toujours la même ; les productions de ſa terre, les fruits y naiſſent, y fleuriſſent, y mûriſſent & ſe fannent dans la même ſaiſon.

Naples avoit autrefois de ſi hautes murailles, qu'Annibal n'oſa en entreprendre le ſiege ; elles ont été détruites & rebâties enſuite à une moindre élévation, par Innocent IV en 1254. Charles I d'Anjou fit conſtruire le Château neuf en 1170 ; Charles II agrandit la Ville, éleva le Château Saint-Elme, & rebâtit les murs ; ils ſont bâtis en partie d'une pierre dure & noire qui ſe tire des environs de Naples, appellée *Piperno*. Les Fauxbourgs ont preſqu'autant d'étendue que la Ville. L'intérieur de Naples n'a pas des édifices frappans, des monumens à exciter l'admiration ; mais tout eſt également bien bâti ; point de disparate ; les maisons sont à peu près de la même hauteur, à quatre & cinq étages, couvertes de terrasses de pierres de Lavagna, réunies avec un mastic formé de pouzzolane, de chaux vive & de bitume. Les rues sont pavées de grandes pierres dures & noirâtres qui ressemblent à la laye sortie de Vésuve ; elle sert aux constructions qui n'ont pas besoin d'ornemens. Avant d'entrer dans le détail des rues & des monumens, nous parlerons des fortifications. Les principales sont le Château de l'Œuf, le Château Neuf, le Château Saint-Elme, & le Torrion des Carmes. Le Château de l'Œuf est bâti sur un rocher au milieu de la mer, & l'on ne peut y aller que par le moyen d'un pont de deux cent vingt pas de longueur. Il commande sur tout le Golfe que la mer forme dans cet endroit. Le Château Neuf est la forteresse la plus considérable ; elle fut bâtie par Charles I, Duc d'Anjou, & frere du Roi Saint Louis ; elle est entourée de fossés profonds, & flanquée de tours extrêmement hautes ; c'est dommage que la vue de ce Château soit offusquée par une tour qui est vis-à-vis à quinze pieds de distance. Le Château Saint-Elme, ou Saint-Erasme, est situé sur des rochers ; il est plus propre à contenir la Ville qu'à la défendre contre l'ennemi. C'est l'Empereur Charles V qui l'a rétabli dans l'état où on le voit aujourd'hui. Le Torrion des Carmes est voisin du Lazzari, proche le grand Marché : on y entretient une garnison suffisante pour contenir la populace.

Le Port de Naples a été considérablement augmenté : c'est un quarré d'environ cent cinquante toises en tout sens, défendu par un grand Môle qui le ferme à l'orient & au midi, & par un petit Môle qui le défend au nord. Les deux Fortins qui défendent les Môles, ont été construits par Dom Carlos, après que l'Amiral Bing eut forcé le Ministere à signer la neutralité, sans donner même le temps de délibérer. Ce port est petit, mais la rade est très-bonne : il peut contenir quatre vaisseaux de quatre-vingts canons, des tartanes, schebek, fregates, &c. Au bout du grand Môle est une tour appellée *Lanterna del Molo*, au haut de laquelle est un fanal qu'on allume tous les soirs pour éclairer durant la nuit les vaisseaux qui entrent dans le Golfe. Comme il n'y a point de jardin public à Naples, on a fait de cet endroit, qui est dans une situation admirable, une très-belle promenade.

Les rues de Naples, quoiqu'un peu étroites, sont cependant belles & bien alignées. La principale est la Strada di Toledo, alignée & bâtie par les ordres du Vice-Roi, Pierre de Tolede; elle est fort large, & sert de cours ou de promenade publique en hiver. Elle est bordée des deux côtés de petites boutiques ou échopes, mais qui laissent le passage libre pour deux files de carrosses. Les torches qui éclairent les carrosses & les lumieres des boutiques, forment dans cette rue une illumination éclatante; elle est remplie d'une foule inombrable d'acheteurs & de spectateurs. La rue est formée de belles maisons & de Palais, c'est la partie la plus élevée de Naples, bâtie sur un sol fort inégal.

Le plus bel édifice est le Palais du Roi, *Reggio Palazzo*, bâti en 1600, sous le Vice-Roi Dom Ferdinand Ruiz de Castro, & dirigé par le Cavalier Fontana. Il donne d'un côté sur la mer, & de l'autre sur une grande place. L'architecture en est belle; la façade, de près de cent toises de longueur, a vingt-deux croisées de face, avec trois portes d'égale hauteur, ornées de colonnes de granit, portant les balcons. Trois rangs de pilastres doriques, ioniques & corinthiens, placés les uns sur les autres, couronnés d'une balustrade garnie de pyramides & de vases alternativement, forment la décoration de la façade. L'escalier est magnifique, commode & d'une grandeur prodigieuse, orné de deux figures colossales, le Tage & l'Ebre. La salle des Vice-Rois où sont les portraits de tous ceux qui ont gouverné, est la plus belle du Palais. La chambre à coucher du Roi est très-bien décorée; on voit dans cette chambre des alcoves; le plafond de la plus grande est de Solimene; l'un des deux autres est de Franciscello *del Mura*. Les plus beaux tableaux sont le Passage d'un pont, un Port de mer & une Marine, d'Ilario Spolverini: une Vierge, Saint Pierre & Saint Charles, de Lanfranc; le Lazare ressuscité, de Jacques Bassan; les trois Graces, d'Annibal Carrache; une Charité, du même; le mariage de Sainte Catherine avec l'Enfant Jesus,

Jesus, du *Corrége*; Saint Pierre qui présente à Jesus-Christ le denier pour payer le tribut, par le *Capuccino*; un Calvaire, de *Sebastien del Piombo*; une Lucrece qui enfonce le poignard dans son sein, du *Parmesan*; deux Saintes Familles, du *Schidône*; une Susanne & une Lucrece, du *Nuvolini*, &c. Au sortir du Palais on voit une grande statue de marbre trouvée à Pouzzol, au temps du Duc de Medina; c'étoit un Jupiter en forme de therme. On l'appelle *il Gigante*. Dans le Château neuf, on voit deux bustes d'Adrien & de Trajan, un Arc de triomphe placé entre deux tours; l'Eglise de Sainte Barbe, dans laquelle est un tableau de l'Adoration des Mages, premier tableau peint à l'huile, par Jean de Bruges. Devant la principale face du Palais est une très-grande place à côté de laquelle sont tous les spectacles qu'on donne au Peuple & les cocagnes. Il y a quelques fontaines magnifiques dans ce quartier; la *Fontana Medina* est la plus belle. Trois Satyres soutiennent sur leurs têtes une large conque, sur laquelle est en pied un très-grand Neptune appuyé sur son trident, d'où sortent trois grands jets d'eau.

Il y a à Naples plus de trois cents grandes Eglises, dont quarante-deux Paroisses. Saint Louis du Palais, appartient aux Minimes; elle étoit dédiée à Saint Louis, Roi de France. Le Couvent a été fondé par Saint François de Paule, passant à Naples; l'Eglise est une des plus belles; la figure de Saint François se voit sur une agathe du grand Autel. Le tableau du Maître-Autel, ceux des côtés du chœur, & la voûte du sanctuaire, sont de Jordans; on y voit des morceaux de Matteis, de Solimene. On y fait voir deux petites fioles du lait de la Vierge, coagulé & qui se liquéfie, dit-on, dans certaines Fêtes. *Sancto Spirito a Palazzo*, est une Eglise des Dominicains, en face du Palais; on y voit un tableau du Rosaire, de Jordans, & le Baptême de Jesus-Christ, de Paul Matteis. L'Eglise Cathédrale est dédiée à Saint Janvier; elle a été bâtie sur les desseins de Nicolas Pisani, & finie par Maglioni, son gendre & son éleve; elle est flanquée de quatre grosses tours. Tout l'intérieur de l'Eglise a été revêtu de stucs, dans lesquels sont en-

Tome II.   L

cadrés des tableaux de Luc Jordans. Il y a au maître-autel une Affomption du Pérugin, & dans plufieurs endroits, des tableaux de Solimene & de Sébaftien Concha. Les peintures du plafond font de Santafede. On compte dans cette Eglife jufqu'à cent dix colonnes de granit ou de marbre d'Afrique; on y voit un vafe antique de bafaltes, fur un pied de porphyre, du temps de Conftantin. Dans une Chapelle fouterraine, on conferve le corps de Saint Janvier: elle eft de marbre blanc, foutenue par des colonnes qu'on regarde comme des reftes d'un Temple d'Apollon; la ftatue du Cardinal Olivier paffe pour être de Michel-Ange. Il y a plufieurs tombeaux remarquables; celui de Bernardino Caracciolo, par Pierre Ghetti; un fquelette couvert d'un fuaire, montre un fablier au portrait du Cardinal, qui eft en marbre; celui du Pape Innocent XII, eft un grouppe de marbre de plufieurs figures allégoriques; celui d'Andreaffe de Hongrie, mari de la Reine Jeanne I. Son épitaphe accufe cette Princeffe de la mort de fon mari. *Andrea Neap. Regi, Joanna uxoris dolo & laqueo necaw.* Sainte Reftitute tient à l'Eglife de Saint Janvier; les colonnes qui foutiennent la nef, paffent pour être des reftes d'un Temple de Neptune. Les douze Apôtres y font peints par François Moro, Eleve de Solimene, & le plafond par Luc Jordans. On y montre la premiere image miraculeufe de la Vierge en mofaïque; le tréfor ou Chapelle de Saint Janvier, eft porté par quarante-deux colonnes de brocatelle, entre lefquelles font les niches de dix-neuf Saints, par Jules Fecielli. La Chapelle eft d'une très-grande richeffe; le pavé eft de marbre, les ornemens y font accumulés. La coupole eft de Lanfranc, elle avoit été peinte d'abord en frefque par le Dominiquin, qui mourut de chagrin de ce que les Maçons, gagnés par les Peintres Napolitains, avoient mêlé de la chaux à l'enduit fur lequel il peignoit, pour que la peinture tombât: le Dominiquin craignoit toujours d'être empoifonné. On détruifit l'ouvrage de Lanfranc, & il ne refte du Dominiquin que les angles de la coupole: le tableau de Saint Janvier fortant de la fournaife, eft de l'Efpagnolet. On voit dans cette Chapelle & dans la Sacriftie, des richeffes immenfes, un calice d'or enrichi de diamans, estimé cent mille livres; des chandeliers d'argent de dix à douze pieds de hauteur, quarante-une statues de bronze, trente-six bustes d'argent, un ostensoir ou reliquaire, dans lequel sont deux ampoules ou fioles de verre qui contiennent du sang de Saint Janvier, qui, deux fois l'année, se liquefie en présence du peuple : miracle qui se fait avec beaucoup de pompe, en approchant la fiole où est le sang de la tête du Saint. Plusieurs Physiciens ont essayé d'expliquer ce phénomene. Il seroit impossible de renfermer dans cet article les détails qui concernent toutes les Eglises de Naples. Voici les principales. Devant l'Eglise de Saint Janvier est une grande statue de bronze du Saint, posée sur un piédestal de marbre fort élevé, orné de bronze. On voit à *San Giovani Magiore*, des restes antiques qui ont fait conjecturer que cette Eglise a été bâtie sur un Temple qu'Adrien éleva à Antinoüs. A *San Paolo Magior*, on voit des colonnes d'un portique qui servoit d'entrée à un Temple de Castor & Pollux, élevé par *Julius de Tarse*, Affranchi de Tibere. Ces colonnes, & un grand escalier de marbre qui conduisoit au portique, ont été brisées par le tremblement de terre de 1668, & ont été réparées comme on a pu. Il y a dans le Cloître des Théatins, à qui cette Eglise appartient, des vestiges du premier Théâtre public sur lequel Néron montra ses talens au public; il voulut préluder à Naples, avant de se faire voir à Rome; l'assemblée la plus brillante avoit accouru à ce spectacle; mais un tremblement de terre renversa le Théâtre lorsqu'à peine le monde se fut retiré. Dans ce même Couvent sont des tableaux de Solimene, & des colonnes de granit du Théâtre de Neron. Dans l'Eglise de Saint Laurent, on remarque parmi les tableaux dont elle est ornée, deux Saints de l'Ordre de Saint François, par le Calabrois. L'Eglise des Saints Apôtres des Théâtins est bâtie sur les ruines d'un Temple de Mercure; les plafonds sont peints par Lanfranc; il y a plusieurs tableaux du même Peintre; la coupole est du Benuschi; la Piscine probatoire du Viviani, le bas-relief de la Chapelle des Filomarini, le portrait du Cardinal de ce nom est de François Flamand, le Sculpteur qui a le plus approché des Grecs dans ce genre. Cette

Eglife eſt ornée de beaux tableaux de *Marco di Siena*, de *Luc Jordans*, de Solimene; le Cavalier Marin eſt enterré dans cette Eglife, une des plus belles d'Italie. On remarque à Saint Jean de Carbonara des Auguſtins, le mauſolée du Roi Ladiſlas, qui s'éleve juſqu'à la voûte; c'eſt un ouvrage des Goths, qui prouve que ſi cette Nation eût eu autant de goût que de patience & de hardieſſe, elle eût peut être ſurpaſſé les Grecs. Cette Egliſe renferme de grandes beautés. Dans le Couvent eſt une très-belle Bibliothéque. Dans le *Gieſu nuovo*, autrefois Maiſon Profeſſe des Jéſuites, le plus bel édifice de Naples, ſur le plan de Saint Pierre de Rome; le plafond eſt peint par Lanfranc, & réparé par Matteis; on y voit des tableaux de Solimene, de Luc Jordans, du Dominiquin, de Belliſario, de Raphaël, d'Annibal Carrache; des colonnes, des ſtatues du plus grand prix. Dans l'Egliſe de Sainte Claire on trouve beaucoup de tableaux de Sébaſtien Concha. L'Egliſe de Saint Philippe de Neri eſt décorée d'un très-grand nombre de peintures des plus grands Maîtres, & de belles ſtatues; il y a des ouvrages du Bernin, du Guide, du Pomerancio, de Pierre de Cortone, de Luc Jordans, de Raphael, de Baſſan. Sur le tombeau de Sannazar & l'Egliſe des Servites, *voyez* PAUSILIPPE. Au *Mont Olivet* on voit des peintures du Vaſari, du Pintorecchio; les cloîtres, la bibliotheque & l'apothicairerie des Olivetans méritent d'être vus; la Sainte Thereſe des Carmes déchauſſés offre de très-grandes richeſſes.

On voit aux Cordeliers le plus ancien monument de la primitive Egliſe, c'eſt l'entrée des Catacombes ou cimetiere de Saint Janvier. *Voyez* CATACOMBES. Au bas des fortifications du Château Saint Elme eſt la magnifique Chartreuſe de Saint Martin; elle fut fondée par Charles, Duc de Calabre, & la Reine Jeanne I. Cette Maiſon eſt dans la ſituation la plus heureuſe; elle a pour perſpective Naples, dont elle voit les rues dans toute leur longueur, & diſtingue juſques à la couleur des habits de ceux qui s'y promenent. A droite, elle a la mer, le port, le golfe de Naples, Portici, Reſina, le Veſuve & les côteaux qui l'environnent; à gauche, toute la campagne juſques au-delà de Capoue. On ne peut ſe faire une idée de ce point de rue, si on ne l'a pas vu. La Maison est riche, & fort décorée. L'Eglise, pavée & revêtue de marbres différens, renferme d'excellens tableaux. Le plafond est peint par Lanfranc; on voit dans cette Eglise une descente de Croix, de l'Espagnolet, & douze autres tableaux du même: ils sont regardés comme ce que ce Peintre a fait de meilleur. Une Adoration de Bergers, du Guide, fort estimée. Beaucoup d'autres tableaux dans le goût de Paul Véronese, de Michel-Ange. Une Vocation des Apôtres, de Massimo. Le maître-autel, qui n'est pas encore fini, est de plusieurs figures d'argent; la balustrade est revêtue de jaspes, d'agathes, de marbres antiques, & autres pierres précieuses; les grillages de fer des Chapelles sont ornées d'ouvrages de cuivre: on y voit des tableaux de Solimene, de Matteis. Deux de Solimene représentent l'un Saint Martin partageant son manteau avec un pauvre, & l'autre Jesus-Christ apparoissant à Saint Martin avec ce même manteau; le plus beau de ce Peintre, par les caracteres des passions, est Jesus-Christ disputant avec ses Disciples. La marquetterie de la Sacristie est unique; on a trouvé le moyen de représenter, avec les seules couleurs du bois, plusieurs traits de l'Histoire des Juifs. Dans les salles qui communiquent de la Sacristie à l'Eglise, on voit plusieurs tableaux de Jordans, de Paul Véronese & de Michel-Ange. La richesse du trésor de la Sacristie, répond à tout le reste. On voit dans la maison des tableaux du plus grand prix, entr'autres, dans l'appartement des Etrangers, le fameux Christ de Michel-Ange, au sujet duquel on a imaginé la fable de l'assassinat du modele par ce Peintre, pour mieux représenter le Christ mourant. L'Apothicairerie renferme un nombre infini de curiosités naturelles. Les Hôpitaux de Naples mériteroient une description particuliere; l'Eglise de celui de l'Annunziata, pour les enfans trouvés & orphelins, les pauvres filles, les nécessiteux & les malades, est très-belle & très-magnifique, & renferme un grand nombre de belles peintures. Le plus beau tableau du Mont de la Miséricorde, autre Hôpital des Incurables, est celui de Michel-Ange, représentant les sept œuvres de miséricorde. Naples a une très-belle Université, fameuse par ses Ecoles de Droit. Les Napolitains sont fort

savans, mais leur goût n'eſt pas encore perfectionné. Il y a plufieurs autres Egliſes qui méritent l'attention des curieux. Les
peintures du Giotto à l'*Incoronata*, font très-précieuſes. L'adoration des Mages de Luc Jordans, à Sainte Marie-la-Neuve,
les tableaux du Caravage, du Baſſan, de Jordans, dans l'Egliſe
de Sainte Anne des Lombards, méritent d'être vus.

Les Palais de Naples ne font pas des modeles d'architecture;
mais ils font agréables & d'un bon goût; les principaux font
les Palais Orſini, Filomarini, où l'on voit les trois Maries
aſſiſes ſur le tombeau, d'Annibal Carrache; la fuite en Egypte, de
Pierre de Cortone; un *Ecce Homo*, du Guide; un Chriſt ſur
les genoux de la Vierge, du Dominiquin; un buſte de femme,
du Titien, &c. Le Palais Caraffe, où l'on voit une tête de cheval de bronze, de taille coloſſale, fort remarquable. Le Palais
du Prince de Sanſevero, qui a la plus belle Chapelle domeſtique, ornée de ſtatues précieuſes, du Corradini & d'autres Sculpteurs. Naples renferme une très-grande quantité de tableaux dans
les Egliſes, les Palais, les maiſons particulieres, & les Marchands de tableaux, qui ſouvent n'en connoiſſent pas le prix.

Les places de Naples font grandes & aſſez ſpacieuſes, mais
peu régulieres; la plupart même ne font que des Carrefours
formés par de belles rues qui y aboutiſſent. On voit dans quelques-unes des obéliſques; quelques-uns font très-beaux: le mauvais goût en a figuré d'autres. Parmi les fontaines qui décorent la Ville, celles de *Fonſeca* & de *Medina* font les plus
belles.

Les Napolitains, quoique d'un caractere lent & pareſſeux,
ne laiſſent pas de faire un commerce conſidérable; ils y font
portés par la fertilité & la ſituation de leur pays. Ils ont beaucoup de Manufactures de ſavon, d'étoffes de ſoie de toute eſpece. Ils commercent en tabac d'Eſpagne. Les Loix ſomptuaires
avoient lieu ſous le gouvernement des Vice-Rois; les Napolitains
font plus brillans qu'aucun peuple de l'Europe. Les équipages y
font ſuperbes & en très-grand nombre, leurs habillemens faſ-
tueux. Ce n'eſt plus que ſoie & broderie en or & en argent.
Les Théâtres de Naples font de la plus grande beauté; celui de

San Carlo est le plus grand & le plus vaste qui soit en Europe ;
il est attenant le Palais Royal, & a été bâti à-peu-près sur celui
de Turin, sous la direction de *Caresale* ; on y admire la beauté
de la charpente & la grandeur de son emplacement. Il a six
étages de loges, toutes assez grandes pour qu'on puisse y jouer
& recevoir des visites ; on y compte près de cent cinquante
loges, dont la décoration est fort riche ; il y en a soixante-dix
qui appartiennent aux principales familles de Naples. On paie
quatorze cent vingt-quatre livres pour chacune des premieres &
secondes, & neuf cent quatre-vingt-cinq livres pour les troisiémes,
encore peut-il y entrer dix à douze personnes. Il y a quatre
Opéra chaque année, qui ont douze à quatorze représentations chacun. La Musique, cet art pour lequel les Italiens ont
négligé les autres arts, est sur-tout en grande recommandation
pour les Napolitains. Naples a produit les plus grands Musiciens, Corelli, Vinci, Rinaldo, Jommelli, Durante, Leo,
Porgoleze, Galuppi, Perez, Terradeglias, &c. Outre ce Théâtre, il y a le Théâtre de Fiorentini, le *Theatro nuovo*, qui
sont des morceaux achevés. Il y en a dans différens quartiers de
la Ville, & dans des maisons particulieres, où l'on représente
des Comédies-impromptu. La grande quantité de Noblesse qui
habite la Ville de Naples, contribue beaucoup à sa population
& à son éclat, & sur-tout à ses plaisirs. Les Napolitains ont un
goût tellement décidé pour les spectacles, que chaque maison
est dans l'usage de représenter chez soi de temps en temps des
piéces, & chaque particulier s'invite réciproquement. La liberté
regne à Naples, les femmes y sont moins resserrées que par-
tout ailleurs ; la bourgeoisie y paroît un peu moins policée.
L'Inquisition n'a jamais pu s'introduire dans cette Ville, malgré
tous les efforts de Charles V & du Cardinal de Spinelli, les
Napolitains s'y sont toujours opposés. Ce peuple est naturellement dissimulé, dévot, infatué de Confrairies, de Rosaires,
de processions & de toute cérémonie religieuse. La populace de
Naples est naturellement menaçante & mutine. On ne peut cependant disconvenir que les Napolitains ne soient braves, atta-

chés à leur Souverain, & bienfaisans envers ceux qu'ils ont pris en affection.

Dom Carlos a établi une Académie sous le titre d'Ercolano, pour expliquer les curiosités d'Herculanum ; le savant Mazzochi & le célebre Abbé Galliani, l'enrichissent tous les jours de leurs nouvelles découvertes. Naples a produit quantité d'hommes illustres. Ciceron & Séneque l'appelloient la mere des études. Plusieurs hommes illustres, quoiqu'Etrangers, s'y retiroient ; Virgile, Ciceron, Séneque, Bocace, Fontanus. Les Napolitains les plus célebres sont le Mathématicien *Dio Napolites*, dont parle Saint Augustin ; J. B. Porta, grand Physicien ; *Colonna*, célebre Botaniste ; Ferrante Imperato, Naturaliste ; François Fontana, Astronome ; le Tasse, Sannazar & Costanzo, Poëtes célebres. Outre l'Abbé Mazzochi & l'Abbé Galliani, on connoît le célebre Pere de la Torre Somasque, grand Mathématicien, M. le Duc de *Noia*, Naturaliste ; M. *Serrao*, M. Sarcone, Médecins ; Mademoiselle *Maria-Angela Ardinghelli*, Physicienne, &c. Parmi les grands Artistes, Naples a produit Luca Giordano ou Jordans ; Salvator Rosa, Solimene, Paul Matteis & le Cavalier Massimo ; les Peintres actuels les plus considérés, sont Francesco de Mura & Guiseppe Bonito. On compte parmi les plus grands Sculpteurs, Jean de Nola, Auria, Santacroce, le Cavalier Cosme Fanzago & Laurent Vaccaro, & sur-tout le Bernin. André & Laurent Vaccaro se sont signalés dans l'architecture comme dans la sculpture ; Dominique-Antoine Vaccaro, fils de Laurent, fut un grand Architecte. M. Vanvitelli & M. Fuga, sont aujourd'hui les Architectes les plus estimés.

Les productions & les matieres de commerce de Naples, sont les essences, les savons, les fleurs artificielles, les confitures, les raisins secs. La mer y est très-poissoneuse ; on y fait d'excellens Macaroni, de la Semoule, les Vermicelli & toute espéce de pâte. Naples fournit une couleur fort usitée parmi les Peintres, appellée Giallolino ou jaune de Naples. La composition de cette couleur est un secret qui a fort exercé les Physiciens ; elle donne une couleur de citron plus solide que les orpins,

M. le Prince Sanfevero a trouvé de fon côté le fecret de fixer la peinture au paftel, par le moyen de la colle de poiffon, tandis qu'en France M. Loriot trouvoit l'art de la fixer par une autre méthode. La fabrication des cordes à boyaux pour les violons, eft pour Naples un autre objet de commerce très-confidérable. C'eft un fecret que ces fabricateurs fe font réfervé, comme ceux de Paris, de Touloufe, de Lyon & de Marfeille.

La chaleur du climat de Naples rend ce pays fujet à une infinité d'infectes, fur-tout des Tarentules. *Voyez* TARENTULES. Le climat y eft de la plus grande fertilité, s'il étoit bien fecondé. C'eft à Naples qu'on a imaginé la meilleure façon de conferver les grains, c'eft-à-dire, par le moyen des étuves; les environs de Naples produifent une grande quantité de vins, de mûriers & de l'apocin. C'eft une foie végétale, enfermée dans des gouffes; M. le Prince de Sanfevero a enfeigné l'art de tirer parti de cette plante.

NARDO, petite, mais jolie Ville au Royaume de Naples, dans la Terre d'Otrante, avec Evêché fuffragant de Brindes. Cette Ville, affez bien peuplée, eft fituée dans une plaine agréable & fertile. Elle a titre de Duché, & appartient à la Maifon d'*Aquaviva*.

NARNI, petite Ville Epifcopale, dans l'Etat Eccléfiaftique, avec un Evêché, paroît être dans la même fituation où elle étoit lorfque Tite-Live écrivoit que le terrein où *Nequinum* ou *Narnia* étoit alors fitué, étoit un lieu efcarpé, & d'un côté très-rapide. Les Romains s'en emparerent par la trahifon de deux de fes Habitans, & y envoyerent une Colonie qui fut appellée *Narnia*, du nom de la riviere qui couloit à *Nequinum*. Elle a donné la naiffance à l'Empereur Nerva. On voit dans l'Eglife Cathédrale le grand autel placé entre quatre belles colonnes de marbre qui forment un baldaquin au-deffus du tabernacle. Au fortir de Narni, entre cette Ville & Terni, on entre dans un vallon d'environ cinq lieues, partagé par la riviere de Nera, dont les eaux font pures & de la plus grande lympidité; elle arrofe, en ferpentant, les prairies les plus riantes, les terres les mieux cultivées, des plantations de mûriers, de peupliers & d'arbres à fruit de toute espece; dans quelques endroits des bosquets d'orangers, de citronniers & d'oliviers; ce vallon est formé par des côteaux couverts de vignes : rien n'est aussi séduisant; on trouve sur la Nera, les ruines de l'ancien pont d'Auguste, qui est de marbre. Il étoit formé de quatre grandes arches; il n'en reste qu'une entiere; le haut du ceintre de la plus grande est rompu. *Narni* a été détruite de fond en comble par les Troupes Vénitiennes qui venoient joindre l'Empereur Charles V, lorsqu'il assiégeoit Clément VII dans le Château Saint-Ange; elles égorgerent jusqu'aux femmes & aux enfans, brûlerent & démolirent les maisons & les édifices publics: l'aqueduc de Narni, percé au travers des montagnes, a quinze milles de long, fournit de l'eau à beaucoup de fontaines. Le chemin de Narni à Pérouse passe sous l'arcade du Pont d'Auguste, qui est entiere : elle a soixante pieds de haut & les piliers en ont vingt-huit.

NAVAGERO, (*Bernard*) né à Venise d'une famille noble. Son application & son éloquence naturelle le rendirent propre à remplir toutes les Places importantes que la République voudroit lui confier. Il fut successivement Syndic de la République en Dalmatie, Bayle à Constantinople, Ambassadeur à Rome, en France, auprès de l'Empereur. Il occupa les Places les plus importantes de la République. Le Doge Gritti lui fit promettre de faire son Oraison funebre quand il seroit mort; Lando, successeur de Gritti, n'eut pas moins d'estime pour Navagero, à qui il donna en mariage sa petite-fille, mais il la perdit peu de temps après. Il chercha des consolations dans les Lettres qu'il aimoit; il embrassa l'état Ecclésiastique, & s'enfonça dans la retraite. Pie V le fit Cardinal en 1561, & Evêque de Vérone. Il assista au Concile de Trente, étant alors Légat de cette Ville. Il mourut à Vérone en 1565. On a de lui des Harangues & la Vie du Pape Paul IV.

NAVAGERO, (*André*) né à Venise d'une famille noble & distinguée, Orateur & Poëte. Il fut employé dans des occasions importantes par la République. Il fut envoyé en ambassade auprès de Charles-Quint; il vit à sa Cour François I qui venoit d'être fait prisonnier à Pavie; & lorsque son ambassade fut finie, la République lui donna celle de France, auprès de ce même Prince; mais il mourut en chemin en 1529, âgé de quarante-sept ans. Il avoit cultivé les Lettres avec succès. Le Sénat l'avoit chargé d'écrire l'Histoire de la République. Comme il n'y avoit pas mis la derniere main, il la fit brûler avant de mourir. Il a laissé plusieurs autres Ouvrages, tant en prose qu'en vers: ses poësies latines sont fort estimées. Le Recueil de ses Ouvrages a été imprimé à Padoue en 1718, in-8°. sous le titre d'*Andreæ Navageri, Patricii Veneti, Oratoris & Poetæ clarissimi Opera omnia*.

NAUGERI, (*André*) est un des Littérateurs qui contribuerent à la renaissance du goût & des Lettres en Italie. Ses Ouvrages ont été recueillis & imprimés à Venise in-fol. 1530. Ils consistent en *Discours* sur différens sujets, en *Odes*, *Epitres*, *Élégies* & *Epigrammes*.

NAVIGLIO GRANDE, (il) & il NAVIGLIO MINORE, sont deux grands Canaux qu'on a été obligé de creuser autour de Milan, tant pour faciliter le commerce de cette Ville, que pour y faire transporter les vivres dont elle a besoin. Le premier Canal va jusqu'au Tesin, & le second aboutit à l'Adda.

NAVIGLIO D'ELLA MARTESANA, est un Canal superbe qui communique de la riviere de l'Adda à la Ville de Milan: il commence vers le Village appellé la Canonica, & a environ sept lieues de longueur. Cet ouvrage, qui est d'une grande utilité aux Milanois, après avoir été tenté inutilement plusieurs fois par différens Ingénieurs, fut enfin exécuté par le fameux *Léonard de Vinci*. *Voyez* LÉONARD.

NAVONNE. (Place) C'est la plus belle & la plus grande qu'il y ait à Rome; elle a cent vingt-cinq toises de longueur: elle occupe, dit-on, le même terrain que le Cirque d'Alexandre Severe, qui, du temps de la République, étoit une partie du Champ de Mars, fermée d'une enceinte, où se faisoient les courses des chars & des chevaux; cette place est ornée d'un très-bel obélisque qui fut transporté d'Egypte à Rome, sous l'empire de Caracalla, de cinquante pieds de haut, orné de caracteres

Egyptiens, & de trois fontaines, dont les deux des extrémités furent conſtruites par les ordres de Grégoire XIII, & celle du milieu, qui eſt la plus belle, par Innocent X. L'une des deux premieres eſt peu conſidérable par les ornemens qui ſont en marbre, mais ſans ſculpture; au milieu du baſſin eſt une borne qui jette une grande quantité d'eau. L'autre eſt formée par deux baſſins, dont l'eau tombe de l'un dans l'autre; ſur les bords du ſecond baſſin ſont des Maſques faits par Michel-Ange, & quatre Tritons, par *Flaminio Vacca, Leona de Sarſana, Thadeo Landini* & *Filla de Milan*. Il ont à la bouche une double conque de laquelle l'eau jaillit. Au milieu eſt un Triton qui tient un Dauphin par la queue. Ce Dauphin jette de l'eau en éventail & en quantité. Cette figure eſt du Bernin. Mais la fontaine du milieu eſt la plus belle; elle eſt du Bernin, & eſt regardée comme un des plus beaux Monumens de Rome moderne, & peut-être du Monde. C'eſt un grand rocher percé à quatre ouvertures, au-deſſus duquel ſont placées les ſtatues des plus grands Fleuves des quatre parties de la Terre; le Danube pour l'Europe, il eſt de ſtature coloſſale, comme celui dans lequel ſe dégorge le plus grand nombre de rivieres navigables, & celui dont on croyoit alors que le cours étoit le plus long. Pour l'Aſie, c'eſt le Gange repréſenté tenant une rame à la main; pour l'Afrique, c'eſt le Nil dont la tête eſt couverte; & pour l'Amérique, c'eſt le Rio de la Plata, repréſenté par un Indien. Ces fleuves tiennent ou ſont appuyés ſur des urnes d'où ſort une très-grande quantité d'eau; dans le rocher ſont des antres ouverts où l'on voit un lion, un cheval & d'autres animaux plus grands que nature. L'eau qui tombe des urnes des fleuves tourne autour du baſſin où elle ſe précipite, & de-là va couler dans les antres du rocher, d'où, par des canaux, elle va enrichir encore d'autres fontaines. Le rocher eſt ſurmonté de l'obéliſque dont on vient de parler. Les animaux qui ſortent des antres, & qui ſemblent venir s'abreuver dans le baſſin, caractériſent quelqu'une des parties du Monde. Parmi les autres attributs, il y a un palmier qu'on admire ſur-tout. Dans certains jours d'été, on ferme les tuyaux des antres, & l'eau inonde la place qui eſt concave

& forme elle-même un baſſin ; en moins de deux heures il y a dans le milieu juſqu'à trois pieds d'eau ; les carroſſes ſe promenent autour de la Place, & les chevaux marchent dans l'eau, les Spectateurs ſont aux fenêtres : on pourroit donner ſur cette Place de véritables Naumachies.

NAZARI, (Jean-Paul) Dominicain, né à Crémone en 1556. Il fut Profeſſeur de Philoſophie & de Théologie. Il paſſa par les Charges de ſon Ordre. Urbin VIII l'employa contre les Hérétiques. Les Milanois le députerent vers Philippe IV, pour lui expoſer les vexations des Gens de Guerre. Philippe vouloit le retenir. Il revint en Italie ; le Pape lui offrit un Evêché, Nazari le refuſa. Il mourut vers l'an 1649, âgé de quatre-vingt-treize ans. Il avoit compoſé des Commentaires ſur la Somme de Saint Thomas, & divers Traités de Théologie, qui forment neuf volumes.

NAZARO, (Matheo) né à Vérone, Graveur en pierres, & Deſſinateur, fut appellé en France par François I, qui lui commanda des deſſins pour des étoffes de ſoie, & pour des tapiſſeries qu'il faiſoit faire en Flandres. Il retourna à Vérone l'année même où François I fut fait priſonnier à Pavie. Dès que le Roi fut délivré, il fit venir Nazaro qu'il eſtimoit beaucoup, & le nomma Maître de la Monnoie. Nazaro ſe maria en France, où il mourut peu de temps après le Roi, vers 1547.

NEBIO, Nebbio, ancienne Ville de l'Iſle de Corſe, n'eſt plus aujourd'hui qu'un Evêché dont l'Evêque réſide à San Fiorenzo.

Negroni, (Villa) ou Montalta Peretti, commencée par Sixte V, en partie ſur les thermes de Dioclétien. Les jardins ſont diſtribués avec goût pour le temps ; cette maiſon de plaiſance a plus de demi-lieue de tour. La maiſon a deux corps-de-logis, l'un bâti par Fontana. On voit aux friſes des Faunes qui preſſent du raiſin, Antiques. Deux buſtes, l'un en marbre du Cardinal Montalte, neveu du Pape, par l'Algardi ; l'autre de Sixte V, en bronze, de Baſtiano Torregiani ; un Neptume porté ſur un Triton, ſervant de décoration à la principale fontaine ; par le Bernin ; une Femme devant un Temple, tenant une guirlande de fleurs, Antique; une Baigneuse de marbre blanc; un petit Enfant qui tient un canard; Marius, Marcellus, figures Consulaires assises; des statues d'Auguste, de Cincinnatus; une belle Flore; plusieurs bas-reliefs, dont les principaux représentent Trimalcion suivi des Comédiens; un Homme appuyé sur un bâton, auprès d'une femme, qui retient un faon qui tette une biche; une Chevre entre un homme qui la tire par derriere & une femme qui la retient. La famille Négroni, à qui cette maison appartient, en a fait enlever une infinité de statues & de tableaux qui ont été transportés à Gênes.

NEPI, petite Ville & Evêché dans le Patrimoine de S. Pierre, près de l'embouchure du Tibre & de *Cita Castellana*.

NEPOTISMO, (il) le Népotisme a long-temps fait crier les Romains; peut-être quelques Papes ont-ils abusé du droit qu'ils avoient de faire des Princes de leurs neveux; aujourd'hui les Papes ont bien le droit de donner des titres, mais ils ne démembrent plus les biens de l'Eglise pour le donner à leurs parens, & eux ne font pas assez de cas de ces titres, sur-tout s'ils sont d'une naissance distinguée pour s'en parer; les Lambertini n'ont formé aucune espece de prétention à l'élévation de Benoît XIV. Peut-être seroit-il à désirer, pour les Etats de l'Eglise, que le Pape démembrât quelques parties de ses Etats, & les donnât à des Maîtres économes qui les fissent valoir, & qui les défrichassent. Cette belle partie de l'Italie tombe de jour en jour dans le dépérissement.

NERCIA, petite Ville dans l'Ombrie & dans l'Etat de l'Eglise, peu considérable.

NERI, (Saint Philippe de) né à Florence en 1515 d'une famille noble, Fondateur de la Congrégation des Prêtres de l'Oratoire. A l'âge de dix-neuf ans, il alla à Rome; fut fait Prêtre à l'âge de trente-six. Ayant fondé une Confrairie pour le soulagement des pauvres Etrangers, des Pélerins, des Convalescens, il s'associa Salviati, frere du Cardinal, Tarugio, Baronius, Cardinaux, & plusieurs autres. Peu-à-peu sa Congrégation se forma. Philippe choisit l'Eglise de Saint Jérôme de la Charité, & enfin se fixa à Saint Jean des Florentins. Lorsque Grégoire XIII eut approuvé sa Congrégation en 1575, elle commença à se répandre dans toute l'Italie. Cette Association où l'on n'est point lié par des vœux, où le Général n'est point perpétuel, parut la plus conforme à la raison. Elle se répandit dans la Chrétienté. Baronius fut le second Général; il fit des Constitutions qui sont fort simples. Un des devoirs est de faire tous les jours des instructions aux Fideles. Cette Association a eu les Jésuites pour ennemis; malgré leurs efforts, elle s'est rendue très-florissante. Philippe mourut à Rome en 1595, & fut canonisé en 1622. Il y a eu, dans la même famille, Antonio de Neri qui a laissé un très-bon Ouvrage, *l'Arte Vitraria*, L. VII en italien.

NERVI, petite Ville de la République de Gênes. Il y a beaucoup de Manufactures d'étoffes de soie, & de jolies maisons: c'est un des beaux endroits qui soient aux environs de Gênes.

NETTUNO, petite Ville maritime de l'Etat Ecclésiastique, située près de Capo-Anzo, où étoit l'ancien port d'Antium, & près du lac ou marais Pontins. C'étoit une Ville des Volsques, célebre par les guerres des Volsques & des Antiates contre les Romains, & où Coriolan fut tué. Les Antiates furent long-temps à se soumettre; Numicus détruisit leur port; Cornelius les subjuga, & punit leur rébellion. Camille les vainquit; Valerius Corvus les défit encore: mais ils ne furent vraiment soumis que l'an 318 avant J. C. Les Antiates s'étoient rendus redoutables à la Grèce par leurs pirateries. Horace, dans une de ses Odes, s'adresse à la Fortune, adorée à Antium. *O diva gratum quæ regis Antium.* Néron y bâtit un port magnifique: il n'y reste plus que des ruines.

NEUHOFF, (Baron de) Roi de Corse, né en Allemagne, d'une famille illustre du Comté de la Mark. Après avoir voyagé dans différens pays, il vint à Livourne, où il fit connoissance avec un nommé *Orticone*, Chanoine, qui le jugea capable de seconder les desseins des Corses, qui avoient résolu de se révolter contre les Génois. Neuhoff, connu sous le nom de Théodore, profita de l'idée que les factieux s'étoient faite de lui. Il alla en Corſe, & ſe conduiſit ſi bien, que ces Inſulaires le reconnurent pour leur Souverain : ils le proclamerent Roi de Corſe en 1736. Les Génois, irrités des progrès que les rebelles faiſoient tous les jours ſur eux, implorerent la protection de la France. Cette Cour y envoya M. de Maillebois, qui y pacifia les troubles, & remit l'Iſle de Corſe ſous la domination de Gènes. Théodore, quelque temps après, voulut faire des tentatives pour faire revivre ſon parti, en 1742 : mais elles furent inutiles : cet Aventurier abandonna la Corſe, & n'y reparut plus depuis.

NICASTRO, petite Ville Epiſcopale au Royaume de Naples, dans la Calabre Ultérieure.

NICE, (le Comté de) *Nicea Maſſilienſium*, *Nizza*, Province de Savoie, entre le Marquiſat de Saluces, le Piémont & la Provence. Nice, qui en eſt la Capitale, eſt ſituée ſur un rocher eſcarpé, avec un Château très-fort, du côté de la Provence. Les anciens Auteurs l'appellent *Niceæ*, *Nicæa*, *Nici*, *Nicia*, les Grecs *Νίκαια*. Elle s'eſt auſſi appellée *Bellanda*. Les Marſeillois la fonderent : ce fut une de leurs colonies ; elle a paſſé ſucceſſivement aux Rois de Bourgogne & aux Comtes de Provence, & enfin aux Ducs de Savoie, par l'uſurpation qu'en fit Amédée VII, ſur Jeanne, Comteſſe de Provence, pendant les troubles du Royaume de Naples. Pour juſtifier cette uſurpation, on cite une ceſſion faite aux Ducs de Savoie en 1418, par Ioland, mere de Louis III, Comte de Provence & Roi de Naples. Le Château de Nice a réſiſté aux efforts de l'armée de François I. Ce fut à Nice que ſe fit l'entrevue de François I & de Charles-Quint. Louis XIV prit Nice en 1691. Le dernier ſiége qu'elle a eſſuyé eſt de la part des François, qui la prirent en 1744, & la rendirent enſuite au Duc de Sardaigne. Nice eſt une belle Ville, avec un Sénat : la Cathédrale, dédiée à Sainte Reparate, eſt bien bâtie. Il y a encore trois Paroiſſes, un Collége & quelques Maiſons Religieuſes. Elle eſt ſituée dans une campagne très-fertile, au pied des Alpes, au bord de la mer, entre la riviere du Var & Villefranche. On y voit

voit les restes d'un amphithéâtre, de quelques autres monumens, & quelques inscriptions. C'est la patrie de Jean-Dominique Cassini.

Nice de la Paille (Nizza della Paglia) Ville dans le Montferrat, entre Asti & Aqui ; elle fut presque ruinée durant les guerres d'Italie.

Nice l'Impie, est un Port considérable, que le Roi de Sardaigne fit construire lorsqu'il fut obligé de rendre le Port de Final aux Génois : il peut y aborder deux cents vaisseaux en sûreté. Ce Port, qui facilite beaucoup le commerce, est à peu de distance de la Ville de Nice, dans le Piémont.

NICOLAS. Il y a eu cinq Papes de ce nom. Le premier appellé le Grand, succéda à Benoît III le 24 Avril 858. Il prit pour modeles les grands Saint Leon & Saint Gregoire. Il eut le courage de condamner un Concile assemblé sous un faux prétexte, & sollicité par l'Empereur Michel III en faveur de Photius ; il traita ce Concile de brigandage ; il écrivit avec force contre *Photius*, & mit dans son parti Hincmar de Reims & les Evêques de France, qui soutinrent les intérêts de l'Eglise contre les Grecs. Nicolas anathématisa *Photius*. Il eut la même fermeté contre les Rois : mais il recevoit avec douceur les réfractaires qui se soumettoient. Il combattit les Bulgares & plusieurs Hérétiques. Il écrivit un très-grand nombre d'Epîtres : il en reste plus de quatre-vingt-dix. Il mourut le 13 Novembre 867.

NICOLAS II, (*Gerard* de Bourgogne) François, succéda à Etienne IX en 1059. Un parti lui opposa Nincius, Evêque de Veletri, sous le nom de Benoît X. Nicolas le condamna dans un Concile, & l'Antipape vint implorer sa clémence. Il lui permit de vivre à Sainte-Marie Majeure, loin de toute fonction sacerdotale. Nicolas appaisa divers troubles à Rome & dans l'Etat Ecclésiastique. Il mourut à Florence le 3 Juillet 1061.

NICOLAS III, Romain, de la Maison des Ursins, Jean Caïetan, succéda à Jean XXI, après six mois de vacance du Siege, & fut élu à Viterbe le 25 Novembre 1277. Il s'étoit rendu recommandable par sa prudence, par son amour pour les Lettres, & par sa justice dans la distribution des Bénéfices. Il montra beaucoup de zèle pour ramener les Hérétiques ; il employoit la douceur & les prieres. On dit qu'il ne disoit jamais la Messe sans verser des larmes. On lui reproche une condescendance aveugle pour ses parens, & une haine implacable contre Charles d'Anjou, qu'il força de se démettre de ses charges de Vicaire de l'Empire & de Sénateur de Rome. Il fut cause des Vêpres Siciliennes, par l'alliance qu'il contracta avec le Roi d'Arragon, qui exécuta cet odieux massacre deux ans après la mort du Pape, arrivée le 22 Août 1280.

NICOLAS IV, (*Frere Jérome*) Franciscain, né à Ascoli, élu en 1288, succéda à Honoré IV. Il avoit été envoyé à Constantinople, en Tartarie, pour la conversion des Infideles. Il fut Général de son Ordre, Cardinal, Légat. Etant Pape, il pacifia Rome & l'Italie, réconcilia les Rois de Sicile & d'Arragon, entretint la paix parmi les Princes Chrétiens, & mourut le 4 Avril 1292.

NICOLAS V (*Thomas* de Sarsane) élu le 6 Mars 1447. Il étoit très-savant, & encore plus modeste ; ayant su que les Cardinaux vouloient le nommer, il se jetta à leurs pieds, en les priant de choisir quelqu'un qui le méritât mieux. Il pacifia l'Italie, détermina l'Antipape Félix V à renoncer à ses droits, & le fit Doyen des Cardinaux : ce qui lui concilia l'amitié des Princes Chrétiens & des Peuples d'Italie. Il couronna l'Empereur Fréderic IV ; il fut en bute, ainsi que les Cardinaux, à une conjuration. La prise de Constantinople par les Turcs lui donna beaucoup de chagrin. Il mourut en 1455. On sait les soins qu'il s'est donné pour le rétablissement des Lettres, l'embellissement de Rome & les progrès des arts.

NICOLAS DE PIN, Architecte & Sculpteur, a bâti l'Eglise & le Couvent des Dominicains de Boulogne, & plusieurs édifices à Sienne sa patrie, que le peu de consistance du sol n'empêche pas d'être très-solide. Tels sont plusieurs Palais & l'Eglise de Saint-Michel : mais sur-tout le clocher des Augustins, octogone en dehors & circulaire en dedans.

L'escalier est singulier, des colonnes placées de quatre en quatre marches, supportant des arcs rampans qui tournent autour du noyau. Il a bâti la grande Eglise de Saint-Antoine de Padoue, celle des Freres Mineurs de Venise, a donné les desseins de celle de Saint-Jean de Sienne, de l'Eglise & du Monastere de la Trinité de Florence, du Couvent des Dominicains d'Arezzo, & de l'Eglise de Saint-Laurent à Naples, & plusieurs autres édifices.

NICOLO DELL'ABATE, Peintre, né à Modene en 1612. On lui donna le nom dell'Abate, parce qu'il étoit éleve du Primatice, qui étoit Abbé de Saint-Martin (*v.* PRIMATICE). Il vint en France avec son Maître, sur les desseins duquel il peignit à Fontainebleau. Ses desseins sont fort estimés, & ressemblent beaucoup à ceux de Jules Romain & du Parmesan. Il y a plusieurs de ses tableaux en France; l'enlévement de Proserpine, chez M. le Duc d'Orléans, des dessus-de-porte, à l'Hôtel de Toulouse, la Chapelle de l'Hôtel de Soubise : tous ces tableaux sont précieux par le coloris.

NICOSIA, Ville considérable de la Sicile, dans la Vallée de Demona. On y compte environ vingt-quatre mille ames. Elle est située sur une haute montagne, à huit lieues de Messine.

NICOTERA, (*Nicodro*) petite Ville au Royaume de Naples, dans la Calabre Ultérieure, avec un Evêché suffragant de Reggio, près de la mer, à quatorze lieues N. E. de Reggio.

NIGRETTI, (*Mathieu*) Sculpteur & Architecte, né à Florence, éleve de Buontalenti. Il eut part à la construction du Palais Strozzi à Florence. Il y bâtit encore le Cloître des Religieux Degli Angeli, la nouvelle Eglise de Saint-Michel, & fit le dessin & le modele de l'Eglise de tous les Saints. Il fut chargé de l'exécution, de l'Eglise & de la magnifique coupole dont le célebre Dom Jean de Médicis avoit fait le dessin & le modele, & qui, dans l'origine, ne devoit être qu'une troisieme sacristie de l'Eglise de Saint Laurent, de même grandeur que celle qui avoit été construite sur les desseins de Michel-Ange; Vasari en avoit donné le plan. Cette Eglise est un des plus beaux monumens d'architecture. Nigretti fit plusieurs ouvrages de mosaïque, & le beau tabernacle destiné pour l'autel de la Chapelle de Saint Laurent, que l'on fait voir dans la Galerie de Florence.

NIPHUS, (EUTICHIUS ou PHILOTEUS) Augustin, né à Sessa, dans le Royaume de Naples, Philosophe & Jurisconsulte. Il enseigna la Philosophie dans les plus célebres Universités d'Italie. Son esprit vif & gai lui fit par-tout des amis. Il fut d'abord Précepteur chez un Bourgeois de Sessa ; il suivit son Eleve à Padoue, & s'y appliqua à la Philosophie. Il revint à Sessa, & s'y maria avec Angebella. On lui donna une Chaire à Naples pour enseigner la Philosophie. Il y publia un Traité *de Intellectu & Dæmonibus*. Cet écrit fit murmurer les Moines : il le corrigea, & ils s'appaiserent. Il publia d'autres Ouvrages, qui lui acquirent une si grande réputation, que toutes les Universités se le disputoient. Il étoit Professeur à Pise vers 1520, & il avoit mille écus d'or d'appointement. Il comptoit si agréablement, que Léon X voulut l'avoir auprès de lui. Il le créa Comte Palatin, & lui permit de prendre le nom & armes de la Maison de Médicis. Il lui donna le privilége de créer des Maîtres-ès-Arts, des Bacheliers, des Licenciés & des Docteurs en Théologie & en Droit Civil & Canonique. L'Empereur Charles V lui donna un Brevet de Conseiller d'Etat. Niphus aimoit beaucoup les femmes ; à soixante-dix ans, il avoit encore des Maîtresses, avec lesquelles il passoit les nuis à table ou à danser, quoiqu'Angebella fût très-belle & très-aimable. Il dédia à Faustine, l'une d'elles, sous le nom de l'Aurore, son Traité du Courtisan, *de viro aulico*. Il en eut une autre très-belle, appellée *Hipolyte*, qu'il appelloit *Quinta*, parce que c'étoit la cinquieme. Il mourut vers l'an 1537. Il a laissé un grand nombre d'Ouvrages ; des Commentaires latins sur Aristote & sur Averoës ; des Opuscules de morale & de politique ; des Epîtres ; un Traité de l'immortalité de l'ame, contre Pomponace ; un Traité *de falsa diluvii prognosticatione quæ ex conventu omnium planetarum, continget, anno 1524, divulgata, adver-*

sus *Astrologos. De inimicitiarum lucro; de armorum & litterarum comparatione; de Tyranno & Rege; de Auguriis; de diebus criticis.*

NISIDA ou NISITA (*Nesis*) petite Ville sur la côte de Naples, dans la Terre de Labour, à trois milles de Pouzzol, dans une petite Isle. Le terrein est assez fertile : mais il y a une si grande quantité de lapins, qu'il n'est pas possible de tirer aucun avantage de cette fertilité. L'Isle a un petit Port appellé *Porto Pavone*. En 1550, on trouva dans un tombeau de marbre d'un Citoyen Romain, une lampe allumée dans une bouteille de verre qui n'avoit point d'ouverture. Cet Antique étoit unique. Les lampes de cette espece qu'on a trouvées dans les tombeaux, étoient presque toutes renfermées dans des urnes qui n'étoient point bouchées. On cassa la bouteille, & la lampe s'éteignit dès qu'elle fut à l'air : le verre n'étoit pas du tout noirci, & le feu de la lampe étoit très-vif.

NIZOLIUS, (*Marius*) Grammairien, de Bersello, dans le 16ᵉ siecle : ce fut un des Savans qui contribuerent par leur savoir & par leurs écrits à la renaissance des Lettres. Nizolius étoit très-savant, & excellent en critique. On a de lui un Traité *de veris principiis & vera ratione philosophandi contrà Pseudophilosophos*, Lib. IV, à Parme, 1553, in-4°. Cet Ouvrage est une vive satire de la barbarie des Scholastiques. Léibnitz en faisoit un très-grand cas, & en donna lui-même une édition en 1640. Il a composé un Dictionnaire des mots & des expressions de Ciceron : c'est le premier qui ait fait un Dictionnaire tiré d'un Auteur Latin. Cet Ouvrage est connu sous le titre de *Thesaurus Ciceronianus*, ou *Aparatus linguæ latinæ à scriptis Tullii Ciceronis collectus*. On a encore de lui d'excellentes observations sur Ciceron, à Basle, in-fol. 1548.

NOBLES VÉNITIENS. La Noblesse de Venise comprend cinq cent trente familles, citadines & inscrites au Livre d'or. Elle est divisée en trois classes; la premiere, des descendans des douze Tribuns qui élurent le premier Doge; il n'y en a qu'une qui soit éteinte, les onze autres subsistent depuis plus de dix siecles. Celle de Badoër est la plus ancienne : les autres dix sont les Barozzi, les Contarini, les Dandolo, les Falier, les Gradenigo, les Memo, les Morofini, les Michieli, les Sanadi, les Tripolo. La famille des Polani eſt éteinte: ce ſont les premiers Nobles. Les Bembi, les Bragadini, les Cornari, les Guiſtiniani vont de pair avec ces familles électorales: les Delfini, les Querini, les Murcello & les Salomon. La deuxieme claſſe, eſt celle dont les familles furent inſcrites au Livre d'or en 1290, lorſque le Doge Gradenigo établit l'ariſtocratie: tels ſont les Capelli, Foſcarini, Mocenigo, Zani, Sorenzo, Celſo, Venieri, Tron, Loredan, Vendramini, Grimani, Priuli, Sagredo, Zeno, &c. Près de cent familles, qui ont acheté la Nobleſſe au prix de cent mille ducats, dans les temps les plus malheureux de la République, forment la troiſieme claſſe. Il y en a une quatrieme, qu'on appelle les Nobles d'honneur, titre qu'on accorde aux Souverains, à leurs enfans, aux Princes d'Italie, aux freres & aux neveux des Papes, & à quelques familles illuſtres d'Italie. Cette prérogative ne s'accorde que rarement, & nos Rois ne l'ont pas dédaignée. Les Nobles de la troiſieme claſſe ont part au Gouvernement intérieur, & ſont rarement employés aux grandes charges de l'Etat. Outre ces claſſes, il y a un Ordre de Nobleſſe ſujette à la République, qu'on appelle Nobleſſe de terre-ferme: mais elle n'a aucune part au Gouvernement ni aux charges de l'Etat. Entre la Nobleſſe & le Peuple, il y a un ſecond Etat, compoſé de bonnes familles bourgeoiſes; elles ſont de deux ſortes; les uns ſont citadins de naiſſance & d'origine, iſſus de familles qui avoient part au gouvernement de l'Etat & à l'élection du Prince avant l'établiſſement de l'ariſtocratie, & demeurerent dans l'ordre des citadins: il n'y eut que les chefs de ces familles dont le nom fut porté au Livre d'or. Les citadins du ſecond ordre ont acquis ce rang ou par leur mérite ou par argent: de ce nombre ſont les Secrétaires de la République, les Avocats, les Notaires, les Médecins, les Marchands de ſoie & de drap & les chefs de Manufactures des glaces de Murano. Un Noble Vénitien qui épouſe une citadine, eſt obligé de faire approuver ſon contrat par le Grand Conſeil, s'il veut faire inſcrire ſes enfans au Livre d'or; s'il épouse une femme du peuple, il faut qu'il achete la Noblesse à ses enfans.

Le Gouvernement se mêle des affaires des Nobles, juge leurs différends, appaise leurs querelles, & prend tous les moyens d'entretenir la paix entre les familles patriciennes; il prévient leur indigence, & s'ils profitent utilement de ses bienfaits, il leur donne des charges, & contribue à leur fortune. Jamais un Noble Vénitien ne va servir une Puissance étrangere, les loix le lui défendent. Il leur est défendu de rien accepter des Puissances étrangeres sans la permission du Sénat; il leur est défendu d'être trop populaires, d'avoir même des vertus trop éclatantes. Plusieurs ont eu les vertus & le sort d'Aristide: la dissimulation, qui est le caractere général de la Nation, l'est principalement des Nobles. Les plus pauvres sont fiers, malgré leurs haillons, & parlent aux citadins, dont ils ont besoin, avec la morgue la plus insolente. Le Sénat se mêle des affaires ecclésiastiques, & l'Inquisition n'est qu'en sous-ordre. Les Nobles & les Sénateurs sont d'une discrétion impénétrable sur tout ce qui regarde les affaires du Gouvernement: il n'est permis d'en parler ni en bien ni en mal: tout citoyen soupçonné d'avoir des intelligences au dehors, ou convaincu d'avoir mal parlé de l'Administration, est perdu. Un Etranger court même des risques à s'entretenir des affaires publiques & mêmes étrangeres. Sur tout le reste, il regne la plus grande liberté à Venise. Quoique les passions & les excès des Vénitiens soient impétueux, & qu'ils aiment les parties de plaisir, les Nobles conservent toujours leur gravité.

Nocé, dans les montagnes du Pisan; il s'y éleve des mofites, espece de fumée ou de nuage qu'on voit sortir de la montagne lorsqu'il doit pleuvoir.

Nocera, Ville du Patrimoine de Saint Pierre, au Duché de Spolette, en Ombrie, sur les confins de la Marche d'Ancône, avec Evêché qui releve du S. Siege, au pied de l'Apennin. Elle est peu considérable, mais fort ancienne. Tite-Live l'appelle *Alpha Terna*. Elle est à sept lieues. N. E. de Spolette.

Nocera, qu'il ne faut pas confondre avec la précédente,

eſt dans le Royaume de Naples, dans la Principauté Citérieure, avec Evêché ſuffragant de Salerne. Elle a titre de Duché, qui appartient aux Barberins. Pour la diſtinguer de l'autre Nocera, les Italiens l'appellent Nocera *di Pagani*, parce qu'elle avoit été priſe par les Sarraſins.

NOGAROLA, (*Antonia*) Dame illuſtre de Vérone, dans le quinzieme ſiecle; elle réunit un vaſte ſavoir, une vertu ſans reproche, & la plus grande beauté. Elle épouſa un Seigneur de la Maiſon de Bonacolti. La famille de Nogarole a produit pluſieurs femmes diſtinguées par leurs talens & par leur vertu. *Angele Nogarole*, fille d'*Antonia*, ſavoit les Langues, l'Ecriture, & publia des Poëſies ſacrées. *Iſota Nogarole*, que le Cardinal Beſſarion appella *une Vierge divine*, fut un prodige de ſavoir (*voyez* ISOTA). Elle eut deux ſœurs preſqu'auſſi ſavantes qu'elle. Les talens étoient héréditaires dans cette famille. *Louis Nogarole*, mort en 1559, qui laiſſa pluſieurs Ouvrages, s'acquit beaucoup de réputation par ſes traductions de pluſieurs Auteurs Grecs. Il occupa pluſieurs places importantes à Vérone ſa patrie, & ſe diſtingua au Concile de Trente.

NOLE, (*Nola*) Ville au Royaume de Naples, dans la Terre de Labour, avec Evêché ſuffragant de Naples. L'Empereur Auguſte y mourut l'an 14ᵉ. de J. C. Quelques Auteurs prétendent que c'eſt là que les cloches furent inventées. Cette Ville eſt la patrie de Jean de Nole & du Philoſophe Jordanus Brunus. Elle a été illuſtrée par les vertus de Saint Paulin ſon Evêque : Nole n'eſt plus auſſi conſidérable qu'elle l'étoit autrefois.

NOLI, *Nolium*, Ville dans l'Etat & ſur la côte occidentale de Gênes, avec un Evêché & un Port aſſez conſidérable, entre Savonne & Albenga, dans une grande plaine. C'étoit autrefois une Seigneurie indépendante; elle eſt aujourd'hui ſous la domination immédiate des Génois : elle eſt beaucoup moins conſidérable qu'elle ne l'a été autrefois.

NOMENTO, *Nomentano*, petit Village du Duché de Monte Rotondo, dans le Patrimoine de Saint Pierre : elle a eu autrefois un Evêché. Les Anciens parlent ſouvent de *Nomentanum* ou *Nomentum*; c'étoit la Capitale des Nomentiens.

NOMANTOLA, petite Ville au Duché de Modene, dans une Iſle formée par la Muzza. Il y a une célebre Abbaye, où l'on voit une belle Bibliothéque.

NONCE, nom que prennent les Plénipotentiaires ou les Ambaſſadeurs que le Pape envoie dans les Cours étrangeres. Il y en a ordinairement à Vienne, à Paris, à Liſbonne, à Madrid, à Varſovie, en Suiſſe, à Veniſe, à Bruxelles & à Cologne. Quand ces Nonces ſont en même temps Cardinaux, ils ont le titre de Légats à Latere.

NONZA, un des trois Fiefs que renferme *Capo Corʒo*, Juriſdiction de la partie ſeptentrionale de l'Iſle de Corſe.

NORCIA, petite Ville au Duché de Spolette, autrefois dans le pays des Sabins, appellée *Nurſia* par les Auteurs Latins. Elle eſt ſituée entre les montagnes ſur le ruiſſeau de Freddura: elle eſt célebre par la naiſſance de Saint Benoît. Quoique ſujette du Pape, elle a toujours conſervé quelque choſe de Républicain. Elle a le privilégé d'élire parmi ſes citoyens les Magiſtrats qui doivent la gouverner. On dit qu'ils ne doivent ſavoir ni lire ni écrire, parce qu'ils n'ont aucun pouvoir, & qu'ils ne font rien exécuter que le Pape ne l'ait confirmé. Elle eſt à huit lieues S. E. de Spolette.

NORIS, (*Henri*) né à Vérone en 1631, eſt un des Cardinaux qui ont fait le plus d'honneur à l'Italie par leurs écrits. Il entra d'abord dans l'Ordre des Hermites de Saint Auguſtin à Vérone. Son Général, qui connut ſon mérite & ſon application, l'appella à Rome: il étudioit régulierement quatorze heures par jour. Il fut Profeſſeur de Théologie & de Philoſophie dans pluſieurs Maiſons de ſon Ordre. Le Grand Duc de Toſcane lui donna la Chaire d'Hiſtoire Eccléſiaſtique à l'Univerſité de Piſe, & le nomma ſon Théologien. Il publia à Florence, en 1673, ſon Hiſtoire Pélagienne. Cet Ouvrage lui fit beaucoup de réputation, à laquelle contribua encore la haine des Jéſuites, qui dénoncerent l'Ouvrage à l'Inquiſition: mais elle décida en faveur de Noris. Cet Ouvrage a eu des ſuites après la mort même de Noris, qui, après le jugement de l'Inquiſition, fut nommé Qualificateur du Saint Office par Clément X, ſous-

Bibliothécaire du Vatican par Innocent XII. Alors les Jésuites firent de nouveaux efforts : on dénonça encore l'Histoire du Pélagianisme, & Noris sortit de l'Examen triomphant : le Pape le fit Consulteur de l'Inquisition, & enfin Cardinal. Ses ennemis firent des libelles, & le mirent au-dessous de *Jansenius*. Noris fut nommé Bibliothécaire du Vatican à la place du Cardinal Casanate. Il mourut enfin en 1704. Noris joignit à l'esprit le plus pénétrant & le plus vif le goût le plus sûr & l'érudition la plus vaste. Les Jésuites l'ont poursuivi au-delà du tombeau. Colonia l'avoit mis dans sa Bibliothéque Janséniste, avec tous les grands hommes qui avoient eu le malheur de ne pas penser comme les Jésuites. Le Grand Inquisiteur d'Espagne mit à l'*Index* l'Histoire Pélagienne : mais Benoît XIV condamna la censure, sans que le Censeur voulût se rétracter. Le successeur de Benoît XIV annulla, par un Décret solemnel en 1758, la condamnation de cet Ouvrage, & défendit, sous peine d'excommunication, d'y avoir égard. Les Ouvrages du Cardinal Noris ont été recueillis en 1729 & 1730, en cinq vol. in-fol. à Vérone. Ils renferment l'Histoire Pélagienne, en deux livres ; une dissertation historique sur le cinquieme Concile œcuménique ; Saint Augustin vengé, *ou Vindiciæ Augustinianæ ; dissertatio de uno ex Trinitate in carne passo ; Apologia Monachorum Scythiæ ab Anonymi scrupulis vindicat ; Anonymi scrupuli circa veteres semi Pelagianorum sectatores, evulsi ac eradicati ; Responsio ad appendicem auctoris scrupulorum ; Jansenianii erroris calumnia sublata ; somnia Francisci Macedo ; Epochæ Syro Macedonum ; de duobus nummis Diocletiani & Licinii dissertatio Duplex ; Parænesis ad Patrem Harduinum, Cenotaphia Pisana Caii & Lucii Cæsarum.*

Noto, (la Vallée de) une des trois Provinces qui partagent la Sicile entre la mer, la Vallée de *Demona* & la Vallée de *Mazara*. Noto est au-dessus de la Sicile : elle a pris son nom de la Capitale. C'est une grande & belle Ville, située à quatre ou cinq lieues de la mer vers le Cap *Passaro*. Ayant presqu'été détruite par un tremblement de terre, qui arriva en 1693, les habitans en bâtirent, à quelque distance de-là, une nouvelle, qu'ils appellerent *Noto Nuovo* ; c'est celle qui est aujourd'hui la Capitale de la Vallée, à quatre lieues S. O. de Motica. L'ancienne Ville de Noto étoit à quatre ou cinq lieues de la mer, vers l'embouchure de l'*Abiso*, près du Cap Pasaro. Les autres Villes de la Vallée ou Provinces sont *Saragossa* ou Syracuse, qui autrefois en étoit la principale, *Piazza*, *Tano*, *Marza*, *Castel-re-Joanni*, *Mungelino*, *Leontini*, *Calatagironne*, *Terra-Nuova* & *Camarana*.

Notre-Dame des Anges, la Madona d'Egli Angeli, Eglise superbe des Récolets au Duché de Spolette, entre Sainte-Assise & Foligny. On a conservé au milieu de cette Eglise une Chapelle qu'on appelle la *Portioncule*, bâtie il y a plus de quatorze cents ans, dans laquelle on conserve le cœur de Saint François d'Assise. Le Couvent des Récolets n'est pas grand : il y a un petit jardin où il ne croit que des roses. Ces Religieux disent que Saint François s'y rouloit quelquefois tout nud pour réprimer les désirs de la chair, & que depuis ce temps-là les rosiers y croissent toujours sans épines.

Novale, petite Ville de la Marche Trévisane, dans l'Etat de Venise.

Novaleze ou Novalegge, (la) Village du Piémont, situé au pied du Mont Cenis, du côté opposé à Lanebourg : il est à deux lieues de Suze & à treize de Turin. On y trouve, comme à Lanebourg, des porteurs & des mulets pour aller en Savoie. Ces porteurs transportent les voyageurs, démontent les voitures, qu'ils chargent sur des mulets, & font le voyage en six heures ; mais quand ils sont arrivés à Lanebourg, ils doivent s'en retourner à vide, à moins qu'ils n'achetent la permission d'y prendre les passans pour les porter à la Novalese. La loi est égale en faveur des porteurs de Novalese, lorsque ceux de Lanebourg y ont conduit les voyageurs.

NOVARINI, (*Louis*) né à Vérone, dans le dix-septieme siecle, Clerc Régulier de l'Ordre des Théatins. Il étoit très-savant, possédoit les Langues Hébraïque, Caldéenne, Grecque & Latine. Il eut les premiers emplois de son Ordre : il a beaucoup écrit. Urbin VIII estimoit beaucoup l'Auteur & ses Ouvrages, dont les principaux font des Commentaires fur les quatre Evangéliftes & fur les Actes des Apôtres; *Arcana Myſ-* *ticæ Theologiæ*; *Adagia ſanctorum Patrum*; *Sanctitas honorata, amoris deliciæ*; & en Italien, *Calamita de cuori*: c'eſt la vie de J. C. dans le ſein de la Vierge, in-16, à Vérone; *Paradiſo di Betelemme*. Ces deux Ouvrages ſont rares & fort recherchés.

NOVARRE, (*Novaria*) ancienne & forte Ville au Duché de Milan, Capitale du Novareſe, avec un Evêché ſuffragant de Milan. Comme c'eſt la premiere Ville des Etats de Sardaigne, elle a ſouvent été le théâtre de la guerre: auſſi eſt-elle défendue par de bonnes fortifications. Les François y prirent Louis Sforce en 1500; ils l'aſſiégerent en 1513, & furent battus par les Suiſſes, qui en furent chaſſés à leur tour par les François en 1515. Les François la prirent encore en 1522, & y firent pendre Torniel. L'Evêque de Novarre eſt Seigneur temporel d'*Orta*, & a le droit de porter l'épée, lorſqu'il monte à cheval. La Ville eſt agréable, ſituée ſur une éminence. Parmi quelques Egliſes qu'on y voit, on y remarque celle de Saint Marc, qui eſt très-belle pour ſon architecture & ſes peintures. Elle eſt célebre par la naiſſance de Pierre *Lombard*, appellé plus communément le Maître des Sentences, qui, dans le douzieme ſiecle, mit en vogue la Théologie ſcholaſtique.

NOVARROIS, (le) eſt borné à l'O. par la Seigneurie de Verceil & à l'E. par le Teſin. On y cultive beaucoup le riz. Les lieux principaux de cette Province ſont *Tracoate*, *Oleggio*, *Romagnano*, *Borgo Manero* & *Orta*.

NOVATIEN, Antipape. C'étoit un Prêtre de l'Egliſe Romaine, qui s'étoit fait une réputation par ſon éloquence & ſes connoiſſances dans la Philoſophie. Comme il étoit ambitieux & vain, il ſupportoit impatiemment qu'on lui eût préféré Corneille pour remplir le Siége de Saint Pierre. Ce fut dans ces diſpoſitions que le trouva Novat, Evêque d'une Egliſe d'Afrique, indigne du caractere dont il étoit revêtu, par ſes crimes atroces. La perfidie, la baſſeſſe, jointes à un orgueil inſupportable, & à une avarice odieuſe, formoient ſon caractere. On prétend qu'il avoit laiſſé mourir ſon pere de faim. Il uſurpoit les biens ecclésiastiques : il étoit le fléau des pauvres, des orphelins. Pour éviter la punition de ses crimes, & pour en commettre de nouveaux impunément, il projetta de jetter le trouble dans l'Eglise. C'est dans ce dessein qu'il vint à Rome. Il connut Novatien, lui inspira ses fureurs, & se lia avec lui de la plus étroite amitié. Ils noircirent Corneille des calomnies les plus atroces, mais répandues si adroitement, qu'elles lui firent beaucoup d'ennemis. Les deux calomniateurs s'en firent des partisans; & ceux-ci ayant fait venir trois Prêtres ignorans, & les ayant enivrés, ils les obligerent de sacrer Novatien Evêque de Rome. On reprochoit à Novatien d'avoir été possédé du Diable, & exorcisé, d'avoir reçu le baptême au lit de la mort, & de n'avoir pas reçu la confirmation : ce qui, selon les Canons, rendoit son élection nulle. Cependant Novatien envoie des Légats avec des Lettres à Saint Cyprien de Carthage, à Fabius d'Antioche, & à Denis d'Alexandrie : mais tous le reçurent avec mépris. Saint Cyprien excommunia ses Députés. Novatien ajouta l'hérésie au schisme; il soutint qu'on ne devoit point recevoir à pénitence ceux qui avoient péché après le baptême. Ses Sectateurs rebaptisoient ceux qui avoient péché, & condamnoient les secondes noces. Corneille fut justifié des calomnies de Novat & de Novatien. Ce dernier persista jusqu'à sa mort dans son schisme & dans ses erreurs : Novat s'en retourna en Afrique.

NOVELLARA, Ville médiocre, entre Guastalla, Carpi & Reggio, avec titre de Principauté. Ce petit Etat appartenoit autrefois à la Maison de Gonsague : l'Empereur s'en empara, & le donna au Duc de Modene en 1737.

NOVI, une des Villes les plus considérables de l'Etat de Gênes, dans une plaine au pied de l'Apennin : c'est la premiere place de la République de Gênes, du côté du Milanois. Elle y entretient un Gouverneur & une garnison. La forme de Novi est plus longue que large; il y a trois Paroisses, & environ six mille ames. Comme cette Ville est l'entrepôt des marchandises du Levant pour l'Allemagne, elle est assez commerçante. Novi

& Gavi font deux paſſages importans, dont les Autrichiens s'emparerent en 1746.

NOVI, (*Paul* de) étoit un ſimple Teinturier en ſoie à Gènes. Les Génois ayant voulu ſe ſouſtraire à la domination Françoiſe, l'éleverent à la dignité de Doge en 1507. Louis XII défit les rébelles, punit les plus coupables, & fit trancher la tête à Paul de Novi, comme au Chef des factieux.

NOVILARA, petite Ville du Duché d'Urbin, dans l'Etat de l'Egliſe.

NUIT DE NOEL, fameux tableau du Correge, qu'on voyoit dans le Palais Ducal de Modene, & qui a été vendu au Roi de Pologne. La ſcène eſt au milieu de la nuit ; la campagne & tous les environs de l'étable ſont éclairés par la lune ; ſa lumiere eſt éclipſée par celle qui part de l'Enfant, & qui éclaire tout l'intérieur. L'effet de ce clair-obſcur, dit M. de la Lande, eſt admirable, non-ſeulement par l'artifice avec lequel le Correge a réuni la lumiere en un point, & ne la fait porter que légérement ſur les ſuperficies éloignées du centre, mais encore par le ton de couleurs qui y ſont employées. Ce n'eſt pas une lumiere jaunâtre de lampe, telle qu'on la voit dans les ouvrages du Carravage ou de l'Ecole Hollandoiſe, c'eſt une lumiere de ſoleil vive & pure. Une Bergere, dont la vue, en entrant dans l'étable, ſe porte naturellement ſur l'Enfant, clignote avec une eſpece de grimace, comme il arrive quand on a la prunelle frappée ſubitement des rayons du ſoleil. Le ſpectateur, quand on découvre le tableau, ne peut s'empêcher de faire le même mouvement que la Bergere. Les Artiſtes aſſurent qu'on tenteroit en vain de deviner quel méchaniſme le Correge a employé dans le mélange de ces couleurs : l'enſemble de l'ouvrage eſt, dit-on, ce qu'il y a de plus parfait dans la Peinture.

NUSCO, Ville Epiſcopale du Royaume de Naples, dans la Principauté Ultérieure : ſa Métropole eſt Salerne.

O

OBÉLISQUES, Monumens qui, comme les colonnes, servoient à la décoration des Villes, & à perpétuer la mémoire des grands événemens & des Hommes célebres. L'idée en est due aux Egytiens & remonte à la plus grande antiquité. Lorsque les Romains porterent leurs armes sur le Nil, ils furent frappés de ces Monumens faits d'un seul bloc de pierre, & travaillés dans la carriere même d'où ils sont tirés. Cette pierre ou marbre est ce qu'on appelle granit rouge d'Egypte. Ces Obélisques étoient consacrés au culte du Soleil, & chargés de caracteres hiéroglyphiques. On en trouve encore qui sont dans les carrieres; les uns n'en sont pas encore détachés; les autres mutilés ou brisés; il y en a qui sont enlevés.

Il y avoit à Rome un plus grand nombre d'Obélisques que ceux qu'on y voit encore. Les quatre plus grands sont ceux de la Place Saint Pierre, de Saint Jean de Latran, de la Porte du Peuple & de Sainte Marie Majeure. Les petits sont ceux de la Place Navonne, de la Minerve, de la Rotonde, de la Villa Medicis & de la Villa Mathei. Il y en a d'autres qui sont à terre, tels que ceux du Palais Barberin, de la Place Saint Jean de Latran, de derriere Saint Laurent, &c.

L'Obélisque de la Place Saint Pierre est le seul qui ait été retrouvé entier dans le Cirque de Neron, où est aujourd'hui la Sacristie de Saint Pierre. Il est plus gros & d'une plus belle proportion que les autres. Il a soixante-douze pieds de hauteur, d'un seul morceau de granit oriental: il pese six cent soixante-quinze milliers; il est surmonté d'une croix; il l'étoit autrefois d'une boule de cuivre doré, que l'on croyoit enfermer les cendres de Néron: sa hauteur totale, en y comprenant la croix & le piédestal, est de cent vingt-quatre pieds au-dessus du pavé de la Place. Sixte V le fit élever en 1586, par les soins de *Dominique Fontana*, à l'aide d'une machine inventée par cet Architecte elle fut mise en mouvement par huit cents hommes & cent soixante chevaux, & l'Obélisque, en cinquante-deux reprises, fut posé sur cinq barres de fer d'une grosseur prodigieuse, plombées dans le massif du piédestal. Innocent XII l'orna de quatre lions de bronze, d'aigles, de festons dorés, & le fit entourer d'une belle balustrade de marbre : le massif du piédestal est de grosses pierres liées ensemble par de grosses barres de fer.

L'Obélisque qui est sur la Place de Saint Jean de Latran, fut transporté d'Alexandrie à Rome. Constantin l'avoit fait transporter à Alexandrie de Thebes d'Egypte, & Constance le fit venir & le plaça dans le grand Cirque. Il pese près d'une million de livres poids de marc. Sixte V le fit déterrer ; il étoit brisé en trois pieces que Fontana réunit. L'Obélisque a cent quinze pieds de hauteur, & sa hauteur totale, en y comprenant le piédestal, & la croix dont il est surmonté, est de cent quarante pieds. Il est chargé de figures hiéroglyphiques. On voit auprès de la même Place un autre Obélisque couché qui fut trouvé dans les jardins de Saluste. La mort empêcha Clément XII d'exécuter le projet qu'il avoit de l'élever sur cette Place. Il a vingt-huit pieds de long.

Celui que Sixte V fit élever derriere le chœur de Sainte Marie Majeure en 1587, fut trouvé au port de Ripetta ; il avoit servi d'ornement à ce port ; il est sans hiéroglyphes. Le piédestal, l'Obélisque & la croix ont environ soixante pieds de haut. Il a été réparé par Fontana. Il avoit été brisé en plusieurs pieces : la pointe y manquoit, elle a été remplacée par des ornemens en bronze qui supportent une croix. Cet Obélisque n'a point d'hiéroglyphes. C'est l'Empereur Claude qui l'avoit fait venir d'Egypte, & qui l'avoit fait servir de décoration au Mausolée d'Auguste.

L'Obélisque de la Place du Peuple fut fait à Heliopolis, sous un ancien Roi d'Egypte ; il est de très-beau granit, chargé d'hiéroglyphes. Il a depuis le pavé de la Place jusqu'au sommet de la croix, cent dix pieds de hauteur. Auguste le fit apporter d'Egypte pour le mettre dans le grand Cirque ; c'est pour cela qu'on lui donna le nom d'Obélisque d'Auguste. Il fut trouvé dans les ruines du grand Cirque. Sixte V le fit élever en 1589 par Fontana. Cet Obélisque donne à la Place du Peuple, d'ailleurs fort décorée, un air imposant. On prétend que cet Obélisque fut taillé dans les carrieres d'Egypte plus de six cents ans avant Jesus-Christ.

Obélisque Horaire. Il servoit de Méridien & marquoit les différentes heures par l'ombre du soleil. Auguste l'avoit dédié à cet Astre : il étoit élevé au Champ de Mars sous les ruines duquel il fut découvert en 1502, par des Ouvriers qui creusoient des latrines. Sixte V le fit examiner ; mais il le trouva en trop mauvais état pour le faire relever. Benoît XIV le retira en 1748 de l'endroit où il étoit, & le fit déposer dans une cour derriere *San Laurenzo in Lucina*. On peut l'y voir brisé en neuf morceaux : il est couvert de figures hiéroglyphiques d'hommes, de sphinx, d'oiseaux, & autres animaux ; une des faces est entiérement effacée. Sa hauteur est de soixante-sept pieds : on y voit aussi le piédestal sur lequel Auguste fit graver une inscription par laquelle il paroît qu'il le dédia au Soleil, & qu'il le fit ériger après avoir soumis l'Egypte. *Egypto in potestatem Populi Romani reductâ*.

Devant l'Eglise de la Minerve, il y a une Place décorée d'un très-bel Obélisque trouvé dans les jardins même du Couvent des Dominicains. On conjecture que c'est un reste du Temple d'Isis, qui étoit entre le *Minervium* & le *Pantheon*. Cet Obélisque est couvert d'hiéroglyphes Egyptiens qui sont très-bien gravés, mais dont quelques-uns sont effacés : il a dix-huit à dix-neuf pieds dans sa base. Il est porté sur le dos d'un éléphant de marbre blanc, caparaçonné sur le corps, & ayant une espéce de selle qui forme le socle de l'Obélisque, le tout porté sur un piédestal élevé sur deux degrés. Ce dessin est de Bernin qu'Alexandre VII employa pour l'érection de ce Monument : l'éléphant est du Ferrata, & d'une belle exécution.

L'Obélisque de la Place Navonne est celui de tous qui est le plus avantageusement placé ; le piédestal en est supporté par un grand rocher percé de quatre côtés, d'où sortent quatre fleuves. *Voyez* Place Navonne. Cet Obélisque, qui a cinquante pieds de haur, est chargé de caracteres Egyptiens. Il fut transporté d'Egypte à Rome par ordre de Caracalla, & placé dans le Cirque. Le Pere Kirker a essayé d'en expliquer les hiéroglyphes. Voilà les Obélisques les plus remarquables de Rome. Il y en a encore dans quelques quartiers de Rome, mais mutilés. On fait même des endroits où les ruines en couvrent, & que les temps & les circonstances pourront un jour faire déterrer.

OBIZZI, (la Marquise Lucrece d'Egli Orologgi, épouse de Pio-Enéa d') née à Padoue, & de la plus rare beauté, est renommée par sa chasteté. Un Gentilhomme, amoureux de cette femme, profita de l'absence de son mari, pénétra dans son appartement, & l'ayant trouvée dans son lit avec son fils âgé de cinq ans, il commença par transporter l'enfant dans une chambre voisine, tenta tous les moyens imaginables pour la séduire; mais ni les prieres, ni les caresses, ni les menaces n'ayant pu la fléchir, il la poignarda. L'assassin fut arrêté; mais ayant toujours nié, on le retint quinze ans en prison. Il s'évada: le jeune Marquis d'Obizzi vengea la mort de sa mere, en tuant le meurtrier d'un coup de pistolet. Il passa au service de l'Empereur qui le créa Marquis du Saint Empire, Conseiller d'Etat & Maréchal Général de Camp. L'assassinat de sa mere arriva le 31 Décembre 1661. On voit le tombeau de cette vertueuse femme dans une des salles de l'Hôtel-de-Ville de Padoue. L'inscription consacre cet événement.

OCCIMIANO, Village du haut Montferrat, dans la Province de Casal.

OCTAVE, Duc de Parme, succéda en 1548 à Pierre-Louis de Farnese son pere. Charles V s'étant rendu maître de Plaisance, il ne put en prendre possession: mais le mariage qu'il fit avec Marguerite, fille naturelle du même Charles V, lui en facilita la restitution, à la vérité à des conditions onéreuses. Le Prince Alexandre son fils, ayant été envoyé dans le Milanois, gagna les bonnes graces de Philippe II, & par les services importans qu'il rendit à l'Espagne, il fit consentir le Roi à faire la restitution entiere de Plaisance à Octave son pere; mais ce Prince n'en jouit pas long-temps. Il mourut âgé de soixante-deux ans, & laissa, pour son successeur, ce même Alexandre Farnese son fils unique.

OCTAVE, ou CLEOPHILE, Poëte du quinzieme siecle, né à Fano, enseigna les Belles-Lettres à Fossombrone & à Arimini. Il fut protégé par la Maison de Médicis, & par les Princes de la Cour de Rome. Il publia plusieurs Ouvrages en vers & en prose. On croit qu'il fut empoisonné par son beaupere à Civita-Vecchia, à l'âge de quarante-trois ans, en 1490.

OCTAVIEN, Antipape Romain, Cardinal en 1146, se fit élire par deux Cardinaux, & prit le nom de Victor IV. Lorsqu'Alexandre III fut élu à la place d'Adrien IV, Octavien fut soutenu par l'Empereur Fréderic I; il assembla un Conciliabule à Pavie, où Alexandre fut déposé; il vint en France chercher un asyle contre la persécution. Octavien triomphoit, mais il mourut phrénétique à Lucques en 1164. Il étoit de la famille des Comtes de Frescati.

ODAZZI, (*Jean*) Peintre & Graveur, né à Rome en 1663, mort dans la même Ville en 1731, Eléve de Corneille Bloëmaert, pour la Gravure, de Ciro Ferri & de Bacicci pour la Peinture, de l'Académie de Saint Luc, a laissé plusieurs ouvrages à fresque & en huile : malgré la promptitude avec laquelle il travailloit, on loue dans ses ouvrages la correction du dessin. Il a travaillé à Rome dans les Eglises. On admire la coupole de l'Eglise de Veletri, par ce Peintre. Il travailla beaucoup, se fit une fortune considérable, & précipita sa mort par l'attention qu'il prenoit à écarter la maladie.

ODDIS, (Oddo de) célebre Médecin & Professeur de l'Université de Padoue, dans le quinzieme siecle. Il mourut vers 1535. Il laissa des *Commentaires sur Avicene*, *l'Apologie de Galien*, *des Causes de la Peste*, &c. Cette famille a produit quelques Hommes illustres dans la même Profession. Marc Oddis, fils du précédent, fut aussi Professeur à Padoue, & a laissé une *Méthode pour composer les Médicamens*, une *Apologie de la Putréfaction*. Nicolas de Oddis fut Abbé de la Congrégation du Mont Olivet,

& est mis au rang des Hommes illustres de Padoue. Il mourut en 1626.

ODESCALCHI, nom de famille du Pape Innocent XI. Le premier qui illustra ce nom, quoique déja connu à Rome, fut Pierre-Georges Odescalchi, né à Côme dans le Milanois. Il perdit sa femme étant encore jeune; il embrassa l'état ecclésiastique; il avoit fait une étude particuliere du Droit Canon; son oncle, Evêque de Civita di Penni, étoit Gouverneur de Rome; il l'introduisit à la Cour du Pape. Son savoir & sa modestie lui attirerent l'estime de Sixte V, qui lui donna plusieurs emplois importans à la Cour. Il étoit Protonotaire assistant à la Canonisation de Saint Diego. Il en prononça le Panégyrique devant les Cardinaux, & composa la Vie du Saint. Grégoire XIV qui l'avoit entendu, lui donna le Gouvernement de Fermo; Clement VIII le nomma à l'Evêché d'Alexandrie de la Paille, & l'envoya Nonce en Suisse. Les exemples d'édification qu'il donna dans son Diocese, le firent transférer à l'Evêché de Vigerano, qui avoit besoin d'un Pasteur éclairé & vigilant. Il y mourut en 1620.

ODOACRE, fils d'Edicon, Roi des Hérules, des Scyrrhes, des Turcilinges, & d'autres Peuples sortis de la Scythie, mit fin à l'Empire Romain: il fut appellé en Italie par les Partisans de Nepos contre Oreste, en 476. La Milice Romaine étoit composée d'une partie de ces Barbares, ils se souleverent en faveur d'Odoacre: dès qu'il parut, une partie de l'Italie le reconnut. Oreste, qui avoit usurpé l'Empire, s'enfuit à Pavie. Odoacre l'y poursuivit, pilla & brûla Pavie, & fit mettre à mort Oreste. Il se saisit ensuite d'Augustulle, le dépouilla de ses ornemens impériaux, & l'exila dans une forteresse. Enfin il se fit proclamer Roi d'Italie. Ainsi finit l'Empire Romain. Alors les Barbares furent attaqués par de nouveaux Barbares. Théodoric, Roi des Goths, vint disputer sa conquête à Odoacre, en 489. Celui-ci perdit trois batailles & se renferma dans Ravenne; le Roi des Goths l'y assiégea. Odoacre consentit de partager la Souveraineté avec Théodoric, qui, de son côté, jura de le laisser régner tranquillement: mais lorsque tout sembloit être pacifié, Théodoric tua de sa propre main Odoacre, & versa le sang de toute sa famille.

ODOARD, Duc de Parme & de Plaisance, succéda en 1622, à Rainuce I son pere. La ligue qu'il fit avec Louis XIII, contre Philippe IV, Roi d'Espagne, pensa lui coûter une grande partie de ses Etats. Une armée Espagnole que le Gouverneur de Milan envoya contre le Duc, mit tout au pillage. Odoard fit alors un accommodement avec l'Espagne, par la médiation des Florentins. Urbin VIII voulut profiter de la circonstance pour le dépouiller du Duché de Castro, mais il ne put venir à bout de son dessein. Odoard s'étant lié avec le Grand Duc de Toscane, fit longtemps la guerre au Pape, & cette guerre fut terminée par un accord le 21 Mars 1644. Ce Prince, naturellement guerrier, mourut deux ans après. Il avoit épousé Marguerit de Médicis, fille de Côme II. Rainuce II son fils lui succéda.

ODOLO, petite Ville du Bressan, dans l'Etat de l'Eglise. Elle est située au pied des Alpes sur l'Oglio.

OFANTE, Riviere dont parle souvent Horace, appellée aussi *Aufidius* par les Auteurs latins, coule entre la Capitanate & la Terre de Bari, & va se jetter dans la mer Adriatique, entre Salpé & Barlette. Elle a sa source dans l'Apennin dans la Principauté Ultérieure.

OFFIDA, petite Ville assez remarquable de la Marche d'Ancône, dans l'Etat de l'Eglise.

OGLIO, (l') Riviere qui a sa source dans la partie la plus septentrionale du Bressan, dans le Lac Isio, sur les frontieres des Grisons & du Trentin, & son embouchure dans le Pô, proche de Mantoue, à l'occident de *Borgo-Forte*.

OIRA, Ville de la Terre d'Otrante, avec un Evêché suffragant de Tarente, située au pied de l'Apennin, à huit lieues N. E. de Tarente. Son Château, quoique très-vieux, est encore bon & assez beau.

OISARA, petite Ville au Royaume de Naples, dans la Capitanate, avec un Château superbe. Elle appartient à la Maison

Francis, originaire de Naples. Les Seigneurs de cette Maison portent le titre de Duc d'Oifara.

OKINI, OCHIN, (*Bernardin*) né à Sienne, entra dans l'Ordre des Capucins, bientôt après la fondation, vers 1534. Il parvint au Généralat, & s'acquit une si grande réputation par ses prédications, qu'on venoit de toute l'Italie pour l'entendre : toutes les Villes & tous les Princes le désiroient ; mais son esprit inconstant & sa liaison avec Pierre Vermili, le firent renoncer à son habit. Ils passerent à Geneve. Ochin s'y maria avec une fille de Lucques qui l'avoit suivi. Il soutint que la poligamie étoit permise. Les Genevois désapprouverent sa conduite & ses opinions : il alla à Zurich, puis à Bâle ; il en fut chassé. Il se retira dans la Transilvanie, passa en Pologne, adopta les erreurs des Sociniens, & mourut athée & dans la plus grande misere, âgé de soixante-dix-sept ans. Il laissa des Commentaires sur les Epîtres de Saint Paul, en italien, & son Traité de la Poligamie ; cinq volumes de Sermons ; des Satyres contre la Cour de Rome ; des Discours sur le libre Arbitre, sur la Prédestination. Ce qui l'irrita contre la Cour de Rome, & lui fit quitter le Généralat des Capucins pour embrasser les opinions de Luther, sur le refus qu'on lui fit du Chapeau de Cardinal.

OLIVA, (*Alexandre*) Général des Auguftins & Cardinal, né à Saxo-Ferraro, de parens pauvres. A l'âge de trois ans, il tomba dans un réservoir d'eau ; on l'en retira sans vie. Sa pieuse mere le porta dans une Chapelle de la Sainte Vierge, & l'enfant reprit ses sens ; dès ce moment elle consacra son fils à Dieu, & le donna aux Auguftins. Il en prit l'habit, fit de si grands progrès dans les sciences, qu'on le choisit pour professer la Philosophie & ensuite la Théologie. Il fut élu Provincial, & ensuite, malgré lui, Procureur Général de son Ordre. Il alla à Rome, & prit autant de soin à cacher son mérite, que les autres en prennent à le faire connoître. Le Cardinal de Tarente le pénétra & l'obligea de prêcher & d'écrire. Ses prédications lui attirerent à Rome, à Naples, à Venise, à Bologne, à Florence, à Mantoue, à Ferrare, un concours innombrable d'Auditeurs ; enfin, après avoir paffé par le Généralat, Pie II le fit Cardinal & lui donna peu de temps après l'Evêché de Camerino : Pie ne récompenfoit que le mérite d'Oliva, dont la modeftie étoit bien éloignée de toute follicitation. Oliva mourut âgé de cinquante-cinq ans, à Trivoli, en 1463. On a de lui *de Ortu Chrifti fermones centum ; de Cœna cum Apoftolis ; de peccato in Spiritum fanctum ; Orationes elegantes*, Lib. 1.

OLIVA, (Jean) favant Antiquaire & très-bon Littérateur, né à Rovigo en 1689. Il fut Profeffeur d'Humanités à Ofolo pendant huit ans. Il alla à Rome, & après la mort de Clément XI, qui faifoit beaucoup de cas de l'Abbé Oliva, il fut fait Secrétaire du Conclave. Le Cardinal de Rohan connut fon mérite, & voulut fe l'attacher ; il l'amena en France, & le fit fon Bibliothécaire en 1722. Il remplit fa place avec la plus grande diftinction pendant trente-fix années. Tous les Savans le confultoient, & l'aimoient. Il mourut fort regretté à Paris le 19 Mars 1757. Il a laiffé quantité d'Ouvrages, les uns manufcrits, les autres imprimés. *Un Difcours latin fur la néceffité de joindre l'étude des Médailles anciennes à l'hiftoire des faits ; une Differtation fur la maniere dont les études s'introduifirent chez les Romains, & fur les caufes de leur décadence ; Differtation fur un Monument de la Déeffe Ifis.* Ces trois Ouvrages forment un vol. in-8°. Paris, fous le titre *d'Œuvres diverfes de l'Abbé d'Oliva*, 1758. Il a fait imprimer une *Differtation de Silveftri fur un Monument de Caftor & Pollux*, 8°. *plufieurs Lettres du Pogge*, qui n'avoient point encore paru ; une *traduction* françoife du *Farfalloni de l'Abbé Lancellotti*, non imprimée ; *un catalogue de la Bibliotheque du Cardinal de Rohan*, manufcrit, en douze vol. in-fol. une *traduction latine du Traité des études de Fleuri*.

OLIVETAINS, (la Congrégation des) n'eft connue qu'en Italie ; elle fut établie au commencement du quatorzieme fiecle par Jean Tolomei, Ambroife Picolomini, & Patrice Patrizi, Sienois. Les Olivetains fuivent la regle de Saint Benoît, & l'Ordre eft fous la protection de la Vierge. Leur habit eft blanc. Le Général fait fa réfidence au Mont Olivet en Tofcane : il a quatre-vingts

Monasteres sous sa dépendance. Ceux de Naples & de Bologne sont les plus considérables ; quelques unes de ces Maisons n'admettent que des Gentilshommes. Le Supérieur de chaque Maison prend le titre d'Abbé, & officie pontificalement.

OLINO, petite Ville du Bergamasque, dans l'Etat de l'Eglise, sur le lac Iseo.

OMBELLE, espece de parasol, que le Doge de Venise met sur ses armes, par une concession que lui fit de ce droit Alexandre III, quand il se réfugia à Venise, en fuyant la persécution de Fréderic I. Elle est quelquefois sur les armes de la République.

OMBRIE, *Umbria* ou l'*Umbra*, Province de l'Etat Ecclésiastique. Elle étoit autrefois divisée en deux parties ; savoir, la Vi-Jombrie ou Ombrie au-delà de l'Apennin, renfermant la Romandiole, le Duché d'Urbin, &c. & l'Ombrie en-deçà l'Apennin, comprenant l'Ombrie propre ou Duché de Spolette. *Voyez* SPOLETTE, FOLIGNI, ASSISE, TODI, TERNI, NOCERA, NARNI, RIELTI, NERCIA. On a prétendu que le nom d'Ombrie lui est venu de l'ombre de l'Apennin, qui couvre quelques endroits de cette Province. Elle fut donnée au Saint Siége par Charlemagne. La Capitale est *Spolette*. *Amelia* & *Monte Falco* sont deux petites Villes de ce Duché.

OMBRONE, (l') Riviere de Toscane, prend sa source dans le Siénois, & va se jetter dans la mer de Toscane. Ses eaux, qui n'avoient pas le cours qu'elles devoient avoir, se dégorgeoient sur un espace d'environ quinze lieues au midi de Sienne, qu'on appelle les Marennes ; le Grand-Duc de Toscane a relevé les digues de l'Ombrone.

ONEILLE, *Oneglia*, Principauté enclavée dans la Seigneurie de Gènes. Cette Principauté, dont le terroir est très-fertile en vins, huiles & en toute espece de fruits, appartenoit autrefois à la Maison Doria, qui la vendit, avec ses environs, au Duc de Savoie en 1579. La Ville d'Oneille, qui donne le nom à la Principauté, n'est point fortifiée, & est presque toujours assiégée dans les guerres d'Italie. La Principauté se divise en trois Vallées, la Vallée d'Oneille, la Vallée de Maro, & la Vallée de Préla. Oneille a un Port sur la Méditerranée ; c'est la patrie du célebre André *Doria*. V. Doria.

ONUPHRE PANVINI, né à Vérone, de l'Ordre de Saint Augustin, vivoit dans le seizieme siecle. Il a continué les Vies des Papes par Platina. Il a fait de savantes recherches sur les Antiquités Ecclésiastiques. Il dédia sa continuation des Vies des Papes à Pie IV, en 1566. Il se disposoit à donner une Histoire générale des Papes, mais la mort le surprit en 1568 à Palerme, n'ayant que trente-neuf ans. Il a laissé divers autres Ouvrages, qui font regretter qu'il soit mort si jeune. *De Primatu Petri*; *de antiquo ritu baptisandi Cathecumenos*, *& de origine baptisandi imagines*; *Chronicum Ecclesiasticum*; *festi & triumphi Romanorum*; *de Sybillis*; *de Republica Romana*, in-8°. *de Fastis consularibus*. La plupart de ces Ouvrages sont in-fol.

ONUPHRE ou ONUFRE, (Saint) Monastere célebre, à une lieue & demie de Rome, est sur-tout remarquable par le tombeau du Tasse, avec cette belle inscription toute simple, *Ossa Tassoni*. Le tombeau d'Alexandre Guido, Gentilhomme de Pavie, est tout auprès ; il voulut être enterré auprès de ce Poëte célebre. La vue de Saint-Onufre est très-belle, & les promenades fort agréables. Ce Monastere appartient à des Hyéronimites.

OPPIDO, petite Ville au Royaume de Naples, dans la Calabre Ultérieure, avec un Evêché suffragant de Reggio, près de la mer. Elle a titre de Comté, & appartient à la Maison de Grimaldi.

ORATORIO ou especes de Concerts spirituels, qui ont lieu en différentes Villes d'Italie, & particuliérement à Bologne. Dans cette derniere Ville, c'est dans une Chapelle, à côté de l'Eglise des Philippins, que tous les Dimanches, en hiver, depuis la Toussaint jusqu'à Pâques, se donnent les Oratorio. C'est un Drame en deux actes ou deux parties, entre lesquelles, pour donner aux Musiciens le temps de se reposer, un Philippin fait un petit Sermon. Ces Drames sont chantés & non joués. Chaque personnage fait sa partie, & on emploie les voix conformément à la nature du rôle. Ces spectacles sont faits pour l'instruction & pour l'amusement du Peuple.

ORBE, Riviere du Milanois. Les Latins l'appelloient Urba. Elle se jette dans le Tanaro, près d'Alexandrie de la Paille.

ORBITELLO, petite Ville située sur les côtes de la Toscane, fait partie des six Forteresses qui composent le pays, qu'on appelle *lo Stato d'egli Presidii*, qui est près de la mer, & dont la possession a été assurée au Roi des deux Siciles par la Paix de 1735. Orbitello en est la principale Ville; elle est sur le bord de la mer, au milieu d'un lac, où l'on ne peut aborder que par une langue de terre: mais son Port est très-bon, & elle est assez bien fortifiée. Il y a de bonnes Salines.

ORCIANO, Ville de Toscane, dans le Pisan, ainsi qu'Orciatico, autre petite Ville du même pays.

ORCI-NUOVI, petite Ville du Bressan, située sur l'Oglio, dans l'Etat de Venise.

ORDRES DE CHEVALERIE. Les plus remarquables de l'Italie sont l'Ordre de l'Annonciade en Savoie, celui de Saint Marc à Venise, celui des Chevaliers de Saint Etienne en Toscane, l'Ordre de Saint Janvier à Naples, & celui de l'Isle de Malthe dans l'Isle de ce nom. *Voyez* ci-après chacun de ces Ordres.

ORDRE DU DOGE, (l') OU DE SAINT MARC, est un Ordre Militaire à Venise. La marque que portent les Chevaliers de cet Ordre est une croix à douze pointes comme celle des Chevaliers de Malthe. Elle est émaillée de bleu, ourlée d'or, avec un ovale au milieu, dans lequel est représenté le lion de S. Marc. Le Doge donne cet Ordre dans la salle d'audience: on le nomme aussi l'Ordre de S. Marc.

ORDRE DE L'ETOILE D'OR, est celui que la République de Venise a établi sous la protection de Saint Marc, Evangéliste. Les armes de cet Ordre sont un lion aîlé de gueule; avec cette devise: *Pax tibi Marce Evangelista*. Il n'est destiné qu'à ceux qui ont rendu de grands services à la République. Il n'y a que les Patriciens ou premiers Sénateurs qui en soient décorés.

ORDRE DE MALTHE, est Religieux-Militaire. Il a eu plusieurs noms, les Hospitaliers de Saint Jean de Jérusalem, les Chevatiers de Rhodes, la Religion de Malthe & les Chevaliers de Malthe. C'est le nom qu'on leur donne toujours dans l'usage ordinaire en France. L'Ordre de Malthe ne possede plus en souveraineté que l'Isle de Malthe, & quelques autres petites Isles aux environs, dont les principales sont Gozo & Cumino. Le Gouvernement est monarchique & aristocratique : monarchique sur les habitans de Malthe & des Isles voisines, & sur les Chevaliers en tout ce qui regarde la regle & les statuts de la Religion : aristocratique dans la décision des affaires importantes, qui ne se fait que par le Grand-Maître & le Chapitre. Il y a deux Conseils ; l'Ordinaire, composé du Grand-Maître, comme le chef des Grand'-Croix ; le Complet comprend les Grand'-Croix, anciens Chevaliers de chaque Langue. L'Ordre de Malthe est composé de sept Nations ou Langues, savoir, Provence, Auvergne, France, Italie, Arragon, Castille & Allemagne. Le Chef de l'Ordre s'appelle Grand-Maître : les Chefs de ces différentes Nations se nomment Piliers & Baillis Conventuels. V. MALTHE.

ORDRE DE S. JANVIER, (l') institué par Dom Carlos, Roi de Naples, en 1739. Les Chevaliers doivent être au nombre de soixante. Ils doivent faire preuve de quatre quartiers de noblesse, & les statuts leur imposent l'obligation de faire consister leur gloire à défendre, à quelque prix que ce soit, la Religion Catholique. La marque de l'Ordre est une croix ayant une fleur de lys dans chacun de ses quatre angles intérieurs, & au milieu l'image de Saint Janvier. La devise est, *in sanguine fœdus*. On porte cette croix en écharpe de l'épaule droite à la gauche, attachée à un ruban incarnat moiré, & la même croix doit être brodée en argent au côté gauche des habits sur la poitrine. Le Roi s'en est déclaré le Grand-Maître, & l'a uni à perpétuité à sa Couronne. Il donne les marques de cet Ordre à ceux qui se sont signalés pour son service.

ORDRE DE SAINT ETIENNE DE PISE, établi par Cosme I de Médicis, Grand-Duc de Toscane, en 1561 : il est Militaire. La destination des Chevaliers est de tenir la mer pour défendre les côtes de Toscane contre les incursions des Corsaires. Les

Chevaliers de Grace sont reçus sur la présentation du Grand Maître, sans faire des preuves. Les Chevaliers de Justice font preuve de noblesse de quatre quartiers francs, non compris le présenté. Ceux qui fondent des Commanderies dans l'Ordre, n'ont besoin d'autre preuve que du contrat de fondation; ils peuvent même en disposer en faveur de leurs descendans en ligne directe, à condition que la Commanderie rentrera ensuite dans le droit commun: mais il faut que celui qui succede fasse preuve de deux quartiers de noblesse, ou qu'il augmente la fondation de mille écus. Le Fondateur a voulu, pour peupler Pise, que les Chevaliers qui font leurs caravanes, passent à Pise le temps qu'ils ne sont pas sur mer. Les Officiers principaux, après le Grand-Maître, sont le Grand Connétable, le Grand-Prieur, le Grand-Chancelier, le Grand-Trésorier & le Grand-Conservateur. Le Chapitre général, auquel, à moins de grandes raisons, tous les Officiers doivent assister, se tient tous les trois ans. Les Chevaliers peuvent se marier; ceux qui ne le sont pas doivent demeurer dans le Palais, où ils sont très-bien logés. Leur habit de cérémonie est un manteau noir, sur lequel il y a une grande croix rouge à huit pointes. Leur marque distinctive extérieure est une croix partie d'or émaillée, avec la figure de S. Etienne au milieu: le cordon en est rouge.

OREGIUS, (*Augustin*) Philosophe & Théologien, vivoit dans le seizieme & dix-septieme siecle. Il étoit né à Florence, de parens pauvres. Il fut mis dans une pension, où il trouva une nouvelle Putiphar, à laquelle il opposa la même résistance que Joseph. Il fuit sans habits, & aima mieux passer une nuit d'hiver presque nu dans la rue, que de trahir le maître de pension. Cette action vertueuse fut récompensée par le Cardinal Bellarmin, qui le mit dans un Collége destiné à de jeunes Gentilshommes à Rome. Il publia un Ouvrage entrepris par ordre du Cardinal Barberin, sous le titre, *Aristotelis vera de rationalis animæ immortalitate sententia*, in-4°. Barberin, qui aimoit beaucoup Oregius, étant devenu Pape, sous le nom d'Urbin VIII, le fit Cardinal en 1634, & Archevêque de Benevent. Oregius n'en jouit pas long-temps: il mourut en 1635, é de cinquante-huit ans. Il a laissé des Traités *de Deo*, *de Trinitate*, *de Angelis*, *de opere sex dierum*, &c.

ORGAGNA, (*André* DE CIONE) Peintre, Sculpteur, Architecte & Poëte, né à Florence en 1329. Il fut chargé de la conduite de la place du Palais, des galeries, des portiques & du bâtiment de la Monnoie. Il fit les arcades de la loge en plein ceintre : ce qui fut une nouveauté. Les figures des vertus qui sont entre les arcades sont assez estimées. La loge d'Orgagna mérita les plus grands éloges de la part de Michel-Ange : elle coûta quatre-vingt six mille florins. On regarde comme un très-beau travail l'art avec lequel, dans la Chapelle de la Vierge du Palais, il a lié sans ciment ni mortier les marbres unis par des crampons de cuivre. Orgagna fut fort estimé, non-seulement par ses talens, mais par sa vertu & par sa gaîté. Il s'acquit aussi beaucoup de réputation comme Peintre. Il y a à Pise de grandes & belles compositions d'Orgagna, & sur-tout le Jugement universel, ouvrage immense, & d'un détail infini, dans lequel il a mêlé les genres les plus opposés. Il ne manquoit jamais dans ces sortes de compositions de peindre ses amis en Paradis & ses ennemis en Enfer.

ORGANASCA, Ville du Pavese, dans le pays d'Outre-Pô & de Bobbio au midi.

ORIA, Ville ruinée, du Royaume de Naples, dans la Terre d'Otrante ; elle a été autrefois considérable, & est connue chez les Anciens sous le nom d'Uria. Elle est aujourd'hui très-peu de chose.

ORICELLARIUS, (*Bernard*) né à Florence, vivoit dans le quinzieme siecle. Il étoit allié aux Médicis. Personne ne connut aussi bien que lui toutes les beautés & les finesses de la Langue Latine : mais jamais il ne voulut la parler. Ses Ouvrages sont fort estimés. Il a écrit sur l'Histoire d'Italie.

ORIGLIANO, Ville du Vicentin, dans l'Etat de Venise, près de Brendola.

ORISTAGNI, *Uselis*, Ville de l'Isle de Sardaigne, dans la contrée de Cagliari, avec un Archevêché. Elle est mal peuplée, à cause de son mauvais air : son territoire cependant est un des plus fertiles de l'Isle. Cette Ville est située sur le golfe d'Otistagni; vers le milieu de la côte occidentale, à dix-sept lieues N.E. de Cagliari.

ORNANO : (*Alfonse* Maréchal d') il étoit Colonel Général des Corses servant en France. Il fut chargé, dans le temps de la Ligue, de se saisir du Duc de Mayenne. Il alla à Lyon: mais le Duc lui échappa. Ornano & Lesdiguieres avoient combattu contre les Ligueurs en Dauphiné; ils devinrent rivaux, & Henri IV fut obligé de les séparer, pour ne pas perdre l'un ou l'autre de ces braves Généraux. Ornano demeura en Dauphiné, & fut fait Maréchal de France en 1595. Le nom d'Ornano n'étoit que celui de sa mere. Son pere étoit le fameux *San Pietro Bastelica*, qui servit sous François I. C'étoit un homme de la plus grande valeur. L'attachement que les Corses avoient pour lui, inspira de la méfiance aux Génois; ils le mirent en prison, & l'auroient immolé à leur méfiance, si le Roi de France n'eût menacé la République de faire pendre tous les prisonniers Génois qui étoient en France. Bastelica sortit de prison, entra deux fois en Corse, & battit les Génois. Lorsque la République eut fait sa paix avec la France, Bastelica alla à Constantinople chercher des secours contre Gènes : il y étoit proscrit. Pendant son voyage, *Vanina Ornano*, sa femme, résolut d'obtenir la grace de son mari des Génois même; elle étoit sur le point de partir, lorsque Bastelica arriva. Ce projet parut si odieux à cet homme implacable, qu'il lui dit de se préparer à la mort; Vanina se mit à genoux, sans aucun trouble, fit ses prieres; & quand elle fut préparée, le barbare l'embrasse tendrement; lui donne les noms de Reine & de Maîtresse adorée, met un genou à terre, & l'étrangle avec un linge. Cette action atroce engagea son fils à quitter le nom de Bastelica, & à prendre celui d'Ornano. Celui-ci mourut le 21 Janvier 1601. Jean-Baptiste son fils fut Gouverneur de Gaston de France, frere de Louis XIII. Ce fut lui qui suggéra au Roi, en 1624, de prendre les rênes du Gouvernement. Il fut exilé, rappellé, fait Ma-

...téchal de France en 1626, & mourut en prison à Vincennes, pendant qu'on travailloit à lui faire son procès, la même année 1626.

ORSATO, (Sertorio) né à Padoue, en 1617, d'une famille illustre, Poëte, Antiquaire, Historien, passa une partie de sa vie dans les amusemens de la Poësie, les travaux de l'Histoire & les recherches de l'Antiquité. Il fut chargé par le Sénat de Venise d'enseigner la Physique à Padoue, & n'y acquit pas moins de réputation que dans l'étude de l'Histoire. Il a composé celle de Venise; en la présentant au Sénat, qui agréa son hommage, il lui prit un besoin qu'il retint, & qui lui causa une rétention d'urine, dont il mourut peu de jours après, en 1678. Il a écrit en latin & en italien. *Sertum Philosophicum, ex variis scientiæ naturalis floribus consertum; Monumenta Patavina Commentarius de notis Romanorum; Prænomina, cognomina & agnomina antiquorum Romanorum; Deorum, Dearumque nomina & attributa; Lucubrationes in quatuor libros Meteorum Aristotelis; orationes & carmina*, &c. en italien, l'*Histoire de Padoue, Marmi eruditi*; plusieurs volumes de Poësies lyriques; des Comédies, & d'autres piéces de Poësie. Il étoit de l'Académie du Ricovrati, & d'autres Académies. Jean-Baptiste Orsato, de la même famille, excella aussi dans l'étude de l'Antiquité & dans celle de la Médecine. Il a laissé en latin, *Dissertatio Epistolaris de Lucernis antiquis*; un Traité *de sternis veterum; Dissertatio de pateris antiquorum*. Ces Ouvrages sont fort estimés.

ORSI, (Jean-Joseph) Poëte, Philosophe, Jurisconsulte & Mathématicien, né à Bologne en 1652, d'une famille patricienne. Il rassembloit chez lui plusieurs Gens de Lettres: leurs conférences, qui commençoient toujours à table, & fort gaiment, rouloient le plus souvent sur le parallèle de la morale des anciens Philosophes avec celle des premiers Écrivains du Christianisme. En 1712, il s'établit à Modene, & ses conférences y continuerent. Il mourut dans cette tranquillité philosophique, au sein des Lettres, en 1733, âgé de quatre-vingt-un ans. Il a laissé des Sonnets, des Pastorales, & plusieurs autres

Ouvrages de Poësie; la défense de quelques Auteurs Italiens; des Lettres; la traduction de la vie du Comte Louis de Sales, du P. Buffier.

Il y a encore eu le Cardinal Orsi, né dans le Duché de Toscane en 1692. Il fut Religieux de l'Ordre de Saint Dominique, Profeffeur de Théologie, Maître du facré Palais, Cardinal par Clément XIII, en 1759. Il étoit très-ftudieux. Il a compofé en italien l'Hiftoire Eccléfiaftique, en vingt vol. in-4°. elle ne va que jufqu'en l'an 600, & fe propofoit de la continuer jufqu'à nos jours. Il mourut en 1761.

ORTA, petite Ville dans le Novarrois, au Duché de Milan, près du lac du même nom, eft une place affez forte. L'Evêque de Novarre en eft le Seigneur fouverain, & en cette qualité, il a droit de porter l'épée lorfqu'il monte à cheval.

Il y a une autre Ville du même nom dans le Patrimoine de Saint Pierre, au confluent du Tibre & du Nar, à douze lieues de Rome. Elle étoit très-fréquentée du temps des Romains. Giufto Fontanini a donné, en 1708, deux livres fur fes Antiquités.

ORTONA A MARE, parce qu'elle eft fur la mer au golfe de Venife, petite Ville au Royaume de Naples, dans l'Abruzze Citérieure, avec un Evêché. Elle a un port bien fortifié, & très-fréquenté par les Marchands de Dalmatie.

ORVIETO, OROPILUM ou URBIVENTUM, Ville & Capitale de l'Orvietan, Province dans le Patrimoine de Saint Pierre, avec un Evêché suffragant du Pape. Cette Ville, qui ne confifte qu'en une Fortereffe, que l'art & la nature ont rendue imprenable, eft fituée fur un rocher efcarpé, près du confluent de la Paglia & de la Chiana, entre Peroufe & Viterbe. On y voit un puits très-profond, d'une ftructure affez finguliere. Des mulets defcendent par un efcalier pour prendre de l'eau, & remontent par un autre. C'eft aux environs de cette Ville qu'on trouve un contre-poifon, qu'on appelle *orvietan*. C'eft un fimple qui a beaucoup de propriétés, & qui a donné le nom à tous les remedes que viennent débiter en France tous les Charlatans d'Italie. Orvieto eft appellé par les Anciens *Herbanum*.

L'Orvietan

L'Orvietan est un pays agréable & fertile; il renferme, outre *Orvieto*, *Aquapendente*, *Bagnarea*, qui est le lieu de la naissance de Saint *Bonaventure*.

OSA, (*Barthelemi*) né à Bergame, vivoit dans le quatorzieme siecle. Il a composé plusieurs Ouvrages, & entr'autres, une Histoire des Papes & des Empereurs, en seize livres.

OSERO, Isle considérable dans le golfe de Venise, à peu de distance de celle de Cherzo, appartient aux Vénitiens. On y pêche la sardine & le maquereau. Cette Isle abonde en bois, en miel & en bestiaux : mais elle n'est pas peuplée, à cause du mauvais air. La petite Ville d'Osero, qui est la Capitale de l'Isle, a un Evêché suffragant de Zara.

OSIMO, AUXUMUM, ou AUXIMUM, petite Ville dans la Marche d'Ancône, avec un Evêché suffragant du Pape. Le Palais Episcopal est ce qu'il y a de plus remarquable. Elle est située sur une montagne, arrosée par le Musone, à trois lieues de Lorette & à quatre S. E. d'Ancône.

OSIO, famille recommandable de Milan, a produit Félix *Osius* ou *Osio*, né en 1587. Il étoit naturellement éloquent ; il fut choisi pour remplir une Chaire d'Eloquence dans l'Université de Padoue, & mourut le 24 Juillet 1631. Il a laissé plusieurs Ouvrages en prose & en vers. *Theodat Osius* a fait aussi plusieurs Traités.

OSSAIA, petit Village de la Toscane, à treize milles du lac de Perouse ou lac Trasymene. C'est à Ossaïa que quelques Savans placent le théâtre de la bataille de Trasymene. On prétend que ce Village a pris son nom des os des vingt mille Romains qui furent tués par l'armée des Carthaginois, & qui furent enterrés dans les environs. La tradition de ce lieu porte qu'on a trouvé dans toutes les fouilles qu'on y a faites, une grande quantité d'ossemens. Sur la porte d'une maison de cet endroit, on lit cette inscription :

Nomen habet locus hic Ossaia ab ossibus illis,
Quæ dolus Annibalis fudit & hasta simul.

Ossola, (Val d') Ville & Province du Milanois Savoyard, est la partie occidentale de l'ancien Comté d'*Anghera*, & la plus septentrionale du Duché de Milan. Elle est séparée de la partie orientale par le lac Majeur. Cette Province a été cédée au Duc de Savoie par l'Archiduchesse d'Autriche. Les Bourgs du *Domo d'Ossola*, de Canobbio, de Margozzo & d'Arona sont les lieux principaux de cette Vallée.

Ostellato, petite Ville du Ferrarois, dans l'Etat de l'Eglise, près de Migliarmo, au nord de Ferrare.

Ostiano & Pomponasco, deux petites Villes à peu de distance l'une de l'autre, dans le Mantouan, appartenoient à la Maison de Guastalla; mais le dernier de cette Maison étant mort sans héritier, en 1746, l'Impératrice, à qui ces deux Villes appartenoient, les a réunies au Duché de Mantoue.

Ostie, *Ostia*; c'est le premier établissement que les Romains firent sur le bord de la mer. Ancus Marius, vers l'an de Rome 132, voulant étendre le commerce de son Royaume, entoura de murs la Ville d'*Ostie*, & lui donna ce nom pour marquer que c'étoit la porte du Tibre ou de Rome. Le territoire d'Ostie étoit alors très-marécageux; mais Rome étant devenue la Capitale du Monde, on y fit un port très-considérable. Il y abordoit une très-grande quantité de vaisseaux; mais depuis que le Tibre s'est divisé en deux branches vers son embouchure, le port s'est trouvé tellement resserré, qu'il n'y passe que des bâtimens de médiocre grandeur. Les Sarrasins ruinerent l'ancienne Ville d'Ostie: on en bâtit une nouvelle à quelque distance de ses ruines. Les Papes Léon IV, Martin V, Jules II ont fait les plus grands & les plus inutiles efforts pour rendre la nouvelle égale à l'ancienne, dont les ruines offrent un port magnifique, comblé depuis long-temps. La nouvelle est un Bourg presque désert, peuplé de forçats & de malfai[...], & dont l'air est très-mal sain. Il y a des salines, qui appartiennent à la Chambre Apostolique. Ostie est le titre du Doyen des Cardinaux. Elle est située à l'embouchure du Tibre, dans la Campagne de Rome.

Ostuni, Ville au Royaume de Naples, dans la Terre

d'Otrante, avec un Evêché, le seul suffragant de Brindes. Elle est située près du golfe de Venise, dans une contrée qui fournit beaucoup de gibier, à sept lieues de Tarente.

OTHELIO, (*Marc-Antoine*) né à Udine, dans le Frioul, Professeur du Droit Civil & Canon dans l'Université de Padoue. Il joignoit à beaucoup de savoir une si grande bonté, que ses Ecoliers ne l'appelloient que leur pere. Il professa jusqu'à l'âge de quatre-vingts ans. On le dispensa d'enseigner, à cause de son grand âge; mais le Sénat lui conserva toujours ses honoraires. Il mourut en 1628. Il a laissé *des Commentaires sur l'un & l'autre Droit, & des Consultations*.

OTHON, Comte de Savoie & de Maurienne, succéda à Amédée son pere, en 1048. Il épousa Adélaïde de Suze. Ce mariage procura à la Maison de Savoie le Marquisat de Suze, Turin, le Piémont, la Vallée d'Aouste, & plusieurs Terres sur la côte de Gênes. Othon mourut l'an 1060.

OTRANTE, (la Terre d') est une des douze Provinces du Royaume de Naples; c'est une grande presqu'isle, bornée au couchant par la Terre de Bari & par la Capitanate, baignée au nord par le golfe de Venise, au midi par celui de Tarente, & au levant par la mer Ionienne. Ce pays, qui a près de trente-deux lieues d'étendue, est plein de montagnes, & fort sec: il produit néanmoins quantité d'olives, de figues & du vin. Les habitans sont fort incommodés d'une espece d'araignée, appellée *tarentule*, dont la piqûre est venimeuse, & que certaines personnes prétendent qu'on guérit, en faisant danser le malade jusqu'à ce qu'il tombe de lassitude: mais la vérité est qu'on chasse le venin par une forte transpiration, & qu'on l'empêche de glacer le sang, en fatigant le malade, & en l'empêchant de succomber au sommeil. Les habitans n'ont pas moins à craindre des serpens amphibies, que les Grecs appellent *chersides*. Ils sont aussi tourmentés par une infinité de sauterelles: mais heureusement la Providence fait naître chez eux une espece d'oiseaux qui font la guerre à ces insectes, & les mangent. Cette Province est fort exposée aux courses des Corsaires, qui, tous les ans, en emmenent beaucoup d'habitans; aussi est-elle bien fortifiée le long des Côtes. La Ville de Leccio en est à présent la Capitale, à la place d'Otrante, qui l'étoit autrefois. La Ville d'Otrante, *Hydruntum*, est Archiépiscopale; elle a un fort Château sur un rocher, pour la défense de son port, qui est un des plus considérables de cette côte, & que le commerce du Levant rend très-fréquené. Cette Ville a été long-temps exposée aux incursions des Turcs. Ils s'en emparerent en 1480, sous Mahomet II, & la pillerent; mais Ferdinand, Roi de Naples, la reprit, & depuis elle a été mise en état de s'opposer aux tentatives de ses ennemis. Elle est à l'embouchure du golfe de Venise, à vingt-quatre lieues de Tarente & à quinze S. E. de Brindes. La Terre d'Otrante fut le premier pays de l'Italie, que Pythagore éclaira, soit par ses opinions philosophiques, soit par les arts qu'il y fit connoître, & qui firent ensuite de si rapides progrès.

OTRICOLI, (*Ocriculum* du temps des Romains) Bourg dans le Duché de Spolette, sur une montagne, à demi-lieue du Tibre, entre *Narni* & *Citta Castellana*, à treize lieues & demie au nord de Rome, est entouré de ruines, qui attestent son antique magnificence. On voit au couchant de la Ville les restes d'un théâtre & de plusieurs édifices publics. Otricoli étoit à Rome ce que Chaillot & Passy sont à Paris, c'est-à-dire, que ses fauxbourgs s'étendoient jusques-là. Il y avoit une suite de si beaux monumens, de temples, d'arcs de triomphe, que lorsque l'Empereur Constantin vint à Rome pour la premiere fois, il croyoit entrer dans cette Capitale, lorsqu'il ne faisoit que de sortir d'Ocriculum. Ainsi l'on peut dire que Rome, en y comprenant ses fauxbourgs, occupoit depuis Ocriculum jusqu'à la mer une étendue de près de vingt-cinq lieues; & ceux qui y comptoient quatre millions d'habitans, en y comprenant les Esclaves, ne se trompoient pas de beaucoup, s'ils étendoient Rome jusqu'à l'extrémité de ses fauxbourgs.

OTTAIANO, l'un des trois sommets qui formoient la montagne du Vésuve, entre le Vésuve proprement dit, qui est au midi, la Somma au nord. Ces trois sommets n'avoient qu'une même base; la Somma est presque ruinée dans toute sa hauteur; l'Ottaïano est fort abaissé; le Vésuve est le sommet qui reste le plus entier, & contre lequel le feu du volcan s'exerce jusqu'à ce qu'il l'ait consumé comme les autres. *V.* VESUVE. Au pied de l'Ottaïano est une espece de grotte très-solide, qui a la forme d'un temple antique, précédée d'un aqueduc creux, & d'environ quatre-vingts pieds de long. Cette grotte paroît être d'un seul & même massif: le tout s'est formé par la lave du Vésuve, arrêtée dans son cours par quelques obstacles, qui ont été comme le moule de ce singulier édifice.

OTTONE, une des petites Villes comprises dans ces petits territoires connus anciennement sous le nom de *Feudi Imperiali*, cédés par l'Archiduchesse au Roi de Sardaigne.

OULX, (Vallée d') une des trois Vallées de la Province de Suze, sur la Doria, que la France a cédées à la Maison de Savoie, en 1713, avec *Bardonnanche & Sezanne*.

OUTRE-PO, (le Pays d') & de BOBBIO, est la partie méridionale du Pavese. Elle a été cédée au Roi de Sardaigne par l'Archiduchesse, Reine de Hongrie, en 1743, après le Traité de Worms. Bobbio en est la Capitale. On y trouve ensuite *Voghera* au N. *Schiatezzo*, *Stradella*, *Varzi & Organesca* au midi, & les *Feudi Imperiali*, *Mongiardino*, *Ottone*, *San Stephano*, *Toriglia & Borgo Fornari* sont les principaux.

P

PACIUS, (*Fabius & Julius*) freres, nés à Vicence. Fabius fut Médecin, il naquit en 1547. Il unit à l'étude de la Médecine celle des Langues & de la Philosophie. Il composa Eugene, Comédie, qui lui fit une grande réputation. Ayant pris le bonnet de Docteur, il enseigna la Philosophie & la Médecine en particulier, mais avec tant de succès, que plusieurs Universités d'Italie vouloient l'avoir pour Professeur. Le Roi de Pologne lui offrit un établissement dans ses Etats: l'amour de sa patrie lui fit tout refuser. Il mourut en 1614, âgé de soixante-sept ans. Il a composé divers Traités qui n'ont jamais été imprimés. Jules son frere naquit en 1550, fut Philosophe & Jurisconsulte, composa, dès l'âge de treize ans, un Traité d'Arithmétique. Il avoit une pénétration singuliere, en très-peu de temps il apprit les Langues savantes. Il fit un abrégé de l'Art de Raymond Lulle. Il crut pouvoir lire sans conséquence les livres défendus, on lui en fit un crime ; son Evêque voulut le faire arrêter, il se sauva en Suisse. Il enseigna pour subsister : ses leçons firent tant de bruit, que l'Université d'Heidelberg lui donna une Chaire de Philosophie. Il parcourut l'Allemagne, alla jusqu'en Hongrie, où il enseigna le Droit. Le Duc de Bouillon l'attira dans son Université de Sedan. Il donna un grand lustre à cette Ecole. Il fut obligé de quitter à cause des guerres civiles. Il alla à Nîmes, & on lui donna une Chaire de Droit dans l'Université de Montpellier, où le célebre Peirese alla le voir, & l'attira en Provence. Il enseigna à Aix, passa à l'Université de Valence. Sa réputation s'étoit répandue dans toute l'Europe : Leyde en Hollande, Pise, Padoue lui offrirent des Chaires de Professeur : l'amour de sa patrie lui fit préférer Padoue. En passant à Venise, le Sénat délibéra de lui marquer son estime, & lui donna le Collier de Saint Marc, & une Chaire de Professeur à son fils. Sa famille, qu'il avoit laissée à Valence, l'obligea de retourner en Dauphiné. Il y mourut en 1635, âgé de quatre-vingt-cinq ans. Il est inconcevable combien, malgré ses longs voyages, Pacius a écrit. Il a composé un Abrégé de sa vie en vers, des Traités de Philosophie, des traductions latines de plusieurs livres d'Aristote, avec des Notes & des Commentaires, six Traités des Contrats, des Commentaires sur le titre *de rebus creditis* au Code, des Centuries. *Isagoge in institutionum libros* IV, avec des Notes sur ces quatre livres, *Epitome Juris, Indecret.* lib. V ; *de Juris methodo*, lib. II; *Synopsis Juris Civilis, comm. ad* lib. IV . Cod. *de Obligationibus ; de jure maris Adrialici ; Economica Juris ; comm. in Tit. de pactis & transactionibus ; Analysis V, partis digestis ; de gradibus secundùm Jus Civile & Canonicum ; de gradibus affinitatis ; editio corporis Juris Civilis, cum notis & legum argumentis : Pictura,* lib. II ; *de Arte Lulliana.*

PAC

Paco, Isle considérable de la Dalmatie, a vingt-trois lieues de tour, & fournit beaucoup de sel aux Vénitiens, à qui elle appartient.

Padoani impiccare l'asino, proverbe en réputation, lorsqu'on parle de Padoue; il y a très-peu de Villes dont on ne fasse des contes très-ridicules: celle-ci est du nombre. On prétend qu'un certain Prince d'Albano, que l'on regardoit comme un Magicien, ayant été condamné pour raison des maléfices dont on l'accusoit, fut assez subtil pour se soustraire des mains de la Justice; & qu'après l'exécution faite, on fut fort surpris de voir qu'on n'avoit pendu qu'un âne, & que le Prince d'Albano étoit dans un coin de la place, qui se moquoit des Padouans. Voilà l'origine qu'on donne à ce proverbe.

Padouan, (*Louis-Léon*, dit le) Peintre, né à Padoue, mort âgé de soixante-quinze ans, sous le Pontificat de Paul V. Il s'est sur-tout adonné au portrait; il se proposoit pour modeles le Giorgion & le Titien, & a pris leur goût. Il a gravé sur l'acier & sur l'argent de très-belles médailles. Il eut un fils, qui peignit dans sa maniere, & dont on confond les ouvrages avec les siens; ce fils, qu'on appelloit aussi le Padouan, quoique né à Rome, mourut âgé de cinquante-deux ans.

Padouan; cette Province est regardée comme la plus abondante & la plus fertile de l'Italie. Elle est à l'Est du Vicentin. Padoue en est la Capitale. Ses principales Villes sont *Bataglia*, *Citadella*, *Este*, *Gambara*, *Consello*, *Montagna*, *Bevilaqua* & *Anguillara*, *Arqua* ou *Acquato*, petite Ville où Pétrarque est mort.

Padoue, *Padova*, *Patavium*, Capitale du Padouan, dans laquelle on compte environ quarante mille ames, de l'Etat de Venise, dont elle se vante d'avoir jetté les premiers fondemens, pour servir de retraite aux peuples maltraités par les Goths, dans le cinquieme siecle, contribua beaucoup à l'agrandissement de cette République, en lui envoyant des Magistrats pour y entretenir la police, & y exercer la Justice. Elle est située à neuf lieues de Venise S. O. & à huit S. E. de Vicence, près des collines Euganéenes. Virgile en attribue la fondation à Antenor, qui, après avoir pénétré dans les mers d'Illyrie, & passé la fontaine du Timave, établit les Troyens à Padoue. On l'a toujours regardée comme plus ancienne que Rome, qui n'a cessé de la traiter en fidelle alliée, depuis que les Padouans l'aiderent à se débarrasser des Gaulois, qui tenoient le Capitole assiégé. Alaric la ruina; Attila la réduisit en cendres, & força les habitans à se réfugier dans les Lagunes. Elle a été brûlée plusieurs fois, & désolée par des tremblemens de terre; c'est sans doute à ces accidens qu'il faut attribuer sa population peu nombreuse, eu égard à son étendue, à la beauté du climat & à la fertilité de son territoire, le meilleur de l'Italie. Charlemagne la rétablit : elle fut administrée par des Podestats. Après le tyran Ezzelino, qui s'étoit emparé du Gouvernement, elle reprit sa liberté : ils la sacrifierent aux Carrares; enfin, en 1406, Venise la subjuga, & la réunit à son Domaine, malgré son titre effectif de Métropole de la République. Padoue est située dans la plaine la plus fertile de la Lombardie ; les collines voisines lui fournissent le meilleur vin & la meilleure huile d'Italie. Son enceinte, en forme de triangle, a environ deux lieues ou un tiers de tour. Les Vénitiens l'ont très-bien fortifiée depuis que Maximilien I en forma inutilement le siége. On vante beaucoup le bastion Cornaro, construit en 1539 par l'Architecte San-Michieli & par les ordres de Jérôme Cornaro, Capitaine de Padoue. Elle est divisée en vieille & nouvelle Ville ; la vieille est mal bâtie, mais les rues sont bordées de portiques, sous lesquels on marche commodément : en général les rues sont mal pavées, & les maisons mal construites. Elle a néanmoins quelques beaux édifices & de belles places. La plus belle est celle où sont le Palais du Podestat & l'Hôtel-de-Ville. Le premier est l'ancien Palais des Carrares, fort vaste, orné de quelques belles peintures de Palma, de Varotari, & d'une bibliothèque publique. L'Hôtel-de-Ville, ou Palais de Justice, a été bâti sur les ruines de l'ancien Sénat de Padoue. Le bâtiment est d'une belle architecture, de Pierre Cozzo. La salle d'audience est d'une étendue unique, elle a trois cents pieds de long, cent pieds de large & cent pieds de hauteur en dedans, sans autres soutiens que quatre-vingt-dix pilastres placés dans les murs des côtés. La voûte a été faite, détruite deux fois par le feu & par un ouragan, & rebâtie enfin. Les planètes, les mois, les saisons, les Apôtres, les signes du Zodiaque, & plusieurs autres sujets, y ont été peints par le Giotto, & réparés par Zannoni. On y voit un monument élevé à Tite-Live; la tête, le buste de cet Historien sont antiques. Au fond de cette salle est la pierre d'opprobre, élevée d'un pied environ au-dessus du pavé, sur laquelle s'asseyent les débiteurs insolvables: espece de déclaration qu'ils font de leur insolvabilité & de leur infamie. Sur la place des Seigneurs, est le Palais del Capitanio, d'une architecture assez belle, de Falconetto. On y remarque un très-bel escalier, du *Palladio*. La place la plus vaste est appelée *Prato della Valle*, parce que le milieu est un pré; elle est décorée par le portail de Sainte Justine. La Cathédrale de Padoue, dont on appelle les Chanoines les Cardinaux de Lombardie, à cause de leurs revenus, qui sont honorés du titre de Protonotaires Apostoliques, a donné Eugene IV, Paul II, Alexandre VIII & Clément XIII à l'Eglise de Rome. L'Evêque est toujours un Cardinal, Noble Vénitien. Le premier fut, dit-on, Saint Prodoscime, Disciple de Saint Pierre. Macilo, en 1123, Jacques Sansovin & Jean Gloria, Architectes, ont commencé & fini la construction de cette Eglise. On y voit une Vierge, du Giotto, que Pétrarque, qui étoit Chanoine de cette Eglise, donna à François Carrare. Ce Poëte donna au Chapitre une partie de ses livres, qui furent la base de cette collection, continuée par Jacques Zeno & Pierre Foscari. L'Eglise est ornée d'une Vierge, du Titien; de plusieurs tableaux, de Palma, & des tombeaux, de Pellegrini, de Jacques Dondi, appellé Orologio, (*voyez* OROLOGIO) & de Charles Patin. L'Eglise de Saint Antoine de Padoue, appellé *il Santo*, le Saint par excellence, est bâtie sur les ruines d'un ancien Temple. La statue équestre d'Erasme *Narni Gatta Melata*, Général Vénitien, par *Donatello*, Sculpteur Florentin, est sur la place en face de l'Eglise, & la nef est formée de six dômes. Il y a des sculptures du Donatello, de Minello, de Bardi, de Sansovin, de Lombardi, de Tiziano Afpetti, de Vellano, de Cataneo, & d'autres Sculpteurs célebres; des tableaux de Tripolo, du Giotto, de Piazetta, &c. On y voit les tombeaux du Cardinal Bembo, de Cornaro Pifcopia, favante & Noble Vénitienne, du Médecin Fallope, & de plufieurs autres perfonnages célebres. Il y a une Mufique très-bien entretenue, dont eft le célebre Tartini. L'Eglife de Sainte Juftine des Bénédictins, eft une des plus belles d'Italie; elle eft d'André Riccio: elle a quatre cent quatre-vingt-cinq pieds de long, cent-huit de haut fur cent vingt-neuf de large; elle a huit coupoles, la plus haute, en y comprenant la statue de Sainte Juftine, a deux cent trente-deux pieds en dehors & cent foixante-quinze en dedans. Le tableau repréfentant le martyre de Sainte Juftine, qui eft au fond du chœur, eft de Paul Veronefe, & regardé comme un de fes chef-d'œuvres. Il y a beaucoup d'autres tableaux; l'Abbé en a orné fon appartement de quelques-uns, & entr'autres de l'Affomption, de Paul Véronefe. On voit dans une des vingt-quatre Chapelles du tour de l'Eglife, qui doivent être décorées de différens groupes, & dont plufieurs font finis, une defcente de croix fort eftimée. On fait beaucoup de cas de la bibliotheque du Couvent. Les autres Eglifes ont toutes quelque chofe de précieux, foit pour les peintures, foit pour les monumens. En creufant les fondemens de l'Hôpital des Enfans-Trouvés, on découvrit un cercueil de plomb, qui en couvroit un fecond de cyprès, dans lequel il y avoit des offemens & une épée, fur laquelle étoient gravés deux vers en caracteres gothiques. On tranfporta ces offemens, & cette épée dans la rue S. Laurent, & on plaça le cercueil dans un tombeau ancien, élevé fur quatre colonnes: tout cela paffe à Padoue pour être le tombeau & les reliques d'Antenor, Compagnon d'Enée, & Fondateur de Padoue. Les Eglifes offrent des tableaux du Tintoret, du Titien, de Palma, de Paul Veronefe, &c.

Les Palais font auffi ornés de beaux monumens des arts. Auprès du Palais du Podeftat, eft une tour qui paroît inclinée fous une coupole très-pefante, elle n'en eft pas moins folide; mais ce qu'il y a de plus célebre à Padoue, eft l'Univerfité:

elle y fut établie en 1222 par l'Empereur Frédéric. On y venoit étudier de toutes les parties de l'Europe; elle a eu les Professeurs les plus célebres; les nobles Vénitiens se faisoient honneur d'y occuper des Chaires: la Faculté la plus accréditée étoit la Médecine. On y a vu jusqu'à dix-huit mille Etudians; ils étoient fort protégés par le Sénat de Venise, qui les regardoit comme une garnison qui tenoit les Padouans en respect: aussi les Professeurs & les Etudians tenoient-ils le premier rang dans la Ville. Les Vénitiens y entretenoient des Professeurs pour tous les Arts & toutes les Sciences. Le bâtiment s'appelle *il bo*, nom formé du chiffre 60, qui étoit sur la porte, & qui désignoit le nombre de soixante Professeurs qui composoient l'Université. Elle est située au centre de la Ville; le Palais est bien bâti, d'une belle architecture: la cour est entourée de deux galeries l'une au-dessus de l'autre. Elle a conservé sa réputation, quoiqu'elle ne soit plus ce qu'elle étoit autrefois: il n'y a pas au-delà de six cents Etudians, la plupart Vénitiens. Les *Reformatori dello studio di Padova* sont des nobles Vénitiens nommés par le Sénat. Il y a des Chaires qui valent jusqu'à 8000 L. Ce qu'il y a de plus curieux dans le Palais de l'Université, est le théâtre anatomique, sur le modele de celui de Bologne. On y trouve tout ce qui peut servir aux démonstrations en squelettes, & autres pieces naturelles & artificielles. M. Morgagni, un des plus grands Médecins de l'Europe, remplit cette Chaire. Le jardin de Botanique dépend de l'Université, quoiqu'il en soit éloigné; la disposition en est si bien ménagée, que c'est un des jardins les plus agréables d'Italie, orné de bosquets d'arbres étrangers, & de toute sorte d'arbustes, enrichi de fontaines qui servent à l'ornement & à l'arrosement du jardin, & décoré d'une balustrade qui regne tout autour, & qui supporte, de distance en distance, les bustes des hommes célebres qui ont fait une étude particuliere des plantes, & de leurs propriétés, tels que Salomon, Dioscoride, Prosper Alpin, Fabius Colonna, Pontedera. Il y a un Professeur d'Agriculture attaché à ce jardin.

Outre le théâtre anatomique, le Marquis Poleni a établi,

depuis quelques années, une salle de Physique expérimentale, fournie d'excellentes machines de France, d'Angleterre & de Hollande. Le célebre Médecin Valisnieri a commencé le Cabinet d'Histoire Naturelle; & son fils, qui succede à ses talens & à son savoir, l'augmente tous les jours. C'est un des Cabinets les plus riches de l'Europe, en productions de trois regnes. Le Coquillier est plus riche qu'abondant; on en a exclu tout ce qui est commun. Le Sénat de Venise donne de grands secours pour l'entretien & l'augmentation du cabinet, du jardin, de la salle des machines, & généralement pour tout ce qui peut contribuer aux progrès des sciences. Comme ils préférent l'Université de Padoue à toute autre pour l'éducation de la jeunesse, ils se croient intéressés à la protéger. Elle a sous sa dépendance douze Colléges, fondés pour un certain nombre de Boursiers. Il y en a deux établis pour les sujets de la République nés à Candie; on les appelle les Colléges des Grecs.

La fête la plus brillante est celle de Saint Antoine : on la célebre le 13 de Juin; comme c'est après l'Ascension, & qu'il y a une foire immédiatement après celle de Venise, tout ce qu'il y a de Bateleurs, d'Acteurs, d'Etrangers se rend à Padoue : & pendant la foire ce n'est que jeux, mascarades, parties de plaisir, spectacles de toute espece, courses de chevaux.

L'abondance & l'excellente qualité des productions de la terre devroient naturellement y attirer beaucoup d'étrangers, & occasionner une grande population; cependant les Padouans en général sont peu riches, & les étrangers ne font qu'y passer.

Padoue a eu quantité de gens célebres dans les Lettres, les Arts & les Sciences, Tite-Live, Dondi-Orologio, Albert Mussato, Valisnieri, & sur-tout un grand nombre de Jurisconsultes & de Médecins. Son Université y a attiré Pétrarque, Galilée, Bernoulli, Montanari, Herman.

Les jeux du théâtre sont très-anciens en Italie; mais Padoue est la Ville dont les titres remontent à la plus haute antiquité. Sur la place où est aujourd'hui l'Eglise de Sainte Justine, on célébroit des jeux qui se renouvelloient tous les trente ans, &

qui attiroient des étrangers de tous côtés. Tacite attribue l'institution de ces jeux à Antenor, & dit formellement qu'on y jouoit des tragédies. On trouve dans un ancien manuscrit, qu'en 1243, jour de la fête de Pâques, dans le même lieu, sur le *Prado d'ella Valle*, on représenta les souffrances & la résurrection de J. C. tandis qu'en France on ne connoît ces spectacles que depuis 1398. C'est sur cette place que se tient la grande foire de Padoue.

Le célebre Tartini, le premier Violon de l'Europe, est attaché à la Musique de la Cathédrale. Le plus grand Méchanicien qu'il y ait actuellement, est Barthelemi Ferracini, qui, n'ayant jamais eu de principes, est parvenu à faire les machines les plus prodigieuses; il a fait la fameuse horloge de S. Marc à Venise, & a dirigé la voûte du sallon immense du Palais de la Justice à Padoue.

Parmi les hommes célebres qui illustrent actuellement cette Ville, on distingue Morgagni, Anatomiste très-savant, MM. Marsili, Valisnieri, l'un Professeur de Botanique, l'autre d'Histoire Naturelle, M. Jacques Facciolati, Auteur des Fastes de l'Université de Padoue, & d'un excellent Dictionnaire classique latin; le P. Stellini, Auteur d'un Ouvrage de l'origine & du progrès des Mœurs, le P. Daniel Tarlatti, Auteur de l'Histoire de l'Illyrie sacrée, en plusieurs volumes in-fol. Ces deux derniers ont écrit en latin: le P. Valsechi a donné un Traité fort estimé, *de fondamenti della Religione*.

Padoue est fort commerçante, & l'étoit beaucoup du temps des Romains, auxquels elle fournissoit de belles tuniques de laines, suivant Martial, & sous le régne d'Auguste, le corps des Marchands étoit très florissant dans cette Ville.

Dans la plaine charmante qui environne Padoue, il y a de très-beaux jardins & des maisons magnifiques à voir, tels que les bains d'Abano, la Chartreuse, le Palais Obizzi à Cataio.

PADULA, petite Ville du Royaume de Naples, dans la Principauté Ultérieure, a titre de Baronnie, & appartient à la Maison *Cibo Malespina*. L'épouse du Prince héréditaire de Modene la lui apporta en mariage en 1741. Il y a encore une autre petite Ville du même nom dans la Principauté Citérieure, où les Marquis, à qui elle appartient, font leur résidence, dans le beau Château de *Buon Abitocolo*.

PAGLIANO, petite Ville dans le Patrimoine de S. Pierre, avec titre de Duché, près du Tibre, assez agréable, mais peu considérable.

PAGI, (*Gio-Baptista*) Peintre & Graveur, né à Gênes en 1556, d'une famille noble. La nature lui avoit donné un talent si décidé pour la Peinture, que son pere faisant tous ses efforts pour changer son inclination, non-seulement il apprit le dessin tout seul, mais encore n'ayant jamais appris à mêler les couleurs, & se trouvant chez un Peintre qui faisoit un portrait, fort mal au gré de Pagi, celui-ci prit le pinceau pour la premiere fois, & fit un portrait très-ressemblant & supérieurement bien peint. Il prit des leçons du Cangiage. Il passa à Florence, & fut protégé par les Médicis. Il a gravé d'excellentes planches, & a écrit sur la Peinture.

PALAIS. La description des beaux Palais d'Italie demanderoit un ouvrage très-étendu : les plus beaux sont à Rome, à Florence, à Gênes, à Naples, à Venise, &c. Nous avons indiqué les principaux sous les lettres dont ces Palais portent les noms. Les plus beaux de Florence sont les Palais Strozzi, Pitti, Caponi, Corsi, Ricardi, Arnoldi.

Le Palais Pitti est le plus beau qu'il y ait à Florence ; c'est là où réside ordinairement le Grand Duc, lorsqu'il va dans cette Ville ; il est situé dans l'endroit le plus élevé, sur le bord de l'Arno ; la façade en est extrêmement longue, & l'architecture est dans le même goût que celle du Luxembourg, mais moins vaste ; les appartemens y sont superbes, tant par la richesse des ameublemens, que par les peintures : l'escalier en est très-curieux. *V.* FLORENCE.

Les Palais Strozzi & Caponi joignent à la nouveauté de l'architecture de très-beaux jardins : ce qui est rare à Florence, où la plupart des maisons n'ont, comme à Gênes, que des terrasses.

Les Palais Corsini, Ricardi, Arnoldi sont dans le goût antique, mais très-riches en peintures. On y voit, comme dans celui de Pitti, des tableaux des plus grands Maîtres. Le Palais Ricardi semble être distingué par le meilleur choix de tableaux, ils sont plus variés que dans les autres Palais. On y voit plusieurs belles vues de Florence, de Gasporo, d'egli Ochiali, un tableau de Teniers, une petite bataille sur un pont, du Borgognone. La voûte de la galerie & le plafond de la bibliothéque sont de *Luca Giordano*. Au Palais Corsini, on fait remarquer la beauté de l'escalier. M. Cochin ne s'est pas laissé imposer par les exclamations des Italiens, il l'a trouvé moins merveilleux qu'ils ne disent.

Les Palais de Gènes sont très-beaux; les plus magnifiques sont celui de Doria, qui l'emporte sur tous les autres pour l'étendue superbe de la façade & pour l'architecture, qui en est parfaite; il est situé près du fleuve d'Arena. Celui de Balbi l'emporte sur tous par les ameublemens: les tableaux en sont excellens. Il y a une Adoration, du Titien, qui est un chef-d'œuvre. Ce Palais a donné son nom à la rue où il est situé: Strada Balbi est le plus curieux de tous pour les voyageurs: il renferme beaucoup de choses précieuses. Le Palais Durazzo, qui est dans la même rue, renferme un excellent morceau d'architecture; c'est une Impératrice Romaine, beaucoup de tableaux des meilleurs Maîtres, entr'autres de Jordans. Le Palais du Doge est fort vaste, mais ne vaut pas les autres. On y voit deux statues en l'honneur d'André Doria, sous le titre glorieux de libérateur de la patrie. Les autres Palais principaux sont ceux de Grimaldi, Lomelini, Giustiniani, Spinola Brignoli (*Voyez* GENES). A un mille de Gènes est *la Villa Imperiale*; la face n'en est point décorée de peintures comme les autres; elle est formée d'un rang de colonnes d'ordre dorique & corinthien.

A Naples, les Palais les plus curieux en peintures sont ceux d'ella Torre, d'ella Rocca & de Francavilla, mais ils ne sont pas comparables au Palais du Roi ni pour l'architecture ni pour la quantité des choses rares qu'il renferme. Cet ouvrage, qui est de l'illustre *Fontana*, fut achevé sur la fin du seizieme siecle:

il peut aller de pair avec la superbe galerie de Florence. Il est composé de plusieurs salles & d'une galerie qui regne au bas. Les plafonds sont presque tous de Solimeni ou de Francisco d'ella Mura ; les principaux tableaux sont de Massimo ou de Luca Giordano & de Lanfranc ; la galerie est remplie d'une infinité de choses rares. Il y a une collection admirable de camées, un livre peint en miniature par Mando, Eleve de Michel-Ange, & le Roi a destiné dans son Palais une grande salle voûtée, remplie d'armoires, pour y placer les antiques & généralement toutes les curiosités qu'on a découvertes à *Herculanum*. Les plus remarquables sont deux statues équestres de la famille des *Balbus*. On y admire encore quantité de vases de bronze, dont plusieurs sont incrustés d'argent ; une Vénus de marbre, qui est un chef-d'œuvre, & qui est parfaitement bien conservée ; tous les instrumens dont on se servoit pour fouiller dans les entrailles des victimes ; des pendans d'oreilles d'or, garnis de perles & de pierreries ; des colliers d'or & de pierres précieuses ; deux monumens curieux pour les Savans, le premier est une verge pliante de bronze, dans laquelle le pied romain est exactement partagé en pouces & en lignes, l'autre est un volume fait d'une lame d'argent, mince comme du papier, le caractere qui paroît en dehors est grec ; on a joint à cette superbe collection les six belles statues qu'on a trouvées dans les environs de Piscina, & tous les jours on l'enrichit de nouvelles curiosités. De plus, le Roi protege une illustre Académie, dont la plupart des Membres sont pensionnés de Sa Majesté ; ils s'occupent à examiner les manuscrits grecs, dont on trouve une nombreuse collection dans les ruines d'Herculanum. *Voyez* PORTICI.

Venise a de très-beaux Palais. Le Palais de Saint Marc ou celui du Doge, fut bâti en 809 ; & comme il a été brûlé quatre ou cinq fois, & rétabli à différentes reprises, l'architecture n'en est pas des plus régulieres. Il est situé dans la place S. Marc, proche le Palais des Procurateurs : l'intérieur est très-beau, les façades de la cour sont d'une très-belle architecture. C'est dans ce Palais que se tient la Magistrature, le Grand Conseil, celui des

des Finances, qu'on appelle la *Zucca*, & celui de la Marine. Le Doge y loge; ses appartemens ont une communication avec l'Eglise de Saint Marc, qui est très-proche. Toutes les salles de ce Palais sont décorées de peintures du Titien & du Tintoret. La salle du Grand Conseil a cent cinquante pieds de long & soixante-treize de large. On y voit les portraits des Doges: les victoires des Vénitiens y sont représentées. Il y a une galerie qui communique de cette salle à un petit arsenal, où l'on conserve une grande quantité d'armes que l'on entretient toujours chargées, afin que les Nobles puissent s'en servir, s'il arrivoit que le Peuple formât quelque complot contr'eux pendant qu'ils sont assemblés. La salle du scrutin est très-vaste; on y admire aussi de très-beaux tableaux, particuliérement le Jugement, du Tintoret.

La salle du Collége est magnifique. Il y a encore deux salles voisines, dont l'une est destinée pour le Conseil des Dix (*voyez* CONSEILS); l'autre n'est remarquable que par onze belles statues d'Empereurs & par la représentation de toutes les Provinces que la République possede en Terre-ferme.

Les autres Palais sont ceux de Pisani, Morosini, Loredano, Rosini, Grimani, &c. L'*Albero d'Oro* est un Palais qui appartient à la famille de Grimani. Il est appellé ainsi, parce qu'un de ses possesseurs, après avoir perdu tout son bien au jeu, joua encore ce Palais, le seul effet qui lui restoit, & ne se réserva qu'un *seul arbre*, qu'on voit encore au milieu du jardin. N'ayant plus rien, il mit l'arbre au jeu: cette ressource lui fit regagner non-seulement tout ce qu'il avoit perdu, mais encore de grandes richesses au-delà.

Un autre Palais digne de remarque en Italie, est celui de l'Institut de Bologne: c'est un édifice très-curieux pour la distribution: elle est relative aux sciences & aux arts. Dans la salle des instrumens de Physique, on voit plusieurs belles peintures à fresque, de *Nicolo dell' Abate*, les plafonds sont de *Pellegrino Tibaldi*; dans la salle d'Architecture, on conserve des petits modeles des aiguilles & colonnes de Rome; dans celle de Chirurgie, on voit deux figures en cire colorée, de Lilio, Sculpteur moderne;

Tome II. P

dans la cour de ce Palais, eſt une ſtatue d'Hercule, du même Auteur. Cette Académie, connue ſous le nom d'*ell'Inſtituto de Bologna*, fut établie en 1712 par le Comte Louis Ferdinand de Marſigli, noble Bolonois. Elle eſt une des plus célebres de l'Europe; elle a des correſpondans dans preſque toutes les Cours étrangeres. On doit aux recherches exactes de ſes Membres illuſtres les plus belles découvertes de la Botanique & de la Phyſique.

La plupart des Palais d'Italie n'ont point de jardin. Il y a ſeulement, comme à Gènes, des terraſſes ſur le haut, garnies de pots de fleurs, & ſur leſquelles on va prendre le frais le ſoir; preſque toutes les cours des Palais d'Italie, & ſur-tout de ceux de Rome, ſont environnées de galeries à pluſieurs étages, & ſoutenues par des colonnes de marbre. A Florence, ainſi qu'à Gènes, pluſieurs de ces cours ſont ornées d'une jolie fontaine, qui jette perpétuellement de l'eau.

PALATI, (*Jean*) Hiſtorien, né à Veniſe vers le commencement du dix-ſeptieme ſiecle. Il a écrit en latin pluſieurs morceaux ſur l'Empire d'Occident; *Monarchia Occidentalis*, qui contient l'Hiſtoire des Empereurs François ornée de médailles, d'emblêmes & de figures, Veniſe, in-fol. 1671; *Aquila Saxonia*, ou l'Hiſtoire de Saxe; *Aquila Sancta ſive Bavarica*, ou l'Hiſtoire de Baviere, auſſi in-fol. ornées de figures, de médailles & d'emblêmes. Palati mourut à Veniſe en 1680.

PALAVICINI, *V*. PALLAVICIN, ou BUSSETTO.

PALAZZO GIARDINO, Maiſon de plaiſance du Duc de Parme; le Palais eſt orné de pluſieurs peintures de *Caracci* & de *Cignani*. Elle eſt à trois lieues de Parme. *Voyez* PARME.

PALAZZUOLO, petite Ville de Sicile, avec titre de Principauté, dans la Vallée de Noto. Il y a encore une Ville du même nom dans le Breſſan, ſur l'Oglio: l'une & l'autre ſont peu conſidérables.

PALEARIUS, (*Aonius*) né à Verone, profeſſa d'abord le Grec & le Latin à Florence avec applaudiſſement. Il excita l'envie; il fut perſécuté, & contraint de ſe retirer à Lucques, où les Magiſtrats lui accorderent une protection marquée, &

une Chaire. Malheureusement pour lui il alla à Milan ; il y fut bien accueilli : mais au milieu des applaudissemens des Milanois, il fut enlevé sur un ordre du Pape, & conduit à Rome. Il fut accusé d'avoir parlé en faveur des Luthériens, & contre l'Inquisition, & condamné à être brûlé : ce qui fut exécuté en 1568. L'origine des querelles de Palearius est d'avoir défendu Antoine Bellantes, Noble Sienois, accusé de malversations, & accusateur à son tour de quelques Moines, qui avoient pillé son aïeule. Les Moines prêcherent contre Palearius, & l'accuserent d'impiété. Il a laissé un Poëme de l'immortalité de l'ame, des Harangues, son apologie, *Testimonium ad gentes & nationes.*

PALEOTA, (*Gabriel*) Cardinal, né à Bologne, ami de Saint Charles Borromée, a écrit plusieurs Ouvrages. Celui dont on fait le plus de cas, est un Traité des avantages de la vieillesse, *de bono sanitatis*. Il mourut à Rome en 1597, âgé de soixante-treize ans.

PALERME, PANORME, *Panorinus*, Ville très-considérable dans la Vallée de Mazara, & Capitale de toute la Sicile, avec un Archevêché : le Vice-Roi de Sicile y réside. Les édifices publics, les places, les fontaines & les Eglises y sont magnifiques. Ses rues sont très-longues & très-bien alignées : la plus belle, qu'on appelle *Strada di Cassaro*, traverse toute la Ville, & la divise en deux parties. Le Palais du Vice-Roi, qu'on appelle Castello à Mare, est un grand Château, accompagné d'un fort beau jardin. La place, qui est au-devant de ce Palais, est ornée d'une statue de Philippe IV sur un piédestal, où ses trophées sont en bas-reliefs au milieu de quatre figures qui représentent les quatre Vertus cardinales, le tout d'un beau marbre blanc. On voit encore dans cette même rue la figure en bronze de l'Empereur Charles V, qui orne une très-belle place, près de laquelle est le superbe Collége des Jésuites. La rue neuve, qui est la plus belle, après celle de Cassaro, traverse aussi une partie de la Ville. Ces deux rues forment un carrefour, & à chaque coin il y a un Palais, une fontaine & une statue de Charles V, de Philippe II, de Philippe III & de Philippe IV,

P ij

ce qui produit un effet admirable ; mais ce qui mérite d'être vu, & qui surprend tous les connoisseurs, est la magnifique fontaine qui est dans la grande place où est le Palais de Justice, c'est un morceau achevé pour sa grandeur, ses ornemens & son architecture : elle passe pour la plus belle de l'Italie. Il y a dans cette Ville beaucoup de Noblesse, ce qui la rend très-riche & très-agréable. Il y a peu d'endroits où il y ait plus de jeux & d'amusemens. C'est la seule Ville de Sicile où l'on bat monnoie. Les habitans en sont fort affables & très-polis. Palerme est défendue par deux citadelles qui sont à l'entrée de son port, qui est très-bon. Il y a une si grande quantité de fontaines & de jets d'eau à Palerme, que les Napolitains, qui en sont jaloux, disent en proverbe, *à Palermo, l'aqua non val niente*. Le commerce de Palerme consiste en soirie, en étoffes, & en plusieurs ouvrages fabriqués avec une espece de soie, que produit la *pinna marina*, espece de moule commun sur les côtes de Sicile & de Calabre. Palerme est la patrie d'une infinité de grands hommes. Près de cette Ville, vers le couchant, est le Mont Pelle-grin, où, après avoir monté environ une lieue, on trouve une caverne semblable à celle qu'on appelle en Provence *la Sainte Baume*. Palerme est dans une situation très-agréable : elle a donné son nom à un golfe qui s'étend le long de la côte septentrionale de la Sicile.

PALESTRINE, (la Principauté de) est un très-petit Etat enclavé dans la Campagne de Rome, & dont l'Evêque est un des six plus anciens Cardinaux. Dans le temps des guerres civiles, elle appartenoit aux Colonnes, & Boniface VIII la dévasta. En 1432, le Cardinal Vitelleschi, par ordre du Pape Eugene IV, la détruisit de fond en comble, & bâtit une nouvelle Ville, sous le nom de *Citta Papale* ; mais Palestrine fut rebâtie sur ses ruines. Cette Principauté est retournée dans la Maison Colonne, par le mariage de Cornelie, fille unique du dernier Prince de la Maison de Barberin, neveu d'Urbin VIII, qui la porta en dot à un Seigneur de la Maison Colonne, à laquelle elle appartient encore. La Ville de Palestrine est assez petite, située à sept lieues de Rome & à quatre de Frescati &

de Tivoli; c'est l'ancienne Preneste des Romains, que Virgile fait remonter avant la fondation de Rome (*Æn. VII, v. 678*) & qui lui donna pour fondateur *Cæculus*, fils de Vulcain. Quoi qu'il en soit, Preneste est de la plus grande antiquité : elle étoit située sur une montagne. *Virgile, Horace, Strabon, Tite-Live* en parlent souvent. C. Marius y fut assiégé par Sylla. Marius se réfugia dans une des cavernes de la montagne; & déterminé à se donner la mort avec Pontius Télésinus, ils mirent l'épée à la main l'un contre l'autre ; l'heureux Télésinus fut tué, Marius ne fut que blessé, & se fit achever par un Esclave. Sylla passa tous les habitans au fil de l'épée, ou les fit mourir dans les tourmens les plus horribles. Cet homme sanguinaire éleva à Preneste un magnifique Temple à la Fortune : on en voit encore les vestiges. On conserve une partie de la mosaïque qui formoit le pavé du Temple dans le Palais Barberin. Elle a dix-huit pieds de long sur quatorze de large; elle a été le sujet de plusieurs dissertations savantes, dans laquelle on essaie d'en expliquer le sujet. On doute cependant si Palestrine est dans le même emplacement de Preneste, dont quelques Savans placent les ruines sur une montagne voisine.

PALINGENIUS, (*Marcel*) Poëte, du seizieme siecle, Auteur du *Zodiacus vita*, Poëme en douze livres, qu'il dédia à Hercule d'Est, Duc de Ferrare. Ce Poëme lui fit beaucoup d'ennemis; on lui reprocha de faire trop valoir les objections des impies, & d'avoir satirisé les Moines. Son Poëme fut mis à l'Index. Il est d'ailleurs rempli d'excellentes choses. On dit que les Moines obtinrent que son cadavre fût exhumé & brûlé. Il y a une mauvaise traduction françoise de son Poëme.

PALLADINO, (*Jacques*) né dans la Ville de *Teramo*, dont il portoit le nom, en 1349, fut successivement Evêque de Monopoli, de Tarente, de Florence, de Spolette, & mourut en Pologne, dans sa Légation, en 1416. On a de lui un Roman sacré ; c'est le procès de Lucifer, devant le Tribunal de Salomon, in-fol.

PALLADIO, (*André*) célebre Architecte, de Vienne,

naquit en 1508. Il fit précéder l'étude de l'Architecture par celle des Belles-Lettres & de la Géométrie. Triffin, son compatriote, le mena trois fois à Rome. Il mesura tous les anciens édifices, & en conçut tout l'esprit, il examinoit les fondemens, quelque degradés qu'ils fuffent; il jugeoit du plan & de l'enfemble fur les moindres veftiges. Il n'avoit que vingt-neuf ans, lorfqu'on lui confia la conduite du Palais de la Ville d'Udine, qui femble deftiné à un Souverain; il donna en même temps un deffin, pour environner de nouveaux portiques, la falle de la Juftice de Vicence, pour laquelle Jules Romain avoit été confulté. Il bâtit le Palais Trienne, fur la place des Nobles à Vicence, un Palais pour la Maifon Foscari, fur les bords de la Brenta, à Feltri, près de la Marche Trévifane, le premier étage du Palais public : le fecond étage fut fait plufieurs années après par un mauvais Architecte, qui déshonora cet édifice. Une des portes de Baffano, par Palladio, eft un morceau précieux. Cet Artifte, précédé de fa réputation, remplaça le Sanfovin à Venife. Il y bâtit le Monaftere des Chanoines de la Charité; ce qui en refte eft de la plus grande beauté; c'étoit un édifice immenfe, digne des plus beaux jours de l'antiquité : mais un incendie en détruifit la plus grande partie avant qu'il fût achevé. Il bâtit le réfectoire des Religieux de Saint George Majeur & l'Eglife ; (ces deux morceaux font fort eftimés) la façade de l'Eglife des Récolets, bâtie par le Sanfovin; l'Eglife des Rédempteurs, des Capucins de la *Zucca*, par ordre du Sénat, après la pefte de 1576 : elle eft dans le goût le plus fimple & le plus majeftueux. Les Eglifes des Orphelines & de Sainte Lucie furent bâties prefqu'en même temps par cet Architecte. Lorfque Henri III revint de Pologne en France, il paffa à Venife : Palladio érigea un arc de triomphe dans le goût antique, & une galerie décorée de dix colonnes corinthiennes & flanquées de pilaftres, pour que le Roi vît plus commodément les fêtes. Il donna le deffin du beau pont de Rialto & du pont fur la Brenta, qui devoit être de pierre. Il bâtit un magnifique Palais dans le Trévifan, pour Marc-Antoine Barbaro, dans lequel on retrouve toujours la noble fimplicité de l'antique. L'Eglife de cette Maison de campagne est un Temple, où l'on voit les mêmes beautés & les mêmes principes du Pantheon. Il bâtit en Piémont l'ancien Parc royal, un Palais à Trente, & travailla beaucoup à la Cathédrale & au Palais de la Justice à Bresse; à Vienne, pour lui & ses enfans, une maison très-bien distribuée, décorée d'un ordre ionique & d'un ordre corinthien, avec un Attique au-dessus, le Palais des Comtes Chiericati, les Palais Barbarano, Caldogno, Pioveni & Shio, la fameuse rotonde de Capra; à Padoue, dans le fauxbourg de Sainte-Croix, un Palais, où, dans un très-petit espace, Palladio s'est ménagé toutes les commodités possibles, & dont l'extérieur est si bien décoré, qu'on le prendroit pour un Temple. Il a bâti plusieurs autres Palais dans les Etats de Venise. Un des ouvrages qui doit lui mériter sur-tout l'attention des Savans, est le théâtre de Vicence, bâti à la sollicitation de l'Académie Olympique de cette Ville : la scène est en pierre, & à demeure. Jusques-là, Palladio avoit construit deux théâtres en bois, l'un à Venise & l'autre à Vérone, pour les Comédiens qui passoient. Dans celui de Vicence, il prit pour modele les théâtres anciens. La scène ou décorations en relief, forme un carrefour, composé de trois rues aboutissant à la même place, & dont les maisons qui les bornent sont en perspective. L'orchestre, le parterre & les gradins répondent exactement aux théâtres des Anciens. Au-dessus de ces gradins est une galerie dont la courbure suit le plan de la salle, & dont l'entablement est chargé des statues des grands hommes de l'antiquité. Ce théâtre fut achevé par Scamozzi, qui n'a pas observé la même élégance ni la même simplicité dans ce qu'il a fait.

Palladio est de tous les Architectes celui qui avoit le plus approfondi les recherches sur les Anciens : il parvint à connoître la véritable forme des théâtres des Romains. Il avoit écrit sur cette matiere, sur les amphithéâtres, les arcs de triomphe, les thermes, les aqueducs, la maniere de fortifier les villes & les ports de mer : mais la mort l'empêcha de publier cet Ouvrage, dont les manuscrits demeurerent dans les mains de Jacques Contarini. Palladio dessina toutes les figures de Vitruve, qui furent mises au jour par Monsignor Barbaro, en 1556. Il fit des notes pour éclairer les Commentaires de César, & grava quarante-une figures pour représenter les batailles, camps, retranchemens, siéges, logemens des soldats. Il fit un Commentaire sur Polybe, qui n'a pas été imprimé. L'ouvrage le plus connu de ce savant Artiste, est son Traité complet d'Architecture, contenant quatre Ouvrages, qui ont été traduits dans toutes les Langues de l'Europe. Il ne s'étoit pas borné à l'Architecture des Anciens : il avoit étudié leur tactique. Il vint à bout d'exercer, en présence d'un grand nombre d'Officiers, une troupe de pionniers & de forçats selon la méthode romaine, & de leur faire exercer toutes les manœuvres. Il employoit la brique dans ses édifices, parce qu'il avoit observé que ceux des Anciens, où ces matériaux avoient été employés, étoient beaucoup mieux conservés que ceux de pierre. Tous ses édifices réunissent la solidité, la majesté & la simplicité. Il porta l'Architecture à un degré de perfection, où elle n'avoit pas encore été portée : s'il a des défauts, c'est que les Anciens n'en étoient point exempts. Il mourut en 1580, âgé de soixante-onze ans, regretté de tous les Membres de l'Académie Olympique. Il laissa trois fils, Leonidas l'aîné fut Architecte, & l'aida dans ses travaux ; Horace, le second, s'appliqua à la Jurisprudence : ils moururent jeunes l'un & l'autre ; Silla, le troisieme s'appliqua à l'Architecture, & survécut à son pere.

PALLAVICIN, ETAT PALLAVICIN, ou MARQUISAT DE BUSSETTO, entre Parme & Plaisance, appartenoit à la Maison *Palavicini*, de qui les anciens Ducs de Parme l'ont acquise. *Bussetto* en est la Capitale : *Borgo S. Donino*, Evêché, est dans ce Marquisat.

PALLAVICINI, noble & ancienne Maison fort étendue en Italie. Il y a différentes branches, à Rome, à Gênes, à Milan. Elle a produit de grands hommes dans tous les Etats. Augustin Pallavicini fut Doge de Gênes en 1637 : il fut le premier qui prit une couronne royale.

PALLAVICINI, (*Antonio*) Cardinal, Evêque de Ventimille & de Pampelune, né à Gênes en 1441. Il fut élevé dans le commerce, vint à Rome en 1470, où le Cardinal Cibo le retint. Sixte IV, connoissant son mérite, lui donna l'Evêché de Ventimille. Cibo, ayant été élu Pape, sous le nom d'Innocent VIII, le retint à Rome, le fit Cardinal en 1489. Il fut très-utile à Alexandre VI, pour lequel il négocia utilement avec le Roi Charles VIII. Après la mort d'Alexandre VI, Pallavicini eût été élu sans quelques envieux. Pie III & Jules II lui donnerent des témoignages de leur estime, & l'employerent dans de grandes occasions. Il mourut à Rome en 1507.

PALLAVICINI, (*Ferrante*) Chanoine Régulier de Saint Augustin, de la Congrégation de Latran, né à Plaisance, reçu dans la Maison de Milan. Son imagination & son esprit portés à la satire, lui furent funestes. La guerre régnoit entre Urbin VIII & Odoard Farnese, Duc de Parme & de Plaisance: Pallavicini, sujet du Duc, épousa son ressentiment; il publia une satire violente contre le Pape & la Maison Barberine. La tête de l'Auteur fut mise à prix, il se retira à Venise. Un jeune homme avec qui il se lia, gagna toute sa confiance, il lui persuada de venir en France. Pallavicini, qui ne se méfioit de rien, se laissa aisément persuader. Il suit le fourbe, qui le fait passer sur le pont de Sorgues, dans le Comtat Venaissin. Dès qu'il apperçut les armes du Pape, il s'écria : *Ah ! je suis perdu*; & un moment après il fut arrêté, conduit à Avignon, où il eut la tête tranchée, quatorze mois après, en 1644. Palavicini, quoique mort à la fleur de son âge, a beaucoup écrit. On a de lui la *Taliclea*, la *Susanna*, il *Giuseppe*, il *Sansonne*, l'*Ambasciatore invidiato*; la *Pudicitia Schernita*, *il divortio celeste*, la *Rhetorica della Pu...*

PALLAVICINI, (*Sforce*) Jésuite, & Cardinal, né à Rome en 1607. Il entra chez les Jésuites malgré ses parens. Il ne tarda pas à s'y distinguer. Il occupa des places très-importantes avant d'être Jésuites. Il professa la Philosophie, & puis la Théologie. Alexandre VII le fit Cardinal : c'étoit son ami : Pallavicini avoit contribué à sa fortune. Il mourut en 1667. Il a laissé l'Histoire du Concile de Trente, ouvrage qui fit beaucoup de bruit, à cause de l'Histoire du même Concile, par *Fra Paolo*, *Trattato d'ello style, del bene, vindicatione Societatis Jesu*.

PALLIA, PAGLIA, riviere qui sépare les Etats du Grand Duc, de ceux du Pape. Elle est traversée par un grand pont, bâti par Gregoire XIII, à un quart de lieue de la petite Ville d'*Aquapendente*.

PALMA, (*Giacomo*) le vieux, Peintre, né à Sermulta, près de Bergame, en 1548, Eleve du Titien, & digne d'un tel Maître. Le Titien en mourant laissa imparfaite une descente de croix; Palma l'acheva avec un tel degré de perfection, qu'il est difficile de s'appercevoir que ce tableau est de deux Maîtres. Son principal caractere est le fini; il a imité la nature avec une attention scrupuleuse, sans que ses recherches aient affoibli ses idées. Il la suivoit à la trace, & ne se permettoit point d'écarts; cependant ses ouvrages sont remplis d'ame & d'action : on admire sur-tout une tempête, dans la chambre de l'Ecole de Saint-Marc, & une Sainte Barbe. Son dessin n'est pas du plus grand goût, mais la fraîcheur de son coloris est surprenante. Le Roi & M. le Duc d'Orléans possedent plusieurs de ses tableaux: Palma mourut à Venise en 1588.

PALMA, (*Giacomo*) le jeune, neveu du précédent, n'avoit que quatre ans moins que son oncle. Il naquit à Venise : on le croit éleve de Tintoret, dont il a la maniere. Il eut de grands talens & un beau génie : il fut fort protégé par le Duc & le Cardinal d'Urbin. Le désir de gagner nuisit à sa réputation ; sa touche est légere & hardie, son imagination féconde, & son coloris séduisant. Le Roi possede le seul tableau de ce Maître qu'il y ait en France ; c'est un Christ, couronné d'épines. Il est mort à Venise en 1628.

PALMA NUOVA, petite Ville située près des frontieres des Terres dépendantes de la Maison d'Autriche, dans le Frioul, très-bien fortifiée, & en état de se défendre contre les efforts des Autrichiens. On a creusé près de-là un canal, qui favorise infiniment le commerce des habitans de cette Ville. Elle a été bâtie en 1593 par les Vénitiens, sous le Dogat de Ciconia, pour la défense du pays.

PALMARIA, une des sept Isles de Lipari; c'est une des plus remarquables.

PALMIER, (*Mattheus Palmarius*) né à Florence, vivoit dans le quinzieme siecle. Il étoit grand Littérateur. Il a continué la Chronique de Prosper jusqu'en 1449, & Mathias Palmier de Pise y fit des additions jusqu'en 1481. Mathieu avoit paru avec éclat au Concile de Trente : cependant son Poëme *Citta di vita*, en trois livres, lui suscita de grandes affaires. Il y avançoit que nos ames étoient les Anges, qui, dans la révolte de Lucifer, ne prirent parti ni pour ce Chef rébelle ni pour Dieu ; & que pour les punir de cette indifférence, Dieu les réléga dans des corps, afin que, suivant leurs bonnes ou leurs mauvaises actions, ils fussent récompensés ou punis. Ce qui ne devoit être regardé que comme une fiction de Poëte, fut envisagé comme l'hérésie d'un Théologien ; le Poëme fut condamné au feu : il y en a qui prétendent que l'Auteur y fut jetté aussi, ce qui n'est pas certain. Il a laissé un Livre de la guerre de Pise, la Vie de Nicolas Acciaioli, un Traité de la vie civile, & quelques autres Ouvrages très-savans. Palmier mourut en 1470, âgé de soixante-dix ans.

PALMIER, (*Mathias*) son contemporain, né à Pise, a traduit du grec en latin l'Histoire des septante Interprètes d'Aristée.

PAMFILI, beau Palais sur la place Navonne à Rome. Il y a une belle galerie, peinte par Pierre de Cortonne à fresque. Les sujets des sept tableaux qui forment cette galerie sont tirés de l'Enéide ; c'est la priere de Junon à Eole pour déchaîner les vents contre la flotte d'Enée ; c'est Neptune, ordonnant aux vents de rentrer dans leurs antres, & appaisant les flots ; c'est Enée arrivant en Italie, & le Tibre s'empressant de le recevoir ; c'est Vénus, demandant des armes à Vulcain pour Enée : dans le cinquieme tableau, Enée propose la paix à Evandre ; le combat d'Enée & de Turnus est le sujet du sixieme tableau ; l'apothéose d'Enée est le sujet du septieme. Ces tableaux sont de la plus grande beauté. Cette galerie contient une infinité d'autres. Les meilleurs sont un Christ mort, du Trévisan, & une Vierge évanouie. Il y a une frise dans une des chambres du Palais, peinte à fresque par le Pouffin, deux autres par *Romanelli*.

La Villa Pamfili, fur le Mont Quirinal, du Cardinal d'Est a paffé dans la Maifon Vitelli, enfuite Aldobrandini, enfin dans celle de Pamfili, qui eft éteinte; elle eft ornée en dehors de beaux reliefs antiques. On remarque fur la façade le combat d'Antelles & de Daretes avec leurs Ceftes, tiré de l'Enéide, gravé par Marc-Antoine, d'après le deffin de Raphaël. Parmi les ftatues que renferme cette Maifon, on eftime fur-tout deux Vénus, deux Satyres, une tête de Socrate, la Fortune, une vache, une petite chevre. Il y a auffi de belles peintures; une frefque antique, tirée des thermes de Titus, que le Pouffin a copiée; des portraits de Barthole & de Baldus, par Raphaël; une Bacchanale, une Judith, une Vierge, du Titien; le portrait de la Reine Jeanne, par Léonard de Vinci; des portraits par le Correge & Jules Romain, &c.

PAMPHILI DORIA (Palais à Rome); c'eft un des plus vaftes Palais de cette Ville. Il a trois faces principales, & a été bâti à trois différentes reprifes. La façade, qui eft fur le Collége Romain, eft du Borromini. Dans la partie qui regarde le Cours, il y a quatre galeries qui rentrent l'une dans l'autre. Les trois faces principales forment trois Palais, dont les couts entourées de colonades & de portiques, font un des principaux ornemens. Ils renferment de très-beaux tableaux en quantité. Les principaux font, Adonis endormi auprès de Vénus qui le rafraîchit avec un éventail, de Paul Veronefe; la naiffance de l'Amour à laquelle affiftent les Arts & les Talens, par l'Albane; une Femme dans le bain prêtant l'oreille aux difcours d'une vieille Revendeufe, de Michel-Ange, de Caravage; la Vierge & l'Enfant qui dorment, Saint Jofeph écoute attentivement un Ange qui joue du violon, du Giorgion; un vieux Homme arrêtant un jeune Soldat, du Paffignani; Agar fuyant, défolée, du *Calabrefe*; le Meurtre d'Abel, de *Salvator Rofa*; Jefus-Chrift devant Pilate, de *Paul Veronefe*; l'Affomption, l'Adoration des Rois, la Fuite en Egypte, & Jefus-Chrift qu'on porte au tombeau, d'*Annibal Carrache*; le Retour de l'Enfant Prodigue, du Guerchin; Dédale attachant des aîles à Icare, d'*André Sacchi;* Madeleine en contemplation devant une tête de mort, une Madonne avec l'Enfant, l'Adoration des Bergers, du *Parmegiano;* une grande quantité de portraits du Titien, de Vandick, de Paul Veronese, du Bronzin, &c.

La Villa Pamphili, ou Belrespiro, sur la voie Aurelia, hors de la porte Saint Pancrace, au-delà du Janicule, est une des plus considérables de Rome; on prétend qu'elle a deux lieues de tour, & qu'elle est dans l'emplacement des jardins de l'Empereur Galba. L'architecture de la maison est de l'Algarde; au devant est une place décorée des statues antiques des douze Césars. Le bâtiment est orné de bas reliefs antiques, de statues, de bustes, de médaillons entre de beaux pilastres. Parmi ces bas-reliefs, les plus remarquables sont ceux de Vénus arrachant à Mars son poignard, & de Papirius trompant la curiosité de sa mere. Il y a dans la maison plus de statues que de tableaux. Les plus belles sont un Philosophe Cinique nu; Marsias attaché à un arbre; Publius Clodius, en habit de femme, pour entrer aux Mysteres de la bonne Déesse; un Hermaphrodite, ayant le sexe de l'homme, le visage & la gorge d'une jolie femme; les bustes antiques de Faustine, de Jules César, de Vespasien, de Tibere, de Galba, de Marius; un Morphée endormi; une statue du Nil couchée sur une corne d'abondance; un Antinoüs couronné de pampre; Jacob luttant contre l'Ange; deux groupes de trois enfans chacun qui se battent; deux bustes, l'un de Pamfilo Pamphili, frere du Pape Innocent X, & de sa femme, par l'Algarde. Parmi les tableaux, on distingue un Saint Jérôme de l'Espagnolet; Venus nue & l'Amour dormant auprès d'elle, du Titien; Psiché regardant l'Amour avec sa lampe, du Guide; un Triomphe de Bacchus, de Jules Romain; un petit Saint Jean, du Schidoné, &c. &c. Il n'y a rien de supérieur aux jardins, terrasses, bosquets, promenades, parterres, jardins à fleurs, plantations d'orangers, potagers, allées, jets d'eau. Il y a un petit jardin qu'on ne fait point voir aux étrangers, dans lequel il y a de belles statues; un Alexandre le Grand, un Antonin, Hercule, une Abondance Égyptienne ; deux tombeaux de marbre avec des bas-reliefs ; une orgue qui va par le moyen de l'eau, &c. &c.

PANARO, riviere qui sépare le Duché de Modene de l'Etat Ecclésiastique : sa source est dans l'Apennin ; elle est assez considérable, mais son lit plus profond & plus resserré, la rend plus facile à traverser que la plupart des rivieres du Parmésan & du Modénois. C'est aux bords de cette riviere, dans une presqu'Isle formée par la Ghironda & le Lavino qui se joignent à la Samoggia, que se fit le partage de l'Empire Romain, entre Octave, Antoine & Lepide, & que furent signées les proscriptions convenues entre ces trois scélérats. L'armée Romaine qui s'opposoit aux progrès des Lombards en Italie, lors de la décadence de l'Empire, fut battue sur le Panaro. Euzio, Roi de Sardaigne, qui commandoit les Modénois dans la guerre que les Bolonnois faisoient contr'eux, fut fait prisonnier sur les bords du Panaro. Nos dernieres guerres d'Italie ont contribué à la célébrité de cette riviere.

PANCAGLIER, petite Ville dans le Piémont, sur le Pô. C'est un Marquisat dont le titre appartient à la Maison de Turinetti.

PANCETTA, (*Camille*) Chanoine & Professeur en Droit Canon, né à Serravalle dans l'Etat de Venise : il a laissé un poëme intitulé *Venetia libera*. Après avoir été long-temps Professeur & grand Vicaire de l'Evêque de Padoue, il mourut en 1631.

PANCIROLE, (*Gui*) né à Reggio en 1523, de parens nobles, acquit de grandes connoissances dans la Jurisprudence Civile & Canonique. Il n'étoit pas encore Docteur qu'il fut choisi pour enseigner les Institutes à Padoue. Il égayoit l'étude du Droit, par celle des Belles-Lettres. Le Duc de Savoie, Philibert Emmanuel, l'attira dans son Université de Turin. Sa santé l'obligea de revenir à Padoue, il y mourut en 1599, âgé de soixante-seize ans. Il a composé un Traité fort estimé, *de Rebus perditis inventis*, traduit de l'Italien en latin par Salmuth, & du latin en françois, par Pierre de la Noue, à Lyon 1617, in-8°. *Notitia Imperii Romani*, in-fol. Venise 1533 ;

PAN

de Numismatibus antiquis ; de Juris Antiquitate. Tous ces Ouvrages sont fort estimés. *De Magistratibus Municipalibus & Corporibus Artificum ; Thesaurus variarum Lectionum*, &c.

PANIGAROLE, (François) Evêque d'Ast, né d'une famille distinguée à Milan en 1548. Cordelier de l'Observance, il devint un des plus grands Prédicateurs de son siécle. Il avoit tous les talens extérieurs de la voix, du geste & beaucoup d'éloquence. Il passa en France avec le Cardinal Cajetan. On lui donna l'Evêché d'Ast, pour le consoler de celui de Ferrare qu'on lui avoit promis. Il mourut à l'âge de quarante-deux ans, en 1590. Il a laissé plusieurs volumes de Sermons latins & italiens, *Disputationes Calvinistæ, Paraphrasis suprà Demetrio Phalerio*, &c.

PANORMITA, (Antonio) né à Palerme dans la Sicile, de la famille de Beccadelli de Bologne, fut un des plus habiles hommes du quinzieme siecle. Il enseigna l'Histoire à Philippe, Duc de Milan, & fit des leçons publiques qui lui valurent une pension de huit cents écus. Il fut Secretaire d'Alfonse, Roi de Naples. Il eut de terribles prises avec Laurent Valla. Il se maria déja-fort avancé en âge. Il épousa une jeune fille dont il eut une nombreuse postérité. Il avoit beaucoup de gaîté. Il avoit formé un portique où s'assembloient plusieurs personnes d'esprit. Il étoit excellent Poëte. Il reçut la couronne poétique de l'Empereur Sigismond. Il étoit Jurisconsulte, Orateur. Le Roi Alfonse le député aux Vénitiens en 1451, pour leur demander l'os du bras de Tite-Live : il l'obtint. Il vendit une Terre pour acheter un exemplaire de cet Historien. Il souffrit de cruelles douleurs d'une rétention d'urine. Il a composé un Poëme de l'Hermaphrodite, qui n'a pas été imprimé, mais qui a fait beaucoup de bruit ; cinq Livres d'Epîtres, deux Harangues, un Recueil d'Apophtegmes d'Alfonse, & auxquels Æneas Sylvius, depuis le Pape Pie II, ajouta un Commentaire. Il mourut vers l'an 1461 ou 1469.

PANORO, Village situé à deux lieues de Bologne, sur la Savena, riviere qui passe à côté de la Ville, vers l'orient.

PANTHEON, (ou la Rotunda) appellée aussi *Sancta Maria*

ad Martyres. C'est le seul Temple des Romains que les Barbares n'aient pu détruire; il fut élevé par Agrippa. Il est aussi large que haut, de forme parfaitement sphérique, de cent cinquante-quatre pieds de diametre, éclairé par un œil de bœuf qui est au comble, de vingt-quatre pieds d'ouverture. Agrippa qui le fit construire après la bataille d'*Actium*, le dédia à Jupiter, y plaça plusieurs statues de Dieux & de Héros, des grands Hommes de sa famille, & lui donna, à cause de la multitude de ces statues, le nom de *Pantheon*. Il fut décoré par Diogene, Athénien, qui y employa des cariatides au lieu de colonnes dans l'ordre Corinthien; il est précédé d'un vestibule qui est très-simple & très-beau; il est soutenu par seize colonnes de granit oriental d'environ quarante pieds de hauteur, d'une belle proportion; il a cent pieds de longueur sur soixante de profondeur; ces colonnes portent un fronton : la porte est grande & quarrée, d'une forme simple & majestueuse; les statues d'Auguste & d'Agrippa étoient aux deux côtés dans les niches qui existent. Ce Temple fut restauré par Septime Severe. La porte, qui est de cuivre & d'un travail antique, paroît avoir été ajoutée depuis que Constant II enleva du Pantheon, en 663, ce qu'il y trouva de plus précieux, la couverture qui étoit de cuivre doré, les degrés qui étoient de bronze, & bien d'autres choses. Déja Boniface IV avoit converti le Pantheon en une Eglise dédiée à Sainte Marie des Martyres, après en avoir détruit les statues qui y restoient. L'intérieur de la Rotonde est occupé par huit autels, décorés chacun de deux colonnes; il y en a huit de granit, quatre de jaune antique & quatre de porphyre. Grégoire IV consacra cette Eglise des Martyrs à tous les Saints, dont il institua la fête. Eugene fit restaurer la coupole, qui menaçoit ruine à cause d'un tremblement de terre. Jusqu'à Alexandre VII on descendoit dans le Pantheon par plusieurs marches; ce Pape fit abaisser au niveau du portique, le terrein de la place exhaussé par les ruines de l'ancienne Rome, fit repolir les marbres & les colonnes de l'Eglise, & incruster de nouveau la voûte, dépouillée des bronzes dorés dont elle avoit été décorée. Il est vraisemblable que les colonnes des autels sont les mêmes que celles qu'Adrien fit mettre dans le

Pantheon;

Panthéon; Clément XI ferma le portique d'une grille de fer, & ajouta des ornemens dans l'intérieur; Benoît XIV y a fait auſſi des réparations. On prit le bronze des solives qui soutenoient le toit du vestibule, pour en faire le baldaquin de Saint Pierre. *Voyez* SAINT PIERRE DU VATICAN. Les Connoisseurs disent que la coupole de Saint Pierre, à laquelle celle du Panthéon a servi de modele, fut traitée dans le même goût, parce qu'elle chargeroit beaucoup moins les arcs sur lesquels elle est appuyée, & ne seroit pas aussi fatiguée de son propre poids qu'elle paroît l'être. Dans la voûte du Panthéon, qui est travaillée par compartimens égaux, tous les ornemens sont évidés, de façon que la coupole est déchargée au moins de trois cinquiémes de son propre poids, sans avoir rien perdu de sa solidité.

Le célebre Raphaël, Jean de Udine, Perrein del Vaga, Annibal Carrache, Taddeo Zuccheri & Flaminius Vacca sont enterrés dans la Rotonde: le mausolée de Raphaël lui a été érigé par Carle Marate; on y lit ce distique, du Bembe:

Hic situs est Raphael, timuit quo sospite vinci,
Rerum magna parens, & moriente mori.

PAOLA, petite Ville du Royaume de Naples, dans la Calabre Citérieure, n'a rien de remarquable que d'avoir été le lieu de la naissance de S. François de Paule, Fondateur de l'Ordre des Minimes.

PAOLO, c'est une piéce de monnoie qui varie dans quelques endroits d'Italie. Le paolo de Florence vaut onze sols de France.

PAPE. Successeur de Saint Pierre, Vicaire de Jesus-Christ, Chef visible de l'Eglise. Comme Souverain de l'Etat Ecclésiastique il est absolu. C'est sous son autorité que les Cardinaux ont l'administration des affaires. Comme Chef spirituel de l'Eglise, la Cour de Rome a porté autrefois ses prétentions jusqu'à pouvoir dégager les Sujets du serment de fidélité, excommunier les Rois, mettre leurs Royaumes en interdit, disposer des Trônes, &c. Cet Empire a été fort restraint dans ces derniers siecles. Autrefois le titre de Pape étoit commun à tous les Evêques, mais dans le onzieme siecle, Grégoire VII ordonna, dans un Synode,

Tome II. Q

que le titre de Pape appartiendroit feulement à l'Evêque de Rome, comme une prérogative & une diftinction particuliere. L'Etat Eccléfiaftique n'étoit pas auffi confidérable qu'il l'eft aujourd'hui; la donation du Patrimoine de S. Pierre & de la Ville de Rome, faite par Conftantin, & celle que Pepin & Charlemagne firent aux Papes, ont été l'époque de leur fplendeur. Jufqu'alors les Princes s'étoient réfervé la fouveraineté des biens qu'ils accordoient à l'Eglife; mais en 1076 les Papes en devinrent Seigneurs indépendans.

La réfidence des Papes a été en différens quartiers de Rome; la premiere a été au Palais de Latran, à côté de l'Eglife Patriarchale de S. Jean, la premiere Eglife de l'univers & le véritable Siége de Rome; les Papes, en habits pontificaux, y entroient de leur appartement; l'ancien Palais fe détruifit par la longue réfidence des Papes en France & à Avignon, ce qui obligea Grégoire XI, lorfqu'il revint fixer le Siége à Rome, d'abandonner Latran, & de réfider au Vatican. Mais comme les Papes étoient obligés dans de certains jours de pontifier à l'Eglife Patriarchale, Sixte V crut qu'il convenoit que le Pape eût un Palais où il pût defcendre; il y vint deux ou trois jours avant. Sixte V l'occupa; il fut abandonné après fa mort. Le Pape réfide actuellement à Monte-Cavallo fur le Mont-Quirinal. *Voyez* MONTE-CAVALLO.

Le Pape, comme nous l'avons dit ailleurs, eft revêtu d'une foutanne d'étoffe de foie blanche, couverte d'un rochet court & de couleur violette, par-deffus eft un camail rouge, avec une étole de la même couleur; il porte une grande calotte rouge à oreilles. Il a le titre de *Sainteté*, gouverne par-lui-même les Provinces voifines de Rome, envoie dans celles qui font éloignées des Légats ou des Vice-Légats pour les gouverner. Chaque Province a outre cela un Général pour les Troupes; il nomme tous les Officiers des Forterefles, Châteaux & Ports. Le Peuple choifit les Podeftats & autres Officiers de Ville. Sa vie eft fort retirée; fa dignité ne lui permet pas de manger avec perfonne, & s'il lui arrive de manger en public & d'inviter les Cardinaux, fa table eft élevée fur une efpéce de trône; & les autres font placées beaucoup plus bas. Le jeu, la chasse, le spectacle sont également interdits au Pape. Les femmes n'entrent point dans son Palais quand il y est. On estime que ses revenus montent à vingt millions, ou environ, en y comprenant sept mille ducats pour l'hommage de Naples & de Sicile, & les annates des Evêchés & Abbayes.

PAPES. Il y en a eu depuis S. Pierre jusqu'à Clément XIV, le dernier, qui, au moment où nous écrivons cette Histoire, n'a pas encore de successeur, deux cent cinquante-un. Ce titre de Pape, qui signifie Pere, étoit commun à tous les Evêques; les Patriarches de Constantinople le prenoient, les Evêques Grecs l'ont conservé; ce ne fut que vers la fin du onzieme siecle, dans un Conclave, où présidoit Grégoire VII, qu'il fut décidé que le Souverain Pontife prendroit ce titre exclusivement à tout autre Evêque.

Dans la liste des Papes, nous nous bornerons à marquer l'année de leur élection & la durée de leur Pontificat. Ces dates sont très-incertaines depuis Saint Pierre jusqu'à Saint Corneille. *Voyez* ANTIPAPES.

		a régné an. m. j.
S. Pierre, élu le 18 Janvier	43	24 5 10
S. Lin, 30 Juin	67	11 2 23
S. Clément I,	78	11 7 2
S. Clet,	91	9 6 6
S. Anaclet, 23 Avril	101	9 3 10
S. Evariste, 26 Avril	108	9 3
S. Alexandre I, 23 Novembre	119	10 5 18
S. Sixte I,	130	9 10 8
S. Telesphore, 8 Avril	140	11 9
S. Hygin, 13 Janvier	152	3 28
S. Pie I, 16 Janvier	156	9 5 24
S. Ansel, 25 Juillet	165	7 8 24
S. Soter, 14 Mai	173	3 11 12
S. Eleuthere . . . Mai	177	15 23
S. Victor I, premier Juin	192	9 2 8
S. Zephirin, 8 Août	201	18 10

PAP

		a régné	an.	m.	j.
S. Calixte I, élu le ... Septembre	219		5	1	12
S. Urbin I, 21 Octobre	224		6	7	4
S. Ponthien ... Juin	231		4		6
S. Antere ... Décembre	235			1	
S. Fabien, 15 Janvier	236		15		5
S. Corneille ... Avril	251		2	4	17
S. Luce I, 21 Octobre	253		1	4	
S. Etienne I, 9 Avril	255		2	3	22
S. Sixte II, 2 Avril	257		1	1	13
S. Denis, ... Septembre	258		12	3	22
S. Felix I, 31 Décembre	270		4	4	29
S. Eutichim, 4 Juin	275		8	6	4
S. Caïus, 17 Septembre	283		12	4	5
S. Marcelin, 13 Mai	296		7	11	26
S. Marcel I, ... Novembre	304		4	1	25
S. Eusebe, ... 5 Février	309		2	8	21
S. Melchiade, 3 Octobre	311		2	2	7
S. Sylvestre I, premier Février	314		2	11	
S. Marc, 16 Janvier	336			8	22
S. Jules I, 25 Octobre	336		15	5	17
S. Libere, 8 Mai	352		15	4	2
S. Félix II	356		1	3	3
S. Damase I, 25 Septembre	367		17	7	28
S. Sirice, 12 Janvier	385		13	1	14
S. Anastase I, 14 Mars	398		4	1	13
S. Innocent I, 18 Mai	402		15	2	10
S. Zozina, 19 Août	417		1	4	7
S. Boniface I, 28 Décembre	418		4	9	28
S. Célestin, 3 Novembre	423		8	5	3
S. Sixte III, 26 Avril	432		7	11	
S. Léon-le-Grand, 10 Mai	440		20	1	
S. Hilaire, 22 Novembre	461		5	9	29
S. Simplicius, 20 Septembre	467		15	5	10
S. Félix III, 8 Mars	483		8	11	28
S. Gelase I, 2 Mars	492		4	11	19

PAP

		a régné	an.	m.	j.
S. Anastase II, élu le 28 Novembre	496		1	11	23
S. Symmaque, 2 Décembre	498		15	7	27
S. Hermisdas, 26 Juillet	514		9		10
S. Jean I, 13 Août	522		2	9	14
S. Félix IV, ... Juillet	526		4	2	18
S. Boniface II, 15 Octobre	530		2		2
Jean II, dit Mercure ... Janvier	532		2	6	
Saint Agapet I ... Juillet	535			10	18
S. Silvere, 20 Juin	536		4		
Vigile,	540		15	6	
S. Pélage I, 16 Avril	555		3	10	18
S. Jean III, dit Catelin, 27 Juillet	559		12	11	16
S. Benoît I, dit Bonose, 16 Mai	573		4	2	15
Pélage II, 10 Novembre	577		2	2	27
S. Gregoire I, dit le Grand, 5 Sept.	590		13	3	10
Sabinien, 1 Septembre	604			5	19
Boniface III, 16 Février	606			8	23
Boniface IV, 10 Septembre	607		6	8	13
Deus dedit, 13 Novembre	614		2	2	26
Boniface V, 24 Décembre	617		7	10	1
Honoré I, 14 Mai	626		12	4	27
Severin, 2 Août	639			11	4
Jean IV, 31 Décembre	639		1	9	6
Théodore, 25 Novembre	641		7	5	20
S. Martin I, 1 Juillet	649		5	4	12
Eugene I,	655			6	23
Vitalien, 1 Juillet	655		13	4	27
A Deo datus, 2 Avril	669		7	2	17
Domne ou Domnion, 1 Novembre	676		1	5	10
S. Agathon, 26 Juin	678		3	6	26
S. Léon II, 15 Août	683			10	14
S. Benoît II, 20 Août	684			8	17
Jean V, 22 Juillet	685		1		11
Conon, 20 Octobre	686			11	23
S. Serge I, 26 Décembre	687		13	3	14
Jean VI, 21 Octobre	701		3	2	12

Q iij

	a régné	an.	m.	j.
Jean VII, élu le 1 Mars	705	2	7	17
Sifinius, 18 Janvier	703			20
Constantin, 7 Mars	708	6	1	2
Gregoire II, 20 Mai	714	16	8	20
Gregoire III, 16 Février	731	10	9	12
S. Zacharie, 2 Décembre	741	10	3	10
Etienne II ou }	754			4
Etienne III } 30 Mai	752	5		20
Paul I, 28 Mai	757	1	10	
Etienne IV, 3 Août	768	3	5	18
Adrien I, 9 Février	772	23	10	17
Léon III, 26 Décembre	795	20	5	17
Etienne V, 22 Juin	816	1	7	3
Pafcal I, 27 Janvier	817	7	3	16
Eugene III, 19 Mai	824	3	2	23
Valentin ... Août	827			40
Gregoire IV, 24 Septembre	827	15	4	
Serge II, 10 Février	844	3	1	2
Léon IV, 12 Avril	847	8	3	5
Benoît III, 21 Juillet	855	2	6	10
Nicolas I le Grand, 24 Avril	858	9	6	20
Adrien II, 18 Décembre	867	4	10	17
Jean VIII, 14 Décembre	872	10		1
Marin ou Martin II, 23 Décembre	882	2		20
Adrien III, 20 Janvier	884	1	3	19
Etienne VI ... Mai	885	6		
Formofe, 31 Mai	890	6		6
Etienne VII, 8 Janvier	897	4		
Romain,	898			
Théodore II,	901			20
Jean IX,	901	2		15
Benoît IV,	905			
Leon V,	906			40
Chriftofe,	906	1		
Serge III,	907	3	4	
Anaftafe III,	910	2		10

PAP

	a régné	an.	m.	j.
Laudon, élu le	912			
Jean X, 24 Janvier	913			15
Léon VI,	928		6	15
Etienne VIII,	929	2	1	15
Jean XI,	931	4	1	
Léon VII,	936	3	6	
Etienne IX,	939	3	4	5
Marin II ou Martin III,	943	6	4	13
Agapet II,	949	9	7	10
Jean XII,	955	10		
Léon VIII, . . . Novembre	962	3		
Benoît V,	964	1		
Jean XIII,	965	6	11	
Benoît VI,	972	1		
Domne ou Domnion II, 10 Sept.	972		3	
Benoît VII,	975	9		
Jean XIV,	984	1		
Jean XV,	985	10	4	12
Jean XVI,	991			
Gregoire V, 13 Juin	996	2	8	6
Sylvestre II,	999	4	3	
Jean XVII,	1003			5
Jean XVIII, 20 Novembre	1003	5	7	28
Serge IV, 31 Août	1009	2	8	13
Benoît VIII, 27 Février	1012	12		
Jean XIX,	1024	9	8	
Benoît IX,	1034	10		
Gregoire VI, . . . Avril	1044	2	8	
Clément II, . . . Décembre	1046		9	
Damase II,	1048			23
Saint Léon IX, . . . Février	1049	5	2	7
Victor II,	1054	2	6	
Etienne X, 2 Août	1057			
Nicolas II,	1059	2	6	
Alexandre II, 1 Octobre	1061	11	6	28

Q iv

P A P

	a régné	an.	m.	j
Gregoire VII, élu le 22 Avril	1073	12	14	3
Victor III, 24 Mai	1086		10	
Urbin II, 12 Mars	1087	11	4	18
Paschal II, 12 Août	1099	18	5	4
Gelase II, 11 Janvier	1118	1	4	
Calixte II, ... Février	1119	5	10	13
Honoré II, 21 Décembre	1124	4	11	13
Innocent II, 14 Février	1130	13	7	10
Célestin II, 25 Septembre	1143		5	13
Luce II, 9 Mars	1144		11	14
Eugene III, 25 Février	1145	8	4	13
Anastase IV, 9 Juillet	1153	1	4	24
Adrien IV, 3 Décembre	1154	4	8	29
Alexandre III, 6 Septembre	1159	21	11	21
Luce III, 29 Août	1181	4	2	18
Urbin III,				
Gregoire VIII,	1187		2	
Clément III, 6 Janvier	1188	5	2	10
Célestin III, 12 Avril	1191	6	8	26
Innocent III, 8 Janvier	1199	18	6	9
Honoré III, 12 Juillet	1216	10	8	
Gregoire IX, 20 Mars	1227	14	5	3
Célestin IV, 22 Septembre	1241			18
Innocent IV, 24 Juin	1243	11	5	14
Alexandre IV, 21 Décembre	1254	6	5	4
Urbin IV, 29 Août	1261	3	1	4
Clément IV, 5 Février	1265	3	9	25
Gregoire X, 1 Septembre	1271	4	4	10
Innocent V, 22 Février	1276		5	5
Adrien V				
Jean XXI, 12 Juillet	1276		8	8
Nicolas III, 25 Novembre	1277	2	9	2
Martin IV, 21 Février	1281	3	1	7
Honoré IV, 2 Avril	1285	2	2	
Nicolas IV, 22 Février	1287	8	1	14

PAP

	a régné	an.	m.	j.
Célestin V, élu le 5 Juillet	1294		5	8
Boniface VIII, 24 Avril	1295	8	9	18
Benoît XI, 22 Octobre	1303		8	17

Le Siege est transféré à Avignon.

Clément V,	1305	8	10	16
Jean XXII, 13 Septembre	1316	18	3	18
Benoît XII, 13 Décembre	1334	7	4	6
Clément VI, 7 Mai	1341	10	6	29
Innocent VI, 8 Décembre	1352	2	8	20
Urbin V, 8 Octobre	1362	8	1	23
Gregoire XI, 29 Décembre	1370	7	2	24

Le Siege à Rome.

Urbin VI, 7 Avril	1378	11	6	6
Clément VII, 21 Septembre	1378			
Boniface IX, 2 Novembre	1389	14	11	
Innocent VII, 17 Octobre	1404	2		22
Gregoire XII, 23 Novembre	1406	2	6	14
Alexandre V, 26 Juin	1409		18	8
Jean XXIII, 17 Mai	1410	5		15
Martin V, 1 Novembre	1417	13	3	10
Eugene IV, 9 Mars	1441	15	11	10
Nicolas V, 6 Mars	1247	8		19
Calixte III, 8 Avril	1455	3	5	29
Pie II, 19 Août	1458	5	11	27
Paul II, 29 Août	1464	6	10	26
Sixte IV, 9 Août	1471	13	5	
Innocent VIII, 29 Août	1484	7	10	27
Alexandre VI, 19 Août	1496	11		8
Pie III, 22 Septembre	1503			26
Jules II, 30 Octobre	1503	9	3	21
Léon X, 11 Mars	1513	8	8	20
Adrien VI, 17 Janvier	1522	1	8	6

	a régné	an.	m.	j.
Clément VI, élu le 19 Novembre 1523		10	10	1
Paul III, 13 Octobre 1574		15		28
Jules III, 8 Février 1550		5	1	16
Marcel II, 9 Avril 1555				21
Paul IV, 23 Mai 1555		4	2	24
Pie IV, 26 Décembre 1559		5	11	15
Saint Pie V, 5 Janvier 1566		6	3	24
Gregoire XIII, 13 Mai 1572		12	10	19
Sixte V, 24 Avril 1585		5	4	3
Urbin VII, 15 Septembre 1590				13
Gregoire XIV, 5 Décembre 1590			10	10
Innocent IX, 29 Octobre 1591			2	
Clément VIII, 30 Janvier 1592		13	1	3
Léon XI, 1 Avril 1605				27
Paul V, 27 Mai 1605		15	8	12
Gregoire XV, 9 Février 1621		2	5	
Urbin VIII, 6 Août 1623		20	11	23
Innocent X, 15 Septembre 1634		10	4	22
Alexandre VII, 6 Avril 1655		12	1	16
Clément IX, 20 Juin 1667		2	5	19
Clément X, 29 Avril 1670				
Innocent XI, 21 Septembre 1676		6	2	23
Alexandre VIII 1680		13		
Innocent XII, 1691		1	5	
Clément XI, mort en 1721				
Innocent XIII, m. en 1724				
Benoît XIII, m. en 1730				
Clément XII, m. en 1740				
Benoît XIV, m. en 1758				
Clément XIII, m. en 1768				

Clément XIV, (*François Ganganelli*) mort le 22 Septembre 1774, âgé de soixante neuf ans dix mois vingt-deux jours. Ses vertus, ses talens politiques, son administration pendant les cinq ans & quatre mois qu'il a régné, le feront placer au rang des meilleurs Souverains.

PARABOSCO, (*Jérôme*) fit, à l'imitation de Bocace, des Nouvelles, dont il publia un Recueil sous le titre de *Diporti Overo Novellæ*, Venise, 1564; elles sont au-dessous de celles de Bandello, de Giraldi, du Sansovino. Le Parabosco a laissé aussi des Lettres galantes, & d'autres Ouvrages.

PARADIS, (*Romule*) Poëte, du dix-septieme siecle, sous le Pontificat de Paul V. Il étoit Ecclésiastique, & fut Secrétaire des Cardinaux *Crescentio* & *Caponi*. Il étoit de *Citta Castellana*, étoit profond dans le Droit & les Belles-Lettres. Il fit imprimer un Recueil de ses Poësies; lorsqu'il en demanda la permission à l'Inquisiteur, celui-ci fut scandalisé de trouver le nom de Paradis à la tête d'un Ouvrage profane; il lui fit supprimer ce nom, & lui fit substituer trois points à celui de Romule. Il fallut en passer par-là; & lorsqu'on félicitoit l'Auteur & qu'on le nommoit, *ne m'appellez point Paradis*, disoit-il, *vous me feriez mettre à l'Inquisition, je suis Romule trois points*. Paradis mourut fort jeune, comme il alloit faire imprimer un Poëme intitulé *Maxence*, & un volume de Lettres.

PARENZO, petite Ville dans l'Istrie, sur le golfe de Venise, assez bien fortifiée: mais son port est presqu'abandonné. Cette Ville se soumit aux Vénitiens en 1267. Elle est appellée en latin *Parentium*; elle a un Evêché suffragant d'Aquilée.

PAREROTTO, une des neuf Isles de Lipari; elle n'a rien de remarquable, non plus que les autres.

PARETAIO, chasse ou divertissement que l'on prend aux environs de Rome, dans le même genre que celle de *Boschello*. Celle du Paretaïo sert à prendre toute sorte de petits oiseaux, mais sur-tout des linotes, des pinsons & des chardonnerets: les filets que l'on tend, & où se jettent les oiseaux, s'appellent *reti paretille*. Ceux qui prennent ce divertissement sont cachés dans une cabane près des filets.

PARIGI, (*Jules*) Architecte, né à Florence, fils d'Alfonse Parigi, qui acheva le Palais des nouveaux Officiers à Florence, après la mort du Vasari. Jules fut un des Eleves de Buontalenti: il hérita de la multiplicité des talens de son Maître. Comme lui, il fut bon Ingénieur, grand Méchanicien, & excella dans toutes les parties des Mathématiques. Il fut choisi pour enseigner les sciences aux Princes de Toscane. Il excella, comme son Maître, dans les décorations du théâtre & dans l'ordonnance des fêtes publiques. Il donna le plan de la *Villa* ou maison de campagne appellée *Poggio Imperiale*, celui du Couvent des Augustins de Florence, celui du Couvent de la Paix des Religieux de Saint Bernard, hors la porte de Rome, qui passent pour d'excellens morceaux d'architecture. Il mourut en 1590. Il laissa:

PARIGI, (*Alfonse*) qui fit achever plusieurs bâtimens commencés par son pere à son retour d'Allemagne. Cet Artiste remit sur ses aplombs le second étage du Palais Pitti, qui surplomboit de plus d'un tiers d'une brasse. Cette opération est très-ingénieuse. Il fit percer le mur extérieur de plusieurs trous, par où il fit passer de grosses chaînes de fer qu'il fixa en dehors avec de grosses piéces de bois; il mit des especes de vis avec des forts écrous au bout de ces chaînes, du côté des appartemens, & remit peu à peu cette muraille à plomb. Il construisit à Florence le Palais Scarlati, répara les digues qui sont sur les bords de l'Arno; mais les chagrins, que ses envieux lui susciterent au sujet de cet ouvrage, lui causerent la mort, qui arriva en 1656.

PARISIS, (*Pierre-Paul*) Cardinal, né à Conza en 1473, Jurisconsulte très-habile, que la plupart des Universités d'Italie se disputerent. Il préféra Bologne à Padoue. Paul III connut son mérite, & l'attira à Rome; il le fit Auditeur de Rote, & ensuite Cardinal, & lui donna les Evêchés de Nusco & d'Anglone; il le choisit pour un des trois Légats qui devoient présider au Concile de Trente: mais il mourut avant la premiere Session, en 1745. Il publia les Décrétales, & donna quatre volumes de Conciles.

PARME, *Parma*, Capitale du Duché du même nom, avec un Archevêché, est située dans une plaine très-agréable, sur la riviere de Parma, à vingt-cinq lieues de Milan, & à vingt lieues de Bologne. Elle doit son origine aux Etrusques; les Gaulois Boiens s'en emparerent. Elle fut une Colonie Romaine cent quatre-vingt-cinq ans avant Jesus-Christ. Elle passa aux Lombards sous leur Roi Alboin en 570; elle souffrit différentes révolutions jusque sous Charlemagne, ainsi qu'on le dira ci-après, art. PARME & PLAISANCE. Elle essuya un siége mémorable en 1248, par l'Empereur Fréderic II, qui avoit résolu de la raser entièrement. Pendant ce siége, qui dura deux ans, tous les Parmesans qui tomboient entre ses mains, hommes ou femmes, il les faisoit lancer comme des pierres dans la Ville, au moyen des catapultes: les Parmesans firent une sortie si vigoureuse, qu'ils dévasterent la Ville de Victoria, qui étoit une enceinte bâtie autour de Parme, pour servir de logement aux Parmesans; ils enleverent la Couronne Impériale, & Fréderic fut obligé de se retirer sur Plaisance qu'il dévasta; elle se gouverna en République, & devint ensuite successivement la proie des Corréges, des Seigneurs de l'Escale, des Visconti, des Sforces & des Papes. *Voyez* PARME & PLAISANCE.

Les chemins qui conduisent à Parme sont tirés au cordeau; la plupart des rues en sont droites & larges. Au milieu de la Ville, est une grande & belle place, avec des arcades qui regnent de deux côtés. Plusieurs belles rues y aboutissent; les façades de plusieurs maisons sont peintes comme à Gênes; mais les injures du temps ont effacé la plupart de ces peintures: la riviere de Parma sépare la Ville en trois parties, jointes l'une à l'autre par autant de ponts : quoique cette riviere ne soit pas navigable, & qu'en été il n'y ait presque point d'eau; elle grossit si considérablement en 1752, qu'elle inonda la Ville & le Château de Colorno. La Ville est entourée de bonnes murailles terrassées & flanquées de bastions, d'espace en espace, & d'un fossé revêtu & plein d'eau; la Citadelle qui est au midi de la Ville, a cinq bastions royaux; elle passe pour une des meilleures d'Italie.

C'est à Parme que les Ducs font leur résidence; leur Cour est une des plus brillantes de l'Europe, par la quantité de Seigneurs, & sur-tout de François qui y arrivent. Elle a de très-belles Eglises enrichies des peintures des plus grands Maîtres, & d'une très-belle architecture. Les plus belles sont :

La Cathédrale, *il Duomo*; sa fameuse coupole a été peinte par le Correge; elle est entiérement dégradée; elle représentoit l'Assomption; ce chef-d'œuvre de son auteur lui coûta la vie en 1530. On dit qu'il mourut de chagrin & de fatigues, en portant à Corrégio sa patrie, le prix de son travail qu'on lui avoit payé en basse monnoie. On voit dans cette Eglise des tableaux de Michel-Ange de Sienne, de Jérôme Mazzola & d'Orazio Sammachini.

Saint Jean l'Evangéliste, Eglise des Bénédictins, est remarquable par sa coupole aussi peinte par le Correge à l'âge de trente-deux ans: elle n'est pas mieux conservée que celle de la Cathédrale: il y a dans cette Eglise, de ce même Peintre, une Descente de Croix & un Martyre de Saint Placide, un Saint Jean l'Evangéliste peint à fresque, & quelques morceaux aussi à fresque, du Parmesan.

Le Saint Sépulchre, Eglise fondée en 1262 par des Pélerins qui revenoient de Jérusalem & qui voulurent imiter le Sépulchre de Notre-Seigneur. Ce qu'il y a de plus beau dans cette Eglise est la fuite en Egypte, par le Correge. On appelle ce tableau la Madonna della Scodella, parce que la Vierge y est représentée une écuelle à la main, tenant l'Enfant Jésus sur ses genoux, Saint Joseph est auprès d'elle, cueillant des dattes d'un palmier, dont les Anges courbent les branches.

La Madonna della Steccata, est recommandable par quelques peintures du Parmesan, qui, pour rétablir ses affaires, avoit entrepris les peintures de cette Eglise; mais désespéré d'une perte qu'il avoit faite au jeu, il fit main-basse sur son ouvrage, & alla mourir de misere à Casal Maggiore.

Capucini, les Capucins, ont plusieurs excellens tableaux: un Crucifix, du Guerchin; le tableau de Notre-Dame de Pitié, du maître-autel, est d'Annibal Carrache & représente la Vierge évanouie dans les bras des Anges, Jesus-Christ est peint assis sur son tombeau, & S. François lui montre ses stigmates; cette bizarrerie vient sûrement des Moines qui ordonnerent le tableau. On voit dans cette Eglise le tombeau d'Alexandre Farnese. On trouve dans le Couvent un tableau de la Vierge auprès de l'Enfant & de Saint Jean, peint à fresque par Augustin Carrache.

L'Eglise de tous les Saints offrent un tableau de Lanfranc, représentant le Ciel avec toutes ses Hyérarchies. Il y a un nombre infini de figures qui forment autant de caracteres différens.

L'Annonciade est une Eglise formée de douze Chapelles dirigées vers un même centre en ovale; on y voit une Annonciation du Correge, peinte à fresque.

Le Palais de l'Infant n'a rien de remarquable que la façade. Il y avoit autrefois une collection de plus de quatre cens tableaux précieux; ils ont été transportés à Naples: on y admire un des chefs-d'œuvres du Correge; c'est une Vierge près de laquelle est S. Jérôme & la Madelaine à ses pieds. On regarde la tête de la Madelaine qui sourit à l'Enfant badinant avec les cheveux de la Sainte, comme ce que le Correge a fait de plus parfait.

Le Théâtre de Parme est le plus beau d'Italie. Il contient plus de douze mille Spectateurs; l'architecture qui est de Vignole, en est très-belle; sa largeur est de seize toises & demi dans œuvre sur cinquante-neuf de longueur; le Théâtre est susceptible des plus grands spectacles; il a vingt toises quatre pieds de profondeur, & n'a que six toises quatre pieds d'ouverture. La voix ne s'y perd point, & l'on entend d'une extrémité à l'autre un homme qui parle à demi-voix. Le *Proscennium*, ou devant du Théâtre est décoré d'un grand ordre Corinthien qui comprend toute la hauteur de la salle, qui est de onze toises deux pieds; les intervalles des colonnes sont ornés de niches & de statues; la salle est de forme ovale, dont le pourtour est orné de douze rangs de gradins à l'antique, & comme aux amphithéâtres des Romains, ils occupent une hauteur de vingt-quatre pieds: au-dessus de ces gradins sont deux ordres d'architecture Dorique & Ionique de trente-six pieds de haut, dont les entre-colonnes forment les loges; une balustrade ornée de statues de distance en distance, termine cette architecture: on entre dans la salle par deux arcs de triomphe surmontés de statues équestres, les piédestaux de la balustrade qui est au-devant des gradins portent des génies qui soutiennent les torches qui éclairent la salle. Le parterre ou espace du milieu, a vingt toises de long sur neuf de large. Il peut servir à des spectacles sur l'eau; on le remplit au moyen de différens tuyaux. L'excuse ordinaire des François auxquels on reproche la petitesse de leurs salles de spectacle, est que la voix s'y perdroit; il n'y a pas un endroit de celle de Parme d'où l'on n'entende distinctement l'Acteur dont la voix est la plus foible. Comme cette salle est trop vaste relativement à la population, il y a un autre Théâtre où l'on joue l'Opéra, la Comédie & l'Opéra bouffon.

Parme étoit une des Villes les plus riches en tableaux avant qu'on n'en eût transporté une grande partie à Naples; outre ceux dont nous avons parlé, on voit encore à Saint Paul, Couvent de Religieuses, une Vierge d'Augustin Carrache, qui selon l'usage des Peintres, asservis en Italie au caprice des Moines, a rassemblé dans le même tableau, la Vierge, Sainte Marguerite, Saint Nicolas & Saint Jean; dans la même Eglise on voit un tableau de Raphaël, représentant Jesus-Christ dans sa gloire avec Saint Paul & Sainte Catherine. Dans l'Eglise de la Steccata, un Moyse avec Adam & Eve, du Parmesan; le Mariage de Saint Joseph & de la Vierge, du Procaccini de Milan; une statue de Sainte Genevieve, de Francesco Barata. Dans l'Eglise des Capucines, une Vierge avec l'Enfant Jesus, Saint François & Sainte Claire, du Guerchin. A l'Eglise de Saint Roch, un tableau de ce Saint avec Saint Sébastien, d'après Paul Véronese; une Sainte Famille, du Spada; un S. Louis de Gonzague & S. Ignace priant devant l'Enfant Jesus sur les genoux de la Vierge; l'Enfant paroît ne savoir auquel il doit plutôt tendre les bras. A Saint Michel, une Vierge & ce Saint qui pese une ame; il est de *Lelio Orsi da Novellara*, Eleve du Correge. A la *Madonna della Scala*, une Vierge du Correge peinte à fresque. Aux Religieuses de Saint Quentin, un Baptême de Jesus-Christ, par Giovanni Fiammingo; une Assomption, par Joseph Ribiera ou l'Espagnolet; Saint Benoît & Saint Quentin, de Lanfranc, d'autres disent de Baldalocchio. A San Vitale, un Pape délivrant les ames du Purgatoire, par l'invocation de la Vierge. A la Chartreuse, l'Adoration des Mages, de Jerôme Mazzola, Eleve & cousin du Parmesan.

Les principaux édifices sont le grand Théâtre élevé par les Farneses sur les desseins de Vignole; le petit Théâtre qui peut contenir deux mille cinq cents spectateurs, construit & décoré sur les desseins du Cavalier Bernin; le *Palazzo Giardino*, ancienne maison de plaisance du Duc de Parme; il prend son nom des jardins qui sont très-beaux: il y a dans le Palais des peintures d'Augustin Carrache & du Cignani, à fresque; la *Pilotta*, &c.

C'est au bas de la terrasse du Palais Giardino que se donna en 1734, la bataille entre les François, le Roi de Sardaigne & les Impériaux, commandés par le Général Merci qui y fut tué, & qui fut bientôt après suivie de la bataille de Guastalla.

Proche du Théâtre, est l'Académie de Peinture & de Sculpture, établie par le nouveau Duc. Elle distribue chaque année deux prix, l'un pour la Peinture, l'autre pour l'Architecture; le Secrétaire qu'elle nomma en 1762, est le célebre Abbé Frugoni. Il y avoit autrefois dans le Palais une très-belle Bibliothéque; elle est à Naples. La promenade la plus belle & la plus ordinaire est celle des remparts du côté de la Citadelle, construite sur le modele de celle d'Anvers.

Outre les Ecoles de l'Université, il y a le fameux Collége des Nobles, établi en 1601 par le Duc Ranuce Farnese I. Les Ecoliers de toutes les Nations peuvent y être admis en produisant les titres de leur noblesse: les Jésuites en avoient la direction.

La Cour passe les six mois d'été à Colorno; le Prince entretient à son service une excellente Troupe de Comédiens François qui jouent alternativement à Colorno & à Parme. Cette Ville est de toute l'Italie celle où l'on parle françois le plus communément; le Prince a aussi des Comédiens Italiens.

Les Parmésans sont polis & affables, sur-tout aux François; le séjour de Parme est très-agréable; l'air en est très sain; les Habitans y vivent long-temps. Outre les deux batailles dont on vient de parler, les Espagnols s'en rendirent maîtres en 1745, mais ils furent obligés de l'abandonner l'année suivante.

Il y a à Parme de belles fontaines & un aqueduc très-considérable pour porter les eaux hors de la Ville. M. l'Abbé Richard estime sa population à quarante-cinq mille ames : il s'est établi à Parme une grande quantité d'Artistes & d'Ouvriers François, qui la rendent très-commerçante.

Cette Ville a produit de très-grands Peintres, tels le Parmesan, *voyez* PARMESAN ; Lanfranc &c. Le premier qui s'appelloit François Mazzuoli ou Mazzola, naquit à Parme en 1504, & mourut à l'âge de trente-six ans dans la recherche du grand œuvre & de la misere ; le second, né en 1581, mourut à Rome en 1647.

Parme étoit la patrie de Cassius, un des Conspirateurs contre César ; du Poëte Cassius & de Macrobe l'Historien ; de Pomponio Torelli, Poëte tragique & de plusieurs autres ; l'Abbé Frugoni est regardé comme le meilleur de ceux qui existent ; le Panormitan, célebre Antiquaire, à qui cette science doit son éclat ; le savant Abbé Bacchini, un des plus profonds érudits qu'ait produit l'Italie, & un des premiers Journalistes ; le Pere F. Bordoni, grand Théologien ; Christophe Castiglioni ; l'Historien Rossi ; Bottari & Bayardi, grands Jurisconsultes. La famille de Bottari est établie à Toulouse, sous le nom de Boutaric, & a donné à l'Université & au Barreau, des Jurisconsultes célebres dans cette Ville ; le Marquis della Rosa ; Sacchi & Sachini, Médecins ; le Pere Zucchi, premier inventeur (en 1616) des telescopes de réflexion par le moyen des miroirs concaves.

Il y a actuellement un très-grand nombre de savans Mathématiciens & autres, dont les Ouvrages sont très-connus. Nous avons vu depuis peu en France le Pere Fourcaut, Minime, célebre par ses connoissances dans l'Histoire naturelle, & par sa maniere de conserver les animaux.

Outre le Correge, le Parmésan & Lanfranc, Parme a produit encore d'excellens Peintres, tels que Amidano qui vivoit vers 1550 ; Philippe Mazzola, & Jerôme Mazzola, cousins du Parmiggiano ; F. M. Rondani ; Giacinto Bertoia ; Jean-Baptiste Tinti ; Sisto Bardalochio, Eleve du Carrache.

L'Académie des Innominati n'a pas peu contribué au progrès des Arts & à former des Artistes, elle a produit d'excellens Ouvrages. A l'Académie des Innominati a succédé une Colonie des Arcades, établie par le Comte Justo Ant-Sauvitali, conjointement avec quelques autres Seigneurs.

Colorno est une des maisons de plaisance de l'Infant, sur la Parma, à quatre lieues de Parme. Il y fait jouer la Comédie & l'Opéra alternativement. Les jardins sont très-beaux : on y voit un grand berceau d'orangers en pleine terre, une grotte curieuse, deux statues antiques, d'Hercule & de Bacchus, de douze pieds de proportion, trouvées à Rome dans les jardins Farnese.

PARME & PLAISANCE, (Duchés de) ils faisoient autrefois partie de l'ancienne Lombardie. Pepin, Roi de France, enleva à Astolfe, Roi des Lombards, les Villes de Parme & de Plaisance, dont il fit donation au S. Siége ; cette donation fut, dit-on, confirmée par Charlemagne : après qu'il eut renversé le Trône des Rois Lombards, il y ajouta Modene & Reggio. Après différentes révolutions qui avoient enlevé ces Villes aux Papes, elles revinrent encore sous leur pouvoir. Alexandre Farnese, sous le nom de Paul III, éleva en 1545, son fils Pierre-Louis Farnese, d'abord à la dignité de Prince, ou de Duc de Castro & de Camerino, & ensuite de Parme & de Plaisance. Dans l'alliance que Jules II avoit conclue contre la France en 1512, il s'étoit fait donner les Duchés de Parme & Plaisance par l'Empereur Maximilien I. Le Duc Antoine Farnese, le dernier de cette Maison étant mort en 1727, Dom Carlos, Infant d'Espagne, & fils de la Princesse Elisabeth Farnese, en fut reconnu Souverain ; mais ce Prince étant devenu Roi des deux Siciles, le Duché de Parme passa à la Maison d'Autriche ; mais par le Traité d'Aix-la-Chapelle, Dom Philippe, frere de Dom Carlos, devint Duc de Parme, de Plaisance & de Guastalla. Le Pape ne manque pas toutes les années, le 29 Juin de faire, par son Procureur Fiscal, deux protestations ; l'une pour les tributs dûs au Saint Siége par le Royaume de Naples ; l'autre pour le Duché de Parme & de Plaisance. Il fut stipulé dans le Traité qui transféra ces Duchés à Dom Philippe, que si Dom Carlos son frere, venoit à mourir fans héritiers mâles, ou fi lui-même ou fes enfans parvenoient au trône d'Efpagne ou des deux Siciles, fans laiffer des héritiers, partie de ces Etats retourneroit à la Maifon d'Autriche, & partie au Duc de Savoie.

Les Duchés de Parme & de Plaifance font très-fertiles en tout ce qui eft néceffaire à la vie : fes productions, font les vins, l'huile, les fruits de toute efpéce. Les Etrangers n'en eftiment pas les vins. La vigne y croît fous les ormes & autres arbres qu'elle embraffe, ce qui fait paroître ce pays très-couvert. Les pâturages y font excellens, l'agriculture y eft en vigueur & les troupeaux en très-grande quantité : les laines en font fort eftimées : on y fait une efpece de fromage, connu dans toute l'Europe fous le nom de Parmefan.

Le Duché de Parme eft à l'orient, celui de Plaifance à l'occident, & celui de Guaftalla au nord d'eft. Les environs de Plaifance font arrofés de quantité de petits ruiffeaux qui les rendent plus agréables que ceux de Parme. Il eft vrai que lorfque les ruiffeaux groffiffent par les pluies, ils deviennent à craindre pour les Voyageurs, par le défaut de pont. Dans une efpace de vingt lieues, entre Plaifance & Reggio, il y a douze rivieres qu'on eft obligé de paffer dans des bacs.

Les trois Etats de Parme, Plaifance & Guaftalla, font bornés au midi, par la République de Gênes; au nord, par le Pô qui les fépare du Duché de Milan; à l'orient, par le Modénois; & à l'occident, par les nouvelles poffeffions du Roi de Sardaigne, détachées du Duché de Milan.

PARMESAN (*François Maffuoli, dit le*), Peintre, né à Parme en 1504. Il deffina, fi l'on peut ainfi parler, dès le berceau. Il y prenoit, dès fon enfance, le plus grand plaifir. A feize ans, il avoit fait des ouvrages qui auroient fait honneur à un Maître. Il alla fe perfectionner à Rome, où il étudia les Ouvrages de Michel-Ange & de Raphaël; il a faifi la maniere de celui-ci. Pendant le fac de Rome en 1527, il travailloit dans fon attelier avec la fécurité la plus philofophique: les premiers foldats qui entrerent en furent étonnés & ne lui prirent que quelques deffins; ceux qui vinrent enfuite lui enleverent tout ce qu'il avoit fait. On voit plusieurs de ses ouvrages à Rome, à Bologne, à Parme. Il aimoit beaucoup la musique & jouoit très-bien du luth. Il avoit la passion de l'alchymie qui dérangea beaucoup ses affaires. Ces occupations lui prenoient un temps considérable. Sa maniere est très-gracieuse, son coloris est frais & naturel; son faire est aisé, son dessin est correct; ses draperies sont heureusement jettées. On l'accuse de n'avoir pas bien rendu les sentimens du cœur humain & les passions de l'ame. D'ailleurs, on ne voit nulle part autant de légéreté dans les draperies, & de mouvement dans les figures. Ses dessins, qui sont à la plume, sont d'un très-grand prix. Il a gravé à l'eau forte, & en clair obscur. Le Roi possède deux de ses tableaux, & il y en a plusieurs au Palais Royal. Le Parmegiano est mort en 1540.

PARTHENOPE, ancien nom de la Ville de Naples, qui lui fut donné, dit-on, d'une des Sirenes qui tenterent par leurs chants & leurs caresses, d'attirer Ulisse. Ce Héros, dont la prudence rendit leurs efforts inutiles, non en combattant la séduction, mais en se bouchant les oreilles, en fermant les yeux, & en s'ôtant ainsi le moyen de succomber, jetta les Enchanteresses dans un tel désespoir qu'elles se disperserent. Parthenope fit naufrage sur les bords de la mer Thyréniene, & Naples fut bâtie dans l'endroit même où étoit son tombeau.

PARTICIPACCIO, (*Angelo*) Doge de Venise. Il succéda aux Mestres de Cavalerie qui ne gouvernerent la République que durant six ans, vers la fin du septieme siecle.

PARUTA, (*Paul*) né à Venise d'une famille distinguée. Il fut chargé de fixer les limites de l'Etat de Venise avec l'Archiduc. Il fut successivement Gouverneur de Bresse, Chevalier & Procurateur de Saint Marc, Ambassadeur à Rome auprès de Clément VIII. Il s'acquitta si bien de toutes ces commissions, qu'il fut surnommé le Caton de Venise. Il mourut en 1568, âgé de cinquante-huit ans. Il a composé divers Ouvrages en italien, des Discours politiques, la Perfection de la vertu politique, une Histoire de Venise.

PASCHAL. Il y a eu deux Papes de ce nom. Paschal I

succéda à Étienne IV en 817. Louis le Débonnaire, à qui il envoya des Légats, confirma toutes les donations faites par ses Prédécesseurs au Saint Siége. Il envoya aussi des Légats en Orient contre les Iconoclastes, mais ils ne furent pas aussi heureux. Il couronna l'Empereur Lothaire, & excommunia l'Empereur Leon V, qui favorisoit les Iconoclastes ou Brise-images. Il mourut chéri & regretté pour ses vertus & sa bonté, en 824.

PASCHAL II, (*Rainier*) né en Toscane, succéda à Urbin II en 1099. Il fut élu malgré lui. N'ayant pu l'éviter, il s'attacha à faire le bien de l'Eglise; il anathématisa l'Antipape Guibert; il abaissa la fierté de quelques Seigneurs qui tyrannisoient l'Italie. Il célébra trois Conciles; l'un à Rome, l'autre à Guastalla, & le troisieme à Troyes en France. Il eut de grandes affaires avec le Roi d'Angleterre & l'Empereur Henri IV, qu'il parvint à chasser du trône pour y placer Henri V son fils, auquel il ne voulut donner la Couronne qu'à condition qu'il renonceroit aux investitures : Henri ne répondit à cette proposition, qu'en faisant arrêter le Pape. Les Romains irrités de voir le Pontife, le Clergé & quelques Seigneurs, prisonniers, tomberent sur tous les Allemands qui étoient à Rome; l'Empereur fut obligé d'en sortir, mais il amena ses prisonniers qu'il retint jusqu'à ce que le Pape lui accordât ce qu'il demandoit, & le couronnât. Le Pape, après deux mois de prison, consentit à tout, & la paix fut jurée. Les Cardinaux réclamerent contre cette concession forcée. Le Pape eut encore d'autres querelles à soutenir. Il voulut abdiquer la Papauté, mais il mourut accablé de peines & de travaux, le 22 Janvier 1118. Il a laissé un grand nombre de Lettres.

Il y a eu aussi deux Antipapes du nom de Paschal. Le premier étoit Archidiacre de l'Eglise Romaine, & fut élu contre S. Serge I. Ce schisme ne dura que très-peu de temps; cet Antipape étant mort en 687. L'autre étoit Guy de Crême, qu'Adrien IV avoit fait Cardinal en 1155, & que ce Pape avoit envoyé auprès de l'Empereur Barberousse, pour moyenner la paix; mais séduit par ce Prince, il se joignit à l'Antipape Octavien, auquel il succéda dans le schisme, sous le nom de Paschal, en 1164. Il mourut six ans après.

PASQUALIGUS, Religieux Théatin de Vérone, vers le milieu du dix-septieme siecle, s'appliqua à l'étude de la Théologie morale. Il a donné un Livre de décisions des Cas de conscience. Il s'éleva contre l'usage barbare de la Castration, & a fait un Traité moral sur ce sujet, qui est fort recherché.

PASQUIN, est le nom d'une statue mutilée, ou torse que l'on voit sur un piédestal, près de la *Piazza-Navona*, à Rome. Le nom que porte cette figure grotesque, est celui d'un Tailleur qui avoit sa boutique tout auprès. Cet homme étoit d'une humeur enjouée, mais satyrique, n'épargnant personne. Tous les bons mots qui couroient dans la Ville, passoient pour être de lui, & très-souvent on les affichoit pendant la nuit sur la statue qui étoit à sa porte. Telle est l'origine des Pasquinades auxquelles furent long-temps en butte les Cardinaux, les Papes & même les autres Puissances. On donna ensuite *Marforio* pour camarade à Pasquin. *Voyez* MARFORIO. Une réponse assez plaisante que le Pape Alexandre VI fit à ceux qui lui conseilloient de faire jetter Pasquin dans le Tibre, à cause des satyres perpétuelles que cette statue critique faisoit contre les Papes, prouve combien les Pasquinades étoient en usage. *Je craindrois*, dit ce Pape, *qu'il ne se métamorphosât en grenouille, & qu'il ne m'importunât jour & nuit*. Pasquin est aujourd'hui plus tranquille & plus réservé.

PASSAVANTE, (*Jacques*) né à Florence, d'une famille distinguée, Dominicain, a composé en italien un Traité de la Pénitence, qui passe pour un chef-d'œuvre de style. Il a été imprimé trois fois, & l'Académie de la Crusca en donna elle-même une édition en 1681.

PASSERA, PASSARANI, GENUA PASSERINI OU DE PASSERIBUS, (*Marc-Antoine*) de Padoue, Philosophe, du seizieme siecle, d'une famille distinguée. Passera se fit un nom célebre dans toutes les Universités d'Italie, qui désiroient de l'avoir pour Professeur. La République de Venise lui fit des présens &

les offres les plus avantageuses. Il eut des Disciples, qui se rendirent illustres par leur savoir. Il eut un fils, qui fut Médecin habile, & quatre filles, qui apprirent la Philosophie sous leur pere, & se firent considérer de ce qu'il y avoit de plus savant & de plus illustre en Italie. Passarini composa plusieurs Ouvrages, & mourut âgé de soixante-douze ans.

Passi, gros Bourg dans la Baronnie de Faussigni, dans la Savoie, fort renommé par ses vins.

PASSIGNANI, (*Dominique*) Peintre, né à Florence vers l'an 1550. Il fut Eleve de Fréderic Zuccharo. Il se distingua par plusieurs grands ouvrages à Rome & à Florence, dans lesquels on admire son goût de dessin & la beauté d'expression : son coloris approche de celui de l'ancienne Ecole Romaine. La fortune seconda ses talens : ils furent amplement récompensés. Il a vécu quatre-vingts ans.

Passignano, petit Village sur le lac de Pérouse, autrefois le lac Trasymene, célebre par la bataille qu'Annibal remporta sur les Romains, sous la conduite de Flaminius, l'an 217 avant J. C. Il y a près de cet endroit un autre Village & un Pont appellé *Ponte Sanguinetto*, ainsi appellé, dit-on, de la grande quantité de sang dont ces lieux furent inondés ; d'autres personnes placent le champ de bataille à Ossaïa. *Voyez* Ossaia.

PASSIONNEI, (*Dominique*) Cardinal célebre, né à Fossombrone, au Duché d'Urbin, le 2 Décembre 1682, d'une famille noble. Il marqua son goût pour les sciences dès son bas-âge. Il vint à Paris en 1706. Il visita les Bibliothéques & les Savans ; il voyoit souvent les PP. Mabillon, Monfaucon. En 1708, il alla en Hollande. Les Puissances y avoient envoyé des Députés pour finir la guerre de la succession d'Espagne. Clément XI profita de son voyage, pour y soutenir les intérêts du Saint Siége, & Passionnei obtint que les troupes Allemandes évacueroient les Domaines du Pape. Il repassa par la France, & Louis XIV lui fit l'accueil le plus honorable ; il lui donna son portrait, enrichi de diamans. Clément XI le chargea de plusieurs négociations, dont il s'acquitta avec la plus grande distinction. Il lui donna succeffivement les charges de Camerier secret, de Prélat Domeftique, & Secrétaire de la Propagande. Innocent XIII lui donna l'Archevêché d'Ephefe & la Nonciature de Suiffe; Clément XII celle de Vienne, où il reçut de l'Empereur Charles VI & du Prince Eugene l'accueil le plus favorable. Il travailla efficacement à l'abjuration du favant Eccard & à celle du Prince de Wirtemberg. Paffionnei fut fait à fon tour Secrétaire des Brefs, & Cardinal. Benoît XIV, qui connoiffoit tout fon mérite, le nomma Bibliothécaire du Vatican. L'Académie des Infcriptions & Belles-Lettres de France le nomma Affocié Etranger. Il regardoit les Jéfuites comme les ennemis du mérite & des talens. Il s'oppofa à la canonifation de Bellarmin. Il a rendu de grands fervices à l'Eglife & aux Lettres. Lorfqu'il paffa en Hollande, il empêcha qu'on imprimât un Ouvrage de Fra Paolo, fous le titre *des fecrets de la Papauté*. Il avoit l'efprit vif, l'imagination brillante, une éloquence victorieufe. Il enrichit la Bibliothéque du Vatican d'un grand nombre d'Ouvrages précieux & rares. Il mourut d'une attaque d'apoplexie, le 5 Juillet 1761, âgé de foixante-dix-neuf ans. Il a laiffé plufieurs excellens Ouvrages; le plus eftimé eft fon Oraifon funebre du Prince Eugene. Il fit avec Fontanini la révifion du *Liber Diurnus Romanorum Pontificum*; une Paraphrafe du Pf. XIX, fur l'Hébreu; une autre du premier chapitre de l'Apocalypfe, fur le Syriaque; la traduction d'un Ouvrage Grec, fur l'Antechrift, *acta legationis Helveticæ*; un volume in-fol. publié après fa mort par M. Paffionnei fon neveu, de toutes les infcriptions grecques & latines que fon oncle avoit raffemblées.

PASS. DI PORTELLO, petite Ville au Royaume de Naples, fituée fur les frontieres de ce Royaume & l'Etat de l'Eglife, dans la Terre de Labour. C'eft là que le Roi reçut, en 1738, pour la premiere fois, la Reine fon époufe fous une fuperbe tente.

PATIN, PATINA, (*Benoît*) Breffan, Médecin de l'Empereur Maximilien II, fut Profeffeur à Padoue, & mourut en 1577. Il a laiffé *un Traité de la palpitation du cœur, un des veines*, &c.

PATRIARCHE DE VENISE, (le) est appellé le Chef du Clergé, & doit être Noble Vénitien. Il est élu par le Sénat, & confirmé par le Pape. Quoiqu'il soit Primat de Dalmatie, & que les Archevêques de Candie & de Corfou soient les suffragans, son autorité est bornée, en ce qu'il n'a aucun pouvoir sur les Prêtres & les Moines ; & que l'Eglise Ducale de Saint Marc ne le reconnoît point, parce qu'elle a un Evêque particulier, nommé *Primicerio*. Ce Patriarche assiste seulement en Chef au Conseil Spirituel, qui juge des affaires de la Religion : mais il n'y a que sa voix. Le Patriarche ne met pas dans ses ordonnances, comme les autres Evêques : *Divinâ miseratione & sanctæ Sedis Apostolicæ gratiâ*, mais *divinâ miseratione* seulement, pour faire voir qu'il est nommé par le Sénat.

PATRIMOINE DE S. PIERRE, (le) est une des douze Provinces de l'Etat de l'Eglise : elle est entre le Tibre, la Marta, & la mer de Toscane. Elle comprend la *Toscanella*, la *Civita Vecchia* & le Duché de *Bracciano*, l'Etat de *Ronciglione* & *Viterbe*, qui en est la Capitale. Son territoire est très-fertile en bled, en vin, en huile, en alun & en toute sorte de fruits. Cette Province fut, dit-on, donnée au Pape Sylvestre par l'Empereur Constantin. Cette donation a souvent été révoquée en doute. On raconte à ce sujet une bonne réponse que fit à Alexandre VI un Ambassadeur de Venise. Ce Pontife lui ayant demandé en quel endroit des annales de Venise se trouvoit le titre de possession du Golfe Adriatique : *si votre Sainteté*, lui répondit l'Ambassadeur, *veut se donner la peine de regarder le contrat de donation du Patrimoine de S. Pierre, faite au Saint Siege par Constantin-le-Grand, elle y trouvera notre titre adossé.* Les autres Villes sont *Porto*, *Cita Castellana*, *Nepi*, *Orta*, *Pagliano*, *Corneto*, *Santa Severa*.

PATTI, Ville de Sicile, avec Evêché, suffragant de Messine, appellée par les Auteurs Latins *Pacta* ou *Pactæ*, fut bâtie par le Comte Roger, près des ruines de Tindaro, après qu'il eut vaincu les Sarrasins. Elle est dans la Vallée de *Demona*, sur le golfe de Sicile. Elle est commandée par un fort considérable :

son port est bien fortifié. On y remarque deux places & la Cathédrale, qu'on peut comparer à quelques Eglises de Milan; elle est agréablement située, à l'ouest de Messine.

PAVESAN. Ce pays est au sud de Milan. Il étoit plus considérable; l'Archiduchesse céda, en 1743, au Roi de Sardaigne toute la partie au midi du Pô, avec *Bobbio*. On l'appelle le jardin du Milanois. Sa Capitale est Pavie. Ses autres Villes sont *Trivolzo*, *Certosa*, &c.

PAVIE, PAVIA, PAPIA, ou TICINUM, Capitale du Pavesan, dans le Milanois, sur le bord du Tesin, dans une belle plaine, avec un Evêché & une Université célèbre pour le Droit & la Jurisprudence. Elle remonte à une très-haute antiquité; elle est plus ancienne que Milan, suivant Pline. Lors de l'inondation des Barbares, les Rois Lombards en firent leur Capitale, & donnerent le nom de Lombardie au pays renfermé entre les Alpes, l'Apennin & la mer Adriatique. Ils y régnerent pendant deux cents ans. Charlemagne mit fin à leur Empire par la bataille de Pavie, qu'il gagna contre Didier en 755. Elle a passé des Rois d'Italie aux Empereurs d'Allemagne, au Saint Siege, aux Ducs de Milan, aux François, & enfin réunie au Milanois. Elle est très-célèbre par la bataille qui fut si funeste à François I & à la France.

Pavie n'offre rien d'extraordinaire pour les édifices; on y voit encore de hautes tours de brique quarrées, restes des Goths. C'est dans une de ces tours que fut enfermé Boëce. Les rues sont étroites & larges; la plus belle & la mieux peuplée est celle qui traverse toute la Ville, & va aboutir au pont de Tesin. Il y avoit autrefois une citadelle très-forte, elle est presque ruinée aujourd'hui. Il y a quelques places assez belles; sur celle de l'Archevêché, on voit une statue de bronze médiocre, que les Lombards y transporterent de Ravenne, qu'on croit être celle d'Antonin-le-Pieux. Cette place est entourée d'un grand portique ouvert en arcades.

Dans la Cathédrale, qui n'est pas encore finie, on voit une longue piece de bois armée de fer, que les habitans croient être la lance de Roland.

S. Pietro in Ciel Aurao fut bâti par le Roi Luitprand, en l'honneur de S. Augustin, dont il y transporta le corps de l'Isle de Sardaigne, où il avoit été mis en dépôt. On y voit aussi le tombeau du célebre Boëce. L'Eglise est revêtue de marbre blanc, & de statues: le tout est gothique, l'architecture en est hardie. Le Roi Luitprand, François, Duc de Lorraine, & Richard, Duc de Suffolck y sont enterrés.

Sur la place qui est au-devant du College fondé par Pie V, on voit la statue de bronze de ce Pape: elle est assez estimée. Dans le Collége Borromée, il y a quelques peintures précieuses de Zuccheri: le bâtiment est beau.

Le pont du Tesin, bâti par les ordres de Galeas Visconti, dans le temps qu'il fit construire la citadelle, est de briques, & en partie revêtu de marbre; il est couvert & sert de promenade aux habitans.

L'Université de Pavie a été très-fameuse, elle est bien déchue de ce qu'elle a été autrefois: les célebres Jurisconsultes Jason, Balde & Alciat en ont été Professeurs. Les études y sont presque abandonnées. L'Abbé Boscovich, grand Mathématicien, qui a donné d'excellens Ouvrages d'Astronomie, de Géométrie, de Physique & sur toutes les parties des Mathématiques, & un Poëme sur les Eclipses, est attaché à cette Université. Le Pere Fontana, & quelques autres Savans, attachés à cette Université, seroient bien en état de la relever.

Les mœurs sont fort respectées à Pavie: le Peuple & la Bourgeoisie y paroissent très-réservés. C'est en sortant de Pavie, & sur la route de Milan, dans la plaine de Bareo, qu'on trouve les restes d'un grand parc, bâti par Galeas Visconti, pour y enfermer les bêtes fauves; c'est-là que François I perdit la bataille le 24 Février 1525. Il fut conduit à la Chartreuse qu'on trouve à trois milles de cet endroit.

PAUL. Il y a eu cinq Papes du même nom. Le premier, élu en 757, succéda au Pape Etienne II son frere. Il écrivit à Pepin, pour lui jurer la fidélité la plus inviolable. Ce Prince le soutint par ses armes, contre Didier, Roi des Lombards. Il travailla inutilement à la conversion de l'Empereur Constantin,

Copronyme Iconoclaste. Le Pape mourut en 767. Il reste de lui vingt-deux Lettres.

PAUL II, (*Pierre* BARBO) de l'illustre Maison de Barbo de Venise, neveu du Pape Eugene IV, succéda à Pie II en 1440. Il jura d'exécuter quelques réglemens faits au Conclave, tels que la continuation de la guerre contre les Turcs, le rétablissement de l'ancienne discipline de la Cour de Rome, la convocation d'un Concile dans huit ans, & la fixation du nombre des Cardinaux à quarante-quatre. Il n'exécuta que l'article qui concernoit la guerre des Turcs. Il accorda aux Cardinaux de porter la pourpre, le bonnet de soie rouge & la mitre semblable à celle des Souverains Pontifes. Il excommunia le Roi de Bohëme, & fit prêcher une croisade contre lui. Il réprima les vexations des Seigneurs, & réunit les Princes d'Italie. Il étoit d'une très-belle figure, & rendoit son éloquence pathétique par les larmes qu'il avoit l'art de répandre, & qu'il faisoit suppléer à ses raisons, quand il vouloit: ce qui lui fit donner le nom de Nôtre-Dame de Pitié par Pie II. Il réduisit le Jubilé à vingt-cinq ans. Il n'aimoit point les Gens de Lettres, & on dit qu'il les regardoit comme Hérétiques, ce qui seroit une hérésie. Il mourut, pour avoir mangé deux melons à son dîner, à l'âge de cinquante-quatre ans en 1451.

PAUL III, (*Alexandre* FARNESE) de Rome, élu unanimement après la mort de Clément VII, en 1534. Il étoit généralement estimé; il avoit donné des preuves de son zèle dans ses Légations & dans les commissions dont il fut chargé & dans les différens emplois qu'il remplit. Il engagea une ligue entre l'Empereur & les Vénitiens contre les Turcs; elle n'eut point de suites. Il fit conclure une treve entre François I & l'Empereur, qui fut le premier à la rompre. Il approuva l'institution des Jésuites, & établit l'Inquisition. Il fut cause, par trop de fermeté envers Henri VIII, que l'Angleterre se sépara de l'Eglise. Il mourut de chagrin de la tyrannie avec laquelle *Pierre-Louis Farnese, Duc de Parme son fils*, mort sous les coups des rébelles, & Octavio, gouvernoient leurs Etats. Cette mort arriva en 1549: Paul étoit âgé de quatre-vingt-deux ans.

Il protégeoit les Lettres, il les aimoit : il reste de lui quelques Epîtres sur la Littérature à Sadoler & à Erasme. Il avoit composé des remarques sur plusieurs Epîtres de Ciceron.

PAUL IV, (*Jean-Pierre* CARAFFE) succéda à Marcel II en 1555. Il étoit âgé de quatre-vingts ans. Il étoit très-savant; il montra pendant le cours de son Pontificat une fermeté au-dessus de son âge. Il trouva que Charles V ne mettoit pas assez d'ardeur à la poursuite des Luthériens : il menaça de l'excommunier. Il se liga avec la France pour la conquête de Naples. Il s'indigna de ce que Ferdinand avoit accepté l'Empire sans le consulter, & refusa de voir les Ambassadeurs de ce Prince. Celui-ci s'en vengea, en prenant lui-même la couronne que les Papes mettoient sur la tête de ses prédécesseurs, & ce privilege a fini à Paul. Il vouloit exiger d'Elisabeth qu'elle fit confirmer sa Souveraineté par le Saint Siege : elle rappella son Ambassadeur, & se brouilla pour toujours avec la Cour de Rome. Il déclara déchus de leurs Royaumes, de leurs dignités, de leurs bénéfices tous les Princes & Empereurs, Prélats, qui faisoient profession d'hérésie. Il étoit rigide pour lui même & pour les Ecclésiastiques. Il persécuta l'erreur à toute outrance, confirma l'Inquisition, & fit agrandir les prisons : ce que le Peuple Romain vit de mauvais œil. Il lui érigea cependant une statue au Capitole : mais il abattit la prison après sa mort, insulta à la statue qu'il lui avoit érigée, & en jetta la tête dans le Tibre. Il mourut le 18 Août 1659, âgé de quatre-vingt-trois ans.

PAUL V, (*Camille* BORGHESE) Romain, succéda à Léon XI, en 1605. Il eut des querelles vives avec les Vénitiens, sur le conflit de la jurisdiction séculiere & de la jurisdiction ecclésiastique. Le Sénat de Venise avoit défendu, par un décret très-sage, toute fondation sans le consentement de la République, & par un second décret l'aliénation de tous biens, soit séculiers, soit ecclésiastiques. Cette affaire avoit fait du bruit sous Clément VIII ; elle se renouvella sous Paul V, à l'occasion du jugement d'un Abbé & d'un Chanoine, arrêtés par le Tribunal séculier. Paul V exigeoit qu'on lui remît les coupables, & que les deux décrets fussent révoqués. Le Sénat disoit qu'il ne tenoit que de Dieu le pouvoir de faire des loix, & refusa de remettre les accusés, Citoyens avant d'être Ecclésiastiques. Le Pape jetta une excommunication sur le Sénat, & un interdit sur l'Eglise. Le Sénat protesta contre le monitoire: l'interdit ne fut observé que par les Théatins, les Capucins & les Jésuites. L'affaire devenoit très-sérieuse; on fut inondé d'écrits, le sang alloit couler. Henri IV, Roi de France, termina ces différends, au grand regret des Jésuites, qui furent chassés de Venise. Le Pape termina aussi la Congrégation des *Auxiliis*, mais ne prononça pas. On prétend qu'il avoit fait le projet d'une Bulle contre la doctrine de Molina. Ce fait n'a jamais été avéré. Mais ce qui fait le plus d'honneur à ce Pontife, ce sont les monumens dont il embellit Rome. Les plus beaux morceaux de sculpture & d'architecture, les plus belles fontaines firent revivre la splendeur de l'ancienne Rome, que Sixte V avoit déja portée fort loin. Paul protégea les arts, rétablit, autant qu'il fut en lui, les études parmi les Religieux.

PAUL DE CASTRO, né à Castro, dans le Royaume de Naples, vivoit dans le quinzieme siecle, fut regardé comme un des plus grands Jurisconsultes de son temps. Il fut Professeur successivement à Florence, Bologne, Sienne & Padoue, où il mourut, en 1437, très-âgé. Il a publié un grand nombre d'Ouvrages fort connus des Jurisconsultes.

PAUL DE GENES, Moine, du Mont Cassin, dans le douzieme siecle, étoit aveugle de naissance. Il a néanmoins donné des Commentaires sur les Pseaumes, sur les Evangiles, les Epîtres de S. Paul, l'Apocalypse, & un Traité des disputes des Grecs & des Latins.

PAUL, (*Marc*) de Venise, fils de Nicolas, Voyageurs célebres, dont les rélations ont eu le plus grand succès. Marco Paolo, qui vivoit en 1272, voyagea dans la Perse, la Syrie & les Indes. Son Ouvrage, *de Regionibus Orientis*, est fort estimé.

Il y a eu plusieurs hommes célebres de ce nom. Paul de Rome, de l'Ordre des Augustins, écrivoit vers l'an 1474 un Traité de *usu Clavium. Paul de Pérouse*, Carme, dans le seizieme siecle, a laissé un Traité fort estimé sur le Maître des Sentences. *Paul de Venise*, né à Udine, dans le Frioul, Hermite de Saint Augustin, regardé comme le premier Philosophe & le plus grand Théologien de son temps. Il avoit beaucoup d'éloquence, & étoit grand Prédicateur. Il a laissé plusieurs Traités, un Livre contre les Juifs, & des Sermons. Il mourut en 1429.

PAULE, jolie petite Ville au Royaume de Naples, dans la Calabre Citérieure, proche la mer, a donné naissance à Saint François, Fondateur des Minimes. Cette Ville, qui est située dans un terroir fertile en grains & en simples, a titre de Comté, & appartient à la Maison de Francavilla.

PAULIN, (Saint) Patriarche d'Aquilée sa patrie, fut fort aimé de Charlemagne, qui lui fit donner le Patriarchat. Il étoit Grammairien. Il se distingua dans quelques Conciles, & publia un savant Traité sous le titre de *Libellus de Sanctissima Trinitate adversùs Elipantium Toletanum, & Felicem Urgelitanum Antistites, dictus, sacro Syllabus*. Il mourut en 802, & a été mis au rang des Saints. Il ne faut pas le confondre avec Saint Paulin de Nole, né à Bordeaux, Disciple d'Ausonne, Evêque de Nole, Ecrivain célebre, dont les Poësies sont fort estimées par la beauté des pensées & par l'élégance du style.

PAULUTIO, (*Anafesto*) fut le premier Duc ou Doge de Venise. Jusqu'à lui la République avoit été gouvernée par deux Tribuns. Après Paulutio, il y eut encore deux Doges, ensuite le gouvernement fut confié à des Généraux d'armées, qui ne gouvernoient qu'un an; enfin on rétablit les Doges six ans après, & ce gouvernement se soutient encore. *Voyez* DOGES.

PAUSILIPPE, Montagne célebre, située le long du bassin de Naples, du côté du couchant. Elle offre l'aspect le plus riant; elle est couverte de belles maisons & des jardins toujours verds: la situation de la montagne les met à couvert des vents du midi. Les Napolitains y trouvent des promenades toujours agréables: son terrein est fertile en bons vins & en fruits de toute espece. Cette montagne est si agréable, qu'un Poëte Napolitain a dix que c'étoit un lambeau du ciel tombé à terre. Elle est percée d'une extrémité à l'autre par un chemin souterrein, appellé la grotte du Pausilippe; il a neuf cent soixante pas de longueur sur trente pieds de largeur & cinquante de hauteur: la grotte est éclairée, autant qu'elle peut l'être, par deux soupiraux à l'une & l'autre extrémité & par une petite ouverture qui est au milieu, au-dessus d'une Chapelle de la Vierge. On croit que ce chemin singulier a été entrepris pour abréger le chemin de Pouzol à Naples, & s'épargner la peine de passer sur la montagne: ce qui, suivant Misson & Addisson, est beaucoup plus fatigant, à cause de la poussiere dont les pas des allans & venans remplissent la grotte; quoi qu'il en soit, cet ouvrage est immense. On ne sait à qui l'attribuer; on le croit plus ancien que Rome: Varron, Séneque, Strabon en parlent. Ce fut Pierre de Tolede, Vice-Roi de Naples, qui fit paver la grotte du Pausilippe, & qui la fit élargir. Ce qui a fait croire que les habitans de Cumes, Ville autrefois très-célebre, l'avoient creusée, c'est que la pierre est comme celle de la grotte de Cumes, en quelques endroits, de la pouzolane durcie, & dans d'autres, d'une espece de moëllon tendre & d'un blanc jaunâtre.

Au-dessus de l'une des ouvertures de la grotte est le tombeau de Virgile; c'est une masure ou espece de tour en forme de lanterne, voûtée, entourée de petites niches pratiquées dans les côtés, & propres à placer des urnes cinéraires: celle de Virgile devoit être au milieu. L'épitaphe de ce Poëte, faite, dit-on, par lui-même, est gravée sur un marbre blanc, & attachée au rocher.

Mantua me genuit, Calabri rapuere, tenet nunc
Parthenope, cecini pascua, rura, duces.

Au-dessus du tombeau est un laurier qu'on prétend aussi ancien que le tombeau même, & qu'on dit être né des cendres de ce grand Poëte: une inscription en quatre vers latins que Pierre d'Arragon fit placer au-dessus de la grotte, a consacré cette opinion fabuleuse. Le Peuple de Naples a une grande vénération pour la mémoire de Virgile; les uns le regardent comme un Saint, les autres comme un Magicien, dont les enchantemens ont creusé la grotte du Pausilippe.

Sur le haut de la montagne est l'Eglise des Servites, sous le titre de *Sancta Maria d'el Parto*, fondée par le Poëte Sannazar, à la place d'une maison de campagne, dont Fréderic II, Roi de Naples, lui avoit fait présent. Il y avoit une tour que Sannazar aimoit beaucoup, & que le Prince d'Orange, Vice-Roi de Naples, l'obligea de démolir, au lieu de la faire rebâtir, il fonda le Couvent des Servites, qui lui firent élever un très-beau mausolée après sa mort. On y voit deux statues de marbre blanc, représentant Apollon & Minerve. Un Vice-Roi de Naples, sous prétexte que ces représentations étoient trop profanes, voulut les enlever: les Servites firent graver au-dessous de la statue d'Apollon, David, & au-dessous de celle Minerve, Judith. Le mausolée est tout de marbre blanc; l'urne sépulcrale est supportée par un riche piédestal; le buste du Poëte, couronné de laurier, est au-dessus, au milieu de deux Génies, qui tiennent des guirlandes de cyprès; au-dessous de l'urne est un beau bas-relief, représentant Neptune, Apollon, Pan & les Divinités symboliques des Poësies de Sannazar, qui avoit pris le nom d'Actius Sincerus. Le Bembe a composé l'épitaphe suivante, qu'on lit au-dessous du bas-relief.

Da sacro Cineri Flores, hic ille Maroni
Sincerus, Musâ, proximus ut tumulo.

Tout porte l'empreinte du caractere du Fondateur dans l'Eglise des Servites. Au-dessus du tombeau de Sannazar, le Rossi a peint le Parnasse, Pegase, & une Renommée, qui tient une couronne sur la tête du buste. On y remarque un tableau qui représente S. Michel, ayant sous ses pieds un Diable, qui a une très-belle tête de femme & un beau sein. On prétend que Diomede Caraffa, Evêque d'Ariano, fit peindre sous cette figure une Dame qui l'obsédoit; & qu'ayant fait semblant de céder à ses poursuites, il lui donna la main, feignant de l'accompagner chez elle, & qu'il l'engagea d'entrer dans l'Eglise des Servites, où il voulut lui faire, disoit-il, admirer un nouveau chef-d'œuvre de peinture: la Dame reconnut l'Evêque dans les traits de l'Archange, & son portrait dans la figure du Diable. Le buste de l'Evêque est dans une des Chapelles.

On jouit des promenades du Pausilippe, du spectacle de la mer, étincelante de lumière, phénomène qui est occasionné en même temps par des lucioles de mer, espèces d'insectes lumineux, décrits par les Naturalistes, & par l'agitation des flots. On sait que l'eau de la mer est phosphorique, sur-tout dans les pays chauds.

La pointe ou promontoire du Pausilippe est fortifiée. On voit tout auprès les restes des bains de Lucullus, d'un temple de la Fortune, qu'on appelle dans le pays l'Ecole de Virgile, & dont l'Eglise de *Santa Maria à Fortuna* a pris son nom.

On a trouvé au cap du Pausilippe la moitié du buste du fils de Pollion, ce qui a fait conjecturer que c'étoit l'endroit où Pollion faisoit pêcher: ce n'est plus qu'un rocher désert.

PAVONI, (*François*) Jésuite, né à Catanzaro, dans la Calabre Ultérieure, professa la Philosophie & la Théologie à Naples, qu'il éclaira par ses écrits, & qu'il édifia par sa piété. Il mourut en 1637. Il a laissé une Introduction à la Doctrine Sainte, en trois parties; *Summum Ethicæ, Tractatus de Ethicis politicisque actionibus; Commentarius dogmaticus, sive Theologica interpretatio, in Pentateuchum, in Evangelia.*

PAZZI, (*Angelo*) né à Rimini, vivoit dans le sixieme siecle. Il se rendit fameux par ses connoissances dans la Jurisprudence & l'Histoire. Les Vénitiens lui donnerent plusieurs charges de Magistrature à Padoue, à Bergame, à Vérone & à Bresse. On a de lui un volume de Consultations, & l'Histoire de la Guerre des Vénitiens contre Philippe Visconti & François Sforce.

PAZZI, (*François*) de l'illustre Maison de ce nom à Florence, conspira contre les Médicis, tua Julien, & fut pendu lui-même par le peuple de Florence. La conjuration de Pazzi est fort connue. Antoine Pazzi, Chevalier de Malthe, dans le seizieme siecle, se fit connoître par son esprit; il laissa quelques Poésies. Sainte Madeleine de Pazzi est fort célebre dans l'Eglise par sa piété & par ses miracles. Cosme Pazzi, Archevêque de Florence, en 1508, a traduit Maxime de Tyr du grec en latin, & a laiſſé d'autres Ouvrages. Alexandre Pazzi, ſon frere a écrit des Tragédies.

PEDENA, PETINA, petite Ville en Iſtrie, ſur la riviere d'Arſa. Elle appartient au Marquis de Prié, ci-devant Ambaſſadeur de l'Impératrice, Reine de Hongrie chez les Cantons Suiſſes. Elle avoit autrefois titre d'Evêché, ſuffragant d'Aquilée : aujourd'hui ſon Evêque réſide à Udine.

PEDRILLO, fameux chef des Voleurs, qui infectoient les environs de Florence, l'année 1753, fut tué par une Payſanne des environs de Sienne. Cette femme, étant partie avec de l'argent pour délivrer ſon mari, qui étoit détenu dans les priſons de cette Ville, pour une dette de quarante écus, fut attaquée dans la route par ce Brigand, qui étoit armé d'un couteau à deux tranchans ; comme elle n'avoit rien pour ſe défendre, elle feignit d'avoir ſon argent couſu dans ſon juſte-au-corps, & l'ayant engagé à lui prêter ſon couteau pour le découdre, elle ſe jetta ſur ce miſérable, & le poignarda. Comme le Gouvernement avoit promis cinq cents écus à quiconque pouvoit s'emparer de ce Brigand, la femme eut la récompenſe, & le mari fut mis en liberté, en ſe chargeant d'acquitter la dette pour laquelle il étoit priſonnier.

PEINTURE. Quelle que ſoit l'origine de la Peinture, il eſt certain qu'elle doit avoir eu des commencemens très-groſſiers. Les plus anciens monumens de la Peinture ont été trouvés en Egypte, d'où elle paſſa dans la Grece, avec les autres Arts, & s'y perfectionna ; les Romains la cultiverent avec ſuccès ; elle périt ſous les coups des Barbares. Cimabué, dans le milieu du treizieme ſiecle, fut le premier qui eſſaya de faire revivre cet Art dans lequel il avoit eu pour Maîtres quelques Peintres Grecs, que le Sénat de Florence avoit fait venir. Ce fut enfin ſous la protection des Médicis que les beaux Arts trouvant un aſyle à Florence, les grands Hommes ranimerent le flambeau du génie. Ce fut alors que l'on vit naître les Raphaël, les Correge, les Michel-Ange, les Titien ; alors les beaux Arts ſe répandirent dans l'Italie, & l'émulation naquit entre les principales Villes ;

alors se formerent ces Ecoles célebres de Peintres, qui ont produit tant de grands Hommes. L'Ecole Romaine & l'Ecole Lombarde opposerent aux Toscans les Carrache & leurs Eleves. L'Ecole Vénitienne aussi jalouse que la Ville de Bologne de donner naissance à d'habiles Artistes, ne négligea rien pour se les procurer; les Titien, les Tintoret, les Veronese & les Giorgion, la mirent dans tout son éclat. *Voyez* ECOLE FLORENTINE, ROMAINE, LOMBARDE, VÉNITIENNE.

Il paroît que d'abord on peignoit à une seule couleur. On se servit ensuite d'un mélange de quatre couleurs, les Grecs y en ajouterent de nouvelles. On ne peignit qu'à fresque jusqu'à Jean de Bruge, qui, dans le quatorzieme siecle, imagina de peindre à l'huile. L'Art de la Peinture peut être regardé comme le premier des beaux Arts, après la Poësie; la Sculpture ne vient qu'après. Le Poëte & le Peintre devroient mutuellement étudier les productions des plus grands Artistes dans ces deux genres: rien n'est plus en état d'élever l'ame du Poëte qu'un tableau de Michel-Ange, de Raphaël, du Titien, de Rubens; rien ne peut mieux exciter le génie que la lecture d'Homere, de Virgile, du Tasse, &c. si le Peintre n'est Poëte, si le Poëte n'est Peintre, ils ne mériteront jamais de passer à la postérité.

PELAGE. Il y a eu deux Papes de ce nom. Pelage I étoit Romain, & parvint au Pontificat en 555. Il fut porté sur la Chaire de Saint Pierre par l'Empereur Justinien. Il travailla beaucoup à la réforme des mœurs & à l'extirpation des hérésies. Rome fut assiégée & prise par Totila, Roi des Goths, sous son Pontificat. Il obtint du Vainqueur plusieurs graces pour les Romains. Il les consola par ses exhortations, & soulagea leurs maux par sa charité. Pelage mourut en 559.

PELAGE II, Romain, & qu'à son nom de Wirigil, on croit de famille Gothe, succéda à Benoît I en 578. Il travailla à l'union des Evêques d'Istrie & de Vénetie à l'Eglise, dont ils s'étoient séparés, & s'opposa à la prétention de Jean, Patriarche de Constantinople, qui prenoit le titre d'*Evêque Œcumenique*. La peste dévasta Rome sous son Pontificat. On la respiroit en bâillant & en éternuant. De-là vient, dit-on, l'origine de dire, à ceux qui éternuent : *Dieu vous assiste, & de faire le signe de la croix sur sa bouche quand on bâille.* Pelage fut attaqué de ce fléau, & mourut en 590. Il reste de lui dix Epîtres, dont il y en a quatre qu'on croit supposées.

PELEGRINO, PELEGRINI, dit TIBALDI, parce que son pere, qui étoit Maçon, s'appelloit communément Maître Thibault ; il est aussi connu sous le nom de Pelegrin de Bologne, naquit dans cette Ville en 1522, fut un des plus grands Peintres d'Italie, & un excellent Architecte. Malgré la sublimité de ses talens, Tibaldi étoit si modeste & avoit si peu l'art de se faire valoir, qu'en travaillant beaucoup, à peine trouvoit-il de quoi subsister. On assure que mécontent de son sort, il résolut de se laisser mourir de faim. Il étoit derriere un buisson, étendu & pleurant. Grégoire XIII passa, dit-on, par hazard vers cet endroit ; il entendit une voix gémissante ; il y courut, le consola & l'employa dans ses bâtimens. Il s'adonna à l'Architecture & y fit des progrès si rapides, qu'il fut bientôt nommé Architecte de la Cathédrale de Milan, & Ingénieur en chef du Duché. Il fit le pavé de l'Eglise qu'on regarde comme un plus des beaux ouvrages ; il donna le dessin de la façade. Philippe II l'appella en Espagne pour peindre le Palais de l'Escurial, & rebâtir l'ancien Palais, Tibaldi s'en retourna en Italie avec une fortune considérable, évaluée à plus de deux cent mille écus. Philippe II lui fit encore présent de la Terre de Valsoda, où il étoit né, & qu'il érigea en Marquisat en faveur de Tibaldi. Il a donné le plan de plusieurs Edifices, tels que celui de Saint Laurent, à Milan ; de l'Eglise des Jésuites, dans la même Ville ; de la Bourse d'Ancône, &c. &c. Ses tableaux, qu'on voit à Bologne dans les Eglises, & à l'Escurial, sont corrects de dessin, d'une belle couleur, bien composés. Les progrès qu'il fit d'abord dans la Peinture, le firent nommer le Michel-Ange épuré. Il mourut à Milan en 1591, âgé de soixante-dix ans. Il laissa un fils qui hérita d'une partie de ses talens. *Voyez* TIBALDI.

PELLEGRINI, (*Camillus Peregrinus*) né à Capoue en 1598, neveu de Camillo Pelegrini, qui prit le parti du Tasse contre l'Académie de la Crusca qui soutenoit celui de l'Arioste. Pellegrini fut élevé sur les principes de son aïeul. Il composa une Poëtique à l'âge de vingt ans. Il s'appliqua ensuite à des études plus sérieuses. Il publia *Apparato all' antiquità di Capoua*; une Histoire des Rois Lombards. Il mourut en 1664.

PELORE, Promontoire de Sicile, aujourd'hui *Capo di Faro*, ou Phare de Messine. On croit que le nom de Pelore est celui d'un Pilote qu'Annibal tua dans cet endroit, parce qu'il crut qu'il le trahissoit; mais ayant connu son innocence, il lui éleva une statue.

PÉNITENCERIE à Rome. Le Pape seul a le droit d'absoudre de tous les crimes possibles. Il y en a qui lui sont réservés spécialement; mais comme il ne peut répondre à tout, on s'adresse à un Pénitencier qui présente au Pape une supplique pour lui demander la permission d'absoudre de tel ou tel cas à lui réservé, avec le nom du Pénitent en blanc, le Pape accorde cette permission par un Bref qui s'expédie toujours gratis. C'est à Saint Jean de Latran, à Sainte Marie Majeure, & à Saint Pierre que les Pénitenciers ont leurs Tribunaux; il y en a pour toutes les Nations, & toutes les langues; ils absolvent tous ceux qui se présentent à eux avec les dispositions nécessaires. Ils ont une baguette dont ils touchent au front ceux qui après avoir confessé leur crime, en témoignent un sincere repentir. Cet usage de toucher au front ceux qu'ils absolvent, est du moins extérieurement l'acte d'affranchissement des anciens, qui se faisoit par le Préteur en frappant sur la tête de l'esclave, avec une baguette appellée *vindicta*.

PÉNITENS, (les Processions des) sont très-communes en Italie, ainsi que celles des Pélerins, sur-tout dans les Villes où la Religion tient à la superstition comme à Naples. On en rencontre souvent à Rome, qui vont deux à deux faire des stations dans les Basiliques. Il y en a de noirs, de blancs, de gris & d'autres couleurs. Leur habit le plus ordinaire est une espéce de souquenille de grosse toile qui les couvre presqu'entiérement, mais dont le haut est en forme de capuchon qui leur couvre la tête & le visage, & ils ne voyent à se conduire que par deux trous percés vis-à-vis des yeux. Dans la semaine fainte ces Proceſſions ſont plus fréquentes, & la plupart de ces Pénitens ont le dos découvert, & ſe flagellent avec des fouets de petites cordes garnies de pointes de fer. On les voit faire cette cérémonie le ſoir dans la Chapelle de Saint François Xavier, près le Collége Romain. Henri III introduiſit les Confréries de Pénitens en France. Il y en a encore dans pluſieurs Villes, à Lyon, à Aix, à Valence, à Beſançon, à Toulouſe, &c. Dans cette derniere Ville il y a quatre Compagnies de bleus, de blancs, de noirs & de gris.

PENNA, ou CITTA DI PENNA, (Penna San Joannis ou Penna in Veſtinis) dans le Royaume de Naples, ayant autrefois titre d'Evêché ſuffragant de Chieti ou Theato. Cet Evêché a été uni à celui d'Atri.

PENNI, (Jean François), ſurnommé *il Fattore*, Peintre né à Florence en 1488, Eleve & ami de Raphaël, qui lui confioit le ſoin de ſes affaires, d'où lui vint le nom de *Fattore*, & qui le fit ſon héritier avec Jules Romain. Penni travailla avec ſuccès ſur les deſſins de Raphaël, dont il imita la maniere avec tant de préciſion, qu'on pourroit confondre les tableaux de Penni, qui ſont au Palais Chigi, avec ceux de Raphaël; il a peint les loges du Vatican, & le plafond du petit Farneſe. Lorſqu'il ne fut plus guidé par les deſſins de Raphaël, il devint gigantesque, & peu naturel; il a très-bien réuſſi dans le payſage, avant & après la mort de ſon Maître. Il deſſinoit à la plume fort légérement; ſes airs de tête ſont d'un beau ſtyle; mais ſes figures ſont trop maigres. Penni eſt mort dans ſa patrie en 1528.

Il a laiſſé un frere, Peintre, mais moins habile que lui, appellé Lucas Penni, qui a travaillé en Italie, en Angleterre & en France à Fontainebleau. Il s'eſt auſſi appliqué à la Gravure.

PEREGRINI, (Marc-Antoine) Juriſconſulte & Secrétaire de la République de Veniſe, né à Vicence en 1530. Il fit les progrès les plus rapides dans les Sciences, ſur-tout dans la Juriſprudence Civile & Canonique. Il fut fait Profeſſeur, & la République l'employa dans des négociations très-importantes chez différens Princes étrangers, & ſur-tout dans l'affaire des limités de la Puissance spirituelle & de la Puissance temporelle qui causa une si grande altercation entre Paul V & la République. Le Sénat le déclara Professeur Doyen du Droit Canon dans l'Université de Padoue, lui donna le collier de l'Ordre de Saint Marc, & la place de Secrétaire de la République. Il mourut en 1516, âgé de quatre-vingt-six ans. Il a laissé *de Jure fisci*, L. 8 ; *de Fideicommissis*.

PERFETTI, (*Bernardin*) Poëte de ce siecle, d'une si grande facilité qu'aucun sujet ne l'arrêtoit, & qu'il le mettoit en vers sur le champ. Cette abondance ne nuisoit point à l'énergie de sa Poésie. Il obtint les honneurs du triomphe, & fut couronné avec les mêmes cérémonies que Pétarque en 1725.

PERGOLEZE, Napolitain, né en 1706, un des plus grands Musiciens qu'ait produit l'Italie, & qui eût éclipsé tout ce qui avoit paru avant lui, s'il eût joui d'une plus longue vie. Une composition vraie & naturelle, une harmonie savante ; la mélodie la plus touchante & la plus riche. Sa Musique peint tout & parle au cœur. Sa *Serva Padrona* a causé une révolution dans la Musique en France. Ses talens supérieurs exciterent l'envie contre lui. Il fut persécuté. On prétend qu'il est mort empoisonné, finissant le dernier verset de son admirable *Stabat Mater*. Il avoit donné, outre la Servante Maîtresse, le *Maestro di Musica*, & plusieurs ariettes. Il mourut en 1733, à l'âge de vingt-sept ans.

Peronna, Bourg du Milanez Savoyard, dans le Vigevanese, où il n'y a que Vigevano & Peronna qui soient remarquables.

Perouse, (la) une des quatre Vallées qui forment la Province de Pignerol dans le Piémont. Les autres sont celles d'*Angronne*, de Saint-Martin & de Luzerne. C'est dans cette Province qu'est Fenestrelles.

Perousin ou Perugin, (le) Pays au nord de l'*Orvietano*, fertile en bled, en vins & en poissons, sur le Lac de Perouse, qui tire son nom de cette Ville, & qui s'appelloit au temps des Romains le Lac de Trasimene. Cette petite Province renferme *Castiglione di Laco*, *Campignano*, *Fratta* & *Citta di Castello*.

Pérouse, *Perugia*, Ville & Capitale du Peroufin & de l'*Ombrie*, dans l'Etat de l'Eglife, avec un Evêché, à quarante-quatre milles de Rome, fur une montagne très-élevée. Elle fait remonter fa fondation à Janus, lorfque quittant la Grece il vint s'établir en Italie, dont il raffembla les Peuples encore fauvages, & leur donna des Loix & une Religion. Elle fe foutint long-temps contre les invafions des Romains: fa domination s'étendoit depuis la Mer de Tofcane jufqu'au Golfe Adriatique; lorfqu'elle fubit le fort de l'Etrurie, elle étoit encore floriffante. Annibal n'ofa pas l'affiéger, quoique vainqueur de Trafimene: elle fut détruite & brûlée par Augufte dans le temps des guerres civiles. Elle fut rebâtie; elle foutint un fiége de fept ans contre les Goths qui enfin s'en emparerent. Elle fut reprife par Narsès: elle fe donna enfin au Pape: en 1416 elle fe choifit un chef, ce fut le brave *Forte Braccio* qui s'empara de Rome à la tête des Pérugins, qui célebrent encore aujourd'hui fa mémoire. Il embellit Péroufe de monumens dignes des anciens Romains. Il creufa des fouterrains immenfes fur lefquels il éleva la place de Péroufe. Il fit le canal pour dégorger le Lac de Peroufe, qui eft l'ancien Lac de *Trafimene*, célebre par la bataille qu'Annibal gagna dans la plaine qui l'avoifine. Cette Ville fe remit fous l'autorité du Pape après la mort de *Braccio*. Les Perugins font prompts à fe révolter. Paul III voulut mettre un frein à ce Peuple impatient du joug. Il propofa de bâtir un Hôpital, fit transporter tous les matériaux, & bâtit une citadelle en très-peu de temps. Elle eft très-forte, & la garnifon ne fert qu'à contenir les Habitans. Il y a dix-huit canons de bronfe de quarante-une livres de balles, & qui péfent près de huit mille livres. Il y en a d'autres moins forts. Tous font braqués du côté de la Ville. Elle a cinq portes. On voit aux portes de la Cathédrale deux ftatues de bronze, l'une de Paul II, l'autre de Jules III. Sur la place qui eft au-devant de l'Eglife, eft une fontaine à deux baffins de marbre & un de bronze. On voit dans la Cathédrale une Defcente de Croix, du Barroche; des Peintures du *Scaramucci*; un tableau de Saint Jean, du *Perugin*, le Maître de Raphaël, & quatre ftableaux de ce dernier, le Couronnement de la Vierge dans le Ciel, l'Annonciation, l'Adoration des Mages & la Circoncifion: à la Confrérie de Saint François, le portrait de Braccio, & huit tableaux du *Scaramucci*; à la *Chiefa-Nova di Filippini*, une Affomption, par le Guide; le Pere Eternel recevant la Vierge dans la gloire, de P. de Cortone; la Naiffance de la Vierge, du même; à Saint Dominique un tableau du Perugin: à Saint P... une Afcenfion, du même; dans la Sacriftie une Sainte Famille, de Raphaël: dans le réfectoire, la Multiplication des pains, les Noces de Cana, & S. Benoît au milieu de la Communauté, trois beaux tableaux du Vaffari: fur la porte de l'Univerfité une ftatue en bronze de Sixte V; il y a encore des tableaux ineftimables dans cette Ville; un beau Raphaël aux Religieufes de Mont-Luc; un de Subleyras aux Olivetains; un du Perugin dans la *Palazzo di Magiftrato*; plufieurs frefques du même dans la Chapelle de la Bourfe. La Ville, qui eft fur la montagne, eft bâtie en grande partie fur des voûtes les unes fur les autres: les Baglioni font les principaux de Peroufe; le chef de cette famille eft le célebre *Aftore Baglioni*. Peroufe a eu trois célebres Académies; les *Infenfati*, ou dégagés des fens; les *Excentrici*; les *Scoffi*, & des Académies d'Arts & de Sciences. Elle a produit le Dante, un des plus grands Poëtes; le Perugin, un des plus grands Peintres; & Balthazard Ferri, le plus grand Chanteur de l'Italie. On y compte quinze à feize mille Habitans.

PERRIN DEL VAGA, (*Buonacorfi*) Peintre de l'Ecole Romaine, né en Tofcane en 1500. Il vint au monde au fein de la pauvreté. Il n'avoit que deux mois lorfque fa mere qui le nourriffoit, mourut; il fut allaité par une chevre. On le plaça chez un Epicier. En allant porter les couleurs aux Peintres, il eut occafion de voir peindre, & fon goût pour la Peinture s'enflamma; il deffina avec application; quitta fa patrie, s'en alla à Rome avec un Peintre Médecin, appellé *del Vaga*, dont il a pris le nom, car le fien étoit *Buonacorfi*. Perrin laiffa bien loin derriere lui fon guide. Raphaël reconnut en lui du talent & lui procura de l'ouvrage au Vatican. Après l'avoir fini avec honneur, il paſſa à Florence ſa patrie, & revint enſuite à Rome. Après la mort de Raphaël, Jules Romain & Penni partagerent avec lui les ouvrages du Vatican, dont ils avoient la direction. Penni lui donna ſa ſœur en mariage en 1525. Perrin fut fait priſonnier dans le ſiége de Rome par les Eſpagnols. Il paya ſa rançon & paſſa à Gènes; il revint à Rome où il mourut épuiſé de travail & de débauche. Il s'attacha à la maniere de Raphaël; mais il lui eſt inférieur pour la fineſſe des penſées & l'exécution. Cependant c'eſt un Eleve qui fait honneur à ſon Maître. Il réuſſiſſoit dans la décoration : ſes friſes, ſes grotesques, ſes ſtucs ſont très-bons & ſupérieurs à ce que les Anciens ont fait dans ce genre. Ses deſſins arrêtés à la plume, & finis au biſtre de l'encre de la Chine, ſont recherchés. Le Roi a deux de ſes tableaux. Il mourut en 1547.

PERSONNA, (*Chriſtophe*) vivoit dans le quinzieme ſiecle. Son amour pour les Lettres le conduiſit en Orient pour y apprendre la langue grecque. A ſon retour il publia une Traduction latine d'Agathias & de Procope. Il mourut à Rome de la peſte en 1486.

PERUGINO, (*Pietro*) Peintre, né à Pérouſe en 1446: ſa plus grande gloire eſt d'avoir eu Raphaël pour Eleve & Léonard de Vinci pour Condiſciple, dans l'atelier de Varrochio. Il naquit dans la pauvreté; il eut pour premier Maître un Peintre ignorant, qui lui faiſoit eſſuyer de mauvais traitemens. A force de patience & d'aſſiduité, il parvint à voler de ſes propres aîles; il alla à Florence, & ce fut là qu'il prit des leçons de Varrochio. Il prit de lui ſa maniere gracieuſe & l'élégance des airs de tête. Il a beaucoup travaillé à Florence, à Rome pour Sixte IV, & à Pérouſe. Il parvint à une opulence qui le rendit d'une ſi grande avarice, qu'il ne ſortoit jamais de chez lui ſans ſe faire ſuivre d'un domeſtique, qui portoit ſa caſſette. Un voleur s'en étant apperçu, l'attaqua un jour, & lui enleva ſon tréſor; ce qui le plongea dans un ſi grand chagrin, qu'il en mourut peu de temps après, en 1524. Sa maniere eſt roide, ſes airs de tête ſont gracieux & égaux.

PERUZZI, (*Balthaſar*) né à Volterre en 1481, Peintre

& Architecte. La guerre civile l'ayant forcé de quitter Volterre avec sa famille, il se retira à Sienne. Cette famille s'y trouva réduite à la pauvreté. La peinture fut la ressource de Balthazar; il fit le voyage de Rome, & ses ouvrages y furent fort goûtés. Il excelloit pour la perspective; il s'appliqua ensuite à l'Architecture, & fit bâtir plusieurs édifices à Rome & en plusieurs endroits de l'Italie. Il donna le plan des fortifications de Sienne. Léon X l'employa dans la construction de l'Eglise de Saint Pierre de Rome. Le mausolée d'Adrien VI, dans l'Eglise de *l'Anima*, fut élevé sur les dessins de Peruzzi. Il a fait bâtir la Farnesine ou petit Palais Farnese, dont il a peint la galerie, ouvrage regardé comme un chef-d'œuvre. Le Titien fut frappé de la vérité des ornemens qu'il prit pour des reliefs. Les décorations qu'il peignit pour la Calandre, Comédie du Cardinal Bibiena, ont servi de modele pour tout ce qu'on a fait ensuite de beau dans ce genre. Dans le sac de Rome, en 1527, Peruzzi fut fait prisonnier, & obligé de payer sa rançon par le portrait du Connétable de Bourbon. Après avoir été meurtri de coups par les soldats Espagnols, il s'échappa, & se retira à Sienne. Il fut entiérement dépouillé dans la route, & arriva nu dans la Ville. Il y bâtit plusieurs édifices. Aussi bon citoyen que grand Peintre, il refusa d'obéir au Pape, qui vouloit l'employer dans le Siége de Florence. Il revint à Rome, continua d'y travailler & de s'appliquer aux Mathématiques. Il a dessiné les figures de Vitruve. Son plus bel ouvrage d'Architecture est le Palais *Massimi*, près de S. Panthaleon à Rome, où il mourut empoisonné en 1536, âgé de cinquante-cinq ans. Il fut toujours malheureux. Volterre, mise à feu & à sang, l'oblige de s'expatrier, il est fait prisonnier à Rome. Il étoit très-laborieux, & son travail continuel lui étoit mal payé, parce qu'il ne savoit point demander. Les Seigneurs qui l'employoient abusoient de sa modestie. Tout son revenu, comme Architecte de l'Eglise de S. Pierre, consistoit à deux cents écus romains; & il avoit une femme & des enfans à soutenir. Il fut enterré à la rotonde, à côté de Raphaël, regretté & applaudi de tous les Artistes. Il avoit rendu la nature avec succès.

PESARO, *Pisaurum*, Ville assez bien bâtie, dans l'État Ecclésiastique, au Duché d'Urbin. Elle fut établie Colonie Romaine l'an 568 de la République. Elle a eu le sort des autres Villes d'Italie, & après avoir passé des Gaulois aux Romains, des Romains aux Goths, & de ceux-ci à différens autres maîtres; elle parvint aux Ducs d'Urbin, de la Maison de la Rouere. Ce fut sous le Pontificat d'Urbin VIII qu'elle fut réunie à l'État Ecclésiastique: aussi ce Pontife est-il représenté sur la place, en marbre, & assis. Cette statue, & une fontaine, font l'ornement de cette place. Cette Ville est située entre la mer & des collines; sa situation est agréable; son port, quoique petit, est commode; ses rues sont larges, & bien alignées; la grand'rue de traverse est la seule qui soit commerçante: le reste est désert. Le voisinage de la mer y rend l'air dangereux pendant l'été. Il y a dans les Eglises de très-beaux tableaux. A celle du nom de Jésus, une circoncision, du Baroche; dans celle de Saint Antoine, Abbé, au maître-autel, la Vierge & l'Enfant Jésus, dans la gloire, au milieu d'un concert d'Anges, en-bas Saint Pierre & Saint Paul, Apôtres, & Saint Antoine & Saint Paul, Hermites: ce tableau est de Paul Véronese; dans l'Eglise de Saint André, au maître autel, la vocation de S. Pierre & de Saint André, de Baroche; dans la Cathédrale, une Annonciation, du même: l'apparition de J. C. & de la Vierge à Saint Thomas & à Saint Jérôme, par le Guide; à l'Eglise de Saint François, une Sainte Michelline, de Pesaro, en extase, écoutant Dieu qui lui parle à travers un nuage, par Baroche. Il y a une Académie à Pesaro; on y cultive les sciences avec succès. Le terrein des environs de Pesaro, opposés à la mer, fournit toutes les choses nécessaires à la vie, & particuliérement des olives & des figues fort renommées dans toute l'Italie. Cette Ville est sur la *Foglia*, riviere qu'on y passe sur un très-beau pont, au-dessous de côteaux très-agréables.

PESCARA, petite Ville au Royaume de Naples, dans l'Abruzze Citérieure, avec titre de Marquisat, appartenant à la Maison d'Avalos; elle est située à l'embouchure de la riviere de Pescara, qui prend sa source dans l'Apennin, & va se jetter dans la mer Adriatique, à trois lieues de Chietti.

PESCHIARA, *Pesciera*, petite Ville dans le Véronois, située sur le lac de *Guardia*, à l'endroit où le Mincio sort de ce lac, appartient à la République de Venise. C'est une place fortifiée & bien entretenue; elle a été conquise sur les Ducs de Mantoue. Le Guardia, qui a trente-cinq milles dans sa plus grande longueur, & quatorze dans sa plus grande largeur, est très-poissonneux; ses eaux sont limpides, & bonnes à boire; ses bords, qui aboutissent aux Alpes, sont rians & très-variés, & couverts de mûriers. On y voit de tous côtés des jardins bien cultivés & de très-beaux orangers. Les Alpes y forment une perspective très-agréable. On voit vers une des pointes du lac des restes de constructions, qu'on appelle Maison de Catulle.

PESCIA, petite Ville du Duché de Toscane, dans le Florentin, n'a rien de bien remarquable.

PESCINA, petite Ville au Royaume de Naples, dans l'Abruzze Citérieure, au S. O. de Sulmona. Ce n'est plus aujourd'hui qu'un Bourg remarquable, pour avoir été la patrie du célebre Cardinal Mazarin, que d'autres font naître ailleurs.

PESQUIERA. *V.* PESCHIERA.

PESTI, Village situé à dix-huit lieues de Naples, dans le golfe de Salerne; c'est le reste de la Ville de Pœstum ou Possidonia, qui donnoit son nom au golfe qui la mouille, & dont il n'y a plus que de magnifiques ruines, long-temps inconnues, parce que *Pesti* ne se trouve pas sur une route fréquentée par les Antiquaires & les Curieux. L'ancienne Ville de Pœstum, selon les uns, fut fondée par les Sybarites, &, selon les autres, par les anciens Doriens. On admire ses ruines, comme des restes de ce que l'architecture grecque a produit de plus parfait; elles étoient entiérement oubliées, lorsqu'un jeune Eleve d'un Peintre de Naples, qui se trouva en 1755 à *Capaccio*, fut conduit par le-hasard, en se promenant sur une colline, au bord de la mer. De cette hauteur, il apperçut des restes de murs & de portes de ville, de temples & de colonades, dans un emplacement inculte & couvert de broussailles. Ce jeune homme, de retour à Naples, en parla à son maître avec une si grande chaleur, que le Peintre s'y transporta, & en fut lui-même si frappé, qu'il annonça ces ruines d'une maniere qui réveilla l'attention des Savans. M. le Comte de Gazola, Grand-Maître de l'Artillerie, en fit tirer les plans & dessiner les élévations ; plusieurs Peintres les ont présentées sous différens points de vue. Les plus belles gravures qui en aient été faites sont celles de Londres, avec d'amples explications & d'excellens principes d'Architecture. La porte septentrionale est encore sur pied. On y voit trois temples ; celui du milieu, à six colonnes de face, étoit découvert & sans voûte ; le fronton qui couronne la façade est dans le goût de celui du Panthéon ; le temple est composé de colonnes doriques, cannelées sans bases, ainsi que cela se pratiquoit dans les temps les plus reculés, mais élevées sur trois marches ou socles, qui sont en retraite l'un sur l'autre : deux autres temples ne sont pas moins frappans par la beauté & la perfection de l'architecture.

PETIGLIANO, (*Nicolas* DES URSINS, Comte de) Capitaine Général des Armées de la République de Venise, Grand Temporiseur : sa conduite dans la défense de Padoue contre les Impériaux est un chef d'œuvre. La République délibéroit sur la maniere dont elle devoit le récompenser, pour les services qu'elle en avoit reçus : mais une fievre lente, qui lui survint après la levée du siége, l'enleva aux honneurs que le Sénat devoit lui décerner.

PETIGLIANO, forteresse d'une grande importance pour le Grand-Duc de Toscane, près des frontieres de l'Etat Ecclésiastique, à dix-huit lieues S. E. de Sienne, & à trois N. E. de Castro: c'est une Principauté dont le titre appartient à la Maison Corsini depuis 1731.

PETOLIO, (*Marc-Antoine*) Jurisconsulte très-savant & de beaucoup d'esprit, se vit néanmoins obligé d'entrer, en qualité de Prote, chez un Imprimeur, pour gagner sa vie. Urbin VIII, qui l'avoit connu, étant Cardinal, lui fit donner quelques secours. Petolio eût pu solliciter quelque place, mais il étoit sans intrigue ; il ne s'occupa qu'à écrire, & sans doute Urbin l'oublia l'oublia. Il compofa ces Ouvrages fort eftimés, tels *de Exachia Principum. Ifarchon Principis* ; des devoirs des Princes envers leurs fujets, & des devoirs du Prince envers foi-même; dix livres de Commentaires politiques; un abrégé des Conftitutions des Papes; des obfervations fur le Paradis terreftre, & une méthode pour le Droit.

PÉTRARQUE, l'un des trois plus anciens Poëtes Italiens, qui fe rendit très-célebre par fes talens & par fes amours. Il naquit le 20 Juillet 1304, à Arezzo, où fon pere avoit été obligé de s'enfuir, pour éviter la faction des Guelfes, qui chaffa celle des Gibelins de Florence fa patrie, en 1300. Se croyant encore peu en fûreté, il fe réfugia à Avignon, où il conduifit le jeune Pétrarque ; il l'envoya faire fes études à Carpentras & enfuite à Montpellier. Il étudia dans ces deux Villes la Rhétorique, la Philofophie & le Droit. Il revint à Avignon pour recueillir la fucceffion de fon pere & de fa mere, qui y étoient morts. C'eft dans ce voyage que s'étant arrêté à Vauclufe, il vit dans l'Eglife de Sainte Claire, le jour du Vendredi Saint, la belle Laure, de la Maifon de Sade. Il en devint éperdument amoureux, & ne ceffa, dès ce moment, de la célébrer dans fes Poëfies ; c'eft à elle qu'il adreffe la plupart de fes Sonnets. Son amour n'avoit rien que d'honnête : mais fes vers n'en refpirent pas moins la tendreffe. Pétrarque fit plufieurs voyages, foit en France, foit en Italie : mais par-tout il fut comblé d'honneurs. Il fut employé dans plufieurs affaires importantes ; tous les Princes de l'Europe rendirent hommage à fes talens. Il revenoit toujours à Vauclufe, lieu charmant, dont il fait les defcriptions les plus féduifantes ; mais la mort de fa chere Laure lui ayant rendu le féjour de la Provence infupportable, il revint à Milan en 1352. Galeas Vifconti gouvernoit, il fit Pétrarque Confeiller d'Etat. Il fut fucceffivement dans différens voyages, Archidiacre de Parme ; Chanoine de Padoue. Il fut célébré par tous les Poëtes, & obtint les honneurs du triomphe poëtique. Il fut couronné folemnellement au Capitole en 1341. Il mourut à Arqua le 18 Juillet 1374, âgé de foixante-dix ans moins deux jours. Il a laiffé plufieurs Ouvrages latins & italiens, &

Tome II.

T

sur-tout une grande quantité de Sonnets, qu'il composa pour exprimer ses amours & ses regrets pour la belle Laure. M. l'Abbé de Sade a publié, en 1764 & 1767, trois volumes in-4°. de mémoires pour servir à la vie de Pétrarque.

PETRUCCI, (*Alfonse*) Cardinal, Evêque de Saono: il étoit frere de Borghese Petrucci, Seigneur de Sienne. Leon X seconda les efforts de Raphale Petrucci, un des cousins du Cardinal, pour lui enlever la Seigneurie de Sienne; le Cardinal en fut si irrité, qu'il jura la mort du Pape: mais la conjuration ayant été découverte, Petrucci fut arrêté, jetté dans les fers, & étranglé en prison durant la nuit en 1515.

PEUPLIERS D'ITALIE. Tous les arbres viennent admirablement en Italie; mais le peuplier se plaît principalement dans ce climat. Le peuplier d'Italie, que depuis quelques années on cultive plus particuliérement en France, croît très-promptement; en trois ans une bouture de douze pouces de longueur sur un pouce de circonférence, produit un arbre de dix-huit pieds de hauteur; en douze ans, il parvient à sa plus grande élévation, & son diametre est de vingt-sept pouces. Il forme les plus belles avenues, est très-bon pour les constructions de la campagne, pour le chauffage & pour faire du charbon: pour sa beauté, quand il a toute sa croissance, il ne le cede à aucun arbre.

PHILELPHE, (*François*) né à Tolentin, vers la fin du quatorzieme siecle, Philosophe, Poëte & Orateur. Il alla exprès à Constantinople pour y apprendre la langue grecque. Il y épousa Chrysolora, fille du savant Chrysoloras. L'Empereur, Jean Paléologue, envoya Philelphe demander du secours à Eugene IV, contre les Turcs. Philelphe, de retour en Italie, enseigna dans les principales Villes avec le plus grand succès. Il se distingua par quantité d'Ouvrages, qui lui acquirent beaucoup de gloire, mais peu de fortune. Il a laissé, outre les traductions de quelques Traités d'Aristote, de Platon, d'Hypocrate & de Plutarque, en latin, *Eutyphron de pietate; de morali disciplina*, lib. VIII; *vita Nicolai Papæ V*, lib. II, *de diversitate legum Sforciadarum versu heroico*, lib. IX; *satirarum*, lib. X; *de Jocis & Seriis*, lib. VI; *Lyricorum*, lib. VI;

orationes 69; *Epistolarum Latinarum*, lib. XVI; *Epistolarum Græcarum*, lib. XXXIX; *de exilio*, lib. III; *conviviorum*, lib. II, & plusieurs autres. Il ne cédoit à personne. Dans une dispute qu'il eut un jour avec un Grec, sur une syllabe, il paria en faveur de son opinion cent écus contre la barbe de son adverse; Philelphe gagna: le Grec voulut en vain sauver sa barbe, en doublant les cent écus, il fallut qu'il la laissât raser.

PHILIBERT I, surnommé le Chasseur, né à Chambery le 17 Août 1465, n'avoit que sept ans lorsqu'Amédé IX son pere mourut. Yoland sa mere fut déclarée Régente des Etats de Savoie. La Régence lui fut disputée par Louis XI, Roi de France, son frere, par le Duc de Bourgogne & par d'autres Seigneurs. Malgré les guerres que ces disputes occasionnerent, les Peuples furent heureux sous cette Princesse. A la mort d'Yoland, Philibert vit renaître les troubles, mais il ne vécut pas assez long-temps pour les voir finir. Un exercice trop violent qu'il fit dans des courses de bague & à la chasse le conduisit au tombeau, à l'âge de dix-sept ans. Charles son frere lui succéda.

PHILIBERT II, dit le Beau, né le 10 Avril 1480, de Philippe, Duc de Savoie, auquel il succéda en 1497, accompagna son pere, qui n'étoit alors que Comte de Bresse, à la conquête de Naples, où le Comte suivit Charles VIII. Etant Duc, il accompagna Louis XII, avec lequel il avoit traité pour le passage des troupes à la conquête de Milan. Il se maintint en paix au milieu de ces troubles, fut brave, généreux, & fit le bonheur des peuples. Il mourut pour avoir bu trop frais en revenant de la chasse, le 10 Septembre 1504.

PHILIBERT III, (*Emmanuel*) dit Tête de fer, Duc de Savoie, succéda à Charles III son pere. Dès l'âge de dix-sept ans, l'Empereur l'employa dans les guerres contre les Princes Protestans d'Allemagne, où il s'acquit beaucoup de gloire, monta sur le trône. Il s'occupa entr'autres choses à faire fleurir ses Etats. Le zèle qu'il avoit pour la Religion lui fit sacrifier souvent ses propres intérêts. Il mourut le 30 Août 1580, âgé de cinquante-deux ans. Il avoit épousé Marguerite de France, sœur de Henri II, dont il n'eut qu'un seul Prince, nommé Charles-Emmanuel, qui lui succéda.

PHILIPPE, Comte de Savoie, né à Aiguebelle en 1207, succéda à Pierre de Savoie son frere, en 1267. Ce fut dans ce temps-là qu'il renonça à l'Etat Ecclésiastique. Avant d'être en possession du Comté de Savoie, il avoit été Evêque de Valence. Le Pape Innocent IV l'avoit fait Archevêque de Lyon; il jouissoit des revenus de cet Archevêché, de l'Evêché de Valence & de plusieurs autres bénéfices, quoiqu'il ne fût point engagé dans les Ordres sacrés, le Pape l'en ayant dispensé. A la mort de Pierre de Savoie son frere, voyant que la succession du Comté de Savoie le regardoit, il abandonna ses bénéfices, & épousa, en 1267 Alix, veuve de Hugues de Bourbon, dit de Châlons, Seigneur du Comté de Bourgogne. Cette alliance lui fit porter, tant qu'il vécut, la qualité de Comte de Bourgogne Palatin. Philippe, après avoir eu plusieurs guerres à soutenir, mourut dans ses Etats le 17 Novembre 1285, sans laisser aucun enfant. Amédée V. lui succéda.

PHILIPPE, Duc de Savoie, fils de Louis I, qui, jaloux de ses belles qualités, l'envoya à la Cour de France auprès de Charles VII. On l'appelloit *Philippe Monsieur*, & lui se faisoit appeller *Philippe-sans-Terre*, parce qu'il étoit sans Etats. Le Duc lui fit un petit appanage des Seigneuries de Baugé, il prit le titre de Comte de Bresse. S'étant emporté contre quelques Favoris de sa mere, Louis XI le fit mettre en prison, & lui donna ensuite le Gouvernement de Guienne; Philippe-le-Bon lui donna la Toison d'or, & le Gouvernement de Bourgogne. Il suivit Charles VIII à la conquête de Naples, & fut ensuite Gouverneur du Dauphiné. Charles-Jean-Amé, son petit-neveu, étant mort, il prit possession du Duché de Savoie, en 1496, & mourut en 1497. Dans ce court intervalle, il fit le bonheur de son peuple, & rendit sa Cour très-brillante, pardonnant à tous ceux qui l'avoient offensé. Philibert II son fils lui succéda.

PIANORA, petite Ville du Bolonois, dans l'Etat de l'Eglise, près de Mouzone, peu remarquable.

PIAZZA. (*Voyez* PLACES DE ROME) Parmi les belles

Places d'Italie, on distingue *la grande Place de Livourne* ; c'est un grand quarré long, entouré de bâtimens fort beaux, dont la plupart sont peints au dehors. Quelques-uns sont soutenus d'arcades comme la Place Royale de Paris ; & quoiqu'ils ne soient pas tous uniformes, ils font cependant un très-bel effet: à l'un des bouts de cette Place est l'Eglise Cathédrale.

PIAZZA DI RIALTO ou MERCERIA, près du pont de Rialte, à Venise, est une espece de rue large, environnée de portiques de trois côtés. Les Marchands s'y assemblent en foule vers midi. C'est ce qu'on appelle à Paris la Bourse.

PIAZZA MAGIORE, de Sienne, est en forme de Théâtre, décorée d'une belle fontaine, dont les eaux ne tarissent point : on l'appelle la *Fontana Branda*. Cette Place est entourée de maisons d'une même architecture, toutes soutenues d'arcades, qui font un très-bel effet.

PIAZZA DI SAN CARLO, à Turin, est la principale Place de cette Ville. Elle est très-vaste ; deux de ses côtés sont décorés de portiques à arcades. On y admire un petit portail de l'Eglise des Carmelites, qui fait un effet admirable : elle est du Chevalier Philippe Giovara.

PIAZZA DI SAN MARCO, à Venise, est un des plus beaux monumens qu'il y ait en Europe, par sa régularité & par sa décoration, qui est vraîment théâtrale. C'est un grand quarré de cent quatre-vingt pas de longueur sur cent dix de largeur. L'Eglise de Saint Marc est à une des extrémités, & celle de Saint Geminiano est à celle qui lui fait face. Les deux autres côtés les plus longs sont occupés par des bâtimens superbes, qui sont les Palais des Procuraties. Tous ces édifices forment un coup d'œil frappant : c'est la promenade ordinaire de tous les Vénitiens. On ne donne à Venise le nom de Piazza qu'à la Place Saint Marc, les autres Places s'appellent *Campi*.

PIAZZETA DI SAN MARCO, autrement le BROGLIO, est la seconde Place de Venise. On y voit une partie du Palais des Procuraties & le Palais du Doge ; elle est longue de deux cent cinquante pas & large de quatre-vingt. La Piazzetta di San Marco est terminée du côté de la mer par deux belles colonnes de marbre granit, dont l'une est surmontée par la statue de Saint Théodore, & l'autre d'un lion ailé: c'est entre ces deux colonnes qu'on exécute les criminels. Cette Place est le rendez-vous général des Nobles; il n'est pas permis de se mêler parmi eux du côté qu'ils occupent sous les portiques. Quand un jeune Noble a l'âge compétent pour entrer au Conseil, & porter la robe le premier jour qu'il la prend, quatre Nobles de ses amis l'introduisent au Broglio en cérémonie.

PIC. La Maison des Pics, Ducs de la Mirandole, & Comtes de Concordia, Prince de l'Empire, s'est rendue célèbre dans le Modénois depuis le commencement du douzieme siecle. Vers le quatorzieme siecle, l'Empereur Louis IV donna le titre de Vicaire de l'Empire à François Pic; il fut tué en 1331 par Passarino Bonacorsi, & la Mirandole fut rasée, elle fut rebâtie par ce qui restoit de la famille des Pics, lorsque les Gonzagues eurent défait Bonarcorsi. Le Château de la Mirandole ne fut entouré de murs qu'en 1460, par Jean-François Pic. Il fut le pere de Jean, appellé à cause de ses grandes connoissances, le Photius de son siecle. Jean-François II, homme d'un vaste savoir, fut chassé & rétabli plusieurs fois à la Mirandole, & enfin assassiné, avec son fils, par Galeoti, son neveu, en 1533. Galeoti mit sa tante & ses autres cousins en prison; mais craignant leur ressentiment, il voulut livrer la Mirandole aux François. Galeoti mourut en 1571. Il laissa deux filles, mariées en France, dans la Maison de la Rochefoucault, & Louis Pic.

Le plus célèbre de tous, est le fameux *Jean Pic*, fils de Jean-François, né en 1463. Dès son enfance, il étonna par sa mémoire. On dit qu'il lui suffisoit d'entendre lire trois fois deux pages d'un livre pour en avoir les mots si présens, qu'il les répétoit, ou dans leur ordre naturel, ou en commençant par le dernier, & remontant jusqu'au premier. On assure qu'à l'âge de dix-huit ans, il savoit vingt-deux langues; à vingt-trois ans, il soutint une these sur tous les arts & sur toutes les sciences, enfin sur tout ce qu'il est possible de savoir, *de omne Scibili*. Cette these contenoit neuf cents propositions, de Dialectique, de Théologie, de Mathématiques, de Physique, de Magie, de Cabale, &c. Cette these fut affichée à Rome, & il se présenta au combat, dont il sortit avec applaudissement. Ce triomphe excita l'envie. On accusa Pic d'hérésie; les theses furent déférées. Innocent VIII les fit examiner par les Cardinaux, qui en trouverent treize insoutenables, & que le Pape condamna. Mais ni le Pape ni les Cardinaux n'étoient pas trop au fait de ce qu'ils condamnoient, puisqu'un des Censeurs, interrogé sur la signification de Cabale, répondit que c'étoit un Hérétique, qui avoit écrit contre J. C. & que ses Sectateurs avoient pris le nom de Cabalistes. D'autres l'accuserent de Magie. Pic défendit ses propositions; c'est dommage que dans ce temps-là les sciences se bornassent à quelques subtilités de l'Ecole: un génie aussi pénétrant que Pic n'eût pas soutenu de nos jours des theses *de omne Scibili*; mais il eût fait des découvertes utiles. Sa passion pour l'étude fut si grande, qu'il renonça à la Principauté, pour s'y livrer entiérement dans la solitude. L'apologie qu'il avoit faite de ses theses lui valut un Bref d'Alexandre VI. Il mourut à Florence en 1494. On dit qu'on lui avoit prédit qu'il ne passeroit pas la trente troisieme année de son âge. Ses Ouvrages ont été imprimés à Basle en 1601, en un vol. in-fol. à la tête duquel on trouve sa vie, écrite par son neveu; les Traités qui composent ce volume, sont l'Hexaple ou traité sur le premier chapitre de la Genese, en six livres; sa these, de neuf cents conclusions; son apologie; de l'Etre *de Ente & uno*; de la dignité de l'homme; les douze livres des regles de la vie chrétienne; Commentaire sur le pseaume XV; un Traité du Royaume de J. C. & de la vanité du monde; sur le Banquet de Platon, trois livres; une exposition de l'Oraison dominicale; un livre de Lettres; trois livres d'éloges; disputes contre l'Astrologie devineresse. Ces Ouvrages sont écrits avec facilité & avec élégance; mais en les lisant, il faut se transporter au temps où Pic écrivoit. Jean-François Pic son neveu fut aussi dévoré de l'amour des sciences; mais il se livra trop à la scholastique, & ne soigna pas assez son style. Il est vrai que la vie agitée qu'il mena ne lui permit pas de se livrer avec autant d'application que son oncle à une étude assidue & réfléchie. Il fut chassé deux fois de fes Etats, la premiere fois par fon frere, la feconde par les François, en 1512, & il fut affaffiné trois ans après par Galeoti fon neveu, en 1533. Il a inféré quelques-uns de fes Ouvrages dans l'edition qu'il a faite de ceux de fon oncle; *de morte Chrifti*, *de ftudio divinæ & humanæ Philofophiæ*, lib. II; un Traité fur l'imagination; un autre de la connoiffance des chofes à venir; la vie de Sardanapale; des Poëfies latines; quatre livres de Lettres; la vie de Savonarole.

PICCHETTI, (*François* PICCHIANI, dit) Antiquaire & Architecte, né à Ferrare. Il fut chargé par le Marquis *del Carpio*, Vice-Roi de Naples, de lui chercher des Antiquités. Il parcourut toute l'Italie; enfin il s'établit à Naples, où fon pere avoit fait bâtir une Eglife de la Miféricorde. François fon fils rebâtit à Naples l'Eglife de Saint Auguftin, celle de l'Amour-Divin, l'Eglife & le Couvent des Miracles, répara le Monaftere des Religieufes de S. Jérôme. Cet Artifte s'acquit une grande réputation, & mourut fort regretté en 1692.

PICCINI, Maître de Chapelle à Naples, eft un des plus grands Muficiens de ce fiecle. Il a compofé un très-grand nombre d'Opéra, d'Intermedes, d'Opéra Comiques, & quantité de Motets, & autres Ouvrages de Mufique d'Eglife. Il a mis en mufique l'*Artaferfe* de *Metaftafio*, dont le fuccès a été furprenant; la *Buona Friglivola* & la *Maritata*, Comédies mêlées d'ariettes, ou Opéra Comique, du célebre *Goldoni*. Nos Muficiens François connoiffoient fes Ouvrages, qui étoient inconnus, à la plus grande partie des François. En 1771, M. Cailhava, connu par des Comédies, jouées avec fuccès au Théâtre François, & un Muficien Italien, jaloux de la gloire de fa Nation, ont entrepris de faire connoître en France la *Buona Figlivola*. L'un a traduit la Piece de Goldoni & parodié fes vers; l'autre a appliqué à ces vers ou ariettes, le chant de Piccini, avec fes accompagnemens. Cet Ouvrage a produit le plus grand effet; on y a reconnu quantité d'endroits dont nos Muficiens avoient profité.

PICCIOLI, Bourg du Pifan, dans le Duché de Tofcane, près d'Oxciano & de Volterra. *Voyez* PISAN.

PIC

PICCOLOMINI, (la famille des) est originaire de Rome, & est fort ancienne; elle avoit part au Gouvernement de Sienne, dans le treizieme siecle: elle s'est fort illustrée par les hommes célebres qu'elle a produits. Pie II & Pie III étoient de cette famille. Alexandre Piccolomini, qui vivoit en 1609, étoit Philosophe, Mathématicien, Orateur & Poëte. Il a composé la *Philosophie morale*, la *théorie des Planetes*; *l'instituzione dell'Huomo*; *l'instituzione d'el Principe Christiano*, *d'ella grandezza d'ell'acqua & d'ella terra*; la *Sfera tesoro d'el huomo*. François Piccolomini, huitieme Général des Jésuites, étoit très-savant. Un autre François Piccolomini se fit admirer par son savoir à Macerata, à Pérouse & à Padoue, où il enseigna la Philosophie pendant vingt-trois ans. Après avoir enseigné pendant long-temps, il se retira dans sa maison de campagne à Sienne, où il mourut, âgé de quatre-vingt-quatre ans, en 1604. Il a laissé plusieurs Ouvrages; les plus amusans sont *universa de moribus Philosophia* 10 lib. *universa naturalis Philosophia*, in quinq. part.

PIE. Il y a eu cinq Papes de ce nom. Pie I, successeur d'Hyginus en 156, étoit d'Aquilée. Il fixa la fête de Pâques au Dimanche après le quatorzieme de la lune de Mars. On croit qu'il mourut martyr le 11 Juillet 165. On lui attribue deux Lettres à Jules de Vicence.

PIE II, (*Æneas-Sylvius-Bartholomeus* PICCOLOMINI) né à Carsignano en 1405, élu treize jours après la mort de Calixte III, arrivée le 6 Août 1458, fut un des plus savans hommes de son siecle, & un des plus grands Pontifes. Dès sa jeunesse, il eut le plus grand amour pour les Lettres. Secrétaire de quelques Cardinaux au Concile de Basle, il fut nommé successivement par le Concile Référendaire, Abréviateur, Chancelier, Agent Général. Il fut envoyé à Strasbourg, à Francfort, à Coutance en Savoie, chez les Grisons. Le Concile lui donna la Prévôté de l'Eglise Collégiale de Milan. Il publia plusieurs Ouvrages en faveur du Concile. Fréderic III, dont il fut Secrétaire, lui décerna la couronne poétique, & l'envoya en ambassade à Rome, à Milan, à Naples, en Bohême. Quoiqu'il n'eût pas ménagé dans ses Ouvrages Eugene IV, ce Pontife loua son zèle, aima son génie, & lui eût donné les plus grands témoignages de son estime ; mais il mourut, & Nicolas V donna à Æneas Sylvius l'Evêché de Trieste. Il passa bientôt après à celui de Sienne. Il l'envoya Nonce en Autriche, en Hongrie, en Moravie, en Bohême : par-tout il réussit. Il fit assembler des Diettes pour former une ligue contre le Turc, à Ratisbonne & à Francfort. Il y haranga avec l'éloquence la plus véhémente. La mort de Nicolas rendit ces Diettes inutiles. Calixte III récompensa par la pourpre romaine tous les travaux de Piccolomini, qui, deux ans après, fut élu Pape. Il s'appliqua à réunir les Princes Chrétiens contre le Turc ; il rassembla des troupes, qu'il vouloit conduire lui-même ; mais il mourut à Ancône, sur le point de s'embarquer, en 1464, âgé de cinquante-huit ans. On l'a accusé de trop d'ambition ; d'ailleurs il a rendu de grands services à l'Eglise. Ses Ouvrages ont été recueillis en un volume, imprimé à Basle en 1671. On y trouve des mémoires sur le Concile de Basle ; l'Histoire de Bohême, depuis l'origine jusqu'en 1458 ; une Cosmographie, en deux volumes ; l'Histoire de Frédéric III ; un Traité de l'éducation des enfans ; un Poëme sur la Passion de J. C. cent trente-deux Lettres ; les mémoires de sa vie, sous le nom de Jean Gobelin Personna son Secrétaire.

PIE III, (*François* TODESCHINI) fils d'une sœur de Pie II, qui lui donna le nom de Piccolomini, qui fut élu le 22 Septembre 1503, après la mort d'Alexandre VI. Il ne régna que vingt-six jours.

PIE IV (*Jean-Ange* MEDICIS ou MEDEQUIN) Milanois, élu en 1559, après la mort de Paul IV ; il avoit été employé dans différentes négociations par Paul III, qui le fit Cardinal, & par Jules III, qui le nomma Légat de l'armée contre le Duc de Parme. Il fut appellé le pere des Pauvres & le protecteur des Muses. En montant sur le Trône, il pardonna aux Romains leurs fureurs contre la mémoire de Paul IV ; mais il fit étrangler dans la prison le Cardinal Caraffe, & couper la tête au Prince de Pallanio son frere, neveux de Paul, qui tramoient contre les jours de Pie. Il fit continuer le Concile de Trente, qui avoit été suspendu. On croit qu'il mourut de peur de perdre Malthe assiégée par les Turcs; cette mort arriva le 9 Décembre 1565, à l'âge de soixante-sept ans. Charles Borromée son neveu l'assista jusqu'au dernier moment.

PIE V, (*Michel* GHISLERI) né à Boschi, dans le Milanois, d'une famille obscure, en 1504, Religieux Dominicain, élu le 7 Janvier 1566, après la mort de Paul IV. Il se distinga dans son Ordre; il y fut Professeur, ensuite Prédicateur, & parvint aux grades supérieurs. Paul IV lui donna l'Evêché de Satri, le fit Cardinal & Grand Inquisiteur de la Foi, place qu'il remplit avec tant de sévérité dans le Milanois & la Lombardie, qu'il fut obligé de quitter ce pays. Pie IV lui donna l'Evêché de Mondovi. Parvenu à la Papauté, il montra beaucoup de sévérité, régla sa maison, chassa de Rome les personnes débauchées, réprima le luxe des Ecclésiastiques & sur-tout des Cardinaux, persécuta les Hérétiques, se joignit au Roi d'Espagne & aux Vénitiens contre les Turcs, & eut le plaisir de voir le succès de la célebre bataille de Lépante. Ce fut ce Pape qui créa Grand-Duc de Toscane Cosme de Médicis, & qui rétablit les Caraffes. Il mourut le 1 Mai 1572. Ce Pape ordonna la publication, dans toute l'Eglise, de la célebre Bulle *in Cœna Domini*, qui n'étoit fulminée qu'à Rome. Le Parlement de Paris s'y opposa, & déclara criminels de leze-Majesté les Prélats qui voudroient la faire recevoir dans leur Diocese. Pie V eut les plus grandes qualités; on ne lui a reproché qu'une trop grande rigidité. D'ailleurs il réunit les talens politiques & les vertus chrétiennes, fut un grand Prince & un saint Pape. Le Sultan Selin fit faire trois jours de réjouissance à Constantinople, quand il apprit sa mort. Pie V a été mis au nombre des Saints par Clément XI.

PIÉ DI CAVALLO, Bourg de la Province de Biele, près de la *Cerva*, dans le Piémont, n'a rien de remarquable.

PIÉMONT, *Pedemontium, Pedemonte*, (la Principauté de) sa situation au pied des montagnes des Alpes, qui la séparent de la France & de la Savoie, lui a fait donner le nom de Piémont ; son étendue est d'environ soixante-dix lieues du N. au S. & de trente-six de l'E. à l'O. Le fils aîné du Roi de Sardaigne portoit ci-devant le titre de Prince de Piémont, mais maintenant il porte celui de Duc de Savoie. Le pays est très-fertile en bled, en vin, en fruits. On trouve dans les montagnes des environs des mines d'or, d'argent, de cuivre & de fer. Cette Province a été comprise dans la Gaule Subalpine, & puis dans la Lombardie. Sous le nom de Piémont, on entend la Principauté en particulier, le Duché d'Aouste, le Marquisat d'Ivrée, de Suze, de Seve, de Saluces, les Comtés d'Asti, de Nice, la Seigneurie de Verceil, le Canavese, Pignerol, Pérouse, &c. Turin est la Capitale de la Principauté en particulier, qui renferme Mondovi, Fossan, Chivas, Rivoli, Javen ; Carignan, Poncalier, Vignon, Cavors, Villafranca, Raconis, Savillan, Coni, Tende, Ceve, Cortemille, Bene, Queras, Quiers, Moncalier, Coconas & la Principauté de Masserano. Les principales rivieres qui arrosent le Piémont sont le Pô, le Tanaro, la Sture & la Doire. La Noblesse de Piémont est très-nombreuse, ce qui rend la Cour de Turin une des plus brillantes de l'Europe.

Les Piémontois sont industrieux, affables aux étrangers. Ils ne passent pas pour être aussi sinceres que les Savoyards ; mais du côté de l'attachement à leur Souverain, ils ne leur cedent en rien ; ils aiment les Belles-Lettres, & les cultivent avec succès.

Leur commerce est considérable : la soie du Piémont passe pour être la meilleure de toute l'Italie, & ils en envoient beaucoup dans les pays étrangers. Le Piémont comprend le Piémont propre, dont Turin est la Capitale, le Duché d'Aouste, la Seigneurie de Verceil, le Comté d'Ast, le Marquisat de Saluces & le Comté de Nice.

Depuis le regne d'Emmanuel II, mort en 1675, le Piémont est partagé en dix-neuf Provinces ; le Piémont proprement dit comprend la *Province de Turin*, celle de *Quiers*, celle de *Carmagnole*, celle de *Suze*, celle de *Pignerol*, celle de *Savigliano*, celle de *Querasque*, la *Province de Fossano*, celle de *Coni*, celle de *Mondovi*, celle de *Ceva*. Le reste du Piémont renferme le Comté d'*Asti*, le Marquisat d'*Ivrée*, le Marquisat de *Saluces*, le Comté de *Nice*, la Principauté d'*Oneille*, le Duché d'*Aouste*, la Province de *Biele* & celle de *Verceil*; la Principauté de *Monaco*, indépendante, les Comtés de *Beuil* & de *Tende* sont enclavés dans le Piémont.

PIENZA, qui s'appelloit autrefois CORSIGNANO, est une petite Ville à neuf lieues de Sienne, sur la route de Sienne à Rome; c'est la patrie de Pie II, qui l'érigea en Evêché, & la fit appeller Pienza, de son nom de Pie, qu'il prit en montant sur la Chaire de S. Pierre, & en quittant celui de Piccolomini.

PIERIUS VALERIANUS BELSANI, né à Belluno, dans l'Etat de Venise, fut un des hommes les plus savans du seizieme siecle. Urbin son oncle, Religieux de Saint François, Précepteur de Léon X, l'avoit élevé. Pierius s'attacha à la Maison des Médicis, & passa à Rome plusieurs années, s'appliquant à l'étude & aux affaires. Il revint à Padoue sur la fin de ses jours, & y mourut, âgé de plus de quatre-vingt-deux ans. Il a laissé des Ouvrages fort estimés; des *Hyérogliphes*, des *Commentaires sur Virgile*, des *Poësies*, & un *Traité de infelicitate Litteratorum*, &c.

PIERRE & THEODORE, Antipapes. Après la mort de Jean V, Pierre, qui étoit Archiprêtre de Rome, se fit élire par le Clergé; Théodore, Prêtre, Compétiteur de Pierre, se fit élire par les Gens de Guerre. Chaque Parti soutenoit celui qu'il avoit élu: mais tout fut pacifié au moyen d'un accord qui se fit entr'eux.

PIERRE APON, (de Apone ou Abano) né à Padoue dans le treiziéme siecle, d'un Notaire, fut un prodige dans un siecle d'ignorance: Il savoit les langues & connoissoit la Philosophie, la Médecine & l'Astrologie. Aussi l'accusa-t'on de magie: il fut accusé d'avoir acquis la connoissance des sept Arts libéraux, par le moyen de sept esprits qu'il tenoit renfermés dans un crystal. Il fut pris par l'Inquisition à l'âge de plus de quatre-vingts ans; mais il mourut dans le temps qu'on instruisoit son procès en 1316; il n'en fut pas quitte pour cela, car il fut ordonné que ses os seroient déterrés & brûlés; ils ne le furent qu'en effigie, parce que les amis de Pierre les avoient cachés. Malgré ce Jugement, la Ville de Padoue fit placer sa statue sur la porte du Palais entre celle de Tite-Live & d'Albert. L'Inquisition défendit la lecture de son *Heptameron*, de son *Elucidarium necromantium Petri de Abano*; & d'un troisieme intitulé: *Liber Experimentorum mirabilium de annulis secundum 28, mansiones Lunæ.*

PIERRE, Diacre, né à Ostie, Continuateur de la Chronique de Leon d'Ostie, depuis 1086, jusqu'en 1138. On le confond ordinairement avec un Pierre, Diacre, Religieux du Mont-Cassin, Auteur de plusieurs Ouvrages d'Histoire, tels que *de ortu & vita Sanctorum Monasterii Cassinensis, de Viris illustribus*, &c.

PIERRE IGNÉE, ou PIERRE DE FEU, de la famille des Aldrobrandins, Religieux de Valombreuse. Ce nom d'Igneus lui fut donné lorsque Pierre, Evêque de Pavie, fut accusé de simonie. Pierre Ignée fut choisi en 1063, pour faire l'épreuve du feu pour l'Evêque. On dressa deux bûchers de dix pieds de long sur cinq de large, séparés par un sentier d'une coudée. Pierre Ignée, ou Aldobrandin, célébra d'abord une grande Messe; on mit le feu aux grands bûchers, & lorsqu'ils furent biens enflammés, Pierre n'ayant ôté que sa chasuble, entre dans le sentier jonché de charbons ardens, portant une croix à la main, nu pieds, va jusqu'au bout, revient ramasser son mouchoir qu'il avoit laissé tomber, & sortit triomphant de cette épreuve. Le Peuple le conduisit en triomphe, & l'Evêque fut déclaré innocent. Ce fait est un des plus constatés de ces temps. Pierre fut fait Abbé & ensuite Evêque d'Albano.

PIERRE LOMBARD, dit le Maître des Sentences, de Novare en Lombardie, parvint, par son mérite, à l'Evêché de Paris en 1159; Philippe fils & frere des Rois de France, refusa cet Evêché, pour le faire donner à Pierre son Maître. Celui-ci édifia par sa piété & par sa charité. Son Livre des Sentences eut un succès prodigieux; c'est un Recueil des passages des Peres dont il concilie les contradictions apparentes. Jamais Ouvrage n'a été si souvent commenté. Cet Ouvrage a quelques-uns des défauts du siecle d'ignorance où vivoit l'Auteur; cependant il est bien au-dessus de son siecle. Pierre Lombard a le mérite d'avoir été le premier qui a réduit la Théologie en un corps entier. Il avoit beaucoup d'esprit, & fut un des ornemens de l'Université de Paris. Guillaume d'Auxerre, Albert le Grand, Saint Thomas, Saint Bonaventure, Scot, & mille autres ont commenté le Livre des Sentences. Lombard est appellé *Magister Sententiarum*. Il a laissé des Commentaires sur les Pseaumes, sur les Epîtres de Saint Paul. Il mourut en 1164.

PIERRE DE BOLOGNE, (la) connue sous le nom de Phosphore de Bologne, est une Pierre qui se trouve aux environs de cette Ville, au pied du Mont Paterno; elle s'appelle dans le pays, *il Lurminabile* ou *Spongia di Luce*. Cette Pierre est, selon M. de la Lande, un Spath ou Pierre talqueuse, presque crystalline & transparente, *lathum ponderosum*. On n'a pas encore pu trouver ailleurs des Pierres, ajoute-t-il, qui, par la calcination, ayent la propriété d'être lumineuses lorsqu'on les a exposées au grand jour. Un Chymiste ignorant, ramassa beaucoup de ces Pierres & imagina de les calciner pour en tirer de l'argent, qu'il croyoit indiqué par les parties du talc argenté qui ressemble assez à un minéral. Il n'obtint de sa préparation qu'un phosphore, dont il ne connoissoit point le prix, & qu'il négligea. M. Humbert, Chymiste de M. le Duc d'Orléans, ayant oui parler de cette Pierre, se transporta à Bologne. Il touva le moyen de la préparer, & y réussit très-bien. Voici sa méthode dont on se sert encore. Elle est rapportée par M. l'Abbé Richard. On calcine cette Pierre en l'exposant à un feu vif de charbon. On la pose sur une plaque de cuivre percée, parce que les parties de fer qui pourroient se mêler avec la Pierre par l'action du feu, empêcheroient que la Pierre calcinée n'absorbât aussi aisément la lumiere & ne la rendît ensuite dans l'obscurité. On nettoie la Pierre de toutes les matieres étrangeres qui peuvent l'environner, avant de la mettre au feu; on se sert d'eau-de-vie pour la nettoyer; on l'enveloppe d'une pâte faite avec la même Pierre pulvérisée dans un mortier de cuivre, avec un pilon du même métal, délayée dans l'eau-de-vie. Lorsque la Pierre est sur la plaque de cuivre, on la recouvre de charbon, de maniere que la chaleur soit entièrement concentrée ; le dessous de la plaque doit aussi être garni de charbon. Il faut que le fourneau soit propre à ces opérations.

Cette Pierre devient, par la calcination, très-absorbante. On l'expose quelques instans au grand jour & aux rayons du soleil, s'il est possible ; la lumiere la pénetre ; ensuite on la porte dans les ténebres, & elle y est aussi brillante qu'un charbon ardent : elle conserve son éclat pendant quelques minutes, & ne le perd que par degrés : pour lui rendre la lumiere, il faut l'exposer de nouveau au soleil ou au jour. Dans son état naturel cette Pierre est grise, pesante, tendre & sulfureuse ; elle contient des parties d'un talc argenté, & se trouve par morceaux répandus dans la terre.

PIERRES DE FLORENCE. *Voyez* DENDRITES.

PIERRE DE SAVOIE, Comte de Remont & de Richemont, succéda à Boniface son neveu, Comte Savoie. Il étoit le septieme enfant de Boniface I. Avant d'être en possession du Comté de Savoie, Henri III, Roi d'Angleterre, l'avoit pris en amitié, & lui avoit donné toute sa confiance. Lorsqu'il se vit Souverain, il voulut tirer vengeance du traitement qu'on avoit fait à son neveu. Il assiégea Turin ; mais bien-loin de punir ceux qui s'étoient révoltés, il leur accorda un pardon général. Ce Prince joignoit aux plus belles qualités, une valeur qui le fit redouter plus d'une fois de ses ennemis ; aussi le nommoit-on le petit Charlemagne ; lorsqu'il alla visiter l'Eglise de Saint Maurice dans le Chablais, l'Abbé Rodolphe lui fit présent de l'anneau du Saint Patron ; c'est avec cet anneau que depuis ce temps-là, les Comtes & Ducs de Savoie ont toujours pris possession de leurs Etats. Pierre étoit né en 1203, & avoit épousé en 1233 Agnès de *Faucigny*, fille & héritiere d'Aymond, Seigneur de Faucigny. Il ne laissa point d'enfans. Philippe son frere lui succéda.

PIETOLA, anciennement appellé Andès, dans le Duché & près de la Ville de Mantoue, est, selon la commune opinion, le lieu de la naissance de Virgile. Ce Poëte cependant dit formellement qu'il est né à Mantoue, *Mantua me genuit* ; sans doute à cause de la modicité du Village, qui, encore aujourd'hui, n'a rien de remarquable. Il n'y a aucun monument élevé à la mémoire de ce grand Génie. Mantoue ne l'a pas assez honoré, à cet égard. Roterdam en a plus fait pour son Erasme. Mantoue a aussi à se reprocher de n'avoir rien fait pour Jules Romain, qui lui fait tant d'honneur. Il est vrai que les Ducs de Mantoue avoient donné le nom de Virgiliana à la maison de Plaisance qu'ils avoient fait bâtir à Pietola, & que les fureurs de la guerre détruisirent en 1701.

PIETRA BISSARA, Bourg du Tortonois dans le Milanez-Savoyard, près d'*Arqua*.

PIETRA MALA est une montagne située à onze lieues de Florence. Elle est continuellement couverte de nuages. Au-dessus de la montagne on trouve quelques fentes ou crevasses d'où s'exhale continuellement de la fumée, & quelquefois de flammes, qui, lorsque la nuit est obscure, éclairent les montagnes voisines; le bois s'y enflamme & les pierres n'y paroissent presque point altérées; le terrein n'est chaud que dans les endroits où est la flamme. On apperçoit dans les Villages situés dans les montagnes, & à une très-grande hauteur, des pierres calcinées, quelques-unes tout-à-fait noires, & d'autres entiérement vitrifiées, des scories de fer, &c. On ressent quelquefois des tremblemens de terre dans cette partie, & qui se communiquent jusqu'à Florence. Les arbres & les buissons qu'on trouve dans la montagne, paroissent être les restes des bois dont elle étoit couverte. Les uns regardent ce feu comme les restes d'un volcan éteint depuis long-temps, les autres comme l'annonce d'un volcan qui deviendra très-redoutable, lorsque le fer s'y rencontrera en assez grande quantité avec le soufre; ils apportent en preuve le Vesuve, dont on ne connoit point d'éruption avant celle de 79, qui couvrit *Herculée* & *Pompeia*. Le Village de *Pietra Mala* est situé dans la montagne à vingt-cinq milles de Bologne & à trente-deux milles de Florence, entre Feligure & Fiorenzuola.

PIETRA SANTA, Ville de Toscane, dans le Florentin, avec un Evêché & titre de Principauté, est située assez agréablement & près de la Mer. Il y a un autre Pietra Sancta dans le Val de *Magra*, Fief particulier de l'Empire, au N. O. de la Toscane,

Tome II. V.

entre les Etats de Gênes, de *Parme* & de *Modene*. Le Grand Duc possède dans ce Fief *Pietra Santa* & *Pontemoli*.

PIETRO DELLA FRANCESCA, Peintre fameux d'Italie, & Auteur du tableau des Fiançailles de la Sainte Vierge, placé au dôme de la Chapelle du Lazaret, bâti dans la Mer, par Van Vitelli, près de la Ville d'Ancône.

PIETRO MONTORIO, (San) aux portes de Rome. Cette Eglise est desservie par des Capucins; elle est célebre par le sublime tableau de la Transfiguration, peint par Raphaël. Sur la terrasse qui fait face à l'Eglise, est une fontaine fort ancienne, mais encore très-belle.

PIEVA, (la) Village peu considérable qu'on trouve à moitié route de Bologne à Ferrare. Au sortir de la Pieva, on trouve une digue ou chaussée très-élevée & fort étroite; il n'y a d'espace que pour passer une voiture. D'un côté coule le Pô, qui est large & profond; de l'autre est un fossé qui conduit les eaux dans une vallée très-fertile.

PIEVA DEL CAIRO. *Voyez* CAIRO dans la Laumeline.

PIEVA DI CADORE, petite Ville du Cadorin dans l'Etat de Venise, célebre pour avoir été la patrie du Titien, qui y naquit en 1477. *Voyez* TITIEN.

PIGNA, (*Jean-Baptiste*) Ferrarois, Poëte & Historien du seizieme siecle, s'acquit beaucoup de réputation par ses talens; il a écrit l'*Histoire de la Maison d'Est*; douze Livres de *Questions Poëtiques*; *de Consolatione*, Lib. II; *de Otio Carminum*, Liv. IV; *Gli Heroïci*; *il Principe*, &c.

PIGNEROL, *Pinarolium*, Ville & Province du Piémont. Cette Province s'appelle *des quatre Vallées*; elle est habitée en partie par les Vaudois ou Barbets, que leurs services ont engagé le Duc de Savoie à tolérer. Ces Vallées sont *Angrogne*, *Saint-Martin*, *la Perouse* & *Luzerne* : la Ville de Pignerol est au-dessous de *Fenestrelles*, à l'entrée de la Vallée de Perouse; elle est assez bien peuplée. Les François la prirent & la garderent long-temps; mais Louis XIV la rendit au Duc de Savoie, après en avoir fait démolir les fortifications. Benoît XIV l'érigea en Evêché en 1749. Elle est sur la riviere du Cluson qui traverse cette Province, à sept lieues S. O. de Turin, vingt-huit N. de Nice, vingt S. O. de Casal.

PIGNORIUS, (*Laurent*) Chanoine de Trevise, né à Padoue le 12 Octobre 1571, Littérateur & Jurisconsulte. Il eut pour Protecteur le Cardinal Barberin, pour ami le Cardinal Baronius, le Président de Thou, Peiresse, Vincent Pinelli, Meursius, Vossius, Heinsius, Rigault, Ericius Puteanus, Velser, Gruter, Schiopius, & plusieurs autres grands Hommes. Il rassembla une bibliothéque très-bien choisie, & un beau cabinet de médailles. Il mourut de la peste en 1631, regretté de tous les Savans. Dominico Molino, Procurateur de S. Marc, son ami, lui érigea un beau tombeau dans l'Eglise de S. Laurent. Il a laissé un grand nombre d'Ouvrages: *de Servis & eorum ministeriis apud Veteres; Mensæ Isaicæ seu vetustissimæ Tabulæ æneæ sacris Egyptiorum Simulacris cælatæ explicatio, cum aucturio de variis veterum Hereticorum amuletis ex antiquis gemmis & sigillis; Magna Deûm Matris & Attidis initia ex vetustis monumentis; Torraci eruta & explicatio; Symbolarum Epistolicarum liber; Miscella Elogiorum, acclamationum, adlocutionum, epitaphiorum & inscriptionum; li Origine di Padoua; l'Antenore; Commentaria in Alciatum,* &c.

PINELLI, famille illustre de Gênes, a produit de grands Hommes dans tous les genres. Augustin I & Augustin II furent Doges, l'un en 1555, & l'autre en 1609. Jean-Baptiste de l'Académie de la Crusca, a publié des Ouvrages en prose & en vers. Valentine Pinelli, Religieuse à Seville en Espagne, a laissé divers Ouvrages aussi en prose & en vers. Luc Pinelli, Jésuite, mort à Naples en 1607, a laissé des Ouvrages de Théologie & de Piété. Grégoire Pinelli, né en 1591, Religieux Dominicain, fut attaché aux Cardinaux Astalii & Firenzuola. Il fut attaqué d'une fievre chaude, se précipita d'une fenêtre & se tua en 1667; il a composé, *Stimulus Charitatis, Politica Christiana,* &c. Dominique, Cardinal & Doyen du Sacré Collége, né le 21 Octobre 1541, enseigna fort jeune le Droit à Padoue. Il alla à Rome à l'âge de vingt-trois ans. Pie V lui donna des emplois considérables. Grégoire XIII le nomma Commissaire Apostolique pour les limites de Fermo. Le Cardinal Peretti lui remit l'Evêché de cette Ville, par amitié pour lui, & le fit Cardinal, lorsqu'il fut parvenu à la Papauté. Ce Pape le chargea de commissions très-importantes, & entr'autres, la continuation du septieme Livre des Décrétales, commencé par Grégoire XIII. Il mourut en 1611, âgé de soixante-dix ans. Il a laissé un Traité de l'autorité du Pape, manuscrit, & quelqu'autres Ouvrages. *Jean-Vincent Pinelli*, né à Naples en 1535, eut dès son enfance la passion des lettres. Il s'y rendit très-habile. Il s'établit à Padoue en 1558. Il fut un des plus grands Jurisconsultes, un des plus savans Antiquaires, un des plus habiles Médecins, un des plus profonds Mathématiciens, un des plus élégans Historiens, un des plus vastes Littérateurs de son siecle. Sa bibliothéque, son cabinet de médailles & d'antiquités, sa galerie des portraits des grands Hommes, étoient très-précieux. Baronius & Bellarmin allerent le voir incognito, mais comme il les mena à sa galerie, en leur montrant leurs portraits comme d'excellens tableaux; *convenez*, leur dit-il, *que ces portraits son bien ressemblans*. Ces deux Cardinaux lierent amitié avec lui; les Savans venoient de toutes parts pour le voir & pour le consulter; il n'y en avoit aucun qu'il n'aidât de ses livres ou de ses conseils. Il mourut d'une suppression d'urine en 1602. Sa bibliothéque a été fondue en partie dans celle de Venise.

PINNA MARINA, la Pinne-Marine est une espece de grand moule qui se pêche sur les côtes de Provence, sur celles de la Calabre Ultérieure & de la Sicile. Ce coquillage porte une houppe longue d'environ six pouces. Cette houppe est composée de filamens d'une soie fort déliée & brune, qui se carde, & dont on fait des ouvrages précieux, comme gants & camisolles, &c. dont il se fait un gros commerce dans la Ville de Reggio, & dans celle de Palerme. La soie qui provient de la Pinne-Marine, se nomme Lana Sucida.

PINTELLI, (Baccio,) tout ce qu'on sait de cet Architecte Florentin, qui vécut dans le quinziéme siécle, c'est qu'il bâtit à Rome, par ordre du Pape Sixte IV, l'Eglise & le Couvent de Sainte Marie du Peuple, un Palais pour le Cardinal de Rovero, la Chapelle Sixtine, au Vatican, le Pont de Sixte, l'Hôpital du Saint Esprit *in Saßia*, l'Eglise de Saint Pierre-aux-Liens, celle de Saint Sixte, & répara à Assise, l'Eglise & le Couvent de Saint François.

PINTURICCHIO, (*Bernardin*) Peintre célebre du seizieme siecle. Il avoit pour guide la nature. Il visoit sur-tout au fini. Pour séduire ceux qui ne connoissoient pas la Peinture, il faisoit les ornemens en relief sur tous les bâtimens; il y mettoit quelquefois de l'or: on estime la suite des tableaux représentant la vie de Pie II au dôme de Sienne. Il s'avisa de peindre toutes les superficies en bosse; cette invention n'a point été imitée. On attribue sa mort à un événement assez singulier: les Religieux de S. François de Sienne, voulurent avoir un tableau de lui; il demanda une chambre pour y faire son attelier, il en fit ôter tous les meubles: on y avoit laissé une vieille armoire; Pinturicchio fort fantasque & fort entêté, ne voulut point cette armoire; on vint pour l'enlever, elle rompit & il en tomba cinq cents écus d'or qui y étoient cachés. Le chagrin qu'il eut de n'avoir pas fait lui-même cette découverte, occasionna, dit-on, sa mort en 1513.

PIO. La Maison des Pio, Princes de Carpi, est si ancienne que quelques-uns la font remonter à Constantin. Les Pio se distinguerent du temps de la Comtesse Malthide. L'Empereur Charles V usurpa à Albert Pio sa Principauté, & la donna à Prosper Colonna. Leonello Pio, frere d'Albert, y rentra. Cette Maison a produit plusieurs Hommes célebres: le Cardinal Charles Pio, Evêque d'Albano & d'Ostie, mort Doyen des Cardinaux en 641. Albert Pio, Prince de Carpi, fut un des plus vertueux & un des plus savans Hommes de son temps. Il étudia sous Aldemanuce; il fut Ambassadeur de Maximilien I & de Charles V, qui le dépouilla de sa Principauté. Il obtint de Léon X le Chapeau de Cardinal pour Adrien Florent, depuis Pape sous le nom d'Adrien VI. Il se trouva à Rome lors de la prise de cette Ville par Charles V. On le mit en prison, il en sortit & se réfugia en France. Il traînoit une vie triste à Paris, déplorant la perte de son fils & de ses biens. Il y mourut de la peste en 1536. Il a laissé divers Ouvrages, un contre Luther, & l'autre contre Erasme divisé en vingt-trois Livres. Rodolpho Pio, Cardinal, Archevêque de Salerne, étoit fils de Lionello, frere du précédent; Clément VII, qui estimoit son mérite, lui donna l'Evêché de Faensa; il eut successivement ceux de Gergonti, de Nole, & ensuite l'Archevêché de Salerne. Il fut Nonce en France, & s'y fit de la réputation. Paul III le fit Cardinal en 1535. Il revint Légat en France & opéra l'entrevue de François I & de Charles V. Dans sa Légation de la Marche d'Ancône, il déploya le plus grand talent politique, & fit le bonheur de cette Province. Il commanda à Rome pendant l'absence du Pape qui alla s'aboucher avec l'Empereur à Busette. Pio eut encore des commissions très-importantes. S'il eût encore vécu quelques années, il eût été fait Pape. Il mourut en 1564, âgé de soixante-cinq ans.

PIOMBINO, (la Principauté de) qui consiste en une Ville assez considérable & en une Isle qu'on appelle l'Elve, appartient au Duc de Sora, de la Maison de *Buoncompagno*. L'Empereur posséda cette Principauté jusqu'en 1725, qu'il la rendit à cette Maison par le Traité de Vienne, conclu avec l'Espagne. Elle est sous la protection du Roi de Naples qui y entretient une forte garnison. La Ville de Piombino (en latin *Plumbinum*) est une des mieux fortifiées d'Italie. Elle est située entre Orbitello & Livourne, sur la mer de Toscane; elle est bâtie sur les ruines de l'ancienne *Populonia* qui en est à trois milles.

PIPERNO, petite Ville dans la Campagne de Rome, à huit milles de Case-Nuove, qu'on croit être l'ancien Pivernum, Ville des Volsques, & la Patrie de cette Camille si légere dont parle Virgile dans l'Enéide, élevée dans les armées & exercée aux combats, & si légere à la course, qu'elle eût volé sur le sommet des épis, sans les fouler. Piperno est située sur une montagne très-élevée, escarpée de tous côtés, excepté de celui de Rome, où la pente est un peu plus douce. Elle est fort triste & fort pauvre, mal bâtie, & n'a rien de remarquable. Son Siege Episcopal a été transféré à Terracine. Elle est entourée de petits jardins potagers en terrasses, des vignes, & de quelques champs;

on a tiré tout le parti possible du terrein, & dans les meilleures expositions on cultive des oliviers. Les environs sont couverts de marronniers. Du côté de Naples, la montagne est si rapide que les Voyageurs ne la voient qu'en tremblant; c'est le chemin de Rome à Naples, & il n'y en a pas d'autre. Les voitures sont obligées d'enrayer dans tout le chemin, & on ne monte qu'à l'aide des bufles; les chemins ne sont pas meilleurs dans la Vallée; on traverse des forêts de liege, & l'on arrive à Terracine après seize milles. On remarque que les lys & les narcisses croissent autour de Piperno sans cultivation. Depuis cette Ville jusqu'à Terracine, on sent une odeur forte & mal saine qui provient de la quantité de marais formés par des eaux croupies qui occupent la plaine dans l'espace de cinq à six lieues sur le bord de la mer. On appelle ces marais Pontini.

PIPERNO, *Pietra forte*, Pierre de taille qu'on appelle à Rome *Piperno*. C'est une espéce de Pierre de Liere dont on se sert pour faire les portes & les fenêtres: on la trouve au-dessous de la montagne des Camaldules, près du Pausilippe. La carriere est exploitée par une centaine de forçats gardés par cinquante soldats.

PIPO, (*Philippe* SANTA-CROCE) excellent Graveur, finissoit ses Ouvrages avec une délicatesse singuliere; il la portoit si loin, qu'il tailloit sur des noyaux de prunes ou de cerises des bas-reliefs à plusieurs figures si finies, que quoiqu'elles échappassent à la vue, elles offroient à la coupe les plus belles proportions.

PIRAMIDA DI CESTIO, OU LE TOMBEAU DE CAIUS CESTIUS, près la Porte Saint Paul, à Rome; c'est une pyramide quarrée, qui a bien cent vingt pieds de hauteur, & le bas de chaque face en a environ soixante-dix. Toute la bâtisse est de pierres & de briques, revêtue de grands carreaux de marbre blanc; présentement elle sert de sépulture à tous les Anglois & autres Huguenots qui sont à Rome.

PIRANO, petite Ville de l'Istrie Vénitiene; elle est située sur la mer.

PIROMALLI, (*Paul*) né en Calabre, Dominicain,

Missionnaire en Orient. Il fit de grandes conversions en Arménie; la plus belle fut celle du Patriarche même, qui s'étoit déclaré contre lui : il parcourut la Georgie & la Perse. Urbin VIII l'envoya Nonce en Pologne, pour y appaiser les troubles au sujet de la Religion. Il revenoit en Italie par mer, il fut pris par des Corsaires, & mené à Tunis; il fut racheté, revint à Rome : le Pape lui donna la révision d'une Bible Arménienne, & le renvoya en Orient. Il y fut fait Evêque de Nassivan ; neuf ans après il revint en Italie, & fut fait Evêque de Bisignano, où il mourut, en 1667. Il a laissé des Ouvrages de controverse, deux *Dictionnaires*, l'un *Latin-Persan*, l'autre *Arménien-Latin*, une *Grammaire Arménienne*, &c.

PISAN, (le) *Pisano*, pays en Toscane, borné N. par le Florentin & la République de Lucques, E. par le Siénois, O. par la mer. Il a environ dix lieues de large sur dix-sept de long. On y trouve des carrieres de beau marbre, des mines d'alun, de fer, d'acier & même d'argent. Cet Etat, qui étoit autrefois une République florissante, fut uni aux Florentins en 1406, par la conquête qu'en fit la République de Florence avant l'établissement des Médicis; mais par la suite il fit partie du grand Duché de Toscane. Ce pays est assez bien peuplé & très-fertile. Pise en est la Capitale ; (*voyez* PISE) après Livourne, elle est la principale Ville du Pisan : on y compte quarante mille habitans. Les autres Villes sont *Volterra, Orciano, Piccioli, Orcinato, Casale, Campiglia, Lestignano, Paumanza* & *Colle*.

PISAN, (*Thomas*) Astrologue, de Bologne, se maria avec la fille d'un Docteur de Forli, Conseiller de la République de Venise, où il attira son gendre, que le Sénat fit aussi Conseiller. Charles V, Roi de France, & le Roi de Hongrie, le sollicitérent. Il se détermina pour le sage Monarque de la France, qui le consulta, & se trouva bien de ses conseils. Il lui donna une place de Conseiller d'Etat, & des pensions pour près de sept mille livres. A la mort du Roi, on lui en retrancha une grande partie, & le reste fut mal payé. Il mourut vers la fin du quatorzieme siecle. La célebre Christine de Pisan sa fille étoit née à Venise en 1363; elle étoit très-belle, avoit beaucoup d'esprit & de savoir; elle n'avoit que cinq ans lorsqu'elle vint en France. A quinze, elle épousa Etienne Castel, jeune Gentilhomme de Picardie. Il mourut dix ans après, laissant Christine à l'âge de vingt-cinq ans, accablée de procès & chargée d'enfans. Christine aimoit beaucoup son mari, elle chercha des consolations dans les Lettres. Elle composa un grand nombre d'Ouvrages en vers & en prose. Plusieurs Princes, touchés de sa fortune, & charmés de ses talens, se chargerent de ses enfans, & lui firent des pensions. Elle en obtint une de Charles VI. Il y a un Recueil de ses Poësies, imprimé à Paris en 1549, in-12. Il y en a de manuscrites dans la Bibliothéque du Roi. Elle publia la vie de Charles V, Ouvrage estimé, & les Vies des Femmes illustres.

PISANI, (*André*) Peintre, Sculpteur & Architecte, s'est rendu célebre dans ces trois arts. On admire le Jugement dernier, qu'il peignit sur une façade du *Campo Santo*: ouvrage de génie, mais d'une singularité remarquable. C'est lui qui a bâti les galeries de la Place de Florence, avec les arcades, & une Chapelle très-belle, dont la sculpture est aussi très-belle.

PISATELLO, à une lieue de Cézene, est une petite riviere, qu'on croit avoir été le célebre fleuve de Rubicon, au bord duquel César s'arrêta, & délibéra s'il devoit le passer, pour s'opposer au parti que Pompée formoit contre lui; ce fut après l'avoir passé qu'il s'écria, *le sort en est jetté, alea jacta est*, & Rome fut aux fers. Ce qui donne plus d'importance à ce passage, qui n'étoit rien par lui-même, & qui fut tout pour Rome, est la défense que le Sénat avoit fait par un décret solemnel à tout Général ou Officier, ramenant l'armée ou quelque troupe, de s'arrêter à cette borne, de déposer ses armes & ses étendards, sous peine d'être regardé comme ennemi de la patrie. Le Rubicon étoit la borne de l'Italie & de la Gaule Cispadane.

PISE, *Pisa*, Capitale du Pisan, la seconde Ville de la Toscane, à vingt lieues de Florence, vers l'occident, sur l'Arno, qui la sépare en deux. Pise est très-ancienne; suivant Strabon & Virgile, (*Æneid. X*) Pise fut fondée par des Arcadiens, habitans de Pise en Elide. Rutilius fait remonter son origine encore plus haut, & prétend qu'elle a été fondée par Pélops, fils de Tantale, Roi de Phrygie (*Itiner.* I). Elle devint une des douze principales Villes d'Etrurie; elle fut déclarée Colonie Romaine par Auguste, ayant son Sénat & ses Magistrats municipaux. Dans le renversement de l'Empire Romain, elle s'érigea en République, à l'aide de l'*Arno*, qui lui servoit de port & d'abri contre les orages & les Corsaires; elle fit un commerce considérable, & devint une puissance maritime redoutable. Les Pisans conquirent sur les Sarrasins les Isles de Corse & de Sardaigne, Palerme & Carthage, donnerent des secours considérables aux Croisés, délivrerent Alexandrie assiégée. Les Papes Gelase III, Innocent II, Gregoire XI durent leur salut aux Pisans. Leur République fut regardée comme un des Etats les plus puissans de l'Europe. C'est dans ce temps-là que furent construits ses superbes édifices; elle comptoit alors treize mille quatre cens familles.

Pise prit part aux guerres des Guelfes & des Gibelins; elle fut tantôt du parti des Papes, tantôt de celui des Empereurs. Dans le temps qu'ils s'étoient déclarés contre les Papes, les Prélats & les Cardinaux qui alloient au Concile de Latran, les mirent à contribution. Mais ce qui commença à porter un coup funeste à la puissance de Pise, fut la guerre qu'elle eut contre les Génois, qui lui prirent quarante-neuf galeres & douze mille hommes. Toute irréparable qu'étoit cette perte, elle fut encore moins fatale aux Pisans que la gêne & la diminution de leur commerce qu'elle entraîna. Les Génois leur ôterent leur port Pisano. Des Tyrans s'éleverent sous le titre de Comtes; *Ugolino della Gheradesca*, Citoyen de Pise, aidé de la faction des Guelfes, s'en déclara le maître; il fut chassé, rétabli par les Florentins, enfin pris par les Pisans, & enfermé dans une tour qu'on montre encore, où il mourut de faim, avec son fils. Ce Tyran eut des successeurs; l'un d'eux vendit la Ville à Galeas Visconti, qui y établit son fils naturel. Celui-ci crut pouvoir vendre ce que son pere avoit acheté; il fit son marché avec les Florentins: mais les Pisans les chasserent, & reprirent leur liberté. Un de ces Tyrans, que la nécessité leur avoit fait rappeller, pour les aider à se défaire des Florentins, les en délivra en effet; mais lorsqu'ils espéroient de jouir de leur liberté, le traître les livra à leurs ennemis en 1406. Ils resterent sous le joug jusqu'en 1494, que Charles VIII, Roi de France, les remit en liberté. Lorsque Charles eut quitté l'Italie, & que les Florentins eurent fait une alliance avec Louis XII, ils assiégerent Pise, qui se voyant sans secours, fut obligée de passer sous la domination des Médicis. Plusieurs familles aimerent mieux quitter leur patrie que d'obéir à un maître: elles se disperserent en plusieurs endroits de l'Italie. L'époque de cet événement est en 1509. Cent ans après, le souvenir de leur ancienne liberté souleva les Pisans; mais le Grand-Duc les mit hors d'état de rien entreprendre à l'avenir. Avec l'espoir de la liberté, il semble que les Pisans aient perdu toute émulation; leur population, qui alloit autrefois à cent cinquante mille habitans, ne va pas aujourd'hui à plus de quinze mille; & cette Ville paroît d'autant plus dépeuplée, qu'elle est très-grande & superbement bâtie. Ce défaut de population entraîne celui de culture. En vain les Grands-Ducs ont-ils tenté de la repeupler, & d'y rétablir les arts; ils ont donné à l'Université de Pise les plus grands priviléges; ils y entretiennent quarante-cinq Professeurs, à la tête desquels est l'Archevêque de Pise, comme Grand Chancelier. Ces prérogatives n'y attirerent que fort peu d'Etudians. Cosme I institua à Pise un Ordre Militaire, sous l'invocation de Saint Etienne. *Voyez* ORDRE DE S. ETIENNE. En fixant la résidence principale de cet Ordre à Pise, Cosme I s'étoit flatté d'y augmenter la population; mais ce moyen n'a pas mieux réussi que celui de l'Université. Cependant Pise est dans une position très-agréable; ses édifices, construits dans le temps le plus brillant de la République, sont de la plus grande beauté. Il n'y a guere de Villes en Italie où l'on ait rassemblé tant de marbres étrangers. Leurs courses en mer leur facilitoient le moyen de se procurer, d'amener les matériaux de leurs constructions, & jusqu'à des colonnes de la Grece.

L'Arno, qui divise la Ville en deux, baigne les quais magnifiques, qui regnent dans toute sa longueur. Le long de ces quais sont des édifices de la plus belle architecture. Les rues sont larges, droites, pavées de grandes dales comme Florence, mais elles paroissent désertes, & l'herbe croît dans quelques unes. Trois grands ponts servent de communication à la Ville: ils sont très-beaux, & forment une belle perspective: celui du milieu est de marbre. Tous les ans au mois de Juin, il s'y fait un combat entre les deux parties de la Ville pour emporter le pont. Deux troupes égales d'habitans, armés de pied-en-cap, avec des uniformes différens, & chacune sous sa banniere, se présentent sur le pont, chacune de son côté, s'entrechoquent mutuellement, & cherchent à se repousser l'une & l'autre à coups de massues; quelques combattans sont culbutés dans la riviere, mais il y a des batelets tout prêts qui viennent à leur secours. Tous les habitans sont sur les quais; ils font des vœux pour ceux de leur parti, & applaudissent au parti vainqueur. Les Pisans font remonter l'origine de ce combat aux jeux olympiques, établis à Pise par leurs fondateurs. Malgré la décadence de Pise, les sciences s'y soutiennent encore: son Université est toujours célebre. Si la Ville étoit un peu plus peuplée, tout y respireroit encore cette ancienne splendeur des Romains. La Cathédrale, le Baptistere, le Campo Santo, la Tour penchante & la plupart de ses Palais, seront toujours des objets d'admiration.

La Cathédrale, dédiée à l'Assomption de la Vierge, commencée en 1063, & finie en 1092, sur les desseins de Bruschetto, est sur une grande & belle place: les trois portes de bronze sont si belles, qu'on les a prises pour celles du Temple de Jérusalem. L'Eglise a cinq nefs, dont les voûtes sont soutenues par soixante-quatorze colonnes, entre lesquelles il y en a de marbre verd antique & de porphyre. Parmi les beaux mausolées de marbre, ornés de bas-reliefs, on distingue celui de l'Archevêque *Delci*, décoré de deux belles statues, d'André *Vacca*. La plupart des colonnes paroissent être de divers anciens édifices. Les statues les plus remarquables de cette Eglise sont *Adam* & *Eve*, de Pietra Sancta, une châsse de Méléagre, bas-relief, un rhinoceros très-bien modelé. Il y a d'excellens tableaux, d'André del Sarto, des Zucchari, de Raphaël, du Roselli de Florence, du Salimbeni, du Passignani, de Pierre de Cortonne, &c. La chaire, qui est de marbre, ornée d'anciennes sculptures, & revêtue d'ornemens de bronze, est fort estimée. Le pavé est à compartimens de marbre; c'est une espece de mosaïque qui est très-belle; la voûte est dorée & ornée de peintures. Il y a dans le dôme une mosaïque, représentant l'Assomption.

Le clocher, campanile torto ou torre pendente, commencé en 1174, sur les dessins de Guillaume d'Almon, & fini par Bonauno Buocci & Tommaso de Pise, est un monument curieux & singulier; il est rond, à sept ordres ou rangs de colonnes l'une sur l'autre; il est penché de maniere qu'on diroit qu'il est près de tomber. Cette tour a la forme d'un cylindre, elle a cent quatre-vingt-huit pieds de haut & un escalier de cent quatre-vingt treize marches, très-aisé & bien éclairé. La vue est très-belle du haut; si l'on regarde du côté du penchant & que l'on descende un plomb perpendiculairement jusqu'au bas par le moyen d'une ficele, on est étonné de le voir éloigné de quinze pieds du bas de la tour: l'ébranlement des cloches qui sont posées du côté incliné, ne produit aucun effet dangereux pour la tour, quand on les sonne. Vassari pense qu'elle ne penche que parce que ses fondemens n'ayant pas été bien assurés sur un terrein mou, elle s'est affaissée, & que sa rotondité, jointe à la liaison des pierres, contribue à sa solidité. D'autres croient qu'après que les quatre premiers ordres furent faits, on s'apperçut de l'affaissement du terrein; qu'alors l'Architecte ne voulant pas démolir ce qui étoit déja bâti, fit assurer les fondemens, & imagina de donner à cette tour la hauteur convenue, en faisant les colonnes des trois derniers ordres plus longues du côté qu'elle penche, que de l'autre: ce qui donne à la totalité de la masse son point d'appui, & en fait en même temps une construction fort singuliere: mais cette opinion paroît détruite par l'éversement opposé à l'inclinaison; quoi qu'il en soit, elle n'est pas moins solide, puisqu'elle existe depuis plus de six cents ans.

Le Baptistaire est en face du grand portail de la Cathédrale; c'est une petite Eglise ronde, surmontée d'un dôme; elle est toute construite de marbre, l'architecture, quoique gothique, est élégante; l'intérieur a un grand ordre de colonnes de granit, que portent des arcades; au-dessus est un second ordre de colonnes, qui soutiennent la coupole; au milieu est le grand Baptistaire ou réservoir de l'eau qui sert à baptiser, entouré de quatre petites cuves ou baptistaires en usage dans le temps qu'on baptisoit par immersion. Le dessin de l'Eglise est de Dioti Salvi, celui des fonts est de Lino Sienois. La chaire est très-belle & de marbre, soutenue par huit colonnes de granit, portées par des lions. La voûte est si sonore, que le moindre bruit la fait retentir comme une cloche; elle forme un écho, qui répete distinctement les mots; & quelque bas qu'on parle du côté de la muraille, on l'entend de l'autre.

Le Campo Santo ou cimetiere, est une vaste cour, entourée d'un portique, sur les dessins de Jean Pisan; il a soixante arcades, est pavé de marbre, orné de peintures anciennes, dont plusieurs du Cimabué, les autres d'Orgagno, du Giotto, d'Aurelio Lami, de Benelzo, de Buffa Malco, de Michel-Ange. On y voit des tombeaux, des inscriptions fort anciennes. Le cimetiere qu'entoure ce portique, a au centre neuf pieds de terre, qu'on dit avoir été apportée de Jérusalem en 1228, & qui avoit, dit-on, la propriété de consumer les cadavres en vingt-quatre heures: vertu qu'elle a perdu aujourd'hui, & qui consistoit sans doute en une grande quantité de chaux, mêlée avec cette terre. On n'y enterre plus à présent.

Le Siége Episcopal de Pise fut érigé en Archevêché en 1092 & en Primatie de Sardaigne & de Corse. L'habillement des Chanoines est comme celui des Cardinaux. De tous les Conciles de Pise, le plus célebre est celui où furent déposés Benoît XIII & Grégoire XI, & où fut élu Alexandre V.

Les principales Eglises, après la Cathédrale, sont S. Etienne ou la *Chiesa de Cavallieri*, Eglise conventuelle, de l'Ordre de Saint Etienne; l'architecture de l'autel & les trois figures de la chaire sont d'un goût mâle & vigoureux, de Jean-Baptiste *Fog-*

gini, Florentin; S. Matteo, orné de belles peintures, des *Melani*, de Pife; ces deux freres ont peint la voûte & fi bien obfervé la perfpective, qu'on croit voir s'élever un fecond ordre au-deffus de la corniche de Pierre de Cortone.

L'Obfervatoire mérite d'être vu, ainfi que le Jardin des fimples, très-peuplé, & auquel on a joint un Cabinet d'Hiftoire naturelle.

La Loge des Marchands eft un grand édifice à arcades ouvertes, foutenu par des pilaftres groupés, d'ordre dorique, d'une très-belle architecture. On y confervoit tous les papiers & regiftres concernant le commerce: mais il eft fi tombé, que la Bourfe eft devenue comme inutile. La Maifon des Nobles ou Cafina de Nobili, eft plus fréquentée, quoique ce ne foit qu'une petite falle de jeu, où s'affemblent les Nobles. Il y a quantité de beaux Palais, qui ont de grandes tours; c'étoit autrefois une marque de diftinction.

L'Univerfité de Pife eft très-ancienne, Accurfe, Bartole, Céfalpin, Alciat & plufieurs autres Savans en différens genres, l'ont illuftrée. Il y a quarante-deux Profeffeurs & un Provifeur général, qui veille à l'obfervation des réglemens. Il y a plufieurs Colléges qui dépendent de l'Univerfité.

Le climat de Pife eft fi doux, qu'à peine s'y apperçoit-on de l'hiver; cependant l'air y eft mal fain dans les grandes chaleurs, fur-tout pour les étrangers: alors on fe retire à Florence ou dans les montagnes.

Les promenades les plus fréquentées font les quais. Il eft fingulier qu'avec le goût des arts qui regne à Pife, fa fituation très-propre au commerce, la température de fon climat, elle foit fi pauvre & fi peu peuplée. On vante beaucoup fes bains. *Voyez* SAN GILIANO. Il y a dans le voifinage de Pife, à l'orient, des reftes d'anciens thermes ou bains publics; il n'y a plus que les canaux qui les entouroient, & qui y portoient la chaleur. Il paroît qu'on y avoit employé les plus beaux marbres

PISCINE MERVEILLEUSE; c'eft un grand édifice quarré, long d'environ cent quatre-vingt pieds de longueur fur cent vingt-huit de largeur, voûté & foutenu par quarante-huit pilaftres, placés fur quatre lignes. Des deux efcaliers par lefquels on y defcendoit, il n'y en a plus qu'un. On voit encore aux voûtes quelques beaux bas-reliefs; l'enduit gris qui couvre tout l'édifice, eft auffi beau & auffi reluifant qu'au premier jour; il eft auffi dur que la pierre même; on croit qu'il étoit compofé avec la pouffiere de marbre, la chaux & une efpece de bitume que l'on trouvoit dans le pays & des blancs d'œufs. On tourne autour de la Pifcine par une plate-forme, garnie de grandes pierres encore bien unies, autour de laquelle il y a de larges degrés pour defcendre, & puifer l'eau à mefure qu'elle diminue. La voûte eft percée en plufieurs endroits, & c'eft par ces ouvertures qu'on recevoit l'eau, & c'eft par là auffi que ce réfervoir s'empliffoit de l'eau de la pluie, qui, en certains endroits, y féjourne toujours en quantité: elle s'y conferve encore, quoiqu'on n'ait pas la précaution de nettoyer la pifcine; c'eft l'ouvrage le mieux confervé des Romains, & un de leurs beaux ouvrages. Il eft fitué au cap de Mifene, proche le golfe de Pouzzol, aux environs de Naples; elle doit fa confervation à l'enduit qui couvre tout l'intérieur, & dont il feroit bien à défirer qu'on pût retrouver la compofition. On prétend qu'Agrippa ayant le commandement des forces navales des Romains, le fit conftruire pour fervir de réfervoir d'eau douce pour la fourniture des vaiffeaux: auffi l'appelle t-on la *Pifcine mirabile* ou *réfervoir d'Agrippa*.

PISTOIE, *Piftoia*, Ville de Tofcane, autrefois République, qui fubit le même fort que Pife, époque à laquelle il faut faire remonter fa dépopulation. Il y a peu de Villes où les rues foient auffi belles & auffi larges. Les Palais en font magnifiques; la Cathédrale, dédiée à Sainte Marie, eft un très-bel édifice; on en admire le dôme, d'une très belle architecture: il fait défirer que le portail foit achevé. Tous les environs de Piftoie font fi agréables, qu'on croit être dans un jardin; c'eft de tous côtés des allées d'arbres fruitiers, qui donnent un ombrage délicieux jufqu'à Poggio Cajano. Piftoie renferme beaucoup de Nobleffe, elle eft fituée dans une plaine très-fertile, au pied de l'Appenin,

proche

proche la riviere de Stella, à huit lieues N. O. de Florence & douze N. E. de Pise. Ce pays est accablé d'impôts, ce qui y multiplie les mendians à l'excès : c'est un Paradis habité par des malheureux.

PITTI, (*Luc*) célebre Gonfalonier, de la République de Florence, fut élevé à cette dignité vers l'an 1460. Cet homme, hardi & entreprenant, gagna tellement l'esprit du Peuple, que son crédit l'emporta sur celui de Cosme de Médicis. Ce fut lui qui fit bâtir les deux superbes Palais que l'on voit à Florence, & dans l'un desquels réside le Grand-Duc. *Voyez* le PALAIS PITTI.

PIZZIGHITONE, (*Piceleo*) Ville du Crémonois, est une place très-forte, entre Crémone & Lodi. Elle a une très-bonne citadelle, bâtie par Philippe-Marie Visconti, Duc de Milan. Charles V y retint prisonnier François I, après la bataille de Pavie, jusqu'à ce qu'il pût le faire partir pour l'Espagne. Pizzighitone est située sur la Serio, près de son confluent, avec l'Adda, à quatre lieues N. O. de Crémone, & douze S. E. de Milan.

PLACE. *Voyez* PIAZZA.

PLACES DE ROME. Un des grands objets de la curiosité des étrangers qui vont voir Rome, est les Places publiques, ornées de fontaines, d'obélisques, de statues & de palais de la plus grande magnificence. Ces Places sont en grand nombre ; mais les plus remarquables par leurs décorations sont la Place de S. Pierre, la Place Navonne, celle du Capitole, celles de Monte Cavallo, Monte Cittorio, d'el Popolo, Colonne, du Campo Vaccino, d'Espagne, de Pasquin. Il est parlé de quelques unes de ces Places dans d'autres articles. *Voyez* SAINT PIERRE DU VATICAN, NAVONNE, CAPITOLE. La Place du Palais de *Monte Cavallo* a pris son nom, ainsi que le Palais Pontifical même, des deux chevaux antiques, de figure colossale, menés chacun par un jeune homme, & que Sixte V fit placer sur cette Place. *Voyez* MONTE CAVALLO. La forme de cette Place est irréguliere, & ne répond pas à la magnificence du Palais Pontifical, ou Quirinal. Urbin VIII, pour lui donner plus d'étendue, fit abattre les restes d'un ancien Temple de la Santé; elle est dans une très-belle situation; elle a les plus beaux points de vue, les bâtimens dont elle est enceinte sont majestueux; la fontaine qui est au milieu est ce qu'il y a de moins remarquable.

La Place Colonne tire son nom de la *Colonne Antonine*, qui en fait le plus bel ornement. *Voyez* COLONNES. Outre ce monument, on y voit une belle fontaine, que Gregoire XIII y fit construire, sur les desseins de Jacques *d'ella Porta*. Alexandre VII lui donna la forme réguliere qu'elle a: elle est entourée de beaux Palais, & principalement du Palais *Chigi*, un des plus beaux de Rome.

La Place du *Monte Cittorio*, petite élévation qui touchoit au Champ de Mars, & qui tiroit son nom de ce qu'on y citoit le peuple à venir donner son suffrage par comices, ou parce que les plaideurs y étoient cités pour comparoître en Justice, est fort vaste. Clément XII l'agrandit de l'emplacement de plusieurs vieilles maisons qu'il fit abattre. Le Bailliage de Rome ou Palais de la Sénéchauffée, appellé *Curia Innocentiana*, composé de plusieurs Tribunaux, est sur cette Place; & vis-à-vis est un magnifique piédestal antique de marbre, de douze pieds de haut, qui fut trouvé dans le jardin de la Mission, & que Benoît XIV fit restaurer & transporter au milieu de cette Place. Ce piédestal portoit une colonne érigée à l'Empereur Antonin, dont la statue la terminoit. On voit encore la colonne que ce Pape vouloit faire élever sur le piédestal, & qui est à terre, dans la cour du Palais du Bailliage. Ce piédestal est orné de très-beaux bas-reliefs, représentant des jeux funéraires autour du bûcher des Empereurs, l'apothéose d'Antonin, &c. la colonne est de granit & de la plus belle proportion; le piédestal l'attend, & tôt ou tard on espere qu'elle y sera placée.

La Place du Peuplier ou Peuple, *Piazza del Popolo*, est la premiere qu'on trouve en entrant à Rome par la porte del Popolo, ainsi nommée à cause de la grande quantité de peupliers qu'il y avoit autrefois. Elle est longue, de forme un peu triangulaire; elle est ornée d'un magnifique obélisque d'Egypte, que Sixte V fit tirer du grand Cirque, où il étoit enseveli. De cette place on découvre les trois plus grandes rues de Rome, qui, toutes les trois vont aboutir au centre de la Ville, la *strada del Corso*, la *strada del Babuino* & la *strada di Ripetta*, toutes tirées au cordeau. Le fameux obélisque est dans le milieu de la Place; elle est ornée d'une très-belle fontaine, de deux magnifiques portiques ou façades, l'un de l'Eglise des Carmes, l'autre de celle du Tiers-Ordre de S. François. Il y avoit autrefois des peintures à fresque autour de la Place, mais elles sont presqu'effacées. Cette Place, avec la porte, qui ajoute à son embellissement, en impose aux étrangers.

La Place d'Espagne tire son nom du Palais de l'Ambassadeur, qui en fait un des ornemens. On voit autour la façade du Collége de la Propagande & celle de quelques beaux Palais; mais ce qui l'embellit le plus, est la fontaine appellée *Barcaccia*, parce qu'elle a la forme d'un vaisseau. *V*. FONTAINES. Ce qui donne à cette Place un bel aspect, & un beau ciel, est l'escalier qui conduit à la *Trinita del Monte Pincio*: cet escalier est un des meilleurs morceaux dans son genre.

La Place de Pasquin est très-petite; & n'est célebre que par la statue mutilée ou torse qui lui a donné son nom. On ne sait trop d'où lui vient celui de Pasquin; car il est très-certain que ce torse est un reste d'antiquité; il y en a qui veulent que ce soit le corps d'un Soldat d'Alexandre, les autres prétendent que Pasquin étoit un Tailleur, qui demeuroit sur cette Place, homme plaisant, satyrique & frondeur, chez qui se rassembloient les personnes de son caractere. La statue qu'on éleva au milieu de la Place, ayant été trouvée dans les environs, conserva, dit-on, le nom de ce Tailleur. C'étoit à cette statue qu'on appliquoit les épigrammes & les bons mots, qu'on appelle pour cela pasquinades. Dans un autre carrefour, du côté du Capitole, étoit une autre statue de fleuve, trouvée dans le *Campo Vaccino*, on lui donne le nom de Marforio; il partageoit la gaîté & les plaisanteries de Pasquin; on imagina de les mettre en conversation; on attachoit un placard à Morforio, qui contenoit la demande, & la réponse de Pasquin étoit affichée à sa ftatue. Marforio a été tranfporté au Capitole, & leurs converfations plaifantes & cauftiques ont ceffé depuis ce temps-là.

La Place du *Campo Vaccino*, qui prend fon nom du Marché aux Vaches, qui s'y tient, étoit autrefois le *Forum*, la plus belle Place de l'ancienne Rome. (*voyez* CAPITOLE) Il avoit été entouré par Tarquin l'Ancien de fuperbes portiques : il le fut enfuite de ftatues, de colonnes & de grands édifices publics. L'Eglife de S. Adrien *in Vaccino*, eft bâtie fur les débris d'un Temple de *Saturne*, S. *Laurenzo in Miranda*, fur les fondations du Temple de Fauftine, &c. Cette Place eft beaucoup plus étendue qu'elle n'étoit ; l'ancien *Forum* n'en fait qu'une partie ; c'eft un vafte champ, au milieu duquel on a planté des arbres ; on y a placé une belle fontaine, dont le baffin de granit eft très-beau, mais qui ne fert que d'abreuvoir aux chevaux. On y voit de côté & d'autre des ruines du milieu defquelles s'élevent encore avec majefté des colonnes antiques, ifolées & ne tenant à aucun édifice : quelques façades d'Eglife y arrêtent la vue. Cet endroit, quelque nu qu'il paroiffe, à caufe de fon étendue, n'eft pas le moins intéreffant de Rome pour les connoiffeurs.

Il y a beaucoup d'autres Places qui offrent de belles chofes à voir, mais nous n'avons projetté de parler que des principales. La *Piazza Giudea*, qui eft devant la Juiverie, eft ornée de plufieurs colonnes, qu'on croit avoir été le portique d'Octavie ou de Septime Sévere, quarré long, à quatre faces paralléles, ornées de colonnes, de pilaftres & d'arcades.

PLAISANCE, (Duché de) appartenant au Duc de Parme. La Ville de Plaifance eft, dit-on, ainfi appellée à caufe de l'agrément de fa fituation & de la falubrité de l'air qu'on y refpire ; elle eft fituée entre Milan & Parme, à treize lieues de l'une & de l'autre, affez proche du Pô & de l'embouchure de la Trebia, qui l'inonde quelquefois dans la partie méridionale de la Ville ; elle tire fon origine d'une Colonie Romaine, qui s'y établit l'an D. R. 350. Les Carthaginois la faccagerent & la brûlerent : les Romains la rétablirent. Pendant la guerre d'Othon & de Vitellius, fon bel amphithéâtre, qui étoit hors de la Ville, fut brûlé. Elle foutint un fiege terrible contre Totila, Roi des Goths: les Plaifantins aimerent mieux fe réduire aux plus cruelles extrémités à fe nourrir de chair humaine, que de fe rendre. Albin la prit en 570; elle paffa enfuite aux Rois d'Italie, qui fuccéderent à Charlemagne. Elle a effuyé encore plufieurs révolutions par les factions des Guelfes & des Gibelins; elle a appartenu fucceffivement aux Scotti, aux Landi, aux Turriani, aux Vifconti, aux Rois de France, au Pape; depuis long-temps elle fuit le fort du Duché de Parme, elle eft aujourd'hui Capitale du Duché de fon nom. L'Evêque eft fuffragant de Bologne. Les Princes de la Maifon Farnefe l'ont fort embellie; elle eft grande, fes rues font belles, larges, alignées; les fortifications ne font pas les plus belles, mais elles peuvent fe défendre: la rue qui fert de cours, eft une des plus belles & des plus longues d'Italie. On voit fur la place de la Cathédrale deux figures équeftres, en bronze, par Jean Boulogne, célebre Sculpteur, l'une d'Alexandre Farnefe, Duc de Plaifance & de Parme, qui fervit la Ligue en France, l'autre de Ranuce, fils d'Alexandre. La Cathédrale eft remarquable par fes peintures, la coupole eft peinte par le Guerchin; il y a au chœur un tableau du Proccacini, entre deux tableaux de Louis Carrache. Il y a encore trois morceaux du même Peintre, un S. Alexis, fort eftimé, d'un Peintre anonyme, un tableau de Lanfranc. Il y avoit aux Bénédictins un tableau de Raphaël, dont le fujet étoit une Vierge dans une gloire, avec une Sainte, & un Pape à genoux, qui fut acheté par le dernier Roi de Pologne, Electeur de Saxe, en 1754, deux cent mille livres de notre monnoie.

Dans l'Eglife des Chanoines Réguliers de Saint Auguftin, par Vignole, eft un grand tableau en bois, dont prefque toutes les figures font de plein relief & très-bien finies, par un Frere Laïc de la Maifon.

Dans l'Eglife de la Madona di Campagna, on voit un tableau à frefque, du Parmefan, repréfentant un Saint, qui a les mains fur le livre de l'ancien & du nouveau Teftament, des tableaux du Pordenone, plufieurs frefques, attribuées à Pau

Veronese. Dans l'Eglise de S. Jean, les statues en marbre de deux enfans, pleurant sur le tombeau de Lucrece Alziati.

Le Palais Ducal, bâti sur les desseins de Vignole, en brique, n'est pas encore fini. Dans l'alcove d'une chambre à coucher, des petits enfans en stuc, modelés par l'Algarde.

La grande rue, appellée le Cours, sert de promenade en été.

Au-dessus de Plaisance, on trouve le *Campo Morto* : c'est le champ de bataille de la Trebie, où les Romains furent défaits par Annibal, l'an de Rome 535. Les François & les Espagnols en 1746 engagerent auprès de Plaisance une bataille contre les Allemands, sous la conduite de M. de Maillebois.

En sortant de Plaisance, on trouve les débris de la Voie Emilienne, qui commençoit à cette Ville & alloit à Rimini par Parme, Modene & Bologne.

Plaisance a vu naître Murenus, beau-pere de l'Empereur Auguste, le Pape Gregoire X & le célebre Alberoni, premier Ministre d'Espagne, né dans une chaumiere le 30 Mars 1664. Il s'y retira lorsqu'il fut disgracié.

Le Théâtre est bien construit, commode, mais peu considérable.

L'air de Plaisance est très-bon ; il paroît qu'il avoit la même température du temps de Pline, qui rapporte que dans le dénombrement de l'Italie, on trouva à Plaisance six vieillards de cent dix ans, un de cent vingt & un de cent quarante.

C'est à Plaisance que l'hérésie de Berenger fut condamnée, en 195, dans le Concile assemblé par le Pape Urbin II. On y fixa le jeûne des Quatre-Temps.

Les principales Maisons de Plaisance sont les Scotti, les Landi, les Auguscioli : Lanfranc avoit été Page dans celle de Scotti.

On ne compte à Plaisance que vingt cinq mille habitans, population modique, eu égard à l'étendue de la Ville & à la fertilité de ses environs.

Les lieux principaux du Plaisantin ou Duché de Plaisance, sont *Corte Maggiore, Fierenzuola*, à l'orient; *Castel San-Giovani*, à l'occident ; *Monticelli, Borgo Nuovo*, & *Campo Morto*, au S. O. *Val di Taro, Borgo di Taro, Campiano & Bardi*, au midi.

PLATINA, (B.) né à Piadena, dans le territoire de Crémone, en 1421, Historien, s'éleva par son propre mérite. Il vint à Rome ; le Cardinal de Bassarion connut son talent, le logea dans son Palais, & lui obtint quelques petits bénéfices de Pie II. Ce Pontife lui donna la charge d'Abréviateur Apostolique. Paul II ayant supprimé ces charges, Platine s'en plaignit, & fut mis en prison. Il en sortit à la priere du Cardinal de Gonzague. Paul, qui n'aimoit point Platine, s'imagina qu'il avoit conspiré contre lui, il le fit appliquer à la question : Platine étoit innocent. Le Pape, pour justifier sa dureté, le retint encore un an en prison. Sixte IV lui fut plus favorable, il le fit Bibliothécaire du Vatican. Il vécut content & tranquille dans cette charge, qu'il occupa jusqu'à sa mort, en 1481. Il a laissé beaucoup d'ouvrages, & principalement l'Histoire des Papes, depuis S. Pierre jusqu'à Sixte IV ; elle est assez exacte à l'égard de certains Pontifes. On en a retranché bien des faits hardis : elle est imprimée in-fol. à Venise ; des *Dialogues sur le vrai & le faux bien* ; un Traité *de Pace Italia componenda & de bello Turcis inferendo* ; L'Histoire de *Mantoue & de la famille des Gonzagues* ; une *Vie de Caponi* ; un Traité *sur les moyens de conserver la santé*.

PLEURS, Ville à une lieue de Chavanne, dans le Pays des Grisons, vers les confins du Milanois, qui n'existe plus. Le 26 Août 1618, cette Ville fut abymée par une montagne qui se fendit, & l'écrasa ; de deux mille habitans qui y étoient, il n'en échappa pas un seul. Pleurs étoit un lieu d'agrément & de plaisirs, où les Milanois alloient passer l'automne. Des accidens semblables à celui qui écrasa Pleurs, ne sont pas rares ; sans compter les rochers, que les éruptions des volcans percent ou entraînent, les montagnes du sein desquelles on a vu soudain s'échapper des torrens, la chûte des montagnes arrive naturellement par les eaux qui creusent les rochers, par les racines des arbres qui pénétrent dans les fentes, grossissent

& font peu-à-peu l'effet du coin; dans d'autres endroits, les eaux qui descendent des montagnes supérieures entraînent des monceaux de terre & de cailloux, qui forment des atterrissemens. L'Eglise de Randan a été enterrée par des torrens descendus du Briançonnois, qui ont entraîné des sables & des pierres; le terrein est actuellement au niveau du clocher, & l'on entre dans l'Eglise par les fenêtres. *Voyez* DIOBLERET.

Pô, (le) un des fleuves les plus considérables de l'Italie, appellé par les Anciens l'*Eridan*, célebre par les fictions des Poëtes. Il prend sa source au *Monte Viso*, dans le Piémont, sur les confins du Dauphiné, traverse le Piémont, le Montferrat, le Duché de Mantoue, le Ferrarois, arrose les Villes de Turin, de Casal, de Plaisance, de Crémone, & se jette dans le golfe de Venise par plusieurs embouchures: son cours jusqu'au golfe est d'environ cent trente lieues. La vue du Pô est imposante, son cours est majestueux, sa largeur, son étendue, les canaux qui y aboutissent, ses rives riantes, son beau ciel, les barques dont il est couvert, & qui vont à la voile, les villes & les campagnes qu'il arrose, tout concourt à lui confirmer le titre de roi des fleuves, que lui donnoient les Anciens: mais c'est un roi bien redoutable à ses voisins dans ses débordemens. Il porteroit la désolation dans cette partie de l'Italie, si depuis long-temps on n'avoit pris soin de le contenir par des digues; mais comme il entraîne avec lui beaucoup de sable & de limon, son lit se remplit peu-à-peu, & l'on est obligé d'élever ces digues; dans certains endroits, le lit du Pô est de trente pieds au-dessus du niveau de la campagne; ainsi, quand ses eaux augmentent, on est dans des alarmes continuelles; on met le fleuve en garde, c'est-à-dire, qu'on rassemble les habitans qui sont obligés de veiller sur les digues, & de rester jour & nuit dans des cabanes le long du Pô, à droite & à gauche, avec des instrumens nécessaires pour porter de la terre, enfoncer des pieux & reboucher les ouvertures. On a détourné le lit de quelques rivieres qui entroient dans le Pô, mais tout cela n'a pas pu empêcher que le Bolonois & le Ferrarois ne fussent gâtés par les eaux, & qu'on n'ait encore à craindre que le Pô ne brise ou ne surmonte ses digues : on s'occupe depuis longtemps à remédier à ces dangers.

POCCIANTO, (*Michel*) de l'Ordre des Servites, né à Florence, étoit très-savant & fort éloquent ; il fut Théologien, Prédicateur & Historien. Il a laissé plusieurs Traités en italien & en latin. *Historia Relig. Servorum B. M. Virginis, ab anno* 1233, *ad ann.* 1566 ; *Mare magnum Servorum B. M. V. Dilucidarium in regul. divi Augustini, de Scriptoribus Florentiæ,* &c.

PODIANI, (*Prosper*) né à Pérouse, savant Jurisconsulte. Podiani avoit une très-belle bibliothèque, qui excita la cupidité de quelques Moines ; il la leur promit ; les Moines firent une belle inscription, dans laquelle ils faisoient un grand éloge du bienfaiteur, & la graverent sur un marbre. Podiani, par testament, laissa la bibliothèque à un autre héritier ; ils effacerent l'inscription, & ne laisserent que les trois lettres D. O. M. qu'un plaisant, au lieu de *Deo, optimo maximo,* interpréta, *Daturis opes meliores ;* à ceux qui donneront des richesses plus solides.

Poesie Italienne : elle est susceptible de tous les genres & de tous les caracteres. Les Italiens ont des chef-d'œuvres que les Anciens auroient admirés. Le Tasse est bien près de Virgile, s'il ne l'emporte pas par la beauté & la variété de ses caracteres; dans tout le reste le Poëte latin lui est supérieur ; l'Arioste, quoique son Poëme soit inférieur par le sujet & par le plan à la Jérusalem délivrée, n'a point de modele dans l'antiquité : car l'Odissée n'a ni autant de gaieté ni autant de variété que le Roland furieux ; ils ont à nous envier un Moliere, mais leur Théatre comique est d'une richesse immense : nous l'emportons à cet égard sur eux. Quant à la Tragédie, où nous ne nous sommes essayés que lorsqu'ils avoient déja des chef-d'œuvres, ils n'ont rien à nous comparer à Corneille, Racine, Crebillon & Voltaire ; nous avons porté la terreur jusqu'au sublime, & il semble que ces grands Auteurs en aient fixé les limites au-delà desquelles il n'est plus permis de passer sans s'exposer à exciter l'horreur qui n'est qu'un sentiment pénible & odieux. Les Italiens ont un genre de pathétique dans leurs Tragédies, qui leur est particulier ; ils font parler leurs Acteurs avec cette simplicité intéressante des Anciens. Le genre de Poësie dans lequel ils réussissent le mieux, est la satyre. Naturellement portés à la plaisanterie, ils tournent en ridicule tout ce qui leur déplaît, & il en faut peu pour leur déplaire ; ce goût de satyriser n'est point particulier aux Poëtes ; il court à Rome des nouvelles à la main qui s'impriment tous les quinze jours : elles mettent à découvert les avantures les plus secretes ; le Gouvernement a fait bien des poursuites inutiles pour en découvrir l'Auteur. *Voyez* SATYRE. Les Peintres font des satyres à leur maniere : ils peignent en caricature ceux qu'ils veulent ridiculiser. Quant à la Poësie italienne, son temps le plus florissant fut le siecle appellé de Léon X, & qui devroit être nommé celui des Médicis ; Cosme, Pierre & Laurent rassemblerent & protegerent les Savans, exilés de Constantinople par les calamités qui menacerent longtemps cette Capitale de l'Empire, & qui l'accablerent enfin ; la Poësie italienne & latine produisit des chef-d'œuvres de génie & de goût, Bembe, Vida, Sannazan, Politien, &c. mais le Tasse & l'Arioste les surpasserent tous ; l'Arioste produisit une foule d'imitateurs entre lesquels il faut distinguer le Richardet ; nous lui devons un Poëme, dont l'Auteur a peut-être surpassé son modele, à qui il ne doit rien que l'idée du genre, si pourtant l'Arioste ne doit pas lui-même cette idée à Homere ; on comprend bien que c'est de la Pucelle d'Orléans ; heureux si l'Auteur eût évité d'intéresser dans son ouvrage la pudeur & la religion, deux objets qu'il faut toujours respecter, quelque plaisant qu'on soit !

POGGIO, Village peu considérable, sur la route de Bologne à Ferrare, dans les marais formés par les débordemens du Pô.

POGGIO A CAJANO, un des Châteaux de plaisance du Grand-Duc de Toscane, situé à trois lieues de Florence : il y a tout auprès un parc superbe. Il y a dans le Château, dont la vue est admirable des tableaux excellens, d'André del Sarto, qui contiennent l'histoire de la Maison de Médicis, sous différentes allégories, & d'autres peintures des meilleurs Maîtres d'Italie.

Poggio Imperiale ou Villa Imperiale, Maison de plaisance des Grands Ducs de Toscane, à une demi-lieue de Florence; en sortant de la Ville, on entre dans une belle avenue, qui conduit au Poggio. On trouve, en entrant dans cette allée, deux fleuves rustiques au milieu de deux grands bassins; elle a demi-lieue, & à l'autre extrémité au haut de la cour, sont deux figures de marbre, l'une d'Atlas, portant le globe, l'autre de Jupiter, lançant la foudre. Le bâtiment est grand, commode, sur les dessins de Buontalento. Il y a d'excellens morceaux dans les appartemens. Parmi les antiques, on distingue un Bacchus, exprimant des raisins, Prométhée, enchaîné par un pied; on y voit Adonis mourant, de Michel-Ange, qui n'est point fini. Il y a des tableaux du Titien, de Michel-Ange, de Caravage, du Schidone, de Salviati, de Jacob Bassan, de Cigoli, de Ciroferri; les portraits de Pétrarque & de Laure, d'Albert Durer, &c.

POGGIO BRACCIOLINI, un des principaux Historiens de Florence. Son Histoire est écrite en latin, & va depuis l'origine de Florence jusqu'à l'année 1444. L'Auteur mourut en 1459. Cet Historien est fort estimé, & Machiavel en fait beaucoup de cas. Il fut Secrétaire d'Eugene IV & de Nicolas V. Il l'a été sous huit Papes; il fut appellé à Florence pour être Secrétaire de la République. Il avoit appris la Langue Grecque d'Emmanuel Chrysolore. Il étoit très enjoué, mais satyrique. Il a écrit *de verietate fortunæ*, deux *livres d'Epitres*, un de *Contes*, & plusieurs autres Ouvrages. Il déterra à Constance pendant le Concile les Œuvres de Quintilien & d'Asconius. Il écrivit de sa main les livres de Cicéron, *de finibus* & *de legibus*, qu'on n'avoit point encore en Italie. Il mourut en 1459, âgé de quatre-vingts ans. Il a découvert quelques autres manuscrits précieux, les treize premiers livres de *Valerius Flaccus*, *Ammien Marcellin*, *Lucrece*, *Manilius*, *Silius Italicus*.

POGGIO, (*Jacques*) fils du précédent, avoit tous les

talens de son pere. Il a laissé une traduction italienne de l'Histoire de Florence, de son pere; la Vie de Cyrus; quelques Vies d'Empereurs Romains; un Commentaire sur le triomphe de la renommée, Poëme de Pétrarque; la vie de Philippe Scholarius, & quelques autres Ouvrages. Il eut le malheur de se trouver enveloppé dans la conjuration des Pazzi, & fut pendu en 1458.

POGGIO, (Jean-François) étoit frere du précédent, Chanoine de Florence, & Secrétaire de Léon X. Il mourut en 1522, âgé de soixante-dix-neuf ans. Il a laissé un Traité du pouvoir du Pape & de celui du Concile, dans lequel il éleve beaucoup la puissance du Pape.

POLA, POLA JULIA PIETAS, petite Ville dans l'Istrie, appartenante aux Vénitiens, avec Evêché, suffragant d'Aquilée, située sur la Mer Adriatique, au fond d'un golfe très-profond, appellé *il Quarinero*. Elle a un très-bon port. Pole est très-ancienne, on la fait remonter à une colonie des Peuples de la Colchide, poursuivis par les Argonautes. Il y a beaucoup d'antiquités, un arc de triomphe, qui sert de porte à la Ville, & qu'on appelle porte dorée, un Temple, dédié à Rome & à l'Empereur Auguste, quantité d'inscriptions, &c.

POLCENIGO, Ville du Frioul, dans l'Etat de Venise, près de Maran.

POLCHEVERA, (Vallée de la) auprès de la Ville de Gênes, en sortant par le fauxbourg de Saint Pierre d'Arena, a pris son nom d'un torrent de l'Apennin, qui coule dans cette Vallée, lorsqu'il n'est pas à sec; il est quelquefois très-dangereux, & fait les plus grands ravages dans le temps des grandes pluies ou des fontes de neige; dans ce temps il ferme entiérement le passage aux voitures, qui ne peuvent pénétrer de Gênes en Lombardie. Au reste cette Vallée est très-agréable; la côte des deux côtés est garnie de palais, de belles maisons de campagne, d'Eglises & d'une infinité de jardins très-bien cultivés.

POLESIN, Province de l'Etat de Venise; on l'appelle Polesin de Rovigo, parce que Rovigo en est la Capitale. Cette Province est une presqu'Isle, formée par l'Adigetto & l'Adige; elle peut avoir seize lieues de long sur six de large; c'est une des plus fertiles de l'Italie; elle souffre beaucoup des inondations du Pô, dans le Ferrarois, quoique le terrein du Polesin soit beaucoup plus élevé. Il est très-abondant en chanvres, grains, fruits & toute espece de denrées de consommation. Les Vénitiens conquirent le Polesin sur les Ducs de Ferrare en 1500. Les chemins y sont mal entretenus, comme dans toute cette partie de l'Italie, deux voitures ne peuvent se rencontrer sans danger.

POLI, (*Martin*) Chymiste, né à Lucques en 1662. Il acquit de bonne heure de grandes connoissances dans cette science. Son laboratoire à Rome eut beaucoup de réputation; il trouva un secret meurtrier dans la guerre : il l'offrit à Louis XIV, qui loua l'Inventeur, mais qui ne voulut pas faire usage de son secret, pour lequel il donna à Poli le titre de sous-Ingénieur & une pension. De retour en Italie, il fut employé par Clément XI. En 1713, il revint en France, eut ordre du Roi d'y faire venir sa famille, & fut reçu Associé Etranger à l'Académie des Sciences. Poli mourut le 29 Juillet 1714. Il a laissé une apologie des acides, contre ceux qui prétendent qu'ils sont la cause de la plupart des maladies.

POLICASTRO, POLICASTRUM, ou PALŒOCASTRUM, petite Ville au Royaume de Naples, dans la Principauté Citérieure, avec Evêché, suffragant de Salerne, & dont l'Evêque fait sa résidence dans un Bourg voisin, est peu considérable; elle est située sur la côte & sur le golfe Laï ou golfe de Policastro, à vingt-deux lieues S. E. de Salerne, vingt-trois S. E. de Naples.

POLICE DE ROME. Le premier Officier est le Gouverneur; cette Prélature est toujours suivie du Cardinalat. Il a des Gardes, & ne sort qu'avec deux carrosses de suite : ses chevaux sont toujours *infiochi*. Il a le pas sur les Prélats, les Patriarches & les Ambassadeurs; l'on porte devant lui le bâton de commandement. C'est sur lui que roule la Police de Rome; il juge en matiere criminelle dans Rome. La Congrégation Criminelle *del Governo*, à laquelle il préside, se tient chez lui; il ne prononce point, mais après avoir recueilli les suffrages, il fait son rapport au Pape tous les Mercredi & Samedi. C'est lui qui publie & fait exécuter les ordonnances de Police. Il a un Auditeur, pour l'aider. Il a à ses ordres plusieurs Compagnies de Sbirres ou Archers, les unes à pied, les autres à cheval. Ces Sbirres n'avoient point d'uniforme, & il arrivoit que sous prétexte qu'on ne les connoissoit pas, le Peuple les maltraitoit, lorsqu'ils n'étoient pas les plus forts ; le Gouverneur leur a donné des uniformes. Les Sbirres à pied ont l'uniforme bleu céleste, paremens & veste rouges ; les Sbirres à cheval ont l'habit bleu, paremens & veste jaunes. Les Officiers des Troupes réglées s'opposent que les Sbirres aient un uniforme. Le Barigel, qui commande les Sbirres, reçoit immédiatement ses ordres du Gouverneur. Cette charge, dans l'ancienne Rome, lorsqu'Auguste en revêtit Agrippa, avoit les mêmes fonctions & les mêmes prérogatives : mais c'étoit un théâtre bien différent.

POLIGNANO, Ville au Royaume de Naples, dans la Terre de Bari, sur la Mer Adriatique, n'est presque plus rien aujourd'hui. Son Evêque réside à la petite Ville de *Mola*, qui est tout auprès, à huit lieues S. E. de Bari. Les Auteurs Latins l'appellent *Polinianum* ou *Pulinianum*.

POLIRONE, (Abbaye de) à douze milles de Mantoue, au midi, sur les bords du Pô, appartient aux Bénédictins, & fut fondée par Boniface, Marquis de Mantoue, conserve le tombeau & non les os de la célebre Comtesse Mathilde, qu'Urbin VIII fit transporter à Rome ; ce tombeau est dans la Chapelle de la Vierge de cette Abbaye : elle y est représentée à cheval, tenant une pomme de grenade à la main, une urne de marbre sert de piédestal au cheval : on y a gravé ces deux vers :

Stirpe, opibus, formâ, gestis, & nomine quondam,
Inclita Mathildis, hic jacet astra tenens.

» Ci-gît l'illustre Mathilde, que sa naissance, ses richesses, sa
» beauté, ses actions & son nom rendirent célebre autrefois, &
» qui l'éleverent au-dessus des astres.

POLITI, (*Alexandre*) Clerc Régulier des Ecoles Pies, né à Florence en 1679, se fit connoître par des theses qu'il soutint lors de l'Assemblée du Chapitre général de son Ordre, en 1730. Il fut chargé d'enseigner la Rhétorique, puis la Philosophie & ensuite la Théologie à Gênes. Il enseigna la Langue Grecque à Pise, ensuite l'Eloquence. Il y mourut d'apoplexie en 1752. Il a donné une édition fort estimée du *Commentaire d'Eustathe sur Homere*, avec une traduction latine & des notes, trois vol. in-fol. *de Patriâ potestate in condendis Testamentis*, lib. IV, *Martyrologium Romanum Commentariis castigatum ac illustratum*, 1751, in-fol.

Il y a eu deux autres savans de ce nom, Adrien de Sienne, Secrétaire de trois Cardinaux, mort sous Urbin VIII, Auteur d'un *Dictionnaire italien*, de *Lettres*, &c. Lancelot Politi, ou Ambroise Catharin, qui vivoit à Sienne dans le seizieme siecle, Professeur en Droit, & qui le fut de Jean-Marie Dumont, depuis Jules III. Il prit l'habit de Saint Dominique, écrivit contre Luther. Il obtint l'Archevêché de Conza, se trouva à l'ouverture du Concile de Trente en 1545, où il harangua. Il a écrit contre Savanarole, Soto & le Cardinal Cajetan, tous Dominicains. Les Ouvrages de Catharin ont été souvent imprimés. Il mourut en revenant à Rome, où il devoit être fait Cardinal, en 1552, âgé de soixante-dix ans.

POLITIEN, (*Ange*) né à *Monte Pulciano*, en Toscane, en 1454. Il s'appelloit Bassi, mais il forma son nom de *Pulciano* ou *Policiano*. Il apprit le Grec & les Lettres d'Andronic de Thessalonique, un des Grecs qui contribuerent au rétablissement des Lettres en Italie. Politien fit des progrès si rapides, qu'il dévança son Maître. Laurent & Julien de Médicis donnerent un tournois, Politien célébra les Vainqueurs : Laurent & Julien s'attacherent le Poëte, & lui firent donner un Canonicat. Laurent lui confia l'éducation de ses enfans : il se trouva avoir été le Précepteur de Léon X. Il se fit d'illustres amis ; Pic de la Mirandole l'associa à ses travaux ; on lui donna la Chaire des Langues Latine & Grecque. Tant de succès susciterent l'envie. Merula fit une satyre contre lui, & lui en demanda pardon dans son testament. Plusieurs Ecrivains se sont déchaînés contre lui ; on a fait mille contes sur sa fin, qui n'eut d'autre cause que le chagrin de voir les Médicis près d'être chassés de Florence, en 1495. Les Muses perdirent beaucoup à sa mort : c'est des Poëtes Latins-Italiens le plus aimable. Sa prose est très-élégante ; rien n'est plus séduisant pour le style que son Histoire de la conjuration de Pazzi. Il a publié une *traduction Latine d'Hérodien ; un livre d'Epigrammes Grecques ; la traduction Latine de plusieurs Poëtes & Historiens Grecs ;* deux *livres d'Epitres latines,* des *Traités de Philosophie ;* un *Traité de la colere ;* quatre *Poëmes bucoliques, & d'autres Poësies latines ;* en italien, *un livre d'Epigrammes,* la *Fable d'Orphée,* des *Stances,* &c.

POLLACHINA, est une grande robe de chambre très-légere que les Italiens, & entr'autres les Romains, passent dans leurs bras, lorsqu'ils sont chez eux, & avec laquelle ils se couchent après dîner sur un lit pour faire leur méridienne, qui est ordinairement de trois heures.

POLVERIGO, Ville de la *Marche d'Ancône,* dans l'Etat de l'Eglise, peu considérable.

POLYDORE, Peintre, né au Bourg de Caravage, dans le Milanois, en 1495. Jusqu'à l'âge de dix-huit ans, il fut Manœuvre ; mais ayant été employé à porter le mortier, dont les Eleves de Raphaël avoient besoin pour les peintures à fresque, il fut frappé de la beauté de cet art, & prit la résolution d'en apprendre les principes. Les Disciples de Raphaël les lui enseignerent ; il dessina d'après l'antique avec une constance & une assiduité qui lui firent faire les progrès les plus rapides. Raphaël le mit au rang de ses Eleves. Polydore a beaucoup de part aux peintures des Loges du Vatican. Il fut chargé à Messine de la direction des arcs de triomphe qui furent élevés à Charles V, lorsqu'il revint de son expédition de Tunis. Polydore alloit repartir pour Rome, mais son Valet l'assassina dans son lit, & lui vola la somme qu'il venoit de recevoir. La plupart de ses peintures sont à fresque ; son dessin étoit très-grand & très-correct ; ses airs de tête ont beaucoup de fierté, de noblesse
&

& d'expression; ses draperies sont bien jettées: c'est un des meilleurs coloristes de l'Ecole Romaine. Ses paysages sont très-estimés; ses dessins, lavés les uns au bistre, les autres à l'encre de la Chine, sont très-précieux, soit pour la franchise & la liberté des touches, soit pour la beauté de ses draperies, soit enfin pour la force & la noblesse de son stile. Le Roi a un de ses ouvrages, peint en détrempe: c'est l'assemblée des Dieux. M. le Duc d'Orléans possede les trois Graces de ce Peintre. Il fut assassiné en 1543.

POLYDORE VIRGILE ou VERGILE, né à Urbin, grand Littérateur. Il publia en 1499 un Traité *de Inventoribus rerum*, en huit livres. Il fut envoyé en Angleterre pour y percevoir le denier de S. Pierre; il s'y fit des protecteurs, & obtint l'Archidiaconat de Wals. Il publia à Londres son Traité des Prodiges, & acheva son Histoire d'Angleterre, qu'il dédia à Henri VIII, en vingt-six livres, & un livre de Proverbes, &c. Il mourut en 1555.

POMERANZA, (la) petite Ville du Pisan, assez agréable, mais peu peuplée, dans le Duché de Toscane.

POMPEI, (le Comte *Alexandre*) né à Vérone en 1705, très-grand Architecte, qui, dès son enfance, montra les plus grandes dispositions. Il perdit son pere dès le berceau; sa mere s'étant chargée de son éducation, l'envoya, à l'âge de douze ans, au Collége des Nobles à Parme. Il mêloit à l'étude des Belles-Lettres celle du dessin; il apprit les élémens de la Peinture sous Clément Rusa, Eleve de Cignani. Au sortir de ses études, lorsqu'il étoit le maître de jouir du privilége de ne rien faire, attaché à la fortune & à la naissance, il chercha à perfectionner ses premieres connoissances; il s'appliqua à la Peinture, sous Antoine Balestra, dont il copia les ouvrages. Son Palais de la Terre d'Illagi, ayant besoin d'être rebâti, & ne trouvant point d'Architecte à Vérone, il s'appliqua à l'Architecture. Il n'eut d'autre Maître que les meilleurs livres sur cet art, & ses réflexions. Il publia, en 1735, un excellent Ouvrage intitulé, *les cinq ordres d'Architecture civile, selon Michel de San-Micheli*. C'est des édifices de cet Artiste que M. le

Comte *Pompei* a tiré ſes principes, & c'eſt ſur ces principes qu'il a bâti ſon Palais d'Illagi. Il en a conſtruit deux autres fort eſtimés, l'un pour le Marquis Piademonti dans ſa Terre *Del-vo*, dans le territoire de Vérone, & l'autre dans la Terre de *Peſ-ſino*, pour le Comte *Giuliari*. Il a auſſi conſtruit l'Egliſe hors du Village de Sanguinetto, ronde en dehors & octogone en dedans; le dortoir & un ſuperbe eſcalier pour les Religieuſes de Saint Michel; un vaſte édifice à Vérone, ſervant de Douane pour toutes les marchandiſes qui viennent d'Allemagne. Il a donné le plan, à la priere du Marquis Scipion Maffei, du portique qui regne autour de l'Académie Philharmonique, dans lequel Maffei a raſſemblé les antiquités qu'il a ramaſſées. Il a donné le deſſin de la Eibliothéque des Franciſcains de Bergame, de la façade de l'Egliſe de S. Paul, ſur le Champ de Mars à Vérone, du piédeſtal de marbre, qui eſt ſur la place, & des décorations de la petite place qui eſt devant le Palais du Comte Pellegrini. Ce Seigneur continue à donner à ſa patrie des preuves de ſon zèle.

POMPEIA ou POMPEII, ancienne & célebre Ville de la Campanie, qui ſubit le même ſort qu'Herculanum, Stabia, &c eſſuyerent peu de temps après; elle fut enſevelie ſous les cendres & les laves du Veſuve; elle étoit ſur le golfe de Naples, entre Sorrento & Stabia, d'un côté, & Herculanum, de l'autre. Ces deux Villes ont été retrouvées par haſard, Pompeia l'a été près du fleuve Sarno, à une demi-lieue de Torre dell' Annunziata, par des payſans qui avoient creuſé pour des plantations. La hauteur des cendres qui la couvrent eſt moins conſidérable que celles d'Herculanum, à peine y a-t-il quelques pieds au-deſſus des édifices, & il n'y a que des vignes & des arbres ſur la terre. On commença d'y fouiller en 1755, mais on y employa peu d'ouvriers. Les endroits fouillés ſont à un quart de lieue de la mer, ſur une hauteur. On y a trouvé une porte de Ville, des tombeaux, qui paroiſſent être ſur le chemin qui conduiſoit à la Ville; une maiſon dans la Ville, c'eſt-à-dire, à deux cents toiſes du premier endroit où on a trouvé un théâtre, qui n'eſt point encore débarraſſé; un petit temple tout entier, les colonnes sont de briques, revêtues de stuc. Il y a quelques sculptures fort communes, les murs couverts de peintures à fresque : elles sont dans les Cabinets du Roi de Naples. L'escalier, qui conduit au sanctuaire, est étroit, revêtu de marbre blanc. Il y a deux autels isolés entiers & sur pied. Au milieu du Temple, dans une petite Chapelle en pierre, est un escalier, au bas duquel on éprouve une vapeur dangereuse. Une inscription porte que ce Temple étoit dédié à Isis ; qu'il avoit été renversé par un tremblement de terre, & que le Peuple & le Sénat l'avoient fait rétablir. Quoique ce monument ne soit pas bien considérable, il n'en est pas moins précieux, parce qu'il est entier, & qu'on voit sur les murs, des peintures qui sont d'après les usages du temps, d'une maison de campagne, des jardins, des bâtimens.

POMPONACE, (*Pierre*) de Mantoue, né en 1462, étoit d'une si petite taille, qu'on le prenoit pour un Nain. Il professa la Philosophie à Padoue avec le plus grand succès. Il écrivit dans son Traité de l'immortalité de l'ame, qu'Aristote ne la croyoit pas, & qu'on ne pouvoit la prouver que par la Bible & par l'autorité de l'Eglise. Il se fit beaucoup d'ennemis. Bembe fut pris pour juge ; Pomponace se tira d'affaire, en disant que comme Disciple d'Aristote & comme Philosophe, il soutenoit ce sentiment : mais que comme Chrétien, il le rejettoit. On se contenta de cette raison, & on lui laissa imprimer son livre. Il composa encore un livre des *Enchantemens*, qui ne lui fit pas moins d'ennemis. Il prétendoit que le pouvoir magique ne venoit pas des Démons, mais des Astres : c'étoit tomber d'une erreur dans une autre. Pomponace mourut en 1525.

POMPONASCO. *Voyez* OSTRIANO.

POMPONIUS LŒTUS, (*Julius*) Napolitain, on le croit fils naturel d'un Prince de Salerne. Il étoit contemporain de Platine ; comme lui, il fut considéré sous le Pontificat de Pie II ; comme lui, il fut persécuté sous celui de Paul II ; soit qu'il eût part à la conspiration faite contre ce Pape, soit qu'il craignît même d'en être soupçonné, il se retira à Venise, & ne revint à Rome qu'après la mort de Paul. Il y vécut en

Philosophe. Il y publia *un Abrégé de la Vie des Céſars*, depuis Gordien juſqu'à Juſtin III; une *Vie de Mahomet*, un *Traité des Magiſtrats Romains*. Il étoit ſi pauvre, que lorſqu'il tomba malade, il ſe fit porter à l'Hôpital, & ſes amis furent obligés de faire la dépenſe de ſon enterrement. Il mourut ſous le Pontificat d'Alexandre VI, à l'âge de ſoixante dix ans.

POMPOSA, petite Ville dans le Ferrarois de l'Etat de l'Egliſe, vers les embouchures du Pô.

PONT DE STURA, Ville du haut Montferrat, ſur la Sture, qui lui a donné ſon nom.

PONGIBONZI, très-gros Bourg, ſitué ſur une colline, ſur la route de Florence à Sienne, près de la petite riviere de Stagio, dans la Toſcane. Ce Bourg eſt en réputation par le commerce de tabac qu'il fait.

PONT DE BEAUVOISIN, Bourg de Dauphiné, ſur la riviere de Guer, qui fait la ſéparation de la partie du Bugey, qui eſt demeurée au Duc de Savoie, & du Dauphiné. Le fauxbourg du Pont de Beauvoiſin appartient au Duc de Savoie.

PONTANUS. Il y a eu pluſieurs Savans de ce nom en Italie & en Hollande. Ceux d'Italie ſont originaires de Ceretto, Bourg d'Ombrie. Louis Pontanus, Juriſconſulte, mourut de la peſte à Baſle, pendant la tenue du Concile en 1439, à l'âge de trente ans. Il avoit une mémoire ſi prodigieuſe, qu'il n'avoit jamais rien lu ou entendu lire, qu'il ne l'eût retenu, & il ne l'oublioit jamais. Il a écrit des Commentaires ſur le Droit, *Conſilia, repetitiones*, &c. Æneas Sylvius, depuis Pape, fit ſon épitaphe & ſon éloge.

PONTANUS, (*Joannes-Jovianus*) Philoſophe, Poëte, Orateur & Hiſtorien, né en 1426, après la mort de ſon pere, tué dans une émeute populaire. Pontanus alla à Veniſe; il fut nommé Précepteur d'Alfonſe le Jeune, Roi de Naples, qui le fit enſuite ſon Secrétaire & Conſeiller d'Etat. Alfonſe ſe brouilla avec ſon pere, Pontanus les réconcilia; mais ſe croyant mal récompenſé du pere, il fit une ſatyre contre Ferdinand, qui, en grand Prince, ne daigna pas s'en appercevoir. Pontanus mourut âgé de ſoixante-dix-huit ans, en 1509. Il a laiſſé une

Histoire des Guerres de Ferdinand I & de Jean d'Anjou. Ses Ouvrages, en prose & en vers, forment cinq volumes in-8°. imprimés à Basle. On estime l'élégance & la pureté de son style & les graces de sa versification.

PONTANUS, (*Octavius*) Jurisconsulte & Théologien, vivoit dans le quinzieme siecle, sous le Pontificat de Pie II, qui s'en servit pour terminer les querelles de Ferdinand, Roi de Naples & de Malatesta. Au retour de cette Nonciature, le même Pape l'envoya à Basle, après l'avoir désigné Cardinal; mais Octavien mourut en chemin. Il a laissé un volume d'Epîtres & de Réponses à des Consultations de Droit. Il semble que cet Octavien soit le même que Louis, dont on a écrit qu'Æneas Sylvius l'estimoit & l'aimoit, & qu'il auroit été fait Cardinal, s'il eût vécu plus long-temps.

PONTANUS, (*Roger*) Carme, qui vivoit dans le quinzieme siecle, a écrit un Traité *de rebus mirabilibus*, dans lequel il releve les faussetés de l'Histoire de Sleidan & de quelques Auteurs Hérétiques. Le seul Pontanus Italien qui ne soit pas né à Corretto, est Guillaume Pontanus, Jurisconsulte de Pérouse, où il enseigna le Droit, & où il mourut, en 1555, âgé de soixante-dix-sept ans. Il a écrit sur quelques Loix du Digeste.

PONT-OGLIO, petite Ville peu considérable du Bressan, dans l'Etat de Venise.

PONTE, petite Ville dans le Marquisat d'Ivrée, en Piémont, située sur l'*Orco*, assez près de *Rivarolo*. V. IVRÉE.

PONTE-A-FELLA, Bourg du Frioul, dans l'Etat de Venise, à six lieues d'Udine; cet endroit, qui est assez bien situé, est d'un grand passage & d'un commerce assez considérable.

PONTE CENTINO, à huit milles de Radicofani, est le premier Village de l'Etat Ecclésiastique, en sortant de la Toscane; on y descend de Radicofani, d'où Ponte Centino paroît comme au fond d'un précipice; il est arrosé par un ruisseau ou torrent qu'on passe sur un pont ruiné : c'est-là qu'on trouve la premiere Douane de l'Etat Ecclésiastique.

PONTE DI CALIGULA, au Royaume de Naples, situé entre

Pouzols & Baies, sur le golfe de Pouzols : il n'en reste que quelques arcades. Plusieurs Auteurs ont soutenu que Caligula avoit fait construire ce pont pour traverser le golfe de Pouzols à Baies; mais il est plus vraisemblable de croire que ce prétendu pont étoit un môle qui servoit à rendre le port de Pouzols plus commode & plus sûr pour la santé & pour les bâtimens qui y venoient mouiller, comme il y en a dans plusieurs ports d'Italie.

Ponte d'Era, Bourg à six lieues de Pise, sur le chemin qui va à Sienne. C'est sur ce pont qu'on passe la riviere d'Era, qui lui a donné son nom, & qui va se jetter dans l'Arno.

Ponte Lamentano. (il) Ce pont est remarquable par une grosse tour antique, que l'on dit être le sépulcre des anciens Rois de Tivoli; il est sur le *Teveronne*, près de Tivoli, à cinq lieues de Rome.

Ponte Molle, pont sur le Tibre, à deux milles & demi de la porte de Rome. On l'appelloit autrefois *Pons Emilius*, parce qu'Emilius Scaurus l'avoit fait bâtir. On corrompit ce nom, & on l'appella *Ponte Milvio*. Il n'y reste rien de son ancienneté. Nicolas V le fit rebâtir, & peu à peu on l'a appellé *Ponte Molle*. C'est sur ce pont qu'il est prétendu que Constantin vit dans les airs une croix qui fut apperçue de toute l'armée, avec ces mots : *in hoc signo vinces*, peu de momens avant la victoire qu'il remporta contre Maxence.

Ponte Moli, Ville appartenante au Duc de Toscane, dans le *Val de Magra*, qui est un Fief particulier de l'Empire. *Voyez* Pontre Molo, ainsi qu'on l'appelle dans le pays.

Ponte Salaro ou Nomentano, est un des plus anciens monumens de l'Antiquité Romaine. Il fut bâti au commencement de la République; il est sur l'*Arno* ou *Teveronne*. Lorsque les armées Gauloises & Romaines n'étoient séparées que par ce pont, un Gaulois, d'une taille énorme, vint y défier le plus brave de ses ennemis. Le jeune Manlius osa se présenter, & vainquit le Gaulois, auquel il arracha le collier, & le passa à son col, seul trophée de sa victoire. Le nom de Torquatus lui en demeura à lui & à sa postérité. Ce pont étoit de bois;

il étoit tout simple que celle des deux armées qui avoit plus de raison de se mettre en sûreté, abattît le pont ; mais ni l'une ni l'autre ne voulut le faire, pour ne pas marquer de la crainte à l'ennemi. Les Goths le détruisirent ; Narsès le rétablit en 565, dans l'état où il subsiste encore, excepté les deux tours qui y ont été ajoutées.

PONTIANUS, Pape, né à Rome, élu en 231. L'Empereur Alexandre Sévere, sur des fausses imputations, le rélégua dans l'Isle de Sardaigne. L'Empereur Maximilien, successeur de Sévere, fit assommer le Saint Pontife, à coups de bâton, le 19 Novembre 235.

PONTINI, les marais Pontins; on appelle ainsi des marais aux environs de Rome, dont les eaux croupies infectent cette Ville, & sont funestes aux habitans : ce qui fait abandonner les campagnes des environs qui restent incultes. Benoît XIV avoit fort à cœur le desséchement de ces marais ; il approuva des plans, qui paroissent fort utiles. Celui de M. Bolognini, Prélat célebre, a été trouvé excellent. Le Cardinal Lenti fut chargé de la direction de cet ouvrage, mais ce Prélat mourut en 1763. Le succès de cette entreprise assurera la salubrité de l'air, la fertilité du terrein, & donnera une nouvelle vie aux environs de Rome.

PONTORME, (*Jacques*) Peintre, né à Florence en 1493, dont le véritable nom étoit Giacomo Caracci. Il eut plusieurs Maîtres, & entr'autres Léonard de Vinci, & André del Sarto. Ses premiers tableaux lui firent une si grande réputation, & étoient si parfaits, que Raphaël & Michel-Ange crurent qu'il effaceroit tout ce qu'il y avoit de plus grands Maîtres ; il avoit une maniere grande, de l'invention, un beau coloris & un pinceau vigoureux : mais il eut la manie de quitter sa maniere pour prendre la maniere Allemande ; il perdit son goût & sa réputation : ses tableaux furent abandonnés. Il voulut y revenir ensuite : mais il ne fut plus temps, son goût s'étoit entiérement gâté. Pontorme donna dans beaucoup d'autres bizarreries. Il montoit dans son attelier par un escalier mouvant ; & lorsqu'il y étoit, il le tiroit à lui ; il se servoit lui-même, &

ne voyoit alors perfonne. Il refufa toujours de peindre le Grand-Duc ; & pour payer un Ouvrier, il lui faifoit un tableau. Ses deffins font fort eftimés. Ses derniers ouvrages ne paroiffent pas être de la même main que les premiers. Le Roi a un tableau de ce Maître, qui mourut à Florence en 1556.

PONTORMO, Village fur la route de Florence à Pife, près d'Empoli. On trouve à Pontormo, à la Laftra, à la Scala, & dans quelques autres Villages le long de l'Arno, des Fabriques de Poterie, où l'on fait de grandes urnes de différentes formes & fur des modeles antiques, que les Potiers n'ont pas devant les yeux, mais qu'ils font d'habitude. On prétend que ces Manufactures fubfiftent depuis le temps des anciens Etrufques, qui les établirent les premiers : les formes actuelles reffemblent en effet beaucoup aux formes anciennes. On y fait de grandes urnes rondes, dont le corps eft beaucoup plus évafé que la bouche, chargées de quelques ornemens en relief, & peintes enfuite. Elles fervent à décorer les jardins & à y placer des fleurs & de arbuftes.

PONTRE MOLO, Ville de la Tofcane, eft le principal endroit de la Vallée de *Magra*, fur les frontieres de Gênes, au pied de l'Apennin, à feize lieues E. de Gênes. Ce fut là qu'en 1737 on fit l'échange des actes de ceffion entre l'Empereur & le Roi d'Efpagne & le Roi de Naples. Les Efpagnols la vendirent au Duc de Tofcane en 1650.

PONZIO, (*Flaminio*) Architecte, né en Lombardie, a fait dans l'Eglife de Sainte Marie Majeure la Chapelle Pauline, qui fert de pendant à la Chapelle Sixtine, pour la Maifon Borghefe; le grand efcalier double du Palais Quirinal; la façade du Palais Sciarra-Colonne, eft regardée comme fon plus bel ouvrage. Ponzio mourut à l'âge de quarante-cinq ans, fous le Pontificat de Paul V.

PONZONE, Bourg du bas-Montferrat, au midi de cette Province, fur les frontieres de Gênes.

PORCACCHI, (*Thomas*) né à Caftiglione-Aretino, dans la Tofcane, vivoit dans le feizieme fiecle, & mourut en 1585. Il a laiffé, l'*Ifole piu formofe del mundo ; de funerali antichi di diversi popoli e nazioni, con la forma, pompa e maniere di sepolture, di esequio di consecrationi, antichi. La nobilita di Como, Historia della famiglia Malespina.* Il a traduit du Grec & du Latin en Italien, Justin, Dion, Plutarque & quelques autres Auteurs.

PORCELET. *Voyez* PROCIDA.

PORCELETTE, (la fête de) *Voyez* FETES, DIVERTISSEMENS.

PORCELLI, (*Pierre*) Poëte, né à Naples, vivoit dans le quatorzieme siecle. Son nom de Porcelli lui vient, dit-on, d'avoir gardé les porceaux. Le Duc d'Urbin le protégeoit ; ce Général le prônoit beaucoup, & Porcelli parvint à être Secrétaire du Roi de Naples. Le Comte Jacques Picinin, qui l'aimoit, le mena avec lui à la guerre qu'il faisoit à ses dépens pour les Vénitiens. Porcelli écrivit l'Histoire de ce Général, sous le titre de *Commentaire du Comte Jacques Picinin*, appellé *Scipion Emilien*. Muratori l'a insérée dans le tome XXe de ses Ecrivains d'Italie : on en loue beaucoup le style. Porcelli a laissé plusieurs Ouvrages de Poësie : mais la facilité qu'il avoit à faire des vers, nuit au goût & à l'énergie.

PORDENONE, petite Ville, avec un Château superbe, dans le Frioul. Elle a titre de Seigneurie, & les Vénitiens la possedent, quoique la Reine de Hongrie en portent le titre.

PORDENONE, (*Giot-ant-Licinio* REGILLO dit) Peintre, de l'Ecole de Venise, né à Pordenone, Bourg du Frioul, à huit lieues d'Udine, en 1484, ami & éleve du Giorgion. Il porta en naissant le plus beau talent & un génie si sublime, qu'il fut souvent préféré au Titien, qui fut jaloux de ses succès, & qui laissa souvent éclater sa jalousie ; la beauté de son coloris le mettoit à côté de son rival, & quelquefois-au-dessus. On admire sa facilité de dessin & sa belle imagination. Comme il connoissoit les sentimens du Titien, il ne peignoit jamais dans les Villes où se trouvoit son rival que l'épée au côté, & une rondache auprès de lui, toujours prêt à repousser les attaques. Charles-Quint le créa Chevalier, & le combla de biens. Il a beaucoup peint à fresque. On voit de ses ouvrages dans plusieurs

Villes d'Italie. Le Roi possede deux de ses tableaux, l'un est un portrait, & l'autre un Saint Pierre. On en voit aussi au Palais Royal. Ses principaux tableaux sont à Venise & à Vicence. Il mourut en 1540. Il laissa un neveu, Julio Licinio, dit Pordenon le jeune, qui hérita de ses talens, & qui, selon quelques uns, les surpassa pour la fresque. On admire beaucoup de ses tableaux à Venise & dans d'autres Villes d'Italie. Il mourut à Ausbourg, en 1561. Cette Ville lui fit faire une épitaphe, qui consacra les talens de cet Artiste & la reconnoissance des citoyens. Il a été fort célébré par les Ecrivains de son temps.

PORRETTA, Village à huit lieues au S. E. de Bologne, sur le Reno, au pied de la montagne d'où ce fleuve descend, vers Bologne. Il y a dans ce Village des bains fort estimés, dont l'eau s'enflamme, quand on en approche la lumiere; l'eau qui tombe en filet d'un pouce de diametre, paroît toute environnée d'une flamme légere, qui continue sans interruption, à moins qu'on ne l'éteigne avec force. Dans la même maison où sont ces bains, dans la cour formée par la montagne, il s'eleve une vapeur à une hauteur de cinq à six pieds, qui s'enflamme avec la même facilité, & dont le feu dure plusieurs mois. On voit, à un demi-mille de *Pietra Mala*, une fontaine dont l'eau est froide, mais qui s'allume comme de l'esprit de-vin, quand on en approche une allumette; quoique froide, elle paroît bouillir. Cette fontaine s'appelle *Aqua Buia*.

PORT DE CHIOSA, petite Ville près de *Chiosa*, dans le Dogado, fort peuplée.

PORT MAURICE, Ville de la côte de Gênes, au-delà d'*Oreglia*, qui appartient au Roi de Sardaigne. Port Maurice avoit autrefois un excellent port; mais il est aujourd'hui presque ruiné. *Voyez* PORTO MORISO.

PORTA, (*Bartholomeo d'ella*) né en 1465, très-grand Peintre, Eleve de Léonard de Vinci, sur les ouvrages duquel il se forma. Il apprit de Raphaël les régles de la perspective, & Porta lui apprit à colorier. Ses principaux tableaux sont à Rome & à Florence. On y admire la correction & la pureté du dessin, les graces des figures, la sagesse de l'ordonnance & la beauté du coloris, vrai comme nature : plusieurs de ses tableaux ont toute leur fraîcheur.

PORTA, (*Joseph*) fut Disciple de Salviati, dont il ajouta le nom au sien. Il naquit à Castel-Nuovo, dans le Gassignana, en 1535. Sa maniere tient du goût Romain & Vénitien ; il peignoit à l'huile & à fresque : le temps a détruit les fresques dont il avoit décoré plusieurs grands Palais. Il a fait quantité d'ouvrages, par les ordres du Sénat de Venise & de Pie IV. Malgré ses grandes occupations, il s'adonna aux sciences, & particuliérement à la Chymie, qui lui fournit des secrets utiles à son art. Son coloris étoit très-bon, son dessin correct, son invention belle. Il prononçoit trop les muscles du corps humain. Avant de mourir, il jetta au feu ses Traités de Mathématiques qu'il avoit composés, & ses dessins & ses études. M. le Duc d'Orléans possede de ce Peintre l'enlevement des Sabines, de grandeur naturelle. Porta mourut à Venise en 1585.

PORTA, (*Simon* d'ella) né à Naples, adopta les opinions de Pomponace, dont il étoit Disciple, sur l'immortalité de l'ame. Il professa la Philosophie à Pise, & se fit un grand nom. Il mourut à Naples en 1554. Il a laissé un Traité de *Mente Humana ; de voluptate ; de dolore ; de coloribus ; de rerum naturalium Principiis*, lib. 11. Il ne faut pas confondre ce Simon d'ella Porta avec Simon Portius, Auteur d'un Lexicon *Græco-Barbarum* & *Græco-Litteratum*, & d'une Grammaire Grecque.

PORTA, (*Jean-Baptiste*) Gentilhomme Napolitain, dans le seizieme siecle, Philosophe, Mathématicien & Médecin très-savant, mais qui eut la foiblesse de donner dans l'Astrologie judiciaire & la Magie naturelle. Il contribua à l'établissement de l'Académie *de Gli Oziosi* ; mais il tenoit chez lui des assemblées ; & comme on ne pouvoit y être admis qu'après avoir fait quelque découverte, ou de nouvelles expériences, ou trouvé quelque secret, cette petite Académie s'appelloit *di Secretti*. La Cour de Rome défendit ces assemblées. Alors, sans que sa maison cessât d'être le rendez-vous des Gens de Lettres, il composa des Comédies & des Tragédies. Il mourut en 1515, âgé de soixante-dix ans. Il a laissé un Traité de la Magie naturelle, un Traité de la Physionomie, *de ocultis Litterarum notis*. Il y enseigne les différentes manieres de cacher sa pensée dans l'écriture ou de découvrir celle des autres. La Porte est l'inventeur de la chambre obscure.

PORTA MAGGIORE, (la) proche l'Eglise de Sainte Croix à Rome, mérite d'être vue pour sa structure, qui est singuliere & très-solide. C'est une espece d'arc de triomphe surmonté d'un aqueduc, où passoit l'*aqua Claudia*, qui venoit de deux fontaines près de Tivoli, & dont on voit les ruines sur le chemin de Frescati.

PORTE, (*Jacques* de la) Architecte célebre, né à Milan, fut Eleve de Vignole, & devint Architecte de S. Pierre. C'est lui qui voûta la coupole de cette premiere Eglise du Monde Chrétien, sur le dessin de Michel-Ange, qui s'éleva à cet égard au-dessus de ce que l'Antiquité avoit tenté de plus grand, de plus noble & de plus beau. La Porte eut pour associé Fontana. Six cents hommes furent employés à cet ouvrage pendant vingt-deux mois ; ils y travaillerent nuit & jour. Jacques de la Porte continua les travaux du Capitole, sur les dessins de Michel-Ange, acheva l'Eglise du Jesus, sur les plans de Vignole, fit construire la façade de l'Eglise de S. Louis des François, de Notre-Dame des Monts & de Sainte Marie *in Via*, l'Eglise des Grecs, dans la rue Babouin à Rome, le Palais du Marquis Sarlapi. Il a bâti à Venise le Palais Gottofredi, sur la place, à Rome encore le Palais Nicolini, sur la place Colonne. Il fit jetter les fondemens du Palais *Strada*, vis-à-vis la Colonne Antonine. Il a donné les dessins de plusieurs fontaines pour la place Navonne, pour la Place Colonne, pour celle du Peuple, & pour celle de la Rotonde de N. D. des Monts. Ses plus belles fontaines sont celles du Capitole, où est la statue de *Marforio*, la fontaine des Tortues, à la place *Mathei*. Il a donné les plans de la Villa Frescati ou *Belvedere*. Le Palais qu'il y construisit est de l'architecture la plus agréable. Cet Artiste, qui étoit fort gros, revenant un jour de Frescati, dans le carrosse du Cardinal Aldobrandin, se sentit pressé d'un besoin, occasionné par la grande quantité de melon ou de fruits glacés qu'il avoit mangés, il voulut se contraindre par respect pour cette Eminence, & n'ofa pas faire arrêter le carroffe : il fe trouva fi mal, qu'on le laiffa à demi-mort à la porte de S. Jean de Latran. Il mourut peu de jours après, âgé de foixante-cinq ans.

PORTES DE ROME. Il y en a quinze, dont quelques unes font au même endroit où elles étoient au temps d'Aurélien ; la plus feptentrionale eft *Porta del Popolo*, la Porte du Peuple, ou, comme difent quelques Auteurs, du Peuplier ; c'étoit l'ancienne *Porta Flaminia*, à laquelle aboutiffoit la *Voie Flaminienne* ; c'eft la plus fréquentée & celle dont l'entrée annonce le mieux la fplendeur de Rome. La Place du Peuple, à laquelle aboutiffent trois grandes rues, qu'on voit prefque dans toute leur longueur, le grand obélifque, qui, avec la croix & le piédeftal, a près de cent dix pieds de hauteur, deux portiques ; l'un de Sainte Marie des Miracles des Picpus ou Tiers-Ordre, & l'autre de l'Eglife de Monte Santo des Carmes, forment un coup d'œil impofant ; ces trois rues font la magnifique rue du Cours, où fe donnent les fêtes du Carnaval, (*v.* CARNAVAL) & qui a une demi-lieue de longueur fur une largeur proportionnée, & tirée au cordeau, *La Strada del Babuino*, qui conduit à la Place d'Efpagne, & la *Strada di Ripetta*, qui conduit au Port du même nom. Pie IV fit reconftruire cette Porte fur les deffins de Michel-Ange, par Vignole ; elle eft ornée de quatre colonnes en marbre, entre lefquelles font les ftatues de Saint Pierre & Saint Paul ; la façade intérieure a été décorée par le Bernin. On croit que la Porte Pinciana, au N. E. de Rome, eft l'ancienne Porte Collatine. Les autres Portes font *Porta Salara*, près de l'endroit où étoit l'ancienne *Porta Collatina*, près du *Campus fceleratus*, où l'on enterroit vivantes les Veftales criminelles ; ces trois Portes font au nord ; *Porta Pia*, qui étoit l'ancienne *Porta Nomentana* ou *Viminalis*, parce qu'elle eft à l'extrémité du Mont Viminal ; *Porta San Laurenzo* ou *Porta Tiburtina*, par laquelle on alloit à *Tivoli*, le bas eft enterré, & paroît avoir été bâti par Augufte, & le haut par *Titus* ; la *Porta Maggiore* ou *Porta Nævia*, bâtie par l'Empereur Claude, décorée par *Vespasien* & *Titus*; on y a adossé des maisons, qui en cachent une partie. Ces trois dernieres portes sont au levant: *Porta San-Giovani*, qui conduit à Frescati, s'appelloit *Porta Celimontana*, parce qu'elle étoit située au bas du Mont *Celius*. La *Porta Latina* a conservé son nom qu'elle tiroit de l'ancienne route du *Latium*, très-fréquentée, qui y aboutissoit. *Porta San-Sebastiano* étoit autrefois la Porte *Capene*, du nom de la Ville de *Capene*, fondée près d'*Albe* par *Italus*; elle étoit anciennement la Porte Triomphale; elle étoit ornée de plusieurs arcs de triomphe. Juvenal en parle: *veteres arcus madidamque Capenam*, à cause d'une fontaine de Vespasien; c'est à cette Porte qu'aboutissoit la *Voie Appienne*. Elle conduit à Gensano, petite Ville; elle n'a plus qu'un arc avec une colonne de marbre de chaque côté. *Porta San-Paolo* est un peu au-delà de l'ancienne *Porta Trigemina*, par où sortirent les trois Horaces, allant combattre les trois Curiaces, appellée aussi *Porta Ostiensis*, parce que la route d'Ostie commençoit à cette Porte. Ces quatre Portes sont au midi. La *Porta Portese*, qui, dit-on, s'appelloit *Portuensis*, parce que c'étoit là où commençoit le chemin de *Porto*. *Porta San-Pancrazio*, est près de la route de *Civita Vecchia*, autrefois *Via Aurelia*. *Porta Cavallagieri*, ainsi appellée, parce qu'elle est près des bâtimens où l'on place les Chevaux-Légers, quand le Pape est au Vatican; elle s'appelloit autrefois *Posterula* ou *Porticella*. *Porta Angelica* a pris son nom du Pape Pie IV, qui la fit élever à côté du Palais du Vatican. Ce Pontife s'appelloit Jean-Ange. Les deux premieres sont au-delà du Tibre, au couchant, & les deux dernieres au Nord.

PORTICI, belle Maison de Plaisance du Roi de Naples, à une lieue & demie de la Capitale, au bord de la mer, près du Mont Vésuve; la Famille Royale y passe une grande partie de l'été; il est dans un très-bon air & dans une position séduisante. Le jardin principal, qui s'étend jusqu'au bord de la mer, est bordé dans toute sa longueur de deux terrasses, qui sont de niveau à l'appartement du Roi; elles le séparent des plantations d'orangers, de citronniers, de grenadiers, &c. Parmi ces arbres sont les potagers ; au nord sont les arbres fruitiers, qui aboutissent aux vignes. La cour est octogone ; elle est traversée par le grand chemin, & environnée de bâtimens neufs. On fait un très-grand cas de deux belles statues équestres de marbre blanc, tirées d'Herculanum, qu'on voit dans ce Palais ; l'une est celle de M. Nonius Balbus fils ; elle est sous le vestibule du Palais, environnée de vitrages ; il est représenté fort jeune, la tête découverte, les cheveux courts, couvert d'une cuirasse, qui ne descend pas tout-à-fait jusqu'aux hanches, par dessus une camisole ou espece de chemise, qui descend jusqu'au milieu des cuisses ; il tient de la main gauche la bride de son cheval, qui est très-courte ; un manteau, qui pend de dessus l'épaule, couvre le bras du même côté ; ses brodequins vont un peu au-dessus de la cheville ; depuis les épaules jusqu'à terre, ce cheval a cinq pieds six pouces. Balbus est dans la même proportion. L'autre statue est celle de Balbus le pere, Procurateur & Proconsul d'Herculanum ; elle a été trouvée la derniere ; elle est de même grandeur, & aussi belle que la premiere, mais moins bien conservée : ce sont les deux seuls monumens d'antiquité en marbre qu'on ait dans ce genre. On voit dans ce Palais la *Camera di Porcellana*, dont le revêtissement & les meubles sont d'une très-belle porcelaine. Les appartemens sont pavés d'ancienne mosaïque Grecque & Romaine. Il y a un très-grand nombre de statues, de bas-reliefs, de vases précieux & d'autres monumens antiques. On y voit de très-belles peintures, de Jean de Breughel, d'Annibal Carrache, quatre petits camayeux antiques, peints sur marbre, les premiers qu'on connût jusqu'à leur découverte. On lit sur l'un le nom du Peintre Alexandre d'Athènes. On a su, par un très-beau buste de plâtre bronzé, représentant un Guerrier, que les Anciens avoient aussi l'art de bronzer. On ignore encore quel étoit leur procédé. Au reste, le Palais est un bâtiment simple ; la façade regarde le golfe, qui procure au Château la plus belle vue.

PORTICO VECCHIO & PORTICO NUOVO ; on appelle ainsi à Gênes les deux classes qui renferment les Familles Nobles qui ont droit aux premieres charges de la République. La classe del Portico Vecchio comprend les quatre familles de Grimaldi, de Fiesco, des Doria & Spinola ; celle del Portico Nuovo comprend environ cinq cents familles annoblies depuis peu successivement.

PORTIUS, (*Gregoire*) Napolitain, vivoit dans le dix-septieme siecle, est un des meilleurs Poëtes Grecs & Latins modernes. Il a composé dans ces deux langues des Odes, des Elégies, des Epigrammes, dont on loue le naturel & l'élégance simple & noble.

PORTUS, (*François*) né en Candie. Le Duc de Ferrare, Hercule II, prit soin de le faire élever. Il se perfectionna dans la Langue Grecque, qu'il professa à Ferrare ; mais s'étant imbu des erreurs de Calvin, il alla professer la même Langue à Genève, où il mourut, en 1581, âgé de soixante-dix ans. Il a laissé des Commentaires sur Pindare, sur Thucydide, sur Longin & plusieurs autres Grecs. Emilius-Portus son fils, Professeur à Lausane & à Heidelberg, a donné quelques bonnes traductions & une entr'autres de Suidas.

PORTO, petite Ville de la Campagne de Rome, à l'embouchure occidentale du Tibre, à une lieue d'Ostie ; c'est le reste d'une Ville considérable, que les Empereurs Claude & Trajan avoient fait construire. On y trouve les vestiges d'un ancien port ; les eaux de la mer paroissent s'être retirées, & le Tibre, qui a tout auprès son embouchure dans la mer, ne forme qu'un petit canal. Les environs de Porto, qui étoient très-agréables, & couverts de maisons, sont très-mal sains, & n'offrent que des ruines, des champs en friche & des marais. Porto est un des six Evêchés, dont les six plus anciens Cardinaux ont l'option.

PORTO ERCOLE, petite Ville de Toscane, faisant partie de l'Etat d'*Egli Presidii*, ainsi que le *Porto San-Stephano*. Cette Ville est de peu de conséquence, quoique son port soit assez bien rempli.

PORTO FERRAIO, Port considérable, situé dans l'Isle d'Elva, dans la mer de Toscane. Il est défendu par deux Châteaux & un Fort, qu'on appelle Cosmopoli ; c'est la résidence d'une grande

grande partie des Chevaliers de S. Etienne. Ce Port appartient au Grand-Duc de Toscane.

Porto Fino, *Delphini Portus*, Bourg dans l'Etat & sur la côte orientale de Gènes, entre deux montagnes & un Château, sur un rocher escarpé.

Porto Gruaro, Bourg proche de *Concordia*, dans le Frioul, où l'Evêque de Concordia fait sa résidence.

Porto Longone, petite Ville, Port & Forteresse, dépendans *dello Stato degli Presidii*, située dans l'Isle d'Elve ou Elco, dans la mer de Toscane.

Portus Longus, les François le prirent en 1646, sous la conduite du Maréchal de la Meilleraye. Cette Ville appartient au Prince de Piombino, & est sous la protection du Roi de Naples, qui a droit d'y mettre garnison.

Porto Moriso, *Portus Mauricius*, Bourg agréable de la République de Gènes, sur le penchant d'une colline, est bordé par la mer, situé près d'Oneille, & entre Savonne & Nice. Le port est comblé, & n'existe plus.

Porto di Paula, Port dans l'Etat Ecclésiastique & dans la Campagne de Rome, sur la mer de Toscane, vers le *Monte Circello*. Il est très-grand, mais presque rempli de sable.

Porto Pisano, c'étoit l'ancien Port de Pise; il étoit situé à quatre lieues de la Capitale, entre le Castrum Liburni & l'embouchure de l'Arno. Dans les guerres que les Pisans eurent avec les Florentins, Charles, Duc d'Anjou, à la tête des derniers, détruisit le *Porto Pisano* en 1268. Les Génois leur enleverent entiérement ce Port en 1284, après un combat dans lequel ils leur prirent quarante-neuf galeres, & leur firent autant de prisonniers qu'on compte aujourd'hui d'habitans dans Pise. Cette perte fut l'époque de la décadence de la République de Pise. Ce Port fut entiérement comblé par les Guelfes en 1290. Il n'en reste plus aucun vestige. On voit néanmoins trois tours qui existent encore, *Torre Magna* ou *Magnano*, la *Torre d'ella Franchetta*, & la *Torretta*, qui est dans les Terres.

Porto di Primaro, dans le Duché de Ferrare, où un bras

du fleuve du Pô, appellé Pô di Primaro, se jette dans la mer Adriatique, au golfe de Venise. Ce Port est défendu par la tour Gregorienne. Le lieu est un gros Bourg.

Porto Venere, *Portus Veneris*, petite Ville dans l'Etat & sur la côte orientale de Gènes; sa situation agréable lui a fait donner le nom de la Déesse des Plaisirs. Elle est à l'entrée du golfe de la Specia, sur le penchant d'une colline, au haut de laquelle est une Forteresse pour la défense du Port, bâtie en 1113. Il y en a qui prétendent que ce nom de *Porto Veneris* lui vient de *Saint Venerius*, dont le corps repose dans ce Bourg.

Porto Vecchio, est le nom que porte la neuvieme Jurisdiction de Corse; elle s'appelle aussi *Bonifacio*. C'est une Ville qui s'étend de l'E. au S. tout le long de la mer, & qui n'a de remarquable que *Porto Vecchio*, avec un Golfe. Ce Port est défendu par un Château; ce Port a donné son nom à cette Jurisdiction, quoique Bonifacio soit la Ville principale.

POSSEVIN, (*Antoine*) Jésuite, né à Mantoue, vivoit dans le seizieme siecle. Il s'adonna à la Prédication; il a prêché avec le plus grand applaudissement en Italie & en France. Gregoire le chargea de négocier un accommodement entre Jean III, Roi de Pologne, & le Czar; il s'en acquitta au gré du Pape, qui l'envoya encore en Suede & en Allemagne. Il travailla aussi à réconcilier Henri-le-Grand avec la Cour de Rome: ce qui déplut aux Espagnols. Possevin mourut à Ferrare en 1611, âgé de soixante-dix-huit ans. Il a laissé un grand nombre d'Ouvrages. Les meilleurs sont sa Bibliothéque sacrée, in-fol. *Apparatus sacer*, deux vol. in-fol. *Moscovia*, in-fol. 1595, & quelques Opuscules.

Potenza, petite Ville au Royaume de Naples, dans la Basilicate, avec titre de Duché, & un Evêque suffragant de Cirenza. Elle fut presque ruinée par un tremblement de terre en 1694; elle est située vers la source du *Basento*, à cinq lieues S. O. de *Cirenza*.

Pouille, (la) Province considérable dans le Royaume de Naples, *Apulia, l'uglia*. Elle est située au N. E. le long du golfe de Venise; elle avoit titre de Royaume, dans le temps que les Normands l'occupoient, au onzieme siecle. Ce fut Robert Guiscard, Duc de la Pouille & de la Calabre, qui, dans le onzieme siecle, y donna commencement au Royaume de Sicile. Elle renferme la Capitanate, la Terre de Bari & la Terre d'Otrante. L'air y est extrêmement chaud, ce qui fait que ses habitans sont presque tous maigres & basanés; d'un autre côté, cette chaleur donne aux fruits un degré de maturité, qui les rend supérieurs à ceux des autres pays. La Terre d'Otrante produit beaucoup de tarentules, especes d'araignées, dont la morsure est fort dangereuse. *Voyez* TARENTULE. Les Villes de la Pouille sont *Luceria, Gravina, Manfredonia, Andria, Bari, Ascoli, Venosa, Bitonte, Barlette, Trani, Bovina, Troya*, &c. *Voyez* CAPITANATE, TERRE DE BARI, & TERRE D'OTRANTE.

POUZOLS ou POZZUOLI, Ville autrefois très-considérable, appellée par les Grecs *Dicearchos*, est située à deux lieues & demie de Naples, vers le couchant sur le golfe appellé *Sinus Puteolanus*; elle fut fondée, suivant quelques Historiens, cinq cent vingt-deux ans avant J. C. par Dicearchus. On assure que son nom de Pouzols, *Puteoli*, lui fut donné à cause de la grande quantité de puits ou de sources minérales dont cette Terre abonde. Des inscriptions anciennes semblent prouver qu'elle fut gouvernée en République, qu'elle avoit ses Décemvirs, ses Décurions, ses Basiliques. Les Romains y éleverent une grande quantité d'édifices, de maisons de campagne, des lieux de plaisance. Il reste dans la Cathédrale des colonnes corinthiennes, qui prouvent que c'étoit un Temple: une inscription dit qu'il étoit dédié à Auguste. Cette Cathédrale est dédiée à S. Janvier & à S. Procule. On voit à Pouzols les restes d'un Temple, qui paroît avoir été de la plus grande beauté. On n'est point d'accord sur la consécration de ce Temple; les uns le croient consacré à Serapis, les autres aux Nymphes, par Domitien. On trouve encore une partie de beaux marbres d'Afrique & de Sicile, dont il étoit revêtu, quelques unes des dix-huit chambres ou chapelles dont il étoit environné, une salle de bains à l'ufage des Sacrificateurs. Le pavé, qui eſt de marbre blanc, l'écouloir des eaux & du ſang des victimes, les anneaux auxquels on les attachoit, quelques colonnes, ſont aſſez bien conſervés. On voit dans une place un piédeſtal de marbre blanc, de ſix pieds de long ſur trois & demi de haut, où ſont en relief quatorze ſtatues de Villes d'Aſie, détruites par un tremblement de terre, & réparées par Tibere, dont la ſtatue devoit être portée ſur le piédeſtal. Dans une autre place, eſt une ſtatue Romaine, très-bien conſervée, de ſix pieds de haut; elle eſt érigée, ſuivant l'inſcription, à Flavius - Marius - Egnatius - Lollianus, Prêteur & Augure. On voit aux Capucins une citerne ſinguliere; elle eſt bâtie de briques, revêtue de ſtuc en dedans & en dehors, en forme de vaſe, ſoutenue ſur un pilier, renfermée dans une voûte, & entiérement iſolée, ne touchant au terrein d'aucun côté. De toutes les antiquités de Pouzols, l'amphithéâtre eſt ce qu'il y a de mieux conſervé; on l'appelle Coloſeo, & il étoit auſſi grand que le coliſée de Rome. L'arêne eſt aujourd'hui un jardin: elle avoit deux cent cinquante pieds de long. On diſtingue les portiques qui ſervoient d'entrée, les caves où l'on renfermoit les bêtes. On voit au-devant de chaque pilier une pierre creuſée pour recevoir l'eau que l'on donnoit à boire aux animaux renfermés. Le labyrinthe de Dédale eſt un bâtiment ſouterrain pour conſerver les eaux à l'uſage de la Ville. On fait voir ſur les bords du golfe de Pouzols les reſtes de la maiſon de campagne de Ciceron: les flots ont couvert une quantité immenſe de ruines qu'ils rejettent quelquefois. Parmi ces ruines, ſont des maſures dans la mer, près du port de Pouzols, dont il reſte treize piliers & pluſieurs arcs: on appelle cet endroit Pont de Caligula; c'eſt un mole qu'on a cru être un reſte du pont que ſe fit faire Caligula, pour venir triompher de la mer. L'Empereur Antonin fit réparer le port de Pouzols. Cette Ville contient de neuf à dix mille habitans. Tout auprès, vers le nord, eſt le lac Averne, l'Acheron, les Champs Elyſées & Cumes, dont il ne reſte que des ruines, &c. La grotte du chien, au bas de la Ville de Pouzols, la mer forme un golfe, qui a la figure d'un vaſte demi-cercle enfoncé dans les terres, & qui a cinq quarts de lieue de traverse jusqu'à Baie, & deux lieues jusqu'au cap de Misene. C'est sur le golfe de Pouzols à Baie qu'on voit les ruines du pont de Caligula.

Pouzzolane, gravier qu'on trouve à Pouzols, d'où il a tiré son nom, & qui mêlé avec de la chaux, forme un ciment qui résiste aux efforts des saisons & des temps ; on s'en sert à bâtir dans l'eau, & il résiste à l'humidité ; il devient aussi solide que le marbre : on en trouve dans beaucoup d'endroits de l'Italie. La Pouzzolane des environs de Rome est rougeâtre ou d'un gris foncé, celle de Pouzols tire sur le rouge, celle du Vésuve est grise. Vitruve fait un grand éloge de ce ciment ; il croit que sa propriété vient de l'effervescence qui se fait sous les terres des pays où on le trouve, que le feu & la flamme qui pénétrent ces terres en font exhaler toute vapeur, & rendent ce sable léger & cohérent. Il paroît que les Anciens ne se servoient pas d'autre ciment pour construire les superbes bâtimens dont nous admirons encore les restes.

POZZO, (*André*) Frere Jésuite, eut le génie de la Peinture & de l'Architecture. Il a fait d'excellens livres sur ces deux arts ; il ne se bornoit pas à en connoître & à en discuter les principes. Il se fit un honneur infini pour les peintures dont il orna la voûte de l'Eglise de S. Ignace à Rome.

POZZO, (le Comte *Jérôme* del) né à Vérone en 1718. Ce Seigneur a reçu la meilleure éducation ; il a eu dès sa jeunesse un penchant invincible pour l'Architecture : mais il ne voulut d'autres maîtres que les écrits de Vitruve, de Palladio, de Scammozzi & les monumens des Anciens & des Modernes ; il les dessina, les analysa & les imita. Il a sur-tout essayé de détruire le mauvais goût de l'Architecture moderne, & de ramener les grands principes. Il a donné, sans autre intérêt que d'obliger & de faire renaître le bon goût, les dessins sur lesquels la maison de campagne des Comtes Trissino, dans le territoire de Vicence, a été bâtie, une Eglise dans le Marquisat de Castellato, dans le Mantouan. Il a bâti, en 1735, un petit théâtre pour l'Académie Philharmonique de Vérone, dont la forme, à la maniere des Anciens, fut généralement applaudie. Il composa pour Miladi weight, avec laquelle il étoit fort lié, pendant son séjour à Vérone, un Traité intitulé, d'*Egli ornamenti dell'Architettura civile secondo gli Antichi*. On regrette que cet Ouvrage ne soit pas encore imprimé. Il en a composé un autre, qui pourra éclairer les Artistes sur la maniere de construire les théâtres; il est intitulé, *les Théâtres des Anciens, & idée d'un Théâtre adapté à l'usage moderne*. Ce Seigneur commence à jouir d'une réputation justement méritée.

PRATO, petite Ville dans la Toscane, sur la riviere de Bisentio, dans une situation agréable & un terrein fertile, entre Florence & Pistoie. C'est la patrie de Nicolas de Prato, célebre Cardinal, Dominicain à Florence, Docteur de l'Université de Paris, Professeur de Théologie de Rome, Evêque de Spolette, ensuite Légat à Florence, & mort à Avignon en 1321, après avoir sacré Jean XXII.

PRATOLINO, maison de plaisance du Grand Duc de Toscane, aux environs de Florence, sur les collines qui joignent les hautes montagnes de l'Apennin, sur le chemin de Bologne. Le Grand Duc, François I, qui la bâtit en 1575, n'épargna rien pour en faire un endroit délicieux; elle s'annonce par de grandes avenues d'ifs, de cyprès & de sapins; dans les jardins, on voit des fontaines artistement décorées, des machines hydrauliques, qui font mouvoir des statues, jouer des orgues, & plusieurs machines du même genre. Au bout d'un parterre, est une statue colossale de l'Apennin, qui a plus de soixante pieds de proportion, formée de grands quartiers de pierre, entassés avec un tel art, qu'à un certain point de vue la statue paroît bien proportionnée & finie; mais à mesure qu'on approche, les traits grossissent, & de près, ce n'est qu'un monceau de pierres; sous cette figure, est un monstre, qui vomit de l'eau. On pénetre dans l'intérieur, & l'on se trouve dans une grotte remplie de coquillages & de jets d'eau : cette figure singuliere est de Jean de Bologne. On voit dans ce jardin des bassins, des jets d'eau, des fontaines, des statues, des grottes, des terrasses, des amphithéâtres, des allées d'arbres toujours verds, des labyrinthes. La maison a été bâtie sur les desseins de Buontalenti & de François son fils.

PREGADI ou PRIÉS, nom qu'a conservé le Sénat de Venise, parce qu'autrefois la République n'ayant point de Sénat fixe, on prioit les principaux Patriciens de s'assembler pour délibérer des affaires, suivant que le cas où les circonstances l'exigeoient. *Voyez* CONSEILS DE VENISE. Les Sages-Grands, au nombre de six, traitent les affaires importantes de l'Etat, & en renvoient la décision au Pregadi, avec leurs avis motivés : ce sont les premiers Sages-Grands. Ils remplissent par semaine les fonctions de Ministre, Secrétaire d'Etat; les Sages-Grands de Terreferme sont au nombre de cinq, nommés par le Sénat.

PRELA, petite Ville de la Principauté d'Oneille, dans le Piémont. Prela est une Seigneurie, qui, ainsi que celle de Marro, avoit été cédée à *Charles-Emmanuel*, avec le Comté de Tende. Ces deux Seigneuries sont enclavées dans la Principauté.

PRETI, (*Jérôme*) Poëte, né en Toscane. Il quitta l'étude de la Jurisprudence, à laquelle son pere l'avoit condamné, & à laquelle le penchant invincible de Preti pour la Poësie le força de renoncer. Il se distingua dans cet art; il est un des Poëtes les plus estimés. On a traduit ses Ouvrages en différentes Langues. Le Cardinal François Barberin le prit pour son Secrétaire dans sa Légation d'Espagne. Preti ne put résister au climat, & mourut à Barcelone en 1626. Outre ses Poësies, il a laissé des Discours académiques, des Epîtres, &c.

PRESIDII, (*Stato d'elli*) Etat près de la mer, enclavé dans le Duché de Toscane, au midi du Siennois, appartient au Roi de Naples, par Philippe II, Roi d'Espagne, qui, en vendant le Siennois, s'étoit réservé cet Etat, dont Orbitello est la Ville principale.

PRIEURS DES ARTS, (les) étoient autrefois certains Officiers municipaux, qui étoient à la tête de chaque Corps de Métier. Toutes les Républiques de l'Italie avoient leurs Prieurs des Arts; ils avoient séance aux assemblées & assistoient aux cérémonies

Z iv

en robe de velours & toques de différentes couleurs. Ils sont abolis depuis long-temps; il n'y a qu'à Bologne où l'on conserve cet usage. Dans les processions, ils font encore paroître les Prieurs des Arts: mais ce n'est plus que des personnes à gages, qu'on décore de ces belles robes pour représenter l'appareil de cette ancienne République. Cette cérémonie fait un spectacle assez bizarre. Ces Prieurs des Arts paroissent répondre à ce qu'on appelle en France Syndics des Communautés.

PRIMATICIO, (*Francisco*) Peintre & Architecte, né à Bologne, en 1490. Il apprit les premiers principes du dessin d'*Innocenzio Imola* & de *Bagna Cavallo*, Eleve de Raphaël. Il se perfectionna, en travaillant au Château du T à Mantoue, sous les yeux de Jules Romain. Il s'y acquit une grande réputation par les ouvrages de stucs, dont il embellit ce Château. François I l'appella en France; ce Prince le chargea d'acheter en Italie des figures antiques, & de faire faire les moules des plus fameuses figures, qui furent jettées en bronze, & placées à Fontainebleau. Ce Château est enrichi des peintures de Primatice, & de celles que *Nicolo d'ell Abate*, & quelques autres Eleves qu'il avoit amenés avec lui, firent sur ses dessins. Le plan du Château de Meudon & le dessin du tombeau de François I à S. Denis, sont de cet Artiste. François I lui donna l'Abbaye de Saint-Martin de Tours. Sous ce regne, & sous celui de Henri II, il jouit de la plus grande faveur à la Cour de France. Il fut nommé Commissaire Général du Roi pour tous les Bâtimens du Royaume: tous les Artistes briguoient sa protection. Le Primatice, & Maître Roux, qui s'étoit formé à l'Ecole de Florence, porterent parmi nous le bon goût de la Peinture, & firent la plus heureuse révolution dans les beaux-arts. On quitta en France le goût gothique, & l'on y étudia la belle nature. Le Primatice dessinoit dans le goût de Jules Romain; son coloris est encore frais & gracieux; ses tableaux de chevalet sont fort estimés; ses dessins sont finis, & fort recherchés. Il mourut à Paris en 1570.

PRIMICERIO; on appelle ainsi le Doyen qui est à la tête des vingt-quatre Chanoines qui desservent l'Eglise de Saint-Marc à

Venise ; son revenu monte à quatorze ou quinze mille livres ; c'est le Doge qui le nomme. Il porte la mitre & la crosse comme les Evêques, & c'est toujours un Noble Vénitien qui possede ce bénéfice.

PRINCIPAUTÉS ; (les): on appelle ainsi deux Provinces du Royaume de Naples; l'une est appellée *Principato di Citra* ou Principauté Citérieure, & l'autre *Principato di Oltra* ou Principauté Ultérieure. Ces dénominations sont par rapport à Naples. La premiere bornée au S. O. par la mer, produit du bled, du vin, de l'huile, du safran, & a Salerne pour Capitale. Les autres Villes sont *Capaccio*, *Policastro*, *Marsico Nuovo*, *Sarno*, *la Cava*, *Amalfi*, *Lettere*, *Capri*, *Minuri*, *Scala*, *Ravello*, *Nocera*, *Campagna*, *Cangiano*, *Castello à Mare*. La Principauté Ultérieure, au N. de l'autre, dont Benevent est la principale, & Monte Fuscolo la Capitale, renferme *Conza*, *Cedogna*, *San Angelo di Lombardi*, *Basaccia*, *Muro*, *Satriano*, *Monte Verde*, *Nusco*, *Trevico*, *San Agatha di Goti*, *Monte Marano*, *Avellino*, *Fricenti*, *Ariano*. Le territoire de ces deux Provinces est très-fertile; elles sont sujettes à de fréquens tremblemens de terre; presque toutes les Villes qu'elles renferment ont le titre de Principautés, de Duchés, qui appartiennent à différentes Maisons, comme celles de *Caraccioli*, Doria, & autres.

PRINCES & BARONS ROMAINS. Il n'y a guere que trois ou quatre familles à Rome qui se perdent dans l'antiquité ; on connoît l'origine de toutes les autres, & les Romains d'aujourd'hui n'ont de commun avec les anciens que le nom de Romains, puisque toutes les grandes familles datent de quelque Souverain Pontife. Le Peuple se renouvelle très-souvent, il seroit très-difficile d'y trouver une famille un peu ancienne, elles s'éteignent au bout de deux ou trois générations ; sur trois enfans, il y en a deux au moins dévoués à l'état ecclésiastique ou au Couvent: il n'arrive pas toujours que le troisieme se marie. Le célibat a encore plus d'attraits pour les Romains que pour les François : les Princes Romains, assistans du Trône, sont les premiers dans l'ordre civil. Parmi eux, les Colonna &

les Orsini sont les plus anciens ; ces deux familles sont de celles dont on ignore l'origine. Les autres sont les Princes Borghese, Ludovisi, Barberini, qui est Colonna, ainsi que Pamphile Chigi, Rospigliosi, Altieri, Odescalchi, Bracciano, Albani, Corsini, Rezzonico, & plusieurs autres auxquels les Papes ont accordé ce titre. Ceux qui tiennent leur élévation des Cardinaux de leur famille, ont de grands Palais bien meublés ; mais le maître de la maison y est seul ; sans la curiosité des étrangers, ces Palais seroient toujours déserts. Les Princes & les riches Barons se piquent d'avoir un nombreux cortege de domestiques, sous la direction du plus ancien valet : chacun voit ses devoirs tracés dans un tableau placé dans l'anti-chambre ; ils servent par tour, & chacun a ses jours libres dans la semaine. Il n'est obligé de paroître qu'à l'heure de son service, & reste dans l'anti-chambre ; il n'est ni logé ni nourri dans la maison ; il vient recevoir ses gages tous les mois : dans plusieurs Palais, ils trouvent une retraite, quand ils sont vieux. Tout le luxe des Grands est dans leurs équipages & leurs domestiques ; quant à leur personne, ils sont sobres, d'une grande frugalité, & donnent rarement à manger ; il est vrai qu'un repas est ruineux pour celui qui le donne, parce qu'il est d'usage que l'on paie en argent le dîner des domestiques des invités.

PROCACCIO ; on nomme ainsi en Italie un Entrepreneur de voitures, qui part une fois la semaine, & qui met cinq jours pour aller de Rome à Naples ; c'est la voiture la plus sûre : ordinairement il en coûte trois sequins pour la route.

PROCACCINI, (Camille) Peintre, né à Bologne en 1546, Eleve de Carrache. Il avoit un beau génie, peignoit avec liberté ; ses draperies sont bien jettées ; ses airs de tête sont admirables ; ses figures ont beaucoup d'expression & de mouvement. Incorrect dans la fougue de la composition, mais corrigeant ensuite avec la plus grande exactitude les fautes qu'il avoit faites, ce Peintre a contribué à l'établissement de l'Académie de Milan, où il s'étoit retiré avec sa famille. Ses principaux ouvrages sont à Bologne, à Reggio & à Milan. Il a gravé quelques uns de ses morceaux : il est mort à Milan en 1626.

PROCACCINI, (*Jules-César*) frere puîné du précédent, né à Bologne en 1548, Eleve auſſi des Carraches. Son génie, grand, vif & facile, s'attacha aux ouvrages de Michel-Ange, de Raphaël, du Correge, du Titien & des plus grands Maîtres. Il avoit un coloris vigoureux, un goût de deſſin correct & ſévere: il conſultoit la nature. Il fut nommé Chef de l'Académie de Peinture à Milan; il eut une Ecole nombreuſe, & ſe fit une fortune conſidérable. Il y a beaucoup d'ouvrages de ce Maître à Milan & à Gènes. Il y a encore d'autres Procaccini. *Carlo Antonio* ſon frere, plus jeune que lui, qui quitta la Muſique pour la Peinture; ſon talent étoit le payſage, & ſur-tout les fleurs & les fruits.

PROCACCINI, (*Ercole-Juniore*) fils & éleve de Carlo Antonio, s'adonna, comme ſon pere, à peindre des fleurs: mais Jules-Céſar ſon oncle lui donna des leçons, & développa ſes talens. Il mourut en 1676, âgé de quatre-vingts ans.

On voit, dans l'Egliſe de l'*Annonciata* de Gènes, un très-grand tableau de la Cène; c'eſt une grande machine d'une belle ordonnance, d'un coloris vigoureux, digne même des Carraches.

PROCESSIONS D'ITALIE, (les) ſont très-fréquentes, mais moins belles qu'en France. La plus belle eſt celle qu'on fait pour la fête du S. Sacrement, & qu'on appelle du *Corpus Domini*; elle eſt d'autant plus ſuperbe, que tous les Ordres de la Ville ſe réuniſſent à la Cathédrale.

A Rome, elle ſe fait le jour de la grande Fête-Dieu; elle ſort ſur les neuf heures du matin par la grande porte de l'Egliſe de Saint Pierre, & paſſe ſous la colonnade qui eſt à main gauche, entre dans la rue Alexandrine. Les rues par où paſſe la Proceſſion ne ſont point tapiſſées comme en France, mais couvertes de toile à la hauteur du premier étage, & traverſées par des branchages, qui pendent de chaque côté dans la rue; toutes les fenêtres ſont garnies de tapis de toutes les couleurs, qui deſcendent juſqu'à la moitié des portes; le S. Sacrement, *il Santiſſimo*, s'arrête à différens repoſoirs très-bien ornés. Cette Proceſſion eſt extrêmement longue; elle eſt compoſée de tout le

Clergé de S. Pierre, de tous les Curés de la Ville, d'un certain nombre de Religieux de tous les Ordres, à l'exception des Maisons de Congrégation, comme les Missionnaires, les Oratoriens, de tous les Prélats, des Cardinaux, & d'un Chœur de Musique de la Chapelle Papale; les Pavillons des six Basiliques y assistent, & sont suivis de celui de la Basilique de S. Pierre, sous lequel le Pape, & en son absence un Cardinal, porte le *Santissimo*. Cette Procession, quoique très-nombreuse, n'est pas aussi brillante que celle de Paris. Il n'y a que les principaux Prélats & ceux qui accompagnent le *Santissimo*, qui soient en chappe, tout le reste du Clergé porte le surplis fort court, fort plissé, sans dentelles & sans longues manchettes. Cette Procession de S. Pierre est la seule qui se fasse le matin du jour de la Fête; mais le soir de ce jour même, & tous les autres jours de l'octave, les Curés de la Ville font la procession dans le quartier de leur Paroisse. L'usage de ces cérémonies, & la maniere de s'habiller des Ecclésiastiques en surplis court, sont les mêmes dans presque toute l'Italie.

A Naples, la plus belle Procession se fait le jour de la petite Fête-Dieu; on l'appelle la Procession de *quatro Altari*; c'est la seule qui passe dans la belle rue de Tolede: on l'appelle des quatre Autels, parce qu'en effet il y a de distance en distance quatre magnifiques reposoirs très-élevés, & dont l'architecture est fort belle, & richement parés. La Procession part de l'Eglise S. Jacques, est composée d'un très-grand nombre de Religieux de tous les Ordres & d'Ecclésiastiques, suivis d'une grande partie de la Noblesse, des Gardes du Roi & de plusieurs Chœurs de Musique, suit une vingtaine de Clercs avec des surplis fort courts, comme on les porte en Italie, jouant du violon & exécutant des marches. L'Archevêque marche en dernier, portant tout seul *il Santissimo*, sous un dais léger, qui se ploie & s'étend comme on veut. Les rues ne sont point tapissées. Ce sont là, à peu près, les plus belles Processions d'Italie.

PROCHITA ou PROCIDA, petite Isle du golfe de Naples, que quelques personnes ont cru détachée de celle d'Ischia; elle est très-fertile; ses artichauds & ses figues sont sur-tout fort estimés. On y voit une grande quantité de faisans & de perdrix, réservés pour le plaisir du Roi: il va souvent y chasser. Cette Isle appartient au Marquis de Vasto. Il y a quelques années que, pour la conservation du gibier, on avoit défendu à tous les habitans d'avoir des chats : ce qui causa en peu de temps une si grande multiplicité de rats, que tout le pays en étoit incommodé : les enfans dans leurs berceaux, les cadavres, avant d'être ensevelis, toutes les provisions, étoient la proie de ces animaux. Les paysans désolés allerent se jetter aux pieds du Roi, qui révoqua sa défense. Dans l'Isle d'Ischia, on trouve beaucoup de fontaines minérales & des scories, des laves & des restes de volcans. *Procida*, qui est la Capitale de l'Isle, est une petite Ville fort jolie, & assez bien fortifiée, située sur une hauteur, sur le bord de la mer.

PROCHITA, (*Jean* de) dans le treizieme siecle, Seigneur de l'Isle, dont il portoit le nom, fut très-puissant dans la Sicile, jusqu'à ce que Charles d'Anjou fut placé sur le Trône de Naples. Ce Roi enleva à Jean de Prochita la fortune & les honneurs, dont il avoit joui sous Mainfroi. Prochita ne respira que vengeance. Déguisé en Cordelier, il parcourt secrettement la Sicile, va à Constantinople, & obtient des sommes considérables de Michel Palcologue. Son dessin étoit de soulever la Sicile contre Charles, & de mettre à sa place Pierre, Roi d'Arragon. Le Pape devoit le seconder : mais la mort du Pontife, l'élévation de Martin IV, créature de Charles, renversa ce projet. Prochita ne se déconcerta point; il trama pendant deux ans la plus horrible des conspirations, & qui fut le modele de celle de la S. Barthelemi. Il fut enfin arrêté que le jour de Pâques, 1282, au premier coup de Vêpres, dans toute la Sicile, on égorgeroit tous les François. Les poignards étoient si bien préparés, la trame étoit si bien ourdie, qu'au même instant tous les Siciliens, de tous les ordres & de tous les états, fondirent sur tous les François, & n'en laisserent qu'un seul : c'étoit Guillaume de Porcelets, Seigneur de la Ville d'Arles, qui avoit suivi le Roi à la conquête de Naples, & qui avoit su si bien se faire aimer, par fa fageffe & par la douceur de fon gouvernement, que les Siciliens le refpecterent & le renvoyerent en Provence.

PROCURATEURS DE S. MARC, premiers Magiftrats de la République de Venife, après le Doge : cette dignité remonte au onzieme fiecle. Un des principaux citoyens portoit ce titre, & avoit l'adminiftration de l'Eglife, revenus & bâtimens de Saint-Marc. Les Procurateurs de S. Marc font divifés en trois claffes; la premiere, eft des Procurateurs *di fupra*; la feconde, eft des Procurateurs *di Citra*, c'eft-à-dire, en deçà du grand Canal; & la troifieme, eft des Procurateurs *de Ultrà*, qui exercent leurs fonctions dans la partie qui eft au-delà. Ceux de la premiere claffe ou Procurateurs de S. Marc, ont le pas fur tous les autres Nobles Vénitiens ; ils font maîtres de la Bibliothéque de Saint-Marc, font adminiftrateurs de l'Eglife, & gardiens des archives de la République. Ceux de la feconde ont l'exécution des legs pieux, le foin des veuves & des orphelins, diftribuent tous les ans des bourfes pour marier des filles; & ceux de la troifieme exercent les mêmes fonctions dans leur département. Le nombre de Procurateurs a varié dans ces différens temps ; ils ont été réduits à onze. C'eft toujours un des Procurateurs *di Supra* qui eft élevé à la dignité de Doge. Le jour de l'entrée du Procurateur qui vient d'être nommé, il fe rend en gondole à l'Eglife de S. Sauveur, accompagné d'un nombre confidérable de Sénateurs en robe rouge, & d'Officiers fubalternes de la République : les rues par où il paffe font fort décorées. Après qu'il a fait fon remerciement au Doge, dans le Palais Ducal, il defcend & va prendre l'inveftiture de fa nouvelle dignité. Cette cérémonie eft fuivie de bals & de fêtes pendant trois jours confécutifs.

L'habillement des Procurateurs eft la grande robe violette ou noire, à manches ducales, ouvertes & pendantes jufqu'à terre, avec l'étole ou bordure noire.

C'eft après avoir été Ambaffadeurs ou Bailes que les Nobles, qui font riches, deviennent Procurateurs de S. Marc; ce font les premieres dignités, après le Doge, pour la repréfentation, mais non pour l'autorité ou l'influence dans les affaires. Comme cette dignité expose à beaucoup de dépenses, il y a beaucoup de Nobles qui la refusent.

PROMENADES à Rome. La plus belle Promenade de Rome, est celle de la rue du Cours. Les Dimanches & les Fêtes, grands & petits, tout se rend dans cette belle rue, & y étale un faste, qui confond les rangs. Les premiers viennent y faire montre des plus beaux équipages; les Princes & leurs femmes y paroissent dans la plus grande magnificence, & avec leurs domestiques nombreux. Le Peuple fait la plus belle décoration de ce spectacle; les femmes du plus bas-étage se privent dans la semaine du plus grand nécessaire pour avoir de quoi louer une robe le Dimanche, & un valet qui marche devant elle, chapeau bas, & leur fait faire place; le mari, lorsqu'il ne peut pas en faire autant, passe loin de sa femme, en guenille, l'admire, & se garderoit bien de l'approcher. Les Bourgeoises, qui n'oseroient y paroître à pied, se cottisent pour avoir un carrosse. Ce jour-là les hommes vont à pied ou en habit ecclésiastique ou avec un habit de louage, & l'épée. Toutes les fenêtres sont garnies de femmes. Prêtres, Moines, Peuple, Ecoliers, Pensionnaires, Cavaliers, forment une bigarrure singuliere.

Une autre Promenade, dans les mois les plus chauds, est celle de la place Navonne: on la remplit d'eau à un pied & demi de hauteur, & les carrosses y courent au frais tout autour de la place, les chevaux ont les pieds dans l'eau. Les fenêtres & les balcons sont remplis de monde; il arrive quelquefois que des chevaux qui s'abattent, se noient, si l'on n'est prompt à les relever. On remplit la place, qui est concave, fort aisément, en fermant les écouloirs des bassins; en moins de deux heures, elle est inondée dans presque toute sa longueur. Les Promenades de nuit, en été, se font sur le *Monte Pincio*, dans la place d'Espagne, & sur la rampe de la *Trinita del Monte*.

PROSECO, petit Bourg situé à quelque distance de la Ville de Trieste, dans l'Istrie, est fort connu à cause de l'excellent vin qui croît aux environs.

PROVEGLIA, est une des Isles de l'Etat de Venise, fort fréquentée par les pélérinages qu'y font les Vénitiens à un Crucifix miraculeux.

PROVENZALIS, (*Jérôme*) Archevêque de Sorento, avoit été d'abord Médecin; il fut celui de Clément VIII, qui, lui ayant fait embrasser l'état ecclésiastique, lui donna l'Archevêché de Sorento. Provenzalis étoit né à Naples. Il mourut en 1612. Il a laissé en latin un Traité *des Sens*.

PTOLOMÉE DE LUCQUES, Dominicain, au seizieme siecle. Il étoit très-savant dans la connoissance de l'Histoire. Il avoit l'esprit très-systématique; mais ce qui n'est qu'un jeu en matiere de Physique, est toujours précieux dans la Théologie. Il imagina que le Verbe ne pouvoit pas s'être incarné, comme les autres hommes, dans les entrailles de la Vierge, mais dans son cœur. Fier de cette découverte, il monte en chaire, & répand par-tout son opinion. Ses supérieurs lui imposerent silence, & il se contenta de soutenir sa proposition dans ses écrits. Il en a laissé plusieurs, & sur-tout *des Annales en latin depuis* 1060 *jusqu'en* 1303, insérées dans la Bibliothéque des Peres, & une *Chronique*, aussi latine, *des Papes & des Empereurs*, imprimée à Lyon en 1619, in-4°. Il publia la Généalogie de Robert Guichard.

PUBLICI, (*Aymond*, Seigneur de) près de Turin, dans le seizieme siecle, Jurisconsulte & Docteur en l'un & l'autre Droit. Il fut successivement Avocat Fiscal au Sénat de Turin, Conseiller du Grand Conseil. Charles II, Duc de Savoie, le chargea de différentes négociations. En 1529, il alla à Venise exposer les droits que ce Prince avoit à la Couronne de Chypre. Il fut nommé Président du Sénat de Chamberi. Les troubles survenus en 1536 l'obligerent à se retirer. En 1542, il fut relegué à Montferrand en Auvergne, où il transporta sa famille. Il y continua sa profession de Jurisconsulte, & s'y rendit très-célebre. Il a publié *des Conférences du Droit-Ecrit, avec les Coutumes d'Auvergne*.

PUCCI. Il y a eu trois Cardinaux de ce nom d'une famille noble & ancienne de Florence. Laurent étoit très-savant dans le Droit; comme la famille de Pucci avoit rendu de grands services

services à la Maison de Médicis. Léon X donna, en 1513, le Chapeau de Cardinal à Laurent, que Jules II avoit employé dans des affaires importantes. Laurent eut successivement les Evêchés d'Albe, de la Palestrine, de Pistoye, de Melfi, & la charge de Grand Pénitencier de l'Eglise. Luther l'accusa d'avoir multiplié les Indulgences, pour en vendre un plus grand nombre, & d'en avoir fait un commerce honteux. Pucci avoit donné lieu à cette accusation par son avarice. Il avoit, dit-on, persuadé à Léon X qu'il étoit permis à un Souverain Pontife de faire cette sorte de trafic. Adrien VI, successeur de Léon, voulut faire rendre gorge à Pucci, qui se tira d'affaires, par la nomination de Clément VII. Il mourut à Rome en 1531, âgé de soixante-treize ans.

PUCCI, (*Robert*) Evêque de Pistoye, son frere, fut fait Cardinal par Paul III, en 1542, après avoir exercé les premieres charges dans la République de Florence, & s'être distingué dans toutes, il mourut en Janvier 1547.

PUCCI, (*Antoine*) Cardinal, Evêque de Pistoye, étoit neveu des précédens. Il se fit d'abord connoître par son talent pour la Prédication. Le Cardinal Laurent le fit venir à Rome, lui remit l'Evêché de Pistoye. Son éloquence le rendit célebre; il se fit admirer au Concile de Latran, par le Discours latin qu'il y prononça. Après plusieurs Nonciatures, il fut enveloppé dans la prise de Rome par les Impériaux, en 1531. Il fut un des ôtages; on le maltraita, on le traîna avec les autres au Champ de Flore, pour les faire périr dans les supplices. Ils furent assez heureux pour s'évader la nuit. Pucci alla joindre Clément VII, qui le chargea de commissions importantes en Espagne, & ensuite en France. Ce Pape le fit Cardinal, & lui donna les Bénéfices de Laurent son oncle, après sa mort, & la grande Pénitencerie. Il mourut à Bagnarea, en Toscane, en 1544. Il reste de lui quatorze Homélies sur les paroles de la consécration.

PUGET, (le) petite Ville du Piémont, au Comté de Beuil, dans les montagnes, près de Villar & Tornafort.

PULCI, né à Florence en 1432, Auteur du Poëme *del*

Morgante Maggiore, d'un style qui tient du plaisant & de l'héroïque, dans le goût de l'Arioste. Il paroît avoir eu le même objet que *Cervantes*. Le Pulci a essayé de jetter du ridicule sur les Paladins des Secles romanesques. On lui reproche des plaisanteries sur des matieres sacrées, & des obscénités. La mere de Laurent de Médicis, qui aimoit ce Poëme, & qui protégeoit l'Auteur, le faisoit chanter à sa table. On estime les Stances du même Auteur, *in Lode della Beca*. Le Pulci jouissoit d'une grande réputation avant l'Arioste. Il eut deux freres: *Luc* composa un Poëme intitulé, *il Griffo Calvaneo*. *Bernard* composa un Poëme sur la Passion de J. C. & donna une traduction en vers des Bucoliques de Virgile. C'est proprement le Pulci qui le premier s'est servi du style que *Bernia* a perfectionné.

PUTEANA, (*Modesta*) ou MODESTE DUPUY, Dame Vénitienne, du seizieme siecle, célebre par son savoir & par sa vertu. Les Poësies & les Ouvrages qu'elle publia sous le nom de *Moderata Fondi*, lui firent une grande réputation. Elle se maria avec Philippi Georgi, qui avoit le même goût pour les Lettres. Ils laisserent deux fils & deux filles. Cecile recueillit les Ouvrages de sa mere, & y fit une Préface, qui décela ses talens. Parmi ces Ouvrages, il y a un Dialogue sur le mérite des femmes. *Modeste* Dupuy mourut en 1592.

Q

QUAINI, (*Louis*) Peintre, né à Ravenne en 1643, éleve du Cignani, qui lui trouva un si grand talent, qu'il l'associa à ses travaux, comme il avoit fait à l'égard de Franceschini. Ces trois Peintres réunirent leurs talens sans aucune espece de rivalité. Quaini peignoit le paysage, l'architecture & les autres ornemens, Franceschini peignoit la figure, le Cignani inventoit & dessinoit. Parme & Bologne ont beaucoup de ces tableaux faits en société, & plusieurs aussi de chacun en particulier. Quaini mourut à Bologne en 1717.

QUARANTIES, nom des trois Cours souveraines de Justice à Venise pour tous les sujets de l'Etat; elles sont ainsi appellées, parce qu'elles sont composées de quarante Juges. La Quarantie civile nouvelle a dans son département les causes civiles qui lui viennent par appel des Juges des Villes de l'Etat de Terreferme & des Isles; la seconde, celles qui lui sont portées par appel des Tribunaux subalternes de la Ville; la troisieme est la plus considérée, parce que ses Magistrats entrent au Pregadi: elle juge des affaires criminelles, autres toutefois que celles qui ont rapport aux crimes d'Etat; & qui sont réservées au Conseil des Dix. Les Magistrats servent pendant six mois dans une Quarantie: après quoi ils passent à l'autre. Il est défendu de solliciter pour les affaires civiles: mais toute sollicitation & toute défense sont permises dans les affaires criminelles.

QUATRE VALLÉES. *V*. PIGNEROL.

QUERASQUE, Province de Piémont, à l'orient, tire son nom de la Ville de *Gherasco*, assez forte, & sur une montagne près la jonction du *Tanaro* & de la *Stura*. C'est la seule Ville de cette Province.

QUERENGIUS ou QUERENGHI, (*Antoine*) Poëte, né à Padoue en 1546. Il joignoit à beaucoup de talent encore plus de probité: il se fit aimer & estimer. Il fut Secrétaire du sacré Collége sous cinq Papes, Clément VIII lui donna un Canonicat à Padoue: il y vivoit tranquille au sein des Lettres & loin du bruit de Rome. Il y fut rappellé par Paul V, pour remplir à sa Cour de nouveaux emplois, & entrer dans la Prélature. Gregoire XV & Urbin VIII le retinrent. Ces Pontifes aimoient à s'entretenir avec lui, également propre aux Lettres & aux affaires. Il mourut en 1633. Il a écrit en italien & en latin. Il a donné des traductions des Auteurs Grecs. Ses Poësies latines sont fort estimées. Il y a dans ce genre *Hexametri carminis*, lib. VI, *Rapsodia variorum carminum*, lib. V. *Flavius Queringhi* son neveu enseigna avec beaucoup de succès la Philosophie morale.

QUERINI, (*Antoine*) Sénateur de Venise, savant dans le Droit Public, Civil & Canonique. Lorsque le Pape Paul II jetta un interdit fur la République, au fujet de l'édit du Sénat, qui défendoit toute fondation fans l'aveu de la République; & au fujet des prétentions de la Cour de Rome, Querini publia un Ouvrage très-favant contre l'interdit, & fit beaucoup valoir l'autorité de Gerfon, dont il s'appuyoit contre les prétentions de la Cour de Rome.

QUERNO, (*Camille*) né à Monopoli, dans le Royaume de Naples, parut à Rome en 1514, avec un Poëme intitulé l'Alexiade, qui contenoit vingt mille vers. Il avoit une fi grande facilité, que le Profateur le plus fécond pouvoit à peine écrire auffi vîte un difcours que le Querno ne faifoit des vers. Les jeunes Poëtes, loin d'en être jaloux, l'aimerent; quelques-uns l'amenerent à la campagne, & dans un feftin, au fein de l'enthoufiafme & d'un peu d'ivreffe, ils le couronnerent Archipoëte, titre qui lui demeura toujours. Léon X caufoit familiérement avec lui; il lui faifoit donner ce qu'on deffervoit de fur fa table : mais il falloit que le Querno fît un diftique fur le champ. On connoît cette efpece de Dialogue en vers faits fur le champ entre le Pape & le Querno. Celui-ci avoit la goutte, il fit ce premier vers.

Archipoeta facit versus pro mille Poetis.

Il cherchoit le fecond, Léon ne lui donna pas le temps de le faire, & ajoute :

Et pro mille aliis Archipoeta bibit.

Pour n'être pas en refte, le Querno reprit :

Porrige quod faciat mihi carmina docta falernum.

Le Pape répondit auffi-tôt :

Hoc vinum enervat debilitatque pedes.

Le Querno eût été heureux, fi ce Pape eût vécu plus long-temps. La prife de Rome l'obligea d'en fortir; ayant tout perdu, il fe retira à Naples, où il vécut dans la mifere : auffi difoit-il que la mort du lion l'avoit livré à une troupe de loups dévorans. Il mourut à l'Hôpital, peu de temps après qu'il se fut retiré à Naples.

QUIERS ou CHIERI, *Cherium*, Ville considérable du Piémont, Capitale du Quierasque, est dans une position agréable & élevée, à trois milles de Turin, sur le penchant d'une colline, dans un terrain bordé de côteaux, couverts de vignes, sur les confins du Montferrat. Autrefois, dit-on, cette Ville se gouvernoit par ses propres loix; depuis, elle a été une place importante dans les guerres que les François firent dans ce pays, sous le regne de François I. Elle étoit alors très-bien fortifiée, mais il ne reste que les ruines de ses fortifications : c'est une des Villes d'Italie où il y a le plus de noblesse. En 1631, il s'y fit un Traité de paix, par lequel le Duc de Savoie céda à Louis XIII Pignerol, & obtint de l'Empereur la partie occidentale du Montferrat. Il se fabrique à Quiers quantité d'étoffes & de draps. Cette Ville est à trois lieues E. de Turin, à sept N. O. d'Asti, à cinq N. E. de Carmagnole, lat. 25, 25', long. 44, 53'.

QUINZANO, (ou *Jean-François* CONTY) né à Quinzano, petit Bourg dans les environs de Bresse, dont il prit le nom, a écrit en prose & en vers. Il vint en France sous le regne de Louis XII, qui lui donna des marques de sa protection & de l'estime qu'il faisoit de ses talens. Quinzano, de retour en Italie, enseigna à Pavie, & mourut âgé de soixante-dix ans. Il a laissé divers Traités.

QUIRINI ou QUERINI, (*Ange Marie*) Cardinal, né à Venise d'une famille ancienne, en 1680, (*v.* QUERINI) s'est acquis & a mérité la plus grande réputation par son esprit, par l'étendue de ses connoissances & par ses écrits. Il entra fort jeune dans l'Ordre de S. Benoît; il s'y livra tout entier au desir de savoir; il se lia avec les personnages les plus savans de Florence, où il étoit; il mettoit leurs lumieres à contribution, & sur-tout *Salvini*, le Sénateur Buonarotti, le Comte Magalotti, Guida Grandi, Bellini : ils furent tous ses amis. Il vit Newton, qui fut député vers le Grand-Duc, en 1700. Quirini lui plut, Montfaucon l'aima. Il perdit dans ce temps-là Bellini, son Médecin,

qui, se croyant trop gras, & voulant diminuer son embonpoint, se mit à une diette si rigoureuse, qu'il mourut d'inani-
tion. Cet exemple guérit l'imagination de Quirini, qui s'étoit
persuadé qu'il avoit la pierre, & que sa prévention eût conduit
au tombeau. Il voulut connoître les Savans les plus admirés de
l'Europe. Il partit en 1710; il traversa l'Allemagne, vit en
Hollande Basnage, Leclerc, Perisonius, Gronovius, &c. De-
là il alla en Angleterre; il y vit Newton, & tout ce que Londres avoit alors de plus recommandable. Après avoir vu Pape-
broch à Bruxelles, il eut le plaisir de converser avec Fénélon,
cet illustre exilé, qui fait tant d'honneur à la France. Il vint à
Paris, & se lia avec tous les hommes du mérite le plus rare.
Il revint en Italie avec l'estime de tous ceux qui l'avoient vu.
Il fut fait Archevêque de Corfou, & s'y distingua par son zèle
& par sa charité. Clément XIII lui donna le Chapeau de Cardinal, en le remerciant de l'avoir forcé par son mérite à le lui
donner. Il étoit riche, il fit le plus bel usage de ses richesses.
Il répara l'Eglise de S. Marc à Rome, embellit celle de Bresse,
dont il étoit Evêque, contribua à la construction de l'Eglise
Catholique de Berlin. Quand il fut nommé Bibliothécaire du
Vatican, il fallut construire une nouvelle salle pour y renfermer
sa propre bibliothéque, qu'il ajouta à celle du Vatican. Il établit
& forma une Bibliothéque très-belle à Bresse. Il fit beaucoup
d'autres dons : il mourut à l'âge de soixante-quinze ans, en
1738. Il a laissé un très-grand nombre d'Ouvrages, tous fort
estimés; en voici quelques-uns. *Primordia Corcyræ ex anti-
quissimis monumentis illustrata*, à Bresse, en 1738, in-4°. une
édition des Ouvrages de S. Philostaite, de S. Gaudence, de
S. Rambert & du vénérable Aldeman, ancien Evêque de Bresse,
in-fol. 1738; *Specimen variæ Litteraturæ quæ in Urbe Brixiâ,
ejusque ditione paulò post Typographiæ incunabula florebat*,
in 4°. 1737; la relation de ses Voyages; une édition de l'Office
Divin, à l'usage de l'Eglise Grecque; une édition de l'*Enchy-
ridion Græcorum*; *Gesta & Epistolæ Francisci Barbari*; un Recueil de ses Lettres, en dix livres; la Vie du Pape Paul III,
contre Platine; une édition des Lettres du Cardinal Polus; quatre

inſtructions paſtorales ; un abrégé de ſa vie juſqu'en l'année 1740 ; *de Moſaicæ hiſtoriæ præſtantiâ*, & pluſieurs autres Ouvrages.

QUISTILI DE LA MIRANDE, (*Lucrece*) fille eſtimable, du ſeizieme ſiecle. Elle apprit les élémens de la Peinture d'un Eleve du Bronzin ; elle s'appliqua au portrait, & ſe rendit très-célebre dans ce genre ; elle traitoit l'Hiſtoire avec le même ſuccès ; ſes tableaux ſont très-recherchés par les amateurs, & fort eſtimés des Peintres.

QUISTELLO, petite Ville dans le Mantouan ; près de la Secchia, fort connue depuis l'action qui s'y paſſa le 15 Septembre 1734, entre les Impériaux & les François : le Maréchal de Broglie y fut ſurpris.

QUI-VA-LI DE PADOUE & le QUI-VA-LA, ſont deux ſignaux dont ſe ſervoient autrefois les Ecoliers de cette Ville, pour exercer leurs brigandages. Lorſque la nuit venoit, ils s'attroupoient par bandes derriere les piliers des portiques, & lorſqu'un étranger avoit le malheur de paſſer, l'un d'eux crioit, *Qui-va-li*, un autre, *Qui-va-là* : alors cet étranger, qui ſe trouvoit entre le *Qui-va-li* & le *Qui-va-là*, ne pouvant ni avancer ni reculer, périſſoit ſouvent ſous les coups de ces aſſaſſins, qui pourtant regardoient ces meurtres comme un amuſement. Il eſt rare aujourd'hui qu'il y ait des exemples de cette atrocité : l'Univerſité étant beaucoup moins nombreuſe, il y a moins de ces attroupemens. Il y en a cependant encore ; mais ce qu'il y a de plus honteux, c'eſt que de pareils déſordres reſtent impunis, & que la République de Veniſe pouſſe la politique juſqu'à juger à propos de fermer les yeux ſur de telles horreurs.

R

RACHIS, Duc de Frioul, fils de Remmon, élu Roi des Lombards en 744, à la place d'Aldebran, neveu de Luitprand, assiégea Pérouse en 750, malgré le traité qu'il avoit conclu avec le S. Siege, peu de temps auparavant, & qui devoit durer vingt ans. Le Pape Zacharie, à la tête de son Clergé, alla au devant de ce Prince, qui leva le siege, abandonna la couronne à son fils Aostlfe, & se retira dans un Monastere.

RACONIGI, Ville du Piémont, dans la Province de Savigliano, à trois lieues de Turin, sur les rives de *Grana* & de *Maïra*. Elle est située dans une plaine agréable; elle appartient au Prince de Carignan, qui y a un très-beau Château.

RADICOFANI, (la montagne de) est d'une hauteur prodigieuse. Ferdinand I, Grand-Duc de Toscane, y fit bâtir une Auberge pour la commodité des voyageurs. Un peu plus haut est le Village de Radicofani, qui est dominé par une forteresse bâtie sur le sommet de la montagne; c'est un poste essentiel, & qui défend ce passage important de la Toscane : elle est à seize lieues de Sienne, sur la route de cette Ville à Rome. On y trouve des vestiges d'anciens volcans. Radicofani est la derniere place de la Toscane, du côté de l'Etat Ecclésiastique : il éprouva en 1700 un tremblement de terre.

RAGUSE, Ville & République de Dalmatie, sur le golfe de Venise, suivant quelques-uns l'Epidaure des Anciens, avec Archevêché. Elle est assez bien bâtie; elle paroît être sous un rocher, tant il est élevé au-dessus: mais elle s'avance dans la mer. La forme du gouvernement est semblable à celui de Venise, excepté que le Recteur ou Doge est changé tous les mois. Un Gentilhomme ne peut y porter l'épée ni coucher hors de chez lui sans la permission du Sénat. On y renferme la nuit à clef chez eux les Etrangers & les Turcs. On n'ouvre les portes de la Ville en été que quatre heures après le soleil levé, & dans l'hiver à une heure & demie. Cette République ne possede que Raguse, Stagno & deux petits Bourgs. Le Sénat est composé de soixante Sénateurs, & ils ne peuvent juger qu'ils ne soient au moins au nombre de quarante. Les Ragusains payent tribut aux Turcs, aux Vénitiens, au Pape, à l'Empereur & au Roi d'Espagne. Raguse est fort commerçante & très-sujette aux tremblemens de terre. La Nation Françoise y a un Consul.

RAIMONDI, (*Marc-Antoine*) Graveur, né à Bologne. Les estampes d'Alberdure exciterent son émulation. Après une étude réfléchie, il essaya de copier cet Artiste; il grava la Passion, qu'il avoit donnée en trente deux planches; il l'imita si parfaitement, qu'ayant mis au bas l'A. B. qu'Alberdure mettoit aux siennes, les connoisseurs y furent trompés, & acheterent les unes pour les autres. Il n'y eut qu'Alberdure qui s'en apperçut, & qui porta des plaintes contre son plagiaire. Raphaël faisoit graver ses tableaux par Raimondi, qu'il dirigeoit souvent. Ses estampes sont fort recherchées. Il mourut en 1540, peu de temps après s'être évadé de prison, où Clément VII l'avoit fait renfermer, pour avoir gravé, sur les dessins de Jules Romain, les planches qui accompagnent les sonnets de l'Aretin.

RAINUCE II, Duc de Parme, succéda, en 1646, à Odoard son pere. La régence de ce Prince fut longue & heureuse; il n'eut d'autre échec que la perte du Duché de Castro & de l'Etat de Ronciglione, dont Innocent X le dépouilla pour les réunir au Domaine de la Chambre Apostolique. Rainuce fut marié trois fois; la premiere avec Marguerite de Savoie, fille de Victor Amédée I: il n'eut point d'enfans de ce mariage; la seconde avec Isabelle d'Est, fille de François de Modene; la troisieme avec Marie d'Est, dont il eut François Farnese & Antoine, qui lui succederent. Tous les deux moururent sans laisser d'enfans: le premier en 1727 & le second en 1731.

RAMUSIO, (*Jean-Baptiste*) né à Venise en 1485. Son habileté dans les affaires & sa connoissance des Langues, le fit désigner par la République pour en être Secrétaire; il le fut pendant quarante-trois ans, & rendit des services très-importans à sa patrie. Il a laissé trois volumes de navigations, in-fol. qu'il a enrichis de savantes préfaces, de notes & de dissertations. Le premier volume, imprimé en 1554, contient la description de l'Afrique, de la Nubie, &c. le second en 1555, l'histoire de la Tartarie, & le troisieme en 1575, l'histoire du nouveau Monde. Il a composé aussi un Traité de *Nili Incremento*. Il mourut à Padoue en 1557.

RAMAZZINI, (*Bernardin*) né à Carpi, en 1633, savant Médecin & Professeur à Modene & ensuite à Padoue, est Auteur d'une Dissertation latine sur les maladies des artisans, un Traité de la conservation de la santé des Princes. Le Recueil de ses Ouvrages fut imprimé à Londres en 1716, in-4°. deux ans après sa mort, arrivée à Padoue en 1714. Il étoit de plusieurs Académies de l'Europe.

RAMELLI, (*Augustin*) Méchanicien; il étoit Militaire, & les fonctions d'Ingénieur lui donnerent le goût de la Méchanique, qu'il porta fort loin. Il a laissé un Recueil sous le titre de *diverse e artificiose machine d'Augustino Ramelli*, Paris, in-fol. Ce Livre est très-recherché des Savans dans ce genre. Ramelli vivoit dans le seizieme siecle.

RANDAN, (Eglise de) à la chûte du Mont Cenis, vis-à-vis d'Aiguebelle, de l'autre côté de l'arc ou l'arche; elle fut enterrée le 12 Juin 1750, par des torrens descendus des montagnes du Brianconnois. Ces torrens entraînerent des terres & des cailloux, qui ont enseveli l'Eglise, de maniere que le sol du terrein est actuellement au niveau du clocher, où l'on entre par les fenêtres.

RANDAZZO, Ville dans la Vallée de Demona, au Roi de Sicile, avec un Evêché; elle est assez bien fortifiée, mais en général mal peuplée, & la plupart des bâtimens presque ruinés; elle est située au S. E. de Patta, à sept lieues de Messine.

RANONCULA, herbe qui croît dans l'Isle de Sardaigne, du nombre des plantes venimeuses; l'effet de son poison est de retirer les nerfs de ceux qui en mangent; de sorte que leur contraction semble produire le rire sur leur visage : ce qui a fait dire qu'ils mouroient en riant. De-là est venue l'expression proverbiale du *rire sardonien*, qu'on applique au rire de colere, de mépris & d'ironie.

RANTZANI ou RANTZANE, (*Pierre*) né en Sicile, Ambassadeur de Hongrie, auprès de Mathieu Corvin, dans le quinzieme siecle, Auteur de quelques Ouvrages historiques, a composé les Annales de Hongrie, en soixante-un livres.

RAPALLO, Ville maritime, dans l'Etat & sur la côte orientale de Gènes, sur un golfe du même nom, au N. O. de Portofino, à sept lieues de Gènes, long. 26, 55, lat. 44, 22 : c'est la patrie de Fortunio Liceti, célebre Médecin.

RAPARIUS, (*Ange*) natif de Crémone, dans le Milanois, superstitieux singulier, qui prétendoit qu'on ne faisoit jamais une bonne pénitence. Il faisoit de Dieu un Etre difficile & chicaneur ; il portoit le scrupule si loin, qu'il se confessoit souvent de n'avoir pas entendu la Messe les Fêtes & les Dimanches, quoiqu'il y eût assisté très-dévotement, parce qu'il avoit des doutes sur l'intention & les bonnes dispositions du Prêtre qui la disoit. Quelquefois il s'imaginoit avoir volé de l'argent, pleuroit, gémissoit : mais il sortoit de son erreur, lorsqu'on lui en demandoit la restitution. Le scrupule excessif tiroit à la superstition & à la folie. Il a composé un Livre *de falsa Pœnitentia*. Raparius étoit d'ailleurs fort savant ; il avoit écrit des Ouvrages en prose & en vers latins, qu'il mit entre les mains de François de Neri, Capucin & Prédicateur célebre.

RAPHAEL SANZIO, le plus grand Peintre d'Italie, né à Urbino, en 1483. C'est le Peintre qui a le plus approché de la perfection de son art ; il en réunissoit toutes les parties : il perfectionna, par l'application la plus assidue, les dons qu'il avoit apportés en naissant. Son pere, Peintre assez médiocre, le destina à peindre la fayance. Il reste encore plusieurs morceaux de ce genre par cet Artiste, & on les conserve précieusement. Son pere qui sentit que son fils étoit fait pour aller au plus grand, le fit entrer chez le Perrugin. Bientôt il surpassa son Maître. Raphaël résolut de n'adopter aucune Ecole particuliere, mais de prendre dans chacune ce qu'il y trouveroit de mieux. Après avoir médité les cartons de Léonard de Vinci & de Michel-Ange, il s'introduisit dans la Chapelle que Michel-Ange peignoit à Rome, quelques défenses qu'il y eut de ne laisser voir son ouvrage à personne. Il renonça, après l'avoir vu, à la maniere du Perugin, & ne consulta que la nature. Le Bramante l'ayant recommandé à Jules II, ce Pontife le fit peindre au Vatican, & son premier ouvrage fut un chef-d'œuvre; c'est l'Ecole d'Athènes, tableau qui sera toujours admiré par la richesse de la composition, & par la grande connoissance de l'art. Ce premier ouvrage lui fit une réputation éclatante qu'il soutint par des morceaux d'un mérite supérieur. Son tableau de la Transfiguration mit le comble à sa gloire; rien n'est plus sublime: c'est à la vérité son chef-d'œuvre; mais il n'est rien sorti de sa main qui ne décele le génie le plus heureux, l'imagination la plus vaste & la plus féconde; sa composition est simple & sublime; un goût exquis guidoit son choix; son dessin étoit de la plus grande correction; ses figures réunissent la grace & la noblesse: l'élevation de son génie met ses tableaux au premier rang, quoiqu'il n'ait ni le coloris du Titien, ni la beauté des teintes du Correge. Ses dessins sont très-recherchés, pour la hardiesse de sa main, l'élegance & les graces. Il ne se bornoit point à l'étude des Antiques qui étoient à sa portée. Il avoit des Dessinateurs dans tous les endroits où il savoit qu'il y avoit des monumens Grecs ou Romains. Il mourut à l'âge de trente-sept ans, victime des femmes qui avoient épuisé son tempérament, & des Médecins qui ne connurent point son mal, dont il leur cacha la cause. Il avoit refusé de se marier avec la niéce d'un Cardinal, espérant de l'être lui même, suivant la promesse que lui avoit fait Léon X. Raphaël étoit aussi excellent Architecte: plusieurs édifices ont été exécutés sur ses plans. Après la mort du Bramante, il fut nommé Architecte de l'Eglise de S. Pierre, pour laquelle il donna un dessin. On ne peut savoir jusqu'à quel point il eut porté la perfection de son art, si la mort ne l'eût arrêté au commencement de sa carriere. Il a aussi modelé un grand nombre de figures & de bas-reliefs. Il étoit né le jour du Vendredi Saint, il mourut le même jour en 1520. On connoît cette épitaphe que lui fit le Bembe:

Hic situs est Raphael, timuit quo sospite, vinci
Rerum magna parens, & moriente, mori.

RAPHAEL, D'ARREZZO, Peintre, fils d'un Paysan qui lui faisoit garder les oyes. Son goût pour la Peinture lui fit quitter ce vil emploi; il alla à Rome, prit pour nom Zucchera, & devint un Peintre très-habile; ses tableaux sont au Vatican, à Sainte Marie Majeure, & dans plusieurs autres endroits de Rome.

RAPOLLA, ou RAPPELLA, petite Ville dans la Basilicate, au Royaume de Naples, avec un Evêché suffragant de *Cirenza*, a titre de Marquisat, & appartient à la Maison de *Braida*.

Il ne faut pas confondre cette Ville avec Ravello, Ville du Royaume de Naples, dans la Principauté Citérieure, près de Cara, renommées l'une & l'autre par leurs fabriques & commerce de toiles fines, près du Golfe de *Policastro*.

RAVENNE, *Ravenna*, Ville & Capitale de la Romagne, dans l'Etat Ecclesiastique, est très-ancienne, & fut autrefois très-célebre. Elle est située à soixante-trois lieues au N. de Rome, & vingt-sept au M. de Venise, à sept de la mer, près de la riviere de Montone. On reporte sa fondation aux Théssaliens. Elle passa des Sabins aux Gaulois Boïens établis sur le Pô, qui furent chassés par Paul Emile, qui sauva Rome dans cette occasion. Le Port de Ravenne étoit autrefois un des meilleurs de la mer Adriatique. Auguste y tenoit les flottes de cette mer. Sur ce Port étoient des édifices superbes, que les attérissemens ont couverts : la plupart avoient été élevés par Trajan, Tibere & Théodoric. Odoacre, Roi des Herules, qui y résidoit, fut tué par le Roi des Ostrogots, qui embellit Ravenne. On y voit encore le tombeau qu'Amalasonte fit ériger à Théodoric son pere ; il est hors de la Ville ; c'est une rotonde, qui sert d'Eglise, à deux étages, dont le premier est enterré & rempli d'eau ; celui qui est au-dessus est couvert par un seul bloc de pierre d'Istrie, de trente-quatre pieds de diametre hors d'œuvre, en forme de coupole; le sarcophage étoit au-dessus; on l'a transporté à Sainte Appollinaire. Bellisaire ayant enlevé l'Italie aux Barbares, Justin II envoya Longin pour y commander: Longin s'établit à Ravenne, & prit le titre d'Exarque. (*Voyez* EXARQUE.) Charlemagne donna Ravenne au Saint Siege. Cette Ville redevint libre, & ne fut rendue aux Papes que par la bataille d'Agnadel, gagnée par Louis XII. Cette Ville, si opulente du temps de ses Exarques, a beaucoup souffert dans ses révolutions; mais sur-tout de ce que la mer s'est retirée, & a laissé le terrein à sec. Il y a sept cents ans qu'elle appartenoit aux Malatesta, qui y ont fait bâtir les plus beaux Palais qu'on y voit encore. La Cathédrale est un ancien bâtiment, dont la nef est soutenue par quatre rangs de colonnes de marbre de l'Archipel. On y admire, parmi plusieurs tableaux du Guide, Moïse faisant tomber la manne du Ciel dans le Camp des Israëlites. L'Archevêque de Ravenne se regardoit autrefois comme Légat & indépendant du Pape: il y a quantité de beaux tableaux à Ravenne. On voit à Saint Vital, une très-belle Eglise soutenue par de magnifiques colonnes de marbre grec, de porphyre, décorée de beaux bas-reliefs antiques, le Martyre de Saint Vital, du Baroche; trois grands tombeaux dans la Chapelle de Saint Nazaire, revêtue de marbre gris de lin; celui de Placidia, fille de Théodose le Grand, & ceux des Empereurs, Honorius & Valentinien III: à Saint Romualde, un Saint Nicolas avec deux enfans, du *Cignani*; une Annonciation, du Guide: dans le Réfectoire des Camaldules, Jesus-Christ au Tombeau, par *Vasari*: à Sainte Marie du Port, le Martyre de Saint Marc, du vieux *Palma*. On voit dans les Palais Rosponi & Sprati, & dans d'autres Eglises, des tableaux du Guide, de Barrocci, du Guerchin. On voit le tombeau du Dante, dans une petite rue près des Franciscains. Sur une des places, une belle statue de marbre blanc; c'est un Pape assis, par Pierre Bacci; & vis-à-vis, une autre statue en bronze d'un autre Pape, mais moins bonne. Ravenne a produit quantité d'Hommes illustres. Elle a deux Académies & plusieurs Colléges. Les Ginnani se sont distingués par leurs Ouvrages sur l'Histoire naturelle. On cite avec éloge le Pere

Isidore Bianchi, Camaldule. Le territoire de Ravenne, quoiqu'un peu marécageux, est très-agréable & produit d'excellens vins.

RAYNALDI, (*Jérôme*) Architecte, né à Rome en 1570, d'une famille célebre d'Architectes. Il eut deux freres, Ptolomée qui fut Architecte, Ingénieur en chef de Milan. Il laissa deux fils qu'on appella les Ptolomées. Son second frere fut Jean-Baptiste, qui a travaillé aux fortifications de Ferrare, a fait plusieurs édifices à Ponte-Felice, à Borghetto & à Velletri, enfin à Rome où il se maria. Il laissa un fils qui fut Architecte & Peintre. Jérôme apprit l'Architecture de Fontana. Adrien, pere de ces trois Artistes, étoit lui-même Architecte & Peintre. Les principaux Ouvrages de Jérôme sont une Eglise à Montalte, pour Sixte V, quelques travaux pour finir le Capitole; le Port de Fano, construit sous le pontificat de Paul V; la Maison Professe des Jésuites à Rome; le Collége de Sainte Lucie de ces Peres à Bologne; à Parme, le Palais du Duc; le Cassin de la Villa *Taverna*; à Frescati, pour la Maison Borghese, l'autel de la Chapelle Pauline, dans l'Eglise de Sainte Marie Majeure; le grand Palais Pamphile sur la place Navonne; les décorations de l'Eglise de Saint Pierre, pour la canonisation de Saint Charles Borromée; l'Eglise des Carmes à Caprarole. Cet Artiste mourut en 1655, âgé de quatre-vingt-cinq ans.

RAYNALDI, (*Charles*) né en 1611. Il fut l'Eleve de son pere & le soutien de sa famille. Le plan qu'il donna de l'Eglise de Sainte Agnès de la place Navonne, lui fit beaucoup d'honneur. Innocent X le chargea de cette construction. Le clocher élevé sur la façade de Saint Pierre par le Bernin, parut aux envieux de ce grand homme un moyen de le persécuter. On persuada au Pape qu'il y avoit du danger à le laisser subsister; le Pontife nomma une Congrégation pour examiner s'il falloit le démolir; Raynaldi défendit le Bernin de toutes ses forces; mais l'envie l'emporta, le clocher fut démoli. Raynaldi donna le plan d'un nouveau qui fut fort approuvé, & qui n'eut point lieu. Il présenta en même temps quatre plans différens pour la place de Saint Pierre; le Mausolée du Cardinal Bonelli, dans l'Eglise de la Minerve; la façade de l'Eglise de Jesus-Marie au cours; l'Eglife de Sainte Marie *in Campitelli*; la façade de l'Eglife de Saint André *della Valle*; les Eglifes de Notre-Dame des Miracles & de *Campo Santo*, fur la place du Peuple; la partie de Sainte Marie Majeure, du côté de l'obélifque, & le Maufolée de Clement IX, font de cet Artifte. Son ouvrage le plus confidérable eft le Palais de l'Académie de France. Il a fait une très-grande quantité d'édifices & de deffins. Ceux qu'il fit pour Charles-Emmanuel, Duc de Savoie, lui valurent la Croix de Saint Maurice & de Saint Lazare, & des préfens confidérables. Le deffin du Palais du Louvre fut récompenfé par Louis XIV, du portrait de ce Prince. Raynaldi étoit d'un belle figure, avoit de la gaieté, aimoit beaucoup les Artiftes & le fafte. Il étoit aimé des Grands, avoit des mœurs intactes. On lui reproche un peu d'incorrection, quoique fon goût fût mâle. Il mourut en 1641, quatorze ans avant Jérôme fon pere.

RAYNALDI, (*Oderic*) Prêtre de l'Oratoire à Rome, s'appliqua fur-tout à l'étude de l'Hiftoire eccléfiaftique, & continua les Annales du Cardinal Baronnius, auquel cependant il eft bien inférieur, foit pour la maniere d'écrire, pour celle de voir, foit par fa grande crédulité. Il mourut en 1670.

RAYNAUD, (*Théophile*) Jéfuite, né à Sofpello, dans le Comté de Nice. Il paffa dans différens Colléges où il enfeigna avec diftinction. La réputation qu'il fe fit, excita contre lui la jaloufie de fes Confreres qui ne cefferent de le tourmenter. Il avoit fait une étude profonde des Anciens, & il a imité le ftyle de chacun, ce qui jette dans fa maniere d'écrire une bizarrerie finguliere; il mettoit à contribution la langue grecque & latine, dont il compofoit fes mots. Il étoit doux dans la fociété, & fatyrique la plume à la main. Il a traité des fujets bizarres, comme fi un Chartreux peut ufer de lavemens compofés de jus de viande, ou de topiques faits avec de la viande; l'Eloge de la petiteffe de corps, dans lequel il paffe en revue une immenfe quantité de nez. Plufieurs de fes livres furent mis à l'index. Les Parlemens de Touloufe & d'Aix condamnerent au feu un libelle qu'il compofa contre les Dominicains, qu'il appelle d'horribles blafphémateurs, fans excepter Saint Thomas d'Aquin

&

& Sainte Catherine de Sienne. Toutes ses Œuvres furent imprimées à Lyon en vingt volumes in-fol. Malgré les tracasseries que lui firent ses Confreres, il résista toujours aux invitations que lui faisoient ses amis de sortir de la Société. Il persista jusqu'à sa mort qui arriva dans la Maison des Jésuites de Lyon en 1663, âgé de soixante-neuf ans.

RAZARIO, (*Jean-Baptiste*) Médecin du seizieme siécle, ami & contemporain de Sigonius, de Manuce, de Muret, & d'autres Savans célebres. Il étoit de Val du Gia, petite Ville du Novarrois. Il enseigna pendant vingt-deux ans, avec beaucoup de succés, la Rhétorique à Venise. Philippe II en faisoit un grand cas. Ce Roi lui proposa une Chaire dans l'Université de Conimbre, avec de gros appointemens; Rozario s'excusa sur son grand âge; mais il accepta celle de Pavie, où il professa encore quatre ans; il y mourut en 1578. Il a donné une Traduction latine de Galien, & de quelques Interprêtes grecs d'Aristote: *Oratio de victoria Christianorum ad Echinadas*; *Georgi Pachymeri Epitome in universam disserendi artem*; *Orbasii Sardiani opera & Medicinæ compendium*; *Xenocratis de alimento libellus*, &c.

REAL, (l'Abbé César Richard de Saint-) né à Chamberi, fils d'un Conseiller, vint à Paris dans sa jeunesse, retourna à Chamberi, d'où la Duchesse de Mazarin l'emmena avec elle en Angleterre. Il revint à Paris, où il demeura jusqu'en 1692 qu'il retourna mourir dans sa patrie. Cet Ecrivain est très-estimé. Nous avons de lui: *Discours sur l'usage de l'Histoire*; son morceau de la *Conjuration de Venise*, qui l'a fait mettre pour le style à côté de Saluste; *Dom Carlos*, Nouvelle Historique; *la Vie de Jesus-Christ*; son *Discours de Réception à l'Académie de Turin*; *Relation de l'Apostasie de Geneve*; *Cesarion*, *Discours sur la gloire*; *Traité de la Critique*; *Traduction des Lettres de Ciceron à Atticus*. La derniere édition du recueil de ses Ouvrages est de 1757, 8 vol. in-12, pet. for.

RECANATI, petite Ville dans la Marche d'Ancône, & dans l'Etat Ecclésiastique, située sur une montagne à deux petites lieues de *Lorette*, d'où elle n'est séparée que par un vallon. Il y a au-deſſus de la Maiſon de Ville de Recanati, un monument ſuperbe de bronze, dédié à Notre-Dame de Lorette, érigé, dit-on, en mémoire de ce que la Sainte Maiſon ſe repoſa d'abord à Recanati, quand elle fut tranſportée en Dalmatie. On rencontre ſur le chemin de Recanati une foule de Pélerins & de Pélerines, tous gens de la campagne qui vont ou qui reviennent à pied de Lorette; à deux milles de Recanati, eſt un bel aqueduc, conſtruit par Paul V, pour conduire les eaux de la montagne de cette Ville aux fontaines de Lorette. Le corps de Grégoire XII repoſe dans la Cathédrale de Recanati.

REDEMPTION, (Chevaliers de la) ou du précieux Sang; cet Ordre fut inſtitué par Vincent de Gonzague, Duc de Mantoue en 1608, à l'occaſion du précieux Sang de Jeſus-Chriſt que l'on conſerve dans l'Egliſe de Saint André à Mantoue. Les Chevaliers ſont au nombre de vingt, dont le Chef eſt le Duc de Mantoue; leur deviſe qu'ils portent ſur le collier de l'Ordre, eſt: *Nihil iſto triſte recepto.*

REDI, (*François*) né à Arezzo en 1626, premier Médecin du Duc de Toſcane. Il fut reçu à l'Académie de la Cruſca, & contribua beaucoup à la perfection de ſon Dictionnaire. Il étoit de différentes Académies; de celle de Bologne, de celle des Arcades de Rome. Il ſe délaſſoit avec la Poëſie, de l'étude de la Phyſique & de l'Hiſtoire naturelle, ſciences dans leſquelles il fit des découvertes. Il y a de lui un Poëme eſtimé, ſous le titre de *Bacco in Toſcana*, & pluſieurs autres Poëſies italiennes; quelques excellens Ouvrages de Philoſophie & d'Hiſtoire naturelle. Il fut trouvé mort dans ſon lit en 1697, âgé de ſoixante-onze ans. Ses Ouvrages forment un recueil de pluſieurs volumes in-8°. à Veniſe 1712; on y trouve un Traité de la génération des Inſectes, des expériences touchant les Viperes, qui a été traduit en latin, & publié ſéparément, à Amſterdam 1671.

REGATES, divertiſſement ſur l'eau à Veniſe. Ce ſont des eſpeces de Naumachies inſtituées par le Doge Jean Soranzo, pour accoutumer les Vénitiens aux combats de mer. Elles conſiſtent en des courſes de barques, de péotes & de gondoles. Ces joûtes ſe font dans l'endroit du canal le plus droit & le plus large. Les prix sont exposés sur une grande estrade devant le Palais Foscari. Les jeunes Nobles, dans des gondoles très-ornées, peuvent courir. Les Particuliers les plus riches font voguer, pour leur plaisir, de très-belles péotes. Les Gondoliers cherchent à se surpasser par leur adresse & leur célérité.

Reggio, *Rezo*, *Regium Lepidi*, belle & forte Ville dans le Modenois, fondée, à ce que l'on croit, par les anciens Toscans, & rendue Colonie Romaine par le Triumvir Lepide. Elle fut ruinée par Alaric au commencement du cinquieme siecle. Elle resta entre les mains des Barbares jusqu'à ce qu'enfin Charlemagne la rétablit, après la destruction du Royaume des Lombards. Ses fortifications sont régulieres. On voit dans la Cathédrale un tableau d'Annibal Carrache fort dégradé ; les Voyageurs s'arrêtent au portrait de S. Prosper : dans l'Eglise de la Madonna della Giarra, on voit des peintures du Terrini ; un Christ ayant à ses pieds la Vierge soutenue par deux femmes, du Guerchin. Il y a quelques autres peintures qui méritent attention. Le Théâtre est dans le goût françois, qui est un quarré long, arrondi dans le fond. Plusieurs Voyageurs ont parlé d'un bas-relief antique qu'on voit au coin d'une rue; on a prétendu que c'étoit la figure de Brennus, Chef des Gaulois Sénonois qui passerent en Italie trois cent quatre-vingt-onze ans avant Jesus-Christ. C'est un reste d'Antiquité assez médiocre.

Reggio est la Capitale du Duché de ce nom ; on y compte environ vingt mille ames. Il s'y fait un grand commerce de soie ; on y fait beaucoup d'éperons & quantité d'ouvrages en os & en ivoire.

Reggio se glorifie d'avoir donné naissance au célebre Louis Arioste en 1474. C'est le Poëte le plus élégant, le plus gracieux que l'Italie ait produit. Il l'emporte sur le Tasse par l'aménité du style, & par la fertilité de son imagination, comme le Tasse l'emporte sur les autres Poëtes Italiens, par la force du génie, par la sagesse de ses plans & par la beauté de la Poësie. Le célebre Jurisconsulte Gui Pancirole, est né à Reggio en 1523, & est mort à Padoue âgé de soixante-seize ans.

Reggio, Ville assez considérable du Royaume de Naples,

dans la Calabre Ultérieure, à l'extrémité de l'Italie, sur le Détroit ou Phare de Messine, vis-à-vis de la Sicile, avec Archevêché. On y fait différens Ouvrages, tels que des bas, des camisoles, des gants avec le fil, la soie ou laine appellée *lana sucida*, qui provient d'un poisson singulier. *Voyez* LANA SUCIDA. Cette Ville est assez commerçante & encore belle, quoiqu'elle ait été souvent dévastée par les Turcs, à cinq lieues S. E. de Messine.

REGISOLE, statue équestre en bronze, très-bien travaillée, érigée au milieu de la place qui est devant la Cathédrale de Pavie. Suivant quelques Antiquaires, cette Statue fut fondue en l'honneur d'*Antonin le Pieux*. Les Lombards s'étant rendus maîtres de Ravenne où elle étoit, la transporterent à Pavie pour embellir cette Ville, qui étoit la résidence de leur Roi.

RÉJOUISSANCES. L'Italie, comme tous les autres Pays, a ses jours de divertissement. A Venise, c'est le Carnaval & la fête du Bucentaure: les autres Villes d'Italie ont chacune les leurs. On célebre les veilles d'Anniversaire, de Naissance, de Couronnement. A Rome, les plus grandes fêtes sont la veille & le jour de Saint Pierre, la veille & le jour de l'Assomption. Les réjouissances de ces jours sont terminées par des feux d'artifice magnifiques que l'on tire à la Place Farnese & au haut du Château Saint-Ange. Ces jours-là tous les Palais sont illuminés; mais ce qui fait un effet admirable, c'est l'illumination de l'extérieur du dôme de Saint Pierre, jusqu'au haut de la croix, toute la façade du portail, les balustres, la colonnade. Tout cela forme une montagne de feu qui s'apperçoit de trois ou quatre lieues à la ronde. On fait aussi des feux d'artifice la veille & le jour de l'Anniversaire du couronnement du Pape, mais le dôme n'est point illuminé.

REMANO, petite Ville du Bergamasque, à l'Etat de Venise, près du Lac *Iseo*.

REMIGIO, (*Marco*) Vénitien, Littérateur du seizième siecle. Il a laissé des Traductions d'Ammien Marcellin ; de l'Histoire de Sicile, de *Fasello* ; du Traité de Pétrarque, sur l'une & l'autre Fortune ; une vie du Guichardin ; un Recueil de Lettres ; des Remarques critiques & politiques fur l'Hiftoire de *Villani* , & des Réflexions fur Guichardin. Peu de ces Ouvrages font eftimés.

Resina, beau Village qui a été ruiné en grande partie par les éruptions du Véfuve, qui fe font répandues fur les territoires d'ella Torre del Græco, de l'Annunziata & d'*Ottaïano*. Il y a encore de très-belles maifons à Refina & à Torre del Græco. Herculée eft en partie fous Portici, & en partie fous Refina. Les Peres de la Miffion de Naples ont une très-belle Maifon à Refina. Ce Village eft le chemin le pius court, mais le plus difficile, pour monter fur le fommet du Véfuve. Le côté d'Ottaïano, en paffant par l'Annunziata, & celui de l'hermitage du Salvadore, en paffant par la Somma, font beaucoup moins pénibles. Les terreins que les laves ont épargnés, produifent les plus excellens vins, fur-tout du côté de l'hermitage del Salvadore; on le vend pour du vin de *Lacryma Chrifti*, mais les Payfans qui y font très-miférables, gagnent leur vie à aider les Etrangers, qui doivent néanmoins être fur leurs gardes de crainte d'être volés, à monter fur le Véfuve, dont Refina n'eft éloignée que de trois quarts de lieue.

REZZONICO, (*Charles*) fous le nom de Clément XIII, Pape, fut élu le 6 Juillet 1758. Il étoit fils de Jean-Baptifte Rezzonico, Noble Vénitien, & de Victoire Barberigo, d'une très-ancienne Maifon de Venife. Il naquit dans cette Ville, le 7 Mars 1693. A l'âge de dix ans, il fut envoyé à Bologne pour y faire fes études au Collége des Nobles. Après qu'il eut achevé fon cours de Philofophie, il revint à Venife étudier le Droit Civil & la Théologie. Il alla enfuite prendre le bonnet de Docteur à l'Univerfité de Padoue en 1715. Il fe rendit à Rome pour y vaquer à l'étude du Droit Canon, & fut aggrégé à l'Académie Eccléfiaftique. L'année fuivante, il fut fait Protonotaire Apoftolique du nombre des participans. En 1721 il fut nommé Gouverneur de Rieti & de Fano. En 1729 il devint Auditeur de Rote, Charge qu'il exerça jufqu'en 1737 qu'il fut fait Cardinal par Clément XII. L'Evêché de Padoue, l'un des quatre qui ne peuvent être poffédés que par des Nobles Vénitiens, ayant vaqué en 1743, le Cardinal Rezzonico en fut pourvu. Il se conduifit, dans toutes ces Charges, avec l'approbation générale, ce qui décida le Conclave à l'élever au Pontificat. Il fut élu tout d'une voix & prit le nom de Clément XIII. Il mourut au commencement de 1769, & Laurent Ganganelli fut élu à fa place le 19 Mai de la même année. Il prit le nom de Clément XIV. Il étoit Cordelier. La fainteté de fes mœurs, fon application aux affaires ont illuftré fon Pontificat. Par la Loi qu'il a promulguée contre l'abominable ufage de la caftration, il a donné des preuves de fon amour pour l'humanité.

RHODIGINUS, (*Ludovicus Cœlius Richerius*) né à Rovigo de Polefine en 1450. Il s'appliqua de bonne heure aux Lettres, & fur-tout à la lecture des Anciens : il fut un prodige dans un fiécle d'ignorance. Charles VIII lui donna en France des marques de fon eftime : Louis XII le rappella en Italie pour y remplir la chaire d'éloquence de Milan : il y enfeigna le grec & le latin avec beaucoup de fuccès. Il enfeigna enfuite ces mêmes langues à Padoue, où il mourut en 1520. Il eut pour difciple Jules Scaliger, qui, par fes éloges, a contribué à la célébrité de Rhodiginus. Plufieurs Savans l'ont célébré. Son corps fut tranfporté à Rovigo. Un Allemand, furpris qu'on n'eût point mis d'épitaphe fur fa tombe, y grava ces mots : *Hic jacet tantus Vir.*

RIARIO, (*Pierre*) Cardinal, neveu de Sixte IV, & qui avoit été Cordelier comme lui. Ce Pape l'ayant fait Cardinal, Riario afficha un luxe prodigieux auquel fourniffoient les Bénéfices dont fon oncle l'accabloit. Riario fut fucceffivement pourvu du Patriarchat de Conftantinople, de l'Archevêché de Seville, de Florence, &c. Ce qui contribue le plus à fa célébrité, c'eft l'imputation qu'on lui fait d'avoir introduit à la Cour de Rome, ce que les Italiens appellent, *Il nepotifmo.*

RICARDUS ou RICARDI, (*François-Nicolas*) Génois, de famille noble. Dans fa jeuneffe, il paffa en Efpagne, & devint grand Prédicateur. Philippe III, entraîné par fon éloquence, lui donna le nom de *prodige d'homme*, qui lui refta. Il bleffa les Efpagnols par fes opinions fur l'Immaculée Conception de la Vierge. Il alla à Rome, & y fut très-applaudi. Il compofa un Commentaire fur les Litanies. Campanella prétendit y trouver des chofes trop hardies, en état d'ébranler l'efprit des foibles; cependant Urbin VIII le fit fon Prédicateur. On avoit annoncé avec fafte un Ouvrage de lui pour la défenfe du Concile de Trente; mais il ne donna qu'un petit effai, qui fit tort à fa réputation. Il avoit de l'efprit, de la mémoire, une grande facilité à s'énoncer, & beaucoup de hardieffe: tout cela peut faire un Prédicateur fort fuivi: mais il doit fe garder de faire imprimer fes Ouvrages. Il mourut d'une attaque d'apoplexie.

RICCI, (*Sébaftien*) Peintre, né à Belluno, dans les Etats de Venife, en 1659. Il apprit les premiers élémens de la Peinture de Corvielli, Peintre médiocre; mais il fe perfectionna en voyant & en étudiant les tableaux des grands Maîtres d'Italie. Il a voyagé dans plufieurs Cours de l'Europe, appellé par différens Princes. Il fut reçu à l'Académie de Peinture de Paris, lorfqu'il y paffa pour aller en Angleterre. On voit fon morceau de réception dans la falle de cette Académie. Enfin il fe fixa à Venife, où il revint. On loue l'ordonnance de fes tableaux, la vérité de fon coloris, l'abondance & la vivacité de fon imagination, l'élévation & la nobleffe de fes idées & la facilité de fon pinceau. Il a nui à fa gloire par de trop nombreufes entreprifes & par trop d'amour du gain. Ses deffins font fort recherchés; fes principaux ouvrages font à Vienne, à Rome, à Venife, à Florence & à Londres. Il mourut à Venife, en 1734.

Il y a quelques perfonnages célebres de ce nom. Mathieu Ricci, Jéfuite, né à Macerata, en 1552, c'eft un des plus célebres Miffionnaires qu'aient eu les Jéfuites; fes grandes connoiffances dans les Mathématiques, qu'il avoit étudiées à Rome fous Clavius, le firent diftinguer de l'Empereur de la Chine, dont il poffédoit la langue. Il flatta cette Nation dans une carte géographique, qu'il dreffa par ordre de l'Empereur. Il compofa, pour les Chinois, un Cathéchifme de la Religion Chrétienne, dans lequel il affecta de ne pas les choquer. Il mêla les fuperftitions chinoifes à la morale de l'Evangile, faifant goûter l'u à la faveur des autres. Il obtint de l'Empereur de faire bâtir une Eglise. Il a composé des Mémoires curieux sur la Chine. Il mourut à Pekin en 1610.

RICCI, (*Joseph*) né à Bresse, Religieux Somasque, a laissé *une Histoire de la Guerre d'Allemagne depuis 1618 jusqu'en 1648, & une Histoire des Guerres d'Italie depuis 1613 jusqu'en 1653*. On regarde ces Ouvrages comme des compilations dans lesquelles on trouve des particularités intéressantes.

RICCI; (*Michel-Ange*) né à Rome en 1619, fut fait Cardinal par Innocent XI ; ses connoissances des Mathématiques, son amour pour la vertu, son zèle pour la Religion, furent les degrés par lesquels il s'éleva au Cardinalat, qu'il obtint en 1681, un an avant sa mort. Il a laissé un excellent Traité *de Maximis & Minimis*.

RICCIA ou LARIZZA, qu'on croit être l'ancienne Aricia, dont parle Horace, *Sat. V, lib. 1*, sur l'ancienne Voie Appienne. On y voit une Eglise en forme de rotonde, bâtie par le Bernin ; c'est un des édifices les plus élégans de ce grand Architecte. La rotonde est formée par huit pilastres, cannelés, d'ordre Corinthien, avec des arcades, formant huit enfoncemens, qui contiennent sept autels & la porte ; ces pilastres supportent des arcs, qui se réunissent sous la lanterne.

RICCIARDI, (*Antonia*) Philosophe & Rhétoricien, du seizieme & dix-septieme siecles, né à Bresse, dans l'Etat de Venise, professa ces deux arts à Asola. Il publia divers Ouvrages ; *Commentaria Symbolica*, en deux vol. in-4°. C'est une explication du sens mystique des choses ; plusieurs Traités *des Anges* ; de la connoissance de l'homme ; de l'oriflamme ; l'Histoire de la Ville d'Asola ; un Livre de l'excellence & de l'ancienneté des Langues, dans lequel il s'attache à prouver que la Langue Cymbrique est plus ancienne que l'Hébraïque. Il mourut en 1610.

RICCIAVELLI. *Voyez* VOLTERRE.

RICCIOLI, (*Jean-Baptiste*) Jésuite, né à Ferrare en 1598, Astronome, Mathématicien & Théologien, se rendit très-célebre dans ces sciences. Il a fait des expériences curieuses sur la gravité, avec le P. Grimaldi. Il a laissé plusieurs Ouvrages, *Geographia* & *Hydrographia*, lib. XII, in-fol. *Chronologia Reformata*, in-fol. *Almagestum novum*.

RICCOBONI, (*Louis*) né à Modene, Comédien & Auteur estimé. Applaudi dans sa patrie, il vint en France, où il fut regardé comme le meilleur Auteur de la Comédie Italienne. Sa piété le fit renoncer au Théâtre. Il avoit composé plusieurs Comédies fort applaudies. Il publia, après sa retraite, *ses pensées sur la Déclamation*, in-8°. un Traité *de la réforme du Théâtre*; Observations *sur la Comédie & sur le génie de Moliere*; des *réflexions historiques & critiques sur les Théâtres de l'Europe*, & *l'Histoire du Théâtre Italien*. Il mourut âgé de soixante-dix-neuf ans en 1753, regretté.

RICCOBONI, (*Antoine*) né à Rovigo en 1541, eut pour Maîtres dans l'étude des Belles-Lettres Paul Manuce, Sigonius & Muret. Il fut Professeur d'Eloquence à Padoue pendant trente ans, & fut fort applaudi. Il a laissé quantité d'Ouvrages latins; des Commentaires historiques, avec des fragmens des anciens Historiens; des Commentaires sur les Oraisons de Ciceron; une Rhétorique; des Commentaires sur la Rhétorique, sur la poëtique & sur la morale d'Aristote; l'Histoire de l'Université de Padoue, &c.

RIDOLFI, (*Charles*) né à Venise, dans le seizieme siecle, a composé en italien une Histoire du Tintoret & des Peintres Vénitiens, fort estimées l'une & l'autre, le tout recueilli en deux vol. in-4°. à Venise, 1648. Il y a eu quelques hommes célebres en Italie du même nom.

RIDOLFI, (*Nicolas*) Cardinal, Archevêque de Florence & de Salerne, neveu de Léon X. Il eût succédé à Paul III dans la Chaire de Saint Pierre, mais il mourut au Conclave, assemblé pour l'élection du successeur de Paul en 1550.

RIDOLFI, (*Pierre*) Evêque de Sinigaglia, étoit de Tossignano, dans le Comté d'Imola, vivoit en 1580. Il étoit Cordelier, & grand Prédicateur. Il dut son Evêché à son éloquence. Il a composé l'*Histoire de son Ordre*, en trois vol. trois livres de l'*Orateur Chrétien*, des *Homélies*.

RIDOTTO. Les *Ridotti*, qu'en Flandres & dans quelques endroits de l'Allemagne on appelle *redoutes*, font des lieux d'assemblée, où l'on joue pendant le Carnaval. Ces lieux sont formés de dix ou douze chambres de plein pied & de soixante tables, plus ou moins; on y joue communément le brelan & la bassette, espece de pharaon. Les salles sont assez mal meublées & assez peu éclairées; les tables des jeux sont sans tapis. On n'y entre que masqué; les Nobles y taillent, il n'est permis qu'à eux de tailler à la bassette, & la banque n'y est presque jamais malheureuse. Ces lieux sont ouverts aux femmes de qualité, aux citadins & aux courtisans: tous y jouissent de la plus grande liberté sous le masque. Les *Ridotti* ont lieu dans la plus grande partie de l'Italie. En Flandres & en Allemagne les Redoutes sont des assemblées qui se forment tantôt chez l'un, tantôt chez l'autre des principaux de la Ville. On y joue des jeux de société; quelquefois on y danse, rarement y soupe-t-on; souvent ces Redoutes se bornent à la conversation; dans les Villes d'Allemagne, où l'on a le goût de la musique, on y fait quelquefois des concerts.

RIETTI, petite Ville dans l'Etat Ecclésiastique, au Duché de Spolette, frontiere du Royaume de Naples, arrosée par le Velino, qui prend sa source dans les montagnes de l'Abruzze Ultérieure, & qui, après avoir passé par Rietti, va se jetter dans le lac de *Luco*. Rietti a beaucoup souffert par des tremblemens de terre, Ciceron comparoit à la Vallée délicieuse de Tempé la plaine de *Rietti*, dans laquelle coule le *Velino*. Les Auteurs Latins l'appellent *Reate*.

RIMINI, *Ariminium*, une des plus anciennes Villes d'Italie, dans l'Etat Ecclésiastique, à sept lieues N. O. de Pesaro, sur le bord de la mer, avec un petit port, étoit autrefois très-considérable. Il y a beaucoup de vestiges des monumens dont elle fut décorée sous les Romains. Il ne lui reste plus de son ancienne magnificence qu'un arc de triomphe, en l'honneur d'Auguste, & un pont superbe, que cet Empereur fit bâtir sur la Maruchia, qui baigne les murs de cette Ville. Son port étoit un des plus beaux d'Italie. P. Malatesta en fit enlever tout le marbre dont il étoit revêtu, pour décorer la Cathédrale & différentes Eglises de Rimini. En entrant dans la Ville, on passe sous l'arc de triomphe d'Auguste, dont l'ancienneté fait tout le prix ; il est le mieux conservé des monumens de ce temps-là. Il est bâti, ainsi que le pont de la pierre blanche des Apennins, qui peut passer pour du marbre. La masse de cet arc devoit être grande & majestueuse; la porte est fort large, la corniche est très-belle. On voit dans l'Eglise de S. Julien le martyre du Saint, de Paul Véronese. Le moyen d'obvier aux atterrissemens de la Maruchia, occupe beaucoup les Savans. On voit dans une place assez réguliere la statue en bronze du Pape Paul V, & tout auprès une jolie fontaine de marbre. Rimini est célebre par le Concile que l'Empereur Constance y assembla en 359. Son port a été très célebre : son pont joint la Voie Flaminienne & la Voie Emilienne.

Rinco, Village du Montferrat, dans la Province de Casal, qui fut rendu par la France au Duc de Savoie, & dont il a fait rétablir les fortifications.

RINUCCINI, (*Ottavio*) Florentin, Poëte, qui vint en France à la suite de Marie de Médicis. On lui attribue l'invention de l'Opéra, qu'Emilio del Cavalero lui dispute, & qui en avoit donné en 1590. Rinuccini donna en Italie Daphné, Euridice & Ariane. Ce fut à Florence où la magnificence du Grand Duc seconda le génie de l'Auteur. Il rassembla des Musiciens de tous les lieux, & se donna toute liberté pour les décorations. Il étoit très-bon Poëte, Musicien & Machiniste. Il mourut en 1620. *Pierre-François Rinuccini* son fils publia les Œuvres de son pere, imprimées à Florence en 1622.

Rio Martino, est un canal qui subsiste encore, & qui fut entrepris par le Pape Martin V. Ce Pontife ayant été chargé, n'étant encore que Camerlingue, de visiter les marais Pontins pour travailler au desséchement, il consulta les plus habiles Ingénieurs, qui furent d'avis que si tout ce qu'on avoit fait jusqu'alors, pour dessécher ces marais, n'avoit pas réussi, c'étoit parce qu'on avoit pris un chemin trop long pour conduire les eaux à la mer, ils déciderent qu'à moins de couper une colline,

& d'y creuser un canal, qui se dirigeât vers la mer par la voie la plus courte, on n'y réussiroit jamais; ce qui fut exécuté. Cet ouvrage est digne des Romains; il a depuis trente-cinq jusqu'à quarante-cinq pieds de largeur & environ trente-cinq pieds de profondeur, bordé de deux chaussées, qui ont cent quarante pieds de base & quinze à seize de hauteur au-dessus de la campagne. Il ne s'en falloit que d'un quart de lieue pour aller jusqu'à la mer lorsque le Pape mourut : ce bel ouvrage a demeuré imparfait.

RIPA, petite Ville assez considérable de la Marche d'Ancône, dans l'Etat de l'Eglise.

RIPAFRATTA, Village près de Pise, où l'on voit d'anciennes ruines, à quelques milles de celles de Macciuccoli.

RIPAILLE, Château de plaisance du Duc de Savoie, dans le Chablais, à une lieue de Thonon. Il a été bâti par Amedée VIII, dans la petite Ville de Ripaille. Il bâtit tout auprès un Monastere & une Eglise; il donna au Château le nom d'Hermitage; il s'y retira après avoir quitté ses Etats & ses enfans. Plusieurs de sa Cour l'y suivirent; ils y étoient logés magnifiquement & voluptueusement; & quoiqu'ils prissent le nom d'Hermites, qu'ils laissassent croître leur barbe, & qu'ils eussent exclus les femmes de leur société, ils vivoient en Epicuriens. Leur habit étoit à peu près comme celui des Capucins, quoique moins rude; ils avoient un bonnet d'écarlate, une ceinture d'or, & portoient une croix d'or au cou. Amédée ayant été élu Pape par le Concile de Basle, en 1439, quitta son Hermitage, & marqua le plus grand regret à se laisser couper la barbe, qui étoit très-belle. Il prit le nom de Felix V. Les Peres l'avoient nommé pour l'opposer à Eugene IV, & Felix V abdiqua la Tiare, lorsqu'après la mort d'Eugene, Nicolas V fut élu. Ripaille a été souvent le séjour des Ducs de Savoie. L'Abbaye est très-belle.

RIPALTA ou RIVALTA, petite Ville du Milanois, sur l'Adda, avec un Château très-bien fortifié, qui appartient aux Comtes de Stampa. C'est près de Rivalta que les François battirent les Vénitiens en 1509.

RIPALTA ou RIVALTA, Maison de plaisance très-agréable du Duc de Modene, entre Modene & Reggio.

RIPA TRANSONE, jolie Ville assez bien peuplée, dans l'Etat de l'Eglise & dans la Marche d'Ancône, à deux lieues du golfe de Venise, avec Evêché suffragant de Fermo.

RIS. Le Piémont s'est singuliérement attaché à la culture du Ris; elle est presque toujours dangereuse pour le cultivateur, qu'elle rend cachectique, sujet aux hydropisies, aux obstructions, aux fievres intermittentes, à cause des marécages & des eaux croupies où le Ris vient & se nourrit; de sorte qu'à mesure que la plante grandit, il faut élever l'eau, afin qu'il n'y ait que l'extrémité de la feuille & l'épi qui en sort dehors. Au temps de la récolte, qui est au mois de Septembre, on desseche les marais; ce dessechement fait exhaler des vapeurs très-malfaisantes. La tige du Ris est assez ressemblante au jonc; le tuyau est noueux, a une ligne & demie de diamètre; on le seme en Mars & en Avril, & dès qu'il est sorti de terre, on le couvre d'eau. Les environs de Turin produisent beaucoup de Ris, mais sur-tout la campagne entre Verceil & Novare: ce qui la rend fort marécageuse, & d'autant plus propre à la culture de cette plante aquatique, que la plaine est coupée d'une infinité de canaux.

RITTIUS ou DU RIT, (*Michel*) Napolitain, Historien & Jurisconsulte, du seizieme siecle, en 1505. Il fut connu en France, où il accompagna Louis XII, sous le nom de l'Avocat de Naples. Ce Prince le fit Conseiller au Grand Conseil. Rittius lui dédia son Traité des devoirs & des priviléges des Gens de Guerrre. Il a fait une Histoire des Rois de France, en trois livres; une Histoire des Rois d'Espagne, aussi en trois livres; l'Histoire des Rois de Jérusalem, en un livre; l'Histoire des Rois de Naples, en quattre livres, & l'Histoire des Rois de Hongrie, en deux livres.

RIVA, petite Ville dans le Trentin, près du lac de Gardia, à sept lieues de Trente, a essuyé plusieurs sieges. Les François, qui l'avoient prise en 1703, l'abandonnerent presqu'aussitôt.

RIVA ALTA. *Voyez* RIPA ALTA.

RIVAROLO, Bourg du Piémont, dans le Marquisat d'Ivrée, sur l'Orco.

RIVIERE, petite Ville du Duché de Mantoue, sur le Pô, vers l'orient, avec une fortification.

RIVIERE, *Riviera*; c'est ainsi qu'on appelle la côte de Gênes : on appelle la côte occidentale *Riviera di Ponente*; c'est la plus grande & la côte orientale *Riviera di Levante*. Voyez GENES.

RIVOLI, petite Ville dans le Piémont, à deux lieues de Turin, très-bien bâtie. Le Duc de Savoie y a une très-belle Maison de plaisance ; l'allée par laquelle on y arrive est une des plus grandes qu'il y ait en Italie. Le Château est bâti en briques, à trois étages & à onze croisées de face : on y respire un très-bon air. Charles-Emmanuel, qui y étoit, fit rebâtir le Château ; il est sur une colline très-fertile, & domine sur une plaine qui a trois lieues de long jusqu'à Turin, sur une grande largeur. Le Roi l'a laissé imparfait, & n'y est plus revenu depuis la mort de son pere, qu'il y fit enfermer malgré lui, deux ans après l'abdication de ce Prince en faveur de son fils. *Voyez* AMEDÉE.

RIZZO ou DAVID RIZ, né à Turin, d'un Joueur d'Instrumens. Il avoit une belle voix, son pere lui apprit la Musique, & l'envoya à la Cour de Savoie. Rizzo s'attacha au Comte de Morat, & le suivit dans son Ambassade en Ecosse. La Reine d'Ecosse, Marie Stuart, veuve de François II, le prit pour sa Musique, le fit ensuite son Secrétaire, & parut si attachée à ses intérêts, tandis que les Seigneurs suivoient le parti du Comte de Muray, qu'elle lui donna toute sa confiance. La Reine s'étant mariée avec Henri d'Arlei, Comte de Lenox, à qui Rizzo fit donner par la Reine, avant son mariage, le titre de Duc de Rothsay. L'amant, devenu époux, voulut s'emparer du pouvoir absolu, malgré Marie, qui fut soutenue par Rizzo : elle envoya son mari dans un Château, comme exilé. Rizzo regnoit sous le nom de Marie. Le Roi, revenu à la Cour, conspira contre Rizzo. Un soir que la Reine soupoit avec la

Comtesse d'Argile & Rizzo, le Roi, suivi de cinq à six personnes, entre; Awen, un des conspirateurs ordonna à Rizzo de passer dans une chambre voisine; la Reine se mit entre les assassins & Rizzo: mais on entraîna celui-ci dans la chambre voisine, & on le perça de mille coups. La Reine fit punir quelques-uns des assassins.

ROBERT D'ANJOU, dit LE SAGE & LE BON, Roi de Naples & de Sicile: il étoit troisieme fils de Charles II, dit le *Boiteux*. Caribert, Roi de Hongrie, fils de son frere aîné, lui disputoit le Trône; mais le Pape Clément V décida en faveur de Robert. Ce Prince mérita le nom de Bon par son affabilité, & de Sage par la protection qu'il accordoit aux Gens de Lettres, & par sa prudence en tout. Il en donna une preuve à Philippe de Valois, en l'empêchant de livrer bataille. Quoique brave, il détestoit que les Princes se fissent la guerre: mais ce ne fut pas précisément son motif à l'égard de Philippe; il croyoit avoir lu dans le ciel, ou peut-être dans la disposition des troupes, que les Anglois la gagneroient. Il fut marié deux fois; il eut de Ioland d'Arragon deux enfans, qui moururent avant lui, & n'en eut point de la fille du Roi de Majorque. Robert institua son héritiere Jeanne sa petite-fille.

ROBORTELLO, (*François*) Orateur critique & Philosophe, né à Udine, dans le seizieme siecle. Il professa la Rhétorique & la Philosophie morale à Lucques, à Pise, à Venise, à Bologne & à Padoue. Il parloit avec plus de grace & de facilité qu'il n'écrivoit. Ce Savant, qui parloit si hardiment sur toutes sortes de matieres, prononçant l'Oraison funebre de l'Empereur Charles V, se trouva si embarrassé après son exorde, qu'il fut obligé de discontinuer. Il a laissé un Traité de l'Histoire, dont on dit beaucoup de bien; des Commentaires sur des Poëtes Grecs & Latins; *de Republica Romana; de nominibus Romanorum; explicationes de Satyra, Epigrammate, Comedia, Salibus ac Elegia; de Artificio dicendi; de nominibus arborum.* Il étoit ardent, & quelquefois brutal dans la dispute. Il s'attira l'inimitié d'Alciat, de Sigonius, & Egnaça alla jusqu'à vouloir le tuer d'un coup de bayonnette, dont il le blessa dangereusement. Il mourut à Padoue en 1567.

ROBUSTI, (*Marie* TINTORETTE) fille du célebre *Tintoret*, Peintre. *Voyez* TINTORET. Elle peignoit très-bien elle-même, & joignoit à ce talent celui d'être très-grande Musicienne, & de jouer très-bien des instrumens. Maximilien I, Empereur; Philippe II, Roi d'Espagne, l'Archiduc Ferdinand, & d'autres Princes, témoignerent le plus grand desir de l'attirer à leur Cour; mais son pere ne put jamais consentir à se séparer d'elle, quelque fortune qu'on promît à sa fille. Il la maria à un Jouaillier, nommé *Mario Augusti*. Elle mourut à l'âge de trente ans, en 1590.

ROCCA, (de la) natif de Corse, fut un des Seigneurs qui se révolterent contre les Génois, vers l'an 1370. S'étant fait élire Comte de cette Isle, il se gouverna de façon qu'il ne resta plus aux Génois que Calvi, Bonifacio & S. Colomban; ses compatriotes, jaloux de ses succès, le troublererent jusqu'à sa mort, qui arriva en 1401.

ROCCA, (*Angelo*) Religieux Augustin de Rome, dans le seizieme siecle, fit des Commentaires sur l'Ecriture Sainte & sur les Peres; ils sont beaucoup moins estimés que sa *Bibliotheca Vaticana illustrata*, dans laquelle on trouve beaucoup de fautes.

ROCCA D'ANFO, petite Ville très-bien fortifiée, dans l'Etat de Venise, au Bressan, sur le lac d'Idro.

ROCCA DI ANNONE & ROCCA D'ARAZZO, sont deux Forts dans le Montferrat, situés chacun sur une montagne, sur le chemin d'Asti à Alexandrie.

ROCCABRUNA, Bourg situé dans la Principauté de Monaco; ses environs produisent les meilleurs citrons & les plus belles oranges de toute l'Italie. Ce Bourg est tout auprès de Mantoue. *Voyez* MONACO.

ROCCA-GORGA, Fief situé dans la Campagne de Rome, releve du Saint Siege. Le Duc de Gravina l'acheta en 1722, & le Pape l'érigea en Duché en 1724.

ROCCA-MONTE-PIANO, Village dans l'Abruzze au Duché
de

de Spolette, qui, en 1765, fut subitement écrasé par un tremblement de terre & par les rochers auxquels ce Village étoit appuyé; ces rochers, en se détachant, donnerent passage à un torrent si impétueux, que de huit cents habitans, à peine y en eut-il vingt qui purent éviter ce commun désastre. Ces tremblemens & les inondations ont changé la face de ce petit canton; des vallons ont été comblés, des plantations entraînées & des rivieres ont changé de cours.

Rocca Spacata, rocher de la montagne qui est au-dessus de Gayette; on l'appelle *Rocca Spacata*, ou Rocher fendu, parce qu'il paroît que ce rocher, qui n'a formé autrefois qu'un seul massif, a été fendu par quelque secousse extraordinaire depuis la cîme jusqu'au pied, qui touche à la mer. La solution paroît évidemment par l'inspection des parties correspondantes des parois des deux clochers; on a pratiqué dans cette ouverture perpendiculaire un escalier de largeur de deux personnes de front; cet escalier conduit à une Chapelle dédiée à la Sainte Trinité, à Sainte Anne & à S. Nicolas, au niveau de la mer. Les gens du pays attribuent la rupture du rocher à l'effort que fit toute la nature à la mort du Sauveur; ils montrent en preuve de ce miracle les traces de la main d'un incrédule qui s'imprima sur le caillou, en disant qu'il ne croyoit pas plus à ce miracle qu'il ne croyoit à la mollesse du rocher. La vue, du haut de la montagne, est une des plus belles d'Italie.

Roccella Amphisia, petite Ville au Royaume de Naples, dans la Calabre Ultérieure; c'est une Principauté qui appartient à la Maison de Caraffa: elle est bien bâtie, & l'on pêche près de-là beaucoup de corail.

Roche, (la) un des onze Mandemens ou Jurisdictions qui composent le Genevois.

ROGER, Duc & Comte de la Pouille & de la Calabre, fils de Robert Guiscard, & frere de Boëmond. Il se saisit de la Pouille & de la Calabre, après la mort de Roger, dit le Bossu, qui, ayant chassé les Sarrasins de toute la Sicile, s'en étoit emparé & étoit mort en 1101, laissant deux fils, Simon & Roger II. Il eut des démêlés avec Innocent II, parce qu'il avoit

Tome II. C c

reçu la confirmation de ses Etats de l'Antipape Anaclet. Il fit la guerre aux Grecs, arracha de leurs mains Louis VII, dit le Jeune. Il mourut, couvert de gloire, en 1152.

Ce nom a été commun à plusieurs hommes célebres. Michel Roger, Jésuite, fut un Missionnaire célebre dans les Indes, qui, de retour à Rome en 1583, fut renvoyé à la Chine avec le célebre P. Ricci. Les curiosités & sur-tout une horloge, qui marquoit les heures, les jours & les phases de la lune, leur procurerent l'accueil le plus favorable de la part du Vice-Roi de Cantoung. *Voyez* RICCI.

ROLANDINI, surnommé le GRAMMAIRIEN, de Padoue, fils d'un Notaire, dont il exerça l'office, a composé l'Histoire de la tyrannie des Ercelins depuis 1200 jusqu'en 1263. Cette Histoire a été abrégée par Pierre Gerard, qui publia cet Abrégé sous le nom de *Fausto longini*. Il mourut âgé de soixante-seize ans, en 1276.

ROLLI, (*Paul-Antoine*) Poëte, du commencement du dix-huitieme siecle. Le Recueil de ses Poësies fut imprimé à Londres, in-8°. il renferme des Sonnets, des Madrigaux & des Chansons, dont quelques-unes sont tout-à-fait anacréontiques. Il se retira à Londres, & y donna des éditions de plusieurs Poëtes Italiens ; des Satyres de l'Arioste ; des Œuvres burlesques de Berni ; du Varchi, deux vol. in-8°. du Décameron de Bocace, d'après l'édition des *Junctes*, en 1527, du Lucrece de Marchetti, in-8°. 1717.

ROLLIANI, Bourg de l'Isle de Corse, le seul endroit remarquable de la Jurisdiction de *Capo-Corzo*.

ROMAGNE, (la) *Romandiola*, Province considérable de l'Etat Ecclésiastique, bornée N. par le Ferrarois, O. par le Bolonois, S. par la Toscane & le Duché d'Urbin. Ses Villes sont Ravenne, qui est la Capitale, Faenza, Imola, Forli, Bertinoro, Rimini, Cervia, Cesena, Sarsina, &c. Ce pays est très-abondant en vins, bled & fruits excellens. Les habitans retirent un revenu très-considérable de leurs salines.

ROMAGNANO, Bourg du Milanois, dans le Ferrarois.

ROMAIN, qui succéda au Pape Etienne VI, est regardé

comme Pape par les Auteurs qui croient son élection légitime, & faite suivant l'usage ordinaire & les Canons, & comme Antipape par ceux qui pensent qu'il fut nommé par la faction du peuple. Si sa nomination occasionna un schisme, il ne dura pas long-temps; car il ne régna que quatre mois & vingt-deux jours. Il fut élu & mourut en 900.

ROMANELLI, (*Jean-François*) Peintre, né à Viterbe en 1617: il eut pour Maître *Pietro di Cortone.* Le Pape, à la recommandation des Cardinaux Barberin & Filomarino, l'employa au Vatican. Barberin l'amena en France, & le fit connoître au Cardinal Mazarin, qui le présenta à Louis XIV. Ce Prince le combla d'honneur & de bienfaits: il le créa Chevalier de S. Michel. Romanelli étoit enjoué: Louis XIV & toute sa Cour alloient le voir travailler. Un jour qu'il étoit entouré de toutes les Dames, il s'avisa de représenter au plafond celle qui lui paroissoit la plus belle; les autres s'en étant apperçues, en conçurent de la jalousie, & lui en firent des reproches sanglans. Le Peintre, pour les appaiser, les peignit toutes dans le même plafond, & leur dit: *comment voulicz-vous qu'avec une main je vous peignisse toutes à la fois?* Les bains de la Reine au vieux Louvre sont de la main de Romanelli. L'amour de la patrie le ramena deux fois à Viterbe. Il se disposoit à revenir en France, lorsque la mort l'enleva en 1662. Il étoit grand Dessinateur; son coloris étoit bon, ses pensées grandes: on lui a reproché d'avoir manqué de feu.

ROMANO, Ville assez considérable dans le Bergamasque, sur une riviere qui coule entre l'Oglio & le Serio. Il s'y fait un gros commerce de grains.

ROME, *Roma*; ce que Londres est à l'Angleterre, ce que Paris est à la France, Rome, dans ses beaux jours, l'étoit à l'Univers; elle en étoit la Capitale & le centre; quoiqu'elle ne soit plus ce qu'elle fut du temps de ses Consuls & de ses Empereurs, elle peut être regardée comme la plus belle du monde. Saccagée & mise au pillage douze fois dans l'espace de seize siecles, Rome a toujours trouvé dans son propre fonds de quoi se relever de ses malheurs; il est vrai que la résidence des Papes a beaucoup contribué à la faire renaître de ses cendres. Depuis Paul II, c'est-à-dire, depuis le milieu du quinzieme siecle jusqu'à Benoît XIV, dont la Religion & les Arts regrettent encore la perte, les Souverains Pontifes ont presqu'entiérement renouvellé Rome. Dans cet intervalle, Nicolas IV, Jules II, Leon X, Sixte V, Paul V, Urbin VIII, Alexandre VII, Clément XII, sont ceux à qui Rome doit ses plus beaux ornemens. Ces superbes obélisques, ces pyramides, ces colonnes, ces statues & tant d'autres chef-d'œuvres de l'art, tirés de la poussiere, où la main des Barbares les avoit enfouis, justifient assez combien les Papes ont été jaloux dans tous les temps de venger cette Ville des torts qu'elle a essuyés. Raphaël, Michel-Ange, Bramante, Bernin, & tant d'autres Artistes, semblent avoir été suscités par la Providence, pour seconder les efforts des Souverains de Rome moderne, & pour en faire la Ville la plus magnifique & la plus curieuse qui soit dans le monde.

Elle est située au 30e degré 20 min. de long. & au 4e degré 54 min. de lat. sur un terrein fort inégal, dans une température fort douce, par les collines qui la garantissent de l'impétuosité des vents. *V.* CAMPAGNE DE ROME. On estime son étendue, en y comprenant la partie qui est au-delà du Tibre, & tout le Vatican, à quinze milles d'Italie, ou cinq lieues de France. On y entre par quinze portes, trois au nord, *porta del Popolo*, à droite du Tibre, *Pinciana, Salara,* au levant, *porta Pia, San Lorenzo, porta Maggiore,* au midi, *porta San Giovani, Latina, San Sebastiano, San Paolo,* au-delà du Tibre, au couchant, *porta Portese, San Pancratio,* au nord, *Cavalligeri, Angelica, Castello.*

Le Tibre, fleuve qui prend sa source dans l'Apennin, & dont les eaux sont grisâtres & bourbeuses, & qu'*Horace* appelle *flavus*, blond ou jaune; est très-profond, & navigable jusqu'à Rome, la divise en Rome proprement dite, & la Cité Léonine, qui comprend S. Pierre & le Vatican : cette partie est appellée *Transtevere*. Rome est divisée en plusieurs quartiers, qu'on appelle *Rioni*, par corruption *de Regioni*. On en compte quatorze. Le plus beau de tous, & le plus fréquenté, est le *Rione del Borgo*, qui comprend une grande partie des beautés de Rome moderne; c'est dans ces quartiers que sont situés l'Eglise de Saint Pierre, le Vatican & les plus beaux Palais. Les autres quartiers, qui font partie de Rome ancienne, sont moins habités, & renferment les sept collines anciennes, savoir, le Mont Capitolin, le Mont Palatin, les Monts Quirinal, Viminal, Esquilin, Celius & Aventin. (V. *Monte Cavallo*, *Monte Quirinali*, *Monte Esquilino*, *Capitole*, &c.) Ces quartiers offrent à la curiosité & aux recherches des Savans une infinité de monumens antiques. Indépendamment de ces sept collines, que Servius Tullius enferma dans l'enceinte de Rome, l'Empereur Aurélien y ajouta le champ de Mars, & les collines appellées Citorio, Vaticano, Pincio & le Janicule. (V. *Monte Citorio*, le *Vatican*, *Monte Pincio*, *Janicule*, *champ de Mars*).

La principale de toutes les portes est *porta del Popolo*, auprès de laquelle est élevé au milieu d'une place superbe ce magnifique obélisque, que Sixte V fit rétablir en 1587. La place del Popolo est une des plus belles qu'il y ait à Rome; elle donne entrée aux trois principales rues qui sont tirées au cordeau, la *Strada di Ripetta*, à droite, la *Strada del Babuino*, la *Strada del Corso*, qui est celle du milieu, & la plus fréquentée.

On compte à Rome quatre-vingt-une Paroisses, dont trente-huit gouvernées par des Réguliers. La population ordinaire de Rome, sans y comprendre les Juifs, les Maisons des Ambassadeurs, les Etrangers, les Pélerins & les Mendians, va de cent quarante à cent cinquante mille ames, & à deux cent mille, en y comprenant tout: ce qui n'est pas bien considérable, eu égard à l'étendue & à la magnificence de Rome. Nous n'entreprenons point une description particulière de cette Ville; on trouvera les détails dans les articles auxquels nous renvoyons, dans ce que nous en allons dire en général.

La résidence des Papes a été en différens quartiers de la Ville. La premiere étoit au Palais de Latran, (*voyez* LATRAN) & ensuite au Palais du Vatican, & enfin au Mont Quirinal. (*Voyez* MONTE CAVALLO). C'est-là que les Officiers principaux de la Cour de Rome ont aussi leurs logemens. Une des curiosités qui attire le plus d'Etrangers à Rome, est de voir pontifier le Pape. (V. *Chapelle pontificale à S. Pierre*, *Bulles*, *Cortege du Pape*, *Audience*, *Cardinaux*, *Jubilé*, *Façade*, &c.) Il y a plusieurs cérémonies: mais ce qui gêne le plus, est le cérémonial (*Voyez* CÉRÉMONIAL). Les principales charges qui conduisent ordinairement au Cardinalat, sont celle de Gouverneur ou Préfet de Rome; il a tous les détails de la police; il dispose du Barigel & des Sbirres (*Voyez* BARIGEL, SBIRRES). Les Ambassadeurs s'adressent à lui, quand ils ont quelqu'un à faire arrêter; mais les grandes affaires sont jugées par les Auditeurs de Rote; (*Voyez* AUDITEURS) celle de Cardinal Camerlingue, c'est le premier Officier de la Cour; celle de Commissaires, pour les approvisionnemens. (*Voyez* CAMERLINGUE, PREFETTI DE L'ANNONA) La Justice se rend au Capitole par les Magistrats municipaux, à la tête desquels est le Sénateur. (*Voyez* SENATEUR) La politique fut de tout temps l'ame & le ressort de la Cour de Rome; elle influe sur-tout: le Clergé Séculier & Régulier est dévoué à l'intrigue. (*Voyez* POLITIQUE, CLERGÉ, INQUISITION).

Quant aux mœurs, on y vit dans la plus grande liberté, & c'est ce qui y arrête sur-tout les étrangers; mais il ne faut pas croire, comme le pensent les Romains, qu'on ne vive & qu'on ne trouve des plaisirs qu'à Rome. Naples, Venise, Florence, Milan ne sont pas moins délicieux. Les Romains aiment surtout la représentation; ils sont vains & fiers; ils imaginent encore que leur Ville est la souveraine du monde, & qu'ils ont l'ame & le génie des grands hommes dont ils n'ont que les statues (*Voyez* PRINCES & BARONS ROMAINS, CONVERSATIONS). Ils dédaignent en général les François, dont ils affectent les usages & les modes. Ils aiment beaucoup les jeux du Théâtre; c'est dans leurs loges que les femmes reçoivent leurs visites, comme les deux tiers sont en recitatifs, on y cause jusqu'au moment des ariettes, sur-tout si un nouveau *Castrat* doit la chanter. (*V.* CASTRAT, THEATRES DE ROME. Un autre genre de spectacle, sont les courses des masques, des carrosses, des chevaux, dans le temps du Carnaval (*V.* Carnaval.). Les promenades du Cours (*V.* Promenades). Ce qu'il y a peut-être de plus estimable à Rome, pour la décence & les mœurs, est la Bourgeoisie, composée de tous les gens d'affaires & de finance, des principaux Négocians, des Banquiers, des Avocats les plus distingués, de quelques Prélats, des Bénéficiers, &c. Elle n'est point exempte de vanité, mais elle aime la décence, les mœurs, la franchise; c'est-là sur-tout qu'on trouve plus communément les talens, qui préférent la société franche des bons Bourgeois à la morgue de la plupart des Monsignors. Le peuple est un assemblage d'étrangers, de gens de livrée, Porte-faix, Journaliers: très-peu sont originaires de la Ville même. Le peuple est paresseux, & craint le travail. Les habitans de la campagne abandonnent les terres pour aller à Rome se jetter dans la servitude, ou faire quelque petit commerce, que leur orgueil & leur faineantise leur font faire nonchalamment: aussi le peuple est-il très-pauvre, & c'est ce qui a tant multiplié les Hôpitaux à Rome. (*V.* Hopitaux) Le commerce & l'industrie sont peu en vigueur; point de manufactures, de fabriques; les alimens du luxe & du faste viennent de chez l'étranger. Les seules branches de commerce un peu considérable, sont la cire, les statues, les tableaux, non les belles statues & les beaux tableaux des grands Maîtres, mais les copies, les tableaux des Peintres modernes. On ne trouve que rarement à acheter des morceaux du Guide, du Guerchin, des Carraches: ce qui n'arrive que secrettement, & lorsque les propriétaires pour qui ce seroit une honte de se défaire de ces morceaux, peuvent substituer des copies à ces originaux. Cette paresse du peuple fait un contraste singulier avec la vivacité & l'impétuosité de ses passions. La jalousie les rend furieux; ils sont sensibles aux injures; leurs disputes commencent par des invectives, & se terminent par des coups de stilets. Les Romains courent aux spectacles sanglans. Lorsqu'on lit à un criminel son arrêt de mort, ce qui se fait à minuit du jour de l'exécution, le peuple accourt dans la prison, pour voir la résistance, la fureur & le désespoir du patient; plus il en marque, plus le peuple est satisfait, & ils ne le quittent qu'après qu'il est mort. On dit que les femmes vont secretement la nuit dans les boucheries voir égorger les bœufs. En général les peuples d'Italie ont les passions violentes, & une espece de méchanceté, qui éclate avec d'autant plus de fureur & de fracas, qu'elle s'est assurée de l'impunité ou d'avoir moins à craindre de la résistance de la victime qu'ils se préparent à frapper. Ceux qui sont au-delà du Tibre, ou les Transteverins, se prétendent descendre des anciens Romains, & sont en conséquence plus mutins & plus résolus (*Voyez* TRANSTEVERINS). Le culte extérieur de la Religion a plus de magnificence que dans aucune autre Ville du monde. On prend à cet égard le plus grand soin de l'éducation de la jeunesse, de l'instruction du peuple; la décoration & la multiplicité des Temples, les cérémonies religieuses, des prédications continuelles dans les Eglises, dans certains temps, des exercices spirituels pour tous les états & toutes les professions, la solemnité des Fêtes, tout sembleroit concourir à faire un peuple de dévots; mais tout se borne à une dévotion extérieure & à beaucoup de spectacles. Le peuple court aux Eglises pour voir la solemnité, & pour entendre la musique. (*V.* MUSIQUE, STATIONS, SERVICE SYRIAQUE).

Si l'étude des sciences contribue à la douceur & à l'aménité, les Romains devroient être le peuple le plus policé de la terre. L'Université est très-ancienne, & les Souverains Pontifes ont toujours eu soin qu'elle fût remplie par d'excellens Professeurs. (*Voyez* COLLEGE DE LA SAPIENCE, COLLEGE DE LA PROPAGANDE). Les principaux Colleges pour l'éducation de la jeunesse sont le College Romain, tenu autrefois par les Jésuites, le College Clémentin, par les Clercs Réguliers Somasques, & celui de Nazareth, par les Peres des Ecoles Pies, les deux derniers sont pour la jeune Noblesse: mais il n'y a guere que ceux qui se destinent à l'état ecclésiastique qui aient donné des preuves des progrès qu'ils ont faits dans ces Colleges: la Noblesse qui en sort, oublie entiérement les principes qu'on a tâché de lui donner. Il y a des Savans dans l'Histoire, des Poëtes Latins & Italiens, des Orateurs; mais les premiers manquent de critique, la crainte de l'Inquisition fait qu'ils n'osent s'écarter dans leurs écrits de la maniere commune de penser. Les Poëtes ont produit plusieurs chef-d'œuvres dans tous les genres. (*Voyez* TASSO, ARIOSTO, MAFFEI, METASTASE, &c.) Ils excellent dans la Satyre, la Pastorale. Outre les Colleges, Rome a plusieurs Académies, des Bibliotheques publiques (*V.* ARCADES, BIBLIOTHEQUES de Rome). La Sculpture, la Peinture & l'Architecture ont été très-florissantes à Rome. Il y a encore de grands Artistes, mais ces arts y ont bien dégénéré : ce n'est pas qu'ils ne trouvent encore de grands encouragemens (*V.* ACADÉMIE DE S. LUC à Rome). La Musique, du moins quant à l'exécution, s'y soutient peut-être mieux que les autres arts. *Voyez* MUSIQUE.

Les rues de Rome sont belles, grandes, spacieuses, mais mal entretenues; la *Strada del Corso*, est la plus fréquentée; c'est-là que se font les courses des chevaux, dans certains temps, & qu'on s'y promene presque tous les soirs en carrosses; sans la pluie, qui, dit-on vulgairement, est le balai de Rome, les rues seroient impraticables dans certain temps. Les belles places y sont en grand nombre; la plupart sont très-régulieres, ornées d'obélisques, de fontaines, de statues; les principales sont la place de Navonne, la place Colonne, celle de *Monte Cittorio*, *del Popolo*, de *Campo Fiori*, la *place de Venise*, celle d'*Espagne*, celle du *Vatican*, dans laquelle est cette magnifique colonnade dont les deux côtés conduisent à la fameuse Basilique de Saint Pierre. (*Voyez* les articles qui regardent ces places & les fontaines).

Il y a à Rome trois choses qui surprennent également par leur beauté, les Eglises, les Palais & les Jardins. Les Eglises sont d'une magnificence qui surprend, l'architecture surpasse tout ce qu'on peut en dire. Les plus belles sont celles de Saint Pierre, de S. Jean de Latran, Sainte Marie Majeure, S. Laurent, S. Paul, Sainte Croix & S. Sebastien : mais il n'y en a aucune qui ne renferme une infinité de choses curieuses. (*Voyez* BASILIQUES de Rome, de S. PIERRE, S. JEAN DE LATRAN, PANTHEON, &c. Nous ne parlerons ici que de quelques-unes. Il y en a trois cents, dont chacune demanderoit un détail particulier.

Sainte Marie Majeure est une des sept Eglises Stationnaires, une des plus belles de Rome, bâtie sur la partie la plus élevée du Mont Esquilin, par le Pape Tibere, en 353. Sixte III la fit rebâtir, en 442. On y conserve précieusement la crêche de J. C. La façade a été élevée dans ces derniers temps. Dans le vestibule, est la statue en bronze de Philippe IV, Roi d'Espagne, par le Cavalier Lucenti, une belle colonnade de marbre blanc, le mausolée de Sixte V, sur les dessins de Fontana; c'est un pavillon soutenu par quatre colonnes de vert antique & par quatre cariatides de beau marbre, sous lequel est placé la statue de ce Pape à genoux. Il y a quatre statues, le tombeau de Pie V, dont l'urne de vert antique est d'un fort bon goût, l'autel de la Chapelle Borghese, orné de colonnes de jaspe oriental, & l'autel Pontifical, formé d'une grande urne de porphyre, sont ce qu'il y a de plus précieux dans cette Eglise. Les mosaïques sont du cinquieme siecle, & furent citées au Concile de Nicée contre les Iconoclastes. Derriere le chœur est un obélisque qui avoit servi au tombeau d'Auguste. (*V.* Colonnes, Obélisques, &c.).

Saint Laurent hors des murs, fut bâti par Constantin en 330, sur la Voie Tiburtine; c'est une des sept Basiliques; on y voit la figure du Pape Honorius III, qui en fit rebâtir la principale porte en 1216 : cette figure est en mosaïque. Parmi les peintures anciennes, on y voit ce Pape donnant la communion à Pierre de Courtenay, & ensuite le couronnant Empereur de Constantinople. Le corps de S. Laurent est sous l'autel souterrein : le Sacristain fait voir une partie du gril qui servit à son martyre : sous le même autel est le corps de S. Etienne. Il y a dans la nef vingt-deux colonnes de granit oriental, & dans le portique, six colonnes torses, dont deux de marbre de Paros. On croit que ces colonnes étoient du Temple de Mars.

Saint Paul hors des murs, fut bâti par Constantin, & consacré par S. Sylveſtre en 324 ; quoiqu'elle ne ſoit couverte que par une belle charpente, ſes cinq nefs ſont ſoutenues par quatre rangs de grandes colonnes antiques au nombre de huit cent cinq; les quarante de la nef du milieu ont trente-quatre pieds de haut, & ſont de marbre de Paros, & d'une ſeule piece ; elles ſont tirées du mauſolée d'Adrien, les autres ſont de granit. Il y en a ſoixante autres aux différens autels, dont les devants ſont des tables de porphyre ; les colonnes ſont d'une très-grande beauté, & toutes antiques : aucun autre édifice n'en a un auſſi grand nombre. On y voit une ſtatue de Lucine, Dame Romaine, miſe au rang des Saints. La Chapelle dans laquelle on conſerve le Crucifix, qui parla, dit-on, à Sainte Brigite, eſt revêtue des plus beaux marbres. On voit autour de la nef les portraits de tous les Papes juſqu'à Benoît XIV, qui fit reſtaurer ceux qui y étoient, & que le temps & l'humidité avoient effacés.

Saint Paul aux trois Fontaines, eſt à un mille plus loin, ſur la Voie d'Oſtie à l'endroit même où S. Paul fut décolé. Cet édifice, fait ſur les deſſins de Jacques d'ella Porta, eſt beau par ſa ſimplicité : on fait grand cas du portail. Le nom de trois Fontaines lui a été donné à cauſe de trois fontaines miraculeuſes, qui indiquent, dit-on, les trois bonds que fit la tête de Saint Paul. Cette Egliſe eſt décorée de deux autels, & de trois fontaines en forme d'autels. On y voit un beau tableau du Guide, un peu gâté par l'humidité. Ce qu'il y a de plus précieux ſont deux colonnes de porphyre noir, elles ſont uniques ; les autres colonnes ſont auſſi de porphyre, mais ordinaires.

Sainte Croix de Jéruſalem, eſt une Egliſe bâtie, dit-on, par Conſtantin, à la ſollicitation de Sainte Hélène. Il y a dans cette Egliſe de très-belles colonnes ; mais la mal-adreſſe de l'Architecte qui l'a reſtaurée les a cachées par des pilaſtres, qui retréciſſent l'Egliſe: le veſtibule, compoſé de pluſieurs rangs de colonnes, mais mal diſtribuées. Les peintures à freſque du chœur ſont de Pinturrichio, repréſentant des martyrs, qui ont ſouffert le ſupplice de la croix, l'invention de la croix par Sainte Hélène, une belle statue du Cardinal Basocci. Dans la bibliothéque des Bénédictins, à qui cette Eglise appartient, est un beau tableau de *Carle Maratte*, représentant la conférence de Saint Bernard avec le Pape Innocent II; une Famille sainte, de *Mancini*, imitée à s'y tromper, de Raphaël; un anubis noir d'Egypte, de Bazalte, antique précieux; derriere l'Eglise sont les ruines d'un temple de la *Vénus Genitrix*, élevé par César; les restes d'un amphithéâtre, dont les murs d'enceinte sont encore conservés, & décorés de trois ordres de pilastres.

Saint Sébastien hors des murs, a été, dit-on, bâtie par le même Empereur, dont on rapporte aussi la fondation à Constantin, est desservie par des Feuillans. Cette Eglise, qu'ils abandonnent l'été, à cause du mauvais air, est située sur la Voie Apienne, à deux milles de Rome; elle est célebre par ses catacombes (*V.* CATACOMBES). On voit dans l'Eglise une belle statue de S. Sébastien, par Giorgeti, Eleve du Bernin, & au-dessus de la porte des catacombes, des peintures à fresque, par Ant. Carrache.

Dans l'*Eglise de Sainte Agnès*, bâtie du temps de Constantin, hors des murs, la statue de la Sainte est d'albâtre oriental, ressemblant à de l'agathe: la tête, les pieds & les mains sont de bronze doré, & modernes. La galerie, tournante autour de cette Eglise, est soutenue par seize colonnes de granit à chapitaux corinthiens; quelques-unes sont cannelées; elles sont d'une seule piece: on descend dans cette Eglise par un escalier de quarante-cinq marches de marbre.

Sainte Constance, qui est dans le voisinage de cette Eglise, passe pour avoir été un temple de Bacchus, à cause d'une ancienne mosaïque qui y représente Bacchus, & un tombeau de porphyre, sur lequel il y a des pampres de vignes, & des enfans qui jouent, d'autres croient que c'est un baptistere, que Constantin fit bâtir pour les deux Constances; la voûte, de forme circulaire, porte sur un rang de colonnes accouplées. On voit dans une niche un grand tombeau de porphyre, qui a sept pieds de long & autant de haut, sans moulures, avec un couvercle orné de têtes & de guirlandes, & représentant une vendange. Ce travail est très-précieux, & ce sarcophage est le plus beau monument antique de ce genre qu'il y ait à Rome.

Sainte Marie de la Minerve, belle Eglise des Dominicains, est ainsi appellée du temple que Pompée fit bâtir à Minerve, après la guerre de trente ans; c'est dans cette Eglise qu'est la belle statue du Christ, embrassant la croix, par Michel-Ange; plusieurs tableaux de Carle Maratte, de Marcello Venusti, de Carlo Verosiano; un crucifiement, de Giotto, un groupe de marbre de J. C. Sainte Madeleine & S. Jean-Baptiste, par Francesco Siciliano; les mausolées de Leon X & de Clément VII, de Baccio Bandinelli & de Raphaël, *di Monti Lupo*; ceux de Benoît XIII, du Cardinal Piniatelli, sur les dessins de Bernin; la chambre de Sainte Catherine de Sienne; un J. C. en croix, d'André Sacchi. Le Grand Inquisiteur de Rome réside dans le Couvent. La bibliothéque en est très-belle & très-riche: on y compte de soixante à soixante-cinq mille volumes.

Saint Pierre in Montorio, Eglise des Récolets, au sommet du Janicule, qu'on prétend fondée par Constantin; c'est dans cette Eglise qu'est le plus beau tableau connu, la Transfiguration, de Raphaël, son dernier ouvrage & son chef-d'œuvre, quoiqu'il y ait des connoisseurs qui donnent la préférence à son tableau du Pere Eternel, qui est au Vatican. On voit une Chapelle en rotonde, par le Bramante, entourée de seize colonnes, qui est un chef-d'œuvre, elle est dans le cloître; dans l'Eglise est la flagellation, de Sébastien del Piombo, morceau considérable, retouché par Michel-Ange. On y voit Saint Paul, conduit à Ananie, par Vasari, qui a mis son portrait dans le tableau, plusieurs statues & mausolées de l'Amanati, des statues de Daniel de Volterre, de Lionardo Milanese, du Cavalier Bernin, de François Baratta, de Salo, de Michel-Ange; un J. C. qu'on met au tombeau, tableau de Fiammingo. Dans le souterrein, qu'on dit être le lieu du crucifiement de Saint Pierre, on voit le tableau de son martyre, du Guide. Près de ce lieu est la fontaine Pauline. *Voyez* FONTAINES DE ROME.

San Pietro in Vincoli, ou *Saint Pierre aux Liens*, qu'on

dit être la plus ancienne Eglise de Rome, que Saint Pierre dédia lui-même, & qui, ayant été brûlée dans l'incendie de Rome par l'insensé Néron, fut rebâtie vers le milieu du cinquieme siecle : Eudoxe, femme de Théodose-le-Jeune, y envoya la chaîne dont Hérode fit lier S. Pierre. Cette Eglise est portée par vingt grosses colonnes de marbre de Paros ; on y voit le mausolée de Jules II, par Michel-Ange ; son chef-d'œuvre est la figure de Moïse, appuyé sur les Tables de la Loi, dans l'attitude d'un homme inspiré, qui parle fiérement. Il y a du même Artiste deux autres figures, l'une est la vie active, & l'autre la vie contemplative. Le Moïse est colossal, de marbre. On voit dans la même Eglise un S. Augustin, du Guerchin, le portrait d'un Cardinal, S. Pierre, délivré par un Ange, & Sainte Marguerite, du même Artiste.

Sainte Praxede, est encore très-ancienne ; des pilastres & des colonnes antiques de granit soutiennent la nef du milieu ; on dit qu'il y a au moins deux mille cinq cents Martyrs enterrés dans une Chapelle souterreine. On y conserve une partie de la colonne à laquelle le Sauveur fut attaché lors de sa flagellation : le Cardinal Jean Colonna l'apporta du Levant. On voit des peintures à fresque de Joseph d'Arpin, des tableaux de Parrocel & de Jules Romain.

La *Madonna della Vittoria* ou *Notre-Dame des Victoires*, appartient aux Carmes déchauffés, elle est revêtue de marbre ; le morceau le plus estimé de cette Eglise, est la Sainte Thérese, à demi renversée sur un nuage, en extase, & venant de recevoir la blessure qu'un Ange, qui paroît soutenu en l'air, vient de lui faire dans le cœur. Le Bernin regardoit ce morceau comme son chef-d'œuvre.

Santa Bibiana, a été bâtie en 363 par Olimpina, Dame Romaine, & rétablie en 1625, sur les desseins de Bernin, dont un des meilleurs ouvrages est la statue de la Sainte. On y voit du même Artiste une belle urne de porphyre, renfermant les corps des Saintes Bibiane & Démétrie, sœurs, & de Sainte Dafrose, leur mere. Pierre de Cortonne a peint leur martyre à fresque autour de l'Eglise.

Saint Eusebe, Eglise des Célestins, bâtie par Fontana, dans l'endroit même où étoit la prison du Saint, offre un plafond d'une très-grande beauté, peint par Meinss, Saxon. On croit que le Palais des Gordiens étoit tout auprès du Couvent : le périftile seul avoit deux cents colonnes des plus beaux marbres d'Egypte, de Numidie & de Grèce. On y trouve encore de belles colonnes.

Saint Etienne le Rond, ainsi appellé, à cause de la forme de l'édifice que les uns croient avoir été un temple élevé par Agrippine, & les autres un temple consacré à Faune, & très-bien conservé, est soutenu par cinquante-neuf colonnes entières de granit : ce qu'on y a ajouté n'a fait que le gâter.

Les *Capucins* ou *Santa Concezione* ; on y voit le tableau de la Conception, la Nativité, de Lanfranc, de S. Michel, du Guide ; de S. Antoine, ressuscitant un mort, d'André Sacchi ; la conversion de S. Paul, de Pierre-de-Cortonne ; le Diable, qui est sous les pieds du Saint, du Guide, ressemble au Cardinal Pamphile, qui avoit mal parlé de ce Peintre, qui s'en vengea de cette manière. Ce tableau est peint sur soie.

Dans l'Eglise de *S. André du Noviciat*, des Jésuites, l'un des bâtimens les plus agréables de Rome, de forme ovale, sur les dessins du Bernin, entièrement revêtu & pavé des plus beaux marbres ; on voit le martyre de S. André, du Bourguignon, *S. Stanislas Koska*, de Carle Maratte. La chambre du Saint, qui est dans l'intérieur de la maison, est un oratoire où la statue du Saint, couché & près d'expirer, par Legros, Sculpteur François, passe pour un chef-d'œuvre ; la tête, les mains & les pieds sont de marbre blanc, l'habit est de marbre noir ; le lit est de verd antique, orné de bordures de bronze doré, l'étoffe qui le couvre est figurée par de l'albâtre fleuri, le matelas est de jaune antique, & le gradin qui supporte le tout est d'albâtre. On met cette statue en parallele avec la Sainte Thérèse, du Bernin : on ne sait à laquelle donner la préférence.

Santa Maria in Ara Cœli, est bâtie dans l'emplacement du temple de Jupiter Capitolin : on y monte par un escalier de marbre de cent vingt-quatre marches. Le nom d'*Ara Cœli* lui vient d'un autel, qu'on dit avoir été élevé par *Auguste*, dans le temps de la naissance de N. S. sous le nom de *Ara Primogeniti Dei*. On montre cet autel, qui est orné de colonnes d'albâtre oriental : on croit que les colonnes de granit, qui soutiennent le plafond, ont servi au temple de Jupiter. On y voit un très-beau tableau de la sainte Famille, qu'on dit être de Raphaël.

Les deux plus belles Maisons des Jésuites, car ils en avoient plusieurs à Rome, éoient celle de *S. Ignace*, appellée Collége Romain, & celle de *Jesu Nuovo* ou Maison Professe. Ce qu'il y a de plus beau dans la premiere, est le portrait de l'Alguardi, & les bas-reliefs de la Chapelle de Saint Louis de Gonzague, par Legros. L'architecture est très-belle, mais le *Jesu* Nuovo est une des plus belles & des plus riches de Rome ; rien n'égale la magnificence & la richesse de la Chapelle & de la statue de S. Ignace. Cette figure a dix pieds de haut, elle est d'argent doré ; elle est couverte d'habits sacerdotaux, tous couverts de pierres précieuses de différentes couleurs ; la niche où elle est placée est garnie de lapis lazuli & d'albâtres antiques, soutenus par des filets de bronze doré ; le fronton, qui couronne l'autel, est soutenu par quatre colonnes, revêtues de la même pierre ; les statues, les bronzes, les marbres & tous les ornemens sont de la même magnificence. On voit dans la chambre du Fondateur un groupe en porcelaine, représentant Saint François Xavier mourant, entouré d'Espagnols & d'Indiens. Le tableau de l'autel est de Raphaël : le devant des trois principaux autels sont d'argent.

Saint Louis, est la Paroisse de l'Ambassadeur & des Ministres de France, fondée par Catherine de Médicis ; on y voit une Assomption, de François Bassan ; un S. André & Saint Jean-Baptiste, de Lanfranc ; une copie de la Sainte Cecile, de Raphaël, par le Guide ; deux fresques, du Dominicain ; un Evêque, guérissant un Aveugle, de J. Mielle.

Dans l'Eglise de *S. André della Valle*, la coupole est peinte par le Dominiquin & Lanfranc ; Cossa le Calabrois a peint en trois tableaux le martyre du Saint. La Chapelle des Strozzi construite sur les dessins de Michel-Ange, renferme quatre statues

de

de bronze, & une pietra, aussi de bronze, & quatre grandes urnes de pierre de Parangon.

Dans la petite *Egise des Camaldules*, est le beau tableau d'André Sacchi, représentant le Fondateur, S. Romuald, expliquant à ses Disciples les raisons qu'il a eu de quitter le monde: c'est le chef-d'œuvre de Sacchi.

A *S. Jérôme de la Charité*, on voit le tableau de la communion de ce Saint, par le Dominiquin: ce tableau est très-célebre.

La *Trinita del monte*, est l'Eglise des Minimes François. On y admire la descente de croix, peinte à fresque par Daniel Volterre.

A *Saint Onofrio*, au-delà du Tibre, sont trois belles peintures à fresque du Dominiquin, dont les sujets sont des particularités de la vie de S. Jérôme. C'est dans cette Eglise qu'est le tombeau du Tasse.

Sainte Marie au-delà du Tibre, est une des plus anciennes Eglises de Rome, bâtie sur les ruines d'un Hôpital militaire, sous l'empire d'Alexandre Sévere, & rebâtie en 340. La grande nef est soutenue par vingt colonnes de granit; au plafond est un beau tableau du Dominiquin.

Sainte Cecile est bâtie très-anciennement dans l'emplacement de la maison de la Sainte. On y voit la chambre des bains où elle fut martyrisée: son corps est conservé dans une Chapelle souterraine. Un des plus beaux morceaux de sculpture est Sainte Cecile, en marbre blanc, couverte d'une tunique légere, attachée par une ceinture, dans la même attitude où le corps fut trouvé, appuyée sur le bras gauche, la face tournée vers la terre. Cette représentation est de la plus grande beauté.

On voit à *S. Chrysogon*, Eglise bâtie par S. Sylvestre, de très-belles colonnes de granit qui soutiennent la nef, & celles de porphyre, qui portent la tribune: le tableau du plafond est du Guerchin.

A *San Francisco à ripa*, on admire la statue couchée de Louise Albertoni, dans le goût & le génie antiques, par Bernin.

Tome II.   Dd

Dans l'Eglise de *Santa Maria in Cosmedin*, bâtie sur les ruines du Temple de la Pudicité conjugale, on voit une pierre rouge, ronde, taillée en Masque colossal, dont le nez, la bouche & les yeux sont percés, trouvée dans le *Foro Romano*, dans l'emplacement où étoit l'Hôtel d'Hercule. On croit que les Témoins, pour affirmer la vérité de leurs dépositions, mettoient la main dans la bouche de ce Masque, & leurs sermens étoient alors sacrés ; ce qui a fait donner à cette Eglise le nom de Bocca della Verita. On l'appelle encore *Scuola Græca*, parce qu'on a prétendu que l'Empereur Adrien y avoit établi une Académie où Saint Augustin a enseigné l'Eloquence.

Il n'y a pas d'Eglise à Rome qui n'offre quelque chose de curieux & d'intéressant ; mais le détail en seroit trop long. La coupole de Sainte Marie de Lorette, Eglise des Boulangers, est double, comme celle de Saint Pierre ; c'est le premier essai qu'on ait fait, & le modele en fut donné par Bramante Lazari ; il fut perfectionné par Sansovin. Parmi les tableaux de cette Eglise, on distingue une Sainte Suzanne, de François Flamand.

Saint Pantaleon est bâti sur l'emplacement du Temple de la Déesse Tellus ; on a trouvé quantité de statues dans des excavations faites aux environs ; elles sont au Palais Farnese.

A Santa Maria Nuova, le tombeau de Sainte Françoise est sur les dessins du Bernin. Dans le Couvent, qui est des Olivetains, il y a deux Salles qu'on croit avoir été deux Temples, l'un du Soleil, l'autre de la Lune. Il y a quantité de niches ; la voute est en plein ceintre & étoit ornée de peintures & de stucs.

Dans l'Eglise de Saint Clément des Dominicains, les peintures qui représentent l'Histoire de Sainte Catherine, sont de *Massaccio*, d'une très-grande ancienneté ; tout auprès étoit la maison de Pline le jeune.

A Santa Maria della Navicella, rebâtie sur les dessins de Raphaël, la frise est peinte par Jules Romain, & P. della Vigna, on y voit dix-huit belles colonnes de marbre verd & deux de porphyre.

La Scalla Santa est un bâtiment quarré sur la Place de Saint

Jean-de-Latran. Sixte V y fit placer vingt-huit marches de marbre blanc, qu'on dit être celles du Palais de Pilate, transportées de Jérusalem à Rome. On n'y monte qu'à genoux : il y a à droite & à gauche deux escaliers qu'on monte & qu'on descend à l'ordinaire : au haut est une Chapelle où l'on voit une ancienne image de Jesus-Christ, commencée, dit-on, par Saint Luc, & finie par les Anges. Il y a encore une partie de la Crèche, de la Colonne de la flagellation, de la Lance, du Roseau, de l'Eponge & de la Croix.

A *Saint Silvestre in Monte Cavallo*, très-belle Eglise & d'une bonne architecture, on voit des fresques du Dominiquin, des statues de l'Algardi, des tableaux de Polidore Caravagio, du Cavalier Arpino, de Palma ; le mausolée du Cardinal Bentivoglio.

Sainte Marie des Anges, des Chartreux, est bâtie dans les Thermes de Dioclétien. Michel-Ange a profité de cet ancien monument pour en faire une des plus belles Eglises de Rome. Une partie de l'Eglise est formée par la grande salle des Thermes. Elle est ornée de très-belles colonnes de granit entieres & immenses; de beaux tableaux, parmi lesquels on distingue le Baptême de Jesus-Christ, de Carle Maratte; la Punition d'Ananie & de Sophronie, de Romanelli ; Saint Basile disant la Messe, par Subleyras; Jesus-Christ donnant les clefs à Saint Pierre, par Maziano, &c. &c. On y voit la célebre Méridienne tracée par Bianchini.

A Sainte Marie au Cours, il faut voir la Madeleine pénitente, du Guerchin, qui est au grand autel. *A la Madeleine des Infirmes*, le Saint Nicolas du Baccio, Saint Laurent de Jordans, la Chapelle de Sainte Camille, de Sébastien Concha. *A Sainte Trinité des Lazaristes*, des tableaux de M. Vien, de Muratori, de Mazzanti, de Bottari, de Monosilio & du Cav. Conca. *A la Madonna del Popolo*, bâtie sur le tombeau des Domitiens, des stucs & des statues du Bernin, des tableaux de Carle Maratte, de Daniel, de Morandi, de Pinturicchio, de Caravage, d'Annibal Carrache, de Michel-Ange; la Chapelle Chigi, de *Balthazar di Perugia*, de Sebastien del Piombo, de Salviati, des statues de Lorenzetto. *A Sainte Marie des Miracles aux Picpus*, la façade de Fontana, & les statues de Morelli, Carcani, &c. *A Monte Santo des Carmes*, des tableaux de Salvator Rosa, de Carle Maratte, du Baccicio. *A San Giaconeo des Incurables*, un beau bas-relief de Legros. A Saint Roch, de belles peintures du Calabrois, de Baccicio, de Peruzzi, de Brandi. Au Collége Clémentin des Somasques, deux belles urnes sépulcrales, de Basalte. A Saint Jean-Baptiste des Florentins, des tableaux de Salvator Rosa, de Baccio Ciarpi; le mausolée du Marquis Caponi, par Slodttz. Dans l'Eglise de la Paix, les Sibylles par Raphaël, une Assomption, de l'Albane. Il y a encore un très-grand nombre d'Eglises que nous ne parcourons point, & qui néanmoins renferment des chef-d'œuvres des Arts.

Les Palais qui méritent l'attention des Voyageurs & des Curieux, ne sont pas en moins grand nombre. Les principaux sont, après ceux du Pape, les Palais *Colona*, *Rospigliosi*, *Albani*, *Barberini*, *Chigi*, *Alcorso*, *Pamphili*, *Altieri*, *Borghese*, *Ruspoli*, *Vorospi*, *Farnese*, *Boccapaduli*, *Furieti*, *Santa-Croce*, *Spada*, *Corsini* & *le petit Farnese*. Nous en ferons autant d'articles séparés qu'on peut voir sous les mots Colona, Rospigliosi, &c. Il y en a plusieurs autres qui n'offrent pas des choses moins précieuses, mais qui sont en moins grande quantité, tels sont le Palais *Bernini*, du Cav. Bernin, ce célèbre Sculpteur; on y voit une statue de la Vérité, nue, plus grande que nature, assise, tenant un soleil à la main, & ayant un pied sur un globe. Cette figure n'est pas finie; le Temps qui devoit la découvrir, a resté imparfait par la mort de ce célèbre Artiste. Il y a dans ce Palais le portrait du Roi Jacques, de Vandick, l'Enfant Prodigue, du Bassan, &c.

La façade du Palais *Bracciano*, autrefois Palais Chigi, est du Bernin. On prétend qu'il y a exécuté ce qu'il avoit projetté pour le Louvre. Le rez-de-chaussée a quatre-vingt-quatre colonnes de marbre, plusieurs bustes d'Empereurs, une statue très-rare de Cléopatre, & une autre aussi très-précieuse de Caligula. Ce Palais offre beaucoup d'Antiques; Alexandre, Pyrrhus, Antinois, Jules César, Auguste; de très-beaux tableaux; deux Vénus, la Femme adultere, du Titien; cinq tableaux de l'Histoire de Cyrus, de Rubens; des morceaux de Vandick, de Paul Veronese, du Corrége; on y voit le cabinet des Médailles de la Reine Christine de Suede; un Camée en agathe oriental de six pouces de hauteur sur quatre de largeur, représentant en profil la tête d'Alexandre, & celle d'Olympia sa mere; un buste de la Reine Christine, du Bernin. M. le Duc d'Orléans, Régent, a acheté beaucoup de tableaux de ce Palais. On doit voir au Palais *Casali* une très-belle tête de Ciceron; au Palais *Sacchetti*, de belles fresques, de Salviati; au Palais *Gabrieli*, des statues de Silene, de Diane d'Ephese, des bustes de Scipion l'Africain & de Trajan; au Palais *Lancelotti*, une Diane d'Ephese, la plus grande qui soit à Rome; une belle statue de la Pudeur en marbre de Paros; un Silene porté par deux Faunes, d'Annibal Carrache. Au Palais de la Chancellerie, par le Bramante, la façade principale, par Fontana, de belles peintures de Vasari, Salviati, &c. Au Palais *Falconieri*, une Sainte Famille, grand & beau tableau de Rubens; une Sainte Famille, du Poussin; une Vierge, du Guide, allaitant le Jesus; la Libéralité, par le même; le repentir de Pierre, par le Dominiquin; une Sainte Famille, de Raphaël; les Bains de Diane, par Carle Maratte. Au Palais Pichini, le Méléagre, statue grecque de marbre de Paros, Méléagre a d'un côté la hure d'un sanglier de Calydonie, & de l'autre un chien qui le regarde. Au Palais des *Conservateurs*, les statues de Jules César & d'Auguste, de Rome triomphante des Daces; deux Idoles Egytiennes de granit oriental, dont une Isis, les pieds & la main du colosse d'Apollon, du Pont, qui avoit quarante-un pieds de hauteur; un lion qui déchire un cheval, sculpture grecque; Uranie & Thalie; plusieurs bas-reliefs antiques; des tableaux tirés de l'Histoire Romaine, par Joseph d'Arpin; plusieurs statues modernes de Leon X, Urbin VIII, par Bernin; de la Reine Casimir de Pologne; une très-grande quantité de statues, de tableaux, de bronzes; parmi ceux-ci on remarque la louve qui allaita Remus & Romulus, la même qui, à la mort de César fut frappée de la foudre, à un pied de derriere; on y voit la marque; un jeune Homme qui se tire une épine du pied; un Brutus, premier Consul de Rome; une statue de Camille; une tête de Mitridate; deux Hermès, un vase de bronze singulier; une statue grecque d'Hercule, en bronze doré; Isis, Socrate, Arianne, Apollon sous la figure d'un jeune Grec, de Michel-Ange; la tête de Michel-Ange, par lui-même; elle est de bronze sur un buste de marbre noir, très-ressemblante; des bustes d'Appius Claudius, de Sergius Galba, de Virgile, de Philippe l'Ancien, de Ciceron & d'Alexandre; une belle statue d'Hercule, de bronze doré, &c. Il y a d'excellentes peintures d'Annibal Carrache, de Pierre Perugin, de Jules Romain. Cette collection est très-nombreuse, & une des plus précieuses de Rome. Ce n'est encore qu'une partie des statues qui sont au Capitole, *Voyez* Musæum.

Le Palais *Mattei* renferme un grand nombre de statues, de bas-reliefs & d'inscriptions. Il fut construit par Carlo Maderno, dans l'enceinte du Cirque Flaminius. Parmi les bas-reliefs il y a plusieurs Bacchantes; la célebre table Héliaque. Parmi les statues, on remarque un Apollon Pythien, une Muse, un buste d'Alexandre; les bustes d'Adrien, d'Antonin, de Marc-Aurelle, de L. Verus; plusieurs autres Antiques, parmi lesquels est le buste de Ciceron, regardé comme son véritable portrait: beaucoup de peintures de l'Albane, de Lanfranc, du Dominiquin, du Caravage, du Bassan, du Guide: ce Palais est d'une étendue immense & d'une belle architecture.

Dans le Palais *Costagusti*, de l'architecture de Carlo Lombardi, on voit de belles peintures à fresque de l'Albane, du Dominiquin, du Guerchin, de Lanfranc & de Romanelli; la plus belle est la Vérité que le Temps découvre, du Dominiquin.

Le Palais *Salviati*, de l'architecture de *Nanni di Baccio Bigio*, Florentin, est enrichi de très-beaux tableaux; d'un Parnasse & du Lazare ressuscité, du Tintoret; d'une Madeleine, d'Annibal Carrache; d'un autre du Guide; Jesus-Christ & les trois Maries, de Paul Veronese; une Vierge de Sébastien del Piombo; & beaucoup d'autres, de Leonardo Vinci, du Bronzin, d'André del Sarto, de Sodoma, de Morandi, qui a peint sur les voutes l'Histoire de Céphale & de l'Aurore, d'Ariane & de Thésée. Il y a plusieurs statues antiques : on y remarque une grue de bronze très-rare, des Satyres, Bacchus, Jupiter, Apollon, les Muses, des Nymphes, des Vestales, &c.

Les maisons de campagne, les vignes, les jardins de Rome, & de ses environs, ne renferment pas moins de beautés que les Eglises & les Palais de Rome. Il semble que ce goût de la campagne se soit perpétué en Italie depuis les premiers Romains. Les ruines des anciennes maisons de plaisance de Pouzzols, de Tivoli, attestent leur magnificence. Les Romains modernes ont encore des maisons de campagne ou *ville*, qu'on pourroit comparer à celles des Anciens ; leurs vignes ou jardins n'ont pas l'élégance uniforme des nôtres, mais ils en sont plus agréables, plus commodes, plus adaptés au climat. Ces maisons renferment une infinité de chef-d'œuvres de l'art. Les principales, dont nous donnerons des articles particuliers, sont la Villa *Adriana*, *Adobrandini*, *Albani*, *Borghese*, *Corsini*, *Estense*, *Farnese*, *Feroni*, *Giraud*, *Ludovisi*, *Medici*, *Mathei*, *Negroni*, *Pamphili*. (*Voyez* JARDINS D'ITALIE.) Les autres, pour être moins considérables, n'en méritent pas moins l'attention des Curieux. Ainsi dans la Villa Casali on voit plusieurs Antiques dans l'endroit même près de Saint-Etienne-le-Rond, entr'autres les statues de la Pudeur & de Bacchus, fort estimées. Dans la Villa Guistiniani, Jupiter & Esculape ; une Bacchanale en bas-relief d'un très-beau vase ; une statue d'Aurélius César, une Minerve, un Mercure, des beaux Bustes, le tout Antique & fort précieux. Dans le Jardin Strozzi, des statues Anciennes & Modernes dans les allées des Jardins en quantité ; parmi les Modernes, deux Vénus & deux Gladiateurs, de Bernin pere. Dans le Jardin ou Bastion de Barberin, des restes de Bains antiques ; des Bassins de fayance peints par les Eleves de Raphaël, des Fontaines, &c. Ce Jardin est dans l'emplacement du Palatiolino, ou petit Palais de l'Empereur Neron. Dans la Villa *Madama* du Roi de Naples sur le Mont Marius, on voit des stucs & de belles peintures de Jules Romain & de Jean d'Udine. Dans la Villa

Mellini fur le même Mont qui domine fur Rome & fes environs; l'architecture della Villa Papa Guilio, par Vignole, eft à remarquer. Dans la Villa Mondragone, bâtiment immenfe, on admire un beau portique au fond d'un parterre, par Vignole; il eft formé de cinq arcades décorées de belles colonnes & de pilaftres; on voit dans ce Jardin de très-baux baffins & quelques ftatues: dans la maifon on remarque une tête coloffale de Fauftine; un bufte coloffal d'Antinoüs; les douze Céfars par Bernin; un Ciceron Antique; un tableau d'Orphée, de Joseph d'Arpin; des tableaux de Paul Véronefe. Il faut voir dans la Villa Falconieri, des tableaux du Titien, de Carle Marate, du Guerchin. Il y a encore beaucoup de peintures dans la Villa Bracciano; le cours du foleil peint dans un plafond par les Eleves du Dominiquin, une Galerie, de Panini, &c. Dans la Villa Rufinella des Jéfuites, une mofaïque repréfentant Médufe & le Zodiaque, Antiques, &c.

On ne peut faire un pas à Rome qui ne rappelle aux Savans quelque époque de la grandeur de cette Ville; il n'y a pas d'endroit où l'on ne foule les débris de quelque monument ineftimable: tout y retrace fon Hiftoire. (*Voyez* ENCEINTE DE ROME.) Ses Portes font pour la plupart d'anciens arcs de triomphe. (*Voyez* PORTES DE ROME.) Ses Promenades, fes Places où l'art des Modernes lutte avec celui des Anciens; fes Bibliothéques moins eftimables peut-être que celles d'Athenes, d'Alexandrie, d'Augufte, de Conftantinople, mais plus nombreufes; fes Egoûts, fes Fontaines, fes Théâtres, & tant d'autres Monumens dont nous faifons autant d'articles féparés, femblent confoler l'Univers de ceux dont la barbarie des Deftructeurs de l'Italie l'ont privée.

Les deux rivages du Tibre font joints par quatre Ponts principaux: Ponte *Angelo*, Ponte *Sixto*, Ponte *Quatro-Capi* & Ponte *San Bartholomeo*. Le premier a trois cents pieds de long, formé de cinq arches, fans décoration aux deux extrémités; il eft orné d'une baluftrade de fer formant des lozanges entre les piédeftaux des ftatues placées de diftance en diftance; Clément VII y fit placer à l'entrée celle de Saint Pierre & de

Saint Paul. Clément IX y fit ajouter dix autres statues d'Anges portant les instrumens de la Passion ; elles sont de Bernin & de son Ecole ; les grilles de fer, & autres ornemens sont d'après les dessins du Bernin : il fut bâti originairement par *Ælius Adrianus*, & il s'est appellé Pons Ælius, jusqu'à ce que le Mausolée d'Adrien prit le nom de Château Saint-Ange. En 1450 les parapets furent renversés par la foule, dont il se trouva trop plein, cent soixante-douze personnes furent noyées ou étouffées par la foule. Les réparations & les travaux qu'y ont fait faire Clément VII, Urbin VIII, Clément IX, l'ont mis dans l'état où il est aujourd'hui. Les trois autres sont bien inférieurs à celui-là. On voit de la pointe de l'Isle Saint Barthelemi, les restes du Pont Triomphal, qu'on appelle *Ponte Rotto*, & les restes du Ponte Sublicio, sur lequel *Horatius Coclès* arrêta seul l'armée de Porsenna. Plus haut est le *Ponte Molle*, autrefois Pons Æmilius, & ensuite *Ponte Milvio*.

Rome est défendue par un Château qu'on appelloit autrefois le Tombeau ou le Môle d'Adrien, aujourd'hui *Castel-San-Angelo* ; il est très-bien fortifié, & les Papes, en cas de besoin, peuvent s'y retirer par une galerie qui conduit de leur Palais à ce Château.

Il y a deux sortes de Gouvernemens dans Rome; celui de l'Eglise & celui de la Ville. Celui de l'Eglise réside dans le Pape : il tient ordinairement Consistoire tous les quinze jours. Il y assemble les Cardinaux, les Evêques & les Docteurs : c'est-là où les affaires importantes se décident. Outre ces Consistoires, il y a encore le Tribunal de la Rote, qui est le Conseil Souverain du Pape : il juge, par appel, des affaires d'un certain genre de la plupart des Pays Catholiques. Il est composé de douze Auditeurs, dont huit sont Italiens, un François, un Allemand & deux Espagnols. Les tarifs pour le prix du pain, du vin & de la viande sont affichés par-tout, ce qui est très-commode pour les Etrangers. Les impôts à Rome ne sont point exorbitans, & toutes sortes de denrées de bouche ne paient qu'un droit d'entrée très-modique : il est vrai que c'est à cette facilité de vivre commodément à Rome, qu'il faut attribuer la paresse du Peuple, la désertion des campagnes & la langueur du commerce. Les Romains, adonnés à leurs plaisirs, passent la plupart du temps à leurs maisons de plaisance, surtout dans le temps des *Villégiatures*. Dans le temps des grandes chaleurs, c'est-à-dire depuis la mi-Juillet jusqu'à la fin du mois d'Août, il est d'usage de ne sortir de chez soi qu'à sept heures du soir. Alors les cafés se remplissent jusqu'à neuf heures: l'on y trouve toutes sortes de rafraîchissemens: on s'y sert communément de neige au lieu de glace. Le déjeûner des Romains est ordinairement une tasse de chocolat, qu'ils préparent sur de petits fourneaux à l'esprit de vin. On use de thé & de café après le dîner, mais en été on en prend très-peu au lait: la rareté des pâturages & leur sécheresse y rendent le lait peu commun. Les Romains sont peu recherchés dans le luxe des habits. Les Marchands sont ordinairement en habits de couleur avec des perruques courtes ou en bourses; mais les Avocats, les Procureurs, les Notaires, & tous ceux qui ont des Charges au Palais Pontifical, portent un habit noir de drap ou de soie, avec un manteau de la même couleur, & une perruque d'Abbé: il ne leur manque que la tonsure pour le paroître. C'est ce qui a fait tomber dans l'erreur l'Auteur d'un Voyage d'Italie, qui prit pour des Prêtres un Directeur de Spectacle, & un Prévôt de Salle d'Armes. C'est encore une autre erreur de croire que les Courtisannes publiques soient souffertes à Rome. Dès que le Gouvernement s'apperçoit que quelque fille tient une conduite scandaleuse, il la fait chasser de la Ville, ou enfermer dans une Maison de force. Malgré la sévérité de la Police à cet égard, il y en a quelques-unes; mais il leur est défendu d'aller en carrosse au Cours, de se trouver aux Assemblées publiques, aux Promenades. Si quelqu'un étoit trouvé chez elles pendant l'Avent, le Carême, la Semaine de Pâques, les Fêtes & Dimanches, elles seroient sévérement punies. Rome est le théâtre de la galanterie. Il seroit dangereux à un amant renvoyé de réclamer ses droits sur une femme, ou d'être indiscret, un coup de stilet de la part de son rival l'auroit bientôt vengée. Dans tous les états & dans tous les quartiers, il y a des assemblées qu'on appelle *Conversations*. Quand il est mort une Personne de qualité, tous les Parens & Parentes, quelques éloignés qu'ils soient, sont obligés de s'absenter pendant huit jours des *Conversations*.

Le Peuple est grossier & féroce dans la campagne de Rome. On compte quelquefois dans l'Etat Ecclésiastique, dans le cours d'une année, jusqu'à deux mille assassinats; mais ils sont moins communs à Rome. Le plus grand nombre est l'effet de la jalousie ou de la vengeance. Il est rare qu'on n'y exécute à mort. Il n'y a point de patrouille à Rome pendant la nuit. Les rues sont larges, nettoyées par les fontaines, mais jamais balayées: elles sont pavées de morceaux de marbre en lozanges, à la maniere des Anciens.

Les promenades ne se font guere qu'en carrosses dans la rue du Cours, mais on se rassemble & l'on va se promener la nuit dans les parties les plus élevées: les hommes sont armés d'épées & de pistolets, & accompagnent leurs femmes & leurs filles au son des instrumens & en dansant. Les sérénades ou concerts d'instrumens, de voix, de chœurs, de tambours de basque, sont ordinaires dans les promenades d'été. C'est par goût que les rues ne sont pas éclairées: il y a de petites lanternes derriere les carrosses; elles ne jettent leur lumiere que d'un côté; & si un passant se trouve de ce côté, il est en droit de dire à celui qui la porte: *Volta la Lanterna*.

Il n'y a de Spectacles que depuis le 7 Janvier jusqu'au mercredi des Cendres: il n'y a point de femmes, ce sont des castrats qui les remplacent, soit dans le chant, la déclamation, soit dans les ballets. Il y a huit Théâtres à Rome. *Voyez* THÉATRES.

Les Arts, comme nous l'avons dit, sont fort déchus en Italie: nous avons à Rome des François qui l'emportent sur les Artistes Romains actuels pour la Peinture & la Sculpture.

Pour ce qui regarde le Souverain, *voyez* PAPE, CORTEGE, AUDIENCE, ELECTION ET EXALTATION, REVENUS DU PAPE, CHAPELLE PONTIFICALE, CONCLAVE.

RONCAGLIA, plaine fameuse dans l'Histoire, du onzieme & douzieme siecles; c'est-là que les Rois d'Allemagne campoient avec toute leur cour, lorsqu'ils alloient à Rome recevoir leur couronne des mains du Pape. Cette belle plaine est située à très-peu de distance de la Ville de Parme.

RONCIGLIONE, Ville & Capitale d'un petit Etat du même nom, enclavé dans le Patrimoine de S. Pierre. Innocent X prit cet Etat à Rainuce II, & le remit, avec le Duché de *Castro*, au Domaine de la Chambre Apostolique. Depuis ce temps, il a appartenu au Pape, & la possession lui en a été confirmée par le Traité de Worms, en 1738. C'est une Ville fort riche & assez peuplée; elle est à cinq lieues S. E. de Viterbe; onze N. O. de Rome. Elle est bien bâtie, & dans une situation agréable. La grande rue, qui est très-belle, se termine par un arc de triomphe sur le chemin de Rome. L'Eglise Collégiale de Saint Pierre & de Sainte Catherine est bâtie avec goût; le Château est un amas de petites pierres serrées les unes contre les autres, où l'on ne peut entrer que par un pont fort étroit: il ressemble plus à une prison qu'à un château. Auprès de *Ronciglione*, dans un vallon, couvert de broussailles, coule un petit ruisseau qui fait aller des forges, des papeteries & d'autres usines.

RONCO FERRATO, petite Ville du Duché de Mantoue, à peu de distance de la Capitale, vers l'orient, sur le Pô.

RONDISSON, Village du Montferrat, dans la Province de Trin, au N. du Pô.

RORARIUS, (*Jérôme*) de Pordenone, Nonce de Clément VII, a composé un Traité de l'ame des bêtes, sous ce titre: *Quòd animalia bruta ratione utantur melius homine.* Il suppose non-seulement de la raison dans les animaux, mais encore il soutient qu'elles savent mieux s'en servir que l'homme. Ses preuves sont prises de quelques faits particuliers.

ROSA, (*Salvator*) Peintre, Graveur & Poëte, né à Naples en 1615. Son indigence l'obligeoit à exposer ses tableaux dans les places publiques; Lanfranc y reconnut du talent, en acheta plusieurs, & l'encouragea. Ce suffrage excita Salvator à de nouvelles études; il se mit sous la discipline de Ribera, &

fit des progrès considérables. Ses talens lui acquirent une foule de protecteurs, qui le mirent en état de ne pas sacrifier son génie à l'intérêt. Ses tableaux d'Histoire sont répandus dans différentes Eglises de l'Italie; mais le genre dans lequel il a le plus travaillé sont des combats, des marines, des paysages, des sujets de caprices, des animaux & des figures de soldats, dont il saisissoit parfaitement l'air, la contenance & l'esprit. Il peignoit avec une si grande facilité, que souvent en un jour il commençoit & il finissoit un tableau. S'il avoit besoin de quelqu'attitude, il se mettoit devant un miroir, & dessinoit d'après lui-même. Les morceaux qu'il a gravés de sa main sont excellens. Il peignoit avec la plus grande vérité, & rendoit la nature telle qu'elle étoit. Son coloris est vigoureux, son dessin quelquefois bizarre; mais tous ses tableaux ont un caractere original. Salvator étoit gai, & avoit beaucoup d'esprit. Il a composé des Satyres & des Sonnets, dans lesquels il y a des saillies & de la finesse. Il rassembloit chez lui un grand nombre de gens de goût & d'esprit. Il donnoit des repas, où régnoient la joie & la liberté: il avoit une salle de spectacle, & lui-même étoit Acteur. Il étoit payé largement de ses tableaux. Le Connétable Colonna lui donna un jour une bourse d'or pour un tableau que Salvator avoit fait; Salvator lui en envoya un second, & le Connétable une seconde bourse d'or; Salvator envoya un troisieme tableau, & le Connétable une troisieme bourse, le quatrieme fut payé de même; enfin au cinquieme, le Connétable lui envoya deux bourses, & fit dire à Salvator qu'il lui cédoit l'honneur du combat. Ce Peintre conserva sa gaieté jusqu'à sa mort: sa derniere parole fut une plaisanterie. Ses dessins sont aussi estimés que ses tableaux; ses principaux ouvrages sont à Rome, à Milan & à Florence. Le Roi a deux de ses tableaux; l'un est une bataille, l'autre représente la Pythonisse. Salvator mourut à Rome en 1673.

ROSALBA, (*Carriera*) Vénitienne, qu'on met au rang des plus grands Peintres d'Italie; personne n'a porté aussi loin qu'elle l'art de peindre en miniature & au pastel. Il y en a très-peu qui puissent lui être comparés. Il y a beaucoup de ses ouvrages à Venise. Elle mourut en 1761.

Rosagni, petite Ville de la côte orientale de Gênes, dans les Terres.

Rose d'or. (cérémenie de la) Elle doit son origine au Pape Urbin V, qui, en 1366, le quatrieme Dimanche du Carême, envoya une Rose d'or à la Reine Jeanne de Sicile, & fit un décret par lequel il ordonna que dans la suite, tous les ans à pareil jour, les Pontifes ses successeurs consacreroient une semblable Rose. Cette Rose d'or est enrichie de pierreries, & le Pape l'envoie ou à des Princesses ou à quelqu'Eglise, qu'il affectionne particuliérement. La bénédiction s'en fait par S. S. au Palais du Vatican, dans la Chambre des paremens, en présence de tout le sacré Collége, avant que d'aller entendre la Messe à sa Chapelle, & on y emploie l'eau bénite, l'encens, le baume & le musc, mêlés ensemble, avec quelques prieres propres pour cette cérémonie. Après la Messe, S. S. dispose de la Rose d'or selon qu'elle l'a décidé; & le jour de cette cérémonie, les Cardinaux assistent à la Chapelle en soutanes de couleur de rose séche.

Rospigliosi, (Palais) à Rome, qui a appartenu aux Mazarins; il est à la Maison Borghese, & on le croit bâti sur les Thermes de Constantin. Il y a de très-belles peintures, entr'autres le tableau de la vie humaine ou les quatre Saisons, que le Temps, jouant de la lyre, fait danser; il est assis par terre contre un piédestal, & l'Amour, près de lui, tient un sablier: ce tableau célebre est du Poussin; une galerie au fond du jardin, peinte à fresque par le Guide. Il a représenté l'Aurore dans le plafond; la Poësie a beaucoup servi à la Peinture dans ce tableau. L'Aube est représentée par l'Amour, qui tient une torche allumée, figure de l'étoile du matin; l'Aurore, par une jeune femme dans les nues, dont la tête sort d'un voile, & qui répand des fleurs; le Matin, par Apollon, dans son char, tiré par des chevaux vifs & ardens, qui chassent les nuages devant eux, & qui font succéder une lumiere éblouissante à la lueur incertaine de l'Aube & de l'Aurore. Deux frises de cette galerie sont de *Tempesta*: c'est le triomphe de l'Amour sur toutes les nations & sur tous les âges; un Saint Laurent, vendant les vases sacrés pour faire l'aumône; une belle esquisse, de Pierre de Cortone, de la Vierge, que le Pere Eternel couronne; Samson, renversant les colonnes de la salle du festin des Philistins; & le triomphe de David, après sa victoire sur Goliath, par le Dominiquin; Sophonisbe, venant de s'empoisonner pour éviter la honte d'être menée à Rome, du *Calabrese*; Renaud, tenant un miroir, devant lequel Armide se pare, de l'Albane; Eve, présentant la pomme à Adam, par *Jacques Palma*; un troupeau, conduit par des Pâtres, de Benedetto Castiglione; un portrait de Clément IX, de Carle Maratte. Il y a dans ce Palais des Antiques très-précieux; deux fresques antiques, peintes sur un mur, qu'on a enlevées avec la pierre; une statue de Minerve, Grecque; une Diane moderne, mais bien dans le goût antique, &c.

ROSSANO, *Russanum*, Ville au Royaume de Naples, dans la Calabre Citérieure, avec un Archevêché & titre de Principauté. Elle est fertile en huile, en safran, poix, goudron, &c. on en tire de beaux mâts de navire. A l'O. de *Rossano*, on voit les ruines de Sibaris, cette Ville si fameuse par la mollesse de ses habitans. *Rossano* est située près du golfe de Tarente, & à une lieue de celui de Venise, sur une petite riviere qui se jette dans le *Celano*, & est environnée de rochers, à douze lieues E. de *Cozensa*.

ROSELLI, (*Mathia*) Peintre, né à Florence en 1578, Eleve de Pagani & de Passignani. Il a excellé dans la fresque; son dessin est pur, son coloris est frais & ses tableaux sont travaillés avec soin; on l'accuse de trop de symmétrie & de tranquillité dans ses compositions, & d'avoir l'imagination froide. Il a fait peu de tableaux de chevalet. Le Roi en possede deux, le triomphe de David & celui de Judith. Il a beaucoup travaillé dans le cloître de l'Annonciade à Florence. Il mourut dans cette Ville en 1660.

ROSSELLINI, (*Bernard*) Architecte, né à Florence,

fleurit dans le quinzieme siecle. Le Pape Nicolas V lui accorda sa protection & son estime. Il éleva par son ordre l'Eglise de S. Benoît à Gualdo, celle de S. François à Assise; fortifia Civita Vecchia, Narni, Orviette, Spolette & Viterbe; répara les bains des environs de cette Ville; il fortifia une partie de l'enceinte de Rome, & la flanqua de tours; il ajouta quelques ouvrages au Château Saint-Ange, & décora plusieurs Eglises, entr'autres les Basiliques de S. Jean de Latran, de S. Paul, de S. Laurent hors des murs. Nicolas V avoit formé le vaste projet de bâtir une nouvelle Eglise en l'honneur de S. Pierre: le plan de ce monument étonne par sa majesté. Rossellini devoit conduire l'ouvrage, & en avoit fait les dessins: la mort du Pape fit évanouir ce projet. Cet édifice devoit être accompagné de beaux Palais pour le Pape & les Cardinaux, pour ses Officiers, pour les Princes Souverains, qui viendroient à Rome, pour les Artistes, des vastes jardins, d'un amphithéâtre pour le couronnement des Papes, &c.

ROSSI, (*Jean-Antoine* de) Architecte, né dans le Bergamasque, en 1616, fils de Lazzaro de Rossi, n'eut qu'un Maître ignorant: la seule étude de l'Antiquité lui en apprit plus que tous les Maîtres. Il étoit obligé de faire crayonner ses dessins; malgré cet inconvénient, il bâtit la façade du Palais Rinuccini, qui donne sur le Cours, & qui passe pour un chef-d'œuvre: le Palais Altieri au Jesus, est encore plus admiré. Ses autres ouvrages, qui tous portent l'empreinte d'un grand Maître, sont les Palais Astalli & Matti, l'Hôpital des femmes à Saint Jean de Latran, l'Eglise de S. Panthaleon, la Chapelle du Mont de Piété: il commença l'Eglise de la Madeleine, qu'on a gâtée ensuite. Il a beaucoup travaillé; à sa mort, sa succession fut évaluée quatre cent mille livres de France; il en fit trois parts, il en légua une à l'Hôpital de la Consolation, la seconde à l'Eglise appellée *Sancta Sanctorum*, & la troisieme pour doter de pauvres filles. Rossi étoit généreux, parloit avec facilité; le style de son architecture étoit grand & noble comme son caractere. Il mourut en 1695.

ROSSI, (*Mathias*) Architecte, né à Rome en 1637,
n'étoit

n'étoit point parent du précédent; son pere étoit Architecte, & s'appelloit Marc-Antoine. Mathias fut Eleve du Bernin, qui le préféra à tous les autres. Il aida son Maître dans beaucoup de ses grands ouvrages; il succéda à la plupart des emplois du Bernin, après sa mort, & sur-tout dans celui d'Architecte de de S. Pierre. Ses principaux ouvrages sont le Château, que Clément IX fit bâtir à Lamporechio, l'Eglise des Ecoles Pies de Monterano, le tombeau de Clément IX à S. Pierre, la façade de Sainte Galla, la grande porte du Palais Altieri, la douane de *Ripa-grande*. Il eut beaucoup de part à la construction du Palais de *Monte Citorio*. Il fit un dessin pour l'Oratoire du P. Caravita, qui n'eut pas lieu. Il vint en France, obtint les bonnes graces de Louis XIV, & fit le modele du Palais du Louvre. Il devoit exécuter quelques desseins du Bernin: mais la guerre, obstacle éternel en France des productions des arts, obligea Rossi de retourner à Rome, comblé de bienfaits du Roi. Innocent XII l'avoit décoré de l'Ordre du Christ. Il bâtit pour le Prince Pamphile la principale Eglise de Valmontone. Il mourut à Rome, d'une rétention d'urine, regretté par son caractere, ouvert & gai, par sa douceur & par ses mœurs, aussi pures que son style. Il avoit fait, par ordre de Clément IX, une description de la coupole de S. Pierre, dans laquelle il prouva que la crainte qu'on avoit de sa ruine, étoit chimérique, & que le Bernin s'étoit conformé à l'idée de ceux qui avoient jetté les fondemens de cette coupole, en faisant pratiquer un escalier avec une niche & une balustrade, dans les massifs qui la supportent. Cet Artiste mourut âgé de cinquante-huit ans, en 1695.

ROSSI, (*Jean-Victor*) connu sous le nom de *Janus Nicius Erithræus*, né à Rome, de parens nobles, fut d'abord attaché au Cardinal Porretti; ce Cardinal étant mort, Rossi prit le parti de la retraite, pour se livrer entièrement à l'étude des Lettres, qu'il avoit toujours aimées. Il y composa plusieurs Ouvrages fort estimés de son temps, & dont quelques-uns sont encore recherchés. Dans sa *Pinacothea imaginum illustrium virorum*, il a transmis beaucoup d'actions & de faits d'hommes célebres, qui seroient ignorés sans lui. Il a laissé des Epîtres, des Dialogues, & un Livre d'Anecdotes, sous le titre d'*Exempla virtutum & vitiorum.*

ROSSI ou RUBŒUS, (*Jean-Antoine*) Jurisconsulte, qui fit quelque bruit à Padoue, où il étoit Professeur en Droit, & où il mourut, en 1544. Son nom & ses Ouvrages sont assez oubliés.

ROSSI, (*Jérôme*) Evêque de Pavie, né à Parme, se rendit recommandable par son application aux Lettres. Leon X lui donna l'Abbaye de Chiravale, dans le Picentin, & Clément VII le fit Clerc de Chambre; il permuta cette charge pour l'Evêché de Pavie. Il fut accusé par ses ennemis d'avoir tué un homme; il fut mis en prison au Château S. Ange : mais son innocence fut reconnue, & il fut rétabli dans son Evêché : il avoit souffert trois ans de prison. Le Pape Jules III lui donna le Gouvernement de Rome. Rossi mourut au mois d'Avril 1564, âgé de soixante-cinq ans. Il a laissé un Traité des hommes illustres, un Poëme, & d'autres Ouvrages de Théologie & de Droit Canon.

ROSSI, (*Blanche* de) fille d'Antoine de Rossi, né à Bassano, épousa Baptiste de la Porte. Le Tyran Ezelin, ayant pris Bassano, fit tuer la Porte. Blanche étoit très-belle; le Tyran, qui avoit été frappé de sa beauté, l'avoit sauvée du carnage, il en devint éperduement amoureux, il essaya de la séduire; mais ni les caresses ni les menaces n'ayant pu réussir, & la voyant déterminée à se donner la mort plutôt que de céder, il employa la force. Blanche désespérée, & ne pouvant plus survivre à cet affront, alla arroser de ses larmes le tombeau de son mari, en leva la pierre, s'y précipita, & y mourut en baisant le cadavre de son époux.

ROSSO ou LE ROUX, Peintre, né à Florence en 1469. Il n'eut d'autre maître que son génie, la nature & les ouvrages de *Michel-Ange* & du *Parmesan*. Etant venu en France, il fut chargé par François I de la direction des ouvrages de Fontainebleau. Il a fait bâtir & a décoré de ses peintures la grande galerie. Pellegrin travailloit en même temps dans ce Château, étoit son ami; cependant il l'accusa de lui avoir volé une somme considérable. Pellegrin fut appliqué à la question, & souffrit les plus affreux tourmens sans rien avouer. Enfin le Roux ayant reconnu son injustice, en fut si pénétré, qu'il prit un violent poison, dont il mourut le même jour à Fontainebleau en 1541. François I lui avoit donné un Canonicat de la Sainte Chapelle. Ses compositions sont grandes, son expression forte & énergique. Il dessinoit d'une maniere forte & un peu sauvage; il aimoit le bizarre & le singulier. Le Roux réunissoit plusieurs talens; il étoit Peintre, Architecte, Poëte & Musicien.

ROTE; (la) c'est ainsi qu'on appelle à Rome le Conseil souverain du Pape: c'est le principal Tribunal de Rome. Il juge par appel des affaires d'un certain genre de la plûpart des pays Catholiques; il est composé de douze Auditeurs, dont huit sont Italiens, un François, un Allemand & deux Espagnols. Le nom de Rote, qu'a pris ce Tribunal, vient du pavé de la Chambre où s'assemblent les douze Prélats, qui est de marbre figuré en forme de roue. Cette Jurisdiction fut établie par le Pape Jean XXII. Clément VIII leur accorda de grands privileges, Alexandre VII les fit Soudiacres Apostoliques. Ils portent une robe violette, & à leur chapeau un cordon de même couleur; leurs appointemens sont de cent ducas pour chacun & de deux cents pour le Doyen.

ROTO FREDO, Bourg très-proche de la Ville de Plaisance, remarquable par la bataille qui s'y donna en 1746, & où les Espagnols & les François furent battus & contraints d'évacuer toute l'Italie.

ROVEREDO, *Roboretum*, Ville située dans le Tirol, sur les confins de l'Italie, dans la Vallée de Lagarina, a passé des Comtes de Castelbarco à la République de Venise, qui la fortifia, y envoya un Podestat & un Capitanio, & l'a cédée depuis à l'Empereur. Elle a environ sept mille habitans; elle est fort commerçante, fort industrieuse; on y cultive le mûrier & on y fabrique quantité d'étoffes de soie pour l'Allemagne: les teintures y sont bonnes. Les maisons sont bâties en marbre blanc & rouge; il y regne beaucoup de luxe dans les habillemens.

Ee ij

les équipages & le dedans des maisons. Il s'y est établi depuis 1750, par les soins de Bianca Laura Saibanti, épouse de M. Vanetti, de concert avec plusieurs personnes de Lettres qu'elle rassembloit chez elle, une Académie, qui devient tous les jours plus célebre, sous le titre des *Agiati*, ou n'aimant point la gêne : l'Impératrice Reine s'en est déclarée protectrice. La mort de M. *Tartoretti*, qui a fait naître le goût des Lettres à Roveredo, a fait beaucoup de tort à cette Société naissante.

ROVIGNO, petite Ville dans l'Istrie; elle est en sûreté par un double port. On tire de ses carrieres de très-belles pierres, & & on recueille d'excellent vin; mais l'air y est mal sain, comme il l'est dans presque toute l'Istrie. On voit près de Rovigno le *Monte Auro*, où étoit l'ancienne *Arpinum*, des ruines de laquelle Rovigno s'est agrandie. Cette Ville appartient aux Vénitiens.

ROVIGO, Ville & Capitale du Polesin, située sur l'Adigette, à neuf lieues de Padoue & quinze de Venise, appartient aux Vénitiens; elle est la résidence de l'Evêque d'Adria. Elle n'a rien de bien remarquable; le Palais du Podestat est sur une place, ornée d'une colonne qui supporte le lion de S. Marc; il y a un corps-de-garde pour la Compagnie d'Infanterie, que la République y entretient. Dans une Chapelle de la Vierge, à l'extrémité de la Ville, on conserve une image miraculeuse de la Mere de Dieu; cette Chapelle est ornée de beaucoup d'*ex voto*, peints par des Artistes Vénitiens. Le territoire de Rovigo & du Polesin est d'une grande fertilité, & les Nobles Vénitiens ne laissent échapper aucun des fonds qu'ils trouvent à y acheter. Rovigo a donné naissance à Bartholomeo Rovarella, à Celio Rodigino, & à Jean Boniface de *Rovigo*. Elle s'appelle en latin *Rhodigium*.

ROVITO, (*Scipion*) Jurisconsulte, né à Tortorella, au Royaume de Naples, en 1556. Il passa de l'emploi d'Avocat à la place de Conseiller d'Etat, ensuite à celle de Président de la Chambre Royale, enfin à la dignité de Régent au Conseil Collatéral. Il fut envoyé à Milan & à la Cour de Madrid, & partout il s'acquit beaucoup d'honneur & de réputation. Il a composé *Commentaria in Prag. Regni Neap. Consil.* Il mourut en 1636.

RUBERTI, (*Michel*) né à Florence, dans le quinzieme siecle, Domestique de Marie Salviati, mere de Cosme de Médicis. Il a composé une Histoire depuis la création du monde jusqu'en 1430, toute fondée sur ce systême, que les changemens des Monarchies n'ont d'autre cause que les crimes de ceux qui les gouvernent.

RUBIERA, petite Ville dans le Modénois, assez bien fortifiée, est très-exposée en temps de guerre, étant une des clefs du Modénois; c'est la patrie d'Antoine Codrus. Elle est sur la Secchia, à trois lieues de Modene.

RUCCELLAI, (l'Abbé) né à Florence, d'une famille noble, dont le pere étoit en société avec quelques-uns des partisans, qui, depuis Catherine de Médicis, s'étoient glissés en France. Son pere lui procura des bénéfices considérables de cette Cour; l'Abbé, qui en avoit pour plus de trente mille livres de revenus, en recevoit autant de son pere. Il espéra de faire la plus grande fortune à la Cour de Rome; il y acheta la charge de Clerc de la Chambre du Pape. Paul V lui témoigna des bontés, qui lui susciterent une foule d'ennemis. Il vint alors en France; le Maréchal d'Ancre le produisit à la Cour. La grande dépense qu'il faisoit lui fit des partisans; il afficha le luxe le plus voluptueux & la magnificence la plus recherchée; sa table ressembloit à celle de Lucullus; on y servoit au dessert, dans des plats de vermeil, des essences, des gants, des éventails, & d'autres choses de cette espece, qu'il distribuoit aux convives. Il avoit la délicatesse d'un Sybarite, tout le mettoit à la mort; il avoit toutes les petitesses d'une coquette. Il mourut en 1627. Ce Ruccellai ne valoit assurément pas le Ruccellai, Auteur du Poëme des Abeilles, dont on a publié, il y a quelques années, une traduction françoise: il étoit aussi Florentin. Il a laissé des Tragédies fort estimées, sur-tout son Oreste.

RUCCELLAI, (*Bernard*) né à Florence en 1449, & mort en 1514. Ce grand Politique & Négociateur habile, se rendit célebre par ses écrits & par les services qu'il rendit à la

République. Il en fut Gonfalonnier en 1480. Il épousa une petite-fille de Cosme de Médicis. Il a éctit en latin ; ses Ouvrages sont, *de Bello Italico*, *de Bello Pisano*, *Bellum Mediolanense*, *de Magistratibus Romanorum*, *Collectanea antiquit. Roman.*

RUDIANO, petite Ville du Bressan, dans l'Etat de l'Eglise, sur l'Oglio.

RUGGERI, (*Cosme*) Astronome, né à Florence, vint en France à la Cour de Catherine de Médecis, qui avoit beaucoup de foi à l'Astronomie ; aussi lui donna-t-elle l'Abbaye de S. Mahé. Il fut accusé d'avoir conspiré contre la vie de Charles IX, en 1574 ; il fut condamné aux galeres. Catherine l'en retira peu de temps après. Il fut le premier en France qui composa & publia des Almanacs, en 1604. Il mourut en 1615, & déclara en mourant qu'il étoit Athée : son corps fut traîné dans les rues, & jetté à la voirie.

RUMILLI, jolie Ville de Savoie, à deux lieues d'Annecy, dans une plaine élevée, au confluent de Serano & du Nefa. Elle étoit riche & commerçante ; mais depuis que Louis XIII en a fait raser les fortifications, en 1630, elle est bien diminuée de sa splendeur.

RUONFORNELLO, petite Ville maritime de la Sicile, dans la Vallée de Demona ; elle est très-renommée à cause du beau sucre qu'on y fabrique.

RUSCA, (*Antoine*) savant Théologien, de Milan. Lorsque Fréderic Borromée eut établi la Bibliothéque Ambrosienne, il y plaça des Savans, & leur distribua différentes matieres à traiter. Rusca fut du nombre de ces Savans ; il y composa un Traité fort curieux : *de Inferno & statu Dæmonum ante mundi exitium*, en un vol. in-4°. imprimé à Milan en 1621.

RUSCELLI, (*Jérôme*) né à Viterbe, Littérateur, du seizieme siecle. Il se fit un nom parmi les hommes les plus savans de Venise, où il mourut. Il a composé divers Ouvrages ; il reste de lui un *Traité des Devises* ; un autre *de la perfection des femmes* ; un *Traité des hommes illustres* ; *scholia in IV lib. de veneratione* de Noël le Comte.

Ruspoli, (Palais) à Rome, dans la belle rue du Cours, bâti sur les desseins de l'Ammanati de Florence. Il y a le plus bel escalier qui soit à Rome; il est à quatre rampes, très-solide & très-hardi en même temps; il est tout entier de marbre de Carrare, chaque rampe a trente marches. Il y a dans ce Palais une très-belle collection de statues; les plus belles sont une Omphale, plus grande que nature, coëffée de la dépouille du lion Néméen, & tenant la massue de la main droite; les statues d'Adrien, de Bacchus, d'Apollon, de Mercure, de Claude, d'Esculape, de Faunes Grecs, les trois Graces, de très-beaux bas-reliefs, parmi lesquels on en remarque un Antique de marbre; c'est un jeune homme, les jambes & les cuisses nues, vêtu d'un petit manteau, le casque en tête, d'une main il tient une pique, & donne l'autre à une femme assise, entiérement drapée, il paroît être descendu d'un cheval, qui est derriere lui. Il y a auprès un autre cheval, entouré d'un serpent: derriere la femme, est un homme, tenant une pique: un sabre, un bouclier rond sont attachés au mur. Il y a plusieurs autres statues & morceaux antiques.

RUSTICI, (*Jean-François*) Sculpteur célebre, du seizieme siecle, né à Florence. André Varochio son Maître de dessin, voyant Rustici s'amuser à faire des petites figures de terre, devina & cultiva son talent pour la Sculpture; il lui mit le crayon & le marteau à la main, & le dirigea pour l'un & pour l'autre. Les talens de Léonard de Vinci, qu'il trouva dans la même Ecole, enflammerent son génie. Les statues qu'il a faites sont en bronze; les plus remarquables sont une Leda, une Europe, un Neptune, un Vulcain, un homme nu à cheval, statue colossale, une des Graces, de deux brasses & demie. Il vint en France en 1528; François I lui fit faire quelques ouvrages considérables. On croit qu'il mourut en France, & que les factions qui désoloient sa patrie l'empêcherent d'y retourner.

Ruvo, petite Ville au Royaume de Naples, dans la Terre de Bari, avec titre de Comté. Elle appartient à la Maison de Caraffe; son Evêché est suffragant de Bari. Elle étoit connue des Anciens. Horace en parle dans la Satyre V du premier livre. *Indè Rubos fussi pervenimus.*

S

SABINIEN, Pape, né à Volterre, fuccéda à S. Gregoire-le-Grand, le 1 Septembre 604. S. Gregoire l'avoit employé pour les affaires de l'Eglife; il l'avoit envoyé à Conftantinople en qualité de Nonce. On dit qu'il étoit très-avare, & que Saint Gregoire lui étant apparu, & lui ayant reproché de ne pas diftribuer, dans un temps de famine, le bled aux pauvres, Sabinien, effrayé des menaces du Saint, mourut cinq mois & dix-neuf jours après fon élection, en 605, au mois de Février.

SABELLICUS, (*Marcus-Antonius* Coccius) né dans le petit Bourg de *Vico-Varro*, fils d'un pauvre Maréchal, quoiqu'à caufe de fon furnom de Coccius on ait voulu le faire defcendre de la famille des Cocceiens. Il fe mit d'abord à enfeigner les enfans dans la campagne; lorfqu'il eut ramaffé affez d'argent, il alla à Vérone, fe perfectionna dans l'étude des Lettres fous les favans Profeffeurs qui y étoient alors Il fut Profeffeur lui-même à Rome & à Venife, où il mourut, dit-on, d'une maladie honteufe, à l'âge de foixante-dix ans, en 1506. Il avoit été couronné Poëte à Rome; après avoir profeffé à Udine, la République de Venife le nomma Bibliothécaire de S. Marc. Il a laiffé *Hiftoria Euneadum*; c'eft une Hiftoire univerfelle depuis Adam jufqu'en 1504, un vol. in-fol. l'*Hiftoire de la République de Venife*, en trois livres; *Exemplorum* ou *Anecdotes*, dix livres; des *Magiftrats de Venife*. Ses Ouvrages forment un Recueil en quatre vol. in-fol. Venife, 1560.

SABEO ou FAUSTUS SABŒUS, né à Ghiari, dans le territoire de Breffe, d'une famille pauvre, du fein de laquelle fon mérite perça & le fit connoître à Leon X, le protecteur des Savans. Ce Pape le fit Garde de la Bibliothéque du Vatican, l'envoya en Angleterre & en Irlande, pour chercher dans les Monafteres les manufcrits qu'on y confervoit. Sabeo ne revint qu'après la mort du Pape; il ne trouva plus de protecteur, &

languit oublié, jusqu'à ce qu'ayant fait imprimer une Cosmographie & cinq livres d'Epigrammes, il reçut de Henri II, à qui il avoit dédié ces Ouvrages, une chaîne d'or pesant plus de cent louis. Il mourut peu de temps après, vers l'an 1556.

SABINE, (la) est une Province de l'Etat Ecclésiastique, qui fait partie du pays des Sabins : sa Ville principale est Magliano. Les anciens Sabins, dont il est tant parlé dans l'Histoire, étoient situés entre l'Etrurie & le Latium. Cures, dont les Romains furent appellés Quirites, fut d'abord la Capitale de la Sabine : ce fut ensuite Rieti, qui est maintenant dans l'Ombrie. La *Terra Sabina* est très-fertile en bled, en huile & en vin; ses habitans passent pour être fort paresseux & fort adonnés au plaisir. Cette Province a neuf lieues de long sur presqu'autant de large, & est bornée au N. par le Duché de Spolette, E. par Naples, & au S. par la Campagne de Rome.

SABIO, petite Ville du Bressan, dans l'Etat de Venise.

SABIONNETA, Ville & Duché, avec une forte citadelle, aux confins de Mantoue, entre le Mantouan & Crémone. Le Duc étoit autrefois de la Maison Caraffe; ce Duché a ensuite appartenu au Prince de Stigliano, dont la mere le tenoit d'Elisabeth de Gonzague, dont elle étoit petite-fille. Sabionnete fait aujourd'hui partie du Duché de Guastalla, cédé au Duc de Parme; elle est à cinq lieues de Parme, huit de Crémone, huit S. O. de Mantoue.

SACCHI, (*Andrea*) Peintre célebre, né à Rome en 1599. Il reçut les premiers principes de son pere, l'Albane les perfectionna. Il fit les progrès les plus rapides; il conserva de l'Albane les graces & la tendresse du coloris, & l'a surpassé par le goût du dessin, par la noblesse, la vérité d'expression & de finesse. Il n'a jamais dessiné sans consulter la nature; il excelloit dans les sujets simples. Son tableau de S. Romuald passe pour un des meilleurs morceaux qu'il y ait à Rome. S'il étoit sévere pour lui-même, il n'épargnoit pas les autres : sa critique lui fit des ennemis de tous les Peintres. Ses dessins sont très-recherchés; ses principaux ouvrages sont à Rome. On voit de lui au Palais Royal, Adam, qui voit expirer son fils, & un portement de croix: ces tableaux font ineftimables. Sacchi mourut à Rome en 1661. On raconte que Bernin voulant avoir fon jugement fur la Chaire de S. Pierre, qu'il venoit de finir, l'alla prendre dans fon carroffe; Sacchi refufa d'abord d'y aller, enfin fortant en bonnet, en pourpoint & en pantoufles, il monta en carroffe, puis s'arrêtant vers la croifée de l'Eglife : *voilà*, dit-il à Bernin, *le principal point de vue d'où je veux juger votre ouvrage*; & après l'avoir examiné attentivement, il s'écria à haute voix: *ces figures doivent être plus grandes d'un bon palme*, & fortit de l'Eglife fans dire autre chofe. Sa critique étoit jufte, mais Bernin ne jugea pas à propos de recommencer.

SACCHINI, (*François*) Jéfuite, né aux environs de Péroufe, étoit très-initié dans les affaires les plus fecrettes de fon Ordre. Il fut Secrétaire du P. *Mutio Vitelleschi*, Général, & continua l'*Hiftoire de fa Compagnie*, commencée par Orlandini: elle forme quatre vol. in-fol. Il compofa divers autres Ouvrages; un *Traité de la maniere de lire avec fruit*; quelques difcours qu'il prononça dans le temps qu'il étoit Profeffeur de Rhétorique à Rome, *de la lecture des Livres qui peuvent corrompre les mœurs*; une *Vie de Saint Paulin*, celle du *B. Stanislas Kostka*, celle du *P. Canifius*. Il mourut à Rome en 1625.

SADOLET, (*Jacques*) favant & célebre Cardinal, naquit à Modene en 1478; fon pere, qui étoit Profeffeur en Droit à Ferrare, fut fon Précepteur; il lui enfeigna le Grec & le Latin; il le mit fous la difcipline de Nicolas Leonicene, Profeffeur de Philofophie: Sadolet y fit les plus grands progrès. Olivier Caraffa, connoiffant fon mérite, fe l'attacha. Il fe lia avec Frédéric Fregofe, Evêque de Salerne, & avec le célebre Bembe. Léon X le prit pour fon Secrétaire, & il eut lieu de connoître tout le mérite de Sadolet: le favoir le plus profond, le génie le plus pénétrant & les plus grandes vertus, il réuniffoit tout. Il refufa l'Evêché de Carpentras, que le Pape fut obligé de lui ordonner d'accepter. Après la mort de Leon, il fe retira dans fon Evêché, d'où Clément VII le rappella; mais il ne revint à Rome qu'à condition qu'au bout de trois ans il retourneroit dans son Eglise. En y retournant, il vit à Lyon François I, qui le combla d'honneur. Paul III l'envoya en France, pour procurer la paix entre ce Souverain & Charles V. A son retour, en 1536, il le fit Cardinal. Il assista à la Conférence que ce Pontife eut à Parme avec l'Empereur. Il composa un très-beau Discours à l'occasion de la paix qui fut conclue, *de bono pacis*. Il revint à Rome, & y mourut, en 1547, âgé de soixante-dix ans. Jamais les dignités ne gâterent son cœur ; né sans ambition, il s'étoit livré tout entier aux Lettres ; c'est un de ceux qui ont le plus contribué à leur rétablissement par ses écrits. Il excelloit dans la Poësie & dans tous les genres de Littérature. Sa latinité est de la plus grande pureté ; ses Ouvrages ont été recueillis à Vérone, en trois vol. in-4°. le premier en 1737, le deuxieme en 1738, & le troisieme en 1740 ; ils contiennent, entre différens écrits, dix-sept livres d'Epîtres, plusieurs Discours, une interprétation des Pseaumes & des Epîtres de S. Paul, divers Traités de morale philosophique, plusieurs Poëmes, & sur-tout son Curtius & son Laocoon. Il y a encore trois volumes de ses Lettres, imprimées à Rome, in-12 ; son style, qui tient de son caractere, est doux, modéré, pieux, zélé & rempli des meilleurs sentimens.

SAGONA, ancienne Ville, presque détruite, dans la partie occidentale de l'Isle de Corse. Elle fut ruinée par les Pisans : l'Evêché seul a été conservé, & l'Evêque réside à Calvi.

SAGREDO, (*Jean*) d'une des plus anciennes familles nobles de Venise, & qui a produit des grands hommes. Sagredo, ayant été élu Doge en 1575, & s'étant apperçu que son élection n'étoit pas agréable au peuple, il se démit volontairement. Il fut successivement Provéditur général dans les mers du Levant, Ambassadeur dans les premieres Cours de l'Europe, & enfin Procurateur de S. Marc. Il publia en 1677, *Memorie historiche de Monarchi Ottomani*, depuis l'an 1300 jusqu'en 1654. Ces Mémoires sont très-estimés ; ils ont été traduits & publiés en françois en 1724, sous le titre d'*Histoire de l'Empire Ottoman*, traduite de l'italien de Sagredo, Paris, six volumes, in-12.

S. ANDRÉ, petite Ville du Comté de Maurienne, dans la Savoie, dans les montagnes, au pied du Mont Cenis.

S. ANGELO, Fort de l'Isle de Malthe, qui n'est séparé de la Valette que par une partie du Fort. Ce Fort est à la Ville Mannuel, bâtie par Dom Antoine *Mannuel Villena*, Portugais, 66ᵉ. Grand Maître.

S. ANTIOGO, Isle de la Sardaigne, appellée *Mœliboldes*, par Ptolomée, *Enosina* par Pline, & *Plombia* par d'autres. La plupart de ces noms désignent les mines de plomb qu'on y trouve. Elle a pris le nom de S. Antiogo d'un Saint qui y mourut en exil. On trouve dans un endroit de l'Isle les ruines de l'ancienne Ville de *Sulcis*.

S. BENEDETTO DE POLVIONNE, dans le Duché de Mantoue, ancienne Abbaye, où la fameuse Comtesse Mathilde fut inhumée en 1115, & dont les restes furent transférés dans l'Eglise de S. Pierre de Rome en 1635.

S. BERNARD, (le petit) dans le Comté de Tarentaise, dans la Savoie; c'est un passage dans les montagnes. Le petit Saint-Bernard est un petit Village.

S. BONIFACCIO. (*Voyez* PORTO VECCHIO, dans l'Isle de Corse).

S. CASSIANO, petite Ville dans le Florentin, assez agréable & dans un terrain assez fertile.

S. COLOMBANO, petite Ville du Lodesan, près du *Codogno*; elle a pris son nom d'une Abbaye de S. Colomban.

S. DALMARIO, lieu assez considérable du Comté de Nice. Les François s'en étoient emparés lorsqu'ils prirent Nice en 1744: mais Nice fut rendue par le traité de paix de 1748, avec toutes les Villes des environs.

S. DAMASE, Isle de Sardaigne, près du port de *Terra-Nova*, entre l'Or. & le N. appellée aussi *Buciana* ou *Pausania*. Elle a quatre lieues de circuit; elle est remplie de montagnes. *Voyez* DAMASE.

S. DAMIANO, Bourg du Piémont, dans la Seigneurie de Verceil, dans la Province de *Biele*.

S. DONATO, petite Ville qui se trouve au milieu des marais

Pontins, dans l'Etat de l'Eglise █████ est peu peuplée, à cause du mauvais air qu'on y respire.

S. FELICE, (*Ferdinand*) Architecte, Noble Napolitain, descendant des anciens Normands, qui conquirent ce pays. Il s'appliqua d'abord à la Peinture, & fut Eleve du Solimene. Il n'avoit point étudié l'Architecture, lorsqu'à la mort de Charles II, Roi d'Espagne, on le chargea, comme Magistrat de Naples, d'élever un catafalque pour la mort de ce Prince. Alors Saint-Felix tourna ses vues vers cet art ; il fit les dessins de la pompe funebre, qui fut très-belle ; il ordonna les fêtes à l'avénement du Philippe V au Trône d'Espagne. Il a fait quantité d'ouvrages ; il a donné les plans de l'Eglise des Jésuites à Pizzi Falcone, de Sainte Marie au fauxbourg des Vierges. Il a fait beaucoup d'autres dessins d'édifices pour tout le Royaume de Naples ; il a réparé la coupole des Religieuses de Dona Alvina, peinte par le Solimene ; rebâti le Monastere de *Regina cœli*, dont il reconstruisit la moitié du clocher, en commençant par les fondemens, & conservant le haut, qui étoit très-bon. Il éleva le mausolée du fameux Gaëtan, dans l'Eglise de S. Jean à *Carbonera*, & fit la bibliothéque du Couvent, qui est en forme d'étoile. Il bâtit le Palais Serra, sur la montagne de Pizzi Falcone ; on regarde l'escalier comme le plus beau de Naples : il en a fait plusieurs autres à Naples. Il fut chargé des fêtes qui furent données à D. Carlos, lorsqu'il alla prendre possession du Royaume de Naples ; il a excellé pour les escaliers, dont il a fait un très-grand nombre.

S. Fiorenzo, Ville de Corse, sur un golfe du même nom, à l'ouest de Bastia.

S. Genis, Ville de la partie du Bugey, qui appartient au Duc de Savoie, à l'Or. du Rhône.

S. Ja, petite Ville de Savoie, dans la Seigneurie de Verceil, est assez bien peuplée & très-marchande : elle est sur le canal qui va de Verceil à Ivrée.

S. Jacques, est en grande vénération à Pistoye ; les habitans lui ont dédié une Chapelle superbe dans leur Cathédrale, & ils le regardent comme le premier des Apôtres, ainsi qu'█ se voit par cette oraifon. *Tu qui [...] tenes inter Apoftolos, imò qui eorum primus, &c. »* Toi, qui tiens le premier rang parmi » les Apôtres, qui même es le premier.

S. Jean de Maurienne. *V.* Maurienne.

S. Joire, Ville du Fauffigny, dans le Piémont, avec titre de Baronnie, dont S. Joire eft le chef-lieu.

S. Leo, petite Ville affez agréable dans le Duché d'Urbin, dans l'Etat de l'Eglife.

S. Marin. *Voyez* Marin, petite République, dont S. Marin eft la feule Ville. Elle a douze Villages.

S. Martin, Bourg du Comté de Tarentaife, dans la Savoie, très peu confidérable.

S. Martino, Ville du Comté de Reggio, avec titre de Marquifat, eft indépendante du Duché de Modene, & appartient à un Prince particulier qui en porte le nom.

S. Maurice, dans le Comté de Tarentaife, eft un Bourg affez confidérable.

S. Michel, dans le Comté de Maurienne en Savoie, au pied du Mont Cenis.

S. Miniato. *Voyez* San Minialo, Ville du Florentin, dans le Duché de Tofcane, avec Evêché.

Saint Pierre du Vatican : la plus grande & la plus belle Eglife du monde, & dont, à moins de l'avoir vue, il eft difficile de fe former une idée, foit pour l'architecture, foit pour les productions des Arts qui l'embelliffent. Cette fuperbe Bafilique eft fituée au pied du Mont Vatican, vers l'endroit où étoient les Jardins de Neron, & fur l'emplacement du Cirque de Caligula, que Conftantin fit abattre pour y conftruire un magnifique Temple en l'honneur des Saints Apôtres. Il avoit trois cent treize pieds de longueur. Mais au bout de neuf cents ans, cette Eglife menaçant ruine, Nicolas V forma le deffein de la rétablir jufqu'aux fondemens ; il chargea Bernard Rofellini en 1450 d'en faire les deffins. Il avoit fait démolir le Temple de Probus qui étoit derriere le chevet de l'ancienne Eglife, & fit commencer une nouvelle tribune ou chevet lorfqu'il mourut : Paul II de continuer : mais on peut dire que ce fut Jules II qui entreprit la Basilique de Saint Pierre; il en posa la premiere pierre le 18 Avril 1506. Il avoit consulté les meilleurs Architectes; il préféra le Bramante. Ses desseins étoient pour une Eglise en croix latine divisée en trois nefs, deux clochers aux extrémités de la façade, & une coupole dans le milieu. Le vestibule ou portique devoit être porté par trente-six colonnes. Cet Artiste en six ans de temps éleva jusqu'à leur entablement, les quatre pilliers sur lesquels devoit porter la coupole, & partie de la branche orientale de la croix. Après la mort du Pape & de Bramante, Leon X fit venir de Florence *San-Gallo*, & lui associa le Frere *Joconde de Verone*, Dominicain, & *Raphaël*. Ils ne trouverent pas les fondemens ni les pilliers de Bramante assez solides; ils n'eurent que le temps de les fortifier, & bientôt après ils moururent. On leur donna pour successeurs Antoine San-Gallo & Peruzzi. Celui-ci réforma le premier plan, & il se borna à une croix grecque avec quatre petites coupoles, outre la grande, & quatre tribunes égales: il ne fit que continuer la branche commencée par Bramante. La mort de Leon X, le peu de goût d'Adrien VI pour les Arts, le pillage & les malheurs de Rome sous Clément VII, interrompirent les travaux; Peruzzi acheva seulement la tribune ou branche orientale de la croix. *San-Gallo* resta seul sous Paul III; il ne fit que le modele en bois qu'on voit encore au Vatican. Après sa mort, arrivée en 1546, le Pape fit venir Michel-Ange Buonaroti. Il conserva le plan de Peruzzi, condamna la croix latine de Bramante, comme trop dispendieuse; donna plus d'étendue à la grande tribune & aux deux lattérales, simplifia le plan de Peruzzi, en retrancha tous les recoins imaginés par San-Gallo, renforça les pilliers de la coupole, couronna les quatre arcades d'un entablement, fit élever les branches du côté du nord & du midi, donna le dessin de la coupole, revêtit entiérement tous les murs avec la pierre de Tivoli; il fit le tambour de la coupole avec ses contre-forts; & comme il étoit fort âgé, il fit faire un modele de son plan, afin qu'on n'y changeât plus rien, & mourut en 1564. L'exécution de ce plan fut continuée par Vignole: on lui associa Pietro Ligorio qui perdit sa place pour avoir voulu toucher au plan de Michel-Ange; mais la guerre du Turc empêcha Pie V de pousser vivement cette entreprise. Grégoire XIII donna pour successeur à Vignole, Jacques della Porta en 1573. Il fit faire la belle Chapelle Grégorienne, avec sa riche coupole & son beau pavé de marbre. Enfin Sixte V, esprit actif, voulut achever cet édifice, auquel il manquoit encore la grande coupole. Il associa Dominique Fontana à Jacques de la Porte, & en vingt deux mois, en employant six cents ouvriers, l'ouvrage fut achevé La derniere pierre fut placée par Sixte au bruit de l'artillerie du Château Saint-Ange, le 14 Mai 1590, & au mois de Novembre suivant, le dôme fut au point où il est. Ainsi depuis Jules II, cet édifice immense a été quatre-vingt-quatre ans à construire.

Paul V, qui entreprit de perfectionner ce bel ouvrage, trouva encore beaucoup à faire. Michel-Ange qui n'avoit en vue que la belle simplicité antique, n'avoit rien déterminé pour le chœur, la sacristie. Carle Maderne fut nommé Architecte de Saint Pierre; il ne trouva d'autre moyen que de revenir au dessin de Bramante, d'alonger la branche orientale de la croix grecque de trois arcs & de la changer en croix latine. On refit la façade & le portique, & tout fut fini le 12 Décembre 1614, & les deux parties latérales du portique qui restoient à faire, furent achevées en 1621. Le Cav. Bernin fit placer les clochers sous le Pontificat d'Innocent X qui fit démolir la tout pour plus de sûreté. La dépense pour la construction de l'Eglise de Saint Pierre va au-delà de deux cent soixante millions de notre monnoie. Ce seroit encore peu si l'on vouloit apprécier ce que l'Eglise renferme, & ce qu'a coûté la belle Place de Saint-Pierre.

Cette Place est entourée d'une magnifique colonnade qui forme de chaque côté un demi-cercle. La Place est ovale dans la partie qui fait face à l'Eglise; les portiques vont se rejoindre à une certaine hauteur & prennent alors jusqu'à la façade de l'Eglise une direction oblongue: la colonnade exécutée en pierre très-belle, forme une grande galerie couverte qui tourne autour de la Place, soutenue par quatre rangs de grosses colonnes,

lonnes, avec des corps avancés & des frontons aux deux extrémités & au milieu de chaque cercle; tout l'ouvrage est couronné par une balustrade décorée de cent trente-six statues de Martyrs, Fondateurs d'Ordre, & d'espace en espace de trophées d'armes des Souverains Pontifes qui ont fait travailler à l'Eglise de Saint Pierre. Les colonnes sont au nombre de deux cent quatre-vingt-six, & ont quarante pieds de hauteur; elles sont de pierre de Tivoli, & forment trois grandes allées, au moyen desquelles on va à couvert jusqu'à l'Eglise. Cette Place a été exécutée sur les desseins du Cav. Bernin. Alexandre VII posa la premiere pierre le 25 Août 1661. Au milieu de la Place est le bel Obélisque trouvé dans le Cirque de Neron, où est la Sacristie de Saint Pierre. (*Voyez* OBÉLISQUES.) Il a soixante-quatorze pieds de longueur & pese six cent soixante-quinze milliers; il est surmonté d'une croix, au milieu de trois montagnes qui étoient les armes de Sixte V, qui fit ériger cet Obélisque sur un beau piédestal le 10 Septembre 1586. Innocent XIII le décora de quatre lions de bronze, d'aigles, de festons dorés, & d'une balustrade de marbre qui l'environne : la dépense de ces ornemens, en y comprenant celle de l'érection, monte à deux cent trois mille livres de France, sans compter le bronze. Les deux Fontaines qui sont de chaque côté de l'Obélisque, à égale distance, sont revêtues des plus beaux marbres; elles jettent de l'eau en abondance & sans interruption, chacune par une gerbe épaisse & blanche qui s'éleve à une si grande hauteur, que l'eau paroît se dissiper en tombant; les bassins qui la reçoivent sont de granit antique d'Egypte : elles ont été construites sur les desseins du Bernin, par Paul V & Innocent X. Ces deux portiques conduisent au Vestibule de l'Eglise de Saint Pierre. Ce Vestibule est de la plus grande magnificence : quant à la décoration, les ornemens de sculpture sont de l'Algarde & du Bernin. Il est orné de plusieurs colonnes de marbre antique, & le plafond est en stucs dorés à compartimens. Il est élevé sur un vaste perron composé de trois rampes; les marches sont presque toutes en marbre, faites des débris d'une grande pyramide qu'on appelloit le Tombeau de *Romulus*. Les statues de Saint

Pierre & de Saint Paul, faites par *Mino*, & par l'ordre de Pie II, sont au bas de l'escalier. La façade, qui se développe en montant cet escalier, a trois cent soixante-six pieds de longueur; les colonnes, en y comprennant les chapiteaux & les piédestaux, ont quatre-vingt-six pieds & demi de hauteur, & ne paroissent point extraordinaires à cause des proportions de la façade, dont la hauteur totale est de 160 pieds, en y comprenant l'entablement qui a 18 pieds, le second ordre qui en a 31 & demi, la balustrade cinq & demi, les statues seize. Cette façade a cinq grandes ouvertures & est ornée de belles niches : au milieu est un bas-relief en marbre représentant Jesus-Christ donnant les clefs à Saint Pierre Le portique supérieur est orné de balcons, de colonnes & de niches. C'est au balcon du milieu qu'est la *Loggia* ou tribune, où se fait devant le Peuple le couronnement du Pape. (*Voyez* PAPE.) Il est surmonté d'un Attique supportant les treize statues de Jesus-Christ & des douze Apôtres. A chaque côté du Vestibule est une galerie couverte, où sont les statues équestres de Constantin, du *Bernin*, & de Charlemagne, de *Cornaccini*, placées dans de grandes niches en renfoncement: au-dessus de la porte du milieu du Vestibule est une mosaïque, du *Giotto*, appellée la barque de Saint Pierre.

Maderno, qui a fait cette belle façade, eut pu l'élever davantage pour la mettre en proportion de sa largeur ; mais il auroit masqué le tambour de la coupole qui est au-delà, qui, au coup d'œil, se lie & fait ornement avec la façade. La coupole commence par un soubassement à pans, sur lequel est un autre soubassement circulaire couronné d'une très-forte corniche, d'où s'élève un piédestal surmonté d'un ordre corinthien, qui est encore surmonté d'un attique, sur lequel porte la coupole couronnée d'une lanterne : cette lanterne, qui paroît si légere de la place, est une seconde coupole entourée d'une colonnade détachée du mur de construction, autour de laquelle on se promene sans danger ; elle est terminée par une boule de bronze doré qui soutient la croix : cette boule a intérieurement huit pieds de diametre : dix personnes peuvent y être à l'aise. Deux autres petits dômes, très-bien décorés, accompagnent le grand;

ils sont de Vignole, & quelques petits qu'ils paroissent en comparaison, ils sont aussi élevés que le dôme de la Sorbonne à Paris.

Le Péristile qui conduit à l'Eglise, est formé de cinq grandes portes, & d'une sixiéme appellée la Porte sainte, qui est murée & qui ne s'ouvre que tous les vingt-cinq ans, avec beaucoup de cérémonie au commencement du Jubilé, & qui se ferme le dernier jour. Sur le mur de la Porte sainte est une grande croix de bronze doré. Trois de ces portes sont ornées de colonnes de beau marbre; la porte du milieu est de bronze, d'Ant. Filareto & de Simon, faite par ordre d'Eugene IV; au-dessus est un bas-relief du Cav. Bernin, représentant Jesus-Christ remettant à Pierre le soin de son troupeau.

L'Eglise de Saint Pierre, le plus grand vaisseau qu'il y ait au monde, le plus majestueux, le plus riche, le plus orné, est si bien proportionné, tout y est si bien à sa place, que sa grandeur n'a rien qui étonne au premier coup d'œil; on n'est pénétré que de respect, & ce n'est qu'après l'avoir vue plusieurs fois, qu'on l'admire & qu'on est saisi de tant de beautés. Les détails en sont immenses. On ne peut pas se persuader en y entrant que cette Eglise a cinq cent soixante-quinze pieds de longueur dans œuvre, & cent quarante-deux pieds de hauteur au-dessous de la voute. Les choses les plus colossales y paroissent dans leurs justes proportions: les Chapelles grandes comme des Eglises, n'y paroissent que des Chapelles. On cite une preuve de cette harmonie dans les rapports; les enfans qui soutiennent le bénitier, quand on les voit de près & en particulier, étonnent par leur hauteur; de la porte ils ne paroissent que de la proportion naturelle. La longueur dans œuvre, de la croisée, depuis l'Autel *Santo Processo*, jusqu'à celui de Saint Simon, est de soixante-onze toises, & en y comprenant les murs, soixante-dix-sept, ou quatre cent vingt-six pieds. La largeur intérieure de la nef, sans compter les nefs collatérales qui se terminent à la grande croix, au-dessous du dôme, & sans y comprendre les Chapelles, est de treize toises & quatre pieds, ou de quatre-vingt-deux pieds; & la hauteur, depuis le pavé jusqu'au sommet de la croix du dôme, est de soixante-huit toises. Les bas côtés qui accompagnent la nef, sont couverts de petites coupoles par où ils reçoivent le jour. Toute l'Eglise est décorée de grands pilastres corinthiens, depuis le pavé jusqu'à la voute, ornée de grands caissons dont les ornemens sont en stucs dorés. Il y a dans les pendentifs quatre figures colossales dans des niches au-dessus desquelles sont quatre tribunes; le tour du dome est décoré d'un ordre de pilastres corinthiens. La coupole est de la plus belle forme. Quatre grands arcs séparés par des pilastres accouplés, répondent dans la nef à quatre Chapelles, de chaque côté: entre les pilastres sont des statues & des médaillons de Saints, de Papes & de Fondateurs d'Ordre. Les tableaux des Autels qui étoient des plus grands Maîtres; mais que l'humidité commençoit à gâter, ont été remplacés par leurs copies en Mosaïque. (*Voyez* MOSAIQUE.) Les médaillons sont de marbre portés par des enfans sculptés en marbre blanc. Ils sont au nombre de plus de cinquante, exécutés sous la direction & les yeux du Bernin, par *Nicolas Sale*. La coupole qui a plus de quatre cents pieds de tour, ainsi que l'intérieur de la lanterne, est entiérement revêtue de mosaïques d'un fond d'or. Au bas de plusieurs pilliers sont des colonnes de marbre blanc entourées de rameaux d'olivier en marbre verd. Le pavé de l'Eglise est de marbres disposés en compartimens; il a été fait en partie sous le Pontificat de Clément VII, par Jacques de la Porte, & sous celui d'Innocent X par le Cavalier Bernin. En entrant dans l'Eglise, ce qui frappe d'abord le plus, est le baldaquin ou dais qui couvre l'Autel de Saint Pierre. Il est soutenu sur quatre colonnes torses de bronze doré, autour desquelles s'élevent jusqu'aux chapitaux, des pampres qui serpentent; elles sont parsemées d'abeilles qui étoient les piéces des armories d'Urbin VIII; les clefs, la tiare & les autres attributs des Papes, sont soutenus par des groupes d'anges, d'après les dessins de François Duquesnoy, dit le Flamand; de grandes figures d'Anges à chaque angle du pavillon, laissent tomber sur le reste de l'ouvrage des guirlandes de fleurs. Ce pavillon fut exécuté par le Bernin, avec les bronzes de la voûte & du péristile du Panthéon. Il y en a, dit-on, cent quatre-vingt-six mille trois cent quatre-vingt douze livres pesant. La Chaire de Saint Pierre, qui est au fond de l'Eglise au rond point du chœur, a été exécutée par le Cavalier Bernin. On regarde ce monument comme son chef-d'œuvre ; quatre statues de bronze doré hautes de douze pieds,, Saint Augustin, Saint Ambroise, Saint Jean Chrysostôme & Saint Athanase, sur des piédestaux fort ornés, soutiennent une chaire de bronze doré qui sert de châsse ou d'enveloppe à celle de Saint Pierre. Au-dessous est la tiare pontificale & les clefs portées par deux génies ; plus haut une gloire entoure le Saint-Esprit avec plusieurs groupes d'Anges, le tout est éclairé par une croisée qui est derriere. La chaire qui est enchâssée, servoit autrefois à porter les Papes le jour de leur couronnement ; elle est de bois incrusté d'ivoire, avec quelques ornemens. Rien n'est plus frappant que cette gloire, dont les rayons s'étendent par les côtés, & sont éclatants par la lumiere qui passe au travers de verres jaunes qui font étinceler la dorure du bronze. Les figures colossales de marbre qui sont dans les niches des pendentifs de la coupole, sont Sainte Véronique, de François *Moco* ; Sainte *Helene*, d'André *Borgio*, dans le goût de l'Antique ; Saint Longin, du *Bernin*, & la quatriéme, qui passe pour la meillieure est de Duquesnoi, ou le *Fiammingo*. Aux deux côtés de la chaire de S. Pierre, sont les tombeaux d'Urbin VIII & de Paul III, celui-ci de Jacques de la Porte, & le premier du Bernin. Dans le beau mausolée d'Alexandre VII, représenté à genoux avec ses habits pontificaux, sur un tapis formé de marbre d'Afrique, qui couvre la Mort, faisant effort pour se montrer au Pontife, rassuré par la Charité & par la Vérité, cette derniere statue est si belle, qu'un Espagnol en étant devenu amoureux, Innocent XI la fit couvrir. Ce tombeau est du Bernin.

Au dessous des quatre autels sont des grands pilastres qui soutiennent la coupole, & des escaliers par lesquels on descend dans les grottes, à l'endroit même où étoit l'ancienne Basilique de S. Pierre ; on y voit des morceaux de mosaïque ancienne, tirés du tombeau d'Othon II ; la statue du Pape Boniface VIII,

& son tombeau; un bas-relief en marbre, représentant Néron, qui ordonne le supplice de S. Pierre & de S. Paul; deux Anges en mosaïque, du Giotto; une urne de granit oriental, où étoient les cendres d'Adrien IV; le tombeau du Vignacourt, Grand Maître de l'Ordre de Malthe, celui de la Reine Christine de Suede; un très-beau bas-relief, représentant le Jugement dernier, & plusieurs autres monumens. Ces grottes occupent une partie de la croisée; mais le souterrain le plus précieux est celui qu'on appelle la confession de S. Pierre; il est au-dessous du grand autel, on y descend par deux escaliers entourés d'une balustrade de marbre, éclairée de cent lampes d'argent toujours allumées. Cette Chapelle est revêtue des plus beaux marbres; les statues de Saint Pierre & de S. Paul, les Anges, des guirlandes de fleurs, sont de bronze doré, & du plus beau travail; on dit que cette chambre souterraine a été bâtie par Saint Anaclet, successeur de S. Pierre, pour les Chrétiens qui y alloient faire leurs exercices de piété; qu'il y déposa les reliques du S. Apôtre; que vers l'an 330, on y fit un tombeau plus riche, qu'on plaça encore dans la Chapelle souterraine, au-dessus de laquelle il y en avoit une seconde, qu'on appelloit la Confession, où les Fideles alloient prier; qu'au-dessus de cette seconde Chapelle étoit élevé le maître-autel de la Basilique, environné de quatre colonnes de porphyre, & surmonté d'un riche tabernacle. Les choses ont été conservées à peu près dans le même état: la voûte de cette Chapelle est ornée de peintures relatives à l'histoire même de ce lieu.

Parmi les statues des pilastres de la nef, on admire celle de S. *Dominique*, par *le Gros*, & celle de S. *Bruno*, par *Slodtz*; une statue de bronze de Saint Pierre assis, tenant les clefs de l'Eglise, faite à ce que l'on dit, du temps de S. Leon, du bronze même de Jupiter Capitolin: cette statue est en grande vénération parmi les Pélerins. Dans la Chapelle de Notre-Dame de Piété, on va voir la statue de la Vierge, de Michel-Ange, âgé de vingt-cinq ans; cette Chapelle a dans la coupole de belles mosaïques faites sur les desseins de *Pierre de Cortonne* & de *Ciroferri*, par *Fabio Cristofari*. Parmi les peintures à fresque, qui font de Lanfranc, on distingue le triomphe de la croix. Il y a dans la Chapelle du Crucifix, à cause du beau Crucifix de *Pietro Cavallini*, bâtie par *le Bernin*, des mosaïques du même Artiste, & le plafond de la coupole des bas côtés, qui est vis-à-vis, est aussi en mosaïque, d'après *Ciroferri*. Dans cette même chapelle, est l'ancien baptistere de l'Eglise ; c'étoit autrefois le tombeau d'Anicius, orné de figures & de bas-reliefs. Sur le beau mausolée de la Reine Christine, on voit un bas-relief, qu'on estime beaucoup, par Théodore, Sculpteur François ; il représente l'abjuration de cette Reine au Luthéranisme ; son portrait en médaillon de bronze, est très-riche, & d'un beau travail. La coupole de la Chapelle de S. Sébastien, est décorée de mosaïques, d'après Pierre de Cortonne, & représente plusieurs traits de l'Histoire sainte ; à l'autel est le martyre du Saint, en mosaïque, de *Cristofari*, qu'on a substitué au tableau du Dominiquin, qui est aux Chartreux ; le plafond est aussi en mosaïque, d'après Pierre de Cortonne ; auprès est le tombeau d'Innocent XII, par Philippe Valle, le Pape est représenté assis, entre la Justice & la Charité ; vis-à-vis, est le tombeau de la Comtesse Mathilde, par le Bernin ; elle est représentée tenant les clefs, & ayant la tiare sous un bras ; son cercueil, qui est au-dessus, est couronné par un bouclier, entouré de lauriers ; sur les côtés sont deux petits Anges, l'un de Louis Bernin, l'autre de Borgio, les deux qui soutiennent les armoiries sont de Bonarelli, dans un bas-relief : l'Empereur Henri IV est au pied de Gregoire VII, seul, nus pieds, & humilié. Dans la Chapelle du S. Sacrement, toute en mosaïques, d'après Pierre de Cortonne, par Guido Ubaldi Abbatini, le tabernacle de bronze doré, orné de lapis, fut dessiné par le Bernin.

Il seroit trop long de détailler tous les objets dignes d'admiration qui sont dans cette Eglise ; nous n'indiquerons qu'en passant le tableau du Bernin, & les belles colonnes de l'autel de Saint Maurice, où, dans l'ancienne Basilique, les Empereurs étoient consacrés ; le tombeau en bronze de Sixte IV, avec ses beaux bas-reliefs, par Pollaïolo ; la belle grille en fer & en bronze, qui termine la petite nef, ajoutée à la croix grecque, elle est sur les dessins de Borromini; le mausolée de Gregoire XIII, de Camille Rusconi, ce Pape est au-dessus du sarcophage, accompagné de la Force & de la Religion, celle-ci tient les ouvrages de Gregoire, l'autre le bout d'un voile, qui couvre le tombeau, orné d'un bas-relief représentant la correction du Calendrier grégorien. La Chapelle grégorienne est de la plus grande richesse; on y voit le beau tableau de la communion de S. Jérôme, du Dominiquin, exécuté en mosaïque par Cristofari, la coupole est couverte de mosaïques; les quatre Docteurs de l'Eglise sont dans les quatre angles: mais rien n'égale le travail de l'autel, par *della Porta*. A l'autel de Saint Basile, est le beau tableau de Subleyras, exécuté en mosaïque, représentant l'Empereur Valens, confondu & saisi jusqu'à s'évanouir, par la terreur & le respect des Saints Mysteres. A l'Autel des Saints Processus & Martinianus, est le beau tableau de leur martyre, mosaïque superbe, par Cristofari, d'après le tableau de Valentin, Peintre François. On voit à l'autel de Saint Erasme le martyre du Saint, belle mosaïque, d'après Poussin. A l'autel de la Navicella, une belle mosaïque, de Cristofari d'après le beau tableau de Lanfranc, représentant la petite barque de Pierre, agitée par les flots, & sur le point d'être submergée. La coupole de l'autel de S. Michel, faite sur les dessins de Michel-Ange, est ornée d'une mosaïque d'Anges & de plusieurs médaillons; dans les angles sont S. Leon, S. Denis, S. Bernard & S. Flavin, belles mosaïques, par Calandra. Cet Artiste a fait aussi la mosaïque du tableau de Saint Michel, de Joseph d'Arpino; la mosaïque de l'autel de Sainte Pétronille, est de Cristofari, d'après le tableau du Guerchin, très-bien exécuté; à l'autel d'*ella Tabita*, S. Pierre ressuscitant Tabita, belle mosaïque, d'après *Placido Corranzi*; auprès est le beau mausolée de Clément X, sur les dessins du Rossi; la statue de la Clémence est de Mazzoli; celle de la Bonté, de Lazare Marcelli & le beau bas-relief, représentant l'ouverture de l'Année-sainte, de Carcani. La tribune du haut de l'Eglise est décorée sur les dessins de Michel-Ange, les ornemens sont de Vanvitelli; on monte dans cette tribune par un escalier de porphyre; on voit dans la voûte S. Pierre recevant les clefs, imité de Raphaël, la décolation de S. Paul, d'après l'Algarde, & le crucifiement de S. Pierre, d'après le Guide. Il faut voir les mausolées d'Alexandre VIII, par Angelo Rossi, sur les dessins d'*Arrigo di San Martino*. Un des plus beaux bas-reliefs modernes qu'il y ait à Rome, est dans la Chapelle de la Vierge, appellée d'*ella Colonna*, il représente S. Leon, arrêtant Attila; cette Chapelle est décorée de très-belles mosaïques, par Calandra, sur les dessins de J. B. Romanelli, André Sacchi & Lanfranc, sous Urbin VIII. Nous passons toute la croisée méridionale, décorée par Wanvitelli, ornée de mosaïques, de stucs dorés, d'après Raphaël, Mancini, Ciampelli, Sparadino, Passignani, Subleyras; c'est-là qu'est la belle Chapelle clémentine, où l'on admire le tableau de l'autel, d'André Sacchi, représentant S. Gregoire, convaincant un Incrédule, par le miracle d'un corporal ensanglanté; les mosaïques de la coupole, construite par Michel-Ange, les quatre Docteurs de l'Eglise, qui sont aux angles; la Visitation, la naissance de S. Jean-Baptiste; Daniel dans la fosse aux lions, le Prophête Malachie, de Marcello Provenzale, sur les dessins de Roncalli; auprès est l'autel d'*ella Bugia*, où l'on voit la belle mosaïque d'Ananie & Saphire, tombant morts en présence de S. Pierre & de S. André, qu'ils croyoient tromper, par Adami, d'après Roncalli; auprès est le tombeau de Leon XI, par l'Algarde; on y voit un bas-relief de l'abjuration de Henri IV, ce tombeau est orné des figures de la Force & de l'Abondance, de Farrata & de Peroni, Disciples de l'Algarde: le mausolée d'Innocent XI, & ses belles statues, sont de Monot, Sculpteur François. La Chapelle Sixtine est aussi grande que bien des Cathédrales, la coupole, les pendentifs, les lunettes, sont enrichies de belles mosaïques, d'après Franceschini, Pietro, Bianchi, le buffet d'orgues, de Moscha. La Chapelle de la Présentation n'est pas moins riche en mosaïques, sur les dessins de *Carlo Maratto*, par Cristofari & Joseph Conti; le tableau de l'autel est une belle mosaïque, d'après Romanelli. Un des plus beaux tombeaux est celui de Marie Clémentine Sobieski, Reine d'Angleterre, par Barigioni. On ne finiroit point, s'il falloit détailler les richesses

& les chef-d'œuvres des autres Chapelles, de la Sacriftie, où parmi bien de curiofités, on montre un tableau de la Véronique, avec le faint Suaire, qu'elle montre à S. Pierre & à S. Paul, fait fans pinceau.

Il y a encore une infinité de chofes à obferver dans l'intérieur de cette furprenante Bafilique; les dehors, quant au bâtiment, n'en font pas moins intéreffans, des efcaliers, des corridors, des plates-formes, pratiqués du bas jufqu'au plus haut, mettent les amateurs à portée de voir cet édifice dans tous fes détails; la coupole feule a de quoi étonner l'efprit humain; le pantheon paroît un ouvrage immenfe & de la plus grande hardieffe; la coupole de S. Pierre, élevée fur le plus grand édifice du monde, eft encore plus vafte & plus hardi que le pantheon. *V*. PANTHEON. Cette coupole commence à inquiéter les Architectes; en 1680, on apperçut quelques lézardes; dès qu'elle fut conftruite, on l'affujettit par deux cercles de fer, l'un en dedans, l'autre en dehors; on y en a ajouté cinq autres, en 1743 & 1744, depuis le piédeftal des contreforts jufqu'à la naiffance de la lanterne; le cercle, mis du temps même de Sixte V, autour de la coupole intérieure, rompit en 1747, on le répara: tout cela doit effrayer pour le plus bel édifice qu'il y ait au monde, & dont la ruine entraîneroit la perte des plus belles productions des arts.

S. PIERRE, une des Ifles qui entourent la Sardaigne; elle s'appelloit l'Ifle des *Azores*: mais une fuperbe Eglife de Saint Pierre qu'on y bâtit lui donna ce nom, & lui fit perdre celui des *Azores*, à caufe de la grande quantité d'oifeaux de cette efpece qu'elle produifoit; elle a fept lieues de tour, & un très-bon port, en état de contenir une armée navale très-nombreufe.

S. RAPHAEL, petite Ville de la Province de Trin, au midi, peu confidérable.

S. REMO, Bourg très-agréable, fur la côte ou riviere occidentale de Gênes, avec un bon port.

S. SALVADOR, Ville de la Province de Cafal, dans le haut Montferrat, peu confidérable.

S. SEVERINO. *Voyez* SEVERINO, petite Ville dans la Marche d'Ancône, dans une position agréable.

S. SORPIER, dans le Comté de Nice, Château qui défend l'entrée du port de Villefranche, situé sur des montagnes entre lesquelles Villefranche, qui est dans un fond, est situé.

S. MARIE, petite Ville bâtie sur les débris de l'ancienne Capoue, qui ont servi à bâtir la nouvelle, au Royaume de Naples, à cinq lieues de Naples.

S. MARIE DE LEUCA, au Royaume de Naples, dans la Terre d'Otrante, près d'un Cap qui porte le nom de ce petit lieu.

SALANCHES, *Salancia*, petite Ville de Savoie, dans le Faussigny, assez marchande. Elle est située dans un fond, couverte d'un côté par une haute montagne, & arrosée de l'autre par un ruisseau qui se jette dans l'Arve, à cinq lieues de Cluse.

SALERNE, Ville considérable au Royaume de Naples, & Capitale de la Principauté Citérieure, avec un Archevêché, un Port & un Château bien fortifié. On fait venir son nom de Salé & Erno, deux petites rivieres qui y coulent; elle est située au bord de la mer, dans une petite plaine, environnée de collines fertiles & agréables. Son port étoit célebre: celui de Naples l'a fait décheoir. Son Ecole de Médecine a été autrefois très-fameuse, & il en est sorti d'excellens Ouvrages & des Médecins renommés. On met dans ce nombre deux femmes savantes, qui ont laissé des productions estimées, Trotula & Rebecca-Guarna. Il se tient chaque année à Salerne plusieurs foires très-fameuses. Salerne a eu ses Princes particuliers, & c'étoient les Princes héréditaires de Naples, qui portoient ci-devant le titre de Princes de Salerne. Ce qui prouve l'ancienneté de cette Ville, est ce que l'on chante au jour de la fête de Saint Fortunat.

Salernum, civitas nobilis
Quam fundavit Sem, Noe filius.

SALINI, une des Isles de Lipari, en Sardaigne.

SALO, Ville importante de la République de Venise, au

Breſſan, eſt ſituée ſur le lac de Garde, à quatre lieues N. O. de la Ville de Garde, qui a donné ſon nom au lac. En 1706, les Impériaux l'ayant aſſiégée, furent contraints de l'abandonner, après la journée de Calcinato.

SALOMINI, (*Mario*) Juriſconſulte, des quinzieme & ſeizieme ſiecles, étoit de Rome. Leon X avoit beaucoup d'eſtime pour lui, & voulut l'engager à écrire ſur le Digeſte : mais Salomini mourut avant d'avoir pu y travailler. Il a publié *in Legem Gallus*, ff. *tit. de liberis & poſthumis Comment. Tractatus de Principatu ; de bono & æquo, de voluntario & involuntario*, &c.

SALONA ou SALONIQUE, ancienne Ville ſur la côte de la Dalmatie Vénitienne. Elle a été très-conſidérable, mais elle a été ruinée. Les Anciens en parlent ſouvent, & ce fut là que Dioclétien ſe retira, dans le temps de la guerre civile. Salona tenoit le parti de Céſar. Octavius, Général de Pompée, l'aſſiégea ; les habitans donnerent la liberté aux eſclaves, & les armerent, placerent leurs femmes ſur les remparts, & de leurs cheveux ils en firent des cordes pour les machines de guerre ; & dans le temps qu'elles faiſoient montre, ils firent une ſortie terrible, & forcerent les ennemis de lever le ſiege. Salonne eſt d'une grande étendue, mais peu peuplée, & ſans fortifications. Les anciens Rois d'Illyrie y faiſoient leur réſidence.

SALPE, petite Ville maritime au Royaume de Naples, dans la Capitanate, près du lac de S. Antonio. Il y a près de-là une bonne ſaline, & n'eſt recommandable que par là.

SALVADOR, (*André*) Poëte Italien, ſous Gregoire XV & ſous Urbin VIII, a compoſé pluſieurs pieces pour le Théatre ou Opéra ; les principales ſont *Medore*, *Flore & Sainte Urſule*. Cette derniere eſt la plus eſtimée de toutes ; elles étoient ſupérieurement jouées de ſon temps.

SALVI, (*Nicolas*) Poëte, Philoſophe & Architecte, né à Rome en 1699. Il étudia les Belles-Lettres, & entra dans différentes Académies, comme Poëte. Il apprit l'Architecture ſous Antoine Cannevari, qui lui fit étudier Witruve, & deſſiner les meilleurs morceaux anciens & modernes. Il ſe fit connoître par un très-beau feu d'artifice, dont la machine, de deux cent soixante palmes de hauteur, représentoit le temple de la gloire: l'architecture étoit en relief. Dans l'absence de Cannevari, il se chargea de ses ouvrages, rebâtit le baptistaire de Saint-Paul, éleva le grand autel de l'Eglise de S. Eustache, bâtit la petite Eglise de la Villa Bolognetti, l'autel de S. Laurent & Damase. Il donna le dessin du grand autel de S. Pantaleon, & du riche tabernacle du Mont Cassin, & de l'Eglise de Sainte Marie de Gradi. Son ouvrage le plus considérable est la fontaine de Trevi, le monument le plus noble & le plus grand de Rome moderne, qui donna beaucoup de chagrin à Salvi, par la foule d'envieux qu'il excita contre lui ; ils firent suspendre son ouvrage plusieurs fois, ce qui lui fit refuser les plus beaux édifices qu'on lui proposoit à Milan & à Naples. Comme il fut obligé d'aller souvent visiter l'*Aqua Virgine*, son tempérament s'affoiblit, il devint paralytique, & ne vécut plus que cinq ans, dans un état de langueur, qui le conduisit au tombeau en 1751. Il mourut regretté des honnêtes gens, par ses mœurs & par son caractere franc & honnête.

SALVIANI, (*Hipolyte*) né à Citta di Castello, de parens nobles, fut un très-grand Médecin ; il fut Professeur à Rome, & y mourut en 1572 ; il a composé un Traité latin des *Poisons*, & un autre des *Crises*.

SALVIATI, (*Bernard*) de Florence, Chevalier de Malthe, fut successivement Prieur de Capoue, puis Grand Prieur de Rome, & Amiral de l'Ordre. Il se rendit redoutable à l'Empire Ottoman : Tripoli & plusieurs Forts tomberent sous ses coups. Il fut fait Général ; il prit l'Isle & la Ville de Coron, brûla l'Isle de Scio, & fit plusieurs autres prodiges de valeur. Couvert de lauriers, il se fit Prêtre, & eut l'Evêché de Saint Papoul, & ensuite celui de Clermont. Il fut Grand Aumônier de Catherine de Médicis. Pie IV l'éleva au Cardinalat en 1561. Salviati mourut à Rome en 1568. Les Salviati sont d'une famille illustre de Florence, & qui a donné de grands hommes à sa patrie & à la République des Lettres. Jacques Salviati acquit à la République, en 1400, le Comté de Bagni. François Salviati fut Grand Maître de l'Ordre de S. Lazare, & Chef du Conseil de la Reine de Navarre. Léonard fut un des meilleurs Poëtes & Orateurs de la Toscane. Antoine-Marie Salviati, dit le Grand, Cardinal, né en 1507, eut l'Evêché de S. Papoul, dont il se démit en revenant du Concile de Trente : Pie IV, Gregoire XIII, Sixte V, Clément VIII l'honorerent de la plus grande estime & de leur amitié. François Salviati, Archevêque de Pise, en 1477, pendant une sédition qui arriva à Florence, fut arrêté & pendu en habits pontificaux. Le Cardinal Jean Salviati, Archevêque de Trani, né en 1490, obtint de François I de prendre le parti du S. Siege contre l'armée impériale. C'étoit un Prélat très-savant, & très-pieux, & grand protecteur des Gens de Lettres. Il eût succédé à Paul III, si Charles V ne se fût opposé à son élection.

SALVIATI, (*François*) Peintre ; son vrai nom est Rossi, celui de Salviati, qui lui est resté, est celui du Cardinal, son protecteur, auquel il s'étoit attaché. Il naquit à Florence en 1510 : il fut Eleve de Baccio Bandinelli. Il étoit trop inconstant pour se fixer dans le même lieu, & pour faire de grandes entreprises. Son dessin étoit franc & libre, son coloris gracieux ; ses corrections sont belles, ses draperies légeres & bien jettées. Il avoit une invention facile ; ses tableaux se font aisément reconnoître à la distribution des ombres & aux attitudes singulieres qu'il a données à ses figures. Il a fait beaucoup de tableaux à Rome, à Florence, à Venise, à Padoue. Il vint en France dans le temps que Primatice y jouissoit de toute sa réputation : il en sortit bientôt. Il avoit une grande estime de soi-même, qui lui donnoit beaucoup de mépris pour les ouvrages d'autrui. Ses dessins sont dans le goût de ceux de Palma. Le Roi possede de ce Maître, Adam & Eve, chassés du Paradis. Les Célestins de Paris ont de lui une descente de croix, & à Lyon, dans la Chapelle des Florentins, l'incrédulité de S. Thomas.

SALVIEN, (*Hipolyte* Typhernas) du Village de Typhernum, aujourd'hui Citta di Castello, exerça la Médecine à Rome avec le plus grand succès vers l'an 1550. Il a composé un excellent Livre des animaux aquatiques, avec quantité de planches, à Rome, in-fol. 1557.

SALVINI, (*Antoine - Marie*) né à Florence, de parens nobles, très-savant, & un de ceux qui ont le plus contribué au rétablissement du bon goût, qui s'étoit corrompu à la fin du dernier siecle : il étoit Professeur en Langue Grecque à Florence. Il a donné un très-grand nombre de traductions de Poëtes Grecs & Latins, dont il a revu les textes. Il étoit de l'Académie de la Crusca, & a travaillé avec soin au célebre Dictionnaire de cette Académie. Ses traductions sont l'Iliade & l'Odissée d'Homere, Théocrite, Anacréon, Aratus, Musée, les Hymnes d'Orphée & de Callimaque, Oppien ; un grand nombre d'Epigrammes grecques, Manethon, Nicandre, les Nuées & le Plutus d'Aristophane, les vers dorés de Pythagore, Theognis & Phocylide ; quelques Satyres d'Horace, avec l'Art Poëtique ; les deux premiers livres des Métamorphoses d'Ovide ; les Satyres de Perse, avec le Traité de la Satyre, par Casaubon ; une partie du livre de Job ; les Lamentations de Jérémie ; l'Art Poëtique de Boileau, avec une de ses Satyres ; le Caton d'Adisson. Ses Ouvrages originaux consistent en cent Discours académiques sur autant de questions ; l'Oraison funebre qu'il prononça dans l'Académie de Florence, de Magliabechi ; traduction de la vie de S. François de Sales, par Marsollier. L'Abbé Salvini mourut à Florence en 1729.

SALVINO DEGLI ARMATI ; c'est à cet homme dont on ne connoît guere que le nom, qu'on attribue l'invention des Lunettes à mettre sur le nez. Il étoit de Florence, s'il faut en juger par une épitaphe en vieux italien, de 1300, qu'on voyoit dans l'Eglise de Sainte Marie Majeure de cette Ville, mais qui a été détruite. La plus commune opinion, est que le célebre Roger Bacon, Cordelier Anglois, homme prodigieux pour son savoir dans un siecle d'ignorance, est l'inventeur des Besicles.

Salusses, (Ville & Marquisat de) Province du Piémont, qui, par le Traité de Lyon, en 1601, fut abandonné au Duc de Savoie, en échange de la Bresse & de la partie du Bugey, qui est à l'Oc. du Rhône. C'est l'*Augusta Vagiennorum* des anciens, située sur une colline agréable, avec un beau Château & une Eglise Cathédrale magnifique. *Carmagnole*, une des Places les plus importantes du Piémont, dépend du Marquisat de Salusses. C'est dans le Marquisat de Salusses, au Mont Viso, que le Pô prend sa source. Les Marquis de Salusses ont fait creuser dans cette montagne, qu'on regarde comme la plus haute des Alpes, une voûte d'un demi-mille, pour faire passer les bêtes de charge qui portent des marchandises d'Italie en France. Cette ancienne famille remonte à Guillaume, Comte en Italie, qui vivoit en 910; on compte de très-grands hommes dans la liste des Marquis de Salusses. Cette Province est bornée par le Dauphiné & par la Province des Quatre-Vallées. Salusses étoit autrefois très-riche : mais en 1690, les François la ruinerent. Les autres Villes du Marquisat sont *Bargues*, *Reval*, *Droner*, *Cental*, *Roques-Paviere*. Les plus importantes sont *Stafarde*, *Dumont* & *Château-Dauphin*.

SAMOGGIA, Village de l'Etat Ecclésiastique, qui partage le chemin de Modene à Bologne; on n'arrive à Bologne qu'après avoir passé un très-beau pont, au bout duquel est la premiere douane de l'Etat Ecclésiastique; on n'y passe qu'avant la nuit, & dès que la barriere est fermée, on est obligé d'avoir un ordre exprès du Légat ou du Vice-Légat, qui réside à Boulogne. Ce pont est sur le Rheno, & le seul construit sur les rivieres qui coulent de l'Apennin.

SAMOVEN, est un des douze Mandemens ou Jurisdictions qui forment le Faussigni.

SAMPIERRI, (le Palais) à Bologne, mérite l'attention des curieux, par les peintures qu'il renferme. On y remarque entr'autres un plafond représentant Hercule & Jupiter, de Louis Carrache; la Cananéenne, du même; la femme adultere, d'Augustin Carrache; le Samaritain, d'Annibal Carrache; un Saint Pierre, pleurant son péché, & un autre Apôtre le consolant, c'est le plus beau tableau du Guide; l'adoration des Rois, de Canuti. On remarque la tapisserie d'une des chambres, parsemée
de

de petits ronds, dans chacun desquels il y a une petite figure croquée, d'un des Carraches.

SAMPIETRO DI BASTELICA, Seigneur d'Ornano, né à Bastelica, dans l'Isle de Corse, fut un des plus grands Capitaines de son temps, & servit la France sous les regnes de François I, Henri II & Charles IX. Cet homme, qu'on auroit pu comparer au fameux Doria, s'il n'eût fait servir sa valeur qu'à la défense de sa patrie, ne jouit point du titre qu'il avoit mérité; la Corse ayant été rendue aux Génois, il sollicita plusieurs Puissances à s'emparer de cette Isle; Catherine de Médicis l'ayant refusé, il résolut de s'en rendre maître lui seul. Sa tête fut mise à prix; Etienne Doria, qui commandoit les Génois, le défit plusieurs fois. Il fut tué par ses deux beaux-freres, qui vengerent par sa mort celle de leur sœur, que Sampietro avoit étranglée, soit par jalousie, soit parce qu'elle avoit voulu repatrier son mari avec les Génois. *V.* ORNANO.

SAN AMBROSIO, gros Village à cinq lieues de Suze. Ce qu'il a de plus remarquable, est une Eglise que le Roi de Sardaigne y a fait bâtir, dans la forme d'un très-grand sallon octogone. Au-dessus de ce Village, sur une montagne escarpée, & très-élevée, est l'Abbaye de S. Michel de la Cluse, de l'Ordre de S. Benoît, à la nomination du Roi de Sardaigne; ses revenus sont très-considérables, & l'Abbé nomme à une grande quantité de bénéfices, tant en France que dans le Piémont. C'étoit autrefois la retraite de saints Religieux qui fuyoient le commerce du monde; mais l'Eglise est abandonnée, & l'Abbaye est desservie par un seul Chapelain. Cette Abbaye n'est pas éloignée de Rivoli. *V.* RIVOLI.

SAN ANTONIO, est le Patron de presque tout l'Etat Vénitien, & sur-tout de Padoue: son corps repose dans la Cathédrale. Les Vénitiens ont une si grande vénération pour ce Saint, qu'ils l'invoquent de préférence à S. Marc; les Mendians même ne demandent pas l'aumône au nom de Dieu, mais *mais per l'amore di Santo Antonio.*

SAN ANTONIO, Eglise à Rome. Misson appelle ce Saint le protecteur des chevaux & des mulets, parce que lorsqu'on perd un cheval par une maladie contagieuse, on est dans l'usage de porter un écu à ce Saint, pour le faire prier que les autres chevaux ne la gagnent pas.

SAN CARLO, Village qu'on trouve sur la route de Bologne à Ferrare; depuis San Carlo jusqu'à Ferrare, le chemin, qui depuis Bologne est coupé par des marais & des laissés du Pô, est plus sûr & mieux entretenu; on commence à trouver des chaussées plus sûres, des ponts, beaucoup de canaux qu'on a creusés.

SAN DONATO, petit Bourg dans la Campagne de Rome; c'est l'ancien *Forum Appium*.

SAN ERASMO, une des Isles de l'Etat de Venise, produit de très-bon vin & d'excellens légumes.

SAN GALLO, (*Julien* de) Architecte, Graveur & Ingénieur, né à Savonne en 1443, de François Giamberti, assez bon Architecte : il étoit frere d'Ant. de San Gallo. Ils commencerent l'un & l'autre par la Gravure & le Génie. Julien commença le cloître de Sainte Madeleine de Pazzi, qui passe pour un chef-d'œuvre. Il a bâti à Poggio Cayano le Palais de Laurent le Magnifique, & réparé les fortifications d'Ostie. Le Roi de Naples, ayant vu le modele d'un Palais qu'il vouloit faire construire, lui fit présent de plusieurs chevaux magnifiques, habits & autres effets, parmi lesquels étoit une tasse d'argent, remplie de quelques centaines de ducats d'or, que San Gallo refusa d'accepter, en disant qu'il appartenoit à Laurent le Magnifique. Le Roi le pressa de prendre ce qu'il lui plairoit le plus, & San Gallo choisit quelques morceaux antiques. Le nom de San Gallo lui fut donné du Couvent des Hermites de S. Augustin, qu'il bâtit hors la porte de Saint Gal à Florence. Il éleva plusieurs autres édifices, & sur-tout le Palais appellé *Poggio Imperiale*; il dirigea les travaux de la coupole de N. D. de Laurette, répara à Rome le plafond de Sainte Marie Majeure, qui, dit-on, a été doré avec le premier or qui vint de l'Amérique. Il bâtit un Palais pour le Cardinal de la Rovere; il commença à Savonne un autre Palais, donna le plan de la Forteresse de Monte Fiascone, au Duc Valentin, fit présent au

Roi de France du modele du Palais de la Rovere. Indigné que Jules II, son protecteur, lui eût préféré le Bramante pour la construction de S. Pierre, il quitta Rome, & revint à Florence sa patrie. Cependant il revint à Rome, & accompagna ce Pontife dans ses expéditions militaires. Il le quitta encore. De retour à Florence, Pierre Soderini, Gonfalonier, se servit de cet Artiste au Siege de Pise, pour construire un pont, où l'on étoit à couvert du feu des remparts. Il fut chargé par les Pisans de la construction de leur Forteresse. Léon X voulut lui donner la conduite des travaux de l'Eglise de Saint Pierre; San Gallo refusa cette commission, & alla mourir dans sa patrie, en 1517.

Antoine, son frere, fit du tombeau d'Adrien le Château Saint Ange, construisit la Forteresse de Civita Castellana, donna le plan de la Forteresse d'Arezzo. Les Florentins lui donnèrent l'inspection des fortifications de leur Ville. Il a bâti plusieurs Eglises dans la Toscane, & il finit par s'adonner à l'Agriculture. Ces deux freres contribuerent beaucoup aux progrès de l'Architecture.

Il y a eu un autre Architecte célebre de ce nom, fils d'un Tonnelier, appellé Piconi de Magello, qui lui fit apprendre, dans l'enfance, le métier de Tonnelier. Il s'appelloit Antoine, & étoit petit-neveu du San Gallo, dont il prit le nom en reconnoissance des principes d'Architecture qu'il lui avoit donnés: il fut aussi Eleve du Bramante. Son premier édifice fut l'Eglise de Notre-Dame de Lorette, près de la colonne trajane. Il bâtit ensuite le Palais qui appartient aujourd'hui à la Maison de Conti Palma. Le nombre de ses édifices est prodigieux. Il fut nommé Architecte de Saint Pierre; il a fait plusieurs des salles du Vatican, celle où se tiennent les Consistoires publics. Il s'occupa sur-tout de la solidité, répara à Lorette l'Eglise, qui menaçoit ruine, & la décora. Il est l'auteur d'un puits extraordinaire à Orviette. Il donna le plan des Forteresses d'Ancône & d'une Citadelle à Florence; il fortifia la Ville de Castro. A l'entrée de Charles-Quint à Rome, il fut chargé des décorations & des fêtes, & rien ne pouvoit être plus grand ni plus magnifique. Il fortifia Nepi, éleva plusieurs bastions pour flanquer les murs de Rome, bâtit la porte du S. Esprit, qui peut aller de pair avec ce que l'Antiquité a de plus précieux, reprit sous œuvre presque toutes les fondations du Vatican ; mais l'ouvrage qui lui fit le plus d'honneur, fut l'Eglise de Saint Pierre, pour laquelle il donna plusieurs desseins, renforça les massifs, qui soutiennent la grande coupole. Il commença le grand Palais Farnese, que Michel-Ange acheva. Il mourut par le chaud excessif qu'il éprouva en travaillant au partage des eaux du lac de Marmora, en 1546.

San Giovanni alla vena, Montagne du Pisan, abondante en mines de cuivre ; on y trouve des glands de plomb presqu'à la superficie de la terre.

San Giuliano, à une lieue & demie au N. de Pise, dans la plaine qui est entre Monte Bianco & Monte di Caldocoli, petite Ville célèbre par ses bains les plus fréquentés de l'Italie. Dans les bâtimens qu'on y a construits en 1743, on trouve toute sorte de commodités. Les bains sont pratiqués dans de petites chambres, qui se remplissent avec un robinet ; il y a des douches & des étuves ; celles-ci sont des chambres placées sur la source même, dont le parquet est de planches trouées, au travers de laquelle toute la chaleur de la source se communique au malade. Ceux qui vont y prendre les eaux y trouvent des appartemens complets, une belle cuisine, &c. Au centre de l'édifice, on a pratiqué quatre chambres pour le jeu, & au milieu un sallon pour la danse. La Chapelle est située de maniere que tout le monde peut de sa chambre entendre la Messe & voir le Prêtre à l'autel.

SANGUINACCIUS, est une famille noble de Padoue ; elle a produit Joanin Sanguinaccius, Médecin célèbre, qui, pour juger des maladies les plus cachées, ne faisoit que regarder le visage des malades ; aussi fut-il accusé de magie & d'hérésie ; & ne pouvant répondre aux questions que lui faisoient ses juges, il fut condamné à un bannissement perpétuel dans l'Isle de Malthe. Nicolas Sanguinaccius, Philosophe & Théologien, qui mourut en 1681, est aussi de la même famille.

San Lazaro, Bourg à peu de distance de la Ville de Plaisance, a appartenu au Cardinal Alberoni; il est remarquable par un Séminaire que ce digne Prélat y établit pour instruire soixante Ecoliers. Ce Séminaire, qui, en 1740, avoit été transféré à Bologne, à cause des ravages qu'avoient occasionné les dernieres guerres, fut rétabli de nouveau en 1752.

San Lorenzo ou S. Laurent des Grottes, petite Ville dans les Etats du Pape, bâtie sur le penchant d'une colline, au dessus du lac de Bolsene. On voit aux environs beaucoup de grottes ou cavernes souterraines, d'où il paroît qu'on a tiré autrefois de la pierre.

San Maiolo, petite Ville du Milanez Savoyard, dans les Vallées de *Sessia*, qui ont été cédées au Roi de Sardaigne.

San Marco, Bourg dans la Vallée de Demona, au Royaume de Sicile.

SAN MARCO, (*Barthelemi di*) Peintre, naquit en 1469, dans la Terre de Savigniano, près de Florence. Il eut pour Maîtres Cosme de Roselli, Léonard de Vinci & Raphaël. Il s'éleva sur leurs traces, & acquit de la célébrité. Ses tableaux, dont le coloris est très-doux & très-gracieux, sont fort recherchés à Rome & à Florence : le Roi en possede deux. On y admire la correction de dessin de ce grand Peintre. Un Sermon qu'il entendit contre les ouvrages indécens, le détermina à brûler tous les tableaux & tous les dessins, tant de lui, que des plus grands Maîtres qu'il put se procurer, & dans lesquels il y avoit des nudités. Un combat entre un Hérétique & des Archers qui étoient venu le saisir, ayant causé quelque danger, dans lequel San Marco s'étoit trouvé, il fit vœu de prendre l'habit de S. Dominique, s'il échappoit au péril. Il remplit son vœu, & mourut Dominicain, en 1517.

San Marino, Ville & petite République d'Italie, à laquelle les Italiens donnent le nom de Republichetta. *V.* Marin.

SAN MICHIELI, (*Michel*) né à Vérone en 1484, Architecte célebre, fut l'Eleve de Jean San Michieli son pere & de son oncle. En sortant de leurs mains, à l'âge de seize ans, il alla étudier les monumens antiques à Rome ; il acquit en très-peu de temps la réputation du plus grand Architecte que l'Italie eût encore produit. Ses premiers ouvrages furent la Cathédrale de Monte Fiascone, l'Eglise de S. Dominique à Orviette, l'une des plus belles d'Italie. Ces chef-d'œuvres déterminerent Clément VII à choisir cet Artiste, avec San Gallo, pour examiner toutes les fortifications de l'Etat Ecclésiastique. Il fut ensuite examiner celles de Venise, pour son instruction particuliere. A Padoue, il fut pris pour un espion, & renfermé. Dans les réponses qu'il fit aux interrogatoires, on reconnut son rare mérite; on lui donna non-seulement la liberté, mais on voulut l'attacher au service de la République de Venise. Il ne l'accepta que pour le temps où il ne seroit plus attaché au Pape, & tint sa parole. C'est à lui qu'on doit l'Architecture militaire moderne; il changea la forme ronde ou quarrée des boulevards & des bastions en triangulaire, imagina les chambres basses des flancs. Pagan, Blondel, le Maréchal de Vauban & autres n'ont fait que perfectionner les inventions de San Michieli. Les premiers bastions qu'il fit élever suivant le nouveau systême, sont les cinq ou six qui existent encore à Vérone; il fortifia ensuite Legnano, Orzi Nuovo, Castello, à la grande satisfaction du Duc d'Urbin & des Vénitiens. François Sforce le demanda aux Vénitiens, qui ne l'accorderent que pour trois mois. Ce Prince le renvoya comblé d'honneurs & de présens. Il répara toutes les anciennes fortifications de Venise, donna des plans pour celles de Dazaora en Dalmatie, qui furent exécutés par Jean Jérôme son neveu. Mathieu San Michieli son cousin, étoit aussi grand Architecte & Sculpteur célebre. Michel fortifia Corfou, Chypre, Candie, la Canée, Retimo & Naples de Romanie, éleva deux bastions à Padoue, & fortifia la Ville de Bresse, Peschiara & la Chiusa. Son plus bel ouvrage est la forteresse du Lido, à l'entrée du port de Venise, que le terrein marécageux, toujours battu par les vagues de la mer, n'empêche pas d'être de la plus grande solidité. L'envie publia que cette masse énorme ne résisteroit pas à l'ébranlement de la grosse artillerie; il engagea la République de l'y faire conduire toute, & de la faire tirer à la fois; il l'obtint, & cette secousse ne causa aucun ébranlement. Il fortifia enfuite Murano. François I & Charles-Quint le demanderent à la République, & ne purent rien obtenir. La lifte des édifices que San Michieli a fait élever à Venife, à Caftel Franco, à Vérone, où l'on voit encore un très-grand nombre de monumens facrés, civils & militaires de cet Artifte eft très-confidérable. Il mourut de chagrin en apprenant la nouvelle de la mort de Jean-Jérôme San Michieli fon neveu, empoifonné, à l'âge de quarante-cinq ans, à Famagoufte : il mourut à Vérone fa patrie. Il fut irréprochable dans fes mœurs, aimant la plaifanterie, quoique férieux, attaché à fa religion & à fes amis. On raconte qu'ayant envoyé un jour cinquante écus d'or à une pauvre femme pour marier fa fille, dont il croyoit être le pere, elle avoua qu'elle étoit d'un autre, & voulut renvoyer cet or, que San Michieli la força de garder. On voulut le combler d'honneurs à Venife, il les refufa. Il fut aimé du Peuple, de la Nobleffe & des Artiftes fes rivaux : les Souverains s'emprefferent à le connoître : Michel-Ange fit le plus grand cas de fa perfonne & de fes talens. Il laiffa des Traités fur des objets très-utiles pour la République, qu'elle conferve précieufement, fans les rendre publics. Il a laiffé des neveux, qui s'acquirent beaucoup de réputation dans l'Architecture, & fa mort arriva en 1559. Il étoit âgé de foixante-quinze ans.

SAN MICHIELE, Bourg à une lieue de Vérone, célebre par une image de la Sainte Vierge, qui attire beaucoup de pélerins.

SAN MICHIELE IN BOSCO, Eglife des Camaldules, hors la Ville de Bologne, fur une colline, eft dans la plus belle fituation. Le Couvent des Religieux eft grand & beau; on voit dans l'Eglife un beau tableau du Guerchin, repréfentant S. Tolomei, recevant fa regle de la Vierge, & dans le cloître de belles frefques du Guide & des Carrache, un peu effacées, un tableau du Spada, & une voûte peinte par le Canuti.

SAN MINIATO AL TEDESCO, petite Ville de Tofcane, dans le Florentin, avec Evêché fuffragant de Florence, dont elle n'eft qu'à huit lieues, fur l'*Arno*. Elle eft agréablement bâtie & affez peuplée. Ferdinand II érigea l'Eglife Paroiffiale en Cathédrale, & pour cela on fit une forte contribution pour l'entretien de l'Evêque & des Chanoines.

SANNAZAR, (*Jacques*) ACTIUS SINCERUS, Poëte célebre, né à Naples en 1458. Son imagination brillante & son génie lui firent bientôt une grande réputation; il s'attacha à Fréderic, Roi de Naples, qui se retira en France, lorsqu'il eut perdu tout espoir de remonter sur le Trône. Sannazar l'accompagna; de retour en Italie, il se livra entiérement à l'étude des Belles-Lettres & aux plaisirs. Il étoit très-galant; il se rendit très-célebre dans la Poësie latine & italienne: son Poëme de l'enfantement de la Vierge lui fit une grande réputation. Il avoit l'esprit enjoué, & se faisoit désirer dans les meilleures compagnies. Il avoit une maison de campagne au pied du Pausilippe, qu'il affectionnoit beaucoup. Philibert de Nassau, Prince d'Orange, Général de l'armée de l'Empereur, ayant fait du dégât dans sa maison de campagne, Sannazar en eut un chagrin qui le conduisit à la mort, arrivée en 1530. Peu de jours avant, on lui dit que le Prince de Nassau avoit été tué dans un combat: *je mourrai content*, s'écria-t-il, *puisque Mars a puni ce barbare, ennemi des Muses*. Il fut enterré dans cette même maison de campagne, dans une Chapelle qu'il avoit dédiée à la Vierge. *V.* POSILIPPE. Il a laissé quantité de Poësies latines & italiennes. Les latines renferment trois livres d'Elégies, une lamentation sur la mort de J. C. ses Eglogues, son Poëme *de Partu Virginis*, dans lequel on ne lui a reproché que d'avoir mêlé le sacré & le profane, & qui lui valut des Brefs honorables de Leon X & de Clément VII. Le plus considérable de ses Ouvrages italiens, est son Arcadie. Des Physiciens s'entretenant un jour en présence du Roi Fréderic, chercherent ce qui pouvoit le mieux conserver la vue, l'un disoit que c'étoit l'odeur du fenouil, & l'autre que c'étoit le verre. *Non*, dit Sannazar, *c'est l'envie qui fait voir les choses plus grandes qu'elles ne sont*.

SAN PIETRO D'ARENA, est un magnifique Faurbourg de Gênes, voisin du Village de Voltri; il est séparé de la Ville par une montagne, qui est sur la gauche du port, & aboutit à un rocher, à la pointe duquel eſt une tour, qu'on nomme *Torre della Lanterna*, parce qu'on y allume toutes les nuits un fanal pour guider les vaiſſeaux qui veulent entrer dans le port de Gênes.

San Pietro in Casale, Village entre Bologne & Ferrare, aſſez déſert, quoique dans un pays fertile, mais fort endommagé par les laiſſées du Pô.

San Quirico, très-gros Village, avec titre de Marquiſat, qui appartient au Prince Chigi, ſur la route de Sienne à Rome. Il y a un Palais & quelques maiſons aſſez belles.

San Remo, petite Ville ſur la côte de Gênes, à cinq lieues de Monaco. Ses environs ſont très-fertiles; ils produiſent de très-belles oranges & de beaux citrons. Les Anglois la bombarderent en 1744, mais ſans aucun dommage pour les habitans.

San Servolo, une des Iſles de l'Etat de Veniſe. Il y a un Hôpital pour les ſoldats invalides ou bleſſés, & pour veiller de plus près à leur conſervation. Cette Iſle eſt toujours habitée par quantité d'Eccléſiaſtiques, habiles Chirurgiens, qui en ont ſoin.

San Severino, petite Ville de l'Etat Eccléſiaſtique, dans la Marche d'Ancône, avec un Evêché ſuffragant de Fermo; c'eſt la patrie de J. B. Caccialuppi. Elle eſt ſituée entre deux collines, ſur la riviere de Potenza, à trois lieues N. E. de Tolentino. Il ne faut pas la confondre avec un autre San Saverino, qui eſt ſur les frontieres même de la Calabre, au Royaume de Naples, & qui appartient à la Maiſon de ce nom.

San Severio, petite Ville au Royaume de Naples, dans la Capitanate, avec Evêché & titre de Principauté: elle eſt ſituée au S. E. de Termoli.

SANSOVINO, (*André* Contucci, dit le) né au Mont Sanſovino, en 1460. Il étoit fils d'un Payſan: on le trouva modélant de petites figures, en gardant les troupeaux. Cette inclination engagea Simon *Veſpucci* à le mener à Florence, où il le fit élever. André devint un des meilleurs Sculpteurs:

Rome, Florence, Gênes & plusieurs autres Villes d'Italie, possedent des statues très-précieuses de Sansovino. Il ne se rendit pas moins célebre dans l'Architecture ; ses principaux ouvrages sont la sacristie de l'Eglise du S. Esprit à Florence ; un palais pour le Souverain, & quantité d'autres édifices qu'il construisit en Portugal, pour lesquels il fut comblé d'honneurs & de présens ; les bas-reliefs qui décorent extérieurement la *Santa casa de* Lorette, les fortifications de cette Ville. Il n'oublia point le lieu de sa naissance ; il y alloit tous les ans ; il y avoit fait bâtir une maison très-commode, y acheta quelques terres ; il s'y occupoit de l'agriculture, & passoit tranquillement sa vie au milieu de ses parens & de ses amis. Il y bâtit à ses frais un Couvent d'Augustins. Il y mourut d'une pleurésie, qu'il gagna à porter des palissades dans un temps très-chaud. Il a laissé un Traité sur l'art de faire les décorations de théâtre. Il étoit très-lié avec tous les Gens de Lettres, qui admiroient la sagesse de sa conduite. Il finit ses jours en 1529.

San Stephano, Bourg du Milanois Savoyard, dans les territoires appellés *feudi imperiali*.

San Agatha d'elle Goti, (Agathopolis ou Sancta Agatha Gotorum) Ville du Royaume de Naples, en la Principauté Ultérieure, dans le voisinage de Capoue. Son Evêché est suffragant de Benevent. On conserve un doigt de Sainte Agathe dans la Cathédrale. Il y a dans le même Royaume deux autres lieux du même nom.

San Angelo in vado, *Fanum Sancti Angeli* ou *Tiphernum Metaurum*, dans l'Etat Ecclésiastique, au Duché d'Urbin ; son Evêché a été transféré par Urbin VIII à l'Archevêché d'Urbin, sa Métropole. Il faut distinguer ce *San Angelo* du *San Angelo di Longobardi* ou *Angelopolis*, au Royaume de Naples, avec Evêché suffragant de Conza.

Santa Catharina in istrada Guilia à Sienne, Eglise assez belle ; c'étoit autrefois la demeure de Sainte Catherine, dont les Siennois font mille récits. Ils disent que J. C. après lui avoir rendu de fréquentes visites, l'épousa. La Chapelle de la Sainte est ornée de belles peintures.

SANTA CROCE, (Palais) à Rome, sur la place de Bianchi. Il renferme de belles peintures, entr'autres six beaux tableaux du Guerchin, dont les plus estimés sont Joseph, s'arrachant aux charmes de la femme de Putiphar, & un S. Jérôme dans le désert; une femme couchée sur un lit, de grandeur naturelle, & à demi-nue, l'Amour essaie un dard auprès d'elle, par *Constanzi*; les quatre Saisons, de l'*Albane*; le reniement de Saint Pierre, par l'Espagnolet; l'Hymen, arrachant le voile dont une femme est couverte; deux petits Amours, écrivant sur une plaque de bronze, du *Correge*, le premier passe pour un chef-d'œuvre dans son genre; Job, écoutant les reproches de ses amis, de *Salvator Rosa*.

SANTA HELENA, une des seize petites Isles enclavées dans l'Etat de Venise; elle est ainsi appellée, parce que le corps de Sainte Hélène, mere de l'Empereur Constantin-le-Grand, repose dans le Couvent des Peres du Mont des Oliviers. On cuit beaucoup de pain dans cette Isle pour la Milice de Venise.

SANTA MARIA IN COSMEDIN, Eglise de Rome; on y fait remarquer un marbre de figure ronde, qui a environ trois pieds de diametre; on l'appelle la *Bocca di verita*, & l'on prétend que le trou qui est au milieu servoit à rendre les oracles.

Il y a plusieurs endroits de ce nom en Italie, tels que *Santa Maria del Dragone*, qui est une Principauté du Royaume de Naples, dans la Terre de Labour. *Santa Maria di Leuca*, Ville & Evêché dans la Terre d'Otrante.

SANTA MARIA ou l'ancienne PANDATARIA, petite Isle dans la mer de Toscane, fort déserte & très-peu cultivée, où Julie fut reléguée par Auguste, à cause de ses débauches, Agrippine par Néron son fils, Flavia Domitilla par Domitien son neveu.

SANTARELLUS, (*Antonio*) Jésuite, né à Adria, en 1569. Cet esprit fanatique s'est rendu célebre, sur-tout en France, par son Traité publié à Rome en 1649, où Santarel enseignoit alors la Théologie. Ce Traité, intitulé *de Hæresi, Schismate, Apostasia, sollicitatione in Sacramento Pœnitentiæ, & de potestate summi Pontificis in his delictis puniendis*, souleva la Sorbonne & le Parlement de Paris ; l'une le censura, & l'autre le condamna à être lacéré & brûlé par la main du Bourreau, en 1726.

SANTERNO & la SCALPERIA, petits ruisseaux, dont l'un passe à Fiorensola, & l'autre à la Scalperia, prennent leur source dans l'Apennin, au-dessus de ces deux Villages, & vont se perdre dans les marais du Pô. A les voir, on ne croiroit jamais que dans les temps de pluie ils puissent devenir si dangereux pour les voyageurs; ils grossissent tout d'un coup, & il faut attendre qu'ils deviennent guéables.

SANTESPAGUINI, Dominicain, né à Lucques en 1740. Il étoit grand Théologien & Prédicateur éloquent; il convertit beaucoup d'Hérétiques, & toute sa vie ne fut qu'une prédication continuelle. Les momens qu'il n'employoit point à ces travaux, étoient employés à écrire. Il composa *Thesaurus Linguæ Sanctæ*, Paris, édit. de Robert Etienne, 1548, in-fol. & Genev. 1614 ; *Veteris & Novi Testamenti Translatio*, Lug. 1527, in-4°.

SANTORIUS, Médecin & Professeur célebre de l'Université de Padoue, vivoit au commencement du dix-septieme siecle. Il étoit persuadé que la plupart de nos maladies venoient de la suppression de la transpiration insensible, parce qu'alors le superflu des alimens ne passant plus par les pores, produisoit des humeurs stagnantes & putrides. Il composa à ce sujet un Ouvrage très-estimé, sous le titre de *Statica Medicinæ*; il y soutient que si l'on mange ou boit pendant le jour huit livres pesant, cinq & demie se dépensent par la transpiration, que, si elle est arrêtée, les fonctions de la nature tombent en désordre. Il explique une foule d'accidens par ce défaut de transpiration, plus abondante que toutes les évacuations ensemble. On dit que Santorius se mettoit dans une balance après avoir pesé ses alimens, & qu'il parvint par ce moyen à savoir au juste le poids & la quantité de la transpiration insensible. Santorius a laissé d'autres Ouvrages, & entr'autres *Methodus vitandorum errorum qui in arte medica contingunt*, Venis. 1630, in-4°.

SAN

SAN VINCENZO, Village entre Bologne & Ferrare, dans les Terres-Abondantes, mais souvent inondées du Ferrarois.

SANUTI, (*Marin*) Noble Vénitien, qui rendit des services importans à la République, qui l'employa dans des affaires importantes, mais qui ne l'empêcherent pas de cultiver les Lettres avec fruit. Il a laissé une Histoire *des Magistrats Vénitiens*, en latin; une relation de la Guerre de France; les Vies des Doges de Venise depuis 421 jusqu'en 1492. Sanuti mourut en 1504.

SAONA, (la) riviere du Royaume de Naples, dans la Terre de Labour, prend sa source près de Tiano, & se jette dans la mer de Naples.

SAORGIO, petite Ville de Savoie au Comté de Nice, assez bien fortifiée, avec un Château, où il y a ordinairement une garnison de cent cinquante hommes. Les François s'en emparerent en 1744.

SARDAIGNE, (le Royaume de) est une Isle au milieu de la Méditerranée; elle comprend plusieurs autres Isles, dont la plus considérable est celle d'Asinara. La Sardaigne est divisée en deux parties par les fleuves Cedro & Tirso; ces deux parties forment deux caps, celui de Cagliari & celui de Sassari ou Lugori, où l'on trouve plusieurs mines d'or & d'argent. La Sardaigne étoit le lieu où les Empereurs Romains, & avant eux la République envoyoit les grands criminels en exil, pour qu'ils y périssent par le mauvais air; cependant elle a été très-peuplée, & on y a compté jusqu'à dix-huit Villes Episcopales. Les Anciens en font remonter l'origine à Sardus, fils d'Hercule, qui y conduisit une Colonie. Des Carthaginois, elle passa aux Romains; les Sarrasins s'en emparerent; les Pisans & les Génois la leur enleverent, & se disputerent ensuite leur proie; pour finir leurs querelles, Boniface VIII permit aux Rois d'Arragon de la prendre, s'ils pouvoient: ainsi la Sardaigne passa aux Rois d'Espagne, qui l'ont conservée jusqu'en 1670, qu'elle a essuyé d'autres révolutions. La Ville de Cagliari, qui a donné son nom au cap, renferme plus de soixante mille habitans, & est à présent la Capitale de toute la Sardaigne; le Vice-Roi y fait ordinairement sa résidence. La Ville de Sassari n'est pas peuplée autant que la premiere : mais elle ne lui cede en rien pour toutes les choses nécessaires à la vie ; elle est située dans une plaine délicieuse, & couverte en tout temps de fleurs & de verdure ; elle nourrit quantité de bestiaux & toute espece d'animaux. Il y a autour de l'Isle plusieurs ports ; les plus sûrs sont *porto Conde*, *porto Torre*, *porto Scuso*, & celui de Cagliari, qui étoit autrefois très-renommé. Outre ces ports, l'Isle est encore à l'abri des incursions des Barbares, par plusieurs tours placées dans les différentes Isles qui l'avoisinent. La Sardaigne est entremêlée de collines & de montagnes, qui ne sont pas moins fertiles que les vallées & les plaines. Si le nombre de ses habitans, que l'on fait monter environ à un million, ne répond point à la fertilité du pays, qui devroit en nourrir un plus grand nombre, c'est que la proximité des eaux croupies, qui rend l'air mal sain, fait que certains endroits sont totalement déserts. Presque tous les bâtimens sont dans le goût Espagnol ; peu de magnificence, mais beaucoup de recherche dans les commodités. Quant aux Eglises & aux Couvens, rien n'est plus somptueux, sur-tout celles qui appartenoient aux Jésuites. L'Isle fait un commerce considérable de ton mariné & de corail, qu'elle distribue dans presque toutes les parties de l'Europe. La pêche y est abondante, sur-tout celle des sardines, espece de poisson qui tire son nom de cette Isle, autour de laquelle il y en a avec profusion ; ce commerce & celui des laines qu'elle fait aussi, celui des peaux, que lui fournissent ses excellens bestiaux, la rendent une des plus riches de l'Europe. Tous les habitans commercent, & parviennent à un âge très-avancé, malgré l'opinion que les Romains avoient de la mauvaise qualité de l'air. Le sexe y est très-beau : les Arts & les Belles-Lettres y sont également cultivés. Il y regne une politesse admirable, surtout dans la Ville d'Algheri, que l'Empereur Charles V ne pouvoit quitter, lorsqu'il s'y arrêta à son retour du Tunis en Italie. Il ne cessoit de vanter les rares qualités de cette Isle. Ses Villes principales, outre Cagliari, & Sassari, sont Torre, Terra-Nova, Oristagni, Algheri, Castel-Aragonese, Ampurias, Bosa, Villa d'Iglesias, &c. Comme la Sardaigne est placée dans une égale distance de la France & de l'Afrique, les chaleurs, qui y produisent les vents du midi, s'y trouvent tempérés par ceux qui viennent du côté du nord; de sorte que la température y est très-douce. Sa distance de l'Italie n'est qu'un petit trajet; on peut se rendre de Gènes & de Livourne à cette Isle sans se mettre en plaine mer, en côtoyant seulement les bords de la Toscane & ceux des Isles d'Elbe & de Corse, d'où on arrive ordinairement en une heure en Sardaigne, parce que l'Isle de Corse ne la sépare de l'Italie que par le petit détroit de Boniface. Outre Cagliari, Sassari & Oristagni, qui sont trois Villes Archiépiscopales, l'Isle en renferme encore quatre autres, qui ont chacune un Evêché; ce sont Algheri, Castel-Aragonese, Bosa & Tempi: la derniere est au centre de l'Isle. Le Royaume de Sardaigne est situé entre l'Afrique & l'Italie, au sud de l'Isle de Corse & au nord de la Sicile: il a soixante lieues de long sur trente de large. Après avoir appartenu aux Rois d'Espagne jusqu'en 1706, cette Isle passa à l'Archiduc Charles, depuis Empereur, à qui les Anglois la céderent par le Traité d'Utrecht, mais en 1720, le Duc de Savoie ayant cédé la Sicile, reçut en échange ce Royaume, qu'il possede avec le Duché de Savoie, & qui lui donne le titre de Roi. Le revenu qu'il en retire n'est pas considérable, parce que la plupart des biens de ce Pays appartiennent à la Noblesse, & que les Ecclésiastiques en possedent aussi une grande partie.

Les Isles voisines de la Sardaigne sont *Asenaria* ou *Asinaria*, Saint Damase, Buciana, San Antiogo, Saint Pierre, &c.

SARNO, Ville du Royaume de Naples, dans la Principauté Citérieure, avec Evêché suffragant de Salerne, & Duché qui appartient à la Maison Barberine. Son nom est tiré de la riviere de Sarno, qu'on appelle aussi Scafati.

SAROCHIA, (*Marguerite*) Dame très-savante, de Naples, vivoit dans le dix-septieme siecle; elle connoissoit les Langues, les Lettres, la Philosophie; elle ne recevoit chez elle que des Savans & des gens d'esprit: mais elle avoit la manie de vouloir posséder plus de science & de génie que personne, ce qui alloit jufqu'au dédain. Le Cavalier Marin plaifanta de fes vains ridicules ; elle eut des démêlés avec l'Académie des Humoriftes. Sa vanité a nui à fa réputation. Elle a compofé un Poëme de Scanderberg, en italien, & plufieurs Epigrammes latines.

SARPI, (*Fra Paolo*) Religieux Servite, Théologien & Confulteur de la République. Il s'eft acquis la plus grande célébrité dans toute l'Europe, par le zèle & l'éloquence avec lefquels il défendit la République dans le temps que Paul V lança contr'elle un interdit. Son favoir & fa fermeté lui attirerent des ennemis, qui, terraffés & ne pouvant répondre à fes raifons, l'affaffinerent de plufieurs coups de ftilets; ils le crurent mort, mais heureufement les coups avoient porté à faux. Le Sénat de Venife voulut le tirer de fon Cloître, & lui offrit un logement dans le voifinage du Palais de S. Marc, pour le mettre en fûreté contre fes ennemis : mais il le refufa pour refter dans fon état. Lorfqu'il fut guéri de fes bleffures, il attacha le ftilet qui avoit refté dans la plaie de fa joue droite, au pied du crucifix de l'autel où il difoit tous les jours la Meffe, avec cette infcription, *Chrifto liberatori*. Il mourut le 14 Janvier 1623. Après fa mort, le Sénat donna ordre aux Ambaffadeurs de la notifier à tous les Princes de l'Europe, honneur qui n'a jamais été accordé qu'au Doge. Pour donner plus d'éclat à fon eftime & à fa reconnoiffance, le Sénat affura, par un décret, la protection conftante de la République à la Maifon des Servites, & depuis ce temps le Théologien de la République eft toujours pris dans cette Maifon. On ordonna qu'il feroit élevé un maufolée à Fra Paolo, aux frais de l'Etat. Le *Campagna* devoit faire fon bufte en marbre : mais ce décret eft refté fans exécution, par ménagement pour la Cour de Rome. Son *Hiftoire du Concile de Trente* eft écrite avec force & avec tant de liberté, que les Proteftans ont prétendu que le Fra Paolo étoit Proteftant au fond de l'ame : imputation que la vie & les écrits de ce pieux Religieux démentent formellement. Ses autres Ouvrages font *Confidérations fur les cenfures du Pape Paul V contre la République de Venife ; Traité de l'interdit ; l'Hiftoire particuliere des*

des choses passées entre le Pape Paul V & la République de Venise; de Jure Asylorum; un Traité des Bénéfices; un Traité du Prince.

SARSINA, petite & ancienne Ville de l'Etat Ecclésiastique, dans la Romagne, avec Evêché suffragant de Ravenne. Elle est située sur les confins de la Toscane, au pied de l'Apennin, près de la riviere de Savio; elle est appellée *Sasseria* par les Latins. La naissance de Plaute, célebre Poëte Comique, a beaucoup contribué à sa célébrité.

SARTENA, petite Ville de l'Isle de Corse, est le lieu où le Roi Théodore I institua, en 1736, l'Ordre de la Rédemption.

SARZANA ou SAREZANA, petite Ville dans l'Etat & sur la côte de Gènes, défendue par une forteresse considérable, bâtie sur une montagne; on appelle ce Château Sazanello. Sarzana est à l'embouchure de la Macra sur les frontieres de la Toscane. Son Evêché, qui fut transféré de Luni par le Pape Nicolas V, & qui étoit suffragant de Milan, l'est aujourd'hui du S. Siege.

SASSARI, Ville de l'Isle de Sardaigne, la principale après Cagliari; son Archevêché y a été transféré de Torré; elle est assez grande, mais peu fortifiée. *V.* SARDAIGNE. Elle se nomme encore aujourd'hui *Lugodori*, à cause des mines d'or & d'argent que renferme cette contrée. Parmi les choses curieuses que contient cette Ville, on remarque une fontaine nommée la fontaine de Rosello; on la compare aux plus magnifiques de Rome. Les habitans de l'Isle, qui en font beaucoup de cas, ont coutume de dire : *chi non vede Rosello, non vede mondo*. Sassari contient environ trente mille habitans; elle est sur la rive de Torré, à six lieues d'Algheri, près le cap auquel elle a donné son nom.

SASSO FERRATO, Bourg de l'Etat de l'Eglise, dans la Marche d'Ancône, célebre par la naissance de Barthole.

SASSUOLO, Ville du Duché de Modene, dans la Province de Carpi, sur la Secchia, a un superbe Château de plaisance, que a toujours appartenu à la Maison d'*Est*. C'étoit autrefois un

Château fort, & l'on voit encore les restes des fortifications. La façade du Palais est régulière; quelques peintures effacées, de Bibienna, ornent la cour : le grand jardin a cinq milles de circuit. On trouve au tournant de la rampe du Palais une petite grotte en rocaille, dans laquelle est une Nymphe; un Triton, qui paroît la garder, se cache à demi derriere un rocher, & jette de l'eau aux passans avec sa trompe : ces deux figures sont de nacre de perle. Il y avoit autrefois de très-beaux tableaux, qui ont été transportés dans le Palais Ducal de Modene. Le plus beau de tous, au jugement des connoisseurs, étoit la nuit de Noël, du Correge. *V.* Nuit de Noel.

Satires. Les Italiens & les Romains sur-tout ont l'esprit porté à la satire; le Gouvernement n'y fait pas une faute impunément; un Monsignor, une femme, ne peuvent se donner des ridicules ni des travers, sans que le public n'en soit instruit. On distribue à Rome des nouvelles à la main de toutes les aventures scandaleuses les plus cachées, ce qui se passe dans les assemblées les plus secrettes, dans les Consistoires même, les rendez-vous les plus mystérieux, les galanteries qu'on soupçonneroit le moins, tout est mis à découvert : il n'y a pas de voile impénétrable pour ce gazetin. Il y a les peines les plus séveres contre l'auteur & le distributeur de cette gazette; on prend les précautions les plus exactes pour en empêcher la circulation: cependant il suffit de la désirer & de la bien payer pour la recevoir; tous les quinze jours on l'imprime, & les parties intéressées la reçoivent : on l'envoie quelquefois au Gouverneur lui-même. Nous avons en France une gazette de ce genre, au sujet de laquelle on a fait les perquisitions les plus séveres, & qu'on a fini par mépriser; mais elle n'intéresse qu'un certain nombre de personnes, au lieu que la gazette de Rome frappe indistinctement sur tout le monde, & porte directement sur les mœurs. On ne peut pas imaginer quels sont les ressorts que cet Auteur peut faire agir pour se procurer tous les détails où il entre.

Satriano, petite Ville du Royaume de Naples, dans la *Basilicate*, près de *Marsico vetere*.

SAT

SATURNIA, vieux Bourg de Toscane, qui est très-ancien.

SAUCISSONS DE BOLOGNE, qu'on nomme aussi Mortadelles. Il y en a de grands & de petits, mais c'est toujours la même viande & le même apprêt. Ils ont la forme de nos langues fourrées, & sont composés de chair de cochon, de bœuf, de veau & de sanglier, que l'on hache tout ensemble, & dont on fait une pâte que l'on assaisonne avec du vinaigre, du sel, du gros poivre, du gerofle, du laurier, & d'autres épiceries qui rendent cette viande d'une force étonnante; après quoi on l'entoure dans les boyaux ou vessies de cochon préparées pour la renfermer. Cette viande est toujours trop salée, trop dure, & rarement du goût des François, accoutumés à la délicatesse de leurs cervelats.

SAVIGLIANO, (SAVILLANO ou SAVILLAN) très-jolie Ville dans le Piémont, Capitale d'une petite Province de même nom, avec une riche Abbaye de Bénédictins. Sa situation est avantageuse; elle est sur la Maira, au sud de Carignan, à deux lieues O. de Fossano, & trois lieues E. de Saluces. Charles V regardoit cette situation comme très-propre à être fortifiée, & Philibert-Emmanuel avoit envie d'en faire la Capitale de ses Etats.

SAVIGNANO, petite Ville dans l'Etat Ecclésiastique, à huit lieues de Rimini; c'est le *Compita* des Anciens. Il y a un pont moderne d'une fort belle construction.

SAVOIE, (le Duché de) Souveraineté de la haute Italie, fut autrefois habitée par une partie des Allobroges, ensuite par les Bourguignons, & passa en 1025 par succession à Humbert aux blanches mains. C'est de ce Prince que la Maison de Savoie tire son origine, & ses descendans porterent le titre des Comtes de Savoie jusqu'en 1417, que l'Empereur Sigismont érigea le Comté de Savoie en Duché en faveur d'Amedée VIII. Depuis 1720, les Ducs portent le titre de Rois de Sardaigne, à cause de cette Isle qui leur fut accordée à la place de la Sicile, par le Traité d'Utrecht en 1713. Ils se qualifient aussi Rois de Chypre, quoique cette Isle appartînt autrefois aux Vénitiens, sur qui les Turcs la prirent en 1571; mais leur droit est fondé sur la donation que fit en 1487 Charlotte de Lusignan, fille de Jean, dernier Roi légitime de Chypre, à Charles, Duc de Savoie, dont elle avoit épousé le neveu Louis, Comte de Genevois.

Les Ducs de Savoie sont Vicaires de l'Empire d'Allemagne en Italie, & en cette qualité ils ont droit de séance aux Diettes: mais ils ne contribuent aux charges qu'en cas de guerre contre les Turcs. La loi salique a lieu dans les Etats de Savoie comme en France, & faute d'enfant mâle, la Souveraineté appartient au plus proche en ligne masculine. Les principaux Etats du Roi de Sardaigne sont le Duché de Savoie, dont le titre appartient au fils aîné, le Piémont, le Duché de Montferrat, & la partie du Duché de Milan, qui lui fut cédée à la Paix de Vienne en 1736.

Ce pays est environné de montagnes couvertes de neige; les Alpes le défendent naturellement contre l'ennemi, & séparent les Etats de France de ceux de Savoie depuis le Traité d'Utrech. Le Duc de Savoie peut ouvrir & fermer le passage de l'Italie, selon qu'il est ami ou ennemi de la France : & c'est pourquoi ces deux couronnes ont intérêt d'entretenir une intelligence réciproque.

L'air du pays est très-froid, & c'est à la crudité des eaux qu'on attribue cette grosseur qui vient à la gorge des habitans, & qu'on appelle *goitre*: beaucoup en sont incommodés. Les trois principales rivieres sont l'Isere, l'Arche & l'Arve. Chamberi en est la Capitale: mais le Roi réside à Turin, Capitale du Piémont.

La Religion Catholique est la seule dont on fasse profession dans tous les Etats du Roi de Sardaigne. Le Gouvernement est purement monarchique. La Justice est administrée par trois Parlemens; le premier pour la Savoie, le second pour le Piémont, & le troisieme pour les Comtés de Nice & ses dépendances. Celui de Savoie réside à Chamberi, ainsi que la Chambre des Comptes : le Grand Conseil, où l'on traite de toutes les affaires qui concernent le Prince & ses finances, se tient à Turin.

Le commerce des Savoyards est très-peu étendu ; le pays

n'est point fertile, à l'exception de quelques endroits, comme Montmelian & autres, où l'on recueille du bled & du vin, le reste est fort pauvre; ce n'est pas que les Savoyards soient paresseux, ils sont au contraire très-laborieux; mais le terrein est si ingrat, qu'ils sont rebutés par les travaux & le froid qu'ils sont obligés d'essuyer. En 1762, leur Prince, qui en sentit les conséquences, & qui craignit que la plupart des terres ne restassent incultes, rendit une ordonnance par laquelle il enjoignit à tous les paysans d'élever leurs enfans au labourage & à la culture des terres & leur défendit de s'attacher à d'autre profession. Un édit si sage est bien capable de fertiliser les campagnes, & d'empêcher que les paysans, par un abus commun à d'autres états, ne cherchent à s'éloigner de leurs professions pour se livrer à d'autres auxquelles souvent ils ne sont point propres.

Les mœurs des Savoyards sont douces & agréables; ils sont sobres, ménagers, & aiment à rendre service. La valeur que leur inspire l'exemple de leur Prince belliqueux, les élève au-dessus du péril; ils marchent au combat avec intrépidité, & lui donnent à l'envi des marques de leur attachement.

Succession des Ducs de Savoie.

L'origine de la Maison de Savoie se perd dans l'antiquité. Bertold ou Bérold est regardé comme la tige des Ducs de Savoie; on la fait descendre de Wittichind, Duc de Saxe, qui fut vaincu par Charlemagne. Bérold étoit Général du Royaume de Bourgogne, sous le Roi Rodolphe, qui lui donna la Savoie & la Maurienne l'an 1000. Humbert I, dit aux blanches mains, fils de Bérold, se fit Comte de Savoie & des Alpes, vers l'an 1024; l'Empereur le confirma dans sa possession, & y ajouta le Duché de Chablais; mais le premier, après une longue suite de Comtes, qui porta le titre de Duc, fut Amé VII, créé Duc par l'Empereur en 1416. Il abdiqua en 1434, se retira au Prieuré de Ripaille, & fut fait Pape, sous le nom de Félix V: mais il se départit volontairement, pour mettre fin au schisme.

(1434). Louis, dont le fils ayant épousé la Princesse Charlotte en 1458, héritiere du Royaume de Chypre, prit le titre de Roi.

(1465) Amédée VIII, fils du Duc Louis & d'Anne de Lusignan.

(1472). Philibert I, 1482, Charles I, qui prit le titre de Roi de Chypre, en 1487, en 1489, Charles II, 1496, Philippe II.

(1497). Philibert II, surnommé le Beau, épousa Marguerite d'Autriche.

(1504). Charles III son frere.

(1553). Emmanuel-Philibert, dit *Tête de Fer*, qui gagna la bataille de S. Quentin.

(1580). Charles-Emmanuel I, surnommé le Grand, qui fut obligé de céder la Bresse à Henri IV.

(1630). Victor-Amédée épousa Christine de France, fille de Henri IV, 1637; François-Hyacinthe son fils.

(1638). Charles - Emmanuel II, aussi fils de Victor-Amédée.

(1675). Victor-Amédée II fut déclaré Roi de Sicile en 1713; ayant rendu la Sicile, il fut déclaré Roi de Sardaigne, en 1718. Il abdiqua la Royauté en 1730, en faveur du dernier Roi, Charles-Emmanuel III. Son fils, Victor-Amédée-Marie de Savoie, né le 26 Juin 1726, lui a succédé le 20 Février 1773. C'est le trente-cinquieme Souverain de sa Maison.

La Savoie se divise en six pays, trois au N. le *Duché de Genevois*, le *Duché de Chablais*, la *Baronnie de Faussigni*, & au midi le Duché de Savoie propre, le Comté de Tarentaise, & celui de Maurienne.

SAVONAROLE, (*Jérôme*) Dominicain, né à Ferrare, de parens nobles, en 1452. Il s'acquit de bonne heure une grande réputation pour la Chaire. Il étoit à Florence, dont les habitans étoient partagés entre la France & les Médicis, il se déclara pour la France; & soit égarement d'esprit, ou pour grossir son parti, il expliqua quelques passages de l'Apocalypse, dans lesquels il trouvoit l'histoire des malheurs qui devoient fondre sur le parti contraire, annonça la réforme de l'Eglise, & les fléaux dont les vices du Clergé & de la Cour de Rome étoient menacés. Au lieu de se corriger, Alexandre VI l'excommunia & l'interdit. Savonarole n'en prêcha pas moins ; Alexandre & les Médicis susciterent contre lui un Cordelier. Il s'inscrivit en faux contre quelques theses que Savonarole avoit fait afficher, & offrit de prouver qu'elles étoient hérétiques. Les Cordeliers & les Jacobins prirent parti, & la dispute devint très-vive. Le Dominicain crut porter au Franciscain un argument invincible, en offrant l'épreuve du feu ; mais le Cordelier fit la même offre, pour prouver que Savonarole étoit un imposteur & un Hérétique. Les défis sont acceptés, & les bûchers allumés: Le Franciscain & le Dominicain paroissent : mais leur intrépidité s'évanouit, en voyant les flammes des bûchers. Le Dominicain ne voulut entrer dans le bûcher que l'hostie à la main ; le Magistrat le refusa : il refusa de faire l'épreuve. Le Peuple le poursuit ; il se sauve dans le Couvent ; les Cordeliers y excitent la populace, qui force les portes. Pour l'appaiser, on se saisit de Savonarole ; on l'appliqua à la question, on le convainquit d'imposture & d'hérésie, & Alexandre VI le fit condamner, lui & deux Dominicains, à être pendus & brûlés. Ses ennemis, aussi fanatiques que lui, triompherent ; & Pic de la Mirandole, Ambroise, Catharin, Marsile Ficin, Bzovius, Neri, soutinrent dans leurs écrits que Savonarole faisoit des miracles qui attestoient son innocence.

SAVONNE, (Savona) Ville considérable & la seconde de l'Etat de Gènes, avec deux Châteaux, & un Evêché suffragant de Milan. Les édifices en sont magnifiques ; son port, qui étoit un des meilleurs, fut ruiné par les Génois, qui craignoient qu'il ne nuisît au commerce de leur Ville, & qui d'ailleurs étoient jaloux de la protection que François I lui accordoit. Le Marquisat de Savonne a long-temps appartenu à la Maison de Saluces. En 1746, le Roi de Sardaigne s'en étoit rendu maître ; mais par le Traité de paix de 1748, cette Ville fut rendue aux Génois. Savonne a vu naître trois Papes, Gregoire VII, Jules II & Sixte IV : c'est aussi la patrie du célebre Chiabrera,

Poëte. Elle eſt ſur la Méditerranée, à dix lieues S. O. de Gênes. Son commerce conſiſte en ſoie, en huile & en excellens fruits. Il y a à Savonne d'aſſez belles Egliſes, cinq portes, deux forteresses & une citadelle.

SAXONIA, (*Hercule*) né à Padoue, d'une famille célebre dans les ſciences. Hercule enſeigna la Médecine à Padoue avec beaucoup de ſuccès. Il fut conſervé à la ſollicitation de ſes Auditeurs, lorſque la République de Veniſe ſupprima treize Chaires dans cette Univerſité. Veniſe le demanda; l'Empereur Maximilien l'appella auprès de lui dans une grande maladie. Saxonia l'ayant guéri, l'Empereur le combla de bienfaits, & le fit Chevalier. Il revint à Padoue, où il mourut en 1607, âgé de cinquante-ſix ans, laiſſant pluſieurs écrits ſur différentes matieres, entr'autres *de Phœnigneis, & de uſu Theriacæ in febribus peſtilentibus; de Peſte; de Pulſibus*, &c.

SCACCHI, (*Fortunato*) Religieux Auguſtin, Maître de la Chapelle du Pape Urbin VIII, né à Ancône, de Scacchi, Gentilhomme, & de ſa Servante. On le mit dans ſa jeuneſſe aux Auguſtins de Fano. Il fut envoyé à Toléde; il y apprit la Philoſophie & la Théologie; il revint en Italie, & s'appliqua ſur-tout à l'étude des Langues. Il donna une édition de la Bible Polyglote, qu'il dédia au Pape Paul V. Il compoſa pluſieurs Ouvrages fort ſavans ſur les Saintes Huiles, ſur la canoniſation des Saints, ſur la Théologie: il ſe fit encore un grand nom par la Prédication. Il avoit été Profeſſeur dans preſque toutes les Univerſités d'Italie. Le Cardinal Collutio l'arrêta à Rome, pour y enſeigner l'Ecriture Sainte. Urbin VIII le fit Maître de ſa Chapelle; il le fut pendant quinze ans: mais comme ſa ſanté ne lui permettoit pas de loger au Vatican, le Pape ſuppoſa que Scacchi vouloit s'en défaire, & la lui ôta. Scacchi en fut ſi fâché, qu'il ſe retira à Fano, où il mourut de chagrin, âgé d'environ ſoixante-dix ans.

SCALA, (*Scalis*) jolie Ville du Royaume de Naples, dans la Principauté Citérieure, à deux lieues d'Amalfi: ſon Evêché étoit ſuffragant de cette derniere Ville. Elle a été autrefois plus considérable qu'elle ne l'est aujourd'hui; elle a titre de Principauté, & appartient à la Maison Spinelli. Ses environs sont fort renommés par ses excellens vins muscats & par les riches mines de plomb qu'on y trouve; son Evêché a été uni à celui de Ravello.

SCALA SANTA, (la) est dans une Chapelle très-ancienne de Rome, appellée *Sancta Maria*, qui fait face à l'obélisque placé devant le portail de l'Eglise S. Jean de Latran. Cette Chapelle fut réparée par Sixte V; on y monte par cinq escaliers, dont chacun est séparé par un mur; celui du milieu, qu'on appelle la *scala santa*, est composé de vingt-huit degrés de marbre blanc, par lesquels N. S. monta chez Pilate. Ce fut l'Impératrice Sainte Hélène qui envoya à Rome ces 28 degrés, avec une grosse collection de reliques qu'elle avoit faite à Jérusalem. Sixte V fit placer ces escaliers de maniere qu'on peut monter ou descendre comme on veut par les quatre qui sont sur les côtés; mais il est défendu de monter la *scala santa* autrement qu'à genoux. Les Papes ont attaché à chaque degré nombre d'indulgences.

SCALIGER, (*Jules-César*) né au Château de Ripa, dans le Véronois, en 1484: il prétendoit descendre des Princes de l'Escale, qui étoient Souverains de Vérone. Il passa en Allemagne, & embrassa dans sa jeunesse le parti des armes; il vint en France, & exerça la Médecine à Agen, où il mourut, en 1558, âgé de soixante-quinze ans, il étoit d'une humeur fiere & impérieuse. Son *Art Poëtique* est très-estimé, quoiqu'on l'ait accusé de manquer de goût dans le jugement qu'il porte d'Homère. Il a laissé un Livre des causes de la Langue Latine, témoignages sur la famille des Scaligers; des exercitations contre Cardan; des Commentaires sur l'histoire des animaux d'Aristote, & sur le livre des plantes de Théophraste; des Problêmes sur Aulu-Gelle; des Traités de Physique; des Lettres, & quantité de Poësies. Il avoit moins de critique, mais plus d'esprit & de politesse que Joseph-Juste son fils, dont le meilleur & le plus utile Ouvrage est son savant Traité *de emendatione temporum*.

SCAMOZZI, (*Vincentio*) célebre Architecte, né à Vicence en 1552, apprit l'Architecture de Dominique Scamozzi son pere. A dix-sept ans, il fit le plan d'un Palais pour le Comte *Oddi*, qui fit beaucoup d'honneur à l'Architecte, quoiqu'il n'ait pas été exécuté. Il étudia les édifices que Palladio & le Sanfovin faifoient bâtir à Venife. Formé par la lecture de Vitruve & par fes réflexions, il compofa un Traité de la Perfpective : il n'avoit que vingt-deux ans. Sur fa réputation, les Chanoines de S. Sauveur le chargerent d'ouvrir les lanternes des coupoles de leur Eglife. Il partit pour Rome, où il étudia les Mathématiques, & deffina les plus beaux monumens de l'antiquité. Il publia le colifée, les thermes d'Antonin & de Dioclétien, & revint à Venife après avoir parcouru les reftes de l'antiquité du Royaume de Naples. Fixé à Venife, il éleva le fuperbe maufolée du Doge Nicolas de Ponte, par ordre & aux dépens du Sénateur Barbaro, dans l'Eglife de la Charité : c'eft le chef-d'œuvre de ce genre. Il continua la bibliothéque de S. Marc, commencée par le Sanfovin : il y ajouta le *Mufeum*. Il fit un fecond voyage à Rome avec les Ambaffadeurs de la République ; il examina les modeles des machines qui avoient été préfentées pour élever l'obélifque du Vatican ; mais les monumens antiques fixerent toute fon attention. Il a fait dans fa vie quatre voyages à Rome pour les étudier. La République l'envoya à Vicence, pour diriger les fêtes qu'on donna à l'Impératrice Marie d'Autriche, lors de fon paffage. Il fe diftingua par les décorations du théâtre olympique. Il conftruifit pour Vefpafien de Gonzague, Duc de Sabionette, un théâtre dans le goût des Anciens, qui fut fort goûté. Il avoit commencé l'Eglife du Monaftere d'*ella Celeftia*, dans le goût du Pantheon, mais on l'obligea de démolir ce qui en avoit été fait. Il bâtit la fortereffe de Palma, regardée comme un excellent ouvrage dans ce genre : les Généraux Vénitiens voulurent qu'il en jettât la premiere pierre avec eux. Il continua le Palais des nouvelles Procuraties, commencé par le Sanfovin. Il voyagea avec les Ambaffadeurs de la République en France, en Allemagne, en Hongrie, afin de raffembler des connoiffances pour l'Ouvrage qu'il méditoit, & qu'il donna, sous le titre d'*Idée universelle de l'Architecture*. Le nombre des édifices qu'il a construits est incroyable; il a donné une infinité de plans pour différens Princes de l'Europe: mais quelque grand que fût son mérite, il le gâta par son orgueil. Son Livre de l'*Architecture universelle* n'est point fini; la sixième partie, qui traite des cinq ordres, passe pour un chef-d'œuvre. Il adopta pour son fils & son héritier *André Toaldo Scamozzi*, de la famille de Gregori. Il érigea à son pere, par adoption, un mausolée dans l'Eglise de S. Vincent à Vicence. On lit dans l'inscription, que Scamozzi a embelli toute l'Europe par ses édifices. Il mourut en 1616. Il avoit composé plusieurs Ouvrages sur l'Architecture; parmi lesquels on a une description & les plans de la Ville de Laurence, d'après les détails de Pline le jeune. Il avoit fait une étude si profonde de l'antiquité, qu'il la devinoit.

SCANDIANO, petite Ville dans le Modénois, près de la Ville de Reggio; cet endroit, qui a titre de Marquisat, est fameux par ses bains, qui sont très-bons.

SCARDEONI, (*Bernardin*) Chanoine de Padoue, où il naquit, en 1478. Il n'eut d'autre emploi pendant trente-quatre ans que celui de Confesseur des Religieuses de S. Etienne; enfin, ayant obtenu un Canonicat dans la Cathédrale, il continua l'Histoire de Padoue, qu'il avoit commencée depuis long-temps. Cette Histoire est estimée; elle a pour titre *de antiquitate Urbis Patavinæ, deque claris ejusdem civibus*. Il mourut le 19 Mai de l'an 1574, âgé de quatre-vingt-seize ans.

SCARDONNA, Ville de la Dalmatie, où, en 1120, fut transporté le Siege Episcopal, qui étoit auparavant à *Zara Vecchia*. Sa situation forme une espece de presqu'Isle, à sept milles de la mer. Elle a été fort considérable autrefois; les Turcs la prirent aux Vénitiens, qui la reprirent en 1537, & en raserent les fortifications; les Turcs la reprirent, & les Vénitiens les en chasserent encore en 1647, sous le commandement du Général *Foscolo*; enfin le Général Valier la reprit & la mit en état de défense.

SCARICA L'ASINO, Bourg sur les frontieres de la Toscane,

entre Pietra Mala & Loïano ; c'est là que sont les limites de Toscane. Les armes du Grand Duc sont sur un côté de poteau, & de l'autre côté celles du Pape.

Ce Village, ainsi que celui de *Pietra-Mala*, situés dans les montagnes, ont autour d'eux des éboulemens de terres considérables, qui ont fait croire qu'ils étoient plutôt l'effet de différentes explosions, occasionnées par une fermentation intérieure, que par les gelées & la chûte des eaux ; & par-là on prétend prouver que la fumée & les flammes qui sortent de Pietra-Mala, sont les restes d'un volcan éteint. *V.* Pietra-Mala.

Scarperia, petite Ville dans la montagne de Pietra-Mala, dans la Toscane, est renommée par les bons couteaux & les armes qu'on y fabrique. Ce Village a été très-considérable ; & fut détruit en partie en 1642 par un tremblement de terre. Quoique le terrein soit très-bon dans les environs, on néglige sa fertilité, qui fourniroit toute l'année une pâture abondante pour les bestiaux. *Voyez* Santerno.

Scatono, petite Ville dans la Toscane, fameuse par certaines pierres qu'on y trouve dans les environs, à l'épreuve du feu, & qui ne se calcinent point, & qui pourtant paroissent être des pierres calcaires.

Sciatezzo, petite Ville du Milanois Savoyard, dans le pays d'Outre-Pô & de Bobbio.

SCHIAVONE, (*Andrea*) né en Dalmatie en 1522. Il prit la Peinture comme un métier, mais il y porta d'excellentes dispositions ; le besoin l'obligea à travailler beaucoup, ce qui l'empêcha d'être correct ; d'ailleurs il fut excellent Coloriste. Il se proposa pour modele le Titien, le Giorgion & le Parmesan, Sa touche étoit facile, spirituelle & gracieuse ; on admire ses têtes de femmes & de vieillards : ses attitudes sont savantes. L'Aretin son ami lui fournissoit des idées heureuses. Le Tintoret ne peignoit guere sans avoir sous les yeux un tableau du Schiavone. Ses principaux ouvrages sont à Venise. Le Roi & M. le Duc d'Orléans en possedent quelques-uns. Ce Peintre mourut à Venise en 1582.

SCHIDONE, (*Bartholomeo*) Peintre, né à Modene en

1560. Il fut Eleve d'Annibal Carrache, & étudia si bien la maniere du Correge, que de tous ses imitateurs, c'est celui qui l'a le mieux saisi, mais sans s'y assujettir. Le Duc de Parme le fit son premier Peintre, & lui fournit plusieurs occasions de s'enrichir; il lui eût été facile, sans la maudite passion du jeu qui le dominoit, & qui enfin causa sa mort, par le chagrin qu'il eut de l'impuissance où il se trouva de ne pouvoir payer ce qu'il perdit en une seule nuit. Ses tableaux sont rares & très-précieux; sa touche est délicate & gracieuse; ses airs de tête beaux & agréables, son pinceau vigoureux & son coloris tendre: ses dessins sont fort estimés. La plupart de ses ouvrages sont à Plaisance & à Modene; on voit dans cette derniere Ville une suite de portraits des Princes de cette Maison. Le Schidone mourut à Parme en 1616. M. le Duc d'Orléans possede deux de ses tableaux.

Schio; petite Ville du Vicentin, dans l'Etat de l'Eglise.

Sciglio, Cap ou Promontoire, avec une petite Ville du même nom, au Royaume de Naples, dans la Calabre Ultérieure, avec un Evêché suffragant de Reggio, est assez bien peuplé. Ses Habitans sont assez bons Matelots. L'écueil que l'on nomme *Scilla*, est près de ce Promontoire, dans le Détroit de Messine. Sciglio est une Principauté qui appartient à la Maison de Ruffo, la même que celle des Comtes de la Ric de Grenoble.

Scilla & Carybde, écueils plus rédoutés autrefois qu'ils ne le sont aujourd'hui, situés à l'entrée septentrionale du Fare de Messine. Le premier qu'on appelle aujourd'hui *Capo Sciglio*, est un rocher de la côte de la Calabre, qui s'avance en forme de presqu'Isle, vers le Cap de Faro en Sicile. Ce rocher est très-dangereux. Les vaisseaux qui y sont emportés par la violence du flux, y périssent sans ressource. La Carybde est près du Cap *de Faro* en Sicile; c'est un tournant d'eau qui a environ trente pas de diametre; il est à craindre lorsque d'habiles Matelots n'en savent point éviter le danger.

SCORZA, (*Sinibaldo*) Peintre & Graveur, né à Voltaggio, dans les environs de Gênes en 1591. Il peignoit les fleurs, les animaux & le paysage d'une maniere supérieure. Il excella aussi dans la miniature. Les estampes d'Albert Duré étoient fort recherchées ; Scorza les imitoit si parfaitement, que les plus habiles s'y trompoient. Les Génois étant en guerre avec le Duc de Savoie, Scorza, que le Cavalier Marsin avoit amené avec lui à Turin, fut accusé d'être d'intelligence avec leurs ennemis, & il fut banni ; son innocence fut reconnue & il fut rappellé. Scorza étoit un des plus grands Dessinateurs de son siécle.

SCULPTURE, (la) est aussi ancienne que la Poësie & les beaux Arts. Après ses premiers essais, qui devoient être très-informes, & qu'elle a dû faire sur des matieres moles, comme la cire & la terre glaise, elle travailla sur le bois, ensuite sur la pierre, enfin sur les pierres fines & sur les métaux. Les premiers Sculpteurs connus furent les Egyptiens, qui consacrerent cet Art à leurs Dieux & à leurs Héros. Elle a recommencé en Italie avant Michel-Ange ; mais c'est ce grand Artiste qui la porta au dégré le plus sublime ; elle s'est soutenue depuis jusqu'au dernier siecle. Les grands Sculpteurs sont devenus plus rares que les grands Peintres. Les Italiens modernes l'ont emporté pour la Sculpture sur les Romains, & ont presque égalé les Grecs.

SEBASTIEN DEL PIOMBO, ou SEBASTIEN DE VENISE, ou FRA BASTIEN, né à Venise en 1485, Eleve de Jean Bellin & du Giorgion, fut amené à Rome par sa réputation ; Michel-Ange le prit en amitié & lui développa les principes de son Art. Avec la beauté du coloris qu'il avoit retenu du Giorgion, il ne lui manquoit que du génie pour pouvoir se dire le rival de Raphaël. Il peignit la Résurrection du Lazarre dans le dessin de lutter avec celui de la Transfiguration ; quoique surprenant par le ton de couleur, il ne l'emporta cependant point. C'est ce même tableau qu'on voit au Palais Royal. Ses portraits sont excellens & passent pour être du Giorgion ; il en a fait un fort grand nombre. Il employoit quelquefois le marbre & autres pierres pour faire servir leurs couleurs naturelles de fond à ses tableaux. Il avoit inventé un composé de poix, de mastic & de chaux vive pour peindre à huile sur les murailles, sans que les couleurs fussent altérées. Il fit une fortune confidérable dans l'emploi de Scelleur de la Chancellerie ou de Fratel del Piombo, que Clément VIII lui donna. Il paſſa le reſte de ſes jours dans une tranquillité philoſophique, entre la Poëſie & la Muſique, pour leſquelles il avoit beaucoup de goût & de talent. Le Roi a une Viſitation de ce Peintre, & M. le Duc d'Orléans poſſéde pluſieurs tableaux. Il mourut à Veniſe en 1547.

SEBETO, le ſeul Fleuve des environs de Naples, qui n'eſt plus qu'une très-petite riviere. La grande irruption du V‥‥e ayant boulverſé ſon lit avec le terrein des environs en 79, fit diſparoître le Sebeto; ce ne fut que long-temps après qu'il ſe fit un paſſage à travers les terres boulverſées & qu'il reparut, mais beaucoup plus foible : on ménage beaucoup ſes eaux, dont une partie eſt diſtribuée dans les canaux des fontaines de Naples, & l'autre ſert à arroſer les campagnes & à faire aller des moulins, des Papeteries, &c.

SECCHIA, Riviere qui coule de l'Apennin, ainſi que le Panaro : elle traverſe une partie du Modenois & du Duché de Guaſtalla, & va ſe jetter dans le Pô; dans le temps des pluies & des fontes de neige, elle groſſit conſidérablement, & devient ſi dangereuſe, que toute communication entre Modene & Guaſtalla eſt interrompue, quoiqu'elles ne ſoient éloignées que de quinze milles l'une de l'autre.

SECCHIA RAPITA, (la) le Sceau enlevé, Poëme Heroi-Satyro-Comique d'Alexandre Taſſoni. C'eſt un des plus beaux Poëmes qu'ait produit la Poëſie Italienne. Quoique cet Ouvrage n'ait dû ſon ſuccès qu'aux traits ſatyriques lancés contre pluſieurs perſonnes vivantes, il eſt néanmoins ſûr de plaire aux Amateurs par le ſtyle enjoué & pittoreſque dont il eſt écrit. C'eſt une plaiſanterie fine, toujours ſoutenue dans l'eſpace de douze Chants. Un Sceau enlevé en fait tout le ſujet. Cette aventure arriva dans le temps que la République de Bologne & celle de Modene, diviſées par les factions des Guelfes & des Gibelins ſe déclarerent la guerre. Les Modenois commandés par le Général Poux, après une victoire complette, repouſſerent les Bolonois jusque dans leur Ville : un des Vainqueurs que le chaud & la fatigue avoit conduit vers un puits, s'empara du Sceau, malgré les efforts des ennemis qui étoient accourus pour le défendre ; & jaloux de sa victoire, il revint vers les siens, tenant ce Sceau au bout d'une pique comme un trophée. Toute la suite du Poëme contient diverses propositions faites de la part des Bolonois pour r'avoir leur Sceau : une entr'autres est de rendre en échange Euzius, Roi de Sardaigne, qui a été fait prisonnier : cette proposition est refusée ; enfin, après bien des combats & des négociations, on conclut une paix générale aux conditions que les Modenois resteront maîtres du Sceau, & les Bolonois de la personne du Roi. Plusieurs Auteurs Ultramontains assurent que l'histoire du Sceau est vraie, & que Tassoni en a profité pour avoir occasion de peindre au vrai la politique de Rome, dont il étoit fort mécontent. On voit encore à Modene un très-vieux Sceau qu'on dit être celui qui fut pris sur les Bolonnois : il est suspendu à la voûte d'une chambre, où l'on conserve les reliques de la Cathédrale.

SEGNI, *Signia*, petite Ville dans la Campagne de Rome, avec titre d'Evêché, à trente-deux milles de Rome, vers l'orient, sur une montagne appellée la Montagne de Segni, au S. E. de Tivoli. Alexandre III, Grégoire IX & Alexandre IV, étoient des Comtes de Segni. Le Pape Vitalien naquit dans cette Ville. On dit que les orgues y furent inventées. C'est aujourd'hui un Duché qui appartient à la Maison de Sforce. Il est fertile en vins, mais un peu rudes.

SEL AMMONIAC, est un Sel qu'on extrait, ou qui se forme de la fumée qui sort des bouches de la Sol-Fatare. *Voyez* SOL-FATARA.

SEL MARIN, (le) d'Italie est beaucoup plus blanc que celui de la France, mais aussi plus corrosif, au point qu'il consomme ce qu'on met dans sa saumure, sur-tout le poisson. On consomme ainsi des anchois & des sardines, & la saumure sert de sauce appétissante. Sa nature corrosive vient de la force du soleil qui cuit & dessèche fortement l'écume de la mer Méditerranée qui

s'étend

SEL

s'étend jusqu'en Afrique. Le Sel en France vient au contraire de la mer Océane, vers le septentrion où le soleil agit avec moins de force.

SELLA STERCORARIA, est une chaise antique de porphire qui pouvoit servir de chaise de commodité dans l'appartement des bains de quelque Romain: elle fut trouvée dans les ruines de Rome. De mauvais Plaisans l'ont appellée *La Chaise percée de Saint Jean de Latran*. On la voit dans un Cloître qui est tout proche de Saint Jean de Latran à Rome. *Voyez* SAINT JEAN DE LATRAN.

SEMINARA, petite Ville au Royaume de Naples, dans la Calabre Ultérieure, avec titre de Duché, appartient à la Maison de Spinelli. C'étoit près de-là que les François défirent les Espagnols en 1503.

SÉNATEUR ET CONSERVATEUR, à Rome. Le titre de Sénateur est très-ancien à Rome. C'étoit autrefois le Magistrat suprême créé par le Peuple, indépendamment du Pape & des Empereurs. Il lui donnoit le titre de Conservateur de ses droits; ce qui ressembloit plus aux Tribuns de l'ancienne Rome, qu'aux Sénateurs. Cette Magistrature gênoit l'autorité des Papes. Ils parvinrent à la rendre dépendante au commencement du douziéme siécle; cependant le Peuple, qui tient toujours à des titres qui lui rappellent son ancienne liberté, rentra dans l'usage de nommer son Sénateur. Cette Dignité eut encore de quoi tenter l'ambition des Princes. En 1263, Charles d'Anjou, frere de Saint Louis, obtint la Charge de Sénateur perpétuel de la Ville de Rome; & lorsqu'il regna paisiblement à Naples, il conféra cette Dignité à Henri, Prince de Castille, de l'aveu & du consentement du Peuple & du Souverain Pontife, qui le reconnurent. On n'accordoit plus ce titre qu'aux Souverains & aux Princes. Nicolas III le sollicita, & l'Evêque de Rome qui avoit fait ses efforts pour anéantir cette Dignité, parvint à s'en faire revêtir en 1278. Son Successeur la rendit aux Rois de Naples, qui la firent exercer par Commission, & dans la Maison desquelles elle se perpétua. En voulant illustrer cette Place, le Peuple l'avoit perdue; un Souverain étranger qui acquiert une

Tome II. I i

Magiſtrature populaire, n'eſt guere le ſoutien du Peuple que dans la vue de s'en rendre le Maître. Les Romains craignirent des fers de la part de ſon Défenſeur, ils mirent cette Magiſtrature ſur la tête de deux Chevaliers Romains, des Maiſons Orſini & Collonna. Ces Maiſons puiſſantes avoient trop de titres à la Papauté, pour ne pas affoiblir l'autorité de Sénateur qui nuiſoit à celle des Papes; ils y réuſſirent peu à-peu, & enfin les Papes l'anéantirent, lorſqu'après l'extinction du ſchiſme, ils revinrent réſider à Rome. Ils ne conſerverent que le titre, & ne laiſſerent au Sénateur que la prérogative d'être à la tête de la Magiſtrature Municipale. Ce titre eſt fort honorable. Celui qui en eſt revêtu doit être étranger, ce qui eſt un effet de la politique des Souverains Pontifes, de crainte que cette dignité ne ſe perpétuât dans une Famille Romaine trop puiſſante. Ce Magiſtrat réſide au Capitole, a des Officiers & une garde qui l'accompagnent dans les cérémonies & à l'audience du Pape. Il porte dans les cérémonies la longue robe de pourpre bordée d'étoffe d'or. Ses Aſſeſſeurs ſont quatre Magiſtrats, dont trois ſont appellés Conſervateurs, & le quatriéme Prieur ou Député des différens quartiers de la Ville. C'eſt le Pape qui nomme des Gentilshommes à ces Places.

SENIGAGLIA, petite mais jolie Ville dans le Duché d'Urbin, ſur la côte du Golfe de Veniſe, & ſur la Riviere de Negola, à ſept lieues d'Ancône: elle eſt aſſez peuplée: elle a un Evêché ſuffragant de l'Archevêché d'Urbin. On fait venir ſon nom de *Sena Gallica*, ou *Senogallia*, parce qu'on croit que cette Ville fut fondée par les Gaulois Senonois. Elle a appartenu ſucceſſivement aux Malateſtes & aux Ducs d'Urbin: elle a un bon Port. On appelle le Mont voiſin de Senigaglia, Mont Aſdrubal, parce que ce Général Carthaginois y fut défait par les Romains. Il y a une foire célebre tous les ans au mois de Juillet: on voit dans la Ville beaucoup de magaſins, pour y ſerrer les marchandiſes. La ſituation de la Ville eſt gaie, quoiqu'elle ſoit dans un terrein bas. Elle eſt entourée d'un côté par la mer, & de l'autre par des plaines agréables & fertiles. On voit aux Auguſtins de cette Ville un Chriſt mis au tombeau, peint au dôme par le Barocci, & un Saint Hyacinthe, du même.

SENTO, Ville du Ferrarois, dans l'Etat de l'Eglise, avec un Evêché. Elle est peu considérable.

SEPRIO, Ville du Duché de Milan propre, sur l'Olona qui arrose en partie la Ville de Milan.

SEQUIN, (le) est une petite piece d'or à peu près comme un demi louis, plus ou moins forte dans certains endroits. Le Sequin de Gènes vaut 13 liv. 10 s. du pays, & 11 liv. de France; celui de Florence le surpasse, mais celui de Venise est le plus fort de tous. Les Sequins ont cours par toute l'Italie.

SERAGLIO, petit Bourg situé près de Mantoue : c'étoit un ancien parc du temps des Romains. On se proposoit d'en faire usage en 1734, lorsque les Alliés voulurent assiéger la Ville de Mantoue ; mais ils n'oserent point entreprendre ce siége, à cause des fortifications de cette Ville.

SERAVAL, Bourg du Piémont, dans la Province & Seigneurie de Verceil.

SERCHIO, (le) Riviere qui prend sa source dans la partie méridionale du Modenois, au Mont Apennin, & se jette dans la mer de Toscanne.

SERGIUS. Il y a eu quatre Papes de ce nom. Le premier étoit né à Palerme, & remplaça Conon en 687. Il eut des démêlés avec l'Empereur Justin le jeune, pour n'avoir pas approuvé les Canons du Concile qu'il avoit fait convoquer. Sergius fut envoyé en exil, & souffrit, avec courage, la persécution. Ce Pape ajouta l'*Agnus Dei* à la Messe. Il mourut le 9 Septembre 701.

SERGIUS II, étoit de Rome. Il fut élu après Grégoire IV, le 10 Février 844. Il changea son nom de Pierre, en celui de Sergius, par respect pour Saint Pierre.

SERGIUS III, étoit Romain : il essaia de monter par force, sur la Chaire de Saint Pierre : le Clergé y plaça Formose en 890; mais ensuite il chassa du Saint Siége le Pape Christophe, & s'y assit fiérement. Il se fit consacrer en 906. Il étala le faste & le vice. Il vécut publiquement avec Marozie. Il en eut un fils que sa mere eut le crédit de faire élire sous le nom de Jean XI. Sergius, après avoir fouillé le Trône Pontifical, mourut en 910.

SERGIUS IV, qui s'appelloit Groin-de-Cochon, ou Pierre Becca-Porci, Evêque d'Albe, fut élu après Jean XIX, le 21 Août 1009, & mourut en 1012.

SERLIO, (*Sebastien*) célebre Architecte né à Bologne, fut Eleve de Balthazar Peruzzi. Il dessina & mesura avec une exactitude qu'on n'avoit pas encore eue, les anciens Monumens. François I l'appella en France; il y vint avec toute sa famille. Il travailla à la construction du Louvre, de Fontainebleau, & au Palais des Tournelles. Les calamités des guerres civiles l'obligerent de se retirer à Lyon. Il étoit si pauvre, qu'il se vit forcé de vendre quelques-uns de ses ouvrages à Jacques Strada. Il revint ensuite à Fontainebleau, où il mourut estimé de tout le monde. Il a composé un Ouvrage excellent sur l'Architecture. François I lui ayant ordonné de travailler au dessin du Louvre, le dessin de l'Abbé de Clagny fut préféré à celui de Serlio; il fut exécuté par Goujon & Pierre Ponce; Serlio n'y travailla que conjointement avec eux. Il mourut en 1552.

SERMIONE, petit Bourg situé dans une presqu'Isle qu'on voit dans le Lac de Garde, dans le Véronois, est remarquable par l'excellent vin qui y croît, & qu'on appelle *Vino Santo*. C'est le lieu où naquit le fameux Poëte Catulle.

SERMONETA, Ville de l'Etat Ecclésiastique, & chef-lieu du Duché de ce nom, étoit l'ancienne *Sulmo* des anciens Volsques. Elle a des restes de fortifications: elle est pauvre & n'offre rien de remarquable. L'Asture passe entre cette Ville & Casa Fondata. On y voit les ruines d'un vieux Château appartenant aux *Frangipani*, dans lequel Conradin poursuivi par les troupes de Charles d'Anjou, fut pris & conduit à Rome. Sezze est à cinq milles de Sermonetta, sur la route de Rome à Naples.

SERRAVALLE, petite Ville dans le Tortonnois. C'est un passage près des frontieres du Milanois & de l'Etat de Gênes. Cette Ville est défendue par un Château bien fortifié, devant lequel les Espagnols en 1745 demeurerent huit jours sans pouvoir le prendre. *Sarravalle* appartient au Roi de Sardaigne depuis 1735. On trouve dans ses environs de riches mines de fer.

Il y a une autre Ville du même nom dans la Marche Trevisane. Il y en a une autre encore dans le Florentin au Duché de Toscanne.

SERVANDONI, (*Nicolas*) Peintre & Architecte, né à Florence le 2 Mai 1695, s'attacha d'abord à la Peinture; il y fit les plus grands progrès: son genre étoit les ruines & le paysage, & ses tableaux sont fort recherchés des Curieux; mais c'est sur-tout dans l'architecture & dans l'ordonnance des fêtes que son génie se déploya. Il avoit des idées si grandes & si magnifiques, qu'il ne pouvoit guere être employé que par des Souverains. Il étudia l'architecture à Rome sous les meilleurs Maîtres, mais sur-tout d'après les anciens Monumens; il ne s'appliqua d'abord à cet Art que relativement à son genre de peinture. Il avoit plus en vue la gloire que la fortune. Il se fit de bonne heure une grande réputation. Il commença à voyager; il peignit en Portugal, des décorations pour le Théâtre Italien, & donna le projet de différentes fêtes. Il eut un succès éclatant, & fut décoré de l'Ordre du Christ. Il vint en France, & fut reçu à l'Académie comme Peintre de paysages. Il donna des dessins de décorations qui le firent regarder comme un des plus grands Hommes de son siécle. Le Roi le nomma son Architecte Décorateur: les Rois d'Angleterre, de Portugal, de Pologne, le Duc régnant de Wirtemberg, lui donnerent le même titre. Parmi ses ouvrages d'architecture, on admire le Portail de Saint Sulpice & une partie de cette Eglise, à Paris; la Porte d'entrée de la Maison de l'Enfant Jesus, rue & barriere de Vaugirard; l'Eglise Paroissiale de Coulanges en Bourgogne; le grand Autel de la Cathédrale de Sens; le grand Autel des Chartreux à Lyon; le grand Escalier de l'Hôtel du Cardinal d'Auvergne à Paris; une Chapelle isolée en forme de rotonde, chez M. de la Live; une Rotonde en forme de Temple antique, pour M. le Maréchal de Richelieu, près de Paris; une Fontaine ornée de colonnes, pour le Cloître de Sainte Croix de la Bretonnerie; une Place bâtie en 1754 sur l'un des côtés de l'Eglise de Saint Sulpice, la maison qui fait une des faces est très-belle, l'escalier étonne les Connoisseurs par sa hardiesse, une jolie Maison de plaisance près de Paris; une Maison de campagne à Vaugirard, pour la Communanté de Saint Sulpice; plusieurs Edifices à Bruxelles; le grand Escalier du Palais neuf à Madrid, est bâti sur ses desseins. Il a fait plus de soixante décorations pour l'Opéra de Paris, & un grand nombre pour les Théâtres de Londres & de Dresde. Ses décorations étoient si magnifiques, qu'il fit paroître dans un Opéra, sur un Théâtre étranger, quatre cents chevaux pour un triomphe. A Paris il donna sur le grand Théâtre des Tuileries, qu'on a réduit depuis au goût mesquin de nos Théâtres, des Spectacles en simples décorations. Il a construit le Théâtre du Château de Chambord, pour le Maréchal de Saxe : le Théâtre Royal de Dresde a été bâti sur ses desseins. Il a fait éclater son génie grand & magnifique dans les Fêtes dont il a été chargé, à la naissance de M. le Dauphin, sur la Seine; pour le même sujet, à Saint-Germain-en-Laye, aux dépens de M. le Maréchal de Noailles; à l'Hôtel-de-Ville de Paris, pour la paix conclue en 1737; à Sceaux, pour Madame la Duchesse du Maine; sur la Seine, pour le mariage de Madame Premiere de France. Sa réputation pour les Fêtes étoit si grande, qu'on s'adressoit à lui de tous côtés. Londres, Lisbonne, Vienne, Stugard, ont joui des Fêtes superbes qu'il y a données; les décorations de Théâtres y font l'admiration des Connoisseurs. Il seroit à désirer qu'on eût exécuté le magnifique projet qu'il donna pour la Place de Louis XV, à Paris entre les Tuileries & les Champs Elisées, pour les Fêtes publiques; plus de vingt-cinq mille personnes pouvoient y être à couvert sous les galeries & les péristyles. Elle devoit être ornée de trois cent soixante colonnes, de cinq cent vingt pilastres; elle auroit eu cent trente-six arcades. Malgré les nombreux travaux dont il fut chargé, Servandoni est mort pauvre. Il ne connut jamais l'économie ; aussi magnifique dans toutes les actions de sa vie que dans ses Places, il ne connoissoit les richesses que pour les prodiguer. Il mourut à Paris le 19 Janvier 1766, ne laissant qu'un fils qui cultive la peinture, mais dont la mauvaise fortune seconde mal les talens. Servandoni s'étoit marié en Angleterre, & sa veuve conserve encore beaucoup de ses desseins, qu'il seroit à désirer qu'elle publiât.

SERVI, (*Constantin* de) Architecte, Peintre & Ingénieur, d'une des meilleures familles de Florence, y naquit en 1554. Il voyagea dans toute l'Europe, & fut accueilli dans toutes les Cours. Il resta un an en Perse auprès du grand Sophi. Il fut nommé à Florence Surintendant des travaux qui se font à la galerie, & fut mis à la tête des travaux de la magnifique Chapelle de Saint Laurent. Il alla en Angleterre, & le Prince de Galles le nomma Surintendant de ses bâtimens, avec une très-bonne pension. Le Grand Duc de Toscane l'envoya en Hollande; les Etats Généraux & le Comte Maurice de Nassau en faisoient le plus grand cas. Il fit les desseins du Palais que ce Prince voulut faire bâtir. Il revint en Toscane, & y mourut à Lucignano, Vicaire ou représentant du Grand Duc, en 1622. Il avoit fait plusieurs fois le tour de l'Europe.

SERVITES, (SERVI ou SERVITEURS DE LA VIERGE MARIE) Religieux établis à Florence depuis environ l'année 1232, par la dévotion de sept Marchands de cette Ville, qui se retirerent au *Mont Senere*, & auxquels se joignit S. Philippe Benisi ou Beniti, qui leur donna des réglemens, & qui fut regardé comme le Fondateur. Cet Ordre s'établit à Venise & à Marseille; celui de Venise a été illustré par le célebre *Fra Paolo Sarpi*.

SESSIA, (la) riviere dans le Milanois, qui baigne les vallées de son nom, & se jette dans le Pô, au-dessous de Verceil.

SESTO, Ville du Duché de Milan, à la gauche du Tesin, a sa source qu'il prend dans le lac majeur. Cette Ville, qui a titre de Duché, appartient à la Maison de Spinola, originaire de Gènes; on s'y embarque sur le Tesin, pour aller aux Isles Borromées.

SESTO, Lac à cinq lieues de Pise; on y cultive beaucoup de riz, qui y vient en abondance.

SESTOLA est encore une Ville d'Italie, Capitale du Frignan, contrée de l'Etat de Modene.

SESTRI DI LEVANTE & SESTRI DI PONENTE, deux Forteresses considérables de l'Etat de Gênes, avec chacune un port assez bien fortifié. La riviere de Sestri di Ponente a sur sa rive des maisons de campagne de la plus grande beauté ; les Palais des *Lomellini*, des *Spinola*, des *Doria*, des *Grimaldi*, offrent le plus bel aspect ; les jardins, très-bien distribués, sont plantés d'orangers, de citronniers, de grandes palissades de myrthes ; les rochers qui s'élevent au-dessus de ces Palais sont couverts de figuiers, qui donnent le meilleur fruit.

SETTALA, (*Louis*) Médecin, né à Milan en 1550. S. Charles Borromée, ayant assisté à des theses que Settala soutint dans une extrême jeunesse, en conçut les plus grandes espérances. Settala ne le trompa point ; il fut fait Professeur à Pavie à vingt-trois ans. Il soutint cette réputation jusqu'à sa mort, qui arriva en 1633. Il a publié quantité d'Ouvrages estimés, & entr'autres *Comment. in Arist. probl. Commen. in Hipoc. de aere, aquis & locis. Cautiones ad vuln. curanda, & Nævis*.

SEVERIN, Pape, né à Rome, succéda à Honorius I, en 638. L'Empereur Héraclius, qui avoit publié sous le nom d'*Ecthasis* ou d'exposition de foi, un édit qui occasionna du trouble dans l'Eglise, il employa toute sorte de moyens pour engager Severin à le souscrire : mais ce Pontife lui résista avec la plus grande fermeté, & condamna cette confession comme impie & hérétique. Il mourut le 2 Août 639.

SEZANA, Vallée de la Province de Suze, dans le Piémont. Cette Vallée, ainsi que celle d'Oulx, & celle de Bardonanche, a été unie à la Province de Suze ; elles ont été cédées par la France à la Maison de Savoie en 1713.

SEZE, petite Ville de l'Alexandrin, au S. de cette Province du Milanois.

SEZZA ou SUESSA, petite Ville au Royaume de Naples, dans la Terre de Labour, étoit autrefois très-considérable, & n'est presque plus rien aujourd'hui ; elle a un Evêché suffragant de celui de Capoue. Sezza est à six lieues de Capoue ; sa situation est très-agréable ; on découvre à main gauche la montagne de

Falerne, qui produisoit les vins si vantés par Horace. Au bas de la Ville de Sezza sont des plaines verdoyantes qui vont jusqu'à la mer. Sezza est arrosée par le Gariglian ou Liris.

SEZZÉ, *Satia*, *Satinum*, Ville de la Campagne de Rome, un peu en deçà des ruines des *Tres tavernæ*, où S. Paul passa en venant de cette Capitale du Monde. Sezzé est bâtie sur une hauteur en face des marais Pontins. Cette Ville est très-ancienne; elle étoit une des principales Villes des Volsques; Martial & Juvenal l'ont célébrée à cause de ses vins, qui n'ont plus aujourd'hui la même qualité, soit qu'on n'ait pas l'art de les faire, ou la patience de les attendre, comme faisoient les Romains, qui ne buvoient leurs vins qu'après la quinzieme & quelquefois la vingtieme année. On y voit les restes d'un temple consacré à Saturne fugitif. Il est assez conservé, mais il seroit à désirer qu'on en débouchât l'entrée. Derriere la Ville, est la fente d'un rocher, qu'on croit être un précipice sans fond. La montagne des Muses est agréable par l'étendue de la vue sur les marais Pontins. On voit dans l'Eglise des Franciscains, hors de la Ville, un tableau de Lanfranc, très-précieux. Il n'y a point de sources à Sezzé, on n'y boit que de l'eau de citerne. On compte sept à huit mille ames dans cette Ville, mais les habitans sont pauvres. La campagne est peu cultivée, il y croît naturellement beaucoup de figuiers d'Inde; il y en a dont le tronc est de la grosseur d'un homme, & qui s'élevent à la hauteur de trente à quarante pieds; on trouve communément dans ses environs des lauriers, des myrthes, des orangers & des aloës. La Chambre Ecclésiastique retire de Sezzé un impôt de dix-sept mille livres, pour lequel elle accorde à la Communauté le droit de pêcher dans les marais Pontins, de faire pâturer dans les montagnes incultes, & lui abandonne tous les droits sur le vin.

SFONDRATI. Il y a eu quelques personnages célebres de ce nom. François Sfondrati, Sénateur de Milan, & Conseiller d'Etat de l'Empereur Charles V, né à Crémone en 1494, appaisa les factions qui désoloient Sienne, & fut adoré de tous les partis. Sa femme étant morte, il embrassa l'état ecclésiastique. Paul III lui donna l'Evêché de Crémone, & le fit Cardinal. Il mourut âgé de cinquante-six ans, en 1550; il cultiva les Lettres avec succès. Il a laissé un Poëme de l'enlevement d'Hélène, & deux enfans, Paul, dont le fils Paul-Emile, né en 1561, fut aussi Cardinal, & Nicolas, qui fut Pape, sous le nom de Gregoire XIV. Célestin Sfondrate, de la même famille, Bénédictin, Professeur de Théologie dans l'Université de Saltzbourg, ensuite Abbé de S. Gal, & enfin Cardinal, publia plusieurs Ouvrages contre l'Eglise Gallicane. Il attaqua les décisions du Clergé de France, sur l'autorité du Pape, dans son *Gallia vindicata*, publié en 1687. L'affaire des franchises des Ambassadeurs occasionna un Traité de la part de Sfrondate, dans lequel il condamna leurs prétentions. Après sa mort, parut son *nodus prædestinationis dissolutus*, contre lequel s'éleverent Bossuet & le Cardinal de Noailles. Sfrondate mourut à Rome en 1696, âgé de cinquante-trois ans.

SFORCE, Maison qui s'est rendue très-illustre. Le premier fut le *Comte Jacques Sforce*, dit *le Grand*; il étoit bâtard de Jacques Attendulo, paysan des environs de Cotignole: il naquit en 1369. Ayant pris le parti des armes, & passé par tous les degrés militaires, il devint un des plus grands Capitaines de l'Italie. Il prit le nom de Sforce, qu'il laissa à sa postérité. Il servit Jeanne II, Reine de Naples, fut fait Gonfalonier de l'Eglise, Connétable du Royaume de Naples, créé Comte de Cotignole par le Pape Jean XXIII, en dédommagement de quatorze mille ducats que l'Eglise lui devoit. Il força Alfonse d'Aragon de lever le siege de Naples, reprit les places qui s'étoient révoltées. Il périt dans la riviere de Pescara, en poursuivant les ennemis. Il ne laissa d'autre enfant propre à la guerre que François Sforce son fils naturel, qui lui succéda dans le commandement de ses troupes. A l'âge de vingt-trois ans, il défit les troupes de Braccio, qui lui disputoit le passage de Pescara, où son pere se noya. Il les battit près d'Aquila, remporta une victoire complette, & *Braccio* fut tué. Après la mort de Jeanne, il s'attacha au Duc d'Anjou. Eugene IV le battit; & l'excommunia. Sforce se releva, & répondit à l'exommunication par une victoire. Dans la guerre contre le Duc de Milan, le Pape, les Vénitiens & les Florentins le prirent pour leur Général. Après la mort du Duc, les Milanois le choisirent pour Général contre les Vénitiens; il se tourna vers eux, battit leurs ennemis, & força les Milanois à le reconnoître pour leur Souverain. Louis XI le seconda; il se rendit maître de Gênes, & mourut en 1466. Il avoit épousé Blanche, fille de Philippe-Marie Visconti, dont il eut *Galeas-Marie Sforce*, qui lui succéda. Nous en parlons ailleurs.

SFORCE, (*Catherine*) fille de Galeas-Marie, qui fut assassiné en 1476, épousa Jérôme Riario, Prince de Forli: il fut assassiné par *Ursus*, Chef des rébelles; elle fut mise en prison avec ses enfans. La forteresse de Rimini, assiégée par les rebelles, refusa de se rendre; les rebelles demanderent des ordres à Catherine: elle dit que jamais les assiégés ne se rendroient, si elle ne le leur ordonnoit en personne, parce qu'ils supposeroient tous les ordres obtenus par la violence. Ursus y consentit, pourvu qu'elle laissât ses enfans en ôtage. A peine fut-elle introduite à Rimini, qu'elle fait mettre armes bas aux rebelles. On la menace de faire périr ses enfans; elle leur répond qu'elle en fera d'autres, mais qu'ils s'exposent, par cette cruauté, aux représailles les plus affreuses. Cette fierté, qui les intimide, est soutenue par un secours qu'elle reçoit de Louis-Marie Sforce son oncle, avec lequel elle rentra dans tous ses Etats. Elle se remaria à Jean de Médicis, pere de Cosme le Grand. Elle se défendit avec un courage héroïque contre César de Borgia, qui la dépouilla de ses Etats. Elle est mise au rang des Héroïnes les plus célébres.

SFORCE, (*Jean-Galeas-Marie*) fils de Galeas-Marie, qui fut assassiné en 1476, fut empoisonné par Louis-Marie Sforce son oncle, dit le More; mais la Tremouille s'en étant rendu maître, l'envoya en France, où Louis XII le fit renfermer, & où il mourut en 1510.

SICCHINA, petite Riviere fangeuse du Pisan, à une lieue de Ponte d'Era; on passe la Sicchina pour aller à Vienne.

SICILE, (le Royaume de) la plus grande & la plus considérable Isle de la Méditerranée, entre l'Afrique & l'Italie, séparée de cette derniere par un petit détroit qu'on appelle le Phare de Messine ; ce détroit est fort dangereux par ses deux gouffres, connus dans l'antiquité sous les noms du Caribde & de Scilla : on l'appelle le Phare de Messine, parce qu'il y a près de Messine un fanal pour éclairer les vaisseaux pendant la nuit. La Sicile a au couchant la mer de Toscane, l'Italie au septentrion, la mer de Sicile au levant, & celle d'Afrique au midi. On croit qu'elle fut premiérement habitée par les Géans, les Lestrigons & les Cyclopes. Plusieurs dérivent son nom de *Siculus*, qui, ayant d'abord habité le *Latium*, passa en Sicile, & la subjugua ; d'autres du mot Phénicien *Sicaboul*, qui veut dire *parfait*, parce que les Phéniciens la regardoient comme la plus belle & la plus fertile des Isles de la Méditerranée ; elle étoit appellée auparavant Trinacrie, parce qu'à cause de ses trois promontoires qui avancent dans la mer, elle forme un triangle, ou comme un Δ ou *delta* grec. Ces promontoires sont le cap *Passaro Pachynum Promontorium*, cap *Boco Lilybæum*, & le Phare *Pelorum*. *Siculus*, chassé de l'Italie, passa dans l'Isle de Trinacrie, qu'il partagea avec les Sicaniens qu'il y trouva établis. Denys se rendit maître de Syracuse ; mais après l'extinction de la tyrannie, la Sicile fut le théatre de la guerre entre les Romains & les Carthaginois. Elle resta aux Romains ; Genseric, Roi des Vandales, la leur enleva, & la dévasta en 439. Bélisaire la prit en 535. Les Sarrasins s'en emparerent ; elle fut gouvernée par des Emirs jusqu'en 1070, que les Normands en chasserent les Sarrasins, sous la conduite de Roger & de Guischard. Guillaume I, dit le Mauvais, fils de Roger, la transmit à Constance sa fille, qui la porta en dot à l'Empereur Henri VI. Elle passa à la Maison de France, ensuite aux Aragonois ; enfin, malgré les prétentions des Papes, elle est retournée à la Maison de France, établie en Espagne. Cette Isle a environ soixante lieues de long sur quarante de large ; on la divise en trois Provinces ou Vallées, *Val di Demona*, au N.E. *Val di Noto*, au M. *Val di Mezara*, à l'Oc. Palerme en est la Capitale ; elle a Archevêché, ainsi que Messine & Montreal

Les Evêchés sont *Girgenti*, *Lipari*, *Cefalu*, *Palfi*, *Syracuse*, *Mazara* & *Catane*. Les autres Villes principales sont *Trepane*, *Termi*, *Caronia*, *Naro*, *lo Tindato*, *Xacca* ou *Sacca*, *Melizzo*, l'*Alciata*, *Castro Joanni*, &c. Rien n'est si fertile que ce pays, on l'appelle le grenier de l'Italie. Elle produit du bled en grande abondance; on y recueille des vins excellens, sur-tout celui qu'ils nomment *muscada*; il s'y fait un grand commerce de soie, de miel, de sucre, de safran & de laine; on y trouve aussi des mines d'or, d'argent & de fer, & quantité de pierres précieuses, des agathes, des émeraudes, du porphyre, du jaspe, de l'albâtre: on y pêche de très-beau corail. Les habitans seroient peut-être, avec tous ces avantages, les peuples les plus fortunés, s'ils n'étoient pas sans cesse menacés des plus affreux malheurs par les éruptions du Mont Gibel, autrefois le Mont Ethna. Cette montagne caverneuse, semblable au Mont Vésuve, jette des flammes qui occasionnent des tremblemens de terre, dont les suites sont très-funestes. L'air de la Sicile est très-chaud, & fort sain; on y compte environ un million d'habitans. Les Siciliens ont de l'esprit, sont industrieux, mais jaloux & vindicatifs. Ils étoient gouvernés par les François, lorsqu'en 1282, un Seigneur Napolitain forma le complot d'égorger les François dans toute la Sicile, à la même heure. On prit pour signal le premier coup de Vêpres: ce qui a fait appeler ce massacre les Vêpres Siciliennes. Après diverses révolutions, le Traité de Vienne en assura la possession à Dom Carlos, Infant d'Espagne, qui le laissa à son fils Ferdinand IV, lorsqu'il monta sur le Trône d'Espagne, en 1759.

SIENNE, *Siena*, *Sena Julia*, *Senæ*, une des principales Villes de la Toscane, à onze lieues de Florence, vers le midi, à quarante-une de Rome, vers le nord. Elle est située dans les montagnes de l'Apennin. La plus commune opinion est qu'elle doit son origine aux Gaulois Sénonois, lorsqu'ils pénétrerent en Italie, sous la conduite de Brennus. Quoi qu'il en soit, les Romains y établirent une Colonie, sous le regne d'Auguste, sous le nom de *Sena Julia*. Elle étoit très-considérable, même dès les temps les plus reculés. Les Toscans la comptoient parmi leurs douze Cités principales. Dans le moyen âge, elle a été célebre par le nombre de ses habitans, par leur industrie, par la fertilité de son terrein, & pour son amour pour la liberté. Après la chûte de l'Empire Romain, elle fut soumise à différens maîtres : mais elle brisa le joug de ses tyrans, & s'érigea en République libre & indépendante, qui se soutint contre les forces de Florence & de Pise. Ils remporterent en 1260 une victoire complette sur les Florentins & les Guelfes. La manie d'innover dans le gouvernement, porta la premiere atteinte à leur liberté. Ils rétablirent un Conseil des Neuf, qui avoit eu lieu depuis 200. Parmi ces neuf, un homme ambitieux & adroit se rendit maître des affaires, *Pandolfo Petrucci* devint le tyran de sa patrie. Ses descendans furent ses successeurs, jusqu'à ce que leur foiblesse ne leur permit plus d'étouffer les divisions qui recommencerent entre la Noblesse & le Peuple. Les Puissances étrangeres profiterent de ces discussions ; les François & les Espagnols se disputerent la domination d'une République divisée ; elle resta aux Espagnols, qui appesantirent trop leur joug, & qui finirent par la céder aux Médicis. Quelque doux que fût leur empire, Sienne s'est dépeuplée peu à peu, en perdant leur liberté. Les factions cesserent, mais la langueur, l'insousiance succéderent à l'amour de la patrie. On y comptoit plus de cent mille habitans, & elle n'en a pas vingt mille.

Sienne est bâtie sur le penchant d'une montagne, dans laquelle on trouve des souterrains curieux. Cette Ville est très-ancienne, mais on n'y trouve presque point de monumens antiques. Les bâtimens, quoique beaux, n'approchent point ceux de Florence. Il y en a plusieurs qui sont revêtus de marbre ; aucune rue n'est allignée, & le sol en est fort inégal ; il n'a été possible d'y ménager qu'une seule place ; elle est grande, faite en forme de coquille : on peut l'inonder quand on veut ; autour du creux qu'elle forme, regne une terrasse assez large pour laisser passer les équipages. Au milieu de la place, est une fontaine abondante : les Palais du Sénat, des Zondodari, sont autour de la place. Il y a quantité de tours comme à Pise ; ces tours étoient autrefois des marques de distinction ; les rues aboutissent presque toutes au centre de la Ville. La porte Romaine est un édifice que les étrangers doivent voir.

Ce qu'il y a de plus beau, est la Cathédrale, vaisseau vaste & majestueux d'architecture gothique, revêtue en dehors & en dedans de marbre noir & blanc; on croit qu'elle a été bâtie vers 1250; le portail fut reconstruit en 1333; il a trois portes, un bel ordre de colonnes; la partie supérieure est chargée de quantité de statues, de bustes, de companilles & d'autres ornemens. On estime beaucoup les deux colonnes qui soutiennent le fronton. Les piliers de l'Eglise supportent des statues d'Apôtres, de Papes Siennois, plus grandes que nature: celle d'Alexandre VII est de Bernin. Une galerie, qui regne autour de la nef du milieu, est ornée de cent soixante-dix bustes de Papes. Ce qu'il y a de plus remarquable dans cette Eglise, est la Chapelle des Chigi, incrustée en partie de lapis lazuli, avec des ornemens de bronze doré, sur les dessins du Bernin: la coupole est soutenue par des colonnes de marbre verd. On y voit deux statues du même Artiste, deux beaux tableaux de Carle Maratte. Dans les autres Chapelles & dans l'Eglise, on admire des statues précieuses de Donatelli, de Joseph Mazuoli, de Lorenze Vecchietta, de Michel-Ange; des tableaux du Calabrese, du Trevisan, de Salimbeni, de Pierre Perugin, de Raphaël. Le détail des belles choses qu'il y a à voir dans cette Eglise, seroit trop long; ce qu'on y admire le plus, est le pavé, il représente plusieurs histoires de l'Ancien Testament, exécutées en marbre blanc, gris & noir, en clair-obscur; ce sont des tableaux en mosaïque, dessinés & d'aussi grande maniere que les chefd'œuvres de Raphaël. L'histoire de *Moïse* a été dessinée par Beccafumi, & exécutée par Bernardino di Giacomo, Pelegrino di Pietro, Antonio Marinetti & Pietro Gallo: l'histoire de Josué est de Duccio di Buoninsegna. Dans une salle à gauche sont de très-belles fresques, dans lesquelles Pierre Perugin, le Pinturrichio & Raphaël ont employé l'or & l'argent en relief. On y voit un groupe antique, représentant les trois Graces; on l'attribue au Sculpteur Sophronisque, pere de Socrate. La voûte de l'Eglise est en or & en azur.

Quoique la Cathédrale soit une des plus belles Eglises d'Italie, il y en a encore plusieurs à Sienne, qui sont dignes des curieux, & qui renferment des choses très-rares. Telle est l'Eglise de l'Hôpital de Sainte-Marie, pour les malades, les pélerins, les enfans trouvés ; on y voit la piscine miraculeuse, très-belle fresque du Chevalier Conca. A S. Augustin, Eglise des Religieux de cet Ordre, on remarque une adoration des Bergers, de Romanelli ; d'autres tableaux de Carle Maratte, de Perugin ; dans l'Eglise de S. Martin, de l'architecture de Fontana, on y admire des morceaux du Guide, du Guerchin, de la Quercia, des morceaux de grand prix des trois freres Mazuoli. On conserve aux Dominicains un tableau peint sur bois, dessiné de très-bonne maniere par Gui de Sienne, en 1221. Les Siennois prétendent que Gui est le restaurateur de la Peinture. Il est vrai que le Cimabué, qui n'est que de 1240, est inférieur au Gui : mais celui-ci n'a qu'un tableau, & Cimabué en a plusieurs.

On a fait une Chapelle de la maison de Jacques Benincasa, Teinturier, pere de Sainte Catherine de Sienne, morte en 1380. Il y a beaucoup de tableaux dans cet Oratoire ; la guérison d'un démoniaque, de Pietro Soris ; la mort de la Sainte, de François Vanni. On y voit le crucifix qui imprima les stigmates à la Sainte. Il y a encore plusieurs Eglises dans lesquelles on voit de très-beaux tableaux du Calabrese, de Pierre de Cortonne ; des Peintres de Sienne, Sodoma, Vanni, Sorri, Casolani, Muarino, Pecchiarotti, Salimbeni, Giov. de Siena, Cozzarelli, Franchini, Manetti, Nasini, Martelli ; des statues de Michel-Ange, de Conca, &c. On voit à la bibliothéque plusieurs morceaux de Raphaël & de Perugin ; au Palais, un beau tableau de Luca Jordano, une voûte peinte par Beccafumi ; dans une maison particuliere, Agar, l'Ange & Ismaël, beau tableau du Guerchin.

Tout le monde convient que les Siennois sont affables, d'une société douce, que les femmes y sont généralement belles. Le climat y est doux, les eaux excellentes, le pays fertile & abondant. Cependant il n'y a presque point de commerce ; peu d'industrie, & la population diminue tous les jours. On y aime les arts, & sur-tout la Poésie. C'est à Sienne sur-tout qu'il y a grand nombre d'Improviseurs. *Voyez* IMPROVISEURS. On y parle l'italien avec plus d'agrément & de pureté qu'à Florence. Sienne a produit plusieurs personnages célebres, beaucoup de Saints, sept Papes, plusieurs Savans. Elle a eu l'Académie des Intronati ou frappés de la foudre, elle fut une des premieres d'Italie; elle subsiste encore, & tient des assemblées. L'Académie des *Rossi* est une Académie dramatique; ces deux Académies ont chacune un théâtre. Il y a encore à Sienne une Académie des Sciences, une de Botanique, appellée d'*Egli Ardenti*.

Les environs de Sienne sont des campagnes charmantes, fertiles, des montagnes abondantes en mines, carrieres, eaux, termales, &c.

SIENNOIS, (le) est au midi du Florentin; il resta, après bien de révolutions, à Philippe II, Roi d'Espagne, qui le vendit au Grand Duc de Toscane, en se réservant la partie appellée *Stato d'elli Presidii*. Le Siennois est très-fertile en bled, vin & en fruits. On appelle *Maremma* les Terres qui sont près de la mer. Les autres Villes sont *Monte Alcino, Pienza, Chiusi, Massa, Grosseto & Suana, Saturnia Pitigliano, Campagnatico, Radicofani*.

SIGISBÉ, CICISBEO ou CAVALIERE SERVANTE; c'est ainsi qu'on appelle en Italie certains Galans qui se rendent nécessaires auprès des Dames. C'est un usage établi dans plusieurs parties de l'Italie, & sur-tout à Gênes, que lorsqu'on donne un mari à une fille, on la pourvoit ou elle se pourvoit d'un *Cicisbeo*, qui ne déplaise pas à l'époux. Dès qu'il est choisi, il s'attache à sa Dame, & ne la quitte plus, la suit par-tout, & lui rend tous les services qu'elle exige. Ordinairement le Sigisbé est de l'âge du mari, & de la même condition. Une femme ne paroît nulle part, pas même à confesse, sans son Sigisbé; il aide à l'habiller, & entre chez elle à toute heure & en tout temps. Un Sigisbé n'est souvent pas seul, ils sont quelquefois deux ou trois, & sont obligés de vivre de bon accord, & de servir leur Dame tour-à-tour. On attribue l'origine de cet usage à la jalousie des Italiens, qui cherchoient parmi leurs parens ou leurs amis un surveillant de la fidélité de leurs épouses, comme on choisissoit autrefois à la Cour de France un Jésuite pour servir d'ôtage & de garant de la conduite des autres. Les Sigisbés ont fait ce que firent les Jésuites, ils se sont rendus nécessaires, & souvent les maîtres de la maison. Si le Sigisbé a le malheur de déplaire à la Dame, tant pis pour elle; elle est obligée de le garder, l'usage ne permet pas d'en changer. Quand les Dames font porter la queue de leurs robes, le Sigisbé offre sa main; si la Dame est dans sa chaise à porteur, le Sigisbé marche à côté; & si les porteurs vont bien vîte, il est obligé de courir autant qu'eux: la chaleur, le froid, rien ne dispense le Sigisbé. Comme les carrosses ne sont qu'à deux places, un tiers n'est point admis entre le Sigisbé & la Dame. A table, il est à côté d'elle; au jeu, il est derriere sa chaise. Ce n'est pas toujours la galanterie qui est le principe du Sigisbéat, c'est souvent des raisons d'intérêts, ce sont quelquefois des cliens, des parens pauvres, des protégés du mari, des intérêts de famille. Il y a quelquefois des femmes de considération qui font les fonctions de Sigisbés auprès des Nobles Vénitiens ou Génois. Au reste, les Sigisbés n'ont lieu qu'auprès des Dames nobles; le Peuple, les Bourgeois ne les souffrent point auprès de leurs femmes. Une citadine qui souffriroit un Sigisbé, s'exposeroit au ressentiment de son mari, & le Sigisbé qui s'obstineroit courroit risque de la vie; les maris citadins qui le permettent exposent leurs femmes à la critique & aux plaisanteries des autres. Un mari qui veut vivre en liberté, profite de la vanité de sa femme, & lui donne un Sigisbé: alors le Peuple ne manque pas de plaisanter aux dépens de la femme & du mari. Ainsi le Sigisbéat n'est permis qu'aux femmes de condition, comme chez nous le rouge & le blanc n'est permis qu'aux *femmes comme il faut* & aux filles perdues. Une Bourgeoise se distingue en ne se fardant point, du moins une Bourgeoise honnête, car il y en a que cette espece de luxe a gagné. Quant aux Sigisbés, il est bien étonnant que cet usage se soit introduit parmi les Italiens, qui passent pour le Peuple le plus jaloux de l'Europe. Les François, qui le sont moins, auroient de la peine à s'y accoutumer. Un homme d'esprit, qui a fait un voyage d'Italie, M. le Président d'Orbessan, attribue la tolérance des Italiens à cet égard à l'idée où ils sont de l'amour platonique dont il dit que le Sigisbéat est une espece de preuve. En Espagne, où les maris ne sont pas moins jaloux, les Religieux ont les mêmes prérogatives que les Sigisbés, & sont plus respectés.

SIGNORELLI. *Voyez* LUCA.

SIGNORIA; (la Seigneurie) c'est ainsi qu'on appelle la plus haute des Chambres du Conseil, établies à Venise ; elle est composée du Doge & de six Conseillers d'Etat, qui sont toujours à ses côtés. Ces Conseillers, qui sont des Procurateurs, changent tous les ans, & leur habillement est de couleur cramoisi. A Gênes, le Grand Conseil, où le Doge préside avec huit Conseillers, s'appelle aussi la *Signoria*.

SIGONIUS, (*Charles*) un des plus savans Ecrivains du seizieme siecle, naquit à Modene en 1424, d'une famille très-ancienne. Son pere le destinoit à la Médecine : mais son amour pour les Lettres l'emporta. Il fut d'abord Professeur en Grec à Modene, & ensuite des Humanités à Padoue, où la République de Venise lui donna une pension. Etienne, Roi de Pologne, voulut le fixer dans sa Cour, mais il ne voulut point quitter l'Italie. Il ne se maria point, & il disoit à ceux qui lui en parloient, que *Minerve & Vénus n'avoient jamais pu vivre ensemble*. Il a laissé un grand nombre d'Ouvrages, parmi lesquels on distingue ses excellentes *notes sur Tite-Live*, & ses savans *Traités sur le Droit Romain*. Ses Ouvrages ont été imprimés à Milan en 1733, en plusieurs volumes. Outre ce Recueil, on a imprimé, en 1734, à Milan, son Histoire Ecclésiastique, en deux vol. in-4°. Son Traité de *Republica Hæbreorum*, est fort estimé, mais moins encore que celui *de Republica Atheniensium*. Un des plus curieux, est son *Histoire de l'Empire d'Occident*. Son Ouvrage *de Regno Italiæ*, en vingt livres depuis l'an 679 jusqu'à l'an 1300, est rempli de recherches utiles. Sigonius mourut à Modene en 1484.

SILVANI, (*Gherard*) Architecte & Sculpteur, né à Florence en 1579, d'une famille noble, mais pauvre. Il répara le Palais Albizzi, dans sa patrie. Il y bâtit l'Eglise & le Couvent des Théatins, le Palais Caponi, le beau Palais qui appartient aujourd'hui à la Maison Marucelli, regardé comme un des plus beaux de Florence, le Palais Riccardi. Il acheva le Casin de Saint Marc, pour le Cardinal de Médicis, l'Eglise de la Compagnie des Stigmates, & la façade du Palais Strozzi. Il donna un projet pour l'agrandissement du Palais Pitti, que ses envieux l'empêcherent d'exécuter. Il renforça les murs de la Cathédrale, pour laquelle il donna un dessin, avec deux ordres d'Architecture; ce dessin fut préféré à ceux de Buontalenti, du Dosco, de D. Jean de Médicis, du Passignano, del Bianco, mais ne fut point exécuté. Silvani bâtit encore un Palais & un Casin pour la famille Salviati, le Palais Bardi, dans le Comté de Berbellaza, *la Villa d'elle Fatte*, & l'édifice de la Sapience à Pistoye, le Palais Giarifigliazzi, & l'Eglise de S. François de Paule, hors de Florence, dont il donna le plan. Le nombre de ses ouvrages est immense; cet Artiste vécut quatre-vingt-seize ans, pendant lesquels il fut toujours très-occupé. Silvani s'illustra autant par ses vertus que par ses talens: il fut riche & généreux. On dit qu'il étoit si habitué au travail, que peu de jours avant sa mort, il montoit par les petits escaliers de la coupole de la Cathédrale avec un Maçon qui avoit cent ans. Son meilleur Eleve fut Pierre Silvani son fils, qui fut un excellent Architecte, & qui travailla beaucoup à la Cathédrale de Florence. Son principal édifice est l'Eglise des Peres de l'Oratoire de cette Ville. Gherard Silvani mourut en 1675.

SILVERIUS, fils d'Hormisdas, qui fut Pape, fut élevé sur le Trône Pontifical, après Agapet I. On prétend qu'il y parvint par une faction. A peine fut-il élu, le 20 Juin 536, que Théodora, femme de Justinien, qui avoit promis au Diacre Vigile de le faire nommer, persécuta Silverius; elle prit pour prétexte le refus que fit le Pape de rétablir Anthime, Patriarche de Constantinople, déposé par Agapet. Elle ordonna à Bélisaire de chasser Silverius de Rome, de mettre à sa place Vigile. Silverius fut exilé à Patare, d'où l'Evêque, indigné de cette injustice, partit aussi-tôt, alla se jetter aux pieds de l'Empereur, & obtint le rappel du Pape en Italie. Vigile le fit encore reléguer dans l'Isle de Palme en Ligurie, qui étoit déserte, & où il avoit beaucoup à souffrir. Plusieurs Evêques allerent le visiter; il tint un Synode avec eux, & excommunia Vigile, qui en fut si indigné, qu'il le fit resserrer si étroitement, que Silverius mourut au bout de l'an, de faim & d'ennui : ce fut le 20 Juin 540.

SIMMAQUE, Pape, né dans l'Isle de Sardaigne, élu en 498, après Anastase II. L'Empereur Anastase avoit fort à cœur de faire souscrire au Pape son édit contre le Concile de Calcedoine; Festus le lui avoit promis : mais ce Patrice, sentant bien que Simmaque n'y consentiroit point, fit nommer un autre Pape le même jour : c'étoit un nommé Laurent. Les partisans de l'un & l'autre en vinrent à des meurtres. Les deux Papes, pour faire cesser ces troubles, résolurent de s'en rapporter à Théodoric, Roi des Goths. Théodoric prononça en faveur de Simmaque, qui, au lieu de punir son rival, lui donna l'Evêché de Nocere. Les ennemis du Pape l'inquiéterent encore, quelque temps après, sur la légitimité de son élection : mais les Evêques la confirmerent. Il excommunia Anastase, qui s'étoit déclaré contre le Concile de Calcedoine. Ce Prince s'en vengea par des calomnies atroces contre le Pontife, qui se justifia par une lettre apologétique. Il construisit plusieurs Eglises à Rome, en répara plusieurs autres, & leur fit des dons considérables. Il mourut à Rome le 9 Juillet 514.

SIMON, de Gênes. Il y a eu à Gênes deux Médecins célebres du même nom. L'un vivoit en 1288; il alla à Rome, & fut Chapelain de Nicolas IV : il composa divers Traités, *Clavis Sanationis; expositio glossæ marginalis ad Alexandri Tatri libros Medicinales*, &c. L'autre a vécu quelque temps après. Il a écrit *opus Pandectarum Doctoris Medicinæ*.

SIMONETA, (*Boniface*) né à Milan, dans le quinzieme siecle, de l'Ordre de Cîteaux, Abbé de Cornu, neveu de Jean Simoneta, Auteur de l'Histoire de François Sforce. Boniface composa l'Histoire des persécutions & des Souverains Pontifes, qui lui fit beaucoup d'honneur. Cette Histoire est en forme de lettres, & en contient deux cent soixante-dix-neuf; c'est une Histoire de l'Eglise depuis Saint Pierre jusqu'à Innocent VIII, en 1484. Octavien de Saint-Galais l'a traduite en françois.

Il y a eu de ce nom un Cardinal, dont un fameux Voleur, qui lui ressembloit beaucoup, prit le nom, allant dans diverses parties de l'Italie, vendant des indulgences, des excommunications, & faisant trafic de toutes les choses spirituelles. Pierre Donat de Césia, Vice-Légat de Bologne, fit arrêter cet imposteur, qui fut pendu avec une corde d'or filé & une bourse vuide pendue à son col, avec cette inscription, *non Cardinalis Simoneta, sed Latro sine Moneta*.

SIMPLICIUS, Pape, né à Tivoli, élu après la mort de S. Hilaire, le 20 Septembre 467. La faveur que l'Empereur Anthemius accordoit aux Hérétiques dans Rome, lui suscita bien des affaires. Il s'appliqua à réparer les désordres qui régnoient dans l'Eglise. Il a laissé dix-huit Lettres, écrites à ce sujet à différens Prélats. Il fit plusieurs fondations pieuses, & bâtit quelques Eglises. Il mourut en 483, le 2 Mars.

SINIGAGLIA. *Voyez* SENINAGLIA.

SION, Ville & Evêché dans le Valais; son Evêque est suffragant de l'Archevêché de Moustier en Tarentaise.

SIPONTE, (*Sipontum*, *Sypus*, *Sepius*, *Sepus*) Ville au Royaume de Naples, dont les Auteurs anciens parlent fort souvent. Elle est presque ruinée; elle a beaucoup souffert des incursions des Sarrasins, des tremblemens de terre & des guerres civiles. Son Archevêché a été transféré à Manfredonia: on fait remonter sa fondation à Diomede.

SIRI, (l'Abbé VITORIO) Historiographe du Roi, vint jeune s'établir en France, où il publia son Mercure ou l'Histoire du temps depuis 1635 jusqu'en 1649, vingt volumes in-4°. Ses

Memorie recondite ou Mémoires secrets, quatre volumes in-4°. roulent sur des temps antérieurs. M. Requier a traduit une partie du Mercure & ses Mémoires secrets, dont il a publié vingt vol. in-12. Ces Ouvrages sont très-curieux, & renferment des pieces originales.

SIRICE, Pape Romain, fut élu après la mort de Damase, le 12 Janvier 385. Ursicin troubla son élection, mais l'Empereur Valentinien fit cesser le trouble. Il écrivit une lettre très-importante à Himere, Evêque de Tarragone, qui avoit consulté son prédécesseur sur la conduite qu'on doit tenir à l'égard des pénitens qui retombent. Il reste de lui quelques autres Epîtres. Il assembla trois Synodes, un à Rome, de quatre-vingt Prélats, au mois de Janvier 386, un autre à Capoue, en 389, pour la purification de l'Eglise d'Antioche, & un à Milan, contre Jovinien, en 390. Sous son Pontificat, S. Jérôme fut exposé au ressentiment de ceux qu'il avoit repris sur leurs vices; Sirice n'accorda pas à ce Saint la même protection que Damase. Sirice mourut le 22 Février 398.

SYRACUSE, aujourd'hui SARACOSSA ou SARAGOSSA, Ville de Sicile, dans la Vallée de Noto, autrefois Métropole, aujourd'hui Episcopale, suffragante de Montreal. Cette Ville, qu'on fait remonter à Archias, descendant d'Hercule, devint une des plus belles & des plus grandes Villes de l'univers, divisée en quatre parties, qui formoient presqu'autant de Villes, Acradine, la nouvelle Ville, Tycphe & Ortygie. Dans la premiere, étoient le temple de Jupiter, qui étoit très-célebre, un Palais magnifique, & une très belle place en arcades; dans la nouvelle, l'amphithéâtre, deux temples, & une statue magnifique d'Apollon, au milieu d'une belle place. Tycphe renfermoit un College & divers temples. Ortygie est décorée du Palais d'Hiéron, de deux temples de Diane & de Minerve, & de la fontaine Arethuse. Syracuse étoit défendue par un triple mur, par trois forteresses, & avoit deux ports. Archimede, comme on sait, la défendit & en retarda long-temps la prise, mais il ne put l'éviter; elle tomba au pouvoir des Romains, l'an 542 de la fondation de Rome;

elle a été la patrie d'Archimede, d'Antiochus l'Historien, d'Epicharme, d'Aristarque, de Phormion, de Théocrite, &c. Syracuse est encore très-forte, située sur un rocher : mais elle est peu considérable ; elle a un port très commode. On y voit beaucoup de restes de l'antiquité. L'Eglise de S. Luco, qui étoit de Syracuse, est un ancien temple de Diane ; la plupart des colonnes, des ornemens, des marbres, des statues qui décoroient Syracuse, ont été transportés à Rome. Cette Ville est renommée aujourd'hui par ses excellens vins qui croissent aux environs du Mont Gibel.

SISINNIUS, Pape, né en Syrie, succéda à Jean VII : le 18 Janvier 708. Il ne fit pour ainsi dire que paroître sur le Trône pontifical ; la goutte le tourmentoit à un tel point, qu'il ne pouvoit porter sa main à sa bouche. Il mourut subitement vingt jours après son élection.

SIXTE. Il y a eu cinq Papes de ce nom ; le premier fut élu après Alexandre I, le 23 Mai 130. Il institua les jeûnes pendant le Carême. Il souffrit le martyre le 6 Avril 140. Il étoit Romain.

SIXTE II, étoit d'Athenes, & fut élu après Etienne, pendant la persécution. Il fut élu le 24 Août 257. Il eut la tête tranchée pour la foi, un an moins trois jours après son élection.

SIXTE III, Prêtre de l'Eglise de Rome, fut élu après Célestin I, le 26 Avril 432. Il s'étoit rendu recommandable par son savoir & par son zèle contre les Pélagiens. Il se justifia par une lettre à Aurelle de Carthage, contre les calomnies de ces Hérétiques, qui soutenoient que Sixte favorisoit leurs erreurs. S. Augustin lui en adressa deux sur la grace. Nestorius, qu'il voulut ramener, publia des calomnies contre Sixte, qui lui ôta ses protecteurs, & réunit à la foi tous les Prélats d'Orient. Il étoit dans la destinée de Sixte d'être calomnié. Anicius Bassus l'accusa d'avoir corrompu une Vierge Romaine. Un Synode s'assembla, & il fut justifié. Il répara & dota richement Sainte Marie Majeure. Il a laissé trois Epîtres, & quelques Poësies. Il mourut le 28 Mars 440. Ce fut un grand Pontife.

SIXTE IV, (*François* DE LA ROVERE) né à Savonne, succéda à Paul II, le 9 Août 1471. Il étoit Cordelier, & Général de son Ordre. Son mérite l'éleva à la pourpre. Il unit les Princes Chrétiens contre les Turcs, mais sans succès. Il étoit libéral & magnifique ; il éleva un grand nombre d'édifices à Rome, accabla de priviléges ceux de son Ordre, fit des ordonnances & des Réglemens utiles. Il prodigua les bienfaits à ceux de sa famille, fixa le Jubilé à vingt-cinq ans. Il persécuta, autant qu'il fut en son pouvoir, la Maison des Médicis ; cette haine, qui éclata par des guerres, fut cause de sa mort, le 13 Août 1484. On a de lui un Traité contre un Carme, qui soutenoit que Dieu, avec sa toute puissance, ne pouvoit pas sauver un damné, un autre *de sanguine Christi*, un troisieme, *de futuris contingentibus*, un quatrieme, *de Potentia Dei*, un cinquieme, *de conceptione Virginis*.

SIXTE V, né aux Grottes, près de Montalte, de Peretti, Laboureur, fut d'abord destiné à garder les cochons. Un Cordelier le rencontra, Peretti lui plut, & l'emmena. Il se fit Cordelier, & son mérite le fit parvenir par degrés au Pontificat, le 24 Avril 1585. C'est un des plus grands Princes qui ait été sur la Chaire de S. Pierre. Il se conduisit avec les Princes de l'Europe comme le plus grand Politique & le Souverain le plus ferme qu'il y eût eu jamais. Il rendit à Rome l'éclat qu'elle avoit sous Auguste ; la quantité & la magnificence des ouvrages dont il l'embellit sont incroyables. Par sa justice & par sa sévérité, il établit la sécurité & la paix dans toute l'Italie. Il aima, il protégea les Lettres : le jour appliqué à l'administration, & la nuit à l'étude. Il persécutoit le vice avec la même vigueur qu'il récompensoit la vertu ; peut-être fut-il un peu trop sévere, mais cette sévérité étoit indispensable. Malgré les embellissemens qu'il fit dans Rome, il laissa sept millions d'or, qu'il réservoit pour les besoins de l'Eglise. Il mourut en 1590, âgé de soixante ans.

SIXTE DE SIENNE, Juif d'origine, se convertit & se fit Cordelier. Il enseigna des hérésies, & refusoit de les rétracter, lorsque prévenant l'exécution de la sentence qui le condamnoit au feu, Pie V, qui n'étoit alors que Cardinal, le détermina à une rétractation. Il le fit passer dans l'Ordre des Dominicains, où il se livra à la prédication & à l'étude de l'Ecriture sainte. Il mourut à Gènes en 1659. Il a laissé différens Ouvrages; le plus estimé est sa *Bibliothéque sainte*, ou critique de l'ancien Testament, dont la meilleure édition est celle de Naples, deux volumes in-fol. 1742. On a encore de lui des notes sur l'Ecriture sainte, *Questions astronomiques, Géographiques & Historiques, Homélies sur les Evangiles*.

SOANA, (Suana) petite Ville dans la Toscane, avec Evêché suffragant de Sienne; c'est le lieu de la naissance de Gregoire VII. Cette Ville est très-peu considérable.

SOLAMBARGO, Bourg de l'Etat de Venise, dans le Frioul, dans un terrein assez fertile.

SOLENTO, petite Ville de Sicile, dans la Vallée de Mazara, près de la mer.

SOLFARINO, petite Ville du Duché du Mantouan, dans la Principauté de Castiglione: ses Princes étoient de la Maison de Gonzague. Ce Village, ainsi que Medole, faisoient partie de cette Principauté; ils ne sont presque plus rien aujourd'hui. Le Duché de Mantoue a eu beaucoup à souffrir des guerres de la France & des Impériaux; il s'en ressent encore, & il y a apparence qu'il ne s'en relevera jamais. *V.* MANTOUAN.

SOLFATARE, (la) est une espece de volcan situé sur une montagne fort élevée, aux environs de Pouzzols, près de Naples; son aspect présente une petite plaine ou bassin ovale d'environ deux cent cinquante toises de longueur, placée sur une petite hauteur, & environnée de collines, à l'exception de l'ouverture du côté du midi. On l'appelle Solfatare, à cause de la quantité de soufre qu'elle contient, & qu'on y ramasse effectivement. On l'appelloit autrefois *Phlegra*, *forum Vulcani*, ou *colles Leucogœi*. C'étoit le centre des Champs Phlégréens, si

célebres dans l'Histoire & la Fable; ils occupoient le terrein de Pouzzols à Cumes; c'est dans ces campagnes brûlantes que la Fable a placé les combats d'Hercule & des Géans, espece d'hommes féroces & terribles. (Les habitans des environs tiennent encore de ce caractere) Les tremblemens de terre & les volcans donnerent l'idée des efforts des Géans, pour soulever les montagnes dont Jupiter & les Dieux les avoient écrasés, toujours foudroyés, toujours menaçans. Il paroît en effet que des éruptions ont emporté les sommets de plusieurs montagnes. La Solfatare étoit une montagne, & il paroît que son aire a été autrefois le foyer d'un volcan à présent éteint, ou du moins dont il n'y a plus à craindre d'éruption, parce que le soufre ne s'y trouve plus mêlé avec les métaux. L'éruption qui enleva le sommet de la montagne, paroît avoir été du nord au midi; ce qui semble l'indiquer, sont les ruines des bâtimens antiques qu'on y trouve à une grande profondeur. Les restes de la montagne, qui entourent l'ovale ou bassin, sont en forme d'amphithéâtre. Le terrein est chaud, de couleur blanche, ainsi que les pierres sur lesquelles on apperçoit une fleur d'alun. Dans certains endroits, on ne sent la chaleur qu'à trois doigts de profondeur; dans d'autres, le terrein est brûlant à la surface; il est doux au tact, & paroît formé de la terre des environs & de pierres calcinées & réduites en poussiere par une chaleur douce & continuelle. Il y a des endroits où il croît des broussailles, qui périssent aux premieres chaleurs de l'été; il sort de plusieurs endroits de cette esplanade de la fumée. On trouve au nord du bassin quelques-unes de ces bouches à fumée mêlée quelquefois d'étincelles brillantes pendant la nuit; c'est cette fumée chaude & épaisse qui donne du vrai sel ammoniac, & qui monte jusqu'à vingt toises; elle n'enflamme point le papier, mais elle le séche & le consume, au lieu qu'elle mouille le fer qu'on y met; elle noircit l'argent, dissout le cuivre & le ronge. On ramasse le sel ammoniac sur les pierres, après les y avoir laissées un mois exposées à la fumée. » Elle forme une espece de suie
» très-fine, qui, lessivée avec l'eau même de la Solfatare, &

» mise à l'évaporation sur les bouches à fumée, que l'on ouvre
» exprès pour cela, donne un vitriol rouge de très-bonne qua-
» lité pour la teinture. La terre de la Solfatare, lessivée avec la
» même eau, donne, par les mêmes moyens, un excellent alun
» blanc. On y fait aussi toutes sortes de préparations de soufre.
» La main d'œuvre pour tout cela coûte très-peu ; il n'est besoin
» que d'élever de petits appentis, couverts de planches, qui ga-
» rantissent des eaux pluviales, les vases où se préparent le vi-
» triol & l'alun. Le sein de la montagne a assez de chaleur pour
» faire bouillir & évaporer la lessive d'où ils doivent sortir ; de
» sorte que les vases étant posés sur les petits fourneaux ou bou-
» ches à fumée & lutés, afin que l'air n'intercepte point l'action
» de la chaleur ; on les laisse jusqu'à ce que la matiere soit au
» point de cristallisation où elle doit être portée ; elle s'amasse
» autour de la partie supérieure du vase à l'épaisseur d'environ
» deux pouces ». Les outils dont se servent les ouvriers qui tirent
le soufre, se couvrent de cette matiere par le moyen de la fumée, qui, jointe aux particules de vitriol, de sel ammoniac &
autres minéraux, forme une liqueur jaunâtre, dont les Médecins font très-grand cas ; elle est, dit-on, souveraine pour le
mal des yeux, pour la gale & autres maladies de cette nature,
pour dissiper les douleurs de tête & d'estomac. A en juger par
le retentissement sourd qu'on entend sous ses pieds, & sur-tout
lorsqu'on jette une pierre dans un creux qui est vers le milieu du
bassin, il paroît que le terrein est creusé par dessous, ou peut-
être ce terrein n'est-il qu'une croûte formée par les matieres
en fermentation. Il y a des endroits où l'on ne passeroit pas
sans danger ; on ne fait point passer sur tout ce terrein des fardeaux lourds, ni des animaux d'un grand poids. Des Physiciens
pensent que le feu interne consumera peu à peu toute la
voûte extérieure, & qu'alors il pourra se former un lac ; que
c'est ainsi que se sont formés les petits lacs des environs, qui
n'étoient, dans l'origine, que de petits volcans. Les bords de
la Solfatare sont de trente pieds de hauteur, & sont couverts de
toutes sortes d'arbustes aromatiques & odorans.

Il y a aux environs de la Solfatare, vers le midi, un Couvent de Capucins, où des exhalaifons fe font fentir. A côté de l'autel, le pavé eft fi chaud, que la vapeur féche le linge; il fort de la muraille d'une des Chapelles une vapeur foufrée; dans une autre Chapelle, où l'on enterre les morts, les cadavres s'y confervent entiers; ce qui donne à beaucoup de morts l'air de Saints. On prétend que S. Janvier fut décolé dans l'endroit où eft bâtie cette Eglife, & on y conferve la pierre fur laquelle il appuya fa tête dans fa décolation, une pierre teinte de fon fang, & un bufte du même Saint.

SOLFATARE DE TIVOLI, à treize milles de Tivoli à Rome, eft un lac d'eau fulfureufe, dont les eaux pétrifient les rofeaux & les plantes. Cette pétrification fe fait très-promptement; l'eau, le foufre, la terre & le nitre font fubtilifés par la fermentation au point de pénétrer la racine & le corps même du rofeau, fans les faire changer de forme; chaque partie conferve la fienne, racines, fibres, tiges, terre même, jufqu'à la moële, rien ne change ni de figure ni de volume, & ne fait qu'acquérir un plus grand poids ; c'eft à mefure que l'eau fe retire que l'air donne aux rofeaux & aux plantes la dureté & la folidité de la pierre; on attribue cette fermentation à une Solfatare qui eft au-deffous du baffin, d'un tuf léger & poreux. On prétend que la pierre Traveftine ou de Tivoli fe forme de la même maniere que les joncs fe pétrifient. Le terrein des environs eft auffi un tuf fulfureux, couvert d'une mouffe jaune, de quelques herbes fines, d'épines par intervalles, creux en deffous. A peu de diftance, eft un autre petit Lac, dont l'eau, épaiffe & blanchâtre, rend une odeur fétide; il eft couvert de petites ifles flottantes, formées de rofeaux, de buiffons & de plantes unies par une terre bitumineufe & tenace; l'eau, fans être chaude, bouillonne dans certains endroits; fur fes bords font *gli Bagni della Regina*. On y voit des ruines, on croit que c'étoit la Maifon de *Zénobie*, Reine de Palmire; ce Lac s'écoule avec l'*aqua Albula*, dont il eft fort parlé dans les Anciens, par un canal que le Cardinal d'Eft fit creufer entre la montagne de Tivoli &

lac des isles flottantes; le terrein est d'une grande fertilité, & très-bien cultivé.

SOLIMENI, (*Francisco*) Peintre, né dans une petite Ville proche Naples, en 1657. Il porta en naissant les dispositions les plus heureuses, l'imagination la plus brillante, un génie rare. Son pere le destina à l'étude des loix; on lui montra le dessin, & la nature le fit Peintre. A peine fut-il initié dans les mysteres de l'art, qu'il s'acquit la plus grande réputation. Il excelloit dans tous les genres; il avoit le goût le plus délicat & le jugement le plus sûr; il l'emporte sur tous les Peintres, par le mouvement qu'il savoit donner à ses figures; son coloris est gris, ses ombres bleuâtres, sa touche ferme & savante. Plusieurs Souverains voulurent l'attirer dans leurs cours, il préféra de rester dans sa patrie, où il étoit comblé de biens & d'honneurs. Sa gaieté, sa douceur faisoient rechercher sa société; sa maison étoit fréquentée par tout ce qu'il y avoit de gens de mérite. La Poësie lui étoit familiere; il a composé des Sonnets, qu'on estime. Il mourut près de Naples, dans une de ses maisons de campagne, en 1747, âgé de quatre-vingt-dix ans.

Somma, (la) grosse montagne, fort élevée, fort escarpée & fort rude, est à deux lieues de Spolette; elle est couverte de châtaigniers & d'autres arbres. Au sommet, est une plate-forme agréable, où l'on trouve des sources très-fraîches & un cabaret pour les voyageurs. Du côté de Spolette, les lits de pierre qui forment la montagne, paroissent avoir été bouleversés par des tremblemens de terre arrivés depuis peu de temps.

Soncino, Ville dans le Crémonois, bien peuplée, défendue par un Château naturellement fort, par la situation du terrein. Cette Ville, qui a titre de Marquisat, appartient à la Maison de Stampa; elle est située sur la riviere droite de l'Oglio, à huit lieues N. O. de Crémone.

SOPRANI, (*Raphaël*) Biographe, né à Gênes vers la fin du seizieme siecle. Il a fait les éloges des Hommes illustres de la Ligurie, & principalement de ceux de la Ville de Gênes.

SOR

Sora, petite Ville au Royaume de Naples, dans le Gaëtan, près du Gariglian, avec titre de Principauté, au N. O. de Naples. Cette Ville se prétend pour le spirituel directement soumise au S. Siége, ainsi que *Fondi, Gaëte, Aquino* & l'Abbaye du *Mont Cassin*.

Soracte, *Mons Soractes*, aujourd'hui *Mont S. Sylvestre*, dans la Toscane. Elle étoit consacrée à Apollon; il y avoit un temple, dont les Prêtres étoient de la famille des Hirpiens; dans leurs sacrifices, ils marchoient nus pieds sur des charbons ardens sans se brûler : du moins c'est ce qu'ils persuadoient au Peuple.

Sorbets, (les) Sorbetti, sont les glaces que nous prenons en France; ces sortes de rafraîchissemens sont extrêmement communs en Italie, & à bon marché, sur-tout à Rome, dans les grandes chaleurs. Depuis sept heures du soir jusqu'à neuf, les cafés sont pleins de monde; comme la glace est assez rare en Italie, on se sert de la neige des montagnes, avec laquelle on glace, & on l'estime plus propre à rafraîchir les liqueurs; presque toutes les glacieres en sont remplies, où elle se conserve parfaitement, étant bien battue & bien entassée.

Soresino, Bourg dans le Crémonois, célebre par la prodigieuse quantité de poudre à canon qu'on y fabrique.

SORIA, (*Jean-Baptiste*) Architecte, né à Rome en 1581, est auteur de la façade de N. D. de la Victoire, de celle de Saint Charles de Catenari, des portiques, & de la façade de l'Eglise de S. Gregoire. Ces deux derniers ouvrages lui furent procurés par le Cardinal Scipion Borghese, son protecteur. Il a aussi bâti le portail de Saint Chrisogone, & l'Eglise de Sainte Catherine de Sienne, sur le Mont Magnanopoli. Il mourut à Rome en 1651.

Sorrento, Ville au Royaume & sur le golfe de Naples, dans la Terre de Labour, avec Archevêché. Sorrento & Massa sont si voisines, que quoique ce soit à Massa que le Tasse soit né, l'une & l'autre se glorifient également d'être la patrie de ce célebre Poëte. Ces deux Villes sont bâties sur la terre & les cendres du Vésuve, qui couvrent Pompeia & Stabia ; elles renferment beaucoup de Nobleſſe, & ont de très-beaux édifices ; elles ſont ſituées dans un pays délicieux & d'une très-grande fertilité, à ſept lieues S. E. de Naples.

Sospello, petite Ville de Savoie, au Comté de Nice. Les François & les Eſpagnols s'en rendirent maîtres en 1744, & elle fut rendue au Traité de paix, avec *Dolceaqua* & *Broglio*, deux autres petites Villes voiſines.

SOTER, Pape, né à Fondi, dans la Campagne de Rome, ſuccéda à Anicet le 14 Mai 172. Il défendit aux Diaconiſſés de toucher au linge ſur lequel eſt le corps de J. C. Il leur défendit encore d'offrir de l'encens dans l'Egliſe. Ce qui donna lieu à ces défenſes, c'eſt que parmi les Montaniſtes, les femmes faiſoient quelques fonctions eccléſiaſtiques. Soter finit ſa vie par le martyre le 22 Avril 177.

Sovero, Bourg de l'Etat de Veniſe, dans le Bergamaſque ; les habitans, comme ceux de la plupart des autres endroits de ce diſtrict, ſont ſujets au goître.

Spada, (Palais à Rome) dans le voiſinage de la place Farneſe, d'une belle architecture, décoré par le Borromini, ſous Urbin VIII. Il eſt très-riche en antiques & en tableaux. Le morceau le plus précieux, eſt la ſtatue de Pompée, l'unique qui ſoit à Rome, la même, dit-on, au pied de laquelle Ceſar fut aſſaſſiné, il tient un globe dans ſa main, ſymbole du bien qu'il avoit fait au monde ; elle fut trouvée ſous un mur qui ſéparoit deux caves : le propriétaire de chaque cave révendiquoit la ſtatue, il y eut un procès ; le juge, ne ſachant comment s'y prendre, ordonna qu'on couperoit la ſtatue, & que chacun prendroit ſa moitié. Par bonheur ce jugement barbare fit du bruit ; le Cardinal *Capo di Ferro* en parla au Pape Jules III, qui acheta la ſtatue, partagea l'argent aux propriétaires, & en fit préſent au Cardinal. Il y a d'autres ſtatues précieuſes ; un Antiſthene, ouvrage grec ; l'Amour couché dans un berceau antique, le berceau eſt tel que ceux dont on ſe ſert aujourd'hui en Italie ; une Cérès. Parmi les tableaux, eſt une Charité Romaine, d'un Eleve du Guide ; le Peintre, pour donner plus de piquant à un ſujet ſi ſouvent traité, a peint un enfant, qui pleure de ce que fa mere donne à tetter à fon grand-pere, la mere tâche de l'appaifer; Caïn, qui tue Abel, du même *Pefarefe*; Marc-Antoine & Cleopatre, aſſis à table, de Trevifan; Didon, venant de fe percer le fein avec l'épée d'Enée même, tableau célebre du Guerchin; l'enlevement d'Hélène par Pâris, au moment de l'embarquement, du Guide; le portrait du Cardinal Spada, un des chef-d'œuvres du Guide; le jugement de Pâris, de Jules Romain; Lucrece, retirant le poignard de fon fein, par Saiter, Allemand; le Marché de Naples, par Michel-Ange; le Temps, qui enleve la Jeuneffe, de *Solimene*.

SPALATRO, Ville de la Dalmatie, avec titre d'Archevêché; ce nom, corrompu de *Spalatum*, lui vient de *Palatium*, parce que c'étoit le Palais de Dioclétien. Elle eſt aſſez bien fortifiée; d'ailleurs on ne peut venir de Turquie à Spalatro qu'en paſſant fous la foreterſſe de Cliſſa, qui appartient aux Vénitiens: ce qui fait qu'ils n'ont qu'une petite garniſon dans Spalatro. L'Egliſe eſt un ancien temple, qui étoit dans le Palais de Dioclétien. Les murs du Palais embraſſent les deux tiers de la Ville, & font un quarré juſte avec une porte au milieu de chaque face; ils font très-bien conſervés; ce pays eſt très-fertile.

SPANUCCHIO, Gentilhomme de Sienne, qui s'eſt fait connoître par le talent ſingulier d'écrire en caractere ſi petit, mais ſi bien formé, qu'il mettoit le commencement de l'Evangile S. Jean, qu'on appelle l'*in principio*, ſur un velin auſſi petit que l'ongle du petit doigt de la main: les caracteres étoient parfaitement bien formés. Il a fait revivre l'Artiſte qui mettoit toute l'Iliade dans une coquille de noix. Depuis Alexandre juſqu'à nos jours, on a vu de ſemblables prodiges, qui prouvent plus de patience que de génie.

SPARTIVENTO, cap célebre au Royaume de Naples, dans la Calabre Ultérieure: Brancaleone eſt près de ce cap.

SPAZZAPINI, (*Dominique-Jean*) né à Padoue, mort en 1519, âgé de quatre-vingt-dix ans, a compoſé une Hiſtoire de Veniſe, dont on compare le ſtyle à celui de Saluſte.

SPECCHIETTO, (la chaſſe du) ou LA CHASSE DES ALLOUETTES.

Tome II.   L L

divertissement que l'on prend aux environs de Rome. On ne peut faire cette chasse que lorsque le soleil paroît ; on enchâsse dans une machine de bois quantité de petits miroirs de la grandeur & de la forme d'un écu ; on plante à terre cette machine, qu'on appelle lo Specchietto, & par le moyen d'une ficelle, on l'a fait tourner pour la faire voir aux allouettes : ces oiseaux s'y arrêtent en effet, & laissent le temps au chasseur de les tirer à son aise.

SPECTACLES. *V.* THEATRES. Les Italiens & les Romains surtout sont insatiables de spectacles ; les plus chétifs artisans se privent du nécessaire pour pouvoir assister à quelque opéra ou comédie, quand les spectacles sont ouverts ; mais il n'y a que le peuple qui soit attentif aux représentations : car les personnes d'un certain ordre, quoiqu'elles aient le même goût, reçoivent des visites dans leurs loges, & ne sont attentifs qu'aux ariettes ; il est vrai que la longueur des opéra & la monotonie du récitatif italien, en sont un peu la cause : car tout le monde écoute les comédies. Il ne monte jamais d'actrices sur les théâtres de Rome, ce sont des castrats qui remplissent leurs rôles, & qui les remplissent rarement bien, parce que leur figure est presque toujours en contraste avec le personnage ; d'ailleurs, quelque belle que soit leur voix, comme ils ne sentent rien, ils expriment toujours mal. Outre les opéra, & les opéra bouffons, où les castrats font les rôles de femmes, on joue sur quelques théâtres des comédies : mais à Rome ce sont des hommes déguisés qui en font les actrices : ce qui détruit entiérement l'illusion théâtrale.

SPERLINGA, Ville & Principauté de Sicile, dans la Vallée de Demona, avec un Château bien fortifié ; c'est là que cinq cents François se retirerent en 1282, *lors des Vêpres Siciliennes*, & ils aimerent mieux mourir de faim que de se rendre aux Espagnols.

SPERON-SPERONI, né à Padoue en 1504, fit des progrès si rapides dans l'étude des sciences, qu'à vingt-quatre ans il enseignoit la Philosophie à Padoue. Etant à Venise, député par les Magistrats de Padoue, lorsqu'il parloit devant le

Sénat; les Avocats & les Juges quittoient leurs Tribunaux pour venir l'entendre. Il faisoit un jour remarquer à Rome cette millesime MCCCCLX, qui étoit écrite sur la porte du Palais du Pape, & il l'expliquoit ainsi : *multi cæci Cardinales creårunt Leonem decimum.* Les principaux Ouvrages de Speron sont des Dialogues, Canace, Tragédie, Discours sur la préséance des Princes en Italie.

SPEZZA, petite Ville de la côte orientale de Gênes, avec un port. *Voyez* SPEZZIA.

SPEZZIA, (golfe d'ella) sur les bords de la mer, à vingt lieues de Gênes : ce golfe a cinq quarts de lieue de large, & est très-profond; il est dominé de tous côtés par des côteaux verdoyans, dont la vue est agréable. Il est d'un grand avantage aux Génois, à qui il appartient; les Anglois en ont offert, dans la derniere guerre, quatre millions : mais les Génois ont toujours refusé, à cause des engagemens qu'ils ont avec la France. La Ville de la Spezzia, qui est auprès, a pris son nom du golfe; elle est voisine de Lerici. On y voit un grand nombre de maisons de plaisance; ses environs sont plantés d'oliviers & de figuiers : sa situation est très-agréable. On voit de Spezzia les côtes de Livourne, qui est à vingt lieues, & toute l'étendue du golfe : le havre de la Spezzia est un des plus grands de la Méditerranée.

SPINA, (*Alexandre*) Religieux Dominicain, dans le quatorzieme siecle, peut passer pour le second inventeur des lunettes. Le véritable inventeur ayant fait un secret de sa découverte, Spina se mit à le chercher, & parvint à faire des lunettes. C'est ainsi qu'on dispute souvent à qui appartient des anciens ou des modernes d'un pays ou d'un autre, auxquels on doit donner l'invention de tel ou tel art, tandis que c'est quelquefois l'un & l'autre. Lorsque le hasard mit le Cordelier Schwarts sur la piste de la découverte de la poudre, ce bon Allemand ne se doutoit pas qu'elle étoit en usage dans la Chine. Strasbourg & Mayence se disputent la gloire d'avoir découvert l'Art de l'Imprimerie; peut-être chacune de ces Villes en particulier a-t-elle cet avantage.

Il y a un autre Spina, Dominicain, Pisan, mort en 1546, Maître du sacré Palais, & un de ceux qui furent chargés d'examiner les matieres qui devoient être proposées au Concile de Trente. Il a laissé plusieurs Ouvrages, qu'on ne lit point.

SPINELLO, né à Arezzo, vers la fin du quinzieme siecle, dans la Toscane, fut un très-bon Peintre, d'une imagination si ardente, qu'ayant peint la chûte des mauvais Anges, & donné à Lucifer la figure la plus affreuse, il rêva dans la nuit que le Diable lui apparoissoit sous les mêmes traits, & qu'il lui demandoit, d'une voix effrayante, où il l'avoit vu pour le peindre si ressemblant. Spinello s'éveille en tremblant, & l'impression que ce rêve avoit fait sur lui, ne s'effaça jamais; ses yeux devinrent hagards, & son esprit demeura toujours égaré & confus.

SPINO ou SPIGNO, petite Ville de Savoie, dans le Montferrat, près des frontieres de l'Etat de Gènes, avec titre de Marquisat; c'étoit ci-devant un Fief qui relevoit de l'Empire; mais Victor-Amédée II l'acheta en 1724, & le donna à la Duchesse son épouse, en 1730.

SPINOLA, (*Thomassine*) de l'illustre Maison de Spinola, à Gènes, fut si sensible au plaisir d'avoir intéressé Louis XII, lors de son entrée dans cette Ville, qu'elle conçut pour ce Prince l'attachement le plus vif & en même temps le plus pur. Toute entiere à cet amant, elle ne cessa de s'occuper de lui & de vivre pour lui; elle le pria de permettre qu'elle se déclarât son Intendio, sa maîtresse de cœur. Les talens, les vertus & la beauté de Thomassine, toucherent sensiblement le cœur généreux de Louis XII. Il eut une maladie, & le bruit de sa mort se répandit à Gènes. Thomassine en fut accablée de douleur, & mourut de chagrin. Le Roi fut vivement affligé de sa mort; il ordonna qu'on lui élevât un monument: Athon, son Chroniqueur, fut chargé de faire son épitaphe, & de composer un Poëme en l'honneur de cette aimable fille, dont la vertu n'avoit rien souffert de ses sentimens.

SPINOLA, (*Ambroise*) de la même Maison, fut un des plus grands Généraux de son siecle. Il fut au service d'Espagne:

la reddition d'Oftende, & mille faits éclatans, l'ont immortalifé. Maurice de Naffau, contre lequel il combattit, interrogé quel étoit le plus grand Capitaine de fon fiecle, répondit que Spinola étoit le fecond.

SPOLETTE, Ville très-ancienne, & Capitale de l'ancien Duché d'Ombrie, dans l'Etat de l'Eglife, à quatre-vingt huit milles de Rome. Elle eft au fommet d'une montagne, fur un terrain fort inégal : les rues en font fort étroites. Annibal, vainqueur des Romains à Trafimene, & allant droit à Rome, fut arrêté par les habitans de Spolette, qu'il affiégea inutilement ; les Spoletains le forcerent de lever le fiege avec une perte confidérable. Il y a à Spolette une porte qu'on appelle *di Fuga*, en mémoire du départ d'Annibal, après avoir fait jouer le bélier contre cette porte. Ce départ, occafionné par une vigoureufe fortie des habitans, parut une fuite, plutôt qu'une retraite. Cette réfiftance, de la part d'une fimple Colonie, détermina Annibal de ne pas entreprendre encore le fiege de Rome. Deux arcs de triomphe, fort délabrés, forment deux portes de Spolette ; un pont de fix cents pieds de longueur & de trois cents de hauteur, traverfe la Maroggia, torrent impétueux qui coule entre la Ville & la montagne ; il a dix grandes arcades fur neuf piliers ; un aqueduc très-confidérable, qui fert encore à conduire de l'eau dans la Ville de Spolette, du milieu de la montagne de *Monte Luco*, & de la Ville à *Caprareccia*, paffe fur un des côtés du pont par des tuyaux. On doute fi ces ouvrages étonnans, par leur étendue & par l'élévation du pont, la plus grande qu'il y ait en Europe, font du temps des Goths ou des Romains. Il eft de la conftruction la plus hardie & la plus folide, mais différente en tout des conftructions femblables des Romains. Ce qui rend ce pont effrayant pour ceux qui ne font pas accoutumés d'y paffer, eft que d'un côté il eft fans parapet. On voit encore à Spolette les ruines d'un Château des Ducs de Spolette, bâti fur celles d'un Palais de Théodoric, Roi des Goths. La Cathédrale eft prefque toute de marbre ; on y voit une ancienne mofaïque, une image de la Vierge, prétendue de Saint Luc, plufieurs peintures de Philippi, victime de l'envie des

Peintres, qui l'empoisonnerent. Laurent de Médicis le fit enterrer dans un beau mausolée qu'il lui fit ériger dans cette Eglise, un tableau de Sainte Cecile & de deux Religieux, par le Guerchin, une Vierge, offrant au Jésus de la manne d'or, d'Annibal Carrache. Le sanctuaire de l'Eglise du Crucifix, est, dit-on, pratiqué dans un temple de la Concorde, dont il reste six belles colonnes. A la Chapelle du Palais *Ancaiani*, est un tableau de Raphaël, peint à gouache sur toile. Il y a encore quelques autres monumens.

SPRETUS, (*Desiderius* ou *Didacius*) né à Ravenne; a composé, dans le seizieme siecle, une Histoire de cette Ville, dans laquelle il considere la grandeur, la décadence, la destruction & la réparation de cette Ville.

SQUILLACE ou SQUILLACI, (SQUILLACIO) petite Ville au Royaume de Naples, dans la Calabre Ultérieure, avec titre de Principauté, qui appartient aux Princes de Monaco, & un Evêché suffragant de Reggio. C'est une Ville très-ancienne, qui a été autrefois une des plus importantes du pays des Brutiens, dans la grande Grèce, & une Colonie des Athéniens. Elle est appellée dans les Auteurs *Scillatium*, *Scylaceum*, *Scyllatium*. C'est la patrie de Cassiodore & du savant Cardinal Sirlet, Bibliothécaire du Vatican. Elle est dans une position très-agréable, sur le torrent de Favellone, à une lieue du golfe de Squillace, douze S. O. de Sanseverino, & vingt-cinq N. E. de Reggio.

STABIA, Ville ancienne, possédée successivement par les Osques, les Etrusques, les Pélages & les Samnites, que les Romains en chasserent sous le consulat de Pompée & de Caton. Sylla la réduisit en un simple Village. Elle fut couverte des laves du Vésuve; elle est à une très-petite profondeur, on y fouille; & comme on n'espere pas sans doute d'y faire de grandes découvertes, à mesure que l'on a fouillé un endroit, on le remplit pour en fouiller un autre; tout ce qu'on y trouve d'antique en bronze ou autre matiere, on le place dans le Cabinet du Roi à Portici.

STAFFARDA, (Abbaye de) située près du Pô, dans le

STA

Piémont, au Marquisat de Saluces, célebre par la fameuse bataille que le Maréchal de Catinat gagna en 1690 sur le Duc de Savoie.

STAGNO, petite Ville de Dalmatie, avec Evêché, suffragant de Raguse ; elle est située sur la Mer Adriatique, où elle a un port, de la République de Raguse.

STATO D'EGLI PRESIDII, (lo) *Status Presidii*, petits Etats situés sur les côtes de Florence. Ils renferment six forteresses, destinées à faciliter la communication entre le Milanois & le Royaume de Naples, savoir *Orbitello, Porto Hercole, Porto San Stefano, Monte Filippo, Telamone* & *Porto Longone*. Ces forteresses appartenoient ci-devant aux Espagnols ; mais par la paix de 1734, elles furent cédées au Roi des deux Siciles.

STELLA, (*Jules-César*) Poëte Latin, né à Rome, vivoit dans le seizieme siecle. Muret rapporte qu'il avoit composé à l'âge de vingt ans les deux premiers livres d'un Poëme intitulé *la Colombeide*. Muret admire ce prodige. Mais sur quoi tomboit cet éloge outré ? Etoit-ce sur l'excellence du Poëme ou sur la grande jeunesse de l'Auteur ?

STEPHANO, Peintre, natif de Florence, Disciple du Gioto, alla plus loin que son Maître. Ce qu'on admire le plus dans ses tableaux, est sa maniere de faire sentir le nu sous les draperies, & de rendre la perspective.

STEUCHUS, (*Augustin*) dit EUGUBINUS, né à *Eugubio*, florissoit au commencement du seizieme siecle. Il étoit savant, modeste & pieux ; il entra dans la Congrégation des Chanoines Réguliers de S. Sauveur. Il connoissoit sur-tout les Langues Orientales : ce qui le fit choisir pour être Garde de la Bibliothéque Orientale. On lui donna l'Evêché de Chisarino en Candie. Ses Ouvrages ont été recueillis en trois vol. in-4°. on trouve dans ce Recueil des Commentaires sur quarante-sept Pseaumes, sur Job, des annotations sur le Pentateuque, &c. *de Perenni Philosophia*, lib. X, *adversùs Lutheranos*, lib. III, *Cosmopœa seu de mundi opificis*.

STORTA, Village à vingt-quatre milles de Ronciglione, dans

le Patrimoine de S. Pierre, à un mille d'Iſola, Château qui appartenoit à la Maiſon Farneſe, où l'on a cru qu'étoit l'ancienne Veïes. *Voyez* ISOLA.

STRADA, (*François*) Jéſuite, né à Rome vers la fin du ſeizieme ſiecle, s'acquit de la réputation par ſa grande habitude de la langue italienne. On connoît de lui l'Hiſtoire des Guerres des Païs-Bas, en deux décades, depuis la mort de Charles V, juſqu'en 1590, imprimée à Rome, 2 vol. in-fol°. On loue la fécondité & le brillant de ſon imagination; mais on blâme ſon ignorance de l'art Militaire, ſes bévues en politique, & ſa partialité lorſqu'il s'agit des Eſpagnols. Il mourut en 1649.

STRADA, (*Jacques*) né à Mantoue, étoit un habile Antiquaire, & ſe diſtingua par ſa propreté & ſon exactitude à deſſiner les médailles anciennes. Son fils, Octave Strada, ajouta à ce talent, celui d'écrire: il publia les Vies des Empereurs, avec leurs médailles, depuis Jules Céſar juſqu'à Mathias, in-fol°. 1615.

STRADELLA, Place importante du Duché de Milan, dans le Paveſan. Comme elle eſt la clef du Milanez, elle eſt défendue par un fort Château & une bonne Garniſon, ſur la Riviere de Verſa, près du Pô, à quatre lieues S. E. de Pavie.

STRAPAROLE, (*Jean-François*) né à Caravage dans le ſeizieme ſiecle, compoſa des Nouvelles dans le goût de celles de Bocace, mais elles ſont bien au-deſſous: il les publia ſous le titre de *Piacevole Notti*. Elles ont été traduites en françois.

STROMBOLI, une de Iſles de *Lipari*, dépendantes de la Sicile.

STRONGOLI, petite Ville au Royaume de Naples, dans la Calabre Citérieure, avec titre de Principauté & un Evêché; elle eſt près de la mer, ſur une montagne entre des rochers, à trois lieues de San Severino.

STROZZI. Pluſieurs grands Hommes ont rendu ce nom célèbre. Les Strozzi formoient une Maiſon très-ancienne & très-riche à Florence, lorſqu'après la mort du Pape Clement VII, ils entreprirent de rendre la liberté à leur patrie, & d'en chaſſer les Medicis; ils formerent une conjuration à la tête de laquelle étoit Philippe Strozzi; ils ôterent la vie à Alexandre qui gouvernoit en tyran. Côme qui succéda à Alexandre, soutenu d'un parti puissant, poursuivit les Conjurés; Philippe à la tête de deux mille fantassins, l'attend & perd la bataille de Marone en 1553; il se renferme dans un Château & est fait prisonnier. Il est appliqué à la question & reste inébranlable. Il devoit y être appliqué une seconde fois, & peut-être ensuite périr sur un échaufaud. Un Soldat qui le gardoit, oublia par hazard son épée dans la prison; Strozzi écrivit au-dessus de sa cheminée ce vers de Virgile:

Exoriare aliquis nostris ex offibus ultor.

& se poignarda. Philippe aimoit la liberté de sa patrie. Il vouloit que l'égalité républicaine régnât parmi ses Concitoyens : il se fâchoit lorsqu'on l'appelloit Monseigneur : il ne vouloit d'autre nom que celui de Philippe. Il passa par toutes les dignités, & ne s'en enorgueillit jamais. Sa famille passa en France.

STROZZI, (*Pierre*) son fils, Maréchal de France, fut un des plus grands Capitaines de son siecle. Il quitta l'état ecclésiastique auquel il étoit destiné. Il servit la France sous Gui Ranconi, en qualité de Colonel, en Italie. Il étoit au siége de Turin, & contribua à le faire lever en 1516 Il se retira à Rome pour éviter la fortune des Medecis qui le poursuivoient. En 1542, à la tête de deux cens Arquebusiers levés à ses dépens, il vint offrir ses services à François I. Battu en 1544, il se rend, à travers les ennemis répandus sur sa route, à l'autre extrêmité de l'Italie, & amene au Duc d'Enguien en Piémont, huit mille hommes qu'il a levés. Il se distingua sur terre & sur mer, en Italie & en Ecosse. Il fut fait Maréchal, plus pour sa grande valeur que pour ses succès; car il fut souvent malheureux avec les plus grands talens. Il fut tué au siége de Thionville, d'un coup de mousquet.

STROZZI, (*Leon*) son frere, Chevalier de Malthe, Prieur de Capoue, laissa une grande réputation comme homme de mer, & fut tué d'un coup d'arquebuse en reconnoissant Scartino en Toscane.

STROZZI, (*Philippe*) fils de Pierre, né à Venise en 1541, fut placé par sa mere Laudamie de Medicis, que Pierre, loin d'être le vengeur de son pere Philippe, avoit épousée, auprès du Dauphin de France, depuis François II, en qualité d'Enfant d'honneur. Il devint Colonel Général de l'Infanterie Françoise après d'Andelot; il mérita, par ses services, le collier de l'Ordre. Il commandoit la flotte que Dom Antoine de Portugal avoit obtenue de Henri III, pour rentrer dans ses Etats que le Roi d'Espagne lui avoit enlevés; il avoit défait la garnison de S. Michel; il livra bataille à la flotte ennemie, près les Açores, le 26 Juillet 1584; il fut blessé dangereusement, & l'on reproche au Marquis de Santa-Cruz de l'avoir fait jetter à la mer encore vivant.

STROZZI, (*Cyprianus*) né à Florence en 1506, adopta la Philosophie Péripathéticienne. Il voyagea dans presque tous les Pays de l'Univers. Il fut Professeur à Florence, à Bologne & à Pise; il ajouta aux huit Livres de la République d'Aristote, un neuvieme & un dixieme Livres, dans lesquels il a parfaitement bien saisi l'esprit du Philosophe. Il mourut à Pise en 1565.

STROZZI, (*Laurence*) née auprès de Florence en 1514, entra dans l'Ordre de Saint Dominique, apprit d'elle-même la langue grecque & latine, & se perfectionna dans la Poësie & la Musique. Cette fille célebre composa un Livre d'hymnes & d'odes latines sur toutes les fêtes de l'Eglise. Simon-George Pavillon les a traduites en vers françois.

STROZZI, (*Thomas*) Jésuite, né à Naples en 1631, a laissé quantité d'Ouvrages; un Poëme latin sur le chocolat; un Discours sur l'amour de la liberté dans les Républiques; des Discours italiens contre les Juifs, pour prouver que J. C. est le Messie, & plusieurs Panégyriques.

STROZZI, (*Jules*) de Florence, Poëte, mort en 1630, est Auteur d'un Poëme italien fort estimé, sur l'origine de la Ville de Venise.

STROZZI, (*Nicolas*) Poëte, né à Florence en 1590, a publié les Sylves du Parnasse, des Idylles, des Sonnets, & plusieurs autres Poësies italiennes, toutes fort estimées. On fait sur-tout beaucoup de cas de ses deux Tragédies, *David de Trebisonde & Conradin*.

STROZZI, (*Tite & Hercule*) pere & fils, Poëtes latins de Ferrare, ont laissé quantité de Poësies, & sur-tout des Elégies écrites avec plus d'agrément & de pureté que de chaleur & de génie : elles ont eu de la réputation & l'ont méritée. Titus mourut en 1502, & Hercule son fils en 1508 par le fer d'un rival.

STUPINIGI, est une maison de plaisance du Roi de Sardaigne. Le sallon, dont l'aspect est tout-à-fait théâtral, est bien décoré. Il y a dans les appartemens plusieurs plafonds à fresque fort estimés, entr'autres un de Carles Vanloo, qui est très-beau : il représente Diane & ses Nymphes. Ce Palais est de l'architecture de *Giuvara*.

STURE, riviere du Piémont, qui prend sa source dans les Alpes, & dont les eaux, ainsi que celles de la Doire, sont très-belles ; elles roulent sur un fond de gros cailloux, dont on se sert pour parer & pour entretenir les chemins.

SUAIRE, (Saint) Relique précieuse qui appartient à la Cathédrale de Turin, & qu'on y conserve dans une des plus riches & des plus belles Chapelles de l'Italie. Cette Relique fut apportée en France par Geoffroy de Charny, qui disoit l'avoir enlevée aux Infideles vers le milieu du quatorzieme siecle. Il la donna à l'Eglise Collégiale de Liré, Bourg à trois lieues de Troyes en Champagne, Eglise qu'il avoit fondée. Les Chanoines de Liré solliciterent en vain l'Evêque de Troyes, d'exposer le Saint Suaire à la dévotion du Peuple. Les troubles qui survinrent au sujet de la Religion, leur firent craindre pour leur Relique ; ils la confierent en 1418 à Humbert, Comte de la Roche, qui avoit épousé la petite-fille de Geoffroy de Charny. Humbert étant mort, sa veuve emporta le Saint Suaire à Chamberi, & en fit présent à Anne de Chypre Lusignan, Duchesse de Savoie, qui fit bâtir une Chapelle dans son

Château de Chamberi, & y plaça la Relique. Le Saint Suaire fut enfuite porté à Verceil, enfuite à Nice, reporté à Verceil, & enfin rendu à Chamberi en 1502; elle y refta jufqu'en 1578, que Saint Charles Borromée ayant réfolu de la vifiter, le Duc Emmanuel Philibert de Savoie, pour éviter au Saint, qui étoit à Milan, la peine de paffer les Alpes pour aller à Chamberi, la fit tranfporter à Turin, avec promeffe de la reftituer: mais depuis elle n'eft plus fortie de Turin.

Suana. *Voyez* Soana.

Subbiaco, Sublac, petite Ville dans la Campagne de Rome, aux frontieres de Naples, avec un vieux Château fur le Téverone; cette Ville eft une Abbaye de Bénédictins où Saint Benoît jetta au fixieme fiécle les fondemens de fon Ordre, dans une grotte que l'on vifite avec refpect.

Suisses de la garde du Pape, (les) accompagnent toujours fa Sainteté lorfqu'elle fort: l'habillement en eft affez fingulier. Leurs pourpoints, leurs culottes larges & par bandes, & leurs bas font de trois couleurs, jaune, blanche & rouge, & au lieu de fraifes, ils portent des cravates à dentelles.

Sulcis, Ville dont il ne refte que des ruines, dans l'Ifle de Saint Antioge en Sardaigne.

Sulmona, Ville au Royaume de Naples, dans l'Abruzze Citérieure, avec titre de Principauté. Son Evêché a été uni à celui de Valva. C'eft la patrie du Poëte Ovide. Elle eft fur la Sota, à neuf lieues S. O. de Chieti.

SULPICIUS VERULANUS, (*Jean*) Littérateur & Muficien, né à Veroli, fe livra à l'étude; il vivoit dans le quinzieme fiecle. Il donna la premiere édition imprimée de Vegece & de Vitruve. Ce fut lui, dit-on, qui rétablit la Mufique fur le théâtre, où elle n'avoit point paru depuis les Anciens.

Superga, (la) Eglife magnifique & Royale bâtie fur une haute montagne à cinq milles de Turin. Pendant le fiége de cette Ville par les François en 1706, & après le gain de la bataille de Caffinatto & de celle de Caffano par le Duc de Vendôme, le Roi Victor Amedée, qui craignoit avec raifon pour la prife de Turin, fit vœu de conftruire cette Eglife fi les François étoient forcés de lever le fiége; ils le furent par les difpofitions mal entendues de Chamillard, qui vouloit donner toute la gloire de cette expédition au Duc de la Feuillade fon gendre, & qui lui fit tout manquer. Ce bâtiment fut commencé en 1715, fur les deffins de Philippe Juvara, & fini en 1731. Sa forme eft ronde & décorée d'ordre Corinthien. On y entre par un grand portique orné de colonnes & de deux clochers. Les colonnes & les revêtiffemens font de marbre de carrare, de marbre rouge de Piémont, &c. Le dome qui a environ deux cents pieds de haut, du plan jufqu'à la lanterne, paroît avoir été fait fur le modele de celui des Invalides. Du haut de cette coupole, on découvre toute la plaine & les montagnes du Piémont, & même jufqu'à Milan. L'Eglife eft ornée de basreliefs au lieu de tableaux. Elle eft la fépulture du Roi Victor Amédée. Il y a trois beaux autels de marbre & d'albâtre; le bas-relief du grand autel qui eft dans un enfoncement très-décoré, repréfente la levée du fiége. Tous les ans, le 8 Septembre, le Roi & la Famille Royale vont à cette Eglife rendre à Dieu des actions de grace pour la levée du fiége. On prétend que la conftruction de cette Eglife a coûté deux millions, ce qui ne paroît pas furprenant, fi l'on fait attention à ce qu'a dû coûter le tranfport de matériaux au fommet de la montagne.

SUTRI, ancienne & petite Ville de l'Etat Ecclésiaftique dans le Patrimoine, avec un Evêché, qui dépend immédiatement du Pape; il s'y eft tenu plufieurs Conciles. Elle eft fur le Pozzolo, à neuf lieues N. O. de Rome.

SUZE, *Sufa*, petite Ville & la premiere du Piémont, à dix lieues de Turin, fituée dans un vallon dont elle défend l'entrée; elle eft environnée de montagnes: on l'appelle la *Porte de la guerre*, à caufe de fa fituation fur les frontieres de la France. Ce défilé s'appelle aufli le Pas de Suze; il eft gardé par la *Brunette*. (*Voyez* BRUNETTE.) Suze fut fondée, fuivant l'opinion commune, fous le regne d'Augufte, après que cet Empereur fe fut frayé un chemin pour entrer en Dauphiné, par le Mont Geneve: il fuivit en cela les traces d'Hercule, qui, dit-on, pénétra dans les Gaules par le Pas de Suze, treize cents ans avant Jesus-Christ. Ce fut aussi par-là qu'Annibal pénétra dans l'Italie mil quatre-vingt-un ans après Hercule.

Suze s'appelloit autrefois *Segustum*, suivant plusieurs inscriptions. Elle devint florissante jusqu'au temps de Constantin qu'elle fut réduite en cendres. Elle fut rétablie par les Marquis de Suze, descendans de Chalemagne, qui en firent leur capitale. Elle passa dans le sixieme siécle à la Maison Royale de Savoie, par le mariage d'Adélaïde, fille de Mainfroi, Marquis de Suze, avec Odon, frere d'Amédée I. Cette Ville fut encore dévastée par l'Empereur Fréderic Barberousse, qui n'avoit évité la fin que lui réservoient les Habitans, qu'en se déguisant & faisant mettre dans son lit un Esclave que les Assassins ne tuerent pas, lorsqu'ils le reconnurent.

On trouve hors de la Ville, près des gorges des montagnes, un arc de triomphe qui fut érigé en l'honneur d'Auguste, à côté de l'ancien Château des Marquis de Suze. Il est très-dégradé; ce qui en reste est formé de gros blocs de marbre, orné de colonnes corinthiennes; on en distingue encore les bas-reliefs.

Suze, après avoir essuyé plusieurs siéges, est restée au Duc de Savoie. Elle est située sur la Doria, à douze lieues N. O. de Turin, & neuf N. O. de Pignerol. Le beau marbre qu'on appelle Verd de Suze, vient de la montagne de Fausse-Magne, près du Village de Boussolin, sur le chemin de Suze à Turin.

SUZE, (*Adelaïde de*) fille d'Urich Mainfroy, Marquis de Suze, & derniere de sa famille. Par le mariage qu'elle contracta avec Othon, elle joignit aux Comtés de Savoie & de Maurienne, le Marquisat de Suze. *Voyez* OTHON. Cette Princesse mourut fort âgée vers l'an 1091. Elle fonda l'Abbaye de Pignerol, l'Eglise de Mombra, & plusieurs autres.

SYGALLE, (*Lanfranc*) Gentilhomme Génois, fut envoyé par la République auprès de Raymond, Comte de Provence, qu'il engagea, par son éloquence, à conclure un Traité avec ses Compatriotes. Il aimoit la langue provençale, & écrivit dans cette langue un grand nombre de Poësies. La plupart sont adressées à *Bertrande Cebo*, dont il étoit amoureux. Il composa un Poëme qu'il adreſſa à pluſieurs Princes, pour les engager à recouvrer la Terre Sainte. Sygalle, en s'en retournant en Italie, fut aſſaſſiné par des voleurs.

SYLVESTRE. Il y a eu deux Papes de ce nom. Le premier étoit Romain, & fut élu après Melchiade, le 1er. Février 314. Il combattit les Donatiſtes & les Juifs. On a débité beaucoup de faux miracles ſur le compte de ce Pape. Il mourut le dernier jour de 318.

SYLVESTRE II étoit François & Moine en Auvergne. Il s'appelloit Gerbert, étoit Mathématicien & connoiſſoit la méchanique. Hugues Capet le choiſit pour être Précepteur de Robert, & lui donna l'Archevêché de Rheims, qu'il fut obligé de céder à Arnoult, bâtard du Roi Lothaire, qui avoit été nommé avant lui. Il ſe retira en Allemagne auprès d'Othon III, qui lui donna l'Archevêché de Ravenne en 997, & le fit élire à la place du Pape Grégoire V. Il mourut le 12 Mai 1003. Ce Pape fut un prodige de ſavoir, relativement au temps où il vécut. Il a laiſſé cent quarante-neuf Epîtres; la Vie de Saint Adalbert; des Traités de Géométrie, de Rhétorique, de Mathématique: il avoit imaginé des piéces de Mécanique très-ſurprenantes: auſſi prétendoit-on qu'il étoit d'accord avec le diable; qu'il étoit Magicien; qu'il étoit allé en Eſpagne pour y apprendre les ſciences diaboliques des Sarraſins, & que c'étoit par le ſecours du diable qu'il étoit parvenu à la Papauté.

T

TABLEAUX D'ITALIE, (les) ſont ſi recherchés; les vrais originaux des meilleurs Maîtres ſont ſi rares, & le nombre des Amateurs eſt ſi grand, que pour les ſatisfaire, il a fallu qu'à la faveur d'un prix conſidérable, des copies bien faites deviſſent des originaux, & que le temps, qui donne un air d'antiquité à toutes choſes, vînt à bout de donner du crédit à la prévention. En effet, Raphaël qui eſt mort à trente-ſept ans, &

qui étoit chargé des plus grandes exécutions, a-t-il pu composer tous les Tableaux qu'on met sur son compte ? Michel-Ange & le Titien seroient bien surpris s'ils pouvoient apprendre que le nombre de leurs ouvrages est au moins augmenté de moitié. Rien n'est si difficile que de connoître les originaux: près de trois siecles en ont effacé bien des beautés. Il n'appartient qu'à ceux qui ont une connoissance exacte de la peinture de les juger, encore sont-ils sujets à se tromper. La plupart de ces Tableaux obscurcis par un roux sale, ne laissent plus appercevoir que les contours du dessin : les clairs & les sombres effacés par le temps n'offrent plus cette premiere vérité qui charme, & cédent d'abord. La conservation d'un Tableau dépend beaucoup du goût de celui qui l'a composé. Un Tableau sorti de l'Ecole de Florence, se conservera beaucoup plus long-temps qu'un autre exécuté par un Eleve de l'Ecole Vénitienne. Celui-ci est une rose dont l'éclat & le coloris ont dû céder au temps. L'autre au contraire doit survivre davantage. Les formes en ont été bien prises, & si la fraîcheur & l'embonpoint ne s'y trouvent plus, du moins les couleurs des dessins qui se sont conservés, feront toujours voir quel pouvoit être le Tableau. L'Italie est extrêmement jalouse de conserver ses chef-d'œuvres ; c'est pourquoi il est défendu à Rome à toutes personnes d'en faire passer dans les Pays Etrangers ; cependant de temps en temps il s'en échappe, & pour cela on use de supercherie ; on barbouille d'une mauvaise peinture le Tableau précieux, & lorsqu'il est arrivé à sa destination, par un secret particulier, on lui ôte son masque, & on lui rend sa premiere beauté. Rome, Venise, Bologne & Florence renferment ce qu'il y a de plus curieux en Tableaux. Voyez les Villes & les Palais : en rapportant ce qu'il y a de plus intéressant, on y a détaillé en particulier les Tableaux qui paroissent mériter attention ; voyez aussi les articles de chaque Peintre. On y a fait pareillement mention des plus beaux ouvrages qu'ils ont composés.

TADDA, (*François*) Sculpteur, du quatorzieme siecle, dont on dit qu'il possédoit un secret particulier pour tailler le marbre & les pierres. Ce secret consistoit dans la distillation de certaines herbes, qui produifoient une eau qui donnoit aux outils une telle dureté en les y trempant tout rouges, qu'il faifoit du marbre tout ce qu'il vouloit. Il effaya ce fecret pour faire de quelques pieces de porphyre que le Grand Duc Côme avoit trouvées, un baffin de fontaine. Tadda vint à bout de faire ce baffin, dont les morceaux étoient fi bien unis, qu'il paroiffoit de la même pierre. Etoit-ce cette eau diftillée qui joignoit les morceaux polis par les outils de Tadda? Etoit-ce lui même qui, au moyen de ces outils fi durs, creufoit à fon gré la pierre, & formoit des engrenures imperceptibles? Quoi qu'il en foit Tadda fit en marbre & en porphyre des bas-reliefs fort eftimés, une tête de Chrift; le portrait du Duc Côme & de fa femme, en trois ovales. Ce fecret, s'il a exifté, eft mort avec Tadda.

TAFI, (*André*) Peintre, né à Florence vers 1213, contemporain de Cimabué. Il s'affocia avec quelques Peintres Grecs appellés par le Sénat de Venife. Il reçut d'eux les premiers principes de fon Art. La réputation de Cimabué lui fit renoncer à la peinture: il fe tourna vers la mofaïque, qu'il alla encore apprendre des Grecs de Venife qui travailloient à la décoration de l'Eglife de Saint Marc. Tafi engagea Appollonius fon maître, de le fuivre à Florence. Ils y travaillerent enfemble à plufieurs Hiftoires de l'ancien & du nouveau Teftament dans l'Eglife de Saint Jean. Ils furent fort goûtés; mais l'on admire fur-tout un Chrift de Tafi, grand de fept coudées. Tafi eût pu porter fon Art à une grande perfection, fi fon avidité pour le gain ne lui eût fait négliger le foin de fa gloire. Il mourut en 1294.

TAGGIA, Bourg fur la côte occidentale de Gènes, à quelque diftance de Saint Remo, eft fameux par l'excellent vin mufcat qu'on y recueille.

TAGLIA CARNE, ou BENOIST THEOCRENUS, Evêque de Graffe, né à Gènes, vint en France fur le bruit de la protection que François I accordoit aux Gens de lettres. Ce Prince le choifit pour être Précepteur du Duc d'Orléans fon fils, depuis Roi de France. On lui donna l'Abbaye de Nanteuil, & enfuite l'Evêché de Graffe. Il mourut en 1536. Il publia quelques Poësies & des Lettres. Il engagea le célebre Dumoulin à faire voir les droits que le Roi avoit sur la Ville & le Comté de Nice.

TAGLIA-COZZO, Ville au Royaume de Naples dans l'Abruzze Citérieure, avec titre de Duché, appartient à la Maison *Colonna*.

TALIAKOT, ou TALIACOTIUS, (*Gaspard*) né à Bologne, dans le seizieme siecle, fut Professeur de Médecine & d'Anatomie. Il prétend qu'on peut réparer le nez, les levres ou les oreilles coupées, en prenant sur certaines parties du corps d'un homme sain, une même quantité de chair dont, selon lui, on peut refaire le membre mutilé. Butler, Poëte Anglois, s'est un peu moqué de ce systême dans son Poëme d'Hudibras, dont M. de Voltaire a traduit ainsi les vers qui regardent Taliakot :

> Il vous prenoit adroitement
> Un morceau du cu d'un pauvre homme,
> L'appliquoit au nez proprement ;
> Enfin, il arrivoit qu'en somme,
> Tout juste à la mort du prêteur,
> Tomboit le nez de l'emprunteur :
> Et souvent, dans la même biere,
> Par justice & par bon accord,
> On remettoit, au gré du mort,
> Le nez auprès de son derriere.

Le Livre de Taliakot, accompagné de figures, parut à Francfort en 1598, in-8°.

TALOIRE, Bourg assez considérable du Genevois.

TAMASSO, (Borgi di) TAMASSUS ou TAMASA, Ville de Cypre, vers Famagouste, étoit fort fréquenté à cause de ses mines & de son bel étain, qui la rendoient fort commerçante ; elle a aujourd'hui très-peu de commerce.

TAMBURINI, ou TAMBOURIN, (*Thomas*) Jésuite, né en Sicile, fut célebre dans sa Société par les Charges qu'il y occupa. C'est un des Vieillards que Pascal a notés dans ses Provinciales. Il est vrai que la plupart des Théologiens ont condamné plusieurs propositions de sa morale relâchée. Ses Ouvrages forment un volume in-fol. Il mourut vers la fin du dernier siecle.

TANARO, (le) Fleuve d'Italie. Il prend sa source entre le Mont Apennin & les Alpes Liguriennes, & après avoir traversé une grande partie du Piémont, baigné les murs d'Alexanderie qu'elle sépare de la Citadelle, elle va se jetter dans le Pô, à Bassignano.

TAMINGE, Bourg du Faussigny, dans la Savoie, sur l'Arva.

TANO, Bourg de Sicile dans la Vallée de *Noto*.

TANSILLO, (*Louis*) né à Mole, au commencement du douzieme siecle, Poëte, qui dans sa jeunesse ayant fait un Poëme licencieux qui fut mis à l'Index, en eut tant de regret, qu'il composa un Poëme sous le titre des Larmes de S. Pierre. Malherbe le donna en françois, & il fut traduit en même-temps en espagnol. Tansillo étoit un Poëte estimé. Il a composé des Sonnets, des Chansons, des Stances; & quelques personnes ont comparé ses Poësies à celles de Pétrarque. Il mourut à Gayette où il exerçoit une petite Magistrature.

TAORMINA, *Naxos*, jolie Ville dans la Vallée de Demona, au Royaume de Sicile, avec un port fortifié : elle est bâtie sur un rocher au sud de Messine. Les Naxiens sont des Peuples fort anciens. Sept cent vingt-huit ans avant Jesus-Christ, ils avoient bâti la Ville de Catania en Sicile.

TARA, (le Val de) petite Province près des frontieres de Gènes; sa principale Ville, qui est *Bardi*, appartient à la Maison de Doria, originaire de Gènes.

TARAMONT, Village du Chablais, près du Lac de Geneve.

TARANTAISE, (la) *Tarantasia*, Province de Savoie, avec titre de Comté, bornée au N. par le Duché de Savoie & le Faussigny; E. par le Duché d'Aoste & par le Comté de Maurienne. Sa Ville capitale est Moustiers : les autres sont Saint-Jacques Ayme, le Bourg, Saint-Maurice & Conflans. Moustiers étoit appellé autrefois Tarantaise, & aujourd'hui *Monasterium*; il est situé sur l'Isere, avec Archevêché, qui a pour suffragans

Sion & Aoste. Avant qu'elle ne fût Métropole, c'est-à-dire avant le septieme siecle, l'Eglise de Moutiers étoit soumise à celle de Vienne. C'est un pays de montagnes, pauvre & peu agréable. C'est en grande partie de cette Province que viennent ces hordes de Savoyards qui se répandent dans les Royaumes circonvoisins. Moustiers, outre le nom de Tarentasia, a encore chez les Anciens, celui de *Forum Neronis Centronum*. Les principaux lieux de cette Province sont les Bourgs de *Saint-Maurice*, *Esme*, *Bonneval*, *Saint-Martin*, *Fournaux*, *le Fort de Briançonnet*, *Col de Grisance* & *le petit Saint-Bernard*.

TARENTE, Ville très-ancienne au Royaume de Naples, dans la Terre d'Otrante, avec un Archevêché. Les Ducs de la Trémouille portent le titre de Princes de Tarente, à cause des prétentions qu'ils ont sur le Royaume de Naples, du chef d'Anne de Laval, une de leurs Aïeules, qui étoit petite-fille de Fréderic, Roi de Naples & de Sicile, qui fut dépouillée en 1510, par Louis XII & Ferdinand le Catholique. Louis XIV permit au Cardinal de la Trémouille, d'envoyer au Congrès de Munster une personne de sa part pour soutenir ses droits sur ces Royaumes, & depuis il en a toujours envoyé aux Congrès suivans. Cette Ville, quoiqu'un peu ruinée, est assez bien peuplée. Elle est fort ancienne. Pyrrhus ne se détermina à faire la guerre aux Romains, qu'à la sollicitation des Tarentins. Il y a encore un Château assez fort, mais le Port est presque comblé, & ne reçoit que des barques. C'étoit la plus considérable des Villes de la grande Grèce; elle se donna à Annibal, & elle fut reprise par Q. Fabius-Maximus en 545 de Rome. Elle est bien déchue de son ancien éclat: néanmoins elle fait un grand commerce de laines: la plupart des Habitans sont Pêcheurs. C'est du nom de cette Ville qu'on a nommé Tarentule, une grosse araignée dont la morsure est dangereuse. *Voyez* TARENTULE. Tarente a été la Patrie de grands Hommes; d'Architas, grand Philosophe & Mathématicien. Elle est au midi sur le Golfe de son nom, à seize lieues S. E. de Bari, & vingt-trois N. O. d'Otrante.

TARENTOLA, ou TARANTOLA, espece de lezard qu'on

trouve en Toscane, & qui fait la chasse aux araignées. C'est ce que les Naturalistes appellent Lezard étoilé ou Stellion.

TARENTULE, espece de grosse araignée, dont la morsure a donné le nom à la maladie appellée Tarantisme ; on la trouve dans plusieurs Provinces d'Italie, particuliérement au Royaume de Naples, & sur-tout à Tarente, qui lui a donné son nom. Les Naturalistes l'appellent l'araignée enragée. On a beaucoup de préjugés sur cet animal : on a dit qu'elle avoit huit yeux & huit pattes ; que ceux qui en étoient mordus ne ressentoient d'abord aucune douleur de la morsure, mais que peu-à-peu le venin s'insinuant dans le sang, le Malade, ou tomboit dans un assoupissement mortel, ou pleuroit, ou avoit d'autres symptômes qui le conduisoient à la mort ; qu'il n'y avoit alors d'autre remede que de faire entendre le son des instrumens, & de faire jouer des airs jusqu'à ce qu'on en eût trouvé un qui plût au Malade, alors il sautoit hors du lit & se mettoit à danser jusqu'à ce qu'il fut en nage & hors d'haleine, & que le venin sortoit avec cette transpiration. Les Physiciens se sont donnés beaucoup de peine pour expliquer ce fait, avant de s'assurer de son existence. Misson rapporte une lettre de *Dominico San Geneto*, qui ne laisse rien à desirer sur la Tarentule & les effets de son poison ; mais malgré la prévention générale, plusieurs Savans qui ont voyagé en Italie, & entr'autres l'Abbé Nollet, se sont assurés que ce fait passoit pour être fabuleux, même dans la Pouille. On ne craint point la Tarentule à Rome, parce qu'il n'y a point d'exemple qu'elle ait incommodé. Il peut se faire qu'à Naples, dans la Pouille, à Tarente, sa piqûre cause quelque gonflement ou quelque démangeaison dans l'état le plus chaud de l'été. La Tarentule a le port & la figure à peu près de nos araignées domestiques ; elle est seulement dans toutes ses parties beaucoup plus forte & plus robuste. Elle a les jambes & le ventre tachetés de noir & de blanc ; le dos & toute la partie antérieure sont noirs, ses yeux sont couverts d'une cornée humide & tendre, qui se flétrit après la mort de l'insecte. Ils sont d'un jaune doré & étincelant comme ceux des chiens & des chats, quand on les voit dans l'obscurité.

TARO, Riviere qui traverse une partie des Etats du Duc de Parme. La partie qu'on appelle *Val-di-Taro*, entre cette Riviere & Parme, est un des endroits les plus agréables de l'Italie, & d'une très-grande population, à cause de la fertilité du climat. L'air d'aisance se fait remarquer à la propreté des Habitans. Les Paysannes y sont coëffées d'un petit chapeau de paille, orné d'un nœud de rubans. Cette coëffure va à leur taille légere & à leur figure charmante. C'est à la tête du Val de Taro, qu'est Fornoue, célebre par la victoire que Charles VIII remporta contre les Puissances alliées d'Italie, avec tout au plus huit mille hommes de troupes fatiguées, contre quarante mille. Le Taro & le Reno sortent l'un & l'autre de l'Apennin & se jettent dans le Pô après avoir passé à Bologne.

TARTAGLIA, ou TARTAREA, (*Nicolas*) né à Bresse, qui s'acquit & qui mérita la réputation d'un des plus grands Géometres du seizieme siecle. C'est lui, & non pas Cardan, qui a imaginé la méthode attribuée à ce dernier, de résoudre les équations cubiques. Il est le premier qui ait décrit la courbe des bombes & des boulets, & qui ait parlé de leurs mouvemens. Il a laissé des Commentaires sur Euclide, & un Traité des Mathématiques, intitulé *Nova Scientia*, imprimé à Venise en 1537. Cet ouvrage est le Recueil des leçons qu'il avoit données dans le temps qu'il professoit les Mathématiques en différens endroits d'Italie.

TARTAGNI D'IMOLA, (*Alexandre*) Savant Jurisconsulte, à qui son savoir fit donner le nom de sa patrie. Il enseigna le Droit à Bologne & à Ferrare, & s'acquit une si grande réputation, qu'on l'appella le Monarque du Droit & le Pere des Jurisconsultes. Il vivoit dans le quinzieme siecle, & étoit contemporain de Balde & de Paul de Castro. Il a laissé de savans Commentaires sur les Decretales & sur le Sexte, des Notes sur Barthole; *Consilia*, &c. Il mourut à Bologne en 1477.

TARUGI, (*François-Marie*) Cardinal, Archevêque d'Avignon & ensuite de Sienne, petit neveu du Pape Jules III. Il entra dans sa jeunesse à l'Oratoire, & y étudia la Jurisprudence

Canonique. Philippe de Neri étoit alors à la tête de cette Congrégation. Tarugi fut chargé par le Pape Clément VIII, d'accompagner le Cardinal Alexandrin son neveu, dans les Légations de France, d'Espagne & de Portugal. Il plut à l'oncle par sa piété & par sa bonne conduite, & au neveu par sa douceur & son intelligence. A son retour Tarugi eut l'Archevêché d'Avignon, & trois ans après la pourpre. Après la mort du Pape, il eut plusieurs voix pour le remplacer. Il mourut en 1508, dans sa quatre-vingt-quatrieme année. Il voulut être enterré dans le tombeau du Cardinal Baronius avec lequel il avoit été fort lié, & dont il avoit traduit en italien les premiers volumes de ses Annales Ecclésiastiques.

TASSO, (*Torquato*) le plus grand Poëte qu'ait produit l'Italie depuis Virgile, né à Sorrento en 1544. Il étoit né Poëte. A sept ans, il avoit déja parlé la langue des Muses. Bernardo Tasso son pere, attaché au Prince de Salerne, fut proscrit comme ce Prince, pour avoir osé représenter à Charles V les inconveniens de l'inquisition; Torquato, âgé de neuf ans, fut enveloppé dans la proscription; ils n'éviterent le supplice qu'en se retirant à Rome. Torquato étudia en Droit à Padoue, prit ses degrés en Philosophie & en Théologie; mais son talent pour la Poésie l'emporta. A dix-sept ans, il composa son Poëme de Renaud, & commença sa Jérusalem à vingt-deux. Il vint en France à l'âge de vingt-sept à la suite du Cardinal d'*Est*, qui le présenta à Charles IX, dont le Tasse reçut plusieurs témoignages d'estime. Il eut le malheur de se mettre sous la protection du Duc de Ferrare, & de devenir amoureux de la sœur du Duc; son protecteur le fit mettre en prison, & lui fit souffrir les plus cruelles humiliations, le faisant passer pour fou, & le traitant en conséquence; il échappa de sa prison, & alla à Sorento demander à sa sœur des secours qu'il n'obtint point; il reparut à Ferrare & fut remis en prison. Les traitemens qu'il essuya, le triomphe de ses ennemis qui attaquoient de tous côtés sa gloire Poëtique, le jetterent dans des accès de mélancolie, & enfin lui occasionnerent une fievre ardente qui lui ôtoit par intervalles l'usage de la raison. On le faisoit passer pour un mauvais Poëte : il fut ainsi tourmenté pendant vingt ans. Enfin son mérite dissipa les impressions de l'envie. Le Pape Clément VIII lui décerna les honneurs du triomphe. Jamais cérémonie n'eût été si brillante; mais il tomba malade & mourut la veille du couronnement ; deux Cardinaux , un grand nombre de Prélats & de Seigneurs avoient été le recevoir à un mille de Rome ; & le le Pape lui avoit dit : » Je veux que vous honoriez la couronne » de laurier qui a honoré jusqu'ici ceux qui l'ont portée ». Il n'avoit que cinquante-un ans lorsqu'il mourut en 1595. Ses Ouvrages ont été recueillis en 6 vol. in-fol. à Florence 1724. Les principaux sont : la Jérusalem délivrée ; le plus beau Poëme épique depuis l'Eneïde ; Renaud, ou la Jérusalem conquise , en douze Chants ; l'Aminte, Pastorale ; les sept Journées de la création du Monde, &c. Les Académies d'Italie ont été partagées entre le Tasse & l'Arioste ; l'un & l'autre étincellent de beautés ; l'Académie de la Crusca décida en faveur du dernier ; mais il paroît que tout s'est réuni en faveur du Tasse. Le premier rang entre les Poëtes épiques modernes ne lui est disputé que par l'Auteur de la Henriade ; c'est à la postérité à juger quel des deux est le second.

TASSONI, (*Alexandre*) Poëte célebre, né à Modene en 1565. Il fut d'abord Secrétaire du Cardinal Ascagne Colonne, qu'il suivit en Espagne. Il lança quelques traits satyriques contre la morgue espagnole, & fut obligé de s'en retourner en Italie. Il alla à Rome, & partagea son temps entre la Poësie & la culture des fleurs. François I, Duc de Modene, l'attira dans sa cour, & le fit Conseiller. Il mourut à Modene en 1635, à l'âge de soixante-onze ans. Tassoni avoit de l'enjouement & de la gaieté : mais il étoit porté à la satyre & à la bizarrerie. Il avoit débuté par des observations sur Pétrarque & sur Homere, remplies d'une critique injuste & mordante : ce qui lui eût fait beaucoup de tort, sans le Poëme du Sceau enlevé, qu'il publia bientôt après, & qui le fit regarder comme un des plus beaux génies d'Italie. (*V.* SECCHIA RAPITA) Il travailla sur la fin de ses jours à une Histoire Ecclésiastique. On a de lui une piece singuliere, c'est son testament. Il se fit peindre tenant une figue, pour faire entendre que quoiqu'attaché à plusieurs Grands, il ne lui en restoit pas une figue, ou peut-être, que quoiqu'il eût été attaché aux Grands, il ne les avoit pas plus estimés qu'une figue. Chez les Italiens, c'est une façon proverbiale d'exprimer le peu de cas qu'ils font d'une chose ou de quelqu'un. *Je ne l'estime pas une figue*; c'est un des fruits les plus communs.

TATTI, (*Jacques*) dit LE SANSOVIN, Sculpteur & Architecte. Il prit le nom de Sansovin d'*André Contucci*, du *Mont Sansovino*, en reconnoissance des égards que cet Artiste avoit pour lui dans le temps qu'il étoit son Eleve. Tatti naquit à Florence en 1479, avec les plus grandes dispositions pour les arts. Conduit à Rome par Julien San Gallo, il s'y appliqua à l'étude des statues antiques : il y devint l'ami du Bramante. Il altéra sa santé par sa trop grande application à l'étude, & fut obligé de revenir dans son air natal. Leon X, étant allé dans cette Ville, Tatti décora Sainte Marie del Fiore d'une façade simulée, dont il avoit fait les statues & les bas-reliefs, & dont André del Sarto avoit peint les camayeux; cette façade étoit si belle, que Leon s'écria que c'étoit dommage que ce ne fût point la véritable. Il fit dans la même occasion un arc de triomphe, qui fut fort admiré. Il fit à son retour à Rome plusieurs statues & plusieurs Palais; son plus bel ouvrage à Rome, est l'Eglise de S. Jean des Florentins. Les Toscans voulurent surpasser les Allemands, les Espagnols & les François, en bâtissant une Eglise supérieure à celles de ces Nations; Raphaël, Ant. San-Gallo & Peruzzi vouloient en être chargés, le dessin de Tatti fut préféré; il commença l'ouvrage, mais une chûte qu'il fit l'obligea de retourner à Florence, & de laisser la conduite des travaux à San-Gallo. Il passa à Venise, & revint à Rome lors de l'élection de Clément VII. Il fut obligé de s'enfuir pendant le siege qu'essuya cette Ville, abandonna ses enfans & sa fortune, & retourna à Venise : la République se l'attacha, malgré les invitations que la France lui faisoit. Il y répara les coupoles de l'Eglise de S. Marc, qui menaçoient ruine, & qui, depuis un siecle, étoient étayées. Les plus beaux ouvrages de Sansovin à Venise sont le bâtiment de la Monnoie, la bibliothéque de S. Marc, qui lui causa de grands chagrins, par la chûte de la voûte des bureaux des Procuraties; il fut mis en prison, condamné à une amende de mille écus d'or, & à la perte de son emploi d'Architecte de la Ville; mais l'amende lui fut remboursée, la liberté rendue, la façon de la nouvelle voûte payée, & il fut rétabli dans son emploi. Palladio regardoit cet édifice comme le plus beau qui eût été fait depuis les Anciens: Scammozzi a un peu gâté ce plan: les marbres les plus rares, les colonnes de la plus belle proportion, les statues, les bas-reliefs, les stucs les plus beaux, en forment la décoration; le Palais Cornaro, sur le grand canal, la loge des Nobles, le palais Delfino, la fabrique du Rialto, pour la facilité du commerce, l'Eglise de S. Germinian, qui passe pour la plus belle de Venise, sont des monumens de la plus grande beauté. Il a fait plusieurs autres ouvrages; l'Eglise de S. Martin, celle des Incurables, l'Ecole de Saint Jean des Esclavons, l'Université & la grande salle de Padoue; les mausolées du Seigneur Podicalara, du Doge Venier, ont été élevés sur ses plans. Il a fait les belles portes de bronze de la sacristie de S. Marc; il a fait un grand nombre de belles statues. Il grava son portrait avec ceux du Titien & de l'Aretin, ses amis intimes. Le Titien & lui furent seuls exempts d'un impôt que la République fut obligée de créer dans une circonstance pressante. Le Sansovino mourut en 1570, âgé de quatre-vingt-onze ans. Il laissa de grands biens à François Sansovin, célebre par sa Description de Venise.

TAVERNA, Ville du Royaume de Naples, dans la Calabre Ultérieure. Son Evêché étoit autrefois suffragant de Reggio; cet Evêché n'existe plus, & la Ville est dans celui de Catanzaro: elle est peu peuplée, & très-peu considérable.

TAVIGNANO, riviere de l'Isle de Corse. *V.* GRADACCIO.

TAUREAU FARNESE, le plus beau & le plus grand morceau de sculpture antique qui soit à Rome; il est appellé Farnese, parce qu'il est placé dans le Palais Farnese, & qu'il a toujours appartenu à la Maison de ce nom; c'est un groupe de six figures, de grandeur naturelle, qui ont été prises & taillées admirablement bien dans un seul bloc de marbre, qui a huit pieds de hauteur sur sept de largeur. Le Taureau est représenté dans une attitude furieuse, & ayant la tête baissée & ses pieds de devant élevés au-dessus de la tête d'une femme, assise & attachée à ses cornes; deux hommes font leurs efforts pour pousser cet animal dans la mer de dessus le rocher où sont placées toutes ces figures; une autre femme & un petit garçon, accompagnés d'un chien, considerent cette action. Ce morceau admirable fut transporté de Rhodes à Rome, & Antonin Caracalla le fit placer dans ses thermes, dont on voit encore de grandes masures, & il y fut trouvé, il y a deux cents ans, sous le pontificat de Paul III.

TELAMONE, petite Ville maritime, faisant partie d'*ello Stato de gli Presidii*, est des mieux fortifiée; son port est très-avantageux, & appartient au Roi des deux Siciles depuis 1735; elle est à quatre lieues N. d'Orbitello.

TELESE, Ville & Principauté au Royaume de Naples, dans la Terre de Labour; elle fut ruinée en 1668 par un tremblement de terre, & depuis cette époque, cette Ville est presqu'abandonnée.

TELESPHORE, Pape, Grec de naissance, vivoit dans la solitude, dont il fut arraché, après le martyre de Sixte I, pour remplir sa place, à laquelle il fut nommé le 8 Avril 142. Il souffrit le martyre le 5 Janvier 152. Il institua le *Gloria in excelsis* à la Messe, & la Messe de minuit la veille de Noël.

TEMPESTA, (*Antonio*) né à Florence en 1555, Peintre, dont le génie a éclaté dans les sujets de mouvement, tels que les batailles, les marchés, les chasses; il a aussi réussi dans les paysages & dans les tableaux d'animaux : le goût qu'il avoit pour ce dernier genre, il le devoit à Stradan, qui fut son maître. Sa composition est belle, & prouve la facilité de son génie. Il étoit aussi Graveur : mais il n'excelloit pas dans ce talent comme dans la Peinture. Ses tableaux sont en grande partie dans les Cabinets de Rome, & ses estampes dans les collections des amateurs. La plupart des choses qu'il a gravées sont de son invention, & ces estampes sont précieuses par la composition &

le deſſin. Il y en a quarante qui ſont gravées, d'après Otto Venius, qui repréſentent l'hiſtoire des ſept enfans de Lara.

TEMPIO DI BACCHO. *V*. L'EGLISE DE SAINTE CONSTANCE.

TENDE, (*Tenda*) Ville peu conſidérable dans le Piémont, Capitale du Comté du même nom; elle eſt ſur la rive droite de la Roya, à huit lieues S. O. de Coni, onze N. p. E. de Nice. Le Comté de Tende & celui de Boglio ſont très-anciens, & on les joint ordinairement à celui de Nice. Le Comté de Tende a été poſſédé par la Maiſon de Laſcaris, iſſue des Empereurs de Conſtantinople, du côté maternel; elle paſſa enſuite par alliance dans une branche naturelle de la Maiſon de Savoie, que le Duc Emmanuel-Philibert déclara, en 1563, capable de ſuccéder à ſes Etats, ſi la ligne directe venoit à manquer. Henriette de Villars, derniere héritiere, échangea le Comté de Tende, en 1579, contre diverſes Seigneuries de Breſſe, avec Emmanuel-Philibert. Tende eſt plutôt un Bourg qu'une Ville, dans l'Apennin, ſur les confins de l'Etat de Gènes; les autres lieux ſont peu conſidérables.

TERAMO, (*inter amnia*) petite Ville au Royaume de Naples dans l'Abruzze Ultérieure, avec un Evêché qui ne releve que du Pape. Elle appartenoit autrefois aux Samnites; ſon nom d'*inter amnia* vient de ſa poſition au confluent des rivieres de Viciola & de Tordino, à dix lieues N. E. d'Aquila, quatre N. O. d'Atri; elle a titre de Principauté, & appartient à la Maiſon d'*Aquaviva*.

TERMES, étoient originairement des pierres, dont chacune marquoit les bornes de ſon champ. La conſidération que Numa leur donna, en les mettant ſous la protection de Jupiter, & en ordonnant peine de mort contre quiconque ſeroit convaincu de les avoir dérangées, en permettant même au propriétaire de tuer celui qui les porteroit plus près ou plus loin; les fêtes qu'il inſtitua, & qu'on célébroit tous les ans, ſous le nom de fêtes terminales, la forme de divinités champêtres qu'on donna à ces pierres, qui repréſentoient par le haut le buſte de la divinité, & qui finiſſoient par une gaine ou pyramide renverſée & plantée dans la terre, tout cela fit autant de dieux des Termes. Plus la vénération augmenta, & plus on perfectionna ces ſtatues, dont on trouve tous les jours dans le Royaume de Naples ſur-tout, des reſtes précieux.

TERMIGNON, Village de Savoie, près du Mont Cenis.

TERMOLI, TERMINI ou TERMULA, petite Ville maritime au Royaume de Naples, dans la Capitanate, avec une Forterefſé & un Evêché. Elle a titre de Duché, & appartient à la Maiſon de *Catanco*.

Il y a encore une Ville appellée *Termini*, dans la Vallée de Demona, au Royaume de Sicile, près de *Milazzo*.

TERNI, Ville dans l'Etat de l'Egliſe, au Duché de Spolette, avec un Evêché, ſur la Nera, eſt l'*inter amna* des Anciens, ainſi appellée, parce qu'elle eſt dans une iſle formée par la *Nera*; on la croit auſſi ancienne que Rome: elle fut Colonie Romaine l'an 458 de la République: elle a donné naiſſance à l'Hiſtorien & à l'Empereur Tacite. On trouve dans le jardin de l'Evêché un reſte d'amphithéâtre, des veſtiges d'un temple du Soleil à Saint Sauveur. A la Cathédrale, on conſerve du ſang de J. C. La forme du gouvernement de Terni lui eſt particuliere. Le Conſeil général eſt compoſé de ſoixante-dix Nobles, dont la nobleſſe eſt héréditaire; ce Conſeil choiſit douze Députés, leſquels choiſiſſent tous les ans ſix Nobles; c'eſt parmi eux qu'on prend tous les deux mois les trois Prieurs, qui gouvernent la Ville. On compte à Terni ſept mille habitans. Le commerce le plus conſidérable de Terni, eſt en huile; mais ce que ſes environs offrent de plus remarquable, eſt la caſcade. (*Voyez* CASCADE DE TERNI) C'eſt de Terni qu'eſt ſortie la famille des Caſtelli, qui a donné des Papes & des Prélats à l'Egliſe.

TERNIER, un des cinq Bailliages qui compoſent la Province de Chablais. Ternier eſt un endroit agréable.

TERRACINA, appellée ANXUR chez les Anciens, fut bâtie autrefois par les Volſques, à qui les Romains l'enleverent; c'eſt aujourd'hui une petite Ville dans la Campagne de Rome, à vingt-une lieues de cette Capitale, & à vingt-deux de Naples, ſur la Voie Apienne; c'eſt la derniere Ville de l'Etat Eccléſiaſtique, en partant de Rome, pour Naples. La tour des bornes, *torre di confini*, sépare le Royaume de Naples du Patrimoine de S. Pierre. On voit de fort loin la Ville de Terracine, située, comme au temps d'Horace, sur des rochers.

Impositum latè saxis candentibus Anxur.

La montagne est en effet d'une pierre blanche, séparée de l'Apennin par la Vallée du Mont Cassin, d'où sortent les eaux qui forment en partie les marais Pontins; le voisinage de ces marais rend l'air de Terracine très-mal sain : ce qui rend cette Ville déserte. Il falloit qu'on y jouît autrefois d'une meilleure température; les Romains y avoient quantité de maisons de plaisance : on en voit encore les ruines. On voit aux environs de la Ville une suite d'arcades, d'anciennes grottes creusées dans le rocher, qu'on croit être des restes d'un Palais de l'Empereur Galba. On fait remarquer sur le haut de la montagne les ruines du Palais de Théodoric, Roi des Ostrogoths, premier Roi d'Italie, en 489; on voit les vestiges du port de Terracine, les anneaux auxquels on amarroit les vaisseaux, y sont encore : mais ce port est comblé. Les paysans des environs de Terracine ont conservé le brodequin, ancienne chaussure des Romains.

TERRA NUOVA, ancienne & petite Ville de l'Isle de Sardaigne, au fond d'un golfe de même nom; il ne faut pas la confondre avec une autre Terra Nuova, située dans la Vallée de Noto, en Sicile, & qui a titre de Duché.

TERRE DE LABOUR, Province considérable du Royaume de Naples, sur la côte de la mer de Toscane; elle a l'Abruzze au N. le Comté de Molisse & la Principauté Citérieure au M. la mer de Toscane & la Campagne de Rome à l'Oc. Son nom lui vient de sa fertilité & de la qualité du pays, qui le rend très-propre au labourage : elle a été appellée Campagne heureuse. Capoue fut long-temps sa Capitale, aujourd'hui c'est Naples, qui l'est de tout le Royaume. Cette Province renferme vingt-deux Villes, cent soixante-dix Villages, cent soixante-six Châteaux, *Cumes, Sorrento, Calvi, Caserta, Carinola, Caiazzo, Telese, Triano, Sessa, Alifi, Venafre, Fondi, Gaete, Aquino,*

TER

Mola, Pouzzols, Baies, Averfa, Acerra, Nole, Maffa, Vico, Castello à Mare, &c. Elle est très-abondante en bleds, vins, huiles & toute sorte de fruits; elle a beaucoup d'eaux minérales, des mines de soufre, d'alun: le Véfuve, l'Averne, le Cap de Mifene font dans la Terre de Labour. On appelloit cette Province la Campagne heureufe, à cause de son climat, de sa fertilité & de tant d'autres agrémens.

TERSATO, petit Bourg dans l'Istrie, à quatre lieues de Trieste. Il y a un Couvent de l'Ordre de S. François, situé sur une montagne; où il croît quantité de fauge, dont les Religieux se servent en guise de thé.

TESIN, (le) une des plus belles rivieres d'Italie; elle prend sa source près du Mont Saint Gothard ou Mont Adula, sur les frontieres de Suiffe, traverse le Lac Majeur, & après avoir arrofé Pavie, dont le pont, revêtu de marbre, est très-beau, se jette dans le Pô; il se divise en deux branches, à cinq milles au-deffous de Novarre; c'est-là que commence le canal qui va du Tefin à Milan. Les bords de cette riviere font infestés de Brigands, par la facilité qu'ils ont de passer des Etats de l'Empereur dans ceux du Roi de Sardaigne. C'est à Pavie que le Tefin est le plus large & le plus profond; on y voit quantité de barques de mer qui y remontent.

TESTA, (*Pietro*) grand Peintre & Graveur, né à Lucques en 1611. Le goût qu'il se fentit dès sa jeuneffe pour le deffin, l'engagea d'aller à Rome sous l'habit de Pélerin; mais sa timidité & ses manieres contraintes & sauvages l'empêcherent long-temps de se produire; il étoit dans la pauvreté, & paffoit ses jours à deffiner des ruines aux environs de Rome, loin de toute société. Sandrart, Peintre & Graveur, l'ayant rencontré, le retira chez lui, & lui procura les occasions de se faire connoître. Il s'étoit formé une bonne maniere de deffin; il avoit beaucoup d'imagination, mais il s'abandonnoit trop à son feu: il a souvent outré les caracteres & les attitudes de ses figures. Son coloris est ferme, ses deffins, dont il a gravé une grande partie, sont fort estimés: son principal talent étoit de deffiner des enfans. Il y a à Rome une très-grande quantité de tableaux, mais beaucoup plus qu'il ne peut en avoir fait. Il étoit un jour occupé à deſſiner ſur le bord du Tibre, un coup de vent emporta ſon chapeau; l'effort qu'il fit pour vouloir le retenir, l'entraîna dans le fleuve, où il ſe noya, en 1648, âgé de trente-ſept ans.

TESTI, (*Fulvio*) Poëte, né à Modene. Il s'eſt acquis beaucoup de réputation dans le Lyrique; il a laiſſé un grand nombre de Poëſies de différens genres, & s'eſt toujours propoſé pour modeles les meilleurs Poëtes de l'antiquité. Il mourut à Modene en 1645.

TEVERONE, fleuve d'Italie, que les Romains appelloient *Anius* ou *Anio*, & que les Poëtes, qui ont chanté les délices de Tibur, que l'*Anio* arroſe, ont rendu fort célebre. Le Teverone prend ſa ſource à la montagne de Trevi, vers les frontieres de l'Abruzze ou de l'ancien pays des Herniques, & coule entre la Sabine & la Campagne de Rome. Il forme la belle caſcade de Tibur ou *Tivoli*, & va ſe jetter dans le Tibre; ſes eaux ont la propriété ſinguliere d'incruſter tout ce qu'elles arroſent; elles pétrifient les racines des arbres à un demi-pied de profondeur, ſans que pour cela l'arbre en ſouffre, parce que les racines principales, qui ſont au-deſſous d'un demi-pied, ſuffiſent pour le nourrir.

THEANO, petite Ville au Royaume de Naples, dans la Terre de Labour, a titre de Principauté, & appartient aux Comtes de Dauhn, originaires d'Autriche. Il y a dans cette Ville un fameux Couvent des Bénédictins, & tout auprès une fontaine d'eaux minérales très-ſalutaires aux perſonnes qui ont la pierre. Elle eſt à ſix lieues N. O. de Capoue.

THEATRE. Les Théâtres d'Italie, & particuliérement celui de Turin, ſont très-fréquentés. Cette paſſion des ſpectacles qui paſſa des Grecs aux Romains, s'eſt perpétuée en Italie. Les François ne les aiment pas moins; leur théâtre eſt le plus riche qu'il y ait jamais eu en chef-d'œuvres; cependant ils ont toujours été bornés dans leurs idées pour la pompe des repréſentations. Quelques Auteurs ont cherché à ſuppléer à la magnificence du théâtre par des acceſſoires puérils, & qui le paroiſſent

roissent d'autant plus, qu'ils contrastent avec leurs théâtres, petits & resserrés. Chez les Grecs & chez les Romains, les théâtres étoient vastes; d'un côté, c'étoit l'entrée d'un temple, de l'autre le pérystile d'un Palais, une place publique, &c. l'étendue du lieu où se plaçoient les spectateurs, leurs concours immense, tout formoit un accord imposant. En France, nos salles de spectacles contiennent à peine la millieme partie des citoyens; le théâtre est mesquin, les décorations ne font aucune illusion; c'est l'image d'une place, d'un temple, d'un port, d'un palais, & non ces choses elles-mêmes; avec la frivole objection que les acteurs ne pourroient pas se faire entendre, on satisfait un peuple ignorant; le spectateur Grec ou Romain avoit-il donc des oreilles différentes des nôtres, ou les organes de nos acteurs sont-ils d'une constitution différente de celle des Esopus & des Roscius ? Ils avoient recours à des moyens qu'ils empruntoient de l'art; pourquoi nous interdisons-nous ces mêmes ressources ? L'Italie a encore des théâtres dix fois plus étendus que les nôtres, dans les Villes cent fois moins peuplée que Paris. (*Voyez* THEATRE DE PARME, OLYMPIQUE, &c.) Les théâtres ont communément quatre rangs de loges; la salle dans plusieurs Villes a la forme d'un œuf tronqué; les loges y sont égales, & l'on n'y peut tenir que trois de front; les séparations sont des cloisons tout-à-fait fermées, & un peu dirigées vers le théâtre. A Venise, le théâtre a sept rangs de loges; celui de Parme, qui passe pour être le plus beau, n'en a point, mais seulement des gradins en amphithéâtre. A Venise, les spectacles sont presque toujours ouverts, on y va masqué, si l'on veut. Les Italiens, sur-tout à Milan, reçoivent compagnie dans leurs loges, dont ils font de petits appartemens, où ils boivent & mangent : ce qui cause souvent du tumulte. Le parterre est peu respecté. Dans beaucoup de Villes, lorsque les spectateurs sont contens, pour signe d'applaudissement, ils crient de toute leur force, *viva*, *ah ! caro*; mais s'ils sont mécontens du Poëte ou de l'Acteur, ils ne le ménagent point, crient avec dédain : *va dentro*, l'accablent d'injures, & vont quelquefois jusqu'à le maltraiter. A Gènes, à Lucques & à Florence, les spectacles sont plus tranquilles, & la police y est mieux observée. L'ariette est ce qui fixe le plus l'attention des spectateurs, & c'est le moment où l'on est le plus tranquille, & où les personnes qui sont à recevoir des visites ou à jouer dans leurs loges, viennent écouter l'acteur. A Rome, depuis qu'Innocent XI a fait défendre aux femmes de monter sur le théâtre, leurs rôles sont remplis par de jeunes castrats, qui en prennent les habillemens; mais depuis que le Pape Clément XIV a défendu la castration, ou il faut que le spectacle tombe, ou que la loi d'Innocent XI soit révoquée, en quoi il n'y a point d'inconvénient. Les Italiens, depuis quelque temps, ont beaucoup négligé les machines sur leurs théâtres; ils ne sont plus curieux de belles décorations; les châssis avancés sont apportés par des hommes, & retenus par une barre qui les étaie. Une des commodités des théâtres d'Italie, c'est d'être assis au parterre sur des banquettes.

Des sept théâtres qui étoient dans Rome ancienne, il n'est resté de celui de Marcellus qu'un certain nombre d'Arcades à double étage, qui forment encore un quart de cercle; il est près de la Piazza Montanara, au bas du Capitole. Il y a aujourd'hui plusieurs théâtres. *V.* THEATRES DE ROME.

THÉATRE D'HERCULANUM. (*Voyez* aux mots *Herculanum*, *Musæum Herculanum*, *Portici*) Le monument le plus considérable qu'on ait découvert à *Herculanum*, en 1750, est le théâtre. Il étoit situé au N. de la Ville, dans sa partie supérieure, sous Resina, près du Château du Roi; il étoit recouvert partout de cendres & de laves à la hauteur de quarante pieds, les corridors, les escaliers, les galeries, les souterreins même en étoient remplis. Ce théâtre étoit de forme ovale, beaucoup plus large que long, & comme dans tous les théâtres, une moitié étoit destinée aux spectateurs, & l'autre à la scène & aux acteurs. Les gradins des spectateurs sont disposés dans une demi-ellipse, qui a cent soixante pieds de diametre, coupée sur sa longueur, & le théâtre proprement dit ou le *Proscenium*, qui est la partie avancée du théâtre, sur laquelle les acteurs récitent les drames, avoit soixante-quinze pieds d'ouverture sur trente de profondeur, orné d'une façade d'architecture & de belles colonnes de marbre, dans le goût du théâtre de Palladio à Vicence. L'orcheftre, ce que nous appellons parterre, a environ cinquante pieds de longueur depuis le devant de la fcène jufqu'aux premiers fieges : les vingt-un rangs de gradins occupent le refte de la profondeur, que l'on peut eftimer à foixante-dix pieds ; ce qu'il y a de découvert, eft une portion de l'orcheftre, pavé de grands carreaux de marbres de différentes couleurs, & les degrés, auffi de marbre, au nombre de feize, dans le premier étage, difpofés en demi-cercle pour y placer les fpectateurs. Entre le premier étage des gradins & le fecond, eft une efplanade ou efpace que les Anciens appellent *præcinctio*, qui tournoit également en demi cercle, & auquel aboutiffoit un fecond rang ou étage de gradins, en même nombre que les premiers, mais moins larges ; le maffif du théâtre ou le fond de conftruction étoit de briques, ainfi qu'on peut le voir dans les galeries intérieures & dans l'enceinte extérieure, revêtues de grands pilaftres de briques à égale diftance, qui portoient une corniche de marbre ; quelques reftes de ftucs brillans, de différentes couleurs, femblent annoncer que tout cet ouvrage extérieur en avoit été revêtu. Les galeries intérieures font voûtées avec des pilaftres de diftance en diftance, ornées de corniches de marbre, avec des dentelures & des modillons, qui reftent encore dans ce qui a été découvert ; les murs de côté étoient revêtus de carreaux de marbre de différentes couleurs, & les voûtes de ftucs, dont il refte encore quelques parties, les rouges font les mieux confervés. Il paroît que tout l'ouvrage étoit couronné d'une colonnade en galerie, qui occupoit la feconde *præcinction* ou efplanade, à en juger par la quantité de colonnes & de chapitaux corinthiens, que l'on a trouvés, tant dans les environs du théâtre, que dans l'orcheftre même, & que cette partie fut renverfée dans les tremblemens de terre qui accompagnerent l'éruption. Il n'y a que cette partie de l'édifice qui ait été détruite ; tout le refte, à en juger par ce qui a été découvert, eft dans fon entier & fur fon point d'appui perpendiculaire. Les efcaliers, au moins ceux qu'on a débarraffés, font bien conferves. On a pratiqué quelques canaux fouterreins pour aller dans les diverses parties de ce théâtre, qui ont été fouillées & qu'on voit les unes après les autres, mais trop imparfaitement pour se faire une idée de l'ensemble, qui devoit avoir de la magnificence, à en juger par la beauté des détails. Un puits, ouvert par le dessus, permet de voir l'orchestre ou parterre & une partie des gradins : on voit le côté où devoit être la scène. Les marbres, les colonnes, les statues, les bronzes que l'on a retirés de ce théâtre & des environs, ce qui reste encore en place, prouvent que cet édifice étoit d'une très-belle architecture d'ordre corinthien, & que dans la décoration, on n'avoit rien épargné pour le rendre aussi riche que magnifique. M. l'Abbé Richard, de qui nous avons tiré cette description, regrette avec raison que le Roi des deux Siciles n'ait pas fait découvrir le théâtre en entier par le dessus ; il assure qu'il eût été aisé de le restaurer avec ses matériaux même. Ce monument unique eût été d'une grande ressource pour la construction de semblables édifices.

THEATRE DE PARME, (le) est situé dans le vieux Palais, & peut être regardé comme le plus beau qu'il y ait en Europe; cet ouvrage, qui est du Cavalier Bernin, est magnifique, tant pour sa grandeur, que pour son architecture. L'amphithéâtre forme un vaste demi cercle comme celui du théâtre olympique à Vicence; toute la partie d'en-bas est en gradins à l'antique jusqu'à la hauteur à peu près des secondes loges des salles de théâtres ordinaires. Il n'y a qu'un rang de loges, & ce rang est une galerie ornée de colonnes simples à distances égales, qui soutiennent des arcs ; au-dessus est un paradis à plusieurs rangs de bancs. Ce théâtre est disposé de façon que d'un bout à l'autre on peut entendre le son le plus bas, & si haut qu'on élève la voix, il n'y a point d'écho qui puisse causer de la confusion. Le parterre est uni & pavé de grands carraux, on peut le remplir d'eau à la hauteur de trois pieds pour y représenter un combat naval. Comme ce théâtre coûte trop en illumination, on ne s'en sert plus ; il y a plus de cent ans qu'on n'y a représenté; on en a construit à côté un moins étendu & plus proportionné à la population de Parme, où l'on fait quelquefois des représentations ; le plus occupé est un troisieme, que l'on a construit dans le Palais neuf : c'est dans celui-là que l'on représente tous les jours.

Théatre de Turin, (le grand) tient au Château Royal ; c'est l'un des beaux & des plus grands qu'il y ait en Europe, il a été exécuté sur les desseins du Comte Alfieri. La salle des spectateurs a la forme d'un œuf tronqué : vis-à-vis du théâtre, au second rang, est la loge du Roi, qui a environ trente pieds de largeur sur quinze de hauteur ; les autres loges n'ont guere plus de cinq pieds d'ouverture, mais elles sont profondes, & peuvent contenir huit personnes ; on y reçoit des visites comme dans les autres théâtres d'Italie ; on parle haut au parterre, & l'on n'est attentif qu'aux ariettes. Le théâtre est d'une profondeur dont on ne se fait pas d'idée en France. (*V.* Turin) Les assemblées du Sénat ou du Peuple, les campemens d'armée, les batailles, tout s'y déploie avec la plus grande aisance ; mais il n'y a ni vols, ni descentes des dieux, ni enlevemens ; la partie des machines y est fort négligée, on glisse les décorations par des coulisses les unes devant les autres, quand on en change. Cette salle est placée vis-à-vis d'un double portique, sous lequel les carrosses peuvent aborder à couvert ; moins grande que celle de S. Charles à Naples, elle est plus ornée par les sculptures, les peintures & les dorures ; les six rangs de loges sont en balustrades comme le couronnement d'un édifice ; les corridors, les escaliers de dégagement, les passages d'un étage à l'autre sont larges & commodes, & il y a plusieurs issues.

Théatre de Rome. Quoiqu'il n'y ait de spectacle à Rome que depuis le lendemain des Rois jusqu'au Mercredi des Cendres, il y a néanmoins huit théâtres, dont les principaux sont 1°. celui d'Argentina ; c'est le plus vaste & celui où se représentent les opéra ; c'est un ovale tronqué, quarré d'un bout & rond de l'autre ; il a six rangs de trente-trois loges, séparées l'une de l'autre par une cloison ou petit mur, chaque loge peut contenir huit personnes ; il n'y a point d'amphithéâtre, & le parterre est très-vaste, on y est assis ; le théâtre est assez grand pour toute espece de représentations, la salle est éclairée par un seul lustre de quinze torches. 2°. Le théâtre d'Aliberti est plus grand que le précédent, il a six rangs de trente-six loges, la forme intérieure est un triangle, dont les deux angles sont coupés, & dont le troisieme fait l'ouverture du théâtre; on y joue, comme sur le premier, des opéra, mais dans l'un & l'autre les décorations & les machines sont bien au-dessous de celles de l'opéra de Paris. 3°. Le théâtre de Tordione, bâti par les ordres de Benoît XIII, a cinq rangs de vingt-six loges, il est à peu près dans la forme de celui d'*Argentina*; il n'y a que ce théâtre qui appartienne à la Chambre des finances du Pape, les autres appartiennent à différens particuliers. 4°. Le théâtre de *Capranica* a six rangs de vingt-huit loges, on y représente les pieces à intermedes & les opéra bouffons; dans les autres théâtres, l'on joue des farces, des jeux de marionnettes, spectacle mêlé de déclamation, de musique & de danses. Sur aucun de ces théâtres, on ne voit des femmes; les spectacles ne sont interdits ni aux Ecclésiastiques, ni aux Moines, ni même aux Prélats, les femmes vont au parterre; les loges & le parterre sont dans l'obscurité, il n'y a que la scène qui soit éclairée; le lustre qui éclaire la salle avant que le spectacle ne commence, est ôté dès qu'il est commencé. Les acteurs, sur-tout les castrats, sont payés fort chérement, & châtiés rigoureusement, lorsqu'ils se donnent des tons avec le public, quelque réputation qu'ils aient. Le peuple de Rome est fort avide des jeux du théâtre; les mendians même aiment mieux se priver de pain que de spectacle. La populace se place dans les sixiemes loges, les uns sur les autres, ou dans le parterre. *V.* CASTRATS.

THEATRO REALE ou DI SAN CARLO; c'est le théâtre de Naples, le plus vaste & le plus magnifique après celui de Parme; il a six rangs de loges, cent soixante-seize en tout; son plan est demi-circulaire, un peu alongé & bombé insensiblement du côté du théâtre, dont la profondeur est surprenante; les décorations, en perspective, en relief, en piéces détachées & fuyantes, forment des points de vue qui font une illusion parfaite. L'orchestre est rempli de quatre-vingts à cent instrumens, mais le spectacle n'a lieu que pendant quelques mois de l'année; c'est un entrepreneur qui s'engage pour le temps du Carnaval; l'enreprife dure environ deux mois ; l'entrepreneur, pour gagner beaucoup, ne doit rien épargner ; il donne au premier acteur jufqu'à vingt mille fequins, ainfi des autres. Les loges font louées pour tout le temps de l'entreprife ; le parterre eft toujours rempli : le prix n'en eft point fixé.

Theatre olympique, (le) eft un très-beau théâtre, que l'on admire à Vicence, dans l'Académie Olympique ; ce fut le Cavalier *Valerio Chiorigato*, Gouverneur de toute la Milice du Royaume de Candie, qui le fit conftruire, il y a deux cents ans, d'après le deffin de *Palladio*. Ce théâtre, quoique d'un goût ancien, eft magnifique pour l'architecture ; toute la falle, qui eft prefque quarrée, n'eft guere plus grande que celle de la Comédie Françoife à Paris ; l'amphithéâtre, qui eft dans le même goût que celui de Parme, eft en forme de gradins difpofés dans un grand demi-cercle, couronné par un ordre corinthien, qui forme une galerie couverte. Le parterre n'eft point en pente, & il eft, comme tous ceux d'Italie, fait ainfi pour y mettre des bancs ; on dit que toute la falle peut contenir cinq mille fpectateurs. Ce théâtre ne fert que dans les occafions extraordinaires, & elles arrivent rarement : on y repréfenta pour la premiere fois, en 1585, une tragédie.

THEOBALDO GATTI, (*Jean*) né à Florence ; excité par la réputation de Lully, & charmé des talens de ce grand homme, il vint en France pour admirer fa mufique, & pour fe former fur un auffi grand modele. Il jouoit affez bien de la baffe, & fut employé pour cet inftrument pendant 50 ans à l'orcheftre de l'Opéra. Après avoir long-temps étudié les ouvrages de Lully, il voulut voler de fes propres aîles, & donna au théâtre de l'Opéra, Coronis, paftorale, en trois actes, & Scylla, tragédie, en cinq actes, qui a été reprife deux fois.

THEODELINDE, Reine des Lombards, veuve d'Autharis, vers 592, époufa Agilulphe, avec qui elle partagea fon trône, & qu'elle convertit de l'Arianifme à la Religion Catholique. Gregoire le Grand craignit l'efprit perfuafif de cette Reine, qui, ayant fait changer les Lombards de Religion, pouvoit difpofer de leur efprit : ce Pape eut grand foin de la ménager. Autharis étant mort, elle gouverna encore pendant dix ans avec beaucoup de sagesse, qu'Arioalde la déposséda du trône elle & son fils.

THEODOLI, (le Marquis *Jérôme*) Architecte, né à Rome, d'une famille noble, en 1677; il avoit l'esprit orné des plus belles connoissances; il s'étoit fort appliqué à l'étude des Belles-Lettres; il n'eut d'autres maîtres pour apprendre l'Architecture que les meilleurs ouvrages composés sur cet art. Il choisit des Eleves qu'il enseigna lui-même avec la plus grande patience; sa théorie étoit excellente, mais sa pratique étoit opposée aux bonnes regles : on loue cependant l'architecture de l'Eglise de S. Pierre & de S. Marcellin. Le théâtre d'Argentina à Rome a été construit sur le dessin de cet Artiste. Il a aussi donné les dessins de l'Eglise de Vicovaro, du bâtiment du Couvent de N. D. des Miracles des Picpus François. Le Marquis Theodoli préféra aux avantages de sa naissance les prérogatives d'Artiste & de Savant. Il avoit un caractere aimable, un esprit juste, une probité exacte & sévere. Il est mort en 1766.

THEODORA, femme célebre par sa beauté & par ses crimes. Elle gouvernoit l'esprit du Marquis de Toscane, qui la rendit maîtresse de Rome en 908. Elle tenoit le Château S. Ange; elle faisoit élire ou détrônoit les Papes à son gré. Jean étoit un de ses amans : elle lui donna l'Archevêché, & le fit Pape. (*Voyez* JEAN X) Theodora fut mere de la célebre Marozie, qui la surpassa en méchanceté. Elle fit déposer Jean X, tua son frere, fit mourir en prison Leon VI, éleva au trône pontifical Jean XI, qu'elle avoit eu de Serge III, & commit mille horreurs.

THEODORE. Il y a eu deux Papes de ce nom; le premier, né à Jérusalem, dut son élévation à son mérite & à son savoir ; il succéda à Jean IV le 25 Novembre 641. Il arrêta les progrès de l'hérésie des Monothélites, reçut à la communion de l'Eglise Pyrrhus, Patriarche de Constantinople, qu'il fut obligé de condamner ensuite ; après avoir rendu de grands services à l'Eglise, il mourut le 14 Mai 649.

THEODORE II étoit Romain, il fut élu après

Etienne VI, & mourut vingt jours après son élection, en 901.

THEODORE, Antipape, fut élu par les Gens de guerre, tandis que le Clergé élisoit l'Archiprêtre Pierre, après Jean V, mort en 687. Le schisme fut pacifié par l'élection de Conon, après la mort duquel il se renouvella entre Theodore & Pascal. L'élection de Sergius I fit finir ce schisme, mais Sergius ne regna paisiblement qu'après la mort de Theodore.

THERMES, *Termini*; on appelloit ainsi de vastes Palais qui servoient de bains publics; ils étoient assez en usage en Italie, sur-tout à Rome; les Empereurs étoient fort jaloux de ces sortes d'édifices; leur magnificence n'a pas peu contribué à leur ruine, presque tous ont été pillés: on voit autour de Rome les restes de quelques-uns.

THERMES DE CARACALLA, (les) aux environs de Rome, devoient être autrefois un Palais magnifique, à en juger par une infinité de salles d'une grandeur & d'une hauteur surprenantes qui composoient ce Palais. Ce ne sont plus aujourd'hui que des masures, & la plupart sont remplies de ruines, d'arbres & d'herbages qui croissent en dedans, les colonnes de marbre & les statues en ont été enlevées pour orner les Palais de Rome.

THERMES DE DIOCLETIEN, (les) dans la place de Termini, passent pour les plus vastes qui aient jamais été faits à Rome. Cet Empereur y fit travailler pendant l'espace de sept ans, quarante mille Chrétiens esclaves, dont trente mille périrent de fatigue & de misere pendant le cours de cet ouvrage. Il n'en reste plus que de grandes masures; on s'est servi des salles les plus vastes pour en former d'abord une superbe Eglise de Chartreux, qu'on appelle Sainte Marie des Anges, & ensuite de greniers immenses pour y conserver le bled: ces greniers appartiennent au Pape.

THIARINI, (dit L'EXPRESSIF) Peintre de l'Ecole de Bologne, a excellé à rendre les passions; il avoit une maniere grande, quoiqu'indécise: mais son coloris est de la plus grande fermeté. Ses principaux tableaux sont à Bologne : il florissoit au commencement de ce siecle.

THIE, petite Ville du Faussigni, dans la Savoie.

THIENE, petite Ville du Vicentin, dans l'Etat de Venise.

THOMAS I du nom, Comte de Savoie, naquit au Château de Charbonniere en Savoie, le 20 Mars 1167, & succéda à son pere Humbert III en 1188. Le goût qu'il avoit pour la gloire l'engagea, en 1192, à porter des secours à ses voisins en différentes occasions. Les Génois eurent besoin de lui dans la guerre qu'ils soutinrent contre les habitans d'Alexandrie. Thomas fut déclaré Vicaire Général de l'Empire en Piémont & en Lombardie par l'Empereur Fréderic II. Ce Prince revint toujours victorieux de ses expéditions, & comblé de gloire. Il mourut à Aouste le 20 Avril 1233. Il fut marié plusieurs fois, & eut beaucoup d'enfans. Il en laissa quinze : Amédée IV, l'un d'eux, lui succéda.

THOMAS D'AQUIN, (Saint) né à Aquin, d'une famille noble & ancienne, en 1226. Il venoit de finir sa Philosophie à Naples, lorsqu'il prit l'habit de S. Dominique dans cette Ville, en 1243. Son pere le réclama, ses supérieurs le firent partir pour Paris; ses freres l'enleverent dans la route, le ramenerent à son pere, qui le tint enfermé dans un Château pendant plus d'un an. On introduisit dans sa prison une jeune fille, pour le séduire & lui faire perdre le goût du Cloître. Il triompha de la séduction, & se sauva par la fenêtre. Il revint au Couvent, son Général l'amena à Paris, & de-là à Cologne pour étudier sous Albert le Grand. Thomas étoit toujours dans une si profonde méditation, que ses condisciples, le croyant stupide, l'appelloient le bœuf; mais Albert, qui avoit connu sa capacité, leur dit que *les mugissemens de ce bœuf retentiroient un jour dans tout l'univers*. Il revint à Paris avec Albert, qui, ayant été fait Docteur en Théologie, revint à Cologne, & laissa Thomas à Paris, où il enseigna tout à la fois la Philosophie, la Théologie, & expliqua les Sentences. Thomas retardé pour le Doctorat, à cause des disputes qui déchiroient l'Université, fit un voyage en Italie, se rendit à Agnani auprès du Pape, où il trouva Albert & S. Bonaventure. Ils travaillerent ensemble à réfuter un Livre de Guillaume de Saint-Amour. Thomas ayant été fait Docteur, Clément IV lui offrit l'Archevêché de Naples, il le refusa. S. Louis l'appelloit souvent à sa cour, & lui donnoit les marques les plus éclatantes de son estime. Thomas ne flattoit ni les Rois ni les Papes. Il surprit un jour le Souverain Pontife qui recevoit de l'argent; *vous voyez, lui dit le Pape, que l'Eglise n'est plus au temps où elle disoit, je n'ai ni or ni argent.* — *Il est vrai, S. Pere*, répondit Thomas, *mais aussi elle ne peut plus dire au Paralytique; leves-toi, & marche.* L'Université de Paris écrivit au Chapitre Général pour demander qu'on le lui renvoyât; mais Charles, Roi de Sicile, obtint qu'il vînt enseigner à Naples. Il partit, & étant tombé malade à Fossencuve, Abbaye de Cîteaux, dans le Diocese de Terracine, il y mourut en 1274, âgé de quarante-huit ans. Jean XXII le mit au nombre des Saints, en 1313. Il est regardé comme le plus grand Théologien de son siecle, & il a mérité de conserver cette réputation dans les siecles suivans. La meilleure édition de ses Ouvrages, qui cependant n'est point complette, est celle de 1570, à Rome, dix-huit vol. in-fol.

THOMASINI, (*Jacques-Philippe*) Evêque de Citta-Nuova, en Istrie, au dix-septieme siecle, obtint cet Evêché à cause de deux volumes d'éloges d'hommes illustres, qu'il publia avec le catalogue de leurs ouvrages. Il a composé encore le Parnasse Padouan, ou Recueil d'Hommes de Lettres, qui se sont distingués à Padoue dans le dix-septieme siecle; un catalogue des manuscrits qui étoient dans les bibliothéques de cette Ville, & de ceux des bibliothéques de Venise, l'un & l'autre avec des éclaircissemens & des notes sur les Auteurs. Il s'opposa au mauvais goût qui régna de son temps, & opposa sans cesse *Pétrarque* à *Marini*. Il présenta au Pape Urbin VIII un Recueil d'écrits sur Pétrarque, sous le titre de *Petrarca redivivus*.

THOMÆUS, (*Nicolas-Leonic*) né à Venise, dans le quinzieme siecle; c'est un des Savans qui ont contribué au rétabliffement des Lettres. Il profeffa la Philofophie à Padoue, & fes leçons hâterent le rétabliffement des Lettres dans cette Ville, où il mourut en 1531, âgé de foixante-quinze ans. Il avoit appris le Grec à Florence de Démetrius Chalcondyle.

THONON, *Tunonium* Ville de Savoie & Capitale du Chablais. Il y a des chofes très-curieufes dans cette Ville, furtout les Palais & quelques Couvens. Ce fut en 1598 que cette Ville paffa fous la domination du Duc de Savoie, & qu'alors y finit la prétendue réforme ; c'eft le lieu de la naiffance du bienheureux Amédée IX. Thonon eft fituée fur le bord oriental du lac de Genève, près de l'embouchure de la riviere de Drance : fes habitans font prefque tous riches.

THRASIMENE, (lac de) dans l'Etrurie, appellé aujourd'hui le lac de Peroufe, à fept milles de cette Ville, fur les frontieres de la Tofcane, eft célebre par la victoire qu'Annibal y remporta fur les Romains, fous la conduite de Flaminius. Il eft connu des Italiens fous les noms de *lago di Perugia*, *lago di Caftiglione*, *lago di Paffignano*.

THURINUS, (*André*) favant Médecin, né à Pefcia, dans la Tofcane, s'acquit un grand nom à Florence, fous les pontificats de Clément VII & Paul III, dans le feizieme fiecle. Il refte de lui plufieurs Ouvrages ; *de fanguinis miffione in pleuritide ; de embroca , feu de mitigatione contrà Florentinos Medicos ; de cæna & prandio*.

TIARE, coëffure ou couronne du Souverain Pontife, qui n'eft d'ufage que le jour de fon exaltation. Ce jour on la lui met fur la tête en préfence du Peuple, lorfqu'il eft fur la tribune des bénédictions. (*V.* EXALTATION) En la lui mettant fur la tête, le Cardinal Diacre lui dit : *accipe tiaram tribus coronis ornatam, & fcias Patrem te effe Principum & Regum, Rectorem orbis, in terra Vicarium Salvatoris noftri J. C. cui eft honor & gloria in fecula feculorum.*

» Recevez la tiare, ornée de trois couronnes, & fachez que
» vous êtes le Pere des Rois & des Princes, le maître de l'uni-
» vers, & fur la terre le Vicaire de J. C. notre Sauveur, à qui
» appartient honneur & gloire dans tous les fiecles.

La tiare pontificale eſt un grand bonnet rond, élevé, terminé par un petit globe, ſurmonté d'une croix; il eſt entouré de trois couronnes, chargé de pierreries; c'eſt la marque de la dignité du Pape, & les clefs celle de ſon autorité. La tiare eſt une coëffure des anciens Souverains de l'Orient, & plus particuliérement des Perſes & des Chaldéens; elle étoit ronde, élevée en forme de tour, entourée d'un diadême ou d'une couronne; elle étoit commune aux Souverains, aux Princeſſes & aux grands Officiers, qui la portoient inclinée. Au commencement la tiare pontificale n'avoit qu'une couronne; Boniface VIII en ajouta une ſeconde, pour marquer l'union de la puiſſance temporelle & ſpirituelle; Benoît XIII en ajouta une troiſieme, on ne ſait trop pour quel motif, on croit que c'eſt à cauſe de la Trinité. Quelques Sculpteurs & quelques Peintres ont repréſenté le Pere Eternel avec la tiare, ſans doute pour la même raiſon.

TIBALDET, (*Antoine*) né à Ferrare, Poëte Italien & Latin, ſe diſtingua d'abord par des Poëſies dans ſa langue; il ſe montra enſuite le rival de Bembe & de Sannazar par des Poëſies latines, que ces hommes célebres auroient avouées. Il mourut en 1537.

TIBALDI, (*Dominique*) Peintre, Architecte & Graveur, fils & éleve de Pelegrin de Bologne, (*voyez* PELEGRINO PELEGRINI) né en 1441. Il reſte de lui une Chapelle dans la Cathédrale de Bologne, que Clément VII mettoit au-deſſus de tout ce qu'il connoiſſoit à Rome même. La douane de Bologne, qu'on regarde comme le plus bel édifice de ce genre, la petite Egliſe de N. D. del Borgo, la grande porte de l'Hôtel-de-Ville, où l'on plaça la ſtatue de Gregoire XIII, le Palais Magnani, que l'Architecte a eu l'art de faire paroître plus grand & plus vaſte qu'il n'eſt en effet, ſont de cet Artiſte, qui mourut à Bologne à la fleur de ſon âge en 1583.

TIBERTUS, (*Anthiocus*) Aſtrologue, du quinzieme ſiecle, né à Céſene, Ville de la Romagne. Il s'appliqua à la ſcience abſurde de la Magie, qui étoit abandonnée; pour mieux y réuſſir, il étudia les Belles-Lettres, la Phyſique, les Mathématiques & la Médecine: il apprit ces ſciences à Paris. Il retourna en Italie : il prédifoit l'avenir, & rendoit raifon de fes prédictions. Malatefte, fur le fimple foupçon d'une conjuration, dont Tibertus étoit innocent, lui fit trancher la tête à Rimini.

TIBRE, (*Tiberis*) *Tevere*, fleuve principal d'Italie, qui prend fa fource dans le mont Apennin ou mont Fatterota, près de Camaldoli & de monte Corvajo, entre l'Etat de Florence & la Romandiole ; il reçoit la *Chiana*, la *Nera*, le *Teverone*, &c. paffe près de Peroufe, Orviette, vient à Rome, fe jette dans la mer de Tofcane à Oftie par deux embouchures, dont la moins grande forme un port, que les anciens Empereurs Romains ont conftruit, & que les Papes ont confervé, tant qu'ils ont pu le garantir des attériffemens.

TIDONE, riviere du Piémont, qui, ainfi que le *Tanaro* & la *Serivia*, prend fa fource dans les Alpes ; elles font groffies dans leurs cours par des ruiffeaux d'une eau bourbeufe qui viennent des collines : le *Tanaro* & la *Verfa* en reçoivent une grande partie. Ces rivieres arrofent *Villanova*, *Afti*, *Alexandrie*, *Tortone*, *Vogherra*, &c.

TILESIO, (*Antoine* & *Bernardin*) oncle & neveu, Savans, l'un dans les Langues & les Belles-Lettres, compofa plufieurs Poëmes, & fortit de Rome lorfqu'elle fut pillée par les Efpagnols, en 1527. Il étoit de Cofence, ainfi que fon neveu : il s'y retira, & y mourut. L'autre, c'eft-à-dire Bernardin, étoit très-profond dans la Philofophie, & de fon vivant, Naples fonda une Univerfité, dans laquelle on enfeigna les principes de Bernardin Tilefio, qui étoient contraires à ceux d'Ariftote. Il compofa deux volumes des chofes naturelles & des Traités de Phyfique. Paul IV voulut lui donner l'Evêché de Cofence, il le refufa, & le fit donner à fon frere. Il fe retira dans cette Ville, s'y maria, & y mourut en 1588, âgé de foixante-dix-neuf ans.

TINTORET, (GIACOMO ROBUSTI) Peintre, né à Venife en 1512. Son pere étoit Teinturier, ce qui lui fit donner le nom de Tintoret ; fon goût pour la Peinture fe déceia dès l'enfance. Dès qu'il put manier le pinceau, il étudia Michel-

Ange pour le deſſin, & le Titien pour le coloris; il conſulta ſur-tout la nature & l'antique; il ſe fit une maniere noble & grande. La Peinture étoit en lui une paſſion; il lui arriva ſouvent de propoſer à des particuliers de faire des tableaux pour le ſeul débourſé des couleurs; il alloit ſouvent aider les autres Peintres dans les atteliers: auſſi a-t-il fait une ſi grande quantité de tableaux, qu'on a de la peine à croire qu'un ſeul homme ait pu y ſuffire. Il avoit une imagination vive & féconde; ſes figures ont toutes de la vie & du mouvement. Il travailloit & finiſſoit un grand tableau en auſſi peu de temps, qu'il en falloit à un autre pour l'eſquiſſer. Il fut employé par le Sénat de Veniſe de préférence au Titien; il a fait une très-grande quantité de portraits. L'Aretin, ayant mal parlé de lui, voulut avoir ſon portrait de la main de ce Peintre, le Tintoret y conſentit. Aretin ſe tranſporte chez lui; le Peintre l'enferme dans ſon attelier, tire un piſtolet, & regarde le Poëte, qui paroiſſoit fort effrayé: *ne craignez rien*, lui dit le Tintoret, *je ne veux que prendre votre meſure*, & la prit en effet fort gravement: après quoi il le peignit. Le Tintoret excella par l'intelligence du clair-obſcur, par la fraîcheur du coloris, par la beauté & par le feu de ſes idées. Il a fait trop de tableaux pour qu'ils ſoient tous du même prix. On les range en trois claſſes, & on lui attribue trois ſortes de pinceaux, un d'or, un d'argent, un de fer: les curieux conſervent de lui des eſquiſſes qui ſont ſupérieures à ſes tableaux. Le Roi & M. le Duc d'Orléans ont pluſieurs morceaux de ce Peintre. Il mourut à Veniſe en 1594.

TINTORET, (*Dominique*) ſon fils, mort à Veniſe en 1637, âgé de ſoixante-quinze ans, fut ſon éleve, mais bien au-deſſous de ſon pere: il réuſſit dans le portrait.

TINTORET, (*Marie*) ſœur de ce dernier, née en 1560, s'acquit beaucoup de réputation. Son pere lui donna les ſoins les plus aſſidus & les plus tendres; il l'aimoit beaucoup: elle s'adonna au portrait, & y réuſſit ſupérieurement; ſon coloris étoit très-beau: elle avoit l'art de ſaiſir parfaitement la reſſemblance. Son pere la faiſoit habiller en homme pour pouvoir l'amener par-tout avec lui. Elle mourut en 1590 à la fleur de son âge, laiffant fon mari & fon pere au défefpoir de fa perte.

TIPHATINI, (*Monti*) collines des environs de Capoue & de Caferte. (*Voyez* CAPOUE) Ils bornent Naples du côté du nord avec la colline appellée *Monte Virgine*, & qui portoit autrefois le nom de Virgile. Ces monts s'appellent auffi *Monti Tifata*.

TITI, (*Robert*) né en Tofcane, vers le milieu du feizieme fiecle, profeffa les Belles-Lettres avec applaudiffement à Padoue & à Pife. Il a laiffé des Poëfies fort eftimées de fon temps, des notes fur quelques Auteurs claffiques, & fur des paffages d'anciens Auteurs.

TITIANO VECELLI DA CADORE, (LE TI-TIEN) Peintre célebre, né à Cadore, dans le Frioul, en 1477. Il montra dès fa jeuneffe la plus grande inclination pour la Peinture. A l'âge de dix ans, il entra chez Gentil & Jean Bellin freres; il fe borna d'abord à copier la nature. Le Giorgion, Eleve, comme lui, des Bellins, fortit de leur Ecole, & à peine eut-il fait connoître fes talens, qu'il s'acquit la plus grande réputation. Le Titien fut piqué d'émulation, fes talens, fon travail, l'étude qu'il fit de la maniere de fon émule, le mirent bientôt en état de balancer fes fuccès. Le Giorgion mourut à la fleur de fes années: le Titien eut tous les ouvrages deftinés à fon rival. Vicence, Padoue, Venife, Ferrare le demanderent: tous les grands & tous les Souverains voulurent être peints par lui. Il excelloit dans le portrait; il en fit trois de Charles-Quint, par les ordres de cet Empereur, qui le fit Chevalier, Comte Palatin, lui affigna une penfion confidérable, & le combla de préfens. Titien jouiffoit d'une fortune qui le mettoit en état de recevoir à fa table les Grands & les Cardinaux. Il étoit recherché de tout le monde, à caufe de fon caractere doux & obligeant & de fon humeur enjouée. Il a vécu quatre-vingt-dix-neuf ans, & a joui jufqu'à fa mort d'une fanté parfaite. » On peut » dire que la nature même forma le Titien, & que perfonne ne » l'a plus heureufement imitée que lui; il ne connoiffoit pas » l'antique, & fouvent fon deffin manque d'exactitude. Mais

» que

» quel coloris & quelle expression, sur-tout dans les sujets gra-
» cieux! C'est moins à Venise, où ses ouvrages ne sont pas bien
» conservés, qu'à Rome, à Florence & en France, où l'on ap-
» prendra à connoître la beauté du coloris du Titien ». Ce grand
Artiste, sur la fin de sa vie, vouloit retoucher ses premiers tableaux, qu'il ne croyoit pas d'un coloris assez vigoureux; mais
ses Eleves s'en étant apperçus, & craignant que sa vue, qui s'étoit
affoiblie, ne les lui fît gâter au lieu de les corriger, mirent
de l'huile d'olive, qui ne séche point, dans ses couleurs, & ef-
façoient ces corrections pendant son absence à mesure qu'il les
faisoit. Le Roi & M. le Duc d'Orléans possedent plusieurs tableaux de ce grand Maître. Il mourut en 1576.

François Vecelli son frere, mourut aussi dans un âge très-
avancé, mais avant Titiano. Il s'étoit d'abord adonné à la profession des armes, mais son frere le détermina à s'appliquer à
la Peinture; il y fit de si grands progrès, que le Titien craignit
qu'il ne le surpassât: alors il le sollicita aussi vivement de quitter le pinceau, qu'il l'avoit pressé de le prendre. Il s'appliqua à
faire des cabinets d'ébene, ornés de figures & d'architecture, &
ne peignit plus que pour ses amis.

Horatio Vecelli, fils du Titien: on confondoit ses portraits
avec ceux de son pere. Sa fortune brillante & sa passion pour
l'Alchymie lui firent négliger l'art pour lequel il étoit né; il
mourut fort jeune, de la peste, en 1576, la même année que
son pere.

TIVOLI OU TIBUR, sur le *Teverone* ou *Anio*, Ville très-
ancienne & assez considérable, dans la Campagne de Rome;
elle existoit du temps qu'Enée aborda en Italie, elle résista
pendant quatre siecles à la puissance des Romains, qui la sub-
juguerent enfin vers l'an 401. Tivoli a été fort célébrée par les
Poëtes du siecle d'Auguste; la fraîcheur & l'abondance de ses
eaux, sa situation agréable, avoient engagé plusieurs Romains,
riches ou voluptueux, de bâtir des maisons de campagne à Tibur.
Auguste y venoit souvent, & y rendoit la justice sous les portiques d'Hercule, où il y avoit une belle bibliotheque. Il suffisoit qu'Auguste distinguât Tivoli, pour que les Poëtes s'atta-

chaſſent à le célébrer. Virgile, Horace en parlent comme d'une Ville fondée par une Colonie Grecque & une des principales du *Latium*: Mecenas, Brutus, Caſſius, Saluſte, Horace, Properce, C. Aronius, Manlius Vopiſcus, Quintilius Plancus y avoient leurs maiſons de campagne. Il paroît que la Ville de Tivoli étoit fort habitée. Totila, Roi des Goths, la ſaccagea, & paſſa les habitans au fil de l'épée. L'Empereur Frédéric Barberouſſe la rebâtit, & Pie II y fit conſtruire le Château. Elle eſt aujourd'hui Ville Epiſcopale, & de la domination du Pape. Ses bâtimens ne ſont pas en général magnifiques: mais il y a une grande quantité de maiſons de plaiſance qui appartiennent à des Cardinaux ou à de riches particuliers: la plus conſidérable eſt la *Villa Eſtenſe*. Le ſeul inconvénient ſont les vents du nord, qui refroidiſſent l'air tout-à-coup, & y cauſent ſouvent des maladies. Tivoli eſt ſituée ſur une petite montagne, ſur le penchant de laquelle on voit un petit temple antique, rond, d'une architecture très-ſimple. Les uns diſent que c'étoit le temple de la Sibylle Tiburtine; les autres, qu'il étoit dédié à la Déeſſe Tuſſis: ce qui s'accorde avec le phyſique du lieu, aſſez ſujet aux rhumes. Vis-à-vis de ce temple, eſt la caſcade de Tivoli formée naturellement par le Teveronne. (*V.* CASCADE). Cet aſpect rend ce temple, qui eſt fort agréable par lui-même, plus riant encore; il eſt un des mieux conſervés de Rome, mais on le laiſſe dégrader. On voit ſur la place de la Cathédrale deux belles ſtatues égyptiennes, du plus beau granit d'Egypte, on les croit du temps d'Adrien. Les environs de Tivoli ſont plus remarquables que Tivoli même. Outre le temple de la Sibylle Albunea, la caſcade & les caſcadelles, on voit les ruines de la maiſon de Mécene, dont les écuries & un appartement au-deſſus ſont entiers; ce ſont de très-grandes pieces voûtées, abourſiſſant ſur une grande galerie, dans laquelle coule, dans un aqueduc ouvert, une branche du *Teveronne*. Ces reſtes ſont d'une très-grande ſolidité, & ne ſervent qu'à rètirer des bœufs en hiver. Dans la montagne qui eſt vis-à-vis, eſt un grand ſouterrain voûté, compoſé de trois corridors, ſéparés par douze piliers; c'étoit, dit-on, un réſervoir pour les maiſons de campagne des Romains, situées de ce côté-là. On trouve d'un côté & d'autre des restes de murs de brique, que les Tiburtins assurent avoir été les maisons de campagne d'Horace, & de Properce. Ce qu'il y a aujourd'hui de plus magnifique dans les environs de Tivoli, est la *Villa Estense*. *V.* Est.

Au bas de la montagne sont les ruines de la maison de campagne d'Adrien, qui avoit trois milles de longueur sur un peu plus d'un mille de largeur ; on y a trouvé une très-grande quantité de statues de mosaïques, quoique l'Empereur Caracalla en eût fait enlever beaucoup pour en orner ses bains du Mont *Celius*, & que plusieurs Empereurs y eussent pris beaucoup d'autres ornemens. On y voit encore le logement des *Centocellés* ou Gardes Prétoriennes, qui est très-bien conservé. La salle où Adrien donnoit ses audiences, au-dessous de laquelle est une galerie voûtée, où il reste encore quelques vestiges de peintures à fresque. Il y a encore plusieurs autres pieces; mais la plus conservée de toutes, est une galerie tournante autour d'un temple, couverte & voûtée : la voûte est peinte par Compartimens. *V.* Adriani Villa.

Todi, *Tudero* ou *Tudertum*, Ville dans le Duché de Spolette, sur le Tibre, avec Evêché; elle est presque entiérement ruinée. Le Pape S. Martin I étoit de Todi.

Tolentino, petite Ville de l'Etat Ecclésiastique, dans la Marche d'Ancône, à 4 lieues S.O. de Macerata, sur la Chienta. On y voit la belle Eglise de S. Nicolas de Tolentin, Moine Augustin, dont une partie du corps est conservée sous le maître-autel ; le portrait du Saint, qui est dans une Chapelle, est accompagné d'une inscription latine, qui marque qu'il sua extraordinairement lors de la mort du Pape Eugene III. Il n'y a rien de remarquable dans la Ville de Tolentin ; on y conserve le buste de François Philadelphe, homme de Lettres célebre, dans le quinzieme siecle ; c'est à Tolentin que finit l'Apennin. Depuis Tolentino jusqu'à Foligno, on marche toujours dans les montagnes pendant quarante milles. Dans certains endroits, il faut passer dans des chemins étroits, taillés en dehors du roc & bordés de précipices. Dans un de ces endroits, appellé *Ca-*

riere di *Foligno*, parce qu'il y a plusieurs manufactures de papiers, le chemin est étroit & sans parapet, & le précipice est effrayant & célebre par des événemens funestes. C'est sur la route de Foligno à Tolentino qu'on trouve le Village de *Case Nuove*, dans une plaine stérile & déserte, & dont les habitans n'ont d'autre ressource que la charité des passans. Après avoir passé le chemin creusé dans le roc ou corniche de *Colfiorito*, qui forme un demi-cercle de deux milles d'étendue, où deux voitures qui se rencontrent sont dans le plus grand danger, & dont une est obligée de rétrograder, en attachant les chevaux & leur faisant tirer la voiture par derriere, on va à Serravalle, gros Village resserré entre deux montagnes, éloignées d'environ cent cinquante toises de distance, où l'on trouve des vestiges de portes, de murailles & d'un Château, bâti par les Goths.

Malgré les dangers & l'espece d'horreur dont on est saisi à travers ces montagnes de l'Apennin, on y trouve des arbustes, des plantes, des fleurs de toute espece, & d'autres curiosités que la nature offre à ceux qui font des recherches sur ses productions & ses phénomenes.

TOLMESO, petite Ville du Frioul, dans l'Etat de Venise.

TOMASI, (le Cardinal *Joseph-Marie*) fils de Jules Tomasi, né à Alciane en Sicile, en 1649, entra dans l'Ordre des Théatins contre le vœu de la Maison de Parme, dont il étoit. C'étoit un prodige de savoir & de piété. Il approfondit la Théologie, & apporta à l'étude de l'Ecriture Sainte les connoissances des Langues Grecque, Hébraïque & Chaldéenne. Clément XI l'ayant nommé Cardinal en 1712, fut obligé de lui faire violence pour lui faire accepter cette dignité. Il fut un exemple de mœurs & de charité; il mourut à Rome en 1713, âgé de soixante-quatre ans. Il a laissé *Codices Sacramentorum nongentis annis vestutiores*, in-4°. 1680; *Psalterium juxta duplicem editionem Romanam & Gallicanam*; *Psalterium cum canticis, versibus prisco more distinctum*, & quantité d'autres Ouvrages recueillis en douze volumes in-4°. *Romæ*, 1745.

TOMBEAU D'ANTÉNOR, (le) monument que l'on regarde comme très-précieux à Padoue. *V.* PADOUE.

THOMES, Ville du Genevois, un des onze Mandemens qui forment l'Etat de Genève.

TOMITATUS, (*Bernardinus*) Philosophe & Médecin, né à Padoue, enseigna la Logique dans sa patrie avec de grands succès. Il eut pour Disciple le Cardinal Commandon & Jacques Zabarella. Il demanda à changer de Chaire: mais il y étoit si goûté, qu'on le lui refusa. Piqué de ce refus, il quitta l'Université, & rien ne put lui faire reprendre ses exercices, dont la monotonie l'ennuyoit. Il mourut de la peste en 1576.

Il y a un autre *Tomitanus Exiguus* ou le Petit, de Feltri, Cordelier, qui a laissé plusieurs Ouvrages, & qui mourut à Pavie en 1494.

TONNON, un des cinq Bailliages qui forment la Province du Chablais. Tonnon est sur le lac de Genève. Le séjour en est fort agréable, & c'est un grand passage.

TORCELLO, petite Ville dans la Marche Trévisane. Sa Cathédrale fut bâtie en 1679; le Siege Episcopal a été transféré à Marano, à cause du mauvais air qu'on y respire. Cet Evêché y avoit été transféré d'Altino, Ville ruinée par les Huns. Torcello est encore le nom d'une Isle du Dogado, dans l'Etat de Venise, avec un Evêché.

TORELLI, (*Jacques*) né à Fano en 1608, de Pandolfe Torelli, noble de cette Ville, & Chevalier de Saint-Etienne. Il eut un talent particulier pour les décorations de théâtre. Il inventa les machines les plus ingénieuses pour l'opéra, la machine pour laquelle on change en un instant, au moyen d'un lévier, d'un treuil & d'un contre-poids, toute la scène, est de son invention; il la fit pour le théâtre de S. Jean de Venise: elle a été adoptée de tous les théâtres. Son mérite excita la rage de ses rivaux, qui le firent assassiner par des hommes masqués; il se défendit avec tant de valeur, qu'il en fut quitte pour quelques doigts coupés: ce qui ne l'empêcha pas de continuer de peindre. Il quitta l'Italie, où il couroit trop de risques. Il vint en France; il se distingua à la cour de Louis XIV par les belles machines qu'il fit, & par ses beaux feux d'artifices. Le bel effet de fes machines dans les opéra françois le fit furnommer le Sorcier. Il publia la defcription de fes machines, & Corneille fait l'éloge de cet Artifte, en parlant de la repréfentation d'Andromède. Il époufa en France Mademoifelle Suez, d'une famille noble, & retourna dans fa patrie, comblé de biens, en 1662. Il bâtit à Fano, avec cinq Gentilshommes de cette Ville, le théâtre de la Fortune, d'une belle architecture, grand & fpacieux. Celui de Vienne fut conftruit, après l'incendie de l'ancien, fur le modele de celui de Fano. Il a fait un édifice portatif, repréfentant la tranflation de la Maifon de N. D. de Lorette, & inftitua une proceffion annuelle pour cette cérémonie, avec un fonds confidérable. Louis XIV le preffoit de retourner en France pour conftruire un théâtre à Verfailles, & pour le charger de fes bâtimens; mais la mort enleva cet Artifte en 1678, à Fano, où tous les ans on éleve un catafalque qu'il avoit compofé & peint lui-même, qu'il défendit de détruire, & dont il voulut qu'on fe fervît pour fon anniverfaire.

TORICELLI, un des plus grands Phyficiens du dix-feptieme fiecle, naquit à Faenza en 1618. Il fut Difciple de Galilée, & celui qui lui fit le plus d'honneur. Il fit des découvertes heureufes; par l'élévation de l'eau dans les pompes, il découvrit la pefanteur de l'air, que Pafcal calcula fur les montagnes d'Auvergne. Toricelli imagina les baromêtres, invention qui devoit réfulter de la connoiffance de l'action ou pefanteur de l'air fur les liquides. On a trouvé plufieurs manufcrits de Toricelli, qui ont été égarés jufqu'en 1765. Aggieuti démontra le premier la découverte de Toricelli, au moyen de tuyaux capillaires de verre, tuyaux qu'il imagina, dont on a beaucoup parlé fans faire mention de l'inventeur. Il fut un des premiers Membres de l'Académie *del Cimento*, établie à Florence pour la Phyfique expérimentale.

TORIGLIA, un des territoires appellés *Feudi Imperiali*, cédés au Roi de Sardaigne par l'Archiducheffe.

TORNABONI, (*Lucrece*) femme célebre, moins pour avoir été l'époufe de Pierre de Médicis, & mere de Laurent, que par son savoir, son application aux Lettres & sa piété. Elle a traduit en vers latins une grande partie de la Bible; elle montra des vertus au-dessus de son sexe.

TORNAFORT, petite Ville du Comté de Beuil, dans le Piémont.

TORRE, (*Philippe* d'ella) né dans le Frioul en 1657, savant Antiquaire, se retira à Rome pour pouvoir se livrer à l'étude. Il y trouva le secours de plusieurs Savans, la protection & l'estime des Cardinaux Imperiali & Noris & des Papes Innocent XII & Clément XI. Ce dernier lui donna l'Evêché d'Adria, en 1702. Il mourut en 1717. Il a laissé *Monumenta veteris Antii*; *Taurobolium antiquum*, *Lugduni repertum anno 1704*, *cum explicatione*; *de Annis Imperii M. Ant. Aurelii*, *Heliogabali*, &c.

TORRE, (d'ella) né à Gênes, se voyant perdu de dettes, engagea, en 1671, le Duc de Savoie à favoriser un complot qu'il méditoit contre sa patrie. Celui à qui il avoit confié son secret, en ayant fait part aux Magistrats, il y fut condamné par contumace, & sa tête fut mise à prix. D'ella Torre ou la Tour, étoit fils d'un Jurisconsulte célèbre.

TORRE D'ASTURA. L'Asture est une riviere qui traverse les marais Pontins; elle a son embouchure à l'extrémité d'un cap qui fait la partie la plus occidentale des marais, une tour auprès de laquelle étoit le petit port, où Ciceron s'étoit embarqué pour aller vers sa maison de Formies le jour qu'il fut assassiné. Le jeune Conradin, Roi de Naples, fut arrêté dans cet endroit par un Franchipani, Seigneur d'Astura, chez qui il avoit choisi un asyle.

TORRE DI PATRIA, ancienne tour à l'embouchure du Literno ou Clarico, à une lieue au N. de Cumes, ainsi appellée, parce qu'on y voit en gros caractères le mot *Patria*. On prétend que c'est-là qu'étoit le tombeau de Scipion; que ce grand homme, indigné de l'accusation de peculat, que Caton intenta contre lui, se retira à sa maison de campagne près de Linterne, qu'il y mourut cent quatre-vingt-sept ans avant J. C. & y fut enterré avec le Poëte *Ennius* son ami, & qu'on avoit gravé sur son tombeau cette inscription : *ingrata Patria, non habebis ossa mea*, dont il n'étoit resté que le mot *Patria*.

TORRE DI MEZZA VIA, est la premiere poste de Naples à Rome ; on y passe sous de très-beaux aqueducs antiques, soutenus dans les plaines & les terreins bas, à une hauteur considérable par de grandes arcades ouvertes, dont les ceintres & les montans sont en pierre de taille ; le reste est en briques jointes avec la poussolane ; elles portent les canaux formés de la pietra travestina ou pierre tendre, qui se conserve à l'air. Ces canaux, qui servent encore à conduire de l'eau à Rome, sont du temps de la République même, & ont deux mille ans d'antiquité. On voit auprès les restes d'un camp prétorien, qu'on prendroit pour les ruines d'une très-grande Ville.

TORINIERI, petite Ville de la Toscane, dans le Sienois, située entre Buonconvento & Radicofano ; ses environs produisent d'excellens vins.

TORTONNE, ancienne Ville au Duché de Milan, Capitale du Tortonese, avec un Evêché. C'étoit une Colonie Romaine. Elle étoit beaucoup plus considérable & plus peuplée : mais l'Empereur Fréderic II la dévasta. Elle passa des Milanois aux Espagnols, qui la céderent au Duc de Savoie ; elle est défendue par un Château assez bien fortifié, sur la Scrivia. Le voisinage de Gènes y entretient le commerce. La Ville est peu peuplée ; les habitans en sont pauvres, quoique fort près de leurs intérêts. Elle est à neuf lieues S. E. de Casal, à quinze S. E. de Milan, treize N. de Gènes, long. 26. 27. lat. 44. 53′. Le Tortonnois est à l'orient de l'Alexandrin, & confine à l'Etat de Gènes du côté du midi : il a été cédé à la Maison de Savoie en 1735 & 1738 par les Traités de Vienne. Le Tortonnois comprend, outre Tortonne, *Castel Novo*, *Serravallo*, *Arqua* & *Pietra Bissara*.

TOSAFOR, Ville de la Vallée de Démona, en Sicile.

TOSCANE, (le grand Duché de) ou l'ancienne Etrurie, ou Pays des Etrusques, nom qui signifioit dans leur langue Montagnards. Les Romains envoyoient leurs enfans chez les Etrusques, pour y apprendre la science des Augures, dans laquelle ils excelloient; les vafes, ftatues, inftrumens des facrifices dont M. le Comte de Caylus a fait un fi beau recueil, prouvent que ce peuple connoiffoit les arts; l'Architecture lui doit l'ordre tofcan; il étoit originairement afiatique; avant les Romains, il poffédoit le grand Duché de Tofcane : ce qui compofe aujourd'hui le Patrimoine de S. Pierre, le Duché de Caftro, l'Orvietan, Péroufe, plufieurs établiffemens le long du Pô, Cortone, Viterbe, Volterre, Arezzo. L'Etrurie devint l'objet des conquêtes des Romains, dès l'an 321 de la fondation de Rome. Les Etrufques appellerent les Gaulois; mais ce fecours leur ayant manqué, ils furent fubjugués par les Romains. Les foldats de Scylla bâtirent une Ville fur les bords de l'Arno, qu'ils appellerent d'abord *Fluentia*, & qui changea ce nom en celui de *Florentia*, l'an de Rome 645. Les Triumvirs, Augufte, Antoine & Lépide l'embellirent & l'érigerent en Colonie Romaine. Elle fut détruite par Totila, Roi des Goths, rebâtie par Charlemagne, qui y transféra les habitans de *Fiefoli*. Florence devint peu à peu la Capitale d'une République puiffante; elle fut défolée fucceffivement par les factions des Guelfes & des Gibelins; elle étoit gouvernée par quelques familles principales, qui, pour le bonheur de ce pays, furent obligées de céder à la fortune des Médicis.

Le grand Duché de Tofcane renferme le Florentin, le Pifan & le Siennois, qui étoient autrefois des Républiques très-fameufes. C'eft un des plus beaux pays & des plus féconds de l'Italie. Il eft borné au N. par la Romagne, le Bolonois, le Modénois & le Parmefan, au S. par la Méditerranée, à l'Eft par le Duché d'Urbin, le Perufin, l'Orvietan, le Patrimoine de S. Pierre & le Duché de Caftro, à l'O. par la mer, l'Etat de Lucques & la République de Gênes. Il a quarante-cinq lieues de longueur fur trente-fix de large. Cet Etat fut érigé en Souveraineté par Charles-Quint, en faveur d'Alexandre de Médicis, qu'il créa Duc de Florence. Le Pape Pie V créa Cofme de Médicis, fils d'Alexandre le Grand, Duc de Tofcane : la Maifon de Médicis a régné l'efpace de deux cents ans. Jean Gafton, né le 24 Mai 1671, étant mort en 1737, fans poftérité, cet Etat, par l'accord fait en 1736 entre la France, l'Espagne & l'Empereur; a passé à François, Duc de Lorraine, Empereur d'Allemagne, époux de l'héritiere de la Maison d'Autriche, & auquel Elisabeth de Farnese, Reine d'Espagne, le céda, comme plus proche héritiere de la Maison de Médicis.

La Toscane abonde en fruits excellens; ses montagnes renferment des riches mines d'alun, de fer & même d'argent. On y trouve des carrieres d'albâtre, de porphyre & des marbres de toute espece. Les plaines sont fertiles en grains, en légumes de tous les genres, en vins exquis, en safrans; les plantations de mûriers & d'oliviers y sont très-belles: la soie y est de la meilleure qualité, & les huiles y sont un objet de commerce très-considérable. Comme à la Chine, on y fait éclore les vers à soie deux fois l'année, quelquefois trois, lorsque la premiere & seconde ont manqué, & qu'on veut profiter de la troisieme feuille, ce que le gouvernement empêche souvent, pour ne pas priver les bestiaux de cette troisieme, qui supplée au pâturage, qui est rare. On estime beaucoup les cedrats de Florence & les melons d'eau de Pistoie. Quoique les vins de Toscane soient très-bons, on fait plus de cas de ceux de Florence & de Livourne, & sur-tout de ceux de Monte Pulciano, espece de muscat rouge, que de tout le reste. Les arbres les plus communs sont les cyprès & les pins. Les paysans se servent de la pomme de pin à en manger, ou à vendre les amendes, & à faire du feu de l'enveloppe. Encore un grand objet de commerce, est la grande quantité de fleurs d'orange, de jasmin, d'œillet dont on tire la quintessence. L'arno facilite beaucoup le commerce de Florence; on y fabrique de très-belles étoffes de soie; les denrées de consommation, le bétail, la volaille, le gibier y sont à très-grand marché; le poisson y abonde par la proximité de la mer & par le nombre de rivieres. Tout le pays qui avoisine l'Arno jusqu'à la mer, est riche & fertile; mais les montagnes pourroient être plus peuplées: elles produiroient sans peine des herbages, & pourroient nourrir de nombreux troupeaux. On fait à Florence une très-grande quantité de confitures; ce commerce, ainsi que celui des pommades & des essences, se fait sur-tout dans les Maisons Religieuses, à cause de la quantité de fleurs & des fruits de leurs jardins; mais il n'est permis aux Communautés, soit d'hommes & de femmes, de commercer qu'autant qu'elles n'importent ni n'exportent les matieres chez l'étranger.

Le sang est beau en Toscane, les hommes & les femmes y sont grands & bien faits, les femmes y sont belles; c'est chez elles qu'on trouve ce que nous appellons en France la beauté romaine; elles ont quelque chose de grand & de noble, des agrémens qui leur sont particuliers, tempérent cette majesté, & leur donnent en même temps une physionomie qui en impose, qui plaît, & qui intéresse en même temps.

Il n'y a dans la Toscane que trois mois d'hiver, depuis le premier Décembre jusqu'au premier Mars. Il y a très-peu de cheminées dans les maisons; les terres rapportent ordinairement huit ou dix pour un de la semence; on les laboure trois fois, on y met peu de fumier; on seme ordinairement du froment trois ans de suite dans la même terre; la quatrieme on y seme du seigle ou bien du fourrage. Les bœufs sont gris, & d'une grande espece; les moutons y produisent de très-bonne laine; la feuille de mûrier s'y vend à la livre, & coûte environ 3 liv. 10 s. le quintal, les cocons depuis 24 jusqu'à 36 sols la livre: il faut dix ou douze livres pour une livre de soie. On conserve à Florence, avec de grandes précautions, le *campione* ou le modele du poids de Florence, qu'on assure être la livre des anciens Romains; on ne s'en sert que pour vérifier, lorsqu'on le croit nécessaire, l'étalon destiné à régler les autres poids.

On cultive beaucoup de lin dans les environs de Florence; l'agriculture y est sur un bon pied; les cultivateurs n'épargnent point leurs peines: ils viennent dans les Villes acheter les fosses d'aisance, qu'ils nettoient, & dont ils vont eux-mêmes répandre les matieres sur les terres. Les impôts y sont considérables; le Grand Duc entretient six mille hommes de troupes sur pied; il peut, en cas de besoin, en lever trente mille dans ses Etats.

Quant aux mœurs, le peuple y tient beaucoup moins aux pratiques minucieuses de la Religion que dans le reste de l'Italie: les Ecclésiastiques y jouissent de beaucoup moins de considération; le luxe & les plaisirs regnent à Florence. Les habitans de cette Capitale ont de l'esprit, de l'agrément & de la politesse; ils sont affables : mais malgré leur luxe extérieur, ils menent une vie fort resserrée. Les femmes y vivent avec une liberté entiere; elles sont polies & aimables dans la conversation, & reçoivent les étrangers avec les attentions les plus prévenantes. Les Cigisbés sont fort en usage à Florence, & c'est sur-tout parmi les Anglois qu'on les choisit. Les Anglois & les Angloises même viennent en grand nombre vivre à Florence, attirés les uns & les autres par la galanterie & par la beauté du climat.

Le commerce de la Librairie est très-florissant à Florence; la Peinture & la Sculpture n'y produisent que de bons Copistes; on fait des statues, des vases & des ornemens de toute espece des marbres qu'on tire des carrieres qui sont entre Florence & la mer. Ils copient l'antique avec beaucoup de fidélité; une copie de la Vénus de Médicis, de même grandeur que l'original, ne s'y vend pas plus de cent pistoles. La Gravure y produit d'excellens Artistes; le *Musæum Florentinum*, recueil qui contient les chef-d'œuvres de la Galerie, est une excellente collection.

L'Architecture s'y conserve, depuis Michel-Ange, dans toute sa majesté; mais elle n'a pas l'élégance de l'Architecture Grecque; les bâtimens les plus modernes tiennent encore au bon goût : la solidité & la force sont les caracteres principaux de ces constructions.

L'usage des lanternes pendant la nuit n'est pas connu dans la Toscane; mais ce qui y supplée, c'est la quantité de lumieres qu'on allume dans les rues devant des images de la Vierge, & de grosses lanternes à reverbere, que les particuliers font allumer devant leurs portes, ou aux angles de leurs palais.

Les théâtres de Florence n'ont rien de bien remarquable pour la construction; les acteurs sont quelquefois des Marchands, de petits Bourgeois de la Ville, ou des Artisans, qui représentent au défaut des acteurs ordinaires, pour une petite rétribution;

ils ne se donnent point la peine d'étudier leurs rôles, ils sont naturellement acteurs ; & pourvu qu'ils aient une idée de la piece, cela leur suffit. Ce qui soutient leur spectacle, c'est que dans les entr'actes on joue des intermedes bouffons, & qu'on y mêle des ballets. Il n'est pas surprenant, dit M. l'Abbé Richard, de voir à Florence un Marchand fort grave & fort sérieux dans sa boutique, remplir avec la gaieté la plus plaisante & la plus bouffonne le rôle d'arlequin sur le théâtre, & un homme de la piété la plus exemplaire, être un comique excellent. Les loges sont comme les lieux d'assemblée générale, où l'on fait la conversation. En général, en Italie on va peu au théâtre pour suivre & entendre la piece, il n'y a que le parterre & quelques sixiemes loges qui y fassent attention.

Parmi les Négocians, il y a beaucoup de Juifs : mais dans toute la Toscane ils ne sont pas assujettis comme dans le reste de l'Italie, à porter la marque flétrissante qui les distingue ; quoiqu'ils soient privés du droit de bourgeoisie, ils n'en font pas moins la richesse de Livourne & une partie de celle de Florence. Un des fléaux du commerce entre ces deux Villes, est la crue soudaine de l'Arno, qui coupe entr'elle toute communication. *Voyez* ARNO.

Le commerce de Livourne est immense ; on en juge par la grande quantité de vaisseaux de toutes les Nations qui abordent à son port, par ses magasins, par les boutiques remplies de marchandises de toute espece, & par la quantité de Marchands de toutes les Nations & de toutes les parties de l'Europe établis dans cette Ville, qui fournit au luxe de Florence. Il s'en faut bien que le commerce ait la même activité à Pise.

Les Toscans ont l'avantage de parler avec plus de pureté la langue italienne qu'on ne la parle par-tout ailleurs ; mais leur prononciation n'est pas aussi belle que celle des Romains, soit que cela vienne d'un défaut d'organisation, soit de l'habitude : aussi est-il passé en proverbe, *lingua Toscana in bocca Romana*. Les Florentins parlent presque tous de la gorge, & si vîte, qu'il est difficile aux étrangers de les suivre dans leur conversation. Les Siennois parlent encore plus correctement que les Florentins ; c'est Sienne que les étrangers doivent préférer pour bien apprendre la langue italienne.

Les chemins sont généralement beaux dans le Duché, à l'exception de ceux qui vont depuis Sienne jusqu'à l'extrémité du Duché ; mais il faut choisir les belles saisons, à cause du passage des rivieres que l'on est obligé de faire très-souvent à gué, & qui, étant au pied des montagnes, grossissent si subitement après les pluies, qu'il y a de grands dangers à courir pour les voyageurs.

La situation de Florence est admirable, l'aspect de ses environs est séduisant. Florence est située dans un vallon resserré, couvert au nord & au midi par des montagnes ; la Ville est traversée par l'*Arno* du levant au couchant ; les côteaux qui l'entourent sont habités par un peuple nombreux, couronnés de vignes, d'oliviers, de belles maisons de campagne, arrosés par quantité de sources d'eau vive. Le climat de Florence est plus tempéré que celui de Rome & de Gènes, & l'été y est délicieux ; la fin de l'automne & l'hiver y sont très-mal sains ; les plus grandes précautions n'y garantissent pas toujours de la malignité de l'air & des brouillards ; cette intempérie ne cesse que lorsque les gelées prennent : aussi les Nobles & les Bourgeois vont-ils dans les montagnes à la fin d'Octobre, & ne reviennent qu'au mois de Janvier.

Nous ajouterons à ce que nous avons dit du commerce de Florence, que les Florentins nobles, ainsi que les Génois & les Vénitiens, s'appliquent à cette profession, & ils ne dérogent point à leur noblesse ; ils négocient beaucoup en gros & en détail ; le préjugé contre le commerce, qui rend la Noblesse Françoise si pauvre, la tient dans un assujettissement qui n'est onéreux qu'à elle-même, & qui concourt parfaitement aux vues politiques de Richelieu & de ses successeurs.

Les Florentins sont regardés comme les meilleurs économes d'Italie ; ils s'habillent ordinairement de noir à la françoise ; ils portent plus d'attention à se parer dans les fêtes & réjouissances publiques ; ils ont une pénétration naturelle & une finesse d'esprit qui les rend supérieurs aux autres peuples d'Italie.

L'Académie de la Crusca, établie à Florence, jouit dans l'Italie de la même réputation que l'Académie Françoise parmi nous. Les Florentins ont encore d'autres Académies célebres; le Jardin des simples ou Académie de Botanique, est sous les ordres du Gouvernement de la Province, & sous l'inspection d'un Professeur en Médecine, Démonstrateur de Botanique.

La justice civile est très-bien & promptement administrée à Florence; la criminelle y est peu occupée, il n'y a d'exécutions que fort rarement. L'Inquisition y est très modérée, parce que dans toutes ses délibérations, il y a trois Commissaires du Souverain, qui sont les maîtres de les arrêter, en se retirant, si les choses ne vont pas à leur gré. L'Inquisition n'a ni prisons ni Sbirres à Florence.

TOSCANELLA, Ville dans le Patrimoine de S. Pierre, appellée successivement *Salembronia*, *Tyrrhenia*, *Tuscia* & *Tuscania*. Elle est dans la Toscane, & n'est plus aussi considérable qu'elle l'a été autrefois; elle a souffert seize sieges. Les Papes Eutychien, Pascal I, Leon I, Jean I, Luce III, Leon VI, Boniface VI & Paul III étoient originaires de cette Ville.

TOUR DE BOECE, est un édifice très-ancien, mais curieux, bâti à Pavie; c'est dans cette tour que Boëce mourut, après y avoir été gardé l'espace de six mois, & y avoir composé son beau Traité *de Consolatione*, en prose & en vers. Ce fut Théodoric, Roi des Goths, qui lui fit couper la tête, sur le simple soupçon qu'étant Consul, il avoit été en liaison avec l'Empereur Justin.

TOZZI, (*Luca*) grand Médecin dans la pratique & la théorie, né à Aversa, en 1550. Charles II, Roi d'Espagne, connoissant sa réputation, le fit appeller dans sa derniere maladie. Tozzi se mit en chemin, mais Charles mourut avant qu'il ne fût arrivé. Clément XI voulut le fixer à Rome, où il lui promettoit de grands avantages; mais la plus brillante fortune ne put jamais le déterminer à quitter sa patrie. Ses Ouvrages ont été recueillis & publiés en cinq volumes in-4°. à Venise. Il mourut en 1617, ayant le titre de premier Médecin général du Royaume de Naples.

TRABIA, Ville de la Vallée de Mazara, dans la Sicile.

TRAETTA, petite Ville au Royaume de Naples, située sur la montagne où commençoit l'aqueduc dont il reste encore plusieurs arcades, & qui portoit l'eau à l'ancienne Ville de Minturnes, bâtie autrefois sur les frontieres du Latium & de la Campanie. On y voit les restes d'un amphithéâtre, & plusieurs arcades du grand aqueduc; on y voit encore les marais formés par le Gariglian ou Liris, dans lesquels Marius se cacha inutilement aux recherches de Scylla, qui déterra ce grand homme dans ce bourbier, d'où ses satellites n'oserent l'arracher qu'en tremblant.

TRAGONARA ou DRAGONARA, petite Ville au Royaume de Naples, dans la Capitanate, & est située au N. O. de Ferrantino, avec un Evêché suffragant de Benevent.

TRAINA ou TRONIA, Ville de Sicile, presque ruinée, mais qui a eu un Evêché du temps de Saint Gregoire: on croit que c'est la même Ville que Trajanopolis en Sicile. Il y a encore Trajanopolis en Thrace, appellée Zernis avant Trajan, & une autre Trajanopolis en Cilicie, où cet Empereur mourut, & qui étoit l'ancienne *Selinuntes*.

TRANI, *Tranium* ou *Tranum*, Ville au Royaume de Naples, dans la Province de Bari, avec un Château fortifié, & un Archevêché; son port n'est plus si considérable, à cause du limon qui le gâte tous les jours. Cette Ville est grande, mais mal peuplée, dans une campagne très-fertile; elle est le lieu de la résidence ordinaire du Gouverneur de la Province de Bari. Il y a de très-belles maisons: elle est sur le golfe de Venise, à huit lieues O. de Bari.

TRANSTEVERINS; on appelle ainsi les habitans de cette partie de Rome, qui sont au-delà du Tibre, presque tous jardiniers, paysans & cultivant la terre; ils prétendent être les véritables descendans des anciens Romains, & font remonter leurs prétentions jusqu'au temps de Cincinnatus, des Sabins, & ne veulent avoir rien de commun avec le peuple de l'autre partie de Rome, assemblage de gens de toutes les parties de l'Italie, & dont la plus ancienne famille ne remonte pas à la

troisieme

troisieme génération. Les Transteverins sont forts, robustes, fiers, se piquant de valeur, & le prouvant fort souvent aux Sbirres, qui ne se chargent qu'avec peine des commissions que le Gouverneur ou le Barigel leur donne pour quelqu'un du quartier de Transteverone. C'est un des plus grands de Rome, entre le Tibre & le Janicule; il est traversé par la *Strada Longara*; les maisons en sont médiocres; c'est dans ce quartier que *Porsenna*, Roi de Toscane, vint camper, & où *Mutius Scevola*, voulant se punir lui-même de s'être trompé de victime, se brûla la main en présence de ce Roi.

TRAPANO, Ville considérable dans la Vallée de Mazara, au Royaume de Sicile; on y trouve beaucoup de noblesse; son commerce consiste dans ses salines & dans la pêche du ton & du corail qui se fait sur la côte; cette Ville, qui est défendue par une citadelle bien fortifiée & un port avantageux, est située sur une langue de terre qui avance dans la mer, à dix lieues N. E. de Mazara, & dix-huit S. O. de Palerme. Son nom lui vient du mot grec *drepane*, qui signifie une faulx, parce que sa situation en avoit la forme. Elle est bâtie au pied du mont Eryx, à présent Mont *Trapani*. On voit assez près les ruines de la Ville d'Eryx, appellée à présent *Trapano Vecchio*. On pêche dans le port de très-beau corail.

TRAVERTINA, (la pietra) se tire de Tivoli, les anciens Romains l'employoient dans leurs édifices les plus considérables; cette pierre est ordinairement grise & dure comme du marbre, & aussi rude à travailler; elle n'est point sujette à être rougie par l'air, aussi elle est très-propre à faire subsister des bâtimens nombre de siecles entiers: S. Pierre de Rome en est bâtie entiérement, ainsi qu'une grande quantité de portails d'Eglises & de façades de Palais.

TREBIA. La Trebie, riviere célebre par la bataille qu'Annibal remporta sur ses bords contre les Romains, l'an 534 de la fondation de Rome, ou deux cent dix-huit ans avant J. C. Elle prend sa source dans l'Apennin, à quinze milles au-dessus de Gènes; elle traverse une partie de la Lombardie, & va se jetter dans le Pô, un peu au-dessus de Plaisance; on la passe quelquefois à gué, souvent elle est à sec; mais vers la fin de l'automne, & dans le temps de la fonte des neiges, elle grossit si considérablement, qu'elle a plus d'un mille de largeur, & coule avec la rapidité & la fureur d'un torrent furieux. Elle est grossie par les pluies qui tombent dans l'Apennin, & le plus souvent rien n'annonce ses crues, qui surprennent quelquefois les voyageurs qui vont de Turin à Parme, Boulogne, Florence, &c. On ne trouve le long de la Trebie ni barques, ni ponts ni bateaux: ce qui rend ces crues plus dangereuses; il faut attendre que les eaux qui inondent un terrein immense se soient écoulées pour la traverser.

TREBULA, Ville, aujourd'hui MONTE LEONE, dans la Sabine, Province de l'Etat Ecclésiastique; elle est célebre par la bonté de ses fromages dont elle fait un commerce considérable. Il y a un Château assez fort; il paroît qu'elle étoit considérable au temps des Romains, par les inscriptions qu'on voit encore vers l'Eglise de Sainte Victoire, & par les débris d'un théâtre.

TRECOATE, petite Ville de Savoie dans le Comté de Verceil, & dont l'Evêque de Novare est Souverain.

TREMELLIUS, (*Emmanuel*) né à Ferrare, d'un pere Juif, ayant donné dans les opinions des Protestans, passa en Allemagne, de-là en Angleterre, & revint à Hombach pour y enseigner; il passa à Heidelberg, où il eut une Chaire d'Hébreu. Il mit en latin l'interprétation syriaque du Nouveau Testament, & commença une nouvelle traduction de l'ancien sur l'Hébreu. Après avoir encore voyagé, il alla à Sedan enseigner la Langue Syriaque, & y mourut en 1580, âgé de soixante-dix ans. Il étoit très-savant dans les Langues anciennes; cependant ses versions n'ont pas été généralement estimées des Protestans ni des Catholiques.

TREMITI; (les Isles de) *Insula Diomedea*, situées dans le golfe de Venise, dépendent du Royaume de Naples, & particuliérement du Gouvernement de l'*Abruzzo Citra*; elles sont au nombre de trois, 1°. San Dominico, 2°. San Nicolo, 3°. la Caprara. Dans la premiere, il y a un Couvent de Chanoines, & les habitans du pays les reconnoissent pour leurs

Juges. Il se trouve dans ces Isles des oiseaux très-rares, entr'autres le Diomedein. *Voyez* DIOMEDEIN.

TRENTE, *Tridentum* Ville & Capitale du Trentin ou de l'Evêché de Trente, sur les limites du Comté de Tirol, entre l'Italie & l'Allemagne. Elle étoit autrefois Ville Impériale, mais maintenant elle dépend de son Evêque, qui a titre de Prince de l'Empire ; c'est le Chapitre qui l'élit ; on le prend toujours d'entre les Chanoines, qui sont tous nobles. L'Adige, que l'on passe sur un beau pont de cent quarante pas de longueur, baigne les murs de cette Ville, & est souvent nuisible à ses habitans par son débordement. Les Eglises les plus remarquables sont la Cathédrale, dédiée à S. Vigile, celle de S. Pierre, où l'on voit le chapeau du petit S. Simon, & celle de *Sainte Marie Majeure*, qui est toute de marbre ; c'est dans cette derniere que s'est tenu le dernier Concile Ecuménique contre les Protestans, qui commença l'an 1545, sous le pontificat de Paul III, & finit en 1563, ayant été continué sous cinq Papes, savoir, Paul III, Jules III, Marcel II, Paul IV & Pie IV. Le Palais de l'Evêque, qui est hors de la Ville, est magnifiquement bâti, & fortifié en forme de citadelle. Les habitans sont exposés à de grandes chaleurs pendant l'été, & à un grand froid pendant l'hiver. Souvent les fortes gelées les empêchent d'avoir de l'eau, tous les ruisseaux sont alors glacés. Ce pays est situé dans les montagnes ou alpes, dites *Tridentines* ; & la Ville est située dans une plaine d'autant plus agréable, que les collines qui l'environnent, sont extrêmement fertiles & arrosées par les eaux de divers ruisseaux qui coulent de tous côtés. Le commerce du pays consiste en huile, il est abondant en gibier ; il est borné N. par le Tirol & par le Feltrin & le Bellunese, S. par le lac de Garde & le Bressan, à vingt-sept lieues N.O. de Venise.

TRES TABERNÆ, ancienne Ville dans l'Etat Ecclésiastique, qui n'offre plus que des ruines ; elle fut, dit-on, bâtie en même temps que la Voie Appienne. Il est dit dans les actes des Apôtres, que S. Paul, revenant de Rome, passa aux *Tres Tabernæ*, & que quelques Chrétiens y vinrent au-devant de lui. Il en est encore parlé dans l'Histoire des premiers siecles de l'Eglise. L'Evêché de *Tres Tabernæ*, a été réuni à celui de Velletri.

TREVI, (fontaine de) un des plus beaux morceaux de Rome moderne; cette fontaine est située au bas de *Monte Cavallo*, près de la *Strada del Corso* à Rome; elle est formée de l'*Aqua Virgine*, la meilleure qu'on puisse boire à Rome. (*Voyez* AQUEDUCS) Agrippa la fit venir à Rome de huit milles; le bassin principal étoit à la tête du Champ de Mars, au pied du Quirinal, où il est encore; cette eau vierge formoit & forme encore une autre fontaine par un autre aqueduc qui se séparoit du premier : c'est aujourd'hui la fontaine de la place d'Espagne. Ces aqueducs sont l'un & l'autre du temps d'Agrippa; l'aqueduc principal fournissoit de l'eau dans tout le quartier du Champ de Mars; on trouva le château d'eau ou le point de partage de l'eau qui venoit du grand aqueduc, & se distribuoit dans les deux fontaines. Ce beau monument fut dégradé par les Barbares, & les engorgemens empêchoient l'eau de couler. Nicolas V & Sixte IV travaillerent à le rétablir; cet ouvrage fut consommé par Pie IV en 1560; l'eau sortoit comme anciennement par trois bouches sans ornement, à travers un rocher formé de gros quartiers de pierres entassées, tomboit dans un grand bassin. Clément XII y ajouta les beaux ornemens qu'on y voit, & qui font une des plus belles fontaines de Rome: le dessin en est de François *Salvi*, Architecte. C'est une façade majestueuse, formée de trois corps d'architecture, portés sur un soubassement partie brut & partie d'ordre rustique, d'où sortent continuellement plusieurs napes d'eau; du soubassement s'élevent quatre grandes colonnes d'ordre corinthien, portant un Attique, couronné d'une balustrade; entre les colonnes sont trois niches; dans celle du milieu, est un Neptune sur une Conque, tirée par deux chevaux marins, conduits par des tritons; dans les deux niches qui sont de chaque côté, sont deux figures représentant l'une la Salubrité, l'autre la Fécondité, par Philippe *Valle*. Au-dessus de ces deux statues sont deux bas-reliefs où sont représentés Agrippa, faisant conduire l'eau vierge à

Rome, & l'autre, la jeune fille, indiquant la source de cette eau à des soldats. Au-dessus de la corniche sont quatre statues allégoriques, représentant la Déesse des Fleurs, par *Corsini*, la Fertilité des campagnes, par *Ludovisi*, l'Automne & la Fécondité, par *Queiroli*, & le Charme des prairies émaillées ou le Printemps, par *Picelloti*; les armes de Clément XII sont soutenues par deux belles Renommées, de Paul *Benaglia*: la conque de Neptune jette une grande quantité d'eau; on trouve que les rochers ne sont pas assez grands: mais le défaut le plus réel, est que ce grand & magnifique monument est placé dans un carrefour trop étroit.

TREVICO ou VICO D'ELLA BARONIA, en latin *Trivicus*, Ville du Royaume de Naples, dans la Principauté Ultérieure, avec Evêché suffragant de Benevent; c'est une Ville peu peuplée, & peu commerçante.

TREVIGLIO; on appelle ainsi trois endroits qui ne sont qu'à une portée de fusil l'un de l'autre, savoir, *Cusarola*, *Pisnano* & *Portoli*; ils sont situés près de l'Adda, à quatre lieues de Lodi, au Duché de Milan: il s'y tient beaucoup de foires.

TREVISA, TREVIGIO, TREVISE, Ville & Capitale de la Marche Trevisane, dans l'Etat de Venise, bien peuplée & bien fortifiée. Ce fut en 1388 qu'elle tomba sous la domination des Vénitiens; il y a beaucoup de noblesse dans cette Ville; son Université a été transférée à Padoue: son Evêché est suffragant d'Aquilée. Elle a donné naissance à Crotila, Roi des Goths, & à Benoît XI. Trevise donna son nom à la Marche Trevisane ou Trevisan, une des Provinces de l'Etat de Venise, bornée E. par le Frioul & le golfe de Venise, S. par la mer & le Padouan, O. par le Vicentin, N. par le Feltrino & le Bellunese. Elle a environ treize lieues de longueur sur autant de largeur: cette Province comprend le Trevisano, le Feltrino & le Bellunese. Ses habitans tirent de grosses sommes de leur bétail, & font un gros commerce de soie, de draps & de laines. Le terroir est très-fertile, & fournit quantité de grains. La rivière de Piava arrose cette Province; son air est tempéré, ses champs sont agréables & fertiles en toutes sortes de grains & de fruits; ses pâturages sont abondans : elle avoit autrefois pour Capitale la Ville de Venise.

TREVISANUS, (ou *Bernardin* DE TREVISO) Médecin, né à Padoue, fit dès sa jeunesse de si grands progrès dans les Lettres, qu'à l'âge de dix-huit ans il enseignoit la Philosophie à Salerne. Il fut ensuite Professeur de Philosophie dans l'Université de Padoue, & ensuite de Médecine. Il mourut en 1383, âgé de soixante-dix-sept ans.

TRICARICO, *Tricaricum*, Ville du Royaume de Naples, dans la Basilicate, avec Evêché suffragant de Matera.

TRIESTE, *Tergaste* ou *Tergastum*, Ville très-ancienne, dans l'Istrie, avec un Evêché & un port de mer, sur le golfe de Trieste : l'Evêque, suffragant de celui d'Aquilée, est Prince d'Empire. Cette Ville, qui est à trois lieues de *Capo d'Istria*, n'est pas d'une grande étendue ; les rues sont fort étroites, & il n'y a qu'une grande place, qui est celle du Marché. Ses habitans sont fort laborieux, & tous occupés à la navigation ou à la culture des vignes, qui fournissent de très-bon vin. Il se tient tous les ans une foire dans cette Ville, les vingt premiers jours du mois d'Août. La proximité du lac fait que l'air y est mal sain. La Cathédrale, qui est dédiée à S. Juste, Martyr, est ce qu'il y a de plus beau à voir, avec celle des Jésuites. Cette Ville appartient à la Maison d'Autriche, & la Reine d'Hongrie y a toujours un Gouverneur.

TRINITÉ, (la) Abbaye célèbre pour ses archives, dans le Comté de Policastro, au Royaume de Naples.

TRINO, Ville dans le Montferrat, assez bien fortifiée, appartenoit au Duc de Mantoue, qui la céda, en 1631, au Duc de Savoie, par le Traité de Quierasque. Elle est près du Pô, à trois lieues N. E. de Casal ; c'est la Capitale d'une petite Province qui renferme au N. du Pô Luceda & Rondisson, au M. *S. Raphaël*, *Cinzano* & *Gasso*.

TRIPERGOLE, gros Bourg, qui étoit entre le lac Lucrin & la mer ; il y avoit un Hôpital pour les pauvres & les étrangers qui venoient prendre les bains chauds de Tritoli, & trois Hôtelleries très-belles pour les gens riches, avec toutes les commodités & tous les médicamens néceſſaires. Dans l'endroit même où étoit l'Hôpital, au bord de la mer, il s'ouvrit, la nuit du 29 au 30 Septembre 1538, un gouffre d'où ſortit une flamme mêlée d'une épaiſſe fumée, qui fit voler dans les airs des ſables & des pierres ardentes ; les tremblemens de terre, les tonnerres, les éclairs, les pluies de cendres & de feu durerent vingt-quatre heures ; le *Monte Cinere* couvrit le lac Lucrin, & Tripergole fut englouti par les eaux de la mer.

TRISSIN, ou TRISSINO, (*Jean-George*) né à Vicence, d'une famille noble, en 1478, Poëte célebre, & le premier qui depuis la renaiſſance des Lettres ait fait en Europe un Poëme Epique régulier. Il étudia ſous Demetrius Chalcondyle, & s'appliqua à l'étude des Mathématiques, dont il ſe délaſſoit par la lecture des Poëtes Grecs & Latins, & par la compoſition des Poëſies italiennes. Il compoſa ſa Sophoniſbe, Tragédie, dans le goût des Tragédies grecques. Léon X la fit repréſenter à Rome. Il travailla enſuite à ſon Poëme d'*el Italia liberata*, en vingt ſept chants, en vers non rimés. Il fut le premier qui imagina cette ſorte de vers, appellés par les Italiens *verſi ſciolti*. Ce Poëme a pour ſujet L'Italie délivrée des Goths par Béliſaire. Le plan eſt ſage, & d'après les régles d'Ariſtote ; le ſtyle en eſt pur, la narration ſimple ; il y a de l'invention & du génie, mais on lui reproche une poëſie languiſſante. Charles V & Ferdinand ſon frere, vers qui les Papes Léon X & Clément VII envoyerent ſouvent Treſſino en ambaſſade, lui donnerent le titre de Comte. Au couronnement de Ferdinand, Triſſino obtint la préférence ſur les Princes pour porter la queue de la robe de Clément. Il fut marié deux fois, & mourut en 1550. Le Marquis Scipion Maffei donna, en 1729, une édition de tous ſes Ouvrages, en deux vol. in-fol. parmi leſquels on trouve, outre ſa Sophoniſbe & ſon Italie délivrée, *Bale d'el Chriſtiano, colonna d'ella Republica ; Capitolo d'ella vita humana ; Comento delle coſe d'Italia ; Orationi, Epiſtole, Dialoghi, Comedia Regale ; Ritratti d'elle belliſſime donne d'Italia*.

TRITOLI ou TRITOLA, (Etuves de) auprès de Baies ; on

les appelle auffi *Bains de Néron ; Bagni di Nerone*. V. ÉTUVES DE NÉRON.

TRIVENTO, petite Ville dans le Comté de Molife, au Royaume de Naples, avec un Evêché & titre de Comté; elle eft fur la riviere de Trigno, à quatre lieues N. E. de Molife.

TRIVIN, petite Ville du Piémont, dans la Seigneurie de Verceil & la Province de Biele.

TRIUMPHUS, (*Auguftinus*) ou DE ANCONE, né à Ancône en 1243, Religieux Auguftin, Eleve de Lanfranc, fut envoyé à Paris pour y prendre le bonnet de Docteur, affifta au fecond Concile de Lyon, s'acquit beaucoup de réputation par fes prédications & par fon favoir, fut appellé à la Cour de Naples par le Roi Charles II, qui lui témoigna une affection particuliere, & dont le fils Robert, qui lui fuccéda, le fit nommer Général de fon Ordre. Auguftin Triumphus mourut en 1318, âgé de quatre-vingt-cinq ans. Il laiffa des Commentaires fur Ezechiel & fur les quatre Livres du Maître des Sentences, des Sermons, des Traités de Théologie & de Philofophie, contre les Devins & ceux qui expliquent les fonges, &c.

TRIVOLZO, petite Ville avec titre de Principauté, dans le Pavefan, à fept lieues de Pavie, eft l'endroit d'où la Maifon de Trivulce tire fon nom.

TRIVULCE ; la famille des Trivulces, originaire de Trivolzo, eft très-ancienne, & a produit de grands hommes. Jean-Jacques Trivulce, Marquis de Vigéve, fut banni de fon pays par les Gibelins ; il paffa au fervice du Roi de Naples & enfuite à celui de Charles VIII, Roi de France. Lorfque ce Prince alla à la conquête de Naples, Trivulce lui livra Capoue ; il commandoit l'avant-garde de l'armée avec le Maréchal de Gié à la bataille de Fornoue ; il fut fait Chevalier de l'Ordre de S. Michel, Lieutenant Général de l'armée du Roi en Lombardie, prit Alexandrie de la Paille, défit les troupes de Louis Sforce, Duc de Milan, fut établi Gouverneur de cette Ville par Louis XII, en 1500 : ce Roi le créa Maréchal de France. Il fe trouva & s'acquit beaucoup de gloire aux batailles d'Agnadel, de Novarre & de Marignan, & mourut à Châtre au mois de Décembre 1518. Théodore Trivulce, neveu du précédent, servoit sous son oncle dans l'armée françoise à la bataille d'Agnadel. Il se trouva à la journée de Ravenne en 1512. Il abandonna Milan, dont il étoit Gouverneur, après la bataille de Pavie. François I le fit Maréchal de France & Gouverneur de Gênes, en 1427. Il en défendit le Château contre les habitans en 1528, & mourut à Lyon sans enfans en 1531. Il y a encore plusieurs Trivulces de cette famille, illustrés sous la pourpre Romaine, dans les sciences & dans les armées; mais aucun ne s'est rendu aussi célebre que le premier au passage des Alpes en 1515. Il trouva le secret de faire guinder le canon au haut des montagnes. Il disoit, en parlant de la bataille de Marignan, qu'il s'étoit trouvé à vingt autres actions, que ce n'étoient que jeux d'enfans, mais que celle-là étoit une bataille de géans. Accusé auprès de François I par Lautrec, il passa les Alpes à l'âge de quatre-vingts ans pour se justifier. François, en le voyant, détourna la tête ; cette marque de dédain causa sa mort, malgré le repentir que le Roi lui en fit témoigner. Il voulut qu'on mît sur son tombeau: *hic quiescit qui numquam quievit.*

TROIA, Ville forte, au Royaume de Naples, dans la Capitanate, avec un Evêché, dont l'Evêque dépend du Pape immédiatement. Elle a titre de Comté, & appartient à la Maison de Guevara, originaire d'Espagne. Cette Ville fut bâtie vers l'an 1008 ; elle est au pied de l'Apennin, sur la riviere de Chilaro, à treize lieues N. E. de Benevent. Il s'y est tenu trois Conciles, l'un en 1095, composé de plus de soixante-dix Evêques; on y fit plusieurs réglemens, & entr'autres au sujet des mariages entre parens. Il y en eut un second bientôt après, composé de cent Prélats, sur les affaires les plus pressantes de l'Eglise. On fixe le troisieme en 1115, au sujet de la guerre que les Normands faisoient en Sicile.

TRONZAN, Bourg du Piémont, dans la Province de Verceil, peu considérable.

TROPEA, (POSTROPEA, TROPIA, TROPAS) Ville au Royaume de Naples, dans la Calabre Ultérieure, avec un Evêché suffragant de Reggio; elle est très-bien bâtie, & dans une position très-agréable, au haut d'un rocher, près de la mer : la vue en est séduisante.

TRUITE, (la) est un poisson beaucoup plus petit que le saumon, mais qui lui ressemble quant à la forme. On en pêche quantité dans les petites rivieres de la Savoie, au pied du Mont Cenis & dans le lac de Guarde, où l'on en trouve quelquefois de grosses comme les plus belles carpes; elles sont excellentes, & la chair en est très-délicate.

TUDESCHI, (*Nicolas*) plus généralement connu sous le nom du *Panormitain* que sous celui de *Tudeschi*, de *Nicolas di Cicile*, de l'*Abbé Nicolas*, de l'*Abbé de Palerme* qu'il a portés. Il étoit de Catane en Sicile; ce fut un des plus grands Jurisconsultes du quinzieme siecle. Il fut appellé la *Lanterne du Droit*, *Lucerna Juris*. Il fut successivement Abbé de Sainte Agathe, Ordre de S. Benoît, & Archevêque de Palerme. L'Antipape Felix le fit Cardinal & son Légat à *Latere*; mais ayant renoncé au schisme; il se retira dans son Archevêché, où il mourut, en 1445. Ses Ouvrages, dont la plupart sont sur le Droit Canon, ont été recueillis à Venise en 1617, un neuf vol. in-fol.

TURIN, Ville & Capitale du Piémont, avec Archevêché, résidence de la Cour du Roi de Sardaigne, sur le bord du Pô, 45ᵈ. 4″. 15′. lat. Cette Ville l'emporte sur presque toutes celles de l'Italie par la beauté de ses édifices, l'alignement de ses rues & les agrémens de la vie. On fait remonter Turin à un Fetonte, Prince Egyptien, frere d'Osiris, dont le fils, appellé Ligur, donna son nom à la Ligurie. Fetonte s'arrêta au confluent du Pô & de la Doire, où il fonda Turin, 1529 ans avant J. C. Son fils Eridan donna son nom au fleuve que les Gaulois appellerent le Pô. Le nom de Turin vient du taureau, symbole du Dieu Apis. Quoi qu'il en soit de cette fable, Turin, selon Pline, est la plus ancienne Ville de la Ligurie. Il est situé vers l'endroit où les Alpes se séparent de l'Apennin, vers le sommet du triangle que forme la vaste plaine de Lombardie; il est arrosé par le Pô, le roi des fleuves, comme l'appelle Virgile.

Cette Ville est divisée en Ville nouvelle & Ville ancienne; la nouvelle est de la plus grande beauté; & l'ancienne sera aussi magnifique, parce qu'à mesure que l'on y rebâtit, on élargit les rues. Turin est entouré d'un rempart en terrasses, revêtu de bonnes murailles, avec un large fossé, défendu par de bons bastions. Cette Ville a environ une lieue de tour, neuf cents toises de largeur depuis la porte de Suse au couchant jusqu'à la Porte du Pô au levant, & six cents toises depuis la porte du Palais au nord jusqu'à la porte Neuve au midi. Les deux plus belles rues sont la rue Neuve & la rue du Pô; elles aboutissent à des places superbes. La place S. Charles est entourée de beaux portiques, comme la Place Royale à Paris. Il y a dix places, trente-deux rues, qui se croisent à angles égaux, partagent la Ville en cent quarante-cinq quartiers. Les quatre portes sont d'une très-belle architecture; les revêtissemens de celle du Pô sont de marbre, quatre grosses colonnes soutiennent le fronton où sont les armes de la Maison de Savoie; celle du midi est aussi revêtue de marbre, ornée de colonnes & des statues des Princes de cette Maison.

On compte à Turin cent dix Eglises ou Chapelles, la plupart enrichies de marbre, bâties dans le goût moderne, & très-bien éclairées; les principales sont Saint Jean-Baptiste, Cathédrale, fondée en 602 par Agilus, Roi d'Italie, & par la Reine Théodelinde, rétablie par le Cardinal de la Rovere, alors Evêque de Turin, érigée en Archevêché par Léon X en 1515. Le portail est d'une belle pierre & d'une mauvaise architecture; à côté du portail est le clocher, séparé de l'Eglise, suivant l'usage d'Italie, pour que les Eglises ne soient point ébranlées par le bruit des cloches, ni écrasées par la chûte des aiguilles & des tours. L'Eglise est ornée de très-beaux tableaux des plus grands Maîtres; derriere le maître-autel, qui est de marbre, est la Chapelle du S. Suaire, qui forme comme une autre Eglise la plus belle de Turin; l'intérieur est revêtu de marbres, des colonnes groupées de marbre noir poli, dont les bases & les chapitaux sont de bronze poli, supportent de très-belles arcades qui forment les fenêtres, séparées par des niches, ornées encore de colonnes de marbre, une quantité d'exagones, posés les uns sur les autres en forme de voûtes percées à jour, forment la coupole de cette Chapelle, éclairée par cette multitude de fenêtres triangulaires, qui diminuent jusqu'au sommet de la coupole, terminée par une étoile de marbre, qui semble être portée en l'air, & qui n'est soutenue que par ses rayons; l'autel, de marbre noir, est à deux faces, & porte une urne quarrée de marbre, qui renferme la relique du S. Suaire; au-dessus est un groupe d'anges, qui soutiennent une croix de cristal, ornée de rayons de bronze doré: le pavé est de marbre bleuâtre, dans lequel sont incrustées des étoiles de bronze doré. Cette Chapelle est contiguë au Palais du Roi. La relique du S. Suaire avoit, dit-on, été déposée à Liré en Champagne, par Godefroy de Charny, qui l'avoit prise sur les Infideles; la petite-fille de Godefroy, veuve du Comte de la Roche de Villers-Seissel, la porta en 1452 à Chamberi, & en fit présent à Anne de Chypre Lusignan, Duchesse de Savoie; de Chamberi, cette relique passa à Verceil, fut rapportée à Chamberi, & enfin transférée à Turin par ordre d'Emmanuel-Philibert. La Ville de Cadouin en Perigord se vante d'avoir le véritable S. Suaire. La Musique du Roi exécute dans cette Chapelle les chef-d'œuvres des meilleurs Maîtres: Somis & Farinelli y ont brillé long-temps.

Les autres Eglises les plus remarquables sont la *Consolata* des Feuillans, où l'on révere une image miraculeuse de la Vierge; l'Eglise de S. Laurent, près du Château, est presque toute de marbre, le dôme en est superbe; les ornemens & les richesses sont prodigués dans celle du Saint Sacrement. A Sainte Thérese des Carmes déchaussés, on voit une petite coupole, soutenue par six colonnes de marbres de différentes couleurs, sous laquelle est une très-belle statue d'albâtre, de Saint Joseph; les jours de cette coupole sont si bien ménagés, que dans les jours les plus sombres, elle paroît éclairée par le soleil. Dans l'Eglise de Sainte Christine des Carmélites déchaussées, sont deux belles statues, de M. Legros, Sculpteur François, l'une de Sainte Thérese, qui est un chef-d'œuvre. A Saint Philippe de Neri, bâti sur les desseins de Guevara, le maître-autel est orné de six colonnes torses de marbre, entourées de pampres de bronze doré; le tableau de l'autel est de Carle Maratte; celui de S. Philippe de Neri est de Solimene; celui de l'Oratoire est de Sebastien Concha.

Les plus beaux Palais sont dans la rue Neuve & dans celle du Pô; celui du Roi n'a rien de surprenant au dehors; c'est un grand édifice qui forme la face septentrionale de la grande place appellée Piazza Castello; les appartemens en sont vastes & commodes; la grande galerie est enrichie des ouvrages des plus grands Peintres; c'est une des plus belles collections de tableaux qu'il y ait en Italie; les principaux sont la Reine de Saba devant Salomon, de Paul Veronese; l'enlévement des Sabines, de Bassan; l'Enfant Prodigue, du Guerchin; plusieurs petits tableaux de l'Annonciation, de Pierre de Cortonne; les originaux des Saisons, de l'Albane; une tête de la Madeleine, qui pleure, de Rubens; un portrait en pied, de Charles I, d'Angleterre, par un Eleve de Vandyck; l'Hydropique, & plusieurs tableaux, de Gerard Dow; la bataille de S. Quentin, perdue par les François contre les troupes impériales, de Vandyck; une femme, par Gentileski; un vieillard, de Rembrant; un jeune homme, qui caresse un chien, par le Cimiani; un S. Jean, du Guide; le portrait du Prince Thomas, à cheval, par Vandyck, le portrait de Vandyck, par lui-même; & plusieurs tableaux du même; Notre-Seigneur au tombeau, du Bassan; une Vierge, de l'Albane; Porbus, mesurant son crâne, par lui-même; plusieurs autres tableaux du Berghem, de Teniers, de Vouwermans, de Breughel, de Claude le Lorrain, de Jean-Paul Panini, de Vanderwerff, de Solimene, de Carlo Vanloo, &c. Le plafond est de Daniel de Volterre; les appartemens sont meublés avec magnificence, & disposés de maniere que le Roi peut voir les quatre principales portes de la Ville. Au pied du grand escalier, dans une niche, est la figure équestre de Victor Amédée I, la figure est en bronze, & le cheval de marbre, en sautant il culbute des esclaves: le cheval est médiocre. Il y a encore dans les appartemens des tableaux précieux; quatre de Solimene, sujets pris de l'ancien Testament;

une Vierge, du Trévifan ; un cabinet, peint par Carle Vanloo ; deux tableaux de fleurs, de Vanufen ; quatre payfages, du Brughel, &c. Un des morceaux les plus rares, eft la table ifiaque, qui eft dans les archives.

Le Palais des Ducs de Savoie l'emporte pour l'architecture ; il eft dans le goût du péryftile du Louvre ; la façade en eft confidérable, les décorations très-belles, les plafonds des appartemens font de Solimeni.

Les jardins du Palais du Roi font refferrés par les fortifications de la Ville ; Lenoftre, qui les a deffinés, en a fait difparoître les irrégularités & les a diftribués de maniere que quoique le terrein foit petit, le jardin paroît très vafte. Derriere le Palais, eft le beau Manege, couvert, du Comte Alfieri. Le grand théâtre tient au Château, fur les deffins du même ; c'eft un des plus beaux & des plus grands d'Europe ; la falle, proprement dite, a douze toifes & demie dans œuvre, & cinquante-un pieds & demi de hauteur, fix rangs de loges, dont vingt-fix à chaque étage, fans compter celle du Roi & celles des entre-colonnes du théâtre ; chaque loge a fix pieds de large, fix & demi de haut ; leur difpofition eft oblique ou convergente vers le théâtre ; on converfe, on reçoit même des vifites dans fa loge ; on auroit, fans cela, de la peine à tenir à la longueur des repréfentations, qui durent cinq heures, pendant lefquelles ce n'eft qu'un récitatif monotone, mêlé de quelques ariettes très-rares ; l'avant-fcène eft de fept toifes d'ouverture, la profondeur du théâtre de dix fept & demi, ou cent cinq pieds, fans compter une cour de vingt-quatre pieds, qui eft derriere, & fur laquelle, au befoin, on peut jetter un pont levis, d'où l'on peut faire monter des carroffes & des chevaux jufque fur le théâtre, ainfi que le Chevalier Servandoni l'avoit pratiqué au théâtre des Tuileries à Paris : théâtre qu'on a mieux aimé facrifier à la mefquinerie du goût des acteurs, que de le perfectionner.

Après ces deux Palais, celui du Prince de Carignan eft le plus remarquable ; il eft du Guarini, Théâtin : l'architecture eft irréguliere. Le grand efcalier & le fallon méritent attention ; le théâtre de Carignan eft fitué fur la place de ce nom, précédé d'un grand vestibule, soutenu par des colonnes; on y représente des opéra bouffons & des comédies françoises pendant l'été.

Dans la rue du Pô, qui est la plus belle & la plus large, est l'Académie Royale ou Ecole Militaire pour l'éducation de la jeune Noblesse; le bâtiment, le cours & le manege sont analogues à cette institution. L'Université, qu'on dit avoir été fondée en 1405 par l'Empereur Sigismond, est composée de quatre Professeurs pour la Théologie & l'Hébreu, cinq pour le Droit Civil & Canonique, cinq pour la Médecine, Botanique, Anatomie, deux pour la Chirurgie, trois pour la Philosophie, deux pour les Mathématiques, & deux pour l'Eloquence latine & italienne; elle a trois Colleges de Docteurs en Théologie, en Droit & en Médecine, qui assistent aux examens & aux theses. Le bâtiment de l'Université est remarquable; la cour est grande, entourée de portiques, soutenus par des colonnes, & ornés de bas-reliefs, d'inscriptions grecques & latines, & d'autres monumens antiques; la bibliothéque est de trente à quarante mille volumes; il y a un cabinet d'Histoire naturelle & un cabinet d'Antiques.

Toutes les rues de cette partie de la Ville sont belles & larges, tirées à ligne droite; les bâtimens sont de même hauteur, & d'une richesse frappante; chaque maison a un grand vestibule couvert sur la rue, décoré de colonnes & de pilastres, auquel aboutit le grand escalier: le fond de la cour répond au vestibule.

La promenade, appellée du Valentin, à cause du petit Château Royal du Valentin, est la plus belle qui soit en Italie. La principale maison de plaisance du Roi de Sardaigne, est la *Venerie*, dont les appartemens sont magnifiques, & bien meublés. (*V.* VENERIE.).

Les revenus du Roi ne vont pas à trente millions; mais ils sont si bien administrés, qu'il est dans l'abondance de tout; la Sardaigne ne lui rapporte rien, & est pour lui un sujet de dépense.

La Justice est administrée par le Sénat, composé de trois Présidens & de vingt-un Sénateurs, deux Avocats Généraux &

leurs Substituts, deux Secrétaires ou Greffiers, un Procureur & un Avocat Généraux pour les pauvres hors d'état de fournir aux procédures. Il y a une Chambre des Comptes; la Justice pour les affaires de police se rend à l'Hôtel-de-Ville.

La citadelle est une des plus fortes places d'Italie; on célebre tous les ans une fête en mémoire de la levée du siege, à laquelle le Prince Eugene força les François en 1706. Outre la force & la beauté de la citadelle, on y remarque un puits très-profond, dans l'intérieur duquel on a pratiqué un escalier à rampe, dont la pente est si douce, que plusieurs chevaux descendent jusqu'au fond, & remontent sans peine.

Le grand commerce de Turin est en soie; c'est dans cette Ville que se façonne la belle soie du Piémont, qui passe pour la meilleure d'Italie : on en fait des ouvrages admirables.

Il y a plusieurs beaux établissemens dont on n'a point parlé, non plus que de la cour. (*Voyez* SUPERGE, MONT DE PIÉTÉ). On y compte soixante-seize mille habitans; ils sont gais, laborieux, grands, les femmes bien faites. Il y a eu & il y a des Savans très-célebres, M. de la Grange, le Marquis Beccaria, MM. Michelotti, les PP. Gerdil, Castinocente, Ansaldi, Pasini, MM. le Comte Alfieri, Antoni, Allioni, Gaber, Cigna, Caccia, Bartoli, le Comte de Saluces, l'Abbé Barta, &c.

TURSELIN, (*Horace*) Jésuite, né à Rome en 1545; il y fut Professeur pendant vingt ans, & successivement Recteur du Séminaire de Rome, du Collége de Florence & de celui de Lorette. Il mourut à Rome en 1599. Il a laissé une vie de Saint François Xavier, in-4°. Rome, 1596, l'Histoire de Lorette, in-8°. un Traité des Particules de la Langue Latine; mais l'Ouvrage qui l'a le plus fait connoître, est son Abrégé de l'Histoire Universelle depuis le commencement du monde jusqu'en 1598, & continuée par le Pere Philippe Briet, en 1661. Tous ces Ouvrages sont plus remarquables par le style & par la belle latinité, que par l'exactitude, la philosophie & la bonne critique.

TURSI, petite Ville du Royaume de Naples, dans la Basilicate, avec titre de Duché, & un Evêché suffragant de *Cirenza*; elle

elle est située vers le golfe de Tarente, & appartient à une branche de la Maison de *Doria*.

TUSCO, (*Dominique*) né à Reggio en Calabre, grand Jurisconsulte, fut successivement Avocat célebre à Rome, Auditeur de Rote, Cardinal par Clément VIII, qui voulut récompenser son mérite. Il avoit un grand parti pour la tiare, après la mort de Leon XI ; mais le Cardinal Baronius s'opposa à son élection, le trouvant trop libre en propos. Il publia huit volumes in-fol. c'est une espece de Dictionnaire de Droit Civil & Canonique, où il a fondu toutes les matieres du Droit. Il mourut en 1620, âgé de quatre-vingt-dix ans.

TYNDARO, *Tindarus*, petite Ville de Sicile, dans la Vallée de Démona, entre Patri & Milasso ; on y remarque la tour & l'Eglise dédiée à Notre-Dame : c'étoit autrefois une Ville Episcopale, dont la Métropole étoit Syracuse ou Saragossa.

V

VACCARO, (*Dominique-Antoine*) Peintre, Sculpteur & Architecte, né à Naples en 1680. Son pere, qui avoit les mêmes talens, l'appliqua aux Lettres. Vaccaro étudioit peu, & se cachoit pour dessiner. Son pere alors seconda son inclination. Il bâtit à Naples l'Eglise des Religieuses du Mont Calvaire ; il bâtit le théâtre neuf, répara l'Eglise de Monte Virgine, bâtit celle de Saint Michel Archange, & plusieurs autres édifices à Naples ; les Palais Tarsia & Caravita à Portici, l'Eglise de Saint Jean à Capoue, & répara l'Eglise Cathédrale de Pavie. Il mourut à Naples en 1680.

VACHERO, Génois, de basse naissance, mais d'une très-grande fortune, qui l'exposa à la jalousie des Nobles ; indigné des insultes qu'il en recevoit tous les jours, & ne pouvant en obtenir justice des Magistrats, il résolut d'entrer dans les intérêts du Duc de Savoie, & conspira contre la vie du Sénat & des Nobles ; mais son complot ayant été découvert par un

Tome II.   Qq

nommé Radini, qu'il avoit voulu engager dans ses intrigues; Vachero fut arrêté avec trois de ses complices. Le Roi d'Espagne & le Duc de Savoie employerent vainement les prieres & les menaces pour les sauver: les Génois le punirent de mort.

VALCIMARA, petit & mauvais Village dans la Marche d'Ancône, près de Tolentino, vers la fin des Apennins, est entouré dans tous ses environs de bosquets d'arbres de Judée; les haies vives, toutes les plantations sont de ce bois: on le multiplie de toutes façons.

VAL D'ARNO DI SOPRA, vallon très-agréable & fertile, arrosé par l'Arno, dans lequel on trouve Figline, S. Giovanni, Incisa. A *Rignano*, l'Arno semble s'être ouvert un passage à travers la montagne; on trouve dans ce vallon quantité d'os d'éléphans pétrifiés. Il y en a qui prétendent que ce sont les éléphans qu'Annibal amena en Italie; d'autres disent que lorsque le climat étoit plus chaud, les éléphans se sont multipliés dans l'Europe. Mais pourquoi ne trouve-t-on que bien rarement des os d'éléphans pétrifiés dans le reste de l'Europe, & qu'on en trouve beaucoup dans le *Val d'Arno*? Il est vrai que dans quelques pays les os de géant qu'on a cru trouver ne sont que des pétrifications d'os d'éléphant: mais ces découvertes sont fort rares.

VAL-DI-CHESERI, petit district qui dépendoit autrefois du Genevois, au-delà du Rhône, & que le Roi de Sardaigne s'étoit réservé, lorsqu'il céda la Bresse & le pays de Gex à la France, en 1602; mais ce Prince l'a échangé en 1760, contre d'autres petits Bourgs & Villages.

VAL-DI-GARGANO, petit vallon au Royaume de Naples, entre Avelino & Benevent. Cet endroit est ce qu'on appelloit les *Fourches Caudines*, célebre par l'humiliation des Romains, dont les Samnites, leurs vainqueurs, forcerent l'armée de passer sous le joug avec les deux Consuls qui la commandoient.

VAL-DI-MAGIA, est un Fief particulier de l'Empire, au N. O. de la Toscane, entre les Etats de Gènes, de Parme & de Modene, qui appartient en grande partie au Grand Duc de Toscane.

VAL

VAL-OMBROSA, VAL-OMBRE, ou VALOMBREUSE, Abbaye & Monastere célebre dans la Toscane, au Mont Apennin, à six lieues de Florence; c'est le Chef d'un Ordre fondé par Saint Jean Gualbert, sous la regle de Saint Benoît, en 1040; on l'appelle *Vallis Ombrosa*, à cause de sa situation agréable.

VAL-TELINE, (la) appartient aux Grisons; c'est une partie de l'ancienne Rhetie, entre l'Etat de Venise, le Milanois, le Tirol & les Grisons, au pied des Alpes. Teline, qui en est la Capitale, a donné son nom à ce pays. Il est divisé en trois parties, *Terzero di Sopra*, *Terzero di Mezzo* & *Terzero di Sotto*; ses Villes sont *Tirano*, *Sondrio*, *Morbendo* & *Bormio*. Les Espagnols enleverent la Val-Teline aux Grisons, & la leur rendirent ensuite : elle a essuyé quelques autres révolutions.

VALANA, petite Ville du Ferrarois, près des embouchures du Pô.

VALENCE, *Valentia*, Ville au Duché de Milan, Capitale de la Laumeline, qui fait une partie des territoires cédés aux Ducs de Savoie par la Maison d'Autriche, en 1707; elle est défendue par un Château très-fortifié, sur une montagne près le Pô, sur les frontieres du Montferrat, à cinq lieues S. E. de Casal, quatorze S. O. de Milan. Laumello, ancienne Ville, peu considérable, aujourd'hui au N. de Valence, étoit autrefois la Capitale de la Laumeline; les autres Villes de cette contrée sont *Mortara*, *Orno* & *Pieva del Cacio*.

VALENTIN, Château Royal, à demi-lieue au midi de Turin, assez près de celui de Millefleurs, bâti par Madame Royale, sœur de Louis XIII. Les avenues du Valentin sont très-belles, & servent de promenade aux habitans de Turin, qui y jouissent d'un air excellent, d'une très-belle vue, & de l'aspect du Pô, sur les bords duquel le Valentin est bâti.

VALENTIN, Pape, né à Rome, fut élu après la mort d'Eugene II, & n'occupa le Siege pontificat que quarante jours. Il mourut le 21 Septembre 824.

VALERIO, (*Augustin*) né à Venise en 1531, d'une

famille noble, Docteur en Théologie & en Droit Canon, Professeur de Morale à Venise, Evêque de Vérone, & enfin créé Cardinal par Gregoire XIII, étoit l'ami particulier de Saint Charles Borromée, à la sollicitation duquel il composa la *Rhétorique du Prédicateur*; cet Ouvrage estimable a été traduit en françois par M. l'Abbé Diuouard, in-12, Paris, 1750. Il a laissé un très-grand nombre d'Ouvrages, dont on trouve le catalogue dans son Traité *de cautione adhibendā in edendis libris*. Il mourut à Rome en 1606.

VALETTE, (la) Capitale de l'Isle de Malthe, fondée par Jean de la Valette Parisot, Languedocien, neuvieme Grand Maître, mort en 1568; c'est peut-être la Ville la mieux fortifiée de l'Univers; elle est située sur un rocher, à l'orient de l'Isle. Il y a un Evêché & un Hôpital, qui passe pour le plus beau de l'Europe. Les Turcs l'assiegerent vainement, avec toutes leurs forces, en 1565; c'est un des sieges les plus mémorables.

VALLA, (*Laurent*) né à Plaisance, est un des premiers restaurateurs des Lettres & du Goût en Italie. Il vint à Rome, y obtint le droit de Bourgeoisie, & un Canonicat de S. Jean de Latran. Il avoit beaucoup de mérite, mais il le gâta par une présomption ridicule; sa fierté & sa causticité le forcerent de sortir de Rome, & de se retirer à Naples à la cour d'Alfonse, à qui il apprit la langue latine, quoique ce Prince eût cinquante ans. Il se livra encore à son humeur satyrique; il censura le Clergé, n'épargna pas la Religion même. L'Inquisition le condamna au feu; mais Alfonse fit modérer ce jugement, & on se contenta de le fouetter autour du cloître des Jacobins. Il retourna à Rome, & le Pape Nicolas V lui fit un accueil très-favorable. Le Pogge & Valla se déchirerent impitoyablement par des satyres odieuses. Valla mourut à Rome en 1495, âgé de cinquante ans. Il avoit professé les Belles-Lettres & la Rhétorique à Gènes, à Pavie, à Milan, à Naples. Il a laissé *Elegantiarum, Ling. Lat. lib.* VI, Paris, 1575, in-4°. un Traité contre la fausse donation de Constantin; l'Histoire du regne de Ferdinand, Roi d'Aragon ; des traductions du Grec en Latin, d'Hérodote, de Thucidide, de l'Iliade, &c. des notes sur le nouveau Testament ; un Traité de *vero & falso*.

VALLÉES DE LA SESSIA, (les) au N. de la Seigneurie de Verceil, font partie des territoires sur lesquels les Ducs de Savoie avoient des prétentions, & qui leur ont été cédées en différens temps par la Maison d'Autriche : Varallo en est la Capitale. Ces Vallées sont plusieurs en nombre ; elles tirent leur nom d'une petite riviere qui prend sa source dans les hautes Alpes, & qui va se jetter dans le Pô, au-dessous de Casal. On remarque dans ces Vallées *Borgo di Sessia* & *San Maiolo*.

VALLÉES, (les quatre) *Voyez* PIGNEROL.

VALISNIERI, (*Antonio*) Médecin & Professeur célebre ; né au Château de Tresilico, près de Reggio. La République de Venise créa exprès pour lui une Chaire de Professeur de Médecine-Pratique dans l'Université de Padoue. Le Duc de Modene le fit Chevalier lui & l'aîné de ses descendans à perpétuité. Il mourut en 1730, Membre de presque toutes les Académies savantes d'Italie & de la Société Royale de Londres. Il a écrit en italien & en latin. Ses principaux Ouvrages sont *un Dialogue sur l'origine de plusieurs insectes* ; considérations & expériences sur la génération des vers ordinaires dans le corps humain ; un traité de l'origine des fontaines, &c. Tous ses Ouvrages ont été recueillis en deux volumes in-fol. à Venise, par les soins de son fils.

VALSALVA, (*Antonio-Maria*) Médecin, né à Imola, en 1666, Professeur célebre d'Anatomie à Bologne, avoit été Disciple de Malpighi. Il mourut à Bologne en 1723, & laissa plusieurs Ouvrages très-estimés en Italie. Son Traité *de aure humana*, jouit d'une très-grande réputation parmi les Anatomistes. Ses Ouvrages sont écrits en latin, & ont été recueillis à Venise, in-4°. deux volumes.

VALVA, petite Ville au Royaume de Naples, près de *Sulmoné*, dans l'Abruzze Citérieure.

VALVERDI, (*Barthelemi*) Théologien, né à Padoue vers le milieu du seizieme siecle, est Auteur d'un Traité sur la feu du Purgatoire après cette vie, prouvé par l'autorité des Peres Grecs & Latins. Ce Livre est devenu très-rare, & fort recherché, plus par les Curieux des Livres rares, que par les Savans.

VANINI, (*Lucilio*) Athée célebre, né à Taurozano, dans la Terre d'Otrante, en 1585. Il étudia à Paris, & s'appliqua à la Philosophie, à la Théologie, à la Médecine & à l'Astrologie judiciaire. Il fut fait Prêtre, & s'adonna à la Prédication, qu'il quitta ensuite pour d'autres études. Il voulut approfondir la Théologie par le seul secours de la raison, & finit par nier l'existence de Dieu. Il revint en Italie, où il fit des prosélytes; il sortit de Naples avec quelques-uns, parcourut l'Allemagne & la Hollande, prêchant par-tout l'athéisme. Après avoir paru à Genève, il alla à Lyon, d'où la crainte de la prison le fit bientôt sortir, pour se sauver en Angleterre. Il y fut arrêté en 1614: mais on le traita de fou, & on lui rendit la liberté. Il alla à Gènes, semant par-tout son impiété. Il revint à Lyon, contrefit le Catholique, écrivit contre Cardan, & fut encore obligé de se sauver. Il repassa en Italie, revint en France, & s'y fit Moine, dans la Guienne. Il fut chassé de son Couvent, & vint à Paris, où il publia ses Dialogues des Merveilles de la Nature, qu'il dédia à Bassompierre, dont il étoit l'Aumônier. Cet Ouvrage fut censuré par la Sorbonne, & l'Auteur fut forcé de quitter Paris. Il se réfugia à Toulouse, & y enseigna la Médecine, la Philosophie & la Théologie. Le Premier Président le chargea de l'éducation de ses enfans; il leur enseigna l'Athéisme, ainsi qu'à plusieurs autres Ecoliers. Son impiété le fit arrêter: il fut convaincu & brûlé en 1619. Ce malheureux n'avoit que trente-quatre ans; on dit que lorsqu'il fut interrogé s'il croyoit l'existence de Dieu, il répondit, en prenant une paille, & dit qu'il n'avoit besoin que de ce fétu pour prouver l'existence d'un Etre Créateur. Il y a bien des choses qui paroissent absurdes au sujet de Vanini. Son Livre *Amphitheatrum æternæ Providentiæ*, ne fut condamné par la Sorbonne qu'après un examen très-sérieux; & cette Faculté, dit-on, n'en ayant pas d'abord apperçu le venin, l'avoit approuvé. Son Livre des Merveilles secrettes de la Nature, Reine & Déesse des Mortels, fut condamné, & il est regardé comme inintelligible; il est devenu très-rare, parce qu'on l'étouffa dès sa naissance. On dit que le Premier Président de Toulouse lui confia ses enfans, ce qui n'est pas vraisemblable; il ne pouvoit pas ignorer que Vanini avoit été chassé de plusieurs endroits à cause de son Athéisme. On dit encore que lorsqu'on lui fit faire amende-honorable, il répondit à celui qui lui ordonnoit de demander pardon à Dieu, au Roi & à la Justice, qu'il ne reconnoissoit point de Dieu, qu'il n'avoit point offensé le Roi, & qu'il donnoit la Justice au Diable. Comment se peut-il qu'un Athée, tel qu'on suppose Vanini, dise qu'il ne reconnoît point de Dieu, & en même temps qu'il reconnoît le Diable ? Un tel Athée est plus dans le cas d'être traité comme un fol que comme un impie. Il y a beaucoup d'obscénités dans la plupart de ses Ouvrages.

VANNI ou VANNIUS, (*François*) Peintre, né à Sienne en 1563, dut son coloris vigoureux & les graces de ses compositions à l'étude des ouvrages de Fréderic Baroche & du Correge. Il inventoit heureusement, & dessinoit avec correction. Il aimoit & réussissoit à peindre les sujets de dévotion. Clément VIII lui donna l'Ordre du Christ, que Vanni reçut des mains du Cardinal Baronius, qui l'aimoit & le protégeoit. Vanni fut parrein de *Fabio Chigi*, depuis Pape, sous le nom d'Alexandre VII, qui le combla de biens. Ce Peintre fut très-lié avec le Guide. Il étoit grand Architecte, & savant Méchanicien : ses dessins sont fort estimés ; il a gravé à l'eau-forte. Le plus renommé de ses tableaux, est celui de Simon le Magicien, dans l'Eglise de Saint Pierre de Rome. Il mourut dans cette Ville en 1609.

VANONE, (*André*) né à Lamio, dans le Comasque, en Toscane. C'est à Gênes que cet Architecte a déployé ses talens, dans la construction du Palais du Doge, édifice immense; à Sarzane, où il fit creuser une citerne publique, dont tout le monde regardoit le projet comme impraticable. La République de Gênes le nomma son Ingénieur. Il mourut très-âgé, & fort considéré, vers le milieu du seizieme siecle.

VANVITELLI, fameux Architecte, de Rome, a bâti dans la mer, près la Ville d'Ancône, un Lazaret, dans lequel il y a une Chapelle qui renferme les plus belles peintures des meilleurs Maîtres d'Italie, le Palais de Casertes à Naples, &c. C'est un des plus grands Architectes de notre temps.

VAR, (le) fleuve qui sépare la France de l'Italie, a sa source au Mont Cemilione, dans les Alpes maritimes. Il passe près de Nice, & va se jetter dans la mer de Gênes. Les François & les Espagnols passerent ce fleuve en 1744, & pénétrerent en Piémont.

VARALLO. *V.* VALLÉES DE SESSIA, dont Varallo fait partie.

VARCHI, (*Benedetto*) Poëte, Philosophe & Historien, a écrit dans le seizieme siecle l'Histoire de Florence sa patrie, depuis 1440 jusqu'en 1538. Son Histoire a principalement pour objet le temps du pontificat de Clément VII; elle est impartiale & très-bien écrite; la narration est vive, & les détails très-intéressans; on lui en reproche de minucieux: il est Philosophe dans ses réflexions. Nous en avons une traduction françoise, qui le défigure, quoique fidelle; le style du Traducteur en est fort négligé. Varchi a laissé des Poësies italiennes; celles qu'il a intitulées *Capitoli*, se trouvent avec celles du Berni: mais leur obscénité les firent supprimer. Ses Sonnets sont fort estimés; on les a recueillis en deux volumes in-8°. Il mourut à Florence en 1566, âgé de soixante-trois ans.

VARESE, petit Bourg à quelque distance du lac de Lugano, dans le Duché de Milan, est sur-tout remarquable par la quantité de soie qu'on y file.

VAROLI, célebre Médecin & Chirurgien, né à Bologne en 1543. Il professa l'Anatomie à Rome, où il mourut Médecin de Gregoire XIII, à l'âge de trente-deux ans; sa découverte des nerfs optiques a immortalisé son nom.

VAROTARI, (*Dario*) Peintre & Architecte, né à Vérone en 1539. Sa famille étoit de Strasbourg; les troubles de la Religion ayant obligé Théodoric Weiroter, Preteur de Strasbourg, son oncle, de quitter sa patrie, il amena son neveu à Vérone, & le mit entre les mains de Paul Véronese, pour apprendre la Peinture. Padoue & Venise s'honorerent de ses tableaux; il bâtit plusieurs édifices, entr'autres un Casin, sur la Brenta, pour le Médecin Aquapendente, & une Maison de campagne à Dolo pour l'illustre famille des Moncenigo. Un jour qu'il traçoit un cadran solaire dans le premier, l'échafaud sur lequel il étoit, rompit, & Dario tomba sans se faire aucun mal sur l'échafaud qui étoit au-dessous. Il regarda cet événement comme un miracle de Notre-Dame du Mont Carmel, à laquelle il étoit fort dévot, & qu'il invoqua en tombant, & alla en action de graces se consacrer à cet Ordre ; mais tandis qu'il faisoit sa priere dans l'Eglise, il eut une attaque d'apoplexie, & mourut en 1606.

VARZI, petit Bourg du Comté de Bobbio, un des territoires cédés au Roi de Sardaigne par l'Archiduchesse Reine de Hongrie. Varzi & Organasca sont au midi de ce Comté.

VASANZIO, (*Jean* FLAMAND, dit) Architecte. Il fut d'abord Ebéniste, & ses édifices se ressentirent toujours de son premier métier. Le petit Palais qu'il bâtit à la Villa Pinciana pour le Cardinal Scipion Borghese, est si surchargé d'ornemens, de bas-reliefs, de statues, qu'il a bien du rapport avec ces riches cabinets d'ébene, si fort à la mode dans ce temps-là. Il fit achever l'Eglise de S. Sebastien à Rome, & donna le dessin de la façade. Il a fait travailler au Palais de Mondragon à Frescati.

VASARI, (*George*) Peintre & Architecte, né à Arezzo en Toscane, en 1511, Eleve de Michel-Ange & d'André del Sarto. Il n'avoit aucun goût décidé, ce fut la nécessité qui le conduisit à être Peintre. Les leçons & les conseils de ses Maîtres, joints à son application, lui donnerent le goût & la facilité du dessin assez bon, mais n'ayant rien de la fierté de celui de Michel-Ange. Son coloris est foible, ses compositions souvent embrouillées. On voit quelques tableaux de lui à Florence, qui sont estimés, & où il a beaucoup travaillé, ainsi qu'à Rome. Il entendoit sur-tout les ornemens; il se rendit plus recommandable dans l'Architecture que dans la Peinture ; il veilla, conjointement avec plusieurs autres, à la construction du Palais que Jules III fit bâtir à Rome, près la porte du Peuple. Il bâtit à Pise le Palais & l'Eglise des Chevaliers de Saint-Etienne, à Pistoye la coupole de N. D. de l'Humilité, le Palais des Offices à Florence. Il a élevé plusieurs autres édifices ; mais l'Ouvrage qui lui fait le plus d'honneur, est les vies des Peintres, dans lesquelles il fait connoître l'histoire des arts, qui seroit inconnue sans lui. Cet Ouvrage a été traduit en françois. Le Vasari a laissé encore un Ouvrage très-utile, sous le titre de *Réflexions sur les sujets allégoriques*, peints par cet Artiste. Il est mort en 1574.

VATICAN. (le Palais du) Quoique les Papes aient d'abord habité le Palais près l'Eglise de S. Jean de Latran, le Vatican est néanmoins le véritable Palais des Papes. Il fut donné par Constantin à l'Evêque de Rome; on prétend que c'étoit un des Palais même de Néron ; depuis l'an 500, que S. Symmaque commença d'y faire travailler, jusqu'en 1625, qu'Urbin VIII fit construire l'arsenal, il ne s'est point passé de siecle sans que les Souverains Pontifes n'y aient fait des réparations ou des constructions ; on compare son étendue à celle d'une grande Ville ; on y compte quatre mille quatre cent vingt-deux chambres, salles ou galeries, & vingt-deux cours : ses jardins sont immenses. Il est bâti sur la colline ou mont Vatican, ainsi appellé du mot *vaticinari*, *deviner*, *prédire*, parce que c'étoit l'habitation des Prêtres ou Devins d'Etrurie, & ensuite des Augures des Romains. On prétend que l'air y a toujours été malsain, & que c'est pour cela que les Papes l'ont abandonné pour *Monte Cavallo* : cependant Néron y avoit ses jardins. Les plus grands Architectes ont contribué à la beauté de cet immense Palais, le Bramante, Raphaël, San-Gallo, Pirro Ligorio, Fontana, Carlo Maderno, Ferra Bosco & le Bernin. La description de ce Palais, & de tout ce qu'il contient de rare & de précieux, formeroit des volumes ; on ne le parcourra ici qu'en général. On y arrive par la grande & magnifique place de la Basilique de S. Pierre ; après avoir monté le grand escalier du Vatican, par le Bernin, on parvient à la cour des Suisses, ou des loges, formée de trois rangs d'arcades l'un sur l'autre, & d'une derniere galerie en colonnes ou péryftile, ou, comme difent les Romains, *loggia*, on parvient à la grande falle qui fert de veftibule aux Chapelles Sixtine & Pauline. Parmi les tableaux dont cette falle eft ornée, il y en a trois du Vafari, que les François obfervent, mais qu'ils ne voient pas avec plaifir, l'un eft le maffacre de la S. Barthelemi, l'autre l'affaffinat de l'Amiral de Coligny, & le troifieme Charles IX, approuvant ces funeftes exécutions. Dans la Chapelle Sixtine, où les Cardinaux du Conclave vont au fcrutin, bâtie par Sixte IV, eft le célebre tableau du Jugement dernier, par Michel-Ange, frefque immenfe pour la compofition, pour les détails & pour la grandeur, mais encore plus par le génie & par l'imagination exaltée par les idées du Dante : le plafond eft du même Artifte. La Chapelle, bâtie par Paul III, appellée Pauline, eft décorée de deux tableaux, du même, dont l'un repréfente la converfion de S. Paul, & l'autre le martyre de S. Pierre, les derniers ouvrages de ce grand Maître, il les fit à l'âge de foixante-quinze ans. Il y a beaucoup d'autres tableaux & ornemens dans ces deux falles, un combat du Diable & de Saint Michel pour le corps de Moïfe, la chûte de Simon le Magicien, de Zuccheri. La facriftie renferme des richeffes immenfes. Dans les galeries de la cour, qu'on trouve en fortant de ces appartemens, on admire celle qui eft au fecond rang, peinte par Raphaël, ou du moins fur fes deffins, par fes meilleurs Eleves, tels que *Jules Romain, Perrin del Vagna, Penni* & *Jean de Udine* : les fujets en font pris de l'ancien Teftament: ce qui fait donner à cette galerie le nom de Bible de Raphaël. Le premier morceau eft le plus admiré, parce qu'il eft tout entier de ce grand Peintre; c'eft Dieu, porté dans les airs au-deffus des eaux ; il femble avoir faifi le caractere de la Divinité au moment de la création ; ce tableau paroît d'autant plus fublime, qu'il eft relevé par les graces & l'innocence d'Eve, qui fort des mains du Créateur, & dont Adam admire la beauté, fujet du fecond tableau ; les autres ont tous de quoi fixer l'attention d'un connoisseur. Il y a dans les plafonds de cette galerie un très-grand nombre de bas-reliefs antiques, des trophées, des grotesques ; plusieurs de ces ornemens ont été tirés du Colisée, des Thermes de Caracalla, de la *Villa Adriani*. Il y en a de modernes, qui peuvent soutenir le parallèle avec les anciens. Il y a un autre appartement entièrement peint par Raphaël ; il est composé des quatre grandes pieces ou salles en enfilade, appellées les salles de Raphaël, & de plusieurs autres. Ce qu'il y a de bien déplorable, c'est le dégât qu'ont fait à ces peintures les soldats Allemands du Connétable de Bourbon, qui y établit un corps de-garde : la barbarie militaire en établiroit sous les portiques du Paradis, si la férocité des hommes pouvoit aller jusques-là. Ces soldats ne trouvant point de cheminées, faisoient leur feu au milieu de ces salles. Celle où est peint le célebre tableau de l'Ecole d'Athenes, a beaucoup souffert. Le plus étonnant de ces tableaux, est la prison de Saint Pierre, à trois lumieres différentes, celle de la lune, qui éclaire l'escalier, où dorment les gardes de la prison, celle du flambeau, qu'un garde, frappé de la lumiere céleste qu'il a vu dans la prison, vient d'allumer, & de cette lumiere, qui perce à travers les barreaux de la prison, qui se mêle aux autres lumieres, en les dominant sans les éteindre, qui frappe certains objets d'un côté, que la lune ou le flambeau éclaire de l'autre, S. Pierre, conduit par l'Ange, qui verse autour de lui ce torrent de lumiere céleste, ces gardes à demi éveillés, & soulageant, par l'interception de leurs mains, leur vue offusquée. Il est impossible de détailler non-seulement les beautés de chaque tableau, mais même d'entrer dans l'indication historique des sujets. La bataille de Constantin contre le tyran Maxence, est un des morceaux qu'on range dans la premiere classe des grands tableaux; l'incendie du bourg S. Pierre, arrêtée par les prieres de S. Leon, qu'on met à côté de la bataille. Un tableau bien sublime encore, est Héliodore, battu des verges par des Anges, qui le chassent du Temple ; ils le poursuivent avec tant de rapidité, qu'Héliodore paroît voler. La solitude où paroît être le Temple, derriere les Anges, ajoute encore à leur action.

C'est bien dommage que Jules II ait eu l'envie de se faire représenter dans ce tableau. Les autres de cette belle collection sont la Messe ou le miracle de Bolsene, qui représente un Prêtre incrédule, convaincu de la présence réelle de J. C. par le sang qui coule de l'hostie ; Attila, qui voit S. Pierre & S. Paul dans le ciel, qui s'avancent pour combattre contre lui : Jules II s'est fait peindre dans ces tableaux ; la dispute sur le S. Sacrement ; le Parnasse. Il y a encore une infinité de tableaux, de fresques, de bas-reliefs, par le Perugin, Romanelli, de Balthasar Peruzzi ; on a exécuté en tapisseries, à la Manufacture des Gobelins de Paris, les plus beaux tableaux de Raphaël.

Quand le Pape, les veilles de certaines Fêtes, va au Vatican, il loge au Palais neuf ; la salle clémentine est décorée par les peintures des deux Alberti, de Balthazar de Bologne, de Paul Brilli, de Viviani & Cati, de Romanelli. Aux loges du troisieme étage, on voit des fresques admirables, du *Pomerance*, de *J. B. d'ella Marca* & de Paris Nogari, d'Ant. Tempesta, du Cav. d'Arpino ; dans la Chapelle de Pie V, Notre-Seigneur au tombeau, de Pierre de Cortonne ; dans une autre Chapelle le combat des Démons contre les Anges, de Zuccheri ; l'adoration des Bergers, de Carle Maratte, carton. Le plafond du Consistoire est peint par le Guide ; il est en trois tableaux, dont l'un est la descente du S. Esprit, l'autre la Transfiguration, & le troisieme l'Ascension. Dans la galerie ou suite de galerie qui conduit au Belvedere, & qui a cinq cents pas de long, il y a une très-grande quantité de peintures auxquelles on fait moins d'attention, à cause de la supériorité des chef-d'œuvres qu'on vient de voir. On a peint dans certaines parties des cartes géographiques de l'Etat Ecclésiastique.

Enfin on parvient au Belvedere, qu'on appelle aussi la tour des vents, parce qu'il est plus élevé que tout le reste du Vatican. Au fond du corridor ou galerie qui y conduit, est la fameuse statue de Cléopatre mourante ; elle est colossale, trois fois grande comme nature, elle a une vipere ou aspic autour du bras ; de la base partoit une nappe d'eau qui tomboit dans un bassin, mais heureusement elle est tarie. Cette statue si belle n'étoit point faite pour orner une fontaine; c'est du pied de cette fontaine qu'on monte à la cour des statues du *Belvedere*, la plus belle collection de l'univers. C'est là qu'on voit l'Apollon, le Laocoon, l'Antinoüs, Commode, le Torse ou tronc d'Hercule, &c. L'Apollon est du plus beau marbre de Paros, trouvé à Nettuno sous le pontificat de Sixte V; il est de la plus grande taille naturelle; ses bras sont dans l'attitude du dieu, qui vient de décocher sa flèche contre le Serpent Pithon; un reste d'arc est dans sa main gauche; il porte son carquois sur ses épaules, & une légere draperie s'étend de l'épaule au bras gauche, le reste du corps est nu; les jambes ont été mal restaurées, il n'a qu'un seul doigt à la main gauche; malgré ces accidens, l'Apollon passe pour la statue la plus parfaite qu'il y ait à Rome; on croit que c'est la même qui étoit au Temple de Delphes, qui rendoit des oracles, & qu'Auguste fit transporter à Rome. Le Laocoon, qu'on regarde comme le chef-d'œuvre de la sculpture antique, fut trouvé dans les Thermes de Titus, sous le pontificat de Jules II : Michel-Ange le regardoit comme un miracle de l'art; Laocoon implore le secours du ciel en faveur de ses deux fils, déchirés comme lui par les serpens qui les serrent tous les trois; on attribue ce beau groupe à trois Sculpteurs de Rhodes, Agesandre, Athenodore & Polydore : Michel-Ange a restauré un des bras en stuc. L'Antinoüs, que sa beauté engagea Adrien de faire regarder comme un Dieu après sa mort par les stupides Romains. Cette statue, qui avoit beaucoup souffert, a été réparée des morceaux même de la statue; on le met au-dessus de l'Antinoüs du Capitole. Le Commode, sous la figure d'Hercule, est revêtu de la peau de lion, & tient le petit Hylas dans ses bras; c'est ainsi que Commode aimoit à se faire représenter. Deux Venus, une statue colossale du Nil, de marbre d'Egypte, est entourée d'enfans, dont un est monté sur la corne d'abondance, pour marquer la hauteur à laquelle il falloit que les eaux du Nil s'élevassent pour la produire. On y voit encore deux urnes antiques, chargées de bas-reliefs : ces ouvrages sont grecs, plusieurs masques antiques; & le fameux torse ou tronc d'Hercule, par Apollonius d'Athènes, si parfait, que Michel-

Ange en a fait l'objet continuel de ses études. On voit dans un des appartemens les modeles des principaux bâtimens de Rome. Un des objets les plus curieux du Vatican est la fameuse bibliothéque. (*V.* Bibliotheques).

Il y a deux jardins au Vatican ; l'un qu'on appelle le jardin secret, dépend du Belvedere, le parterre est environné d'une galerie en arcades, par le Bramante ; dans des niches sont une pomme de pin de bronze, de onze pieds de hauteur sur cinq & demi de large, & deux paons, aussi de bronze ; on croit que c'étoient des ornemens du tombeau d'Adrien. On descend du parterre sur une terrasse qui domine Rome, ornée d'une cascade, qui tombe d'un rocher dans un bassin, où l'on voit un petit vaisseau de bronze avec tous ses agrêts, d'où partent une infinité de jets d'eau, qui forment une nouvelle cascade : il sort des canons des sources d'eau dont le bruit imite en petit celui de l'artillerie. Le grand jardin est formé d'une grande quantité d'allées, couvertes de bosquets, de perspectives & de fontaines, & sur-tout de belles plantations d'orangers, de lauriers, de myrthes, de jasmins. On voit au milieu de ce jardin un casin ou petit édifice, bâti sous le pontificat de Pie IV, par Pirro Ligorio, sur le modele antique d'un bâtiment qui avoit été fait sur le bord du lac Gabinius ; il est quarré, il est précédé d'une petite cour ovale, avec deux portes aux extrémités ; vis-à-vis du bâtiment, est une petite loge, avec huit colonnes de granit oriental ; au milieu de la cour, est un bassin dans lequel tombent les jets d'eau croisés d'enfans qui pissent continuellement ; sous la colonade qui est au-devant du casin, où l'on plaçoit les images des Dieux Lares, est une très-belle statue antique de Cybelle, assise & couronnée de tours. Cette statue est très-belle. Il y a dans ce jardin quelques-autres objets dignes de l'attention des curieux.

Vaucluse, *Vallis Clausa*, ainsi appellée parce que ce lieu est resserrée dans des vallées du Comtat Venaissin ; il y a une fontaine célebre, qui sort d'un antre vaste & profond, au pied d'une montagne ; elle est environnée de plusieurs autres petites sources de distance en distance. Cette fontaine abondante forme tout auprès la riviere de Sorgues très-poissonneuse; c'étoit-là que Pétrarque soupiroit ses amours pour Laure: ses vers ont rendu immortel le nom de la fontaine de Vaucluse.

UDINE, *Utinum*, Ville Capitale du Frioul, bâtie, selon les uns, par les Ducs d'Autriche, selon les autres, par les *Huns*. Après la ruine d'Aquilée, le Siege du Patriarche y fut transporté; c'est une place très-forte, qui appartient aujourd'hui à la Maison d'Autriche. Udine est très-fertile, & assez bien peuplée; elle est située sur le Taglimento & le Lisonzo; c'est la patrie de *Léonard Mathei* & de *Jean de Udine*. Les autres Villes du Frioul sont *Cindad di Friuli*, *Venzone*, *Marano*, *Palmanuova*, *Concordia*, *Porto Gruero*, *Ponte à Fetta*, *Coloredo*, *Castel-Nuovo*, *Tolmezzo*, *Monte Regale*, *Solambergo*, *Polemigo* & *Maran*, *Monte Falcone*.

VEDANA & ROMAGNO, sont, après Feltri, les lieux les plus distingués du Feltrin, petite Province de l'Etat de Venise.

VEGLIA, est une des Isles de la Dalmatie, qui appartient aux Vénitiens. Il y a dans cette Isle une Ville assez considérable, dont l'Evêché est suffragant de Zara, avec un fort Château & un bon Port. Les chevaux y sont très-bons, & ils ont la corne du pied si dure, qu'on peut se passer de les ferrer.

VEGO ou VEGIO, (*Maffée*) Dataire du Pape Martin V, né à Lodi en 1390, a composé quelques Traités de Morale, un Traité d'Education, & des Poësies Latines. Il mourut à Rome en 1459.

VEILLANO, petite Ville du Piémont, dans le Marquisat de Suze, commandée par un vieux fort, qui tombe en ruine; elle est entre S. Michel de la Cluse & Rivoli. S. Michel, qui est à demi-lieue, est une fameuse Abbaye de Bénédictins, le Bénéfice le plus considérable du Piémont, par ses revenus & par la quantité de Bénéfices qui sont à la collation de l'Abbaye. Quant à *Rivoli*, voyez ce mot. Veillane est située sur une hauteur, arrosée par la Doire, à six lieues N. E. de Turin. Cette Ville est fameuse par la bataille que les François y gagnerent contre les Piémontois en 1630.

VELINO,

VELINO, riviere qui a sa source dans les montagnes de l'Abruzze Ultérieure, passe à Rietti, va se jetter dans le lac Luco, en sort, forme la célebre cascade de Terni, & va, à quelque distance de sa chûte, se joindre à la riviere de *Nera*, dont il prend le nom, quoiqu'il soit beaucoup plus considerable. Le Velino est conduit à la grande cascade par un canal fort ancien, creusé par *Curius Dentatus*, l'an 671 de Rome. Cette riviere a une propriété singuliere ; c'est de pétrifier à une certaine profondeur de la terre les racines des arbres, qui ne changent point de forme, & qui prennent seulement la couleur du sable gris qui les environne ; l'arbre n'en est ni moins frais ni moins beau, toute la montagne en est couverte ; la pétrification ne s'étend qu'à un demi-pied environ de profondeur. Les racines plus profondes n'en souffrent point. Dans les campagnes arrosées par le Velino, les hommes & les animaux sont fort sujets à la pierre. Les Chirurgiens y sont très-experts à en faire l'extirpation.

VELLEIA ; (les ruines de) on les voit à sept lieues de Plaisance, vers le midi, au pied du *Moria* & du *Rovinasso*, hautes montagnes de l'Apennin, dont l'écroulement de quelques rochers détachés de ces montagnes, écrasa, dit-on, *Velleia*. L'Infant, Duc de Parme, a fait fouiller depuis 1760 dans ces ruines. On a conjecturé du grand nombre d'ossemens, de médailles & de monnoies qu'on y a trouvées, que les habitans furent surpris & engloutis avec toutes leurs richesses ; une matiere bitumineuse, & qui s'enflamme à l'approche du feu, deux fontaines qui sont aux environs, dont l'une bouillonne sans que l'eau soit chaude, & l'autre s'enflamme à sa surface, quand on en approche un flambeau allumé, des médailles fondues, & quelques matieres noires, ont fait croire que le renversement de cette Ville avoit été occasionné par un volcan. On ignore le temps & la maniere de la destruction de cette Ville ; on y trouve des monumens postérieurs à Constantin. Les rochers qui couvrent les ruines à plus de vingt pieds, rendent la fouille très-difficile & presqu'infructueuse, parce que tout est écrasé ; on apperçoit seulement quelle étoit l'étendue de la Ville, qu'elle étoit bâtie sur le penchant de la colline, que les maisons étoient séparées en forme d'Isle, & formoient différens étages, qui se communiquoient par des degrés, que les appartemens inférieurs des maisons étoient placés sur un faux plancher, soutenus par des piliers de terre cuite, où l'eau pouvoit circuler & garantir les maisons de l'humidité; quelques-unes étoient pavées en marbre, d'autres en mosaïques; on y a trouvé des peintures, des bustes en marbre, des vases de bronze, incrustés en argent, &c.

Vers le milieu de l'endroit qui a été fouillé, est une place publique très-ornée; une inscription, en lettres de bronze, qui traverse la place, apprend qu'elle fut pavée de grosses pierres; elle étoit environnée de colonnes de marbre, dont quelques-unes y sont encore, avec un canal tout autour pour l'écoulement des eaux; il y avoit de très-beaux sieges de marbre, soutenus par des lions: au milieu étoit un autel consacré à l'Empereur Auguste. On peut voir dans la Gazette Littéraire d'Europe un long détail des autres antiquités trouvées à Velleia; c'est de là que nous avons pris la plus grande partie de ce que nous en avons dit. Il reste encore une grande partie de la Ville à fouiller.

VELLETRI, *Velitræ*, dans la Campagne de Rome, Ville très-ancienne, située sur une colline agréable, à vingt-trois milles de Rome. C'étoit la Capitale des Volsques. Les Romains s'en emparerent sous le regne d'Ancus Martius; elle secoua leur joug, & ne la reprirent que trois cent quatre-vingt-seize ans avant J. C. par le secours de Camille, alors âgé de quatre-vingts ans, qui chassa les Gaulois du bord du Teverone, où ils s'étoient avancés. Cette Ville a souffert beaucoup de révolutions. On y trouve quantité de ruines; elle est très-grande, & bien bâtie, avec plusieurs fontaines. Une des plus belles places de Velletri, est celle où l'on voit la statue d'Urbin VIII, en bronze, & représenté assis dans un fauteuil, posé sur un piédestal: elle est du Cavalier Bernin. On admire le Palais Ginetti, bâti par Martin Lunghi, célebre Architecte; l'escalier est de la plus grande beauté; on voit à l'une des façades trois étages de portiques, ornés de bas-reliefs, &c. On dit que les jardins ont deux lieues de tour ; ils sont ornés de jets d'eau, de fontaines & de quantité de pieces d'eau. En 1744, pendant la guerre de l'Empire & de l'Espagne, un des Généraux de la Reine d'Hongrie surprit Velletri. Le Commandant ne se déconcerta pas, alla au-devant du Général, lui offrit le café, & l'amusa jusqu'à ce que quatre mille hommes de troupes napolitaines, qui étoient en marche pour venir au secours de Velletri, fussent arrivées ; elles forcerent la porte & la garde allemande, & firent prisonnier le Général Autrichien avec ses troupes. Cet événement se passa dans la nuit, sans presque effusion de sang, & en moins de trois ou quatre heures. L'entreprise de Velletri manquée obligea les Autrichiens de se retirer, & la guerre finit de ce côté-là. Velletri est à cinq lieues de la mer, à neuf S. E. de Rome. Cette Ville est célebre par la naissance d'Auguste.

VELLUTELLO, (*Alexandre*) Littérateur, né à Lucques, a vécu dans le seizieme siecle, & a composé un Commentaire sur le Dante, qui facilite la lecture de ce Poëte difficile. Il se donna bien des peines pour composer la vie de Pétrarque, & des Commentaires sur ses Ouvrages ; il se transporta à Avignon, pour y recueillir tous les monumens qui pouvoient concerner ce Poëte célebre. Il a fait quelques-autres Commentaires sur d'anciens Poëtes Italiens.

VENAFRO, Ville & Principauté au Royaume de Naples, dans la Terre de Labour, près de Volturno, à onze lieues O. de Capoue & à quatre du Mont Cassin. Cette Principauté appartient à la Maison Savelli ; ses environs sont plantés d'oliviers ; le territoire de Venafre étoit estimé par les Anciens, à cause de ses bains chauds. Hor. Od. IV, L. II.

VENAISSIN, (Comtat) ainsi appellé, dit-on, de Venasque, qui en fut autrefois la Capitale, pays appartenant depuis peu à à la France, mais qui a été rendu au Saint Siege ; il est situé entre la Provence, le Dauphiné, le Rhône & la Durance ; Carpentras en est aujourd'hui la Capitale. Les autres Villes sont Cavaillon, Vaison, Lille, Boulenes, Vautrias, Masan, Avignon, &c. Ce pays est très-beau & très-fertile.

VENANTIUS-FORTUNATUS, Evêque de Poitiers, né en Italie ; après avoir fait ses études à Ravenne, il alla à Tours, où il se lia d'une étroite amitié avec Gregoire, Evêque de cette Ville. Il enseigna la Politique à Sigebert, fils de la Reine Radegonde. Il composa un Poëme en quatre livres de la vie de S. Martin, en reconnoissance de ce que, par l'intercession de ce Saint, Fortunat fut guéri d'un mal d'yeux.

VENERIE ROYALE, (la) belle maison de plaisance du Roi de Sardaigne, à une lieue de Turin, entre le Pô, la Sture & la Doire. Les appartemens en sont très-beaux ; on y voit quelques tableaux de Daniel Michieli, représentant plusieurs momens de chasse. La plupart des tableaux furent enlevés de ce Château par les François en 1706. L'Eglise est d'une belle architecture ; l'orangerie passe pour un morceau très-curieux ; elle a cinq cents pieds de long sur quatre-vingt-dix de large : les jardins répondent à la magnificence du lieu. Ce Palais magnifique est de Giuvara. On remarque parmi les tableaux un S. Augustin & un S. Sébastien, de Sébastien Ricci, & un S. François de Salles, de Sébastien *Concha*.

VENERONI, (*Jean*) né dans le Duché de Florence, au commencement du dix-septieme siecle, fit une étude particuliere de sa Langue ; il vint en France, & l'y enseigna avec beaucoup de succès. Il y fit connoître la Littérature italienne. Il publia d'abord sa Méthode pour apprendre l'Italien ; il donna ensuite son Dictionnaire italien & françois, françois & italien, in-4°. une Traduction italienne de Fables choisies ; une Traduction françoise des Lettres de Loredan, & les Lettres du Cardinal Bentivoglio.

VENIERO, (*François*) Noble Vénitien, regardé comme un des plus grands génies de l'Italie. Il publia dans sa jeunesse des Traités de la volonté de l'ame, du destin ; son mérite le conduisit à des places très-importantes, qu'il remplit avec l'applaudissement général. Il travailloit à rétablir l'Université de Padoue : mais la mort l'enleva, dans un âge très-avancé, en 1581.

VENISE, une des plus belles Villes de l'Europe, & des plus

ngulieres du monde, subsiste depuis près de mille trois cents ans, sans qu'aucun ennemi ait jamais pénétré dans son sein, ni lui ait fait craindre les horreurs d'un siege. Elle est située dans les Langunes, espece de lac séparé de la mer par des bancs de sable, & formée de cent cinquante isles, unies par plus de quatre cents ponts, dont plusieurs sont très-beaux. Ceux qui la connoissent, & qui l'ont habitée, prétendent qu'on ne peut s'en faire une idée qu'après l'avoir vue ; elle est toute bâtie sur pilotis, & coupée par un nombre infini de canaux remplis des eaux de la mer, qui la divisent en isles ; les ponts sont à une seule arche, sans parapet : ce qui est dangereux pour les étrangers, exposés à se laisser tomber dans les canaux ; ils y trouvent encore un autre inconvénient, c'est que les différens détours qu'il faut faire dans un si grand nombre de rues étroites, quoique propres & pavées de pierres, font de Venise un vrai labyrinthe, qu'il faut étudier, & qui leur en rend le séjour désagréable ; aussi disent les Italiens :

Venezia la Ricca,
Chi pocco la vede, la prezza ;
Chi la vede troppo, la sprezza.

Un autre inconvénient encore, c'est que comme le plain-pied de toute la Ville est tout au plus à six pieds au dessus du niveau de l'eau, en traversant les ponts, il faut monter quelques degrés, qui sont presque tous d'une certaine pierre blanche, dure & glissante, qui a donné lieu à ce proverbe ancien, qui avertit de se méfier des quatre P de Venise : *Pietra Bianca*, *Putana*, *Prate*, *Pantalone* ; c'est ainsi que le Peuple appelle les Nobles. Les rues sont comme celles de Gènes, pavées de grands carreaux de pierre dure ; mais comme elles sont étroites, les appartemens du premier étage & les boutiques sont fort sombres ; les quais ne sont pas en grand nombre, le plus beau & le plus long est celui qui va vers l'isle de Murano. La promenade en est belle ; les plus agréables, après celui-là, sont les quais de la *Zecca*, de la *Dogana* & du *Porto*, où aboutit la place de Saint Marc. Malgré ces défauts, cette Ville, qui paroît sortir du mi-

lieu des eaux, a quelque chose d'imposant. C'est ce que Sannazar a bien exprimé dans ces vers, qui engagerent le Sénat à
remercier le Poëte par un décret, & à lui donner une gratification
de six cents écus d'or.

Viderat Adriacis, Venetam, Neptunus in undis
Stare Urbem, & toto ponere jura mari.
Nunc mihi Tarpeias, quamtumvis Jupiter arces,
Objice & illa tui mœnia Martis, ait.
Si Pelago Tyberim præfers, Urbem aspice utramque,
Illam Homines dices, hanc posuisse Deos.

» Lorsque Neptune eut vu Venise s'élever du milieu des eaux,
» & donner des loix à la mer, Jupiter, s'écria-t-il, vante-moi
» maintenant les forteresses du rocher Tarpeien, & ces murs que
» ton Mars a bâtis; si tu préferes le Tibre à l'Océan, contemple
» l'une & l'autre Ville, & tu diras: celle-là fut construite par les
» Hommes, celle-ci est l'ouvrage des Dieux.

Les deux plus beaux canaux de Venise sont le canal de *Reggio*,
où est le quartier des Juifs, & celui qu'on nomme *Canal Grande*.
Le grand canal partage la Ville en deux parties presqu'égales;
il forme une très-belle riviere, & c'est au milieu qu'est le fameux pont de Rialte : il commence à la place de Saint-Marc.
L'inégalité des ponts & la sûreté de la Ville font qu'il n'y entre
point de voitures; tout le service, les transports des marchandises & de tous les fardeaux, se font par le moyen des canaux,
sur lesquels on voit continuellement une immense quantité de
gondoles, qui abordent tout près des maisons. Les canaux,
qui sont bordés de quais, forment des rues très-agréables, & la
plupart très-riches, par la quantité & l'opulence des marchands.
Ce canal est bordé de chaque côté d'assez beaux Palais; les
plus considérables sont ceux de Pezaro, Morosini, Loredano,
Pizani, Rosini, Foscarini, Vendromino, Grimani, Cornaro,
&c. La plupart de ces édifices ont été construits par Palladio,
un des plus grands Architectes; ce n'est pas l'immensité des
bâtimens qui se fait admirer, mais la régularité. Chaque étage

est soutenu par des colonnes, d'un ordre différent ; & suivant les connoisseurs, rien n'approche plus du goût des monumens de l'Architecture grecque antique. Une des singularités les plus remarquables, c'est que tous ces édifices sortent de l'eau, & sont fondés sur pilotis, néanmoins ils sont de la plus grande solidité ; il y a plusieurs de ces Palais qui sont construits depuis plus de huit cents ans, sans qu'il y ait jamais été fait la moindre réparation, ce qu'on attribue aux fondations profondes des pilotis, qui ne prennent jamais le jour, & à une croûte ou enduit extérieur très-tenace & épais, formée par le dépôt de l'eau des canaux, chargée de matieres étrangeres, unies par une espece de bitume. Au milieu de chaque Palais, regne une galerie qui le coupe en travers, & qui communique aux autres appartemens ; les plus beaux appartemens sont pavés d'une espece de stuc ou mastic, formant differens dessins, & représentant le marbre ; les matériaux, dont les Palais & les édifices sont bâtis, sont de grands quartiers de pierre d'Istrie, qui est blanche & fort dure, ou de marbre.

Venise est divisée en six quartiers ; on y compte soixante-douze Paroisses, cinquante-quatre Maisons Religieuses d'hommes, dont dix Abbayes, vingt-six Communautés Religieuses de femmes, dix-sept Hôpitaux ou Conservatoires, dix-huit Chapelles pour les Confrairies. Cette Ville, qui, par sa situation, devroit craindre d'être submergée par les eaux de la mer qui l'environnent, est garantie des inondations par des isles longues & étroites que forme un grand banc de sable, que les Vénitiens appellent *il lido*, situé à quelque distance de la Ville, du nord au sud dans la grande mer ; ces bancs de sable, les lagunes, le peu de profondeur des canaux, font la sûreté de Venise, par l'impossibilité où sont les vaisseaux de guerre d'y aborder, & par la difficulté qu'auroient les moindres barques d'entrer dans les canaux, si elles n'étoient conduites par des matelots du pays même.

On regarde comme le premier quartier celui de S. Marc ; la place de S. Marc est bordée de belles constructions d'architecture uniforme ; l'Eglise de S. Marc n'est ni la plus grande ni la plus belle : mais elle est la plus ornée & regardée comme la première, parce que l'Eglise Métropolitaine est trop écartée, & que d'ailleurs c'est à S. Marc que la Seigneurie assiste à toutes les cérémonies qui se font au nom de la République; elle fut construite telle qu'on la voit encore, au dixieme siecle, par le Doge Pietro Orscolo; elle porte par-tout un lion, symbole de S. Marc; ce bâtiment est d'une architecture gothique, peu exhaussée, formée de cinq dômes, dont celui du milieu est plus grand & plus élevé que les autres; elle porte par-tout les marques des usages grecs, qui s'y observoient autrefois; d'ailleurs les ornemens y sont prodigués, les marbres, les mosaïques, l'albâtre couvrent les murs, les coupoles, mais l'humidité en a terni l'éclat; des galeries ou corridors tournent autour de l'Eglise, & traversent d'un arc à l'autre, soutenues par des colonnes de marbre antique, apportées de Constantinople & de la Grèce, de Palestine & de Syrie. A l'extérieur, sont deux petits ordres de colonnes, qui ne vont qu'environ à la naissance des arcs; ces colonnes sont très-précieuses, mais la matiere a fait négliger le goût; une galerie découverte & ornée d'une colonade de marbre à hauteur d'appui, entoure l'Eglise de trois côtés. Au-dessus des cinq portiques qui forment le vestibule, s'élevent cinq grands arcs, couronnés d'ornemens de marbre, travaillés dans un goût grec, qui tient beaucoup du gothique, séparés par des niches à trois étages, dans lesquelles sont des statues de marbre; une large fenêtre, dans le grand arc du milieu, est surmontée d'un lion de cuivre doré; au-devant de la fenêtre sont quatre chevaux de bronze antique, attribués à Lisippe, & qui avoient décoré l'arc de Néron, celui de Trajan & celui de Constantin. On admire dans l'intérieur le grand autel, placé sous un pavillon de pierre serpentine, soutenu par quatre colonnes de marbre blanc, le tabernacle formé de lames d'or, avec des figures encadrées dans des niches de pierres précieuses; on voit à l'autel du Saint Sacrement quatre colonnes d'albâtre transparent comme du cristal; dans la Chapelle ducale, quatorze statues, la Sainte Vierge, S. Marc, & les douze Apôtres, la plupart de Sansovino; les portes de l'Eglise sont de bronze, ornées de beaux bas-reliefs.

Le tréſor de Saint Marc eſt un des plus riches qu'il y ait en Italie; on y conſerve l'Evangile manuſcrit de Saint Marc, qu'on prétend avoir été écrit par lui-même; une fiole remplie du ſang qui coula de l'image de J. C. que des Juifs crucifierent; une partie de la vraie croix; un des clous de la paſſion, une épine de la couronne de J. C. un morceau de la colonne de la flagellation; des lambeaux du manteau de la Vierge; le bras de S. Luc; le doigt de la Madeleine; le crâne de Saint Jean-Baptiſte; un miſſel, rempli de miniatures, par Clovio, Diſciple de Jules Romain; des diamans, des pierres précieuſes, des ouvrages les plus beaux en or, & en pierreries, des couronnes, des reliquaires d'une richeſſe immenſe, & une très-grande quantité de morceaux uniques, exigeroient une deſcription particuliere. Le corps de Saint Marc eſt un ſecret qui n'eſt connu que du Doge & des Procurateurs; il n'y a qu'eux qui ſachent où il eſt dépoſé. Le bonnet du Doge, qui ſert à ſon couronnement, n'eſt pas la piece la moins riche de ce tréſor, dont les Procurateurs ſont chargés; le clocher vis-à-vis de S. Marc, dans l'angle ſaillant des Procuraties, eſt iſolé; on a lieu d'être étonné quand on conſidere qu'une maſſe ſi lourde & ſi haute eſt élevée ſur des pilotis, & dans un auſſi petit eſpace; elle a trois cent ſeize pieds de hauteur, en y comprenant l'ange d'or, qui lui ſert de girouette; l'eſcalier de cette tour, qui eſt quarrée, eſt ſans degrés; c'eſt une muraille en pente douce qui ſert de marches, & faite en forme de limaçon, la ſtructure en eſt ſi commode, qu'on pourroit y monter à cheval juſqu'au haut.

Le Palais de S. Marc, où demeure le Doge, eſt de la plus grande magnificence, quoique gothique; on y entre par huit portes, dont quatre ſont ſur le canal, deux dans l'Egliſe, une ſur la grande place, & une autre ſur la petite; il eſt environné de portiques ouverts, ſoutenus par des colonnes de marbre, dont les baſes ſe trouvent ſous le pavé à cauſe de l'exhauſſement du terrein. On trouve dans la cour deux citernes à bouches de bronze, avec de beaux bas-reliefs, & pluſieurs ſtatues antiques de marbre; les plus belles ſont celles de Ciceron & de Marc-Aurele, quatre ſtatues allégoriques, l'Abondance,

Pallas, la Fortune & Venise : elles ont été apportées de la Grèce.

Au bas de l'escalier sont les statues d'Adam & Eve, au-dessus desquelles sont Mars & Neptune, de figure colossale : ce qui a fait appeler cet endroit l'escalier des Géans, au-dessus duquel se fait le couronnement du Doge : ces deux statues sont de Sansovino. On entre dans de vastes galeries, autour desquelles sont plusieurs Tribunaux particuliers. On voit dans ces galeries, de distance en distance, des mufles de lion à gueules ouvertes, & c'est dans ces gueules que les dénonciateurs jettent leurs mémoires. On parvient à la salle des quatres portes ; il y a dans le plafond un tableau allégorique du Tintoret, représentant la Justice, offrant une épée au Doge Priuli : l'architecture de cette salle est de Palladio. On y voit J. C. au Jardin des Olives, de Paul Veronese, S. Jean Ev. de François Bassan ; la Vierge & un Doge qui l'invoque, par Contarini ; l'entrée de Henri III à Venise, de Vicentino ; une Foi, portant une croix, S. Marc qui l'admire, & Ant. Grimani qui l'invoque, tableau du Titien. Il y a encore de beaux morceaux du Tintoret. Dans l'avant-salle du Collége, le plafond à fresque, représentant la Ville de Venise sur son trône, est de Paul Veronese ; quatre tableaux du Tintoret, 1°. Vulcain & les Cyclopes, 2°. Mercure, apportant la pomme aux Grâces, 3°. Ariane, couronnée d'étoiles par Vénus, en présence de Bacchus ; 4°. Mars, arraché des bras de la Volupté, par Pallas. On y voit l'enlévement d'Europe, par Paul Veronese, & un grand tableau du Bassan, représentant le départ d'un Villageois, & Moyse sauvé des eaux, de Paul Veronese. Dans le College ou salle où s'assemblent les Sénateurs qui le composent, sont des tableaux de Paul Veronese, fort estimés, dont l'un représente J. C. la Foi & la Justice, & au bas Sebastien Veniero, fameux Général d'armée : le plafond est du même Peintre, ainsi que toutes les peintures de cette salle. Celle où s'assemble le Sénat ou Pregadi, renferme des morceaux uniques du Tintoret, de Jacques Palma, du Titien. Dans la salle du Conseil des Dix, on voit l'adoration des Mages, par Ant. Alcinse ; le plafond est de Paul Veronese, représentant Jupiter, foudroyant les Vices; c'est un des plus grands morceaux de ce Peintre sublime. Dans la salle de l'armement du Conseil des Dix, où sont les armes en assez grande quantité pour armer quinze cents nobles, en cas de quelque révolte, on voit un tableau de Palma, le médailler, donné par le Sénateur Morosini à la République; un buste antique d'Antinoüs, trouvé à Smyrne; un buste d'Antonin-le-Pieux; une statue de Lucius Verus; les statues de Carrara & d'Albert, de Corregio. Les principaux événemens de l'histoire de Venise sont peints dans la magnifique salle du Grand Conseil, qui a cent cinquante pieds de longueur & soixante-quatorze de largeur. Tous les portraits des Doges sont dans la frise qui regne autour de la salle : les peintures sont de Pierre Veronese, du Tintoret, de Palma, & sont autant de chefs-d'œuvres; toutes les autres salles sont par les mêmes Peintres, & par quelques-autres de la même Ecole, tels que Dominique; Tintoret, Bassan fils, Palma, Liberi, Bellini, Vicentini, &c.

La plus grande partie du Palais Ducal est couverte de cuivre ou de plomb; c'est sous cette couverture, qui forme en été une fournaise, que sont les prisons de la République; il y en a d'autres au-dessous du Palais, également terribles par l'humidité, le manque d'air & les ténèbres.

La place de S. Marc en forme deux, qui ont ensemble cent quatre-vingts toises de longueur; elle est très-vivante, couverte de nouvellistes, de batteleurs, de nobles, d'étrangers & d'une foule de gens de toute espece. On y voit deux colonnes de granit, apportées de Grèce vers 1175, surmontées l'une d'un lion ailé, de bronze, l'autre de la statue de S. Théodore; c'est entre ces deux colonnes que se font les exécutions publiques. Dans un des côtés & sous les portiques du Palais, est le Broglio, où s'assemblent les Nobles, pour parler de leurs affaires. Tous les édifices qui entourent cette place sont très-beaux; les principaux sont, au nord la façade de l'Eglise de S. Marc, au levant les Procuraties neuves, au midi le portail de San Geminiano, & au couchant les Procuraties vieilles : ces bâtimens magnifiques donnent un air imposant & riant en même temps à cette place. Vis-à-vis le Broglio, est la bibliothéque de la République, dans un bâtiment superbe de Sansovino, qui comprend aussi la Zucca ou la Monnoie, dans le vestibule de la bibliothéque, sont des antiques des plus beaux temps de la Sculpture, la Leda, l'Abondance, Sylene, Agrippine, plusieurs bustes, deux autels antiques triangulaires, &c. le plafond est du Titien; la bibliotheque a été formée de celle de Pétrarque & de celle du Cardinal Bassarion; les plafonds sont des plus grands Maîtres; à la bibliotheque sont attachées trois Chaires, l'une pour enseigner la Philosophie, les autres le Droit & la Médecine. L'architecture des Procuraties neuves est de Sansovino & de Scamozzi; un portique à arcades ouvertes, soutenu par le premier ordre de colonnes des deux Procuraties, & sous lesquelles sont des boutiques de marchands & des cafés, entoure la place. Dans l'Eglise de San Geminiano, ornée d'excellens tableaux de l'Ecole de Venise, est le tombeau de Sansovin, Peintre, Sculpteur & Architecte : son fils, Sculpteur & Auteur célebre, est vis-à-vis du tombeau de son pere. Au-dessus de la place est la tour de l'horloge; le cadran est au premier ordre, au-dessus de l'arc qui porte la tour; il marque les heures, le mouvement du soleil & de la lune; au second ordre, est une statue dorée de la Vierge, au-devant d'elle, dans un demi-cercle, passe un Ange, qui porte une trompette; il est suivi des trois Mages, qui adorent l'Enfant, sortant d'un côté & rentrant par l'autre; ces portes s'ouvrent & se ferment d'elles-mêmes par des ressorts cachés; au troisieme ordre, est un grand lion de Saint Marc, & un Doge à genoux, le tout est surmonté d'une grosse cloche sur laquelle deux Negres frappent les heures.

Il faudroit faire un ouvrage exprès si l'on vouloit donner une simple notice de chaque chef-d'œuvre que renferme Venise. Les Eglises en offrent en très-grande quantité; on admire à S. Moyse, petite Eglise paroissiale, un groupe de marbre blanc de

Notre-Dame de Pitié, & d'excellens tableaux de Palma & du Tintoret. Santa Maria Zobenigo, Eglise de la fondation de Venise, est décorée d'une très-belle façade moderne ; on y voit une Conversion de S. Paul, du Tintoret. On voit à *San Vital* un tableau de l'Ange Raphael, de Piazzeta. Près de San Vital est le Palais Pisani, où parmi un grand nombre de beaux tableaux on admire la famille de Darius aux pieds d'Alexandre, de Paul Veronese ; la mort d'Adonis, par le Tintoret ; Alexandre indigné de la mort de Darius, en voyant le cadavre de ce Roi. A S. Stephano des Augustins, plusieurs tombeaux de Doges, la Statue équestre d'Alviano. A S. Luca, le tableau de S. Luc assis sur le bœuf, tenant le portrait de la Vierge qu'il vient de finir, par Paul Veronese ; les tombeaux de l'Aretin, de Ludovico Dolce, d'Alphonse Ulloa. Dans l'Eglise de l'Ecole ou Confrairie de S. Fantin, le plafond est de Palma ; une statue de S. Jerôme, d'Alessandro Vittoria. A S. Salvadore, Eglise bâtie par le Lombardi, dont l'Architecture est très-belle, plusieurs beaux tableaux du Titien, les Pélerins d'Emaüs, de Bellini pere ; plusieurs Mausolées des plus grands Maîtres. A S. Zaccharia, Eglise des Bénédictines, la statue du Saint par Vittoria ; le tombeau de cet habile Artiste, Peintre, Architecte & Sculpteur ; d'excellens morceaux de Belin, de Paul Véronese. A l'Hôpital de la Piété, la Circoncision, du Palma. Au S. Sépulcre, la représentation du Sépulcre de Jérusalem, sous une espéce de montagne de marbre. La maison où habitoit le Titien est auprès de l'Eglise de Miracoli, dans laquelle on voit deux Enfans en marbre qu'on dit être de Praxitelle. La seule Statue équestre en bronze qu'il y ait à Venise, est sur la place de S. Jean & de Saint Paul, c'est la statue de Barthelemi Colleone de Bergame, Général des troupes de Venise, par André Verochio, Florentin. Au pied de sa statue sont ses armes, d'après son nom. On voit dans l'Eglise de Santi Giovanni & Paolo, des Dominiquains ; le plus beau tableau du Titien, représentant le martyre de Saint Pierre, Bénédictin, & plusieurs tableaux de Palma, du Tintoret, de Jean Bali ; plusieurs mausolées de Doges, & des statues de plusieurs grands Hommes. On ne tentera point de parcourir les autres Eglises, un volume ne suffiroit pas pour en indiquer les richesses. Les Palais renferment encore un nombre prodigieux de Peintures & de Sculptures de toutes les Ecoles.

L'Arsenal que les Vénitiens regardent comme le boulevard de l'Italie, & même de l'Europe, est fermé de hautes murailles où l'on n'entre que par une seule porte ; son enceinte est à-peu-près de deux milles d'étendue ; on y conserve l'artillerie & les vaisseaux de la République, deux mille ouvriers y sont sans cesse occupés à la construction & aux ouvrages relatifs à la marine. On y trouve des fonderies, des forges, des loges couvertes pour les galeres & les galeaces, le bucentaure, &c. Il y a une porte sur la mer pour les vaisseaux, défendue par deux tours. Dans l'enceinte est aussi une haute tour, dont les sentinelles sont obligés à toutes heures de la nuit d'appeler les gardes des autres tours pour savoir si elles veillent ; tous se correspondent en cas d'incendie ; la corderie, la voilerie, la fonderie des canons, les magasins, forment des édifices immenses. On y compte six mille canons, dont deux cents de vingt à trente livres de balle. Les salles d'armes sont garnies du haut en bas de fusils, d'épées, de pistolets, de cuirasses pour une armée nombreuse. On rafine le salpêtre dans l'arsenal ; mais on fait la poudre loin de Venise. C'est à l'arsenal que sont les magasins de biscuits & de viandes salées pour l'approvisionnement des vaisseaux. Une des sales les plus curieuses est celle où sont en relief les plans des places principales de la République. On regarde comme des chefs-d'œuvres d'architecture militaire, la forteresse de Palma Nova, & la citadelle de Corfou. Les précautions que les Vénitiens ont prises pour prévenir tout accident, mettroient en défaut les mauvaises intentions de l'ennemi le plus adroit. L'arsenal est une des principales curiosités de Venise.

Sur le grand canal est le pont de Rialto qui unit les deux parties de la Ville divisées par le canal. Ce pont est regardé comme un des plus beaux ouvrages d'architecture. Il n'a qu'un seul arc qui a quatre-vingt-neuf pieds d'ouverture, & est tout de marbre ou pierre d'Istrie. Il a vingt-deux pieds de hauteur dans œuvre ; & quarante-trois pieds de large ; ce pont est chargé de boutiques, qui en cachent la beauté, quoiqu'elles soient aussi de marbre; elles forment trois rues, une au milieu & une entre chaque rang de boutiques & les parapets; on monte à ces rues par de beaux escaliers; au milieu du pont, est un grand arc, orné de quatre statues, de Campana, la Vierge, l'Ange Gabriel, S. Marc & S. Théodore. En 1264, on bâtit un pont de bois à l'endroit même où est le pont de Rialto, qui fut commencé en 1588, sous le Doge Pascal Ciconia, il fut achevé en 1591; il est décoré d'une corniche, d'un bon profil & d'une balustrade.

Le Ghetto est le quartier habité par les Juifs depuis qu'ils ont quitté la Giudecca, isle à laquelle ils ont laissé leur nom; on en compte à peu près deux mille, quelques-uns très-riches; ils portent tous, le chapeau couvert d'écarlate, ont entr'eux une petite jurisdiction, pour terminer leurs différends particuliers, & lorsqu'ils sont de peu d'importance. On compte sept Synagogues, celles des Portugais & des Espagnols sont les plus considérables, les plus riches & les mieux bâties; leur quartier est toujours fermé pendant la nuit: leur commerce est fort étendu.

La bourse, la douane de mer sont des édifices qui méritent l'attention des particuliers. A la *dogana da mare*, on voit une tour élevée sur un arc, soutenu par des colonnes à bossages de marbre, terminée par une statue de la Fortune, de bronze, posée sur un globe de même matiere; la statue tourne à tout vent, & sert de girouette; au pied & au-devant de la tour, est un portique ouvert, avec des colonnes du même ordre.

Il y a aux environs de Venise une grande quantité d'isles qui font partie de différens quartiers, mais séparées de la Ville par des canaux ou des lagunes; telles sont la *Giudecca*, appellée, avant que les Juifs ne l'habitassent, *Spina longa*, à cause de sa figure terminée en pointe par les deux bouts; elle renferme les Converties, Maison de refuge, S. Giacomo des Servites, il Redemptore des Capucins, le Zitetto, où l'on reçoit les jeunes filles que leur beauté pourroit exposer à la séduction; dans une de ces isles est le Monastere de Saint George des Bénédictins du Mont Cassin: l'Eglise renferme de beaux tableaux du Tintoret;

de Baſſan, de Sebaſtien Ricci, &c. des tombeaux de Doges; le maître-autel eſt de la plus belle ſculpture, & de Campagna, le célebre tableau des noces de Cana, de Paul Veroneſe; dans l'iſle du Lido eſt la Chartreuſe, Sainte Hélene, Saint Nicolas. Les autres iſles principales ſont *Lazaretto Vecchio*, *Lazaretto Nuovo*, occupées par ces deux bâtimens, *Torcello*, *Murano*, *Mazorbo* & *Barano*, la *Chiozza*; elles forment autant de petites Villes fondées par les habitans d'Altino & de Concordia, qui s'y retirerent pour éviter les Barbares du Nord.

Les Palais ſont remplis des plus beaux monumens des arts, & ſur-tout le Palais Barbarigo, appellé Scuola del Tiziano à cauſe de la grande quantité de tableaux de ce grand Maître.

L'Inquiſition eſt établie à Veniſe; mais elle ne peut rien faire ſans la préſence & le conſentement de trois Sénateurs: le Sénat dirige toutes ſes opérations. Les Vénitiens marquent d'autant plus de reſpect pour la Religion, qu'ils ont toujours oppoſé les plus fortes barrieres aux prétentions du Pape.

Les Courtiſanes ſont ſous la protection du Gouvernement; on va chez elles à toute heure du jour, & lorſqu'un étranger demande leur demeure, le peuple même l'y conduit fort honnêtement; les Moines & les Eccléſiaſtiques y vont ſans qu'on s'en formaliſe. On peut voir des détails plus particuliers dans Miſſon, dans les Mémoires d'Italie de M. Richard, & dans le Voyage d'Italie de M. de la Lande.

VENISE. (Etat & République de) On peut regarder la République de Veniſe comme une des plus belles contrées d'Italie; outre une partie très-conſidérable de l'Italie, elle jouit encore de la Dalmatie, de pluſieurs places ſur les côtes d'Albanie & de Morée, & de quelques iſles de l'Archipel. Les Vénitiens font remonter leur origine aux Venetes ou Hénetes, peuple de l'Illyrie, qui, dans le temps que les Nations diſperſées & barbares cherchoient les lieux les plus commodes pour y former des établiſſemens, s'empara de la contrée qui ſe trouve ſituée au nord du Pô. Les autres font venir les Venetes de Vannes en Bretagne, & leur font conſerver leur nom en Italie, où ils ſe réfugierent, dans le cinquieme ſiecle, & le donnerent à la Ville,

qu'ils

qu'ils fonderent dans les Lagunes. D'autres attribuent fon premier établiſſement aux Padouans, qui la fonderent avant ce même fiecle, pour fe fouſtraire aux fureurs d'Attila. Il eſt certain que les Magiſtrats de Padoue peuplerent l'iſle de Rialto, & lui accorderent des priviléges en 421. Les Venetes ou les Padouans, dit-on, s'étant rendus maîtres des Lagunes, l'invaſion des Lombards en Italie, engagea le Patriarche d'Aquilée de fe réfugier avec ſes Eccléſiaſtiques & fes citoyens dans l'iſle de Grado; la Venetie & la Ligurie fe dépeuplerent au profit des iſles qui étoient au-delà de l'embouchure du Pô, & la réunion de ces iſles forma Veniſe. Suivant le plus grand nombre des Hiſtoriens, ce fut à Rialto que les Vénetes fugitifs fixerent leur réſidence; quoi qu'il en foit, les premiers habitans de Veniſe fe nommerent des Tribuns & des Conſuls, qui les gouvernerent pendant environ quatre cents ans; mais indignés enſuite par la tyrannie de ces derniers, ils s'adreſſerent à l'Empereur Leon, à Paul & Jean V, & en obtinrent la permiſſion de s'élire un Prince à qui ils donnerent le titre de Duc ou de Doge. Ceux qui furent revêtus de cette dignité, en abuſerent: & le pouvoir abſolu qu'ils exércerent juſqu'en 1172, fit naître à la République le projet de fe fouſtraire à leur autorité, ou du moins de faire dépendre le pouvoir de ces chefs d'un Conſeil fuprême. Ils créérent le Sénat ou grand Conſeil, compoſé de dix Sénateurs, tirés des plus nobles familles de Veniſe. Juſques-là les Doges avoient exercé une fouveraineté indépendante. Le Dogat remonte à l'année 697, que Paolo-Luccio-Anafeſto fut élu par les ſoixante-douze iſles qui forment aujourd'hui les foixante-douze Paroiſſes de Veniſe. On dit que Pepin-le-Bref, Roi de France, leur remit le tribut qu'ils lui payoient, donna une nouvelle forme à leur Etat naiſſant, & fut le premier qui donna le nom de *Venetiæ* à la réunion de Rialto & des iſles voiſines. En 1289 ou 1290, le Conſeil fixé à perpétuité eut la fouveraine adminiſtration des affaires de l'Etat; chaque Tribunat prit connoiſſance de différentes matieres, & fit les rapports au Sénat. Le Doge, qui avoit joui de l'autorité monarchique, n'en eſt plus que l'ombre; il fut établi à vie, mais ſans aucun pouvoir que celui que le Sénat veut bien lui accorder. *Voyez* DOGE. Ce fut le Doge Pierre Gradenigo, qui, révolté de l'abus de l'autorité de ses prédécesseurs, rendit le gouvernement purement aristocratique. Quoique toutes les affaires se traitent au nom du Doge, il ne délibere point qu'il n'ait auparavant traité avec le Sénat. Ce Sénat, si grand & si auguste, fait aujourd'hui toute la force de la République, qui plus d'une fois a fait trembler ses plus puissans ennemis; ses richesses, jointes à une grande politique, combinée par une extrême sagesse, l'ont mise plus d'une fois à l'abri des malheurs de la guerre. La premiere époque de son indépendance est vers l'an 800, qu'elle profita des divisions de Charlemagne, Empereur d'Occident, & de Nicephore, Empereur d'Orient. Les Vénitiens, situés au milieu des eaux, s'adonnerent à la navigation & au commerce; l'une & l'autre furent la source de leurs richesses, sur-tout avant que les Espagnols n'eussent trouvé le chemin des Indes par le Cap de Bonne-Espérance. Ils posséderent long-temps le Royaume de Chypre, qu'ils obtinrent par ruse, la Morée, l'Isle de Chypre, l'Isle de Candie, une partie de l'Archipel; ils se sont vus maîtres de Constantinople, de Naples, de la Sicile, & d'une grande partie de l'Italie. Les Croisades, si funestes aux Souverains de l'Europe, furent pour les Vénitiens une source de puissance, de richesses & de considération. Ils ont eu à soutenir de grandes guerres contre les Grecs, les Sarrasins, les Pizans, les Génois, les Anglois, les Ducs de Milan, les Turcs, les Hongrois, &c. Ils vainquirent tous ces peuples. La découverte des Indes par les Espagnols nuisit à leur commerce, leur navigation s'en ressentit; & ces deux nerfs de leur puissance s'étant affoiblis, les Turcs profiterent de cette circonstance pour les attaquer, & lui enleverent Candie & la Morée.

En 1508, la grandeur de la République portoit ombrage aux Puissances de l'Europe. Jules II profita de cette jalousie pour recouvrer plusieurs Villes qu'il regardoit comme du Patrimoine de l'Eglise; il suscita l'Empereur, le Roi de France, le Roi de Naples, le Duc de Savoie & le Duc de Ferrare. La République se vit attaquée de tous côtés; elle perdit, avec les batailles d'Agnadel & celles de Vicence, tous ses Etats de Terre-ferme. C'est cette Ligue de Jules II qu'on appelle dans l'Histoire la Ligue de Cambray, parce qu'elle fut conclue dans cette Ville. Malgré ses pertes, cette République possede quatorze Provinces, sept au Midi, le Bergamasque, le Crémare, le Bressan, le Véronois, le Polesin de Rovigo, le Padouan & le Dogado, cinq au N. O. du golfe, le Vénitien, le Trevisan, le Feltrin, le Bellunese, le Cadorin, une au N. du même golfe, le Frioul, une au N. E. du même golfe, l'Istrie; elle possede encore une partie de la Dalmatie, & plusieurs Iles.

Les revenus de la République sont évalués à vingt millions, provenans des droits d'entrée & de sortie de la Ville, & autres droits perçus dans la Ville même, & dans les Etats de Terre-ferme. Elle a en outre trois millions de ses salines de Corfou & de Chiozza, &c. En temps de guerre, elle trouve des ressources dans de nouveaux impôts, la vente de la noblesse & les taxes sur les Juifs.

Elle n'entretient que cinq à six mille hommes en temps de paix. L'état militaire y est absolument négligé, & n'a nulle connoissance de la tactique ni de la discipline.

Les Nobles Vénitiens se regardent comme autant de Souverains; les premieres Maisons sont les douze familles électorales qui descendent des douze Tribuns qui élurent le premier Doge en 697; ces familles sont Badoer, Contarini, Morosini, Tiepolo, Michieli, Falier, Dandolo, Sanudo, Barozzi, Menco, Gradenigo. La plus ancienne est celle de Badoer; les Zustiniani, les Cornaro, les Bembo, les Bragadins, les Querini, Soranzo, Dolfini, Sagredo, Marcello, Salomon, Zorzi, Zane, toutes ces familles sont de la premiere classe, & remontent long-temps avant la fixation de la noblesse & du Conseil. *V.* NOBLES VENITIENS.

La jeune Noblesse reçoit une très-bonne éducation, & s'instruit de bonne heure dans l'art de gouverner jusqu'à vingt-cinq ans, qu'ils prennent l'habit de Sénateur; ils s'assemblent chez un ancien, pour apprendre les loix du pays, pour s'exercer à parler en public, & pour se mettre en état de répondre sur le champ aux dépêches.

Les Vénitiens sont peu communicatifs; on y vit fort retiré; on ne voit les femmes que dans les Eglises, ou quand on les rencontre dans les gondoles. Ils donnent rarement à manger; il n'y a que les étrangers connus qui y soient invités, ainsi qu'au bal, où les étrangers ne peuvent entrer masqués. Du reste, les Vénitiens sont très-sobres, boivent peu de vin, aiment surtout le chocolat & les glaces.

Les Vénitiennes sont belles; les Dames sont suivies, lorsqu'elles sortent, d'un Cavaliere Servante; les Vénitiens ne se font jamais suivre par des Laquais, les femmes même n'en ont point dans les gondoles; il n'est permis qu'à celles de qualité d'avoir des Cavaliers servans ou Cicisbé, de se réunir dans les cafés & les casins, qui sont des équivalens de nos petites maisons, à cela près que les maris vont aux casins ou du moins sont les maîtres d'y aller.

La liberté vénitienne s'étend sur tout ce qui est étranger au gouvernement; celle dont jouissent les femmes, qu'on appelle en France *comme il faut*, a fait tomber la considération qu'on y avoit pour les courtisanes. Le luxe des femmes y est réprimé par les loix somptuaires; il n'est permis qu'aux étrangers, aux femmes d'Ambassadeur, aux Princesses, aux femmes de la famille du Doge régnant, de porter des étoffes riches, d'avoir des galons d'or & d'argent sur leur livrée, & une portiere à leur gondole. Les citadines sont habillées à peu près comme en France, & se couvrent la tête d'un grand voile de taffetas; les paysannes ou contadines portent de grands chapeaux de paille. Les hommes sont habillés à la françoise, & portent un manteau appellé *tabaro*, de camelot rouge ou gris. Les perruques des Magistrats sont d'une grandeur énorme & très-longues; ils sont presque toujours en robe, & ne sont habillés richement qu'à la campagne; leurs robes sont comme celles de nos Magistrats; celles du Conseil des Sages sont de soie violette, celles des Sénateurs sont rouges.

Les Vénitiens ne sont point jaloux en général; cependant

l'histoire de Venise offre plusieurs exemples des effets de ce vice. Ils sont fins, rusés, adroits, braves, vindicatifs, dissimulés, adonnés au commerce, mais intéressés, plus sensibles aux injures qu'aux bienfaits; ils ne donnent guere à manger aux étrangers que ceux-ci n'en fassent les frais. Le Peuple est doux, tranquille, & facile à contenir; quoique la Ville soit mal gardée, on n'y entend presque jamais parler de meurtres ni d'assassinats; elle est éclairée pendant la nuit par trois mille lanternes. Le Peuple y est superstitieusement religieux; persuadés que l'absolution remet tous les péchés, ils les commettent sans scrupule. Les Religieuses sont plus libres dans leurs Couvens que dans leurs familles. Il semble que les plaisirs & les fêtes soient continuels à Venise. *Voyez* CARNAVAL. Après le carnaval, la fête du Bucentaure est la principale. *Voyez* BUCENCENTAURE.

La musique & les spectacles sont fort du goût des Vénitiens; la musique d'Eglise y est d'une gaieté qui convient mieux au Théâtre qu'à la dignité des Temples: on l'exécute derriere la grille, à travers de laquelle on voit les Musiciennes. Il y a des Concerts dans plusieurs maisons pour lesquels plusieurs familles se cotisent: Galuppi & Scarlatti sont connus de toute l'Europe. On se souvient encore du Duo de Scarlatti dans l'opéra de Titus; il transporta les spectateurs au point de leur faire jetter des cris. Paris a été long-temps dans l'enthousiasme pour les bouffons qui venoient de Venise; c'est à eux qu'on peut attribuer la révolution arrivée dans notre Musique: révolution préparée de longue main par le célebre Rameau.

Il y a à Venise plusieurs théâtres; ceux de S. Benedetto, de S. Samuëlle, S. Cassano & S. Moyse sont destinés à l'opéra; ceux de S. Luca, S. Angelo, S. Chrysostomo sont pour la comédie, & les plus fréquentés. Tout le monde connoît les comédies du célebre Goldoni; ce sont celles qu'on y joue actuellement, quoique les Vénitiens aiment de préférence le bouffon & le burlesque; cet Auteur a jetté beaucoup de pathétique dans ses pieces. Les Pantalons sortent ordinairement de Venise, ainsi que les Arlequins de Bergame, les Docteurs de

Bologne, & les Scapins de Naples. Les anciennes pieces imprimées ne s'y jouent point; on y joue en impromptu sur des canevas donnés, comme à notre théâtre de la Comédie Italienne à Paris. Leur jeu est simple & naturel & très-propre à l'illusion théâtrale; la vivacité italienne ajoute beaucoup à la vérité de l'action; il faut les voir jouer, & ne pas lire leurs canavas, qui ne font rien. Les Italiens en général ont peu de bonnes tragédies; les Vénitiens abondent en Farceurs, Bateleurs, Joueurs de gobelets. Ils ont produit aussi de très-grands hommes dans les sciences & dans les arts, le P. Cornelli, Cordelier, grand Géographe, Historien, Auteur d'une Bibliothéque universelle fort estimée, le célebre Voyageur Marc-Paul, en 1288, le Cardinal Bessarion, Alde Manuce, Fra-Paolo Sarpi, Ant. Franç. Gori, Apostolo Zeno, rival de Métastase, Goldoni, Bandello, Lasca, Bastiano Erizzo, Francesco Sansovino, Cinthio Giraldi, Carlo Gualteruzzi, Niccolo Granucci, Straparole, Malespini, Chiari, Cornero, le Comte Baretti, Cornaro, &c. Il sort une immense quantité de livres des Presses vénitiennes; on y traduit beaucoup de nos livres françois; outre le Journal Encyclopédique de MM. Rousseau & Castilhon, qu'on y réimprime chaque mois, ils ont encore cinq autres Journaux, la Minerve ou le Journal des Gens de Lettres d'Italie, la Pazzella *Medica*, le Courrier Littéraire, le Journal d'Italie, concernant les Sciences naturelles, & principalement l'Agriculture, les Arts & le Commerce, la Bibliothéque moderne ou extraits des Livres nouveaux & Mémoires historico-littéraires.

L'Ecole vénitienne l'emporte sur celle d'Italie par le coloris & la force de l'imagination; les chefs de cette Ecole sont le Titien, le plus grand Coloriste d'Italie, le Tintoret, étonnant par l'enthousiasme de son génie; Paul Veronese, remarquable par la belle ordonnance des tableaux, l'enchaînement ingénieux de ses grouppes, la distribution de la lumiere & l'intelligence de ses reflets. Au-dessous de ceux-là sont le Giorgion, le Palma, le Padouanino, les Bassans, le Ricci. Parmi les Peintres modernes sont le *Tiepolo* & le Piazzetta, & la célebre

Rozalba. On regrette que cette Artiste si célebre ait peint en pastel : elle le dispute aux plus grands Maîtres d'Italie.

Le commerce des Vénitiens étoit souvent troublé par les Barbaresques ; il a été assuré par le traité entre ces Pirates & la République en 1764. Ce commerce consiste en vins de Chypre ; de Marasquin, de Corfou, riz, soie, toile, armes, bled, glaces de Venise, ouvrages de verrerie, de cristal, crême de tartre, sublimé corrosif, blanc de ceruse, caracteres d'Imprimerie.

Le climat de Venise est doux & tempéré ; l'eau douce y est rare, & on n'en boit que de celle des cent soixante citernes publiques. La souveraineté du Golfe appartient à la République pour la navigation ; les Dalmates, les Génois, les Pisans, la lui ont vainement disputée. Ce Golfe a cent quatre-vingt-dix lieues de longueur du levant au couchant ; il a au midi le Royaume de Naples, l'Etat Ecclésiastique & le Duché de Venise, au couchant le Padouan & le Frioul, au nord la Carniole, l'Istrie, la Dalmatie & les côtes d'Albanie, au levant son embouchure dans l'Archipel, défendu par les Isles de Corfou, de Paschu, d'Antipaschu & de Céphalonie, regardées comme les clefs du Golfe.

VENOSA, petite Ville au Royaume de Naples, dans la Basilicate, avec un Evêché suffragant de Cirensa, depuis que celui de Matera a été réuni à ce dernier. Cette Ville a titre de Principauté ; elle est située au pied de l'Apennin, sur le Brandano, dans une plaine fertile, à cinq lieues N. de Cirenza, & trente-deux N. E. de Naples ; elle est appellée en latin *Venusia* ou *Venusium*, & est le lieu de la naissance d'Horace. Cette Principauté appartient à la Maison *Ludovisio* ; la Ville est dans une plaine, & entourée de bois d'oliviers.

VENZONE, petite Ville dans le Frioul. *V.* UDINE.

VERCEIL ou VERCELLI, *Vercelia*, grande & belle Ville dans le Piémont, Capitale de la Seigneurie de son nom, avec un Evêché ; elle est dans une situation agréable, sur la *Sessia*. On y voit d'assez beaux édifices ; les ruines des fortifications, qui furent rasées en 1709 par M. de Vendôme, en rendent le premier coup d'œil triste. On y remarque la voûte de Sainte Marie Majeure, soutenue par quarante colonnes de marbre fort belles. L'histoire de Judith & d'Holopherne est représentée en mosaïque sur le pavé, qui est aussi de marbre. La Cathédrale est sous le nom & l'invocation de S. Eusebe, l'un de ses Evêques, qui fut martyrisé l'an 371. L'Empereur Othon donna à cette Eglise le Domaine & la Souveraineté de Verceil. On montre dans le trésor de la Cathédrale un manuscrit écrit, dit-on, de la main même de S. Marc, des Evangiles de ce Saint & de S. Mathieu: il fut donné à cette Eglise par Berenger, Roi d'Italie. On montre aussi dans l'Eglise de S. André, assez bel édifice, surmonté de quatre clochers, & revêtu de marbre, un Crucifix dont on ne connoît point la matiere. Il y a plus de trente Eglises dans cette Ville. On montre aux Curieux, à l'Hôpital le cadavre d'un Pélerin d'Anjou, appellé André Valla, qui y mourut d'une éthysie, en 1685, n'ayant plus que la peau collée sur les os; son corps paroît tel qu'il étoit au moment de sa mort, n'ayant souffert aucune altération, même dans les rougeurs qui colorent le visage des éthyques. Verceil est à quatre lieues N. E. de Turin, à quatorze S. O. de Milan; c'est la premiere Ville du Piémont, du côté du Milanois. La Seigneurie de Verceil est au S. E. d'Aouste. Ce pays dépendoit autrefois des Ducs de Milan, & est fertile; il formoit les deux Provinces qui appartiennent au Roi de Sardaigne, celle de Biele, à l'occident, & celle de Verceil, à l'orient, la Principauté de Musserano, & le Marquisat de Crevecœur. Les principaux lieux de la Province de Biele sont *Pie di Cavallo*, *Trisier*, *Andorno*, *S. Damiano*, *Caveglia* & *Livorno*; celles de Verceil sont *Serravalle*, *Gattinara*, *Buronzo*, *S. Ja*, *Tronzan*, *Disana*.

VERGATO, petite Ville du *Bolonois*. V. BOLONOIS.

VERIN, (*Hugolini*) né à Florence en 1422, Poëte, a composé plusieurs Poësies latines, que Crinitus, son Disciple, a estimées plus qu'elles ne valent; ce qu'il a fait de mieux, est un Poëme à la louange de sa patrie. Il en a laissé un des expéditions de Charlemagne, un troisieme sur la prise de Grenade, & une Sylve, en l'honneur de Philippe Benita. Mais son plus bel ouvrage fut Michel Verin, son fils, né en 1614, & mort à l'âge de dix-neuf ans; il avoit composé des Distiques moraux fort estimés, renfermant les plus belles sentences des Philosophes de l'Antiquité, d'une versification agréable & facile: ils ont été traduits en françois. Ces Distiques sont très-connus. Ce jeune homme fut attaqué d'une maladie singuliere qui le conduisit au tombeau. Les Médecins déciderent qu'il n'y avoit d'autre remede que l'usage des femmes; mais il préféra la mort à ce remede : c'est ce que Politien a exprimé dans son épitaphe.

Sola Venus poterat lento succurere morbo,
Ne se pollueret maluit ille mori.

VERMILLI, (*Pierre*) connu sous le nom de *Pierre* **Martyr**, né à Florence en 1500, Chanoine Régulier de Saint Augustin, parvint, par les connoissances qu'il avoit des Langues Grecque & Hébraïque, de la Philosophie & de la Théologie, aux premieres dignités de son Ordre: ce fut un des plus grands Prédicateurs de l'Italie. Il commença d'être ébranlé par les Ouvrages de Zuingle & de Bucer : la conversation d'un Protestant Espagnol acheva de le gagner. Plusieurs personnes, infectées des mêmes erreurs, faisoient des assemblées particulieres, Vermilli leur prêchoit. Il fut découvert, & accusé à Rome; il évita la condamnation, & se retira à Lucques; il y fit des prosélytes, & résolut de passer chez les Hérétiques. Trenel, Martinengue, Lusicio, Zanchius ses Disciples, se firent beaucoup de partisans à Lucques. Pierre Vermilli en sortit avec Bernardin Ochin, Général des Capucins; il alla à Zurich, ensuite à Basle, puis à Strasbourg, où il épousa une jeune Religieuse, nommée Catherine, qui étoit sortie de son Monastere, pour établir la Réforme. Vermilli passa en Angleterre avec sa femme, en 1547; il y fut fait Professeur de Philosophie dans l'Université d'Oxfort; il fut chassé avec les autres Protestans, sous le regne de Marie; il revint à Strasbourg, & ensuite à Zurich, où il mourut en 1562. Il a laissé plusieurs Ouvrages, dans lesquels il cherche à défendre ses erreurs, dont quelques-unes sont condamnées par les Catholiques & par les Calvinistes.

VEROLI, petite Ville Epifcopale, dans la Campagne de Rome, fur les frontieres de Naples, au pied de l'Apennin. On y voit d'affez jolies prairies. Le pays eft agréable, & l'air fort fain, quoique Veroli foit dans le voifinage des marais Pontins.

VERONE, *Verona*, une des plus belles & des plus grandes Villes d'Italie, fituée fur l'Adige, dans une plaine agréable & fertile qu'arrofe ce fleuve majeftueux & rapide, eft la Capitale du Véronefe, dans l'Etat de Venife, avec Evêché. On n'eft pas d'accord fur fa fondation, qu'on attribue aux Euganéens, Gaulois d'au-delà du Pô. Les Gaulois Senonois s'en emparerent en 392, avant J. C. Après avoir appartenu aux Barbares, dont les Rois Théodoric & Alboin y fixerent leur réfidence, elle reprit fa liberté, fut ufurpée par les Ezzelins & les Scaligers, & fe donna enfin aux Vénitiens. L'Adige la fépare en deux, trois ponts la réuniffent, le plus confidérable eft *ponte di Caftello Vecchio*; il n'eft ouvert qu'une fois l'année, de crainte de le fatiguer; il a trois arches, dont la plus grande eft de cent quarante-cinq pieds d'ouverture, c'eft-à-dire cinquante-fix pied de plus que celle du pont de Rialto, & tout le pont a trois cent cinquante-neuf pieds de long.

Vérone conferve beaucoup de monumens antiques; le plus beau eft l'amphithéâtre; c'eft le feul morceau entier qui foit refté des Romains; c'eft un monument très-curieux. *V.* AMPHITHEATRE. Dans l'état où il eft, il peut contenir ving-deux mille fpectateurs. Il y a au bas de Caftel S. Pietro des reftes d'anciennes conftructions; mais on ne peut dire fi elles appartenoient à un édifice public ou à un Palais. On y voit encore trois arcs de triomphe antiques; l'un d'ordre corinthien, conftruit, fuivant une infcription, l'an 252 de J. C. il a été un peu maltraité par le temps : on l'appelle *porta di Bofari*; le fecond eft mieux conferve, il eft d'ordre compofite, & s'appelle *porta del foro judiciale*; le troifieme, près de *Caftel Vecchio*, eft de Vitruve même, & fon plus grand avantage eft d'avoir été élevé par ce grand Artifte. Ce *Caftel Vecchio*, fitué fur l'Adige, paroît avoir été le Palais des anciens Seigneurs de Vérone, & n'a rien de remarquable.

Une des choses les plus curieuses de cette Ville, est le *Musœum*; on y a recueilli toutes les inscriptions, & une grande quantité de monumens antiques; on y trouve de beaux bas-reliefs, des autels de marbre, de colonnes milliaires, des tombeaux, des inscriptions orientales, grecques, étrusques, latines sur le bronze, le marbre & le porphyre; la cour est environnée d'un portique qui sert d'entrée au théâtre; le célebre Maffei a lui-même distribué & numéroté les antiques du Musœum, pour la description qu'il devoit en publier; son buste avoit été placé de son vivant sur le péristile de six colonnes, qui est en avant du portique. Le Marquis de Maffei le fit ôter: mais il a été replacé après sa mort. L'édifice du Musœum est très-beau; c'est dans un de ses appartemens que se rassemble la bonne compagnie; il est meublé aux dépens du public. Ces especes de Ridotti publics, en usage dans quelques Villes d'Italie, sont plus agréables & plus commodes que les particuliers; du Ridotto, on est à portée du théâtre; la salle est presque circulaire, & a cinq rangs de vingt-sept loges.

La Ville de Vérone a de quarante à cinquante mille ames, & plus de six milles de tour. Les édifices qui méritent le plus l'attention des Voyageurs, sont les Palais de l'Evêque & du Gouverneur, l'Hôtel-de-Ville, le Château Saint-Pierre, qui domine la Ville. La *Strada del Corso* est la plus belle rue, & celle où se fait la course des chevaux.

La Cathédrale, *il Duomo*, sous l'invocation de la Vierge, est un très-ancien édifice gothique; on y voit le tombeau du Pape Lucius III. On y lit cette épitaphe: *Les os de Luce III, chassé de Rome par envie*. Elle est décorée d'une Assomption, du Titien. Sur le portail, sont les statues de Roland, sur l'épée duquel on lit ce mot, *Durindarda*. On peut voir à S. Giorgio un Saint Jean-Baptiste, du Tintoret; deux beaux tableaux, de Paul Veronese, l'un est S. George, refusant d'adorer les idoles, l'autre S. Barnabé, guérissant des malades avec le signe de la croix; à S. Procule, une table précieuse, de verd antique; aux Capucins, un S. Antoine de Padoue, du Guerchin; à Santa Maria Antica, les tombeaux des Scaliger; à San Zeno, un groupe en sculpture de deux coqs qui portent sur leurs épaules un renard attaché par les pieds à un bâton, & quatre colonnes de marbre tressées comme des cordes nouées par le milieu. A Saint Bernardin, on admire une Chapelle construite par Michel San Michieli; à S. Procule, on conserve un ancien tombeau, qu'on prétend être celui de Pepin, fils de Charlemagne.

Les fortifications ont été dirigées par Michel San Michieli, Architecte célebre, dont on admire la porte del Pallio, qu'on regarde comme un des meilleurs morceaux d'architecture: elles sont très-bonnes, & bien entretenues. Il y a plusieurs morceaux de San Michieli, & tous fort estimés. Les matériaux dont on se sert pour les bâtimens, sont le marbre & une pierre blanche comme celle dont on se sert à Venise. On compte dans les carrieres de Vérone trente-cinq especes différentes de marbres. La plupart des Palais sont bâtis de ces marbres. On trouve dans ces Palais de très-belles collections d'antiques & de tableaux de Paul Véronese, du Tintoret, du Comte Rothario, &c.

Vérone est très-bien bâtie, les rues y sont plus belles & mieux pavées qu'à Padoue. Parmi les places publiques, il faut distinguer la Piazza d'Armi & le Campo di Marzo; dans la premiere, on voit la belle statue de marbre, qui représente la République de Venise; le champ de Mars sert à exercer les troupes, & tous les ans il s'y tient une grande foire. Il y a aussi la *Piazza di Signori*; c'est le quartier le plus marchand & le mieux peuplé. En 1738, l'Empereur & la Reine d'Hongrie vinrent dans cette Ville: les Vénitiens dépenserent deux mille ducats d'or pour les recevoir. Son commerce consiste principalement en soie, en bled, en olives; elle a donné naissance à quantité d'hommes célebres, aux Empereurs, Titus, Vespasien, Domitien, à Pline, à Catulle, Vitruve, Cornelius-Nepos, Emilius, Macer, Cassius Severus, Pomponius Secundus; parmi les modernes, à Fracastor, à Jules-César Scaliger, Philosophe, Poëte & Médecin, au Cardinal Norris, M. Bianchini, Astronome célebre. Les Savans & les Gens de Lettres qui vivent actuellement, & qui ont donné des productions estimées, sont MM. Lorenzi, Improvisateur, le Marquis Pindemonti, Poëte,

Jacques Dioniſi, Antiquaire, Antoine Montanari, Philoſophe, Everard, Zeviani & Jean d'ella Bona, Médecins, le Comte Neuſelli, Antiquaire, le P. Bertinellii, le P. Toderini, Antiquaires, Marzaglia, Torelli, Lorgana, Mathématiciens. Le ſavant Scipion Maffei, grand Poëte, ſavant Antiquaire, Ecrivain célebre, eſt un des hommes qui font le plus d'honneur à Vérone. Cette Ville a donné naiſſance à Paul Véroneſe, à San-Michieli.

La Ville eſt gouvernée par un Podeſtat, deux Provéditeurs, & un Vicaire des Marchands & des Nobles. Les Véronois ſont doux, reſpectent la religion & les mœurs; le ſexe y eſt beau. Le carnaval de Vérone eſt fort agréable; on y aime beaucoup le plaiſir honnête; l'air y eſt pur & fort vif. Le pays fournit d'excellent vin & de bons fruits. La terre verte de Vérone, uſitée dans la peinture à l'huile, ſert ſur-tout pour la teinture, & donne une couleur d'un vert foncé : elle produit des poiſſons ſinguliers. *V.* Bolca. Vérone a une Académie des Arts, ſous le titre de *gli Philarmonici.* V. Veronois.

VERONESE, (*Alexandre*) Peintre, né à Vérone en 1600. On l'appelloit l'*Orbetto*, parce qu'étant jeune, il conduiſoit un aveugle. Il fut Eleve de Felice Ricci, dont tantôt il imitoit la maniere, & tantôt il la quittoit pour ſuivre celle du Correge. Il alla à Rome ; il y acquit le talent de réunir dans ſes ouvrages les couleurs de l'Ecole Vénitienne & le deſſin de l'Ecole Romaine. Il conſultoit la nature : mais il ſe mettoit à l'ouvrage ſans faire ni eſquiſſes ni deſſin. Il avoit un coloris vigoureux, deſſinoit avec goût, & peignoit avec grace. Il a fait beaucoup de tableaux de chevalet ; il y a pluſieurs de ſes peintures ſur le marbre & l'agathe. Ses principaux ouvrages ſont à Rome. On voit pluſieurs de ſes tableaux chez le Roi & chez M. le Duc d'Orléans.

VERONESE, (*Paul* Caliari) Peintre célebre de l'Ecole Vénitienne, né en 1532. Ce grand Artiſte fut contemporain & rival du Tintoret ; c'eſt peut-être celui qui a réuni le plus grand nombre des parties de la Peinture ; richeſſe dans l'ordonnance, beauté de caracteres, goût exquis dans les draperies, fraîcheur de coloris, élégance, agrément dans les compoſitions :

c'étoit fur-tout dans les grandes machines que fon génie fe développoit. On lui a reproché d'avoir repréfenté les fujets les plus anciens avec la plupart des vêtemens en ufage de fon temps; mais auffi a-t-il acquis une apparence de vérité qu'on voit rarement dans les autres Maîtres, qui ont voulu s'affervir au coftume, fans s'embarraffer du choix des caracteres de têtes antiques. Il faifoit entrer dans fes tableaux les portraits de fes amis ou de perfonnes connues; par ce moyen, il réuffiffoit toujours à caufe de la maniere belle & large dont fes fujets étoient traités. Il avoit l'art de copier la nature, en l'embelliffant & en la rendant plus aimable. On trouve de fes ouvrages dans prefque toute l'Italie, qui font encore de la plus grande fraîcheur; on en voit à Padoue, à Vicence, à Vérone, à Breffe, à Rome & dans la plupart des Cabinets. Cette grande quantité d'ouvrages rend vraifemblable ce qu'on dit de Paul Caliari, que fon frere l'aidoit beaucoup. La Ville de Venife eft remplie de fes tableaux, qu'on ne fe laffe point d'admirer; tels que la noce de Cana, regardé comme fon chef-d'œuvre à S. George majeur; à S. Sebaftien, toutes les peintures à frefque; au Palais du Roi de Sardaigne, la Reine de Saba devant Salomon.

A Naples, au Palais du Prince de Francavilla, une Madelene, parfumant les pieds de N. S.

A Florence, dans la galerie du Grand Duc, fa famille, & une tête de vieillard; au Palais Pitti, le baptême de S. Jean.

A Padoue, dans l'Eglife de Sainte Juftine, le martyre de la Sainte.

A Mantoue, dans la facriftie de la Cathédrale, une tentation de Saint Antoine; à Brefcia, dans l'Eglife de Sainte Affra, le martyre de la Sainte; dans la même Ville, à la Cafa Avogadri, une adoration des Rois.

A Gênes, au Palais Prignoletti, une Efclave Grecque, ouvrage admirable; au Palais de Durazo, le mariage de Sainte Catherine avec le Jefus, & une Madelene aux pieds de Jefus-Chrift.

Paul Véronefe étoit fils d'un Sculpteur, & apprit les premiers élémens de la Peinture à Vérone, où il étoit né, chez fon oncle : fes talens fe développerent de bonne heure. Il eft regardé comme le chef de l'Ecole Vénitienne, avec le Tintoret, Titien & le Giorgion. Il exerçoit fon art avec la plus grande nobleffe. Ayant été très-bien reçu dans une maifon de campagne auprès de Venife, il y laiffa en partant un très-beau tableau de la famille de Darius. Le Roi de France poffede quelques-uns de fes tableaux. Les PP. Servites ayant refufé à Louis XIV de lui vendre le repas chez Simon le Lépreux, de cet Artifte, la République de Venife fit enlever ce tableau, & en fit préfent au Roi. Paul Véronefe mourut à Venife en 1588. *Voyez* CALIARI.

VERONOIS, (le) eft fitué à l'eft du lac de Guarda; fes principales productions font le vin, des fruits, d'excellentes huiles & du bétail. Il fe fait un grand commerce d'étoffes de foie à Vérone. Les lieux les plus remarquables du pays font *Pifquiera*, forterefse, *Mafena* & *Guarda*, *Croara* & *la Chiufa*, *Zevio* & *Porto*, *Sermione*, *Cerca*, *Leguano* & *San-Bonifacio*.

VEROSPI, (Palais) à Rome. Il y en a deux, l'un à côté du Palais Pamfili, & l'autre vis-à-vis l'Eglife Sainte Madelene. L'un & l'autre renferment de très-belles ftatues antiques, parmi lefquelles on voit dans le premier un petit Sylene. Il y a plus de richeffes dans le fecond; on y voit au-deffus d'une fontaine un Jupiter, tenant la foudre, à côté une Minerve; la cour eft remplie de ftatues d'Antonin, de Marc-Aurele, d'Adrien, de Diane, d'Apollon, &c. Il y a de très-belles peintures dans le Palais, & fur-tout un plafond, peint à frefque par l'Albano; il eft divifé en plufieurs tableaux; dans l'un, l'Aurore feme des fleurs, elle eft précédée de l'Amour, qui, une torche à la main, répand les premiers rayons de la lumiere; dans l'autre, un petit Amour verfe la rofée fur la terre; dans un autre, Apollon, au milieu de fa courfe, préfide aux quatre Saifons, défignées par Flore, Cérès, Bacchus & Vulcain; dans le quatrieme, l'Amour laiffe tomber fes traits fur la terre, échauffée des feux que le foleil a répandus pendant la journée: ce qui prépare au dernier tableau, qui eft la nuit, mais où l'Albane a manqué son sujet. On remarque parmi les antiques de cette galerie une statue de marbre, représentant Ganimede; la Déesse Nœnia, statue qu'on regarde comme unique; un buste de Macrin, très-rare; une machine harmonique, dont le clavier fait aller un clavecin; une orgue, deux épinettes, une viole, un violon, & d'autres instrumens. Ces sortes de machines compliquées sont si sujettes à se déranger & à discorder, qu'elles n'ont ordinairement aucun des avantages qu'on s'en promettoit; celle dont il s'agit a coûté quarante ans de travail à Michel Todini, & ne joue plus; le corps du clavecin est peint par le Poussin, & c'est ce qu'il y a de plus précieux.

VERROCHIO, (*André*) Peintre & Sculpteur à Florence, né en 1432. Il avoit acquis les plus belles connoissances; il étoit Peintre, Sculpteur, Musicien, Mathématicien, Orfévre; c'est dans ce dernier art qu'il commença par se faire connoître. Le Pape fut si content d'un vase d'argent, autour duquel il avoit sculpté une danse d'enfans, qu'il voulut avoir quelque figure d'argent de ce Maître pour sa Chapelle. Il alla à Rome, & remplit les vœux du Pape. Il revint à Florence, il fit pour le Grand Duc deux têtes de métal en bas-relief, l'une d'Alexandre le Grand, l'autre de Darius, que le Grand Duc envoya comme un rare présent à Mathias Corvin, Roi de Hongrie. Il fit dans l'Eglise de S. Laurent le tombeau de Jean, de Pierre & de Cosme de Médicis. Il se mit à dessiner & à peindre; il surprit par la correction du dessin, mais son coloris étoit rude, & & sentoit la statue. Son Disciple, Léonard de Vinci, l'emporta sur lui pour la peinture; il l'abandonna pour reprendre le marteau. Il fit en bronze un enfant, pêchant à la ligne, qui égaloit ce que l'Antiquité avoit produit de plus beau. Bientôt après il fit, par ordre du Sénat de Venise, le modele de la statue équestre de Barthelemi de Bergame. Le Sénat jugea que Venise ne renfermoit rien d'aussi parfait. Les uns disent que Verrochio, indigné qu'on lui préférât un autre Artiste pour exécuter ce modele en bronze, le gâta, & s'enfuit; les autres, qu'ayant été chargé de cet ouvrage, & s'y livrant avec trop d'ardeur, il fut surpris d'une maladie qui le conduisit au tombeau.

VERRUCOLA,

VERRUCOLA, Montagne du Pisan, où l'on trouve de très-beau cristal de roche, ainsi que dans les montagnes voisines.

VERUE, *Verua*, Ville du Piémont, dans le Comté d'Ast, sur les frontieres du Montferrat, & sur les bords du Pô, avec un Château si fort, qu'il passoit autrefois pour imprenable; mais en 1705, les fortifications en furent démolies par le Gouvernement, qui se vit sur le point de le rendre aux François, commandés alors par le Duc de Vendôme. Elle est située sur une colline. Il y avoit autrefois sur la porte de la Ville un cochon, qui ouvroit la gueule pour prendre une grappe de raisin, avec une inscription qui signifioit que lorsque ce cochon prendroit ce raisin, le Marquis de Montferrat prendroit Verue. L'inscription fut changée ainsi, lorsque les Espagnols assiégerent Verue, sous la conduite du Duc Feria : *Quand le cochon prendra le raisin, le Duc de Feria prendra Verue.*

VÊPRES SICILIENNES. (les) On appelle ainsi une conspiration qui se forma en Sicile contre les François en 1282. Après avoir gouverné la Sicile pendant long-temps, ils furent tous égorgés en un seul jour, & à la même heure. Cet affreux complot s'exécuta le jour de Pâques. On avoit pris pour signal le premier coup de Vêpres. Depuis on a appellé ce massacre les Vêpres Siciliennes.

VESCOVATO, Bourg à trois lieues de Crémone, entre les rivieres d'Oglio & de Demona; c'est un petit Marquisat qui appartenoit à la Maison de Gonzage ; il dépend du Duché de Mantoue, quoiqu'il soit situé dans le Milanez.

VESPUCCI. *Voyez* AMERICO.

VESUVE, (le mont) est situé à huit milles à l'Or. de la Ville de Naples, à deux lieues de Portici, à l'extrémité de la Terre de Labour. Ce terrible volcan est séparé du reste de l'Apennin, il a trois lieues de tour à sa base, & huit cent cinquante toises à son sommet. Cette montagne étoit formée de trois sommets : la *Somma*, au nord de cette partie, est à moitié détruite dans toute sa hauteur, le Vésuve, au midi, & par derriere entre les deux hauteurs appellées montagnes d'Ottaiano, qui sont fort abaissées : on croit que toute la partie qui regarde

Naples, a été emportée par quelque éruption. La plus ancienne dont on ait connoissance, arriva l'an 79 de l'ère chrétienne, qui ensevelit sous les cendres & les laves la Ville d'Herculée, celle de Pompeia, de Stabia. Ces matieres calcinées & brûlantes furent portées jusqu'à Misene, à plus de dix-huit milles du Vésuve. Pline le Naturaliste fut étouffé pour s'être approché un peu trop près. Strabon, qui parle du sommet du Mont Vésuve comme d'une plaine, fait présumer que les trois sommités se joignoient; d'où M. l'Abbé Richard pense que si cette montagne, divisée par le feu, a beaucoup perdu de sa masse, dispersée par les éruptions, on peut conjecturer que le Vésuve se consumera lui-même, & qu'enfin ce volcan s'éteindra ou prendra un état de consistance tranquille, qui ne laissera plus à craindre aucune révolution pour le pays qui l'environne. La lave ou torrent enflammé qui coula lors de l'éruption de 79 fut si considérable, qu'on la trouve dans les fouilles d'Héraclée, & vers la mer, à quatre-vingt-cinq pieds au-dessous de la surface. La plupart des éruptions sont précédées de tremblemens de terre, qui renversent les Villes & font sortir les rivieres de leurs lits. Depuis 79, on compte vingt-sept éruptions ou incendies, en y comprenant celle de 1767. Les plus terribles ont été celles de 79, de 1036; elle eut ceci de remarquable, qu'outre l'éruption des matieres enflammées, le Vésuve s'ouvrit par les côtés, & qu'il en sortit des torrens de feu, qui coulerent jusqu'à la mer. Celle du 13 Décembre 1631, qui dura jusqu'au 25 Février 1632: la montagne s'ouvrit environ au milieu de sa hauteur; le torrent enflammé qui en sortit se divisa en sept branches, qui dévasterent tout le territoire qui est entre la montagne & la mer, couvert des plus belles plantations; une des branches alla jusqu'à Portici; Resina fut détruit; *Torre del Greco* & l'*Annonziata* furent presque ruinées. L'éruption fut précédée par des tremblemens de terre, qui durerent trois mois consécutifs; le Mont vomit avec ses cendres & ses sables des torrens d'eau bouillante; on vit sortir de la bouche du volcan une colonne de fumée noire & épaisse, qui, s'étendant ensuite, presoit la figure d'un pin, d'où sortoient des nuages épais, chargés de cendres, mêlés de traits de feu, qui s'entassant les uns sur les autres, faisoient disparoître le jour, s'entrechoquoient avec tant de bruit, qu'ils sembloient devoir former un nouveau volcan dans les airs. Les éruptions du 12 Mars 1694, de 1701, du 14 Mai 1737, au sujet de laquelle le Docteur D. François Serrao, célebre Médecin, calcula qu'il sortit cette année du Vésuve 319,658,161 pieds cubes de laves, qui se répandirent en différentes directions. De 1760, cette éruption étoit annoncée depuis le 23 Décembre 1765, & peut-être depuis 1769 : car depuis ce temps-là le Vésuve n'avoit presque pas cessé d'être dans une fermentation effroyable. Le 23 Décembre de cette année 1760, après deux jours de secousses & de tremblemens de terre presque continuels dans le lieu de *Monticello*, au pied du Vésuve, du côté de la mer, vers midi, il s'ouvrit douze bouches à feu avec un fracas semblable à celui d'une batterie de gros canons, qui jetterent en l'air une quantité considérable de pierres & de sables enflammés, & plusieurs colonnes de fumée épaisse, mêlée de cendres & de traits de feu. Le torrent de laves qui couloit de ces bouches, après avoir parcouru un demi-mille dans une largeur plus ou moins grande, il s'ouvrit à cette distance trois nouvelles bouches avec un fracas aussi considérable que les premieres; la lave reprit son cours, & le lendemain elle étoit à deux milles des premieres ouvertures. Son cours fut de quatre milles dans une largeur inégale, & fit un grand dommage dans tout cet espace qui étoit cultivé. L'effervescence continua dans l'intérieur du Vésuve jusqu'au 23 Décembre, que la colonne de fumée, chassée par un vent de midi fort impétueux, couvrit tout le ciel au-dessus de Nole, à dix milles du Vésuve. Le 27, la campagne fut couverte de cendres à la hauteur d'un pouce & demi ; le vent ayant tourné, porta les cendres & la fumée au-delà de l'Isle de *Capri*, à trente milles du Vésuve. Du côté de Salerne, elles furent portées à cinquante milles. Le 4 Janvier 1761, après des bruits & des secousses de la montagne, l'arbre de fumée s'éleva au-dessus de la montagne, on s'apperçut le lendemain qu'une partie de la cime de la montagne avoit été emportée. Dans l'année 1762, il y eut des secousses

& des tremblemens de terre au Royaumme de Naples. Le Vésuve fut assez tranquille jusqu'à la fin de Décembre 1765, que l'incendie s'annonça par une colonne de fumée fort épaisse; le volcan commença à jetter du feu le 24; l'éruption continua en diminuant jusqu'au 15 Janvier; elle recommença cinq à six jours après, & dura par intervalle jusqu'au 27 de Mars; la lave sortit alors avec un grand bruit, prit son cours vers *Ottaïano*. Le lendemain, elle changea de direction, & menaça Portici; elle s'étendit pendant douze jours à plus de deux milles; pendant ce temps, le Vésuve lançoit à une très-grande hauteur & avec un bruit éclatant de gros quartiers de pierre. Ces explosions étoient toujours accompagnées de secousses violentes; la matiere enflammée ne cessa de couler que le 15 de Mai. Les cendres ardentes que vomit le Vésuve par l'ouverture principale, brûlerent les fleurs des arbres & toutes les autres productions de la terre. Toutes ces irruptions ne sont rien en comparaison de celle de 1767; le bruit du volcan jetta l'épouvante dans tous les environs; il fut suivi d'une pluie abondante de feu, de cendres, de pierres calcinées, qui partoient d'un nuage épais de fumée; la lave coula assez lentement jusqu'au 19 Octobre dans la direction de Refina, entre Naples & Portici. Ce même jour un nuage de fumée noire & épaisse s'éleva de la montagne, & couvrit l'horizon; le lendemain une lave abondante s'étendit à sept milles de longueur sur une largeur inégale, & combla le vallon; on a estimé sa hauteur à soixante toises; sa rapidité fut si effrayante, qu'en une heure elle parcourut près de sept milles. Vers minuit, on entendit dans les entrailles de la montagne des mugissemens & un bruit semblable à celui de la plus forte canonade; il se termina par l'éruption d'une lave, qui se précipita dans le vallon qui sépare l'Hermitage de *San Salvador* du Vésuve. Le Roi, qui craignit pour *Portici*, se retira à Naples avec une partie des habitans; le torrent principal cessa de couler la nuit du 21 au 22. Le lendemain, à onze heures du matin, après un fracas aussi effrayant que le premier, la grêle, plus effrayante encore, de feu, de cendres & de matieres embrasées, recommença avec plus de fureur, & dura trois heures; après quoi la lave reprit son cours ; les cendres qui en sortirent le 25 furent poussées jusqu'à Gayette, à une distance d'environ trente milles de la montagne ; l'éruption cessa entiérement le 26 : les tremblemens de terre ont été presque continuels. Nous ne parlerons point des matieres qui forment la lave ; il nous suffit de dire avec M. l'Abbé Richard, de qui nous avons emprunté les détails que nous avons rapportés, que la lave est un courant de matieres enflammées & fondues, qui prend sa direction dans les terreins bas qui environnent le Vésuve, tant qu'il est échauffé pour conserver le mouvement ; car une fois refroidi, il s'arrête, se condense, & acquiert la solidité d'une pierre dure & noirâtre : l'épaisseur est plus ou moins grande, suivant les terreins où il a coulé, le degré d'inflammation qu'il a reçu & l'espace qu'il a occupé. Mais d'où peut venir une si grande quantité de matiere ? Quelles sont les différentes matieres qui composent la lave ? Par quel art se préparent dans les entrailles de la montagne ces lames de terre rouge & grise qui prennent la forme de briques de différentes longueur & largeur, sur un ou deux pouces d'épaisseur, cuites à un degré de perfection ? Comment s'y forment & s'y divisent ce sable, ces ponces, ces écumes ou scories, ces pirites, ces sels, ces soufres & ces talcs que vomit le Vésuve ? Par quelle puissance lance-t-il au-delà de la portée du mortier ces énormes quartiers de pierre que le feu n'a pas eu le temps de pénétrer ? D'où viennent ces eaux qui se sont quelquefois échappées en torrens de la bouche du volcan ? Quelles sont les causes du bruit effroyable qui se fait entendre au sein de la montagne, & qui ne peut être comparé qu'à la canonade la plus violente ? On peut voir les éclaircissemens que donne sur ces questions M. l'Abbé Richard. Il estime la hauteur du Vésuve, à la prendre de l'*Atrio del Cavallo*, au pied du Pic même, vis-à-vis de Resina & de Naples, à environ quinze cents pieds. En 1755, au mois de Janvier, on apperçut à la cime du Vésuve une nouvelle montagne, qui paroissoit sortir du *crater* même ou bassin, & qui, en moins de cinq mois de temps, prit la hauteur qu'elle conserve aujourd'hui, & qui peut avoir d'élévation perpendiculaire environ le cinquieme du Pic ou montagne du Véfuve, c'eſt-à-dire, trois cents pieds. M. l'Abbé Richard croit qu'elle exiſtoit, cachée dans le fond, & qu'elle a été élevée & poſée à la hauteur où elle eſt par le ſoulévement du fond du crater même : ce qui paroît bien incompréhenſible. Cette montagne fut détruite par un tremblement de terre en 1758. Quand on gravit ſur le Véſuve, on ne s'apperçoit de la chaleur du ſable que lorſqu'on arrive ſur le crater même, où l'on trouve des crevaſſes.

UFFENTE, riviere qui deſcend de la partie orientale des marais Pontins, & dans laquelle ſe jette l'Amaſeno. Sur les bords de l'Uffente, on trouve un grand nombre de buffles, qui pâturent les herbes aquatiques, qui ſont très-abondantes dans ſon lit. Virgile parle de ces deux fleuves ; il dit du premier, *Eneid.* VII

> *Quâ ſatura jacet atra palus, geliduſque per imas*
> *Querit iter valles, atque in mare conditur Uffens.*

Il dit du ſecond :

> *Ecce fugæ medio ſummis Amaſenus abundans*
> *Spumabat ripis.* (Eneid. XI).

L'*Uffente* s'appelle aujourd'hui *il Portatore* ; on s'y embarque pour *Terracine*, auprès de laquelle l'Uffente a ſon embouchure dans la mer.

UGENTO ou OGENTI, *Uxentum*, Ville dans la Terre d'Otrante, avec Evêché ſuffragant d'Otrante. Cette Ville eſt peu conſidérable ; elle eſt ſituée à cinq lieues S. E. de Gallipoli, & huit S. O. d'Otrante.

VIA-REGIO, Port conſidérable, & le ſeul qui appartienne à la République de Lucques : il eſt à trois lieues de la Ville. La partie de la plaine de Lucques, du côté de *Via-Regio*, eſt marécageuſe, mal ſaine & ſtérile ; cependant au moyen des digues qui empêchent l'eau de la mer, dont le niveau excede celui des terres, de ſe mêler avec l'eau douce, au moyen des défrichemens, on rend tous les jours cette partie de la République beaucoup meilleure. On y envoie des marchandiſes de Lucques, & sur-tout des huiles qu'on exporte par Livourne & par *Via-Regio*.

VIADANA, Bourg au midi de Mantoue, ainsi que Dosolo. *Voyez* MANTOUAN.

VICECOMES, (*Joseph*) né à Milan, fut un de ceux que le Cardinal Fréderic Borromée choisit avec *Rusca*, *Collius* & quelques hommes célebres pour travailler à la fameuse bibliothéque que ce Prélat avoit fondée, relativement aux matieres qu'il leur avoit distribuées. Les Rits Ecclésiastiques échurent à Vicecomes, qui composa sur cette matiere, *Observationes Ecclesiastica de Baptismo*, *Confirmatione & de Missa*, quatre volumes, in-4°. Cet Ouvrage est rempli d'érudition & de recherches curieuses. Vicecomes a composé d'autres Ouvrages fort estimés : il vivoit dans le dix-septieme siecle.

VICENCE, VICENZA, *Vicentia*, dépendante des Etats de Venise, qui en nomme le Podestat, & dont le Conseil des dix confirme ou infirme tous les Jugemens à mort, a néanmoins le privilége d'être gouvernée par la Noblesse du pays. Elle est située à quinze lieues au couchant de Venise. Elle fut fondée par les Gaulois Sénonois trois cent quatre-vingt-douze ans avant Jesus-Christ. Les Goths la saccagerent. Elle passa des Lombards aux Rois d'Italie ; forma ensuite une République particuliere ; fut brûlée par Fréderic II en 1240 ; eut pour Seigneurs les Carrares, les Scaligers, les Galeas, l'Empereur Maximilien qui la céda aux Vénitiens en 1516. Les fonctions du Podestat ne durent que seize mois. Elle est traversée & souvent innondée par le Bachiglione qui reçoit le Rerone au dessous de la Ville. Le Palladio qui étoit né à Vicence, y a laissé de très-beaux morceaux d'architecture ; un des trois ponts qui traversent le Bachiglione, appellé le Pont Saint Michel, est de cet Artiste ; il est à une seule arcade, fort grand, dans le goût du Pont du Rialto, & bordé d'une balustrade de marbre. Le Palais public, appellé la Ragione, où se rend la Justice, est aussi de Palladio. Il est situé sur la place, orné de deux portiques l'un sur l'autre, décorés d'ordres dorique & ionique. Il y a de beaux tableaux dans ce Palais, le Jugement dernier, du Titien ; la Sortie hors de l'arche, du Bourdon; un autre tableau du Baffan, &c. Il y a encore un très-grand nombre de Palais décorés par Palladio, qui ruina autant de Particuliers par le goût qu'il leur donna pour les bâtimens; auſſi y a-t-il quelques-uns de ces Palais qui ſont reſtés imparfaits, & d'autres qui ſont habités par des Marchands qui en font leurs magaſins. Le Palazzo Vecchio, hors des murs, eſt un des plus agréables de Vicence, par la décoration extérieure & la diſtribution intérieure. Il eſt enrichi de belles peintures, de quatre tableaux de Jordans, d'un plafond de Tiepolo, de deux payſages de Salvator Roza.

Le plus beau monument des talens de Palladio, eſt le Theatro Olympico, du nom de l'ancienne Académie de Vicence. Ce beau Théâtre, ſitué vers l'Iſola, eſt un ovale coupé ſur ſa longueur, & dans la forme des Théâtres anciens. La moitié de l'ovale eſt deſtinée à placer les Spectateurs, l'autre moitié à la ſcene. Pluſieurs rangs de gradins s'élevent du parterre qu'ils entourent juſqu'au tiers de la ſalle: au-deſſus de ces gradins eſt un rang de loges ou plutôt une tribune coupée par une colonade de quatorze pieds & demi, y compris l'entablement; elle eſt couronnée d'une baluſtrade & de pluſieurs ſtatues des Poëtes fameux, & autres grands Hommes de la Grece. Le parterre a cinquante-ſix pieds de large ſur dix-huit de profondeur; la hauteur de la ſalle eſt de cinquante-deux pieds au-deſſus du pavé. Outre les ſtatues qui ſont au-deſſus de la baluſtrade, il y en a pluſieurs autres répandues dans la ſalle. Au-deſſus des loges ſont encore pluſieurs gradins qui s'élevent juſqu'à la corniche du plafond, l'orcheſtre eſt placé ſur les côtés: cinq rues ornées de belles maiſons, aboutiſſent à la place ſur laquelle le Théâtre eſt conſtruit. On y fait rarement des repréſentations, & cette magnifique ſalle, le chef-d'œuvre du goût & du génie, ne ſert qu'aux bals qu'on y donne dans le temps des fameuſes Foires qui s'y tiennent deux fois l'année.

Il y a à Vicence un Mont de Piété. On y prête pour treize mois à quatre & un ſixieme pour cent. Il s'y fait de grandes aumônes; il y a une Bibliothéque publique qui en dépend. Outre la place de l'Iſola ſur laquelle eſt le Théâtre Olympique, & qui ſert de promenade, il y a encore hors des murs une autre place magnifique fermée de murs & entourée d'un grand fossé appellé le *Champ de Mars*, destiné autrefois aux exercices militaires. On entre par un bel arc de triomphe de Palladio.

Les Eglises renferment moins de chef-d'œuvres & de choses précieuses que les Eglises du reste de l'Italie. La Cathédrale doit quelques décorations au projet qu'on avoit d'y assembler le Concile tenu à Trente. Dans l'Eglise Saint Laurent, on voit le Mausolée de Léonard Porto, du Palladio. A Santa Corona, Eglise des Dominicains, on voit l'Adoration des Mages, de Paul Véronese ; un Saint Antoine de Florence distribuant l'aumône aux Pauvres, de Leandre Bassan. L'Eglise qui est aux Dominicains, porte le nom de Santa Corona, à cause d'une épine dont Saint Louis fit présent à l'Evêque de Vicence. On trouve encore dans l'Eglise de Saint Michel, un Saint Augustin guérissant des pestiférés, du Tintoret. Une plus des belles antiques qu'il y ait à Vicence, est une Iphigénie en marbre.

Le Gouvernement de Vicence est composé d'un Podestat ; les Particuliers sont les maîtres de porter leurs causes devant ce Magistrat ou devant les Magistrats ordinaires ; d'un Capitano qui a dans son département le militaire & l'administration économique.

Le Pays est beau, riche, fertile en toute espece de productions de la terre. Il est assez couvert quoiqu'il n'y ait point de forêts ; il fournit un gros revenu à la République, quoiqu'il n'y ait presque point de dépense à faire, comme à Padoue. Le Vicentin entretient trois mille hommes de troupes. Le Peuple y passe pour être vindicatif & peu sociable. Les Italiens appellent les Vicentins *gli assassini di Vicenza*. Les assassinats y sont très-communs ; le sexe y est beau & habillé d'une maniere plus propre & plus leste que somptueuse. La population y est assez considérable & ne suffit pas pour consommer le bled que produit le Vicentin. On y fait beaucoup de soie ; les machines à eau pour la filer & la tordre sont un objet de curiosité ; quatre mille bobines qui tournent en même-temps, sont mises en mouvement par une seule roue, & deux hommes suffisent pour veiller à l'ouvrage, renouer les fils cassés, & changer les bobines.

Les environs de Vicence sont très-agréables, & offrent de très-beaux monumens, tels que le jardin du Comte *Valmara*, où l'on voit un petit péryftile de Palladio, décoré de six colonnes d'ordre dorique, & précédé de quelques chambres qui forment un cafin. Un autre arc à l'ouverture de l'escalier qui conduit à la Madona del Monte. *Voyez*, MADONA, &c. Une rotonde, qui est un cafino du Marquis Capra, par Palladio; ce bâtiment rempli de goût, est très-singulier. Quatre escaliers conduisent aux quatre faces différentes, formées par autant de péryftiles de six colonnes ioniques; au milieu est un fallon de forme ronde, avec quatre espèces de galeries qui conduisent aux quatre périftyles, avec une coupole ornée de peintures de Fiamengo.

Il y a encore de très-belles Maisons de campagne des Comtes Caldagno, Triffino, Poianio, Gualdi, dont quelques-unes de Palladio. On y voit la grotte de Covoli. Il y a des Eaux minérales & sulfureuses à Ricovaro, qui est à huit lieues de Vicence. Les collines Euganées au nord de Vicence, sont remplies de coquilles, de pétrifications & de corps marins, de pierres ponces & autres débris de volcans, de faphirs, des jacintes, des topases & de terres colorées, & autres minéraux.

Le pays des environs, depuis Vicence jusqu'à Vérone, est parsemé d'un très-grand nombre de mûriers entrelacés de ceps de vignes qui s'élèvent le long des troncs, & qui s'attachent d'un mûrier à l'autre, ce qui forme de tous côtés des portiques de verdure.

Vicence a produit très-peu de Gens de Lettres. Palladio est le grand Artiste qui fait le plus d'honneur à cette Ville. Elle a beaucoup de Manufactures de soie; on y fabrique beaucoup d'étoffe de cette matière. Quelques Couvens de Religieuses y font des fleurs artificielles qui font un objet considérable de commerce.

On compte à Vicence trente mille Habitans.

VICENTIN, (le) est au Nord du Véronois & du Padouan; on l'appelle le jardin de Venise, par la quantité des fruits qu'il produit. Il nourrit quantité de bestiaux; on y cultive des mûriers, qui donnent beaucoup de foie, par la grande abondance de vers qu'on y éleve. Sa capitale, eft Vicence; les autres Villes font *Maroftica, Valdagno, Thieno, Schio, Arfignano; Camifano, Monticheo, Lonigo, Origliano, Brendola.*

Vico, petite Ville Maritime, au Royaume de Naples, dans la Terre de Labour, avec un Evêché fuffragant de Sorento. Elle fut bâtie par Charles II, Roi de Naples, fur les ruines d'Egua. Un tremblement de terre la ruina prefqu'entiérement en 1694.

Vico, (Lac) fur le chemin de Rome à Viterbe, en defcendant le Monte Cimio du côté du nord, après avoir paffé une forêt de chênes. Ce Lac a environ une lieue de diametre. Ses bords font de lave, & le baffin du Vico a la forme d'un entonnoir de volcan. On croit que la montagne de Viterbe eft de la même matiere. On dit dans le pays, qu'à l'endroit où eft le Lac, il y avoit une Ville qui fut abymée fous les flots.

Vicovaro, petite Ville dans la Sabine, Province au nord de la Campagne de Rome, dans le Royaume de Naples. *Voyez* Sabine.

VICTOR. Il y a eu trois Papes de ce nom. Victor I étoit Africain, & fuccéda à Eleuthere le 1 Juin 193. Il affembla un Synode pour fixer le jour de la célébration de la Fête de Pâques; il fut fixé au Dimanche après le 14ᵉ jour de la Lune de Mars. Il fépara de fa Communion les Evêques d'Afie, qui avoient décidé que cette Fête fe célebreroit à la façon des Juifs. Il adoucit cette rigueur fur une lettre de S. Irenée. Victor fut martyrifé le 28 Juillet 201.

VICTOR II nommé auparavant Gobehard, Evêque d'Hichftel en Allemagne, fut élu à Mayence, & fuccéda à Leon IX. Henri III, Empereur, qui l'avoit fait élire, l'accompagna à Rome, où il fut couronné le 13 Avril 1055. Il mourut à Florence en 1057, après avoir rendu de grands fervices à l'Eglife.

VICTOR III, fuccéda à Gregoire VII, & fut élu le 24 Mai 1086, il étoit Abbé de Montcaffin, né à Benevent, & s'appelloit Didier. Ce fut fon mérite & fon favoir qui le firent parvenir à ce degré d'élévation. Il mourut le 16 Septembre 1087; il écrivit des Dialogues, des Epîtres, &c.

VICTOR, Antipape. *Voyez* OCTAVIEN.

VICTOR, Evêque de Capoue, dans le sixieme siecle, se rendit illustre par son savoir & par sa piété; il composa un Traité du Cycle Pascal, un Discours ou Préface sur la concorde des quatre Evangélistes, par *Ammonius*.

VICTOR ou VICTORIUS, (*Pierre*) né à Florence, sur la fin du quinzieme siecle, d'une famille noble. Son savoir & ses nombreux écrits, admirés des Savans, engagerent le Duc Cosme de Médicis, à lui donner une Chaire de Professeur en Philosophie-Morale, & une autre pour l'Eloquence Grecque & Latine. Les Vénitiens, les Bolonois & plusieurs Princes étrangers, essayerent de le tenter par les plus grands avantages; mais il préféra son pays à tout ce qu'on put lui offrir. Cosme de Médicis lui donna différentes Ambassades; il l'envoya auprès du Pape Paul III, qui le combla d'honneurs & de bienfaits; il le fit Comte & Chevalier. Il mourut en 1685, âgé de quatre-vingt-sept ans. Il fit une révision des Œuvres de Ciceron, avec des notes & des préfaces, des remarques sur Caton, sur Varron & sur Columelle. Il donna vingt-cinq livres de ses Leçons diverses sur la Langue Grecque & sur la Latine, qui eurent une grande réputation. Il a laissé d'excellens Commentaires sur les Ouvrages d'Aristote, des Traductions du Grec en Latin d'Euripide, de Sophocle & d'Hipparcus; un Traité de la culture des Oliviers; un Recueil d'Epîtres & de Harangues latines; une Traduction & des Commentaires en latin sur le Traité de l'Elocution de Démetrius de Phalere.

VICTOR, VICTORIUS ou DE VICTORIIS, (*Benoit*) Médecin, de Faenza, florissoit vers 1540. Il est plus connu par ses Ouvrages que par les Anecdotes de sa vie. On en a plusieurs de lui; les plus estimés sont la *Médecine empirique*; la grande Pratique pour la guérison des Maladies à l'usage des Commençans, in-fol. Conseils de Médecine sur différentes Maladies; un Traité *de morbo Gallico*.

VIC

VICTOR-AMEDÉE ou AMÉ II, Duc de Savoie, & premier Duc de Sardaigne, né en 1666, n'avoit que onze ans, lorsqu'il succéda à son pere Charles-Emmanuel. Il épousa la fille de Monsieur, frere de Louis XIV, & avec le secours des François, il chassa les Vaudois des Vallées de Luzerne & d'Angron ; en récompense de la paix que ce Monarque lui avoit procurée, il se ligua contre lui. Il fut battu par Catinat à Staffarde ; ce Général lui enleva toute la Savoie. Il se jetta sur le Dauphiné, & s'empara, deux ans après, d'Embrun & de Gap : il en fut chassé. Enfin, encore vaincu par Catinat à Marsaille, il fut forcé de faire la paix en 1696. Il rentra en guerre, dès qu'il en trouva l'occasion ; l'affaire de la succession la lui offrit ; il se déclara pour l'Espagne ; il y perdit Nice & la Savoie. Le Duc de la Feuillade l'assiégea dans sa Capitale, le Prince Eugene le dégagea. Il entra dans ses Etats, alla assiéger Toulon, & fut forcé de lever le siege. Le Roi d'Espagne lui ayant donné la Sicile, il remit ce Royaume à l'Empereur, en faveur de celui de Sardaigne. Enfin ce Prince, on ne sait par quel motif, abdiqua la Couronne en 1730, à l'âge de soixante-quatre ans. Il s'en repentit un an après, & voulut remonter sur le Trône ; mais comme il y étoit excité par une Maîtresse ambitieuse, son fils & le Conseil déciderent de faire arrêter Victor, qui fut renfermé au Château de Montcalier, où il mourut en 1732, âgé de soixante-sept ans. C'étoit un grand Politique, un Guerrier intrépide & un Général habile qui a fait de grandes fautes.

VIDA, (*Marc-Jerôme*) né à Crémone en 1470, Poëte & Théologien. Il fut d'abord Chanoine Régulier de S. Marc à Mantoue, puis Chanoine Régulier de S. Jean de Latran à Rome. Leon X honora son talent pour la Poësie, & lui donna le Prieuré de S. Sylvestre à Tivoli. Ce fut dans cette retraite qu'il composa son Poëme de la Christiade. Clément VII, successeur de Leon, lui donna l'Evêché d'Albe sur le Tanaro. Il édifia son Diocese par ses vertus, & l'éclaira par ses prédications. Il y mourut en 1566, âgé de quatre-vingt-seize ans. Ses plus beaux Poëmes sont son Art Poétique, qui est très-estimé, imprimé plusieurs fois, & dont M. l'Abbé le Batteux vient de donner une traduction ; un Poëme ſur les Vers à ſoie, qu'on regarde comme ſon chef-d'œuvre ; un Poëme ſur les Echecs, eſtimé le meilleur, après les deux premiers ; ſa *Chriſtiade*, lib. VI, Poëme dans lequel il a mêlé, comme Sannazar, le ſacré & le profane ; des Hymnes, des Bucoliques. Ses Ouvrages en proſe ſont des Epitres, des Dialogues ſur la dignité de la République ; un Recueil de Conſtitutions ſynodales ; un Traité du Magiſtrat, &c.

VIESSA, petite Ville dans la Marche d'Ancône, peu remarquable.

VIESTE, petite Ville au Royaume de Naples, dans la Capitanate, avec un Evêché ſuffragant de Manfredonia, eſt fort mal peuplée, & ſituée près de la Mer Adriatique, dans l'endroit qu'on appelle communément l'Eperon de la Botte de l'Italie.

VIETRI, Duché du Royaume de Naples, proche Salerne.

VIEU, Bourg du bas-Fauſſigni en Savoie, dans la Baronie de S. Joire.

VIGEVANO ou VIGERE, Ville dans le Duché de Milan, & Capitale du petit Territoire du Vigevaneſe, qui fut cédé aux Ducs de Savoie, par la Maiſon d'Autriche, en 1707. Sa ſituation eſt agréable, quoique dans un endroit ſtérile. Elle eſt défendue par un fort Château, bâti ſur un rocher, près du Teſin, à cinq lieues S. E. de Novarre, ſix S. O. de Milan. Vigevano étoit autrefois le ſéjour des Ducs de Milan.

VIGILE, Pape, né à Rome ; étant à Conſtantinople, & n'étant encore que Diacre, il plut par ſon ſavoir à Théodora, femme de Juſtinien, qui lui promit la tiare, pourvu qu'il s'engageât de caſſer les actes d'un Concile, dans lequel quelques Prélats, que cette Impératrice ſoutenoit, avoient été condamnés. Il revint en Italie, chargé de préſens : mais il trouva Silverius ſur le trône. Il engagea Beliſaire à envoyer ce Pape en exil, & ſe fit mettre à ſa place par le Clergé. Silverius mourut de langueur & de miſere en 540. Alors Vigile ſe démit de la Papauté, & fut élu librement. Il changea totalement de conduite, & d'Antipape injuſte, avare & cruel, il devint Pontife pieux &

zélé. Il condamna les Hérétiques, que Juſtinien ſoutenoit, & excommunia l'Impératrice Théodora ſa femme. L'Empereur l'envoya en exil, ſur le refus que fit ce Pontife de ſe trouver à une aſſemblée d'Evêques. Comme il retournoit en Italie, après ſon banniſſement, il mourut à Syracuſe en 555.

Il y a eu deux Prélats du même nom, l'un Evêque de Trente, dans le quatrieme ſiecle. Il a écrit les Martyres de Siſinnius, de Martyrius & d'Alexandre, maſſacrés près de Trente. Animé d'un ſaint zèle, il alla dans le lieu de leur martyre briſer la ſtatue de Saturne. Il y fut aſſommé à coups de pierres.

L'autre vécut dans le même ſiecle, quelque temps après. Il écrivit cinq livres contre Eutiches, & quelques autres Ouvrages qui ſe ſont perdus.

VIGNALE, Bourg du haut Montferrat, dans la Province de Caſal.

VIGNES DE ROME. *Voyez* VILLA.

VIGNE DE LA DUCHESSE, (la) eſt auſſi une Maiſon de plaiſance du Duc de Savoie; mais elle eſt très-peu fréquentée, quoique ſa ſituation ſoit des plus agréables, proche de Turin.

VIGNE DE MADAME LA ROYALE, (la) étoit autrefois une Maiſon de plaiſance du Duc de Savoie. Elle appartient aujourd'hui à l'Hôpital de Saint-Jean de Turin. Elle eſt ſituée à peu de diſtance de cette Ville. La vue y eſt très-agréable & fort étendue.

VIGNOLE, (*Jacques* BAROZZIO DE) né en 1507, à Vignole, Terre du Modénois, où Clément Barozzio ſon pere, Gentilhomme Milanois, s'étoit retiré. Il s'adonna d'abord à la Peinture; comme il n'y faiſoit aucun progrès, il s'attacha à l'étude de la Perſpective & de l'Architecture. Par le ſeul effort de ſon génie, il trouva les régles de la premiere, & en forma le Traité, qui eſt entre les mains de tout le monde. Des méditations ſur Vitruve, ſur les anciens monumens, lui donnerent une entiere connoiſſance de l'Architecture, & il compoſa ſon Traité des cinq Ordres, qu'on met aujourd'hui entre les mains des jeunes Artiſtes. Pendant qu'il travailloit à cet Ouvrage, il reprit le pinceau pour ſubſiſter; il gagnoit ſi peu à peindre, qu'il s'en dégoûta pour toujours. Le Primatice lui acheta des deffins des anciens monumens pour la France, où il le mena. Vignole demeura deux ans à Paris, & y donna les plans de plufieurs édifices : les guerres civiles en empêcherent l'exécution. Il alla à Bologne, où il donna le deffin de la façade de l'Eglife de S. Pétrone. Il y bâtit le Palais Ifolani à Minerbio, la Maifon d'Achille Brocchi; mais l'ouvrage le plus utile fut le *Canal del Navilio*, qu'il acheva & qu'il conduifit jufqu'à la Ville, d'où il étoit éloigné d'une lieue de France. Il a bâti un très-grand nombre de Palais & d'Eglifes dans différentes Villes d'Italie. Il revint à Rome, & Vafari le préfenta à Jules III, qui le nomma fon Architecte, lui confia la direction de l'Eau de Trevi, & lui fit conftruire *la Villa Papa Giulio*, décorée de très-belles fontaines. Il éleva auprès de la Voie Flaminiene l'Eglife de Saint Antoine *de Ponte Molle*, dans le goût d'un petit temple antique, qu'on propofe aux jeunes gens comme un modele. C'eft Vignole qui a conftruit cette partie du Palais Farnefe, où eft la fameufe galerie peinte par les Carraches. Le Cardinal Alexandre Farnefe, qui l'en chargea, lui fit faire plufieurs deffins pour la décoration des portes, des fenêtres & des cheminées, & la belle porte corinthiene de l'Eglife S. Laurent & S. Damafe. Il a fait la porte ruftique des jardins Farnefe, à Rome; à Campo Vaccino, la décoration extérieure de la porte du Peuple. Il fit par ordre du même Cardinal les plans de la magnifique Eglife de *Jéfus* : il en jetta les fondemens en 1568. Il a bâti l'Eglife des Palefreniers, l'Oratoire de S. Marcel, la Chapelle Ricci, le Maufolée du Cardinal Ranuccio Farnefe à S. Jean de Latran, & plufieurs autres édifices; mais le Palais de Caprarole paffe pour fon chef-d'œuvre; il eft à dix lieues de Rome, du côté de Viterbe, fur le fommet d'une colline environnée de précipices, & placée à l'entrée d'une gorge; c'eft un pentagone flanqué de cinq baftions, imitant la forme d'une fortereffe, & il réunit la majefté de l'Architecture militaire & les commodités & le luxe de l'Architecture civile. Vignole fut invité par le Roi d'Efpagne, Philippe II, de venir faire exécuter le deffin du Palais de l'Efcurial, qu'il avoit fait & qu'il joignit

à

à ceux que Berardino Martirani avoit recueillis des plus habiles Architectes ; mais son âge avancé & son amour pour Rome ne le lui permirent pas. Vignole avoit été nommé Architecte de S. Pierre, après la mort de Michel-Ange. Il mourut âgé de soixante-six ans, en 1573, comme il venoit de terminer les différens qui s'étoient élevés entre le Pape Gregoire XIII & le Grand Duc de Toscane, pour les limites de leurs Etats. Il est le premier qui ait fixé les regles de l'Architecture, qui lui a des obligations éternelles.

VILLA. C'est ainsi que les Italiens appellent une maison de campagne, une maison de plaisance ; la *Villa Borghese*, la *Villa Feroni*, &c. Il y en a beaucoup en Italie, la plupart sont magnifiques. Les Vénitiens, qui prennent le plus grand soin de les décorer, en font des palais : mais toutes ces maisons n'approchent pas de celles de Rome. Les Cardinaux ou les riches particuliers qui les ont fait bâtir, ont ajouté à la situation heureuse du terrein les ruines de l'ancienne Rome ; de sorte que ces maisons de plaisance donnent une idée de ces fameux Palais qu'occupoient autrefois les Empereurs. Les Cardinaux & les Nobles à qui elles appartiennent y vont passer le printemps & l'automne, & l'on appelle ce temps, le temps de la Villégiature. *Voyez ces Villæ*, sous le nom de leurs propriétaires : elles sont presque toutes aux environs de Rome. *V.* VILLEGIATURE.

VILLA FRANCA, petite Ville située sur l'Adige, à trois lieues de Vérone. On y fait beaucoup de soie ; tous les environs sont plantés de mûriers.

VILLA D'IGLESIAS, Ville de l'Isle de *Cagliari*, très-bien fortifiée, & le Siege d'un Evêque. *V.* CAGLIARI.

VILLANI, (*Jean*) un des meilleurs Historiens de Florence ; son Histoire remonte jusqu'aux temps les plus reculés, à l'exception de quelques fables qui se trouvent dans ces commencemens : son Histoire est fort estimée. Comme il étoit Négociant, & l'un des Officiers de la Monnoie de Florence, il a été plus à portée de s'instruire de la vérité des événemens. Il mourut de la peste en 1348. Il avoit omis quelques traits qu'on trouve dans l'*Istorie Pistolese*, qui contient l'Histoire des guerres civiles de Florence depuis 1300 jusqu'en 1348. Cette Histoire, dont on ne connoît pas le véritable Auteur, est attribuée tantôt à Zambino, tantôt à Sozomeno, Chanoine de Pistoie, Auteur célebre.

VILLANI, (*Mathieu*) frere du précédent, continua sa Chronique depuis 1348 jusqu'en 1363, époque de sa mort. Philippe Villani, fils de Mathieu, continua cette Histoire jusqu'en 1365, & y ajouta une dissertation sur l'origine de Florence & des illustres Florentins.

Cette Histoire a été écrite par plusieurs Citoyens; après les précédens, on compte *Dominico di Lorenzo Buoninsegni*, qui l'a poussée jusqu'en 1409, *Gino Capponi*, qui a écrit les troubles des *Ciompi*, en 1378, & la conquête de Pise en 1406. *Buanocorso Pitti* a commencé sa Chronique à l'année 1374, & l'a continuée jusqu'en 1430.

Goro di Stagio Dati, mort en 1435, a fait l'Histoire des guerres civiles de la République de Florence avec les *Visconti*, dont il fut témoin. Il est attentif à peindre les mœurs & les usages de son temps. *Morelli* a poussé sa Chronique jusqu'en 1421. *Dominico di Leonardo Buoninsegni* mort en 1465, a écrit l'Histoire de Florence depuis 1410 jusqu'en 1460; il est témoin occulaire de ce qu'il a écrit. *Poggio Bracciolini.* Voyez POGGIO, LIONARDE FRUNI; voyez aussi ARETINO. *Bartholomeo Scalla de Colle*, Secrétaire de la République, en a écrit l'Histoire depuis l'origine de Florence jusqu'à l'année 1450; elle est fort estimée. L'Auteur mourut en 1497: il est placé parmi les bons Historiens. *Ange Politien.* Voyez POLITIEN. *Machiavel*, V. MACHIAVEL. *Michel Bruto* a fait une Histoire de Florence; il s'arrête aux principaux événemens du quinzieme siecle jusqu'à la mort de Laurent-le-Magnifique. *Guichardin*, voyez son article. *Jacques Nardi*, Florentin, Auteur d'une Histoire de sa patrie depuis 1494 jusqu'en 1531. Il y donne la suite des Gonfaloniers de la République. L'Auteur mourut exilé à Venise, & son plus grand regret en mourant étoit de ne pouvoir pas mettre la derniere main à son Ouvrage. *Philippe Nerli*, Sénateur, a laissé des Commentaires qui comprennent l'Histoire de Florence depuis 1225 jusqu'à 1537. L'Auteur, mort en 1556, avoit été témoin d'une partie des troubles qu'il raconte dans son Histoire. *Varqui*, voyez VARQUI. *Bernard Segni* commença son Histoire à 1527, & finit à 1555 : l'Auteur mourut en 1588. *Adriani* écrit depuis 1536, au commencement du regne de Cosme I, jusqu'en 1574. L'Histoire des Médecis a été écrite par *Saccherelli, Sanleonini, Manuce, Balaini, Bianchini, Matasilani, Settimanni*, dont l'Histoire manuscrite comprend depuis 1532 jusqu'à l'extinction de la Maison des Médicis, en 1737, qui manque. Il y a encore beaucoup d'autres Manuscrits.

VILLANOVA, gros Bourg du Montferrat, entouré d'un fossé & d'un terre-plein, dans une plaine fertile. Son commerce consiste en soies, du crû du pays, qui produit une grande quantité de mûriers ; ses autres productions sont des bleds & des vins blancs assez estimés. Ce qu'il y a de plus remarquable dans ce Bourg, est un gros Couvent de Cordeliers.

Il y a encore une autre *Villanova d'Asti*, près de Cerisoles ; c'est un Village peu considérable de la Province de *Quiers*.

VILLAR, (le) Bourg du Comté de Beuil, dans le Piémont, près du Var, qui forme de ce côté-là les frontieres de la France & de la Savoie.

VILLEFALLE, Bourg de la Province de Coni, dans le Piémont.

VILLEFRANCHE, *Villafranca*, dans les Etats du Roi de Sardaigne, au Comté de Nice ; deux Châteaux considérables la défendent, l'un du côté de la mer, & l'autre du côté de la montagne ; elle est à une lieue N. E. de Nice, deux S. O. de Monaco, vingt-huit S. E. d'Embrun, long. 25. 3. lat. 43. 43.

Il y a une autre *Villefranche*, beaucoup moins considérable, dans le Duché d'*Aouste*.

VILLEGIATURE, du mot *Villa*, maison de campagne ; c'est le temps où les Italiens, qui ont des lieux de plaisance, vont les habiter & se rendre visite. Les anciens Romains avoient des maisons de campagne à Tibur, à Tusculum, à Cumes, & bien avant dans l'Italie; dans certaines saisons de l'année, ils quittoient le tumulte de Rome pour aller jouir d'eux-mêmes à la campagne. Les Empereurs s'y retiroient dans certains temps: les superbes ruines dont les environs de Rome sont remplis, attestent la magnificence de ces maisons. Si les *Villes* d'aujourd'hui n'ont pas la même splendeur, elles ont les mêmes agrémens, & le Souverain Pontife, les Princes & les personnes du premier rang, vont passer quelque temps dans leurs maisons de campagne, vignes ou jardins. Le temps des Villégiatures est au printemps & en Automne. Le Pape, quand il est en Villégiature à *Castel Gandolfo*, y mene une vie privée; il désigne ceux de sa cour qui doivent l'accompagner. On vit en Villégiature plus splendidement & avec plus d'union qu'à la Ville; on s'y dispense un peu plus de l'étiquette. Les Romains, qui vivent assez seuls dans leurs Palais, reçoivent & donnent presque tous les jours à manger dans les Villégiatures. Comme on est persuadé que l'air est très-mauvais dans la campagne & sur les hauteurs de Rome pendant l'été, on les quitte dans cette saison, & l'on passe dans la Ville le temps de l'*Aria Cattiva*. On revient de la campagne vers la mi-Septembre, pour recueillir les fruits à l'automne & faire les vendanges; c'est le beau temps des Villégiatures; ce sont des fêtes continuelles, des spectacles, des repas splendides, des nombreuses assemblées: il y a des Villégiatures ruineuses.

VILLE-MANUEL, Ville de l'Isle de Malthe, bâtie par Dom Antoine Manuel *Villena*, Portugais, LXVIe Grand Maître, vis-à-vis la Valette.

VILLENINOR, petite Ville du Bergamasque, dans l'Etat de Venise, sur le lac Iseo.

VICENZIO, (*Lauro*) Cardinal, né à Tropea, dans la Calabre, de parens honnêtes, excella dans la connoissance du Grec & du Latin, dans la Philosophie & dans la Médecine. Il se lia avec le Cardinal Hugues Buon Compagno, qui, étant devenu Pape, le décora de la pourpre. Il jouissoit de plusieurs Bénéfices, que le Cardinal de Tournon lui avoit donnés. Il fut introduit par le Duc de Guise dans la Maison d'Antoine, Roi de Navarre. Vicenzio eut l'Archevêché de Montreal en Sicile, fut envoyé en Ambassade en Pologne par Gregoire VIII. Il y amena le Jésuite Possevin, qui se rendit célebre dans cette Cour. Ce fut à son retour que ce Pape le fit Cardinal. Il eut des voix pour être Pape aux élections de Sixte V, d'Urbin VII, de Gregoire XIV, d'Innocent IX & de Clément VIII; il ne fut exclu que par la crainte qu'ayant été attaché au Roi de Navarre, il ne fût point favorable aux Espagnols. Il mourut à Rome en 1592, âgé de soixante-dix ans.

VINCI. Voyez *Leonardo* da VINCI.

VINDOLO ou PORTO RE, est un lieu qui consiste en un Port, mais si considérable & si large, que trente-six vaisseaux de guerre peuvent y entrer sur la même ligne. En 1717, il fut déclaré Port franc. Il appartient à la Reine d'Hongrie, & est situé à peu de distance de Trieste, dans l'Istrie, près de la Mer Adriatique.

VINIERI, (*Sebastien*) Doge de Venise, parvint à cette dignité par son courage & par sa prudence. Il avoit plus de soixante-dix ans, lorsque de Commandant de l'Isle de Corfou, il fut fait Général de la flotte vénitienne en 1561. Il se comporta en Héros & en Général habile à la bataille de Lépante, qu'il gagna avec Barberigo, qu'on lui avoit donné pour Collegue. Il voulut emporter Leucade ou l'Isle de Sainte-Maure: mais n'ayant pas réussi, Sorancio, un des Provéditeurs de l'armée navale, écrivit contre lui au Sénat, qui ayant entrevu le motif de Sorancio, qui vouloit être Général, nomma Jacques Foscarini, sans déposer Vinieri, qui fut chargé du soin des côtes du Golfe, avec ordre à Foscarini de lui obéir, lorsqu'ils se rencontreroient ensemble. Après la mort de Mocenigo, Vinieri fut fait Doge.

VINS D'ITALIE. Ce pays est très-abondant en vignobles, mais la qualité des vins est très-rare à Rome. On estime le vin de *Gensano*, d'*Albano* & de *Castel Gandolfo*. Les Napolitains vantent beaucoup leur vin de *Lacrima Christi*: & en effet c'est le meilleur de toute l'Italie, avec le *Moscadelle de Florence*. Les vins de *Monte Pulciano*, du *Mont Véfuve*, de *Monte Fiafcone*, du *Mont Paufilippe* & de *Pie di Monte*, peuvent être comparés aux vins de Bourgogne, fi ce n'eft qu'ils n'en ont pas tout-à-fait le feu, & qu'ils tirent plutôt fur le mielleux. Le petit *Afprino Bianco* & le *Chieretto Piccante de Naples*, quoique moins eftimés, font fouvent préférés. A Venife, les vins ne font pas excellens; celui qu'ils appellent *Dolce*, eft effectivement très-fade, & le *Garbo* au contraire eft fort âpre. Cependant de tous ces vins médiocres il fe fait un grand trafic. En général les premiers vins font à Florence & aux environs de Rome & de Naples, & c'eft de leur territoire qu'on tire tous ceux qu'on envoie en préfent dans toutes les Cours étrangeres.

VINTIMIGLIA, petite Ville, avec quelques fortifications, & un Evêché fuffragant de Milan: c'eft-là que finit la côte de Gênes, vers l'occident. Vintimile étoit très-confidérable fous l'Empire des Romains. Elle appartient aux Génois: mais les environs, qui forment le Comté, appartiennent aux Comtes de Vintimile, qui prennent le titre de Marquis des Alpes maritimes. Elle eft à l'embouchure de la riviere de Bibera & de Rolta, à trois lieues N. E. de Monaco.

VIO, (*Thomas*) furnommé CAJETTAN, parce qu'il étoit de Cajette, au Royaume de Naples, en 1469. Il entra dans l'Ordre de S. Dominique, profeffa la Philofophie & la Théologie à Paris & à Rome, & parvint au Généralat de fon Ordre. L'autorité du Pape étoit violemment attaquée fous Jules II & Leon X: Cajettan la défendit par un Traité de la Puiffance du Pape. Leon le fit Cardinal en 1517; il eut l'Evêché de Cajette. Il eut plufieurs conférences avec Luther, qu'il ne put jamais faire changer d'opinion. Les Papes l'employerent dans diverfes Légations & aux affaires les plus importantes de l'Eglife: ce qui ne l'empêcha pas de donner tous les jours une heure à l'étude: auffi a-t-il laiffé un très-grand nombre d'Ouvrages de Théologie, de Philofophie. On a de lui des Commentaires fur l'Ecriture Sainte, cinq volumes in-fol. Lyon, 1619; Commentaires fur la Somme de S. Thomas, &c. Il mourut en 1534, âgé de foixante-cinq ans.

VIOLE, (la) Peintre, mort à Rome en 1622, âgé de cinquante ans. Il étoit Eleve d'Annibal Carrache; il a excellé dans le Payſage, comme ſon Maître. Gregoire XV l'attacha à ſon ſervice; mais les bienfaits dont il le combla, au lieu de l'exciter, le plongerent dans la plus grande indifférence pour ſon art & pour la gloire.

VIRGILIANA, petit Bourg aux environs de Mantoue, étoit autrefois une Ménagerie des Ducs; on prétend que c'étoit en cet endroit qu'étoit la maiſon de Virgile, dont on fait voir encore quelques reſtes bien délabrés. Cette Terre appartient au Marquis Zanardi.

VIRGILE. (Tombeau de) C'eſt à Brindes que mourut Virgile; la préférence qu'il avoit toujours donnée au ſéjour de Naples ſur celui de Rome, engagerent Auguſte d'ordonner que les cendres de ce grand Poëte y fuſſent tranſportées dans un monument qui fut érigé ſur le chemin de Pouzols. On voit les reſtes de ce monument ſur une colline au-deſſus de la grotte du Pauſilippe, dans la vigne d'un particulier; ce n'eſt plus qu'une mazure en forme de petite tour quarrée de dix à douze pieds de hauteur, ouverte de tous côtés, remplie & couverte de ronces, du milieu deſquelles s'éleve un laurier, que le préjugé ou plutôt la vénération des peuples pour Virgile a rendu célebre; les uns prétendent qu'il eſt né de ſon bon gré, & qu'il eſt auſſi ancien que le tombeau; d'autres, qu'il a été planté pluſieurs fois. Quoi qu'il en ſoit, Miſſon & tous les Voyageurs parlent de ce laurier; il exiſtoit au temps de Pierre d'Arragon, Vice-Roi de Naples, qui en fait mention dans une inſcription en quatre vers latins, qu'il fit graver, & que l'on lit encore ſur ce tombeau. Ce laurier exiſte encore; c'eſt tout au moins un hommage que ceux qui l'entretiennent rendent au mérite.

VISCONTI. La forme républicaine que les principales Villes d'Italie adopterent, lorſque les Barbares en eurent été chaſſés, dégénéra peu à peu; des Seigneurs affecterent l'autorité; leurs richeſſes, leur génie ou d'autres circonſtances, leur firent des partiſans: enfin la liberté diſparut. Les *Torriani*, ſous le titre modeſte de *Podeſtats* ou chefs du Peuple, s'emparerent de l'autorité. Les Visconti leur firent la guerre, & les vainquirent, après plusieurs combats, où le peuple, divisé en deux factions, versoit son sang pour servir l'ambition de deux familles qui combattoient pour lui donner des fers. Les Visconti triompherent, & demeurerent maîtres du Gouvernement. Voyez *Attius-Galeas* VISCONTI. Le premier qui disputa la Seigneurie aux Torriani, fut l'Archevêque de Milan, Othon Visconti. Il forma un parti considérable, attaqua les Torriani, & les défit à la bataille de *Desio*. Les Torriani se rétablirent, mais Mathieu Visconti les chassa pour toujours de Milan, & se fit reconnoître Seigneur en 1313. Il eut le titre de Grand ; il le mérita, en rétablissant la paix, en faisant des loix sages, en jettant les fondemens d'une Maison illustre, qui dura jusqu'à ce qu'elle alla se perdre dans la Maison de France, par Valentine Visconti, qui épousa le Duc d'Orléans, pere de Louis XII, qui par-là se trouva héritiere légitime du Duché de Milan, dont Louis alloit se faire investir, lorsque François Sforce, fils naturel d'un simple Paysan, s'en fit déclarer Duc en 1450. Ce Héros parvint du dernier rang de simple Soldat à celui du plus grand Homme de Guerre qu'ait eu l'Italie. La fortune sembloit l'avoir privé de tout, pour laisser tout faire au mérite.

VISCONTI, (*Matteo*) surnommé le Grand, premier Seigneur de Milan, nacquit le 13 Décembre 1250. Ce Prince fut souvent inquiété par les *Turniani*, qui s'étoient emparés de Milan. Son courage & sa fermeté lui firent toujours vaincre les obstacles. Il étoit fort éloquent, & avoit un air majestueux. Sur la fin de ses jours, il se retira dans un Monastere, où il mourut, âgé de soixante-douze ans. Il avoit déja remis le Gouvernement entre les mains de Galeas son fils. On prétend que les *Visconti* descendent des anciens Rois des Lombards, & c'est de cette famille que sont sortis les *Galeas*, Ducs de Milan.

VISITES. Quoique très-polis, les Italiens cependant n'affectent point une galanterie trop raffinée ; ils se visitent plus particuliérement aux grandes Fêtes, principalement à Noël, qui est pour eux le jour des étrennes, comme celui du premier de l'an pour les François. Ils ne suivent pas cet usage qu'on a en France, d'aller les uns chez les autres se souhaiter la bonne année.

VITALIEN, né à Segni, Pape, élu après Eugene I, le premier Juillet 655, rendit de grands services à l'Eglise auprès de l'Empereur Constantin II. Il envoya des Missionnaires en Angleterre, & célébra quelques Conciles. Il mourut le 27 Janvier 669. Il y a de lui six Epitres.

VITELLESCHI, (*Jean*) Cardinal, Archevêque de Florence, né à Cornero en Toscane, s'attacha d'abord à Tartallio, un des Tyrans d'Italie, qui eut la tête tranchée sous le Pontificat de Martin V. Vitelleschi, son Secrétaire, se tira de cette affaire, & alla à Rome après la mort de Martin. Il plut à Eugene IV, qui accepta ses services. Il se mit à la tête des armées, & délivra l'Italie des Tyrans qui la désoloient : il se fit aimer du Peuple Romain & du Pape. Eugene lui donna l'Evêché de Recanati, & successivement le Patriarchat d'Alexandrie, l'Archevêché de Florence, & enfin la pourpre romaine ; mais son ambition forma de nouveaux désirs, qui déplurent à Eugene. Ce Pape le fit arrêter & enfermer au Château S. Ange, où Vitelleschi mourut de chagrin le 11 Avril 1440. Tous les grands Ecrivains d'Italie, plus justes qu'Eugene, lui ont prodigué les plus grands éloges.

VITERBE, *Viterbo*, Capitale du Patrimoine de S. Pierre, petite Ville, mais agréable, à quinze lieues de Rome, sur la route de Sienne, bâtie ou restaurée par Didier, Roi des Lombards, en 773, sur le terrein même où étoit, dit-on, l'ancienne Ville d'*Etruria*, Capitale de la Toscane, au pied d'une haute montagne. Cette Ville est très-bien bâtie ; les rues en sont belles, pavées en pierre de taille ; elle est entourée de murs & de jardins, ornée de belles fontaines, de grandes tours quarrées, qui servoient d'asyles dans les factions des Guelfes & des Gibelins. La Cathédrale renferme les tombeaux des Pape Jean XXI, Alexandre IV, Adrien V & Clément VI. On a beaucoup de vénération à Viterbe pour le corps de Sainte Rose, qu'on conserve tout entier dans l'Eglise des Religieuses Claristes, où l'on voit quelques bons tableaux. La place principale est entourée de portiques & de maisons peintes.

Viterbe est célebre par ses eaux minérales ; deux sources, dont l'une purgative & diurétique, a un goût de vitriol, & l'autre est acide, sont dans un endroit bas & mal sain ; elles sont voisines d'un lac d'eau sulfureuse. *Voyez* BULLICANI. Une des plus belles Eglises de Viterbe, est celle des Dominicains ; le Couvent est célebre par la demeure d'Annius de Viterbe, Dominicain, Maître du sacré Palais, qui a si souvent trompé les Savans par ses antiques contrefaites ou supposées. Ce qu'on appelle la Montagne de Viterbe, est le Monte Cimino, qu'on trouve en sortant de cette Ville, arrosée de quatre petites rivieres. On ne compte pas plus de dix mille ames dans Viterbe.

VITTORIA, (*Alexandre*) né à Trente en 1525, Architecte & Sculpteur, Eleve de Sansovin, chez qui son pere le plaça de bonne heure. Il le quitta par une présomption de jeune homme, dès qu'il se crut assez habile pour se passer de ses conseils : mais Pierre Aretin, leur ami commun, les réconcilia. Il se fixa à Venise, & acheva quelques ouvrages, que la mort de son Maître avoit laissés imparfaits. Il a bâti la Chapelle du Rosaire, dans les Eglises de S. Jean & de S. Paul, les mausolées des Doges Friuli. Ces monumens sont ornés de très-belles statues ; le nombre de ses morceaux de sculpture est incroyable. On admire sur-tout les statues & les ornemens de la bibliothéque de S. Marc, du Palais Ducal, les statues de S. Roch & de S. Sebastien, dans l'Eglise de S. François de la Vigne, & de S. Jérôme, dans celle *dei Frari*, les statues colossales de la Justice & de Venise, au-dessus des fenêtres des salles du Grand Conseil & du Scrutin. A Padoue, il a fait dans l'Eglise de Saint Antoine le beau mausolée de Contarini, Général Vénitien, Tevise, Vérone, Bresce, Trau en Dalmatie, & plusieurs autres Villes, possédent d'excellens morceaux de sculpture de cet Artiste. On a de lui les bustes d'un grand nombre d'hommes célebres de son temps. Il s'amusa à graver les médailles des grands hommes. Son principal talent fut la Sculpture. Il fit son buste de sa propre main ; il est placé dans le beau mausolée de marbre qu'on lui érigea près de la sacristie de l'Eglise de Saint Zacharie, où il est enterré. Il mourut en 1608, âgé de quatre-vingt-trois ans.

VIVALDI, (*Antonio*) célebre Musicien, **Maître de Musique** de la Pieta à Venise. Il a laissé plusieurs compositions excellentes de très-belles Symphonies ; on recherche avec empressement celles qu'il a intitulées les quatre Saisons. Il jouoit supérieurement du violon.

VIVIANI, (*Vincenzio*) Physicien & Mathématicien célebre de Florence, fut Disciple de Galilée, & son plus ardent Défenseur. Ayant fait bâtir une très-belle maison à Florence, il mit au-dessus de la porte ces mots, qui font allusion au nom de *Dieu donné*, que reçut Louis XIV, en venant au monde, *Œdes à Deo datæ*, en reconnoissance de la pension que ce Roi accorda à son mérite, en 1664. Il plaça à chaque côté de la porte deux grandes inscriptions en marbre, contenant en abrégé une grande partie de la vie de Galilée, auquel il succéda dans la place de premier Mathématicien du Grand Duc de Toscane. Il dirigea pendant long-temps les travaux de l'Académie *del Cimento* ou des Expériences, dont il étoit le chef sous le Cardinal Léopold de Médicis. Cette Académie, qui dut son origine aux lumieres que Galilée avoit répandues sur la Physique, prit fin en 1667, qu'elle publia le Recueil de ses Dissertations & de ses Expériences, qui rouloient sur la pression de l'air, la compression de l'eau, le froid, le chaud, la glace, l'aimant, la vertu électrique, les odeurs, le son, le mouvement des projectiles, la lumiere, &c.

VIVRES. Les Italiens, & sur-tout les Romains, sont fort sobres, & rarement ils assistent à de grands repas, excepté dans de grands jours de fête; c'est alors qu'ils observent plus de délicatesse ; leur potage ordinaire est le *macaroni*, qui sont très-nourrissans, & qu'on digere très-aisément. Après la menestre ou soupe, on sert avec le bouilli une entrée, qu'on nomme *antipasto*, & qui est composée de deux plats, dans l'un sont des tranches de mortadelle ou saucissons de Boulogne, & dans l'autre une petite fricassée d'abattis de poulets ou de pigeons, ou bien de la cervelle de veau frite. Leurs ragoûts sont presque tous faits avec de l'huile, parce que le beurre est rare & fort cher dans toute l'Italie. Le bœuf, le mouton & le veau y sont excellens, sur-tout à Rome. On y mange peu de gibier. Les fritures à l'huile y sont ordinaires, parce que le poisson y est assez commun. Dans les Auberges, on le paye fort cher, & on le mange assez mal accommodé.

UMAGO, petite Ville de l'Istrie Vénétienne, sur la mer.

UMBRIATICO, *Brustacia*, *Umbriaticum*, petite Ville du Royaume de Naples, dans la Calabre Citérieure, avec Evêché : elle est très-peuplée.

VOGHERA, petite Ville fort agréable & bien fortifiée, au Duché de Milan, dans le territoire de Pavie, connue dans l'Itinéraire d'Antonin, sous le nom d'Iria : le Prince de Cisterna se dit Marquis de Voghera. Cette Ville appartient au Roi de Sardaigne ; c'est la derniere place de ses Etats, qui confine avec le Duché de Plaisance.

Depuis Turin jusqu'à Voghera, en passant par Asti, Alexandrie, Tortone, &c. le Tidon, le Tanaro, la Scrivia arrosent les Villes & les campagnes ; leurs rives sont agréables & fertiles, mais les eaux n'en sont point belles, & grossissent considérablement dans les temps de pluie.

VOIE APPIENNNE, *Via Appia*, ainsi appellée, parce que Appius Claudius, Censeur, fit faire ce chemin l'an de Rome 442. Appius le conduisit depuis la porte Capenne à Rome jusqu'à Capoue. César, pendant sa Dictature, la continua jusqu'à Brindes. Il établit des ouvriers & des agriculteurs pour entretenir cette Voie, & travailler à l'écoulement des eaux des marais Pontins, à travers lesquels ce chemin passoit. Théodoric, Roi des Visigoths, qui aimoit les arts, & qui respecta les monumens des Romains, eut grand soin de ce chemin ; on l'appelloit *Via Regina*, à cause de sa beauté, de son étendue, des grandes Villes qu'elle traversoit, des monumens, des édifices, des tombeaux dont elle étoit bordée. En faveur des voyageurs, les Romains, à certaines distances, y avoient fait construire des hôtelleries. Il reste encore des vestiges de tout cela depuis Rome jufqu'aux ruines des Minturnes. Ce chemin a quatorze pieds de largeur dans œuvre. Il y a de chaque côté des trottoirs élevés de deux pieds, affez larges pour que deux hommes puiffent y paffer, & d'efpace en efpace de petits acquedus pour l'écoulement des eaux, le pavé eft d'une pierre très-dure, couleur de fer, fur laquelle ni les pieds des chevaux ni les roues ne font aucune impreffion; dans quelques endroits il s'eft formé des ornieres de deux à trois pouces, mais les pierres ne fe font point dérangées depuis que la Voie a été faite; dans les endroits découverts, l'encaiffement, en y comprenant le pavé fupérieur, a près de neuf pieds d'épaiffeur; les bords font revêtus des plus groffes pierres que l'on y plaçoit, & qui font exactement jointes; le pavé, élevé d'environ un pied au-deffus des terres, portoit fur un fondement maffif, & de plus de fept pieds, foutenu par les terres des deux côtés, & rien ne pouvoit le déranger. Depuis Rome jufqu'à Capoue, ce chemin avoit quarante lieues; la maçonnerie du maffif eft formée de grands blocs de pierre de plufieurs pieds de hauteur; de douze en douze pas, il y avoit des pierres plus élevées pour fe repofer, & de mille en mille une pierre milliaire. Il y avoit des arcs enterrés, fous lefquels paffoient des rivieres adjacentes, telles que la Ninfa, la Tapia, l'Aqua Puzza, l'Uffente, l'Amafene, &c. les pierres en font fi dures & fi bien jointes, que malgré le grand nombre de voitures qui y paffent tous les jours, le chemin, dans certains endroits, eft très-bien conferví, comme à Albane & en approchant de Terracine. Depuis cette derniere Ville jufqu'à la la porte ou barriere qui fépare l'Etat Eccléfiaftique du Royaume de Naples, dans un efpace d'environ cinq milles, on a coupé le rocher pour continuer la Voie Appienne, entre le côteau & la mer. Les côteaux font délicieux, & femblent autant de jardins. De Terracine à Fondi, la Voie Appienne eft bordée de myrthes, de jafmins, de rofes & de chevrefeuil. Pour peu de foin qu'on eût apporté de fiecle en fiecle à l'entretien de la Voie Appienne, elle feroit conferví dans fon entier & auffi belle qu'au temps d'Appius & de Céfar. Les chemins anciens les plus conferví font la *Via Aurelia*, c'eft le chemin de

Rome à *Civita Vecchia*, la *Via Flaminia*, qui alloit juſqu'à Rimini, & ſur les confins de la Gaule, la *Via Emilia*, qui alloit de *Rimini* à *Plaiſance*, la *Via Claudia* & la *Via Caſſia*, &c. mais la Voie Apienne étoit la plus belle & la plus étendue de toutes : en général les chemins ſont très-négligés en Italie.

VOLANS. On appelle ainſi à Naples des Domeſtiques de place, à qui on donne trente ou trente-cinq grains par jour, pour être ſervi & conduit par-tout ; on en trouve auſſi le ſoir à la porte des ſpectacles, qui ont des flambeaux pour conduire chez eux les particuliers.

VOLCANO, une des Iſles de *Lipari*, dans la Sicile ; elle tire ſon nom d'un volcan : il y en a pluſieurs dans ces Iſles. *Volcano* produit beaucoup de ſoufre : mais l'Iſle eſt déſerte.

VOLTAGGIO, petite Ville de l'Etat de Gênes, au pied de la Boccheta, ſur le bord d'un ruiſſeau, dans un terrein très-reſſerré. C'étoit autrefois la Capitale de l'ancien Peuple de la Ligurie, connu ſous le nom de Veturii. On voit au couchant de Voltaggio un petit Château ruiné, qui domine la Ville : la ſituation ni les bâtimens n'ont rien d'agréable. On y a découvert des monumens antiques, qui ne permettent pas de douter qu'elle n'ait été la Capitale des Véturiens. La République de Gênes y tient un Podeſtat, pris parmi les Nobles.

VOLTERA, Ville de Toſcane, au S. E. de Livourne, dans le Piſan, avec Evêché, ſuffragant de Florence, ſituée ſur une montagne, près du ruiſſeau de Zambra, à treize lieues S. E. de Piſe, douze S. O. de Florence : cette Ville eſt ancienne. On y voit pluſieurs ſtatues, qui atteſtent ſon ancienneté. Le terroir eſt fertile & abondant en eaux minérales ; on y trouve pluſieurs carrieres de pierre fort recherchée. Volterre eſt le lieu de la naiſſance du Poëte A. *Perſius*, de Raphaël Volateran, Peintre, & du Pape S. Lin.

VOLTERRE, (*Daniel* RICCIARELLI DE) Peintre & Sculpteur, né en 1509. Ses parens le deſtinerent à la Peinture, quoiqu'il ne ſe ſentît aucune diſpoſition : il eut pour Maîtres Balthaſar Peruzzi & Michel-Ange. A force d'application & de travail, son talent se développa. La descente de croix qu'il peignit à l'Eglise de la Trinité du Mont, lui acquit la plus grande réputation. Il a fait beaucoup d'autres ouvrages à Rome, tous également estimés. Ses morceaux de sculpture n'ont pas moins de mérite. Il fondit d'un seul jet le cheval qui porte la statue de Louis XIII, à la Place Royale à Paris, que Catherine de Médicis avoit destiné pour la statue de Henri II. Il mourut à Rome en 1566.

VOLTERRE, (*François* de) Architecte & Graveur en bois, dans le seizieme siecle. Son premier ouvrage est l'Eglise de S. Jacques des Incurables à Rome. Il y a lieu de croire que les défauts de cet édifice doivent être mis sur le compte de Maderno, qui l'acheva, puisque la nef de l'Echelle sainte est fort estimée. Il a bâti le Palais Lancelotti, a donné les dessins de l'Eglise de Monferrat & de celle de Sainte Claire. Cet Artiste est au-dessus du médiocre, mais loin du premier ordre des Architectes. Il mourut en 1588.

Volto Santo, fameux Crucifix, placé dans une des Chapelles de la Cathédrale de la République de Lucques. Les Lucquois racontent que Nicomede ayant entrepris de peindre un Crucifix, & n'ayant jamais pu en venir à bout, les Anges, qui le regardoient travailler, lui prirent le pinceau de la main, & acheverent eux-mêmes le tableau. Ce Crucifix est en grande vénération dans tout le pays.

Volto Santo du *Vatican*, (le) est un linge qu'on dit avoir été marqué de la face de Notre-Seigneur, lorsque portant sa croix sur le Calvaire pour y être crucifié, & suant du sang à grosses gouttes, une des femmes dévotes, qui marchoient à ses côtés, lui essuya le visage avec ce linge, où la face divine resta empreinte. On le conserve précieusement dans l'Eglise de Saint Pierre de Rome. Il n'y a que les Chanoines de cette Eglise qui aient droit de monter à la tribune où le saint Suaire est enchâssé, & de le montrer au peuple. Cosme III, Grand Duc de Toscane, ayant eu envie de voir de près cette sainte Relique, fut fait Chanoine de la Métropolitaine par Innocent XII. Revêtu de cette formalité, ce Prince, assisté de ses Confreres, monta à la tribune, où non-seulement il vit, mais même toucha le *Santo Volto*.

VOLTURARA ou VULTURARA, petite Ville au Royaume de Naples, dans la Capitanate, avec un Evêché suffragant de Benevent, au pied de l'Apennin, au S. E. de Dragonara. *Voyez* CAPITANATE.

URAGO & ISOLETTA, sont deux Bourgs peu considérables du Bressan, dans l'Etat de Venise.

URBIN. Il y a eu huit Papes de ce nom. Le premier étoit Romain, & fut élu après la mort de Calixte I, le 21 Octobre 225. Il introduisit les vases d'argent pour le service divin. Il eut la tête tranchée pour la foi, le 25 Mai 231, sous l'Empire d'Alexandre Sévere.

URBIN II, (ODON ou EUDES) Religieux de l'Ordre de Cluny, il étoit François, né à Châtillon-sur-Marne. Gregoire VII le fit Cardinal & Evêque d'Ostie, il succéda à Victor III, le 12 Mars 1088, pendant le schisme de l'Antipape Guibert. Les Schismatiques le forcerent de quitter Rome : il vint se réfugier en France. Il célébra plusieurs Conciles, dans l'un desquels il fut ordonné de recevoir séparément dans la communion le corps & le sang de J. C. Ce fut le célebre Concile de Clermont, dans lequel fut encore publiée la Croisade pour le recouvrement de la Terre-Sainte. Après les Conciles de Tours & de Nîmes, il retourna en Italie, & mourut à Rome le 29 Juillet 1099.

URBIN III, (*Lambert* CRIVELLI) Archevêque de Milan, Romain, élu après la mort de Luce III, le 25 Novembre 1185; il fut sur le point de fulminer une excommunication contre l'Empereur, qui lui disputoit les Terres laissées à l'Eglise par la Comtesse Mathilde : mais il se modéra. Il mourut de chagrin, en apprenant la prise de Jérusalem par Saladin ; il ne régna qu'un an dix mois & vingt-cinq jours, étant mort le 20 Octobre 1185.

URBIN IV, François, né à Troyes en Champagne, d'un Savetier. Il s'appelloit Pantaléon Leon ; il se distingua par son savoir en Théologie & en Droit Canon ; il fut successivement

URB

Archidiacre de Liege, Evêque de Verdun, Patriarche de Jérusalem, & enfin Pape, élu à Viterbe, où il avoit été envoyé pour les affaires de la Palestine, le 29 Août 1261, après la mort d'Alexandre IV. Il publia une Croisade contre Mainfroy, qui avoit usurpé le Royaume de Sicile, appella en Italie Charles d'Anjou, auquel il donna l'investiture du Royaume des deux Siciles. Il institua la Fête du S. Sacrement en 1264, avec l'Office composé par S. Thomas d'Aquin, le même qu'on chante encore. Ce Pape mourut à Pérouse le 20 Octobre 1264. On a de lui un volume d'Epîtres, dans la bibliothéque du Vatican, une Paraphrase du *Miserere*.

URBIN V, (*Guillaume* DE GRISAC, Baron du Roure, François, né au Diocese de Mende en Gevaudan) Religieux de l'Ordre de S. Benoît, Professeur de Théologie à Montpellier & à Avignon, Abbé de Saint-Germain d'Auxerre, ensuite de Saint-Victor de Marseille, enfin élu Pape après Innocent VI, le 28 Octobre 1362. Il transféra le S. Siege d'Avignon à Rome. Il fut redoutable aux méchans; il fit la guerre à Barnabon, Tyran de Milan, & à quelques autres Tyrans de l'Italie, qui faisoient gémir le peuple. Urbin voulut revoir Avignon, mais il mourut en y arrivant, le 19 Décembre 1370, âgé de soixante-un ans. Il a rendu des services importans aux Lettres & à l'Eglise, en réprimant beaucoup d'abus, & en réformant les mœurs du Clergé. Il entretenoit toujours mille Ecoliers dans diverses Universités, auxquels il fournissoit des livres. Il a fondé à Montpellier un Collége pour douze Etudians en Médecine.

URBIN VI, (*Barthelemi* PREGNANI) Napolitain, Archevêque de Bari. Il fut élu après la mort de Gregoire XI, le 8 Avril 1378. Ce fut la crainte & la précipitation qui le mirent sur le Trône Pontifical. Les Romains craignant qu'on n'élût encore un François, qui transférât une seconde fois le S. Siege à Avignon, se souleverent & entourerent le Conclave de fagots, en criant qu'ils vouloient un Romain, ou tout au moins un Italien. Dans cette extrémité, on jetta les yeux sur l'Archevêque de Bari, parce qu'on crut que n'étant pas Cardinal, il protesteroit lui-même contre son élection, faite contre les formes. Mais ayant été couronné, il se maintint sur le Trône; il devint altier & insolent, sur-tout lorsqu'on lui eut représenté que son élection n'étoit pas légitime. Les Cardinaux se retirerent à Agnani, & puis à Fondi; ils élurent le Cardinal Robert, de Genève, qui prit le nom de Clément VII, qui se retira à Naples auprès de la Reine Jeanne, & ensuite à Avignon. Urbin excommunia Jeanne, & suscita contr'elle Louis, Roi de Hongrie. Clément VII couronna le Duc d'Anjou à Avignon: Jeanne lui avoit transmis le Royaume par testament. Urbin couronna Charles-le-Petit, qui se brouilla avec lui, & l'obligea de s'enfuir sur les Galeres de Gènes. Urbin fit mourir cinq Cardinaux conjurés dans l'horreur des supplices. Il vécut toujours en guerre, & mourut, à la grande satisfaction des Romains, le 15 Octobre 1389. Il institua la Fête de la Visitation, & réduisit le Jubilé de cinquante ans à trente-trois ans. Il avoit écrit l'Histoire des Evêques de Bari.

URBIN VII, (*Jean-Baptiste* CASTANEO) Romain, élu le 14, & mort le 27 Septembre 1590, après Sixte V, laissa beaucoup de regrets de sa mort; on avoit tout à espérer de sa vertu & de ses lumieres.

URBIN VIII, (MAFFEO BARBERINI) de Florence, Cardinal de Sainte Bibiene, élu après la mort de Gregoire XV, le 6 Août 1623. Il aimoit les Lettres & protégeoit les Savans; il étoit Poëte, & faisoit beaucoup de cas de cet art. Il réunit le Duché d'Urbin au S. Siege, supprima l'Ordre des Jésuitesses, renouvella la Bulle de Pie V contre *Baïus*, déclara que les cinq Propositions étoient dans *Jansenius*. Il réconcilia des Princes, soutint des guerres, & exécuta de grandes choses. Il entendoit si bien le grec, qu'on l'appelloit l'*Abeille Attique*. Il corrigea les Hymnes de l'Eglise, & en composa lui-même. On a fait à Paris un Recueil de ses vers, sous le titre de *Maffei Barberini Poemata*. Il a composé des Paraphrases sur quelques Pseaumes & sur quelques Cantiques de l'ancien & du nouveau Testament, des Epigrammes sur divers hommes illustres. Ce Pape donna le titre d'*Eminentissime* aux Cardinaux.

URBIN, Fort, Citadelle à un mille du Panaro, bâtie dans le commencement du dix-septieme siecle, par les ordres du Pape Urbin VIII; elle est composée de quatre bastions revêtus, avec leurs courtines, fossé & chemin couvert; elle est munie de beaucoup d'artillerie, & défendue par une garnison qui fait le service de la place. Les fortifications sont très-bien entretenues; elle n'est dominée d'aucun endroit des environs. C'est la même Ville qu'*Urbanea*, qui étoit un méchant Village, appellé *Castrum Durantium & Tifernum Metaurum*, qu'Urbin VIII fit agrandir, & à laquelle il donna son nom, & où il fonda un Evêché, suffragant d'Urbin.

URBANEA, petite Ville agréablement située, du Duché d'Urbin, dans l'Etat de l'Eglise.

URBINO, URBIN, Ville Capitale du Duché de ce nom, dans les Etats du Pape, avec un Archevêché & un beau Palais, où les Ducs d'Urbin faisoient autrefois leur résidence. Le pays est appellé par les habitans *Lo Stato*. Il a la Romandiole & la Mer Adriatique au septentrion, la Marche d'Ancône au levant, l'Ombrie au midi, & la Toscane au couchant; il comprend le Duché d'Urbin, le Comté de Monte Feltro, le Comté & Territoire de Gubio, la Seigneurie de Pezaro & le Vicariat de Sinigaglia. La Capitale est Urbino. Les maisons y sont bien bâties; la bibliothéque, qui étoit ce qu'il y avoit de plus rare à Urbin, a été jointe en partie à celle du Vatican, & en partie dissipée par César Borghia. Cette Ville a donné naissance à Polydore Virgile, Auteur d'une Histoire d'Angleterre, à Baroci, Peintre, qui excelloit dans les sujets de dévotion, & aux fameux Raphaël, Peintres. Elle est sur une montagne, entre les rivieres de Metro & de la Foglia, à huit lieues S. de Rimini. Le Duché d'Urbin eut des Ducs particuliers jusqu'en 1631, que le dernier étant mort sans postérité, le Pape s'en empara. Cette Province est dans un terrein très-mal sain, mais assez fertile, sur-tout en gibier: la pêche y est très-abondante. On y fabrique beaucoup de poterie; elle a dix-sept lieues de large sur vingt-deux de long. Les Ubaldini ont été ses premiers Seigneurs. Dans le quinzieme siecle, ce Duché passa à la Maison de Monte Feltro; Gui Ubalde le donna à François - Marie de la Rovere, neveu du Pape Jules II. Les Médicis s'en emparerent, mais ne le conserverent pas long-temps. François-Marie le recouvra, & le laissa à ses descendans jusqu'en 1626, que cette Principauté fut réunie au S. Siege.

WILLIAM, (*Guillaume*) Architecte Allemand, bâtit, en 1174, avec Bonanno & Thomonaso, tous les deux Sculpteurs Pisans, la tour de Pise ou clocher de la Cathédrale; elle a deux cent cinquante palmes de haut & deux cent trente de circonférence; elle est environnée de plus de deux cents colonnes, qui soutiennent des arcades. Elle est fort célebre, à cause de son inclinaison, qui est de plus de dix-sept palmes hors de son à plomb. On attribue ce phénomene au peu d'attention qu'eurent les Architectes de faire bien piloter l'endroit où ils devoient l'élever. Lorsqu'on fut à la moitié de sa hauteur, la partie foible du terrein s'affaissa: mais on renforça aussi-tôt les fondations du côté où elle penchoit.

X

XACCA, Bourg de la Vallée de *Mazara*, en Sicile, près de *Monte Virgine* : il est situé sur la mer, & n'a rien de considérable.

Y

Yenne, un des *Mandemens* ou Diſtricts qui compoſent la partie du Bugey, qui eſt demeurée au Duc de Savoie par le Traité de Lyon en 1601.

Yesi, petite Ville aſſez agréable dans la Marche d'Ancône, avec un Evêché ſuffragant de Fermo.

YOLANDE, (la Princeſſe) Ducheſſe de Savoie, s'acquit une grande réputation par ſon courage & ſa prudence. Elle étoit fille de Charles VII, Roi de France, & avoit épouſé, en 1452, Amédée IX, Duc de Savoie. Ce Prince à ſa mort la nomma tutrice de Philibert ſon fils, qui n'étoit alors âgé que de ſept ans, & Régente des Etats de Savoie. Cette Princeſſe eut beaucoup de guerres à ſoutenir contre le Duc de Bourgogne, les Comtes de Romont & de Breſſe, qui lui diſputoient la Régence. Elle les vainquit : mais ſes conquêtes ne l'empêcherent pas de travailler au bonheur de ſes ſujets. Elle fit pluſieurs loix, dont quelques-unes eurent pour but d'abréger les formalités de la Juſtice. Yolande mourut en 1478, regrettée de tous ſes Peuples.

Yvoire, petite Ville du Chablois, ſur le lac de Genève, aſſez près d'Hermana.

Z

ZABARELLA, famille illustre de Padoue, qui a donné des Hommes célebres à sa Patrie, aux Lettres & à l'Eglise. François *Zabarella*, connu sous le nom de Cardinal de Florence, parce qu'il étoit Archevêque de cette Ville, fut fait Cardinal par le Pape Jean XXIII, qui l'avoit appellé à sa Cour, & qui lui donna la Légation d'Allemagne. Avant d'être Cardinal, il avoit professé à Padoue le Droit Canonique avec le plus grand succès; ce qui le fit élire Archevêque de Florence, dont il ne prit possession que long-temps après. Il se distingua au Concile de Constance, pendant la tenue duquel il mourut en 1417, âgé de soixante-dix-huit ans; l'Empereur Sigismond & tout le Concile assisterent à ses funérailles; le Pogge prononça son oraison funebre. Il avoit composé six volumes de Commentaires sur les Décrétales & sur les Clémentines; un volume de Conseils, de Harangues; un Traité *de Horis Canonicis;* trois Livres de la Félicité; *Variæ Legum repetitiones; Opuscula de Artibus Liberalibus; De Natura rerum diversarum; Commentarii in naturalem & moralem Philosophiam; Historia sui temporis; Acta in Consiliis Pisano & Constantiensi*; des Notes sur l'Ancien & le Nouveau Testament; *un Traité du Schisme*, dans lequel il attribue à l'ambition que les Papes ont eue de vouloir tout décider par eux-mêmes, les maux qui de son temps désoloient l'Eglise. Cet Ouvrage est à l'Index.

ZABARELLA, (*Barthelemi*) neveu du Cardinal, professa aussi le Droit Canon à Padoue, se fit Ecclésiastique apr la mort de sa femme, obtint l'Archevêché de Florence, & mourut Référendaire de l'Eglise en 1442, âgé de quarante-deux ans. Il étoit très-savant.

ZABARELLA, (*Jacques*) son fils, né à Padoue en 1533, y professa la Philosophie en 1564, & fut sollicité vivement par Sigismond, Roi de Pologne, de venir s'établir dans son Royaume; mais il préféra sa Patrie à tous les avantages qu'on lui offrit. Il étoit très-grand Mathématicien. Il n'y avoit point de question, quelque difficile qu'elle fût, dont la subtilité de son esprit ne vînt à bout : il donna dans la folie de l'Astrologie judiciaire. Il fit voir à ses Ecoliers une étoile dont les influences, leur dit-il, devoient lui être funestes; le hazard fit qu'il mourut quelques jours après; ce qui accrédita l'Astrologie. On l'a accusé d'avoir combattu le dogme de l'immortalité de l'ame. Il a laissé des Commentaires sur Aristote. Il mourut à Padoue en 1589.

ZABARELLA, (*Jules*) fils du précédent, étoit aussi grand Mathématicien que son pere : il se livra à de si grands excès avec les femmes, qu'il eût un affoiblissement de nerfs général. Il passa dans son lit les cinq dernieres années de sa vie, qui fut courte. Il a laissé quantité d'ouvrages. Les plus considérables sont : *De naturalis scientiæ Constitutione*; *Commentaria in libros Physicorum Aristotelis*; *De anima*; *De tribus præcognitis*; *De medio demonstrationis*; *De rebus naturalibus*, Lib. xxx.

ZACAGNI, (*Laurent-Alexandre*) Critique profond & savant Littérateur, s'adonna à l'étude de l'Histoire Ecclésiastique, dans laquelle il porta une parfaite connoissance des Langues. Il fut nommé Garde de la Bibliothéque du Vatican, ce qui le mit à portée de faire des recherches utiles qu'il publia sous le titre de *Collectanea monumentorum veterum Ecclesiæ Græcæ & Latinæ*, in-4°. *Romæ* 1698.

ZACHARIE, Pape, étoit Grec. Il fut élu après la mort de Grégoire III, le 6 Décembre 741. Il convertit Rachis, Roi des Lombards, qui abdiqua la Couronne, & s'enferma dans un Monastere. Ce Pontife fut consulté par les Evêques de France, lorsque Pepin le Bref, demeuré seul chargé du gouvernement de l'Etat, par la retraite de Carloman son frere en Italie, profita de l'indolence de Childeric III, pour monter sur le trône. Les Evêques proposerent au Pape cette question : qui étoit plus digne d'être sur le trône, ou celui qui ne se mettoit point en peine des affaires du Royaume, ou celui qui par sa prudence & sa valeur, le gouvernoit sagement & le défendoit de l'oppreſſion des ennemis ? Zacharie prononça que c'étoit le dernier, & Childeric fut détrôné ; ce qui n'étoit pas trop conſéquent. Zacharie mourut le 15 Mars 752. Il a traduit du grec en latin les Dialogues de Saint Grégoire. On a encore de ce Pape des Décrets & des Epîtres. C'étoit un Pontife rempli de bienfaiſance ; il combla de bienfaits tous ceux qui l'avoient perſécuté avant ſon pontificat. Il établit des aumônes pour les malades & les pauvres. Il racheta des Eſclaves que les Vénitiens alloient vendre en Afrique. Dans les troubles qui agitoient l'Italie, il expoſa ſouvent ſa vie pour le Clergé & pour le Peuple Romain.

Il y a eu quelques hommes célebres du nom de Zacharie, tels que le Chartreux *Zacharie Beneditti*, né à Vicence, dans le quinzieme ſiecle, Auteur de la Vie de S. Bruno, & de quelques autres Ouvrages. *Zacharie de Vicence*, Chanoine Régulier, fameux Géographe, qui publia, en 1502, un petit Abrégé de l'Etat géographique du Monde, avec une Méthode, & des Cartes, le tout précédé d'une Préface fort eſtimée. *Zacharie Zachi de Volterre* étoit un Statuaire habile & très-curieux d'Antiquités, dont il publia un volume.

ZAGUROIO, petite Ville de l'Etat Eccléſiaſtique, dans la Campagne de Rome, a titre de Duché, & appartient à la Maiſon de Colonna.

ZAMET, (*Sebaſtien*) né à Lucques, Financier célebre, ſous le regne de Henri IV, Roi de France, qui le prit en amitié, quoiqu'il eût été attaché au Duc de Mayenne. On dit qu'il étoit d'abord Cordonnier. Il fit une fortune très-rapide dans les Gabelles ; il devint ſucceſſivement Conſeiller du Roi en ſes Conſeils, Gouverneur de Fontainebleau, Surintendant de la Maiſon de la Reine, Baron de Murat & de Billy. Il laiſſa deux fils, l'un grand perſécuteur des Huguenots, tué d'un coup de Canon au ſiege de Montpellier, en 1622 ; l'autre fut Evêque de Langres, & premier Aumônier de la Reine. Leur pere mourut à Paris le 14 Juillet 1614. Le trait que Deſtouches a mis dans la bouche du Liſimon du Glorieux, eſt de Zamet, à qui ſon Notaire ayant demandé ſes titres dans le contrat de mariage d'une de ſes filles, Zamet répondit : *Mettez, Seigneur de dix cent mille écus*.

ZAMPIERI. *V.* Dominiquin.

ZAMPINI, (*Mathieu*) Jurisconsulte, établi en France, vivoit sous Henri III, auquel il dédia, en 1581, un Ouvrage sous le titre *de Origine & Atavis Hugonis Capeti*. Il s'attacha à prouver que les trois Races viennent de la même tige, qu'Arnoul vient de la même tige d'où est venu Clovis, qu'Arnoul est la souche de la seconde Race, & que les Rois de la troisieme descendent de ce même Arnoul, qui forme la chaîne des trois Races.

ZANCHIUS. On compte en Italie trois hommes célebres de ce nom. *Basile Zanchius* ou *Zanchus*, né à Bergame, Chanoine Régulier, Littérateur, Philosophe & Théologien, eut la garde de la bibliothéque du Vatican. Il mourut à Rome en 1560. Il a laissé plusieurs Ouvrages, entr'autres *des Poësies latines*; un *Dictionnaire poétique, en latin, des Questions sur les Livres des Rois & des Paralypomenes*. Il fut pendant sa vie en bute aux envieux.

ZANCHIUS, (*Jérôme*) né à Alzano en 1516, Chanoine Régulier de S. Augustin. Il étoit au Couvent de Lucques lorsque Vermilly ou *Pierre Martyr* en étoit Prieur. Vermilly inspire à quelques Moines les sentimens des Zuingliens; Zanchius fut de ce nombre, & il le suivit lorsqu'il quitta l'Italie avec ses Prosélytes. Zanchius remplaça Vermilly à Strasbourg; il alla prêcher ses erreurs chez les Grisons, à Basle, à Spire, à Heidelberg. Il ne désiroit pour rentrer dans la communion de l'Eglise, que la réforme des abus dans sa créance & celle des mœurs, dans la discipline. Il mourut à Heidelberg, âgé de soixante-seize ans. Il a laissé *Miscellanea Theologica; de Tribu Elohim, de natura Dei; de operibus Dei, de incarnatione; ad Ariani libellum responsio; speculum Christianum; de spirituali inter Christum & Ecclesiam connubio*.

ZANCHIUS, (le troisieme) étoit Bergamasque & Jurisconsulte, qui a laissé quelques Ouvrages de Jurisprudence.

ZANCLE, nom que portoit autrefois Messine, que les uns tirent de son Fondateur *Zanclus*, & les autres de la faulx de Saturne, qui y fut cachée autrefois. *Voyez* Messine.

ZANNICHELLI, (*Jean - Jerôme*) Médecin, né à Modene vers 1670, fit des voyages dans plusieurs endroits de l'Italie pour se perfectionner dans son art. Etant à Venise, où il exerçoit sa profession avec applaudissement, il se délassoit à herboriser, & ses délassemens ont produit un excellent catalogue des Plantes qui croissent aux environs de Venise, revu & corrigé par son fils, qui le fit imprimer en 1735, in-fol. & en italien. Zannichelli mourut à Venise en 1730.

ZANNONI, (*Jacques*) né à Bologne, Médecin & Botaniste célebre. Il fit dans la Botanique des découvertes utiles. Il conféra les Auteurs anciens & modernes qui avoient traité de cette science. Il vivoit dans le dix-septieme siecle Il a composé *Historia Botanica*. Bol. in-fol. 1675. *Rariorum stirpium Historia*, Bol. in-fol. 1742.

ZANTE, Isle considérable dans la mer Ionienne, appartenante aux Vénitiens, au midi de Céphalonie, vers la côte occidentale de la Morée, appellée par les anciens Zacynthus, soit du nom de quelque Roi, soit parce qu'elle est très-fertile en jacintes. Elle a environ cinquante milles de tour, & se divise en trois parties, la montagne, le bas de la montagne & le pays de plaine ou plat pays. Il y a plusieurs ports ; Chieri est le plus grand, & est bon pour toute sorte de vaisseaux. On y compte jusqu'à cinquante Villages, outre la Ville de Zante, qui est très-peuplée. Il y a deux Evêques, dont l'un est Grec, & l'autre Latin. Quoique Céphalonie & Zante forment deux Isles, elles ne forment qu'un même Diocèse, où il y a près de cinquante Paroisses grecques, des Couvens de Caloyers & des Religieuses qui suivent aussi les rits grecs. Il croît dans l'Isle de Zante toute sorte de fruits excellens ; & entr'autres une si grande quantité de raisins, que c'est presque la seule nourriture des habitans ; ces raisins, qu'on appelle communément raisins de Corinthe, croissoient ci-devant aux environs de Corinthe ; mais les Vénitiens en ont fait planter dans cette Isle, & ce fruit s'y plaît comme dans son terroir naturel. La Ville Capitale a un Château & un bon port. On y compte de vingt à vingt-cinq mille habitans. L'Isle est sujette à de fréquens tremblemens de terre, &

de temps en temps il s'y forme de petits volcans, qui jettent du bitume & des cendres. Il n'y a dans toute l'Isle qu'une seule riviere, appellée la Camma, dont les eaux sont salées; mais au-dessous du Château il y a une source proche de la mer si abondante, que les vaisseaux viennent y faire eau.

ZAPPI, (*Jean-Baptiste-Félix*) né à Imola en 1667, Poëte & Jurisconsulte, excella dans la Poësie & la Jurisprudence. Il exerça cette derniere à Rome, où il se lia étroitement avec le célebre Carle Maratte, dont il épousa la fille, parce qu'il lui trouva du talent pour la Poësie. *Faustine* étoit d'ailleurs belle, & avoit appris de son pere les élémens de la Peinture. Zappi s'acquit l'amitié des plus beaux esprits de Rome, & ils fonderent ensemble l'Académie des Arcades. Il mourut en 1719.

ZARA, (*Jadera*) Ville, Port de mer & Capitale de la Dalmatie Vénitienne. Cette Ville est environnée de la mer de tous côtés, & n'est jointe au continent que par un pont levis. Il y a un Archevêché, une bonne Citadelle & un bon Port. Elle est d'une grande importance pour la République, qui entretient une forte garnison. Ladislas, Roi de Naples, la vendit en 1409, avec toutes les petites Isles qui en dépendent aux Vénitiens. Bajazet II la leur enleva en 1498; mais ils la reprirent, & elle leur est restée depuis ce temps, malgré les différentes tentatives que le Turc a faites pour s'en emparer. Le nombre de ses habitans est assez considérable, & l'air y est très-sain. Il s'y fait un grand commerce de la liqueur appellée *marasquin*. A trois lieues de cette Vile est un Bourg qu'on appelle *Zara Vecchia*, & qui paroît être l'ancienne Ville de Liburnie, nommée *Alba Maritima*. Ce Bourg est très-peu de chose.

ZARLINI, (*Joseph*) né à *Chioggia*, célebre Musicien: Mersenne & Albert Bannus le regardent comme le plus savant de tous ceux qui ont écrit sur cet art. Depuis ce temps, la Musique a fait bien des progrès. *Zarlini* mourut à Venise en 1599. Ses Œuvres y ont été imprimées en quatre volumes in-fol.

ZAUCARIUS, (*Albert*) Médecin, de Boulogne, étoit très-célebre, dans le quatorzieme siecle. Ses Ouvrages sont manuscrits ; on ne les trouve que dans quelques bibliothéques. On cite avec estime *Glossa super tractatum Avicennæ de Curâ Lepra*.

ZECCA. (la) On appelle ainsi en Italie les Hôtels où l'on bat monnoie. La Zecca de Venise est un très-beau Palais, mais un peu gâté par la fumée des fournaux ; c'est dans cette Zecca qu'est le trésor de la République, dont les Procurateurs ont l'administration.

ZELO, Bourg de la *Polesine de Roviggo*, dans l'Etat de Venise, près de *Lendenara* & de *Loreda*.

ZENO, (*Apostalo*) né dans l'Isle de Candie, en 1669, d'une noble famille vénitienne, établie dans cette Isle. La Poësie & l'Histoire furent dès sa jeunesse l'objet de ses études. Il établit à Venise l'Académie de *Gli Animosi* & le *Giornali de Litterati*, dont il publia trente volumes depuis 1710 jusqu'en 1719. L'Empereur Charles VI l'appella à Vienne : il eut le titre de Poëte & d'Historiographe de la Cour Impériale. Zeno y passa onze ans, pendant lesquels il donna une Piece chaque année, soit Tragédie ou Oratorio. Il revint à Venise en 1729, & céda sa place à la Cour de Vienne à Métastase, mais ses pensions lui furent continuées. Zeno joignoit au talent de la Poësie une grande connoissance de l'Antiquité, & une érudition très-profonde. Il mourut à Venise en 1750. Il a laissé dix volumes d'Ouvrages dramatiques ; on a donné en 1758 une traduction françoise de huit de ses Pieces, en deux volumes in-12. Il a forcé le Musicien à assujettir son art à celui de la Poësie. Il a beaucoup écrit sur les Antiquités & sur la Littérature.

ZEPHIRIN, Pape, natif de Rome, élu après Victor, le 8 Août 201, se cacha pendant la persécution sous l'Empereur Sévere, non qu'il ne désirât la palme du martyre, mais pour se conserver aux Chrétiens, qui avoient besoin de lui pour s'affermir dans la foi. Il reprit l'exercice de ses fonctions quand la persécution cessa. Il mourut saintement le 26 Août 219. On lui attribue deux Epîtres décrétales.

ZERBUS, (*Gabriel*) Médecin de Vérone, qui a eu beaucoup de réputation. Il a laissé plusieurs Ouvrages, dont les meilleurs sont deux Traités d'Anatomie, des Commentaires sur la

ZEV

Métaphysique d'Aristote, un Traité du soin des Vieillards, & un autre des précautions des Médecins.

ZEVIO, petite Ville du Véronois, près de Porto; l'une & l'autre sont près du lac de *Guarda*, au-dessous de *Vérone*.

ZIANI, (*Sébastien*) est le premier Doge de Venise, qui fut élu par le Grand Conseil, composé de dix personnes les plus recommandables dans la République, en 1173. Ce Doge reçut dans son Palais Ducal le Pape Alexandre III, lorsque fuyant les persécutions de Fréderic II, il alla se réfugier à Venise. L'Empereur ayant à cette occasion déclaré la guerre aux Vénitiens, Othon, fils de l'Empereur, fut fait prisonnier; & le Pape, en reconnoissance des services que la République lui avoit rendus, lui fit beaucoup de présens, & entr'autres de son anneau d'or, qui par la suite donna lieu aux épousailles de la mer. *Voyez* DOGE. Ziani mourut en 1178.

ZINZIME, Antipape, se fit élire Pape après la mort de Pascal I, en 824, & voulut s'opposer à l'élection d'Eugene II; mais il fut contraint de se retirer, parce que l'Empereur Louis-le-Débonnaire avoit envoyé son fils Lothaire à Rome.

ZOLDO, Bourg du Bellunese. On trouve une grande quantité de fer dans les montagnes voisines de *Zoldo*.

ZOSIME, Pape, Grec de Nation, élu après la mort d'Innocent I, le 19 Août 417. Ce Pape, séduit par Célestius, Compagnon de Pelage, approuva un de ses Livres: mais détrompé, il avoua son erreur, & condamna *Célestius* & *Pelage*. On a de ce Pape, qui mourut le 26 Décembre 418, quelques Epîtres.

ZOTHUS, Peintre, du quatorzieme siecle, né à Florence, où l'on voit encore plusieurs de ses Ouvrages. Benoît XII l'avoit choisi pour décorer son Palais. C'est Zothus qui a peint le tableau qu'on voit à l'entrée de la Basilique de S. Pierre, où cet Apôtre est peint dans une barque au milieu de la mer, agitée par les flots.

ZUECCA, une des Isles de Venise, à un quart de lieue de cette Ville; quoiqu'elle en paroisse entiérement détachée, elle en fait cependant partie; il semble que ce soit une grande demi-lune & une contre-garde qui couvre plus de la moitié de la Ville du côté du midi. Elle étoit autrefois habitée par les Juifs, qui lui donnerent le nom de *Judeque*, & ensuite par corruption *Zueque*. Elle est d'une largeur égale par-tout d'environ trois cents pas. Elle a un quai fort spacieux du côté qui regarde la Ville, bordé de plusieurs Eglises & de très-belles maisons; elle est coupée par sept à huit canaux qui la traversent, & réunie par par autant de ponts qui en continuent le quai. C'est à la Zuecca qu'est la belle Eglise du Rédempteur, appellée *Chiesa del Redemptore*. Le Sénat la fit bâtir en 1576, en action de graces de ce que Venise avoit été délivrée de la peste, comme on le voit par une inscription qui est sur la porte en dedans. Cette Eglise appartient aux Capucins. L'architecture est de Palladio. On voit encore de superbes Eglises & de beaux jardins à la Zuecca.

ZACCARELLO, petite Ville dans l'Etat de Gènes, avec titre de Marquisat, sur le bord de la Méditerranée. Elle est l'objet des vœux du Duc de Savoie; sa situation est très-avantageuse pour la sûreté de ses Etats: mais pour la même raison, les Génois la conservent avec soin.

ZUCCHARO, (*Fréderic* & *Thadée*) freres, Peintres, nés dans un Village du Duché d'Urbin, Thadée en 1529 & Fréderic en 1543. Thadée avoit le génie le plus heureux pour la Peinture; les ouvrages de Raphaël, une application constante à dessiner d'après les plus beaux morceaux de l'Antique développerent son génie. Il étoit excellent coloriste. Les ouvrages qu'on voit de lui à Rome & à Caprarole, le mettent au rang des meilleurs Peintres. Le Cardinal Farnese récompensa ses travaux par une pension considérable. Ses débauches & son travail abrégerent ses jours. Il mourut en 1566, âgé de trente-sept ans. On lui reproche d'être maniéré, d'avoir peint de pratique; mais on admire son intelligence à disposer ses sujets, l'élévation de ses idées & le moëlleux de son pinceau; ses desseins sont composés avec esprit. Il avoit entrepris beaucoup d'ouvrages, qu'il a laissés imparfaits par sa mort précipitée, & que son frere Fréderic, son frere, a achevés.

Fréderic, à qui son frere avoit procuré l'occasion de se distinguer en travaillant au Vatican, n'avoit point le génie de Thadée; il a travaillé au Château de Caprarole, au Palais Farnèse, à Florence; où il peignit, par ordre du Grand Duc, la coupole de Sainte Marie *Dei Fiori*. Gregoire XIII le rappella à Rome pour peindre la voûte de la salle Pauline. Pour se venger des Officiers de S. S. dont il avoit à se plaindre, il fit un tableau de la calomnie, dans lequel il représenta ses ennemis avec des oreilles d'âne, & alla exposer cette peinture sur la porte de Saint Luc, le jour de la Fête de ce Saint. Le Pape s'irrita de ce trait, & Fréderic quitta Rome : mais le Pontife le rappella. Cet Artiste vint en France, passa en Hollande, en Angleterre & en Espagne. Le Sénat de Venise le créa Chevalier, pour lui marquer son contentement sur les ouvrages qu'il avoit faits dans la salle du Grand Conseil. Il établit à Rome une Académie de Peinture, dont il fut déclaré Chef sous le titre de Prince. Il a composé des Livres sur la Peinture. On ne lui reproche que d'avoir été trop maniéré; d'ailleurs il inventoit heureusement, & dessinoit avec beaucoup de correction. Thadée & Fréderic voyageoient ordinairement ensemble, & dessinoient les pensées des meilleurs tableaux. Ces dessins sont précieux; ceux que Fréderic a composés au bistre & à la plume sont moins estimés; ils sont remplis d'incorrections. Fréderic mourut en 1609.

ZUMBO, (*Gaston - Jean*) Sculpteur, né à Syracuse en 1656, se forma à Rome, où il demeura long-temps. Il alla à Florence, où il fut très-bien accueilli du Grand Duc. Il fit, en passant à Gènes, une Nativité & une descente de croix, qui le firent regarder par les Génois comme un des plus grands Peintres. Il vint, & se fixa en France. Philippe, Duc d'Orléans, qui estimoit les talens ce qu'ils valent, honora Zumbo de ses visites : il travailloit alors à des pieces d'Anatomie. Il peignit un sujet singulier, sous le nom de la *Corruzione*, dans lequel il déploya le plus grand talent. Ce sujet est composé de cinq figures: un homme mourant, un corps mort, un corps qui commence à se corrompre, un corps corrompu, & enfin un corps en pourriture & rongé de vers. Zumbo mourut à Paris en 1701.

FIN.

www.ingramcontent.com/pod-product-compliance
Lightning Source LLC
Chambersburg PA
CBHW061957300426
44117CB00010B/1372